KB271259

황용주 : 그와 박정희의 시대

황용주 : 그와 박정희의 시대

황용주

그와 박정희의 시대

안경환

까치

저자 안경환(安京煥)

안경환은 1948년 경남 밀양에서 태어나서 안의중과 밀양중, 부산고와 서울대를 다녔다. 1987년 서울법대 교수로 부임한 직후에 이미 오래전에 야인이 된 황용주를 찾아 타계할 때까지 교류했다. 대학에 재직하는 동안 전공서에 더하여 『법과 문학 사이』(1995), 『법, 셰익스피어를 입다』(2012) 등 다수의 교양서를 펴냈다. 이 책은 『조영래 평전』(2006)에 이어 안경환이 쓰는 두 번째 인물전기이다. 2013년 8월로 예정된 정년퇴임 후의 자유로운 삶을 꿈꾸고 있다. 그러면서도 언젠가는 소설가 이병주의 평전을 쓸 욕망을 품고 있다.

ⓒ 2013 안경환

황용주 : 그와 박정희의 시대

저자 / 안경환
발행처 / 까치글방
발행인 / 박종만
주소 / 서울시 종로구 행촌동 27-5
전화 / 02 · 735 · 8998, 736 · 7768
팩시밀리 / 02 · 723 · 4591
홈페이지 / www.kachibooks.co.kr
전자우편 / kachisa@unitel.co.kr
등록번호 / 1-528
등록일 / 1977. 8. 5
초판 1쇄 발행일 / 2013. 4. 25
    2쇄 발행일 / 2013. 5. 8

값 / 뒤표지에 쓰여 있음
ISBN 978-89-7291-540-9 03990

이 도서의 국립중앙도서관 출판시도서목록(CIP)은 서지정보유통지원시스템 홈페이지(http://seoji.nl.go.kr)와 국가자료공동목록시스템(http://www.nl.go.kr/kolisnet)에서 이용하실 수 있습니다. (CIP 제어번호: CIP2013003529)

아 정희야, 아 란서야
― 격동기 한 지식인의 사랑과 사상

10년도 넘은 일이다. 한 사람이 평생토록 쓴 일기가 내 손에 들어온 것이. 글쓴이의 비중을 생각하며 행여나 가려진 역사의 편린을 찾을 수 있지 않을까 하는 호기심도 있었다. 그러나 딱히 알려진 역사를 보충하거나 뒤집을 만한 단초는 거의 없었다. 결정적인 시기의 기록이 유실된 것이 못내 유감이지만 나중에 생각하니 외려 다행스럽기도 했다. 행여 홀로 감당하기 힘든 진실이나 허위가 도사리고 있었으면 어쩔 뻔했는가. 다행스럽게도 그의 글에서 내가 확인한 것은 격동기를 산 한 지식인의 정열적인 사랑과 사상이었다. 당초 그의 시대를 쓰겠다고 작정했으나, 결과적으로 그를 쓰게 되었다.

그와의 인연은 깊지는 않아도 길다. 생각하기 따라서는 결코 유쾌하지만은 않은 윗대의 악연도 있었다. 내 딴에는 그 어색한 과거를 품어 안고 싶기도 했다. 초임교수 시절 이래 드문드문 찾았다. 언제나 활짝 맞아주었다. 아무것도 따지고 들지 않았다. 지난 일은 그냥 흘려 넘기는 것이 예의라고 생각했다. 열정과 이상의 시대를 호령하던 단심(丹心)의 청년이 마흔 남짓에 타의에 의해 인생을 결산당하고, 그러고도 40년을 더 생존했던 사나이의 일생, 그 지식인의 삶이 그저 애절했을 뿐이었다. 역사는 이상주의자의 좌절 속에 발전한다는 경구로 어설픈 위로의 말이라도 건네고 싶었다. 일기 속에 담긴 몇 마디 나에 관한 구절이 마음의 짐이 되기도 했다. 적지 않은 사람의 삶과 죽음을 보살펴주었지만 정작 자신의 유해를 뉘일 한 뼘의 땅도 남기지 못하고 떠난 사람, '대한민국 국민이기보다 한반도의 주민으로 남고 싶다'라던 그의 간절한 염원이 안타까웠다. 어설픈 글로나마 그 망실된 한반도 주민의 유택을 만들어주고 싶었다.

그의 일생의 중심에는 한 사나이와 한 여인이 있었다. "아 정희야! 아 란서야!" 여든두 해, 생을 결산하는 마지막 순간 그의 입에서 자연스럽게 새어나온 두 마디였다. 친구와 딸이다. 박정희(朴正熙, 1917-1979)에 대한 맹목적인 사랑의 정체는 역사적 공범의식이었다. 굳이 분해하자면 자신이 본체이고 박 대통령이 분신이었다는 자부심에 차 있었다. 나라를 구할 '민족주의 혁명'이라는 그들의 확신 앞에 군사 쿠데타라는 비상행위는 정당하고도 불가피한 수단이었다. 실제로 총칼을 들고 나선 군인들에게 5.16은 비열한 권력욕의 발로였는지 몰라도 정작 군사혁명을 부추긴 그에게는 민족을 구하기 위한 엘리트 계급의 자구행위였다. 두 사람이 공유했던 신앙은 『국가와 혁명과 나』, 삼위일체의 교리였고 민족통일은 신성불가침의 지상 과업이었다. 그러나 그가 품었던 원대한 이상은 현실의 권력투쟁 앞에서 무력했다. 1964년 11월, 세칭 '세대지 필화사건'을 계기로 혁명동지로부터 강제격리 당하고, 그의 공적 인생도 끝났다. 후반의 생은 지난날에 대한 애절한 그리움과 비운의 죽음을 맞는 친구에 대한 애도의 나날이었다.

외동딸, 란서(蘭西)는 혈육을 넘어 평생을 가꾸어왔던 사랑과 사상의 결정체였다. 자유, 평등, 박애, 예술, 지성, 낭만……소년 시절 이래 숭앙해오던 이상의 나라, 프랑스의 총체적 미덕을 딸의 이름으로 화체(化體)시킨 그다. 적잖은 신문 글과 수기를 남겼지만 정작 자신이 간절하게 원했던 글을 쓰지 못했다. 반드시 자신의 붓으로 5.16과 박정희, 그리고 정수장학회에 관한 진실을 쓰겠다고 다짐했으나 끝내 실행에 옮기지 못했다.

이 책은 '인간 황용주(黃龍珠, 1918-2001)'의 이야기다. 그렇기에 최대한 그의 육필을 담으려고 애썼다. 글을 쓰는 지난 수년 동안 나는 새삼 나의 세대의 무지와 후속세대의 경박한 오만에 절망하곤 했다. 어떤 나라를 만들 것인가 고뇌하고, 만들어가면서 분노하고 좌절하던 고인의 세대, 그 세대 지식인들이 입었던 상처에 따뜻한 위로와 깊은 경의를 표한다. 누가 뭐래도 대한민국의 역사는 성공한 역사다. 그 성공의 역사에 이분들의 열정과 좌절, 환희와 분노가 밑거름이 되었다. 고인과 비슷한 시대를 살았으나 단 한 줄의 수묵(手墨)도 남기지 않고 서둘러 떠난 내 아버지에 대한 복합된 추모의 염, 용서하지도 용서받지도 못하고 아비를 보낸 자식의 회한이 이 글의 밑바닥에 깔려 있을 것이다. 그분들 세대의 체험을 『관부연락선』이란 불세출의 작품으로 후세에 남겨준 나림(那林) 이병주 선생과 한국 근현대사에 커다란 공백으로 남아 있던 학병세대의 행적을 성심껏 더듬어 주신 김윤식 교수님의 사명감에 새삼 경의를 표한다.

나름대로 공간된 선행 자료들을 챙겼으나 내 눈과 손이 미치지 않았던 자료도 무수할 것이다. 오랜 시일에 걸쳐 많은 분들의 도움을 얻었다. 그중 허락을 얻은 몇몇 분만 밝힌다. 이대훈, 이광훈, 황의중, 손정태, 김재현, 박동규, 박동주, 이청호, 위택환, 최정인, 김나영, 이수진, 그리고 친우 양점호. 수려한 문장의 고인의 일본어 수기를 푸는 작업에는 명옥경(明玉卿), 조경희(趙瓊姬), 두 어른의 도움을 받았다. 그 누구보다도 성의 있는 증언과 함께 모든 사적 기록을 가감 없이 내주신 유족께 깊은 감사를 드린다. 당초 고인의 10주기에 맞추어 펴낼 요량이었으나 지키지 못했다. 그나마 부인, 이창희 여사의 생전에 낼 수 있어 작은 위안이 된다. 까치글방의 박종만 사장의 배려와 깔끔한 마무리 작업을 해준 편집부에도 감사드린다.

마지막으로 굳이 한 가지 토를 달고자 한다. 필자가 그린 고인의 이야기는 그것이 역사관이든 이념이든 어디까지나 필자의 눈에 비친 그의 이야기일 뿐, 필자 자신의 이야기가 아님을 새삼 강조하고자 한다.

2013년 3월

안경환

1
미리벌, 밀양

경부선 남단 못 미쳐 밀양역이 서 있다. 대구와 부산의 한가운데 지점이다. 밀양은 경상남도에 속하고 6.25 이후로는 부산을 대처로 삼지만 일제시대에는 북쪽의 대구를 쳐다보고 사는 사람이 더 많았다. 특히 반가(班家)를 자처하는 집안은 도시의 연조가 짧고 일본인의 세력이 강한 신흥도시 부산을 은근히 경멸하는 경향마저도 있었다. 1931년 대전과 함께 읍으로 승격된, 결코 작은 도시가 아니었다. 그러나 오늘에는 변변한 공장 하나 없이 1차 산업에 의존하는 농촌이다. 내놓을 것이라고는 영남 알프스, 얼음골, 호박소……산과 계곡뿐이다. 산내, 산외라는 지명들이 이 고을에서 산이 차지하는 비중을 웅변한다. 그렇다고 해서 고을 전체로 보아 들이 아주 협량한 것도 아니다. 김해평야의 초입에 이르는 남쪽의 몇 개 면에는 그런 대로 널찍한 농지가 있다. 한동안 이명박 대통령 후보의 선심공약으로 동남권 신공항 후보지로 등장할 정도의 넓은 들이다. 삼한시대에 이미 수리 관개용 제방을 쌓았던 기록도 있다. 지형상 만석꾼이야 날 리 없지만 천석 정도의 소출이야 한 해도 여러 가호가 거두어들일 정도의 농토는 충분했다. 일제시대에는 경남 유일의 농잠학교가 설립될 정도로 농업의 중심지였다. 읍내에는 모직공장도 들어섰다. 한동안 여공들의 강도 높은 노동운동의 역사도 있다.

밀양 고을의 가장 오래된 이름은 '미리벌'이다. 중국의 『삼국지』, 「위

지동이전(魏志東夷傳)」에 삼한시대 변진 24국의 하나인 미리미동국(彌離彌凍國)으로 기록되어 있다. 이두(吏讀)식으로 표기한 한문 지명이다. '미리'는 오늘날과 마찬가지로 '으뜸' 또는 '먼저'라는 뜻이라고 한다. 또한 '밀어낸다'라는 뜻도 있다고 한다. 그리하여 미리벌은 한때 한문으로 추화군(推火君)으로 명명된 기록도 있다. 불을 밀어낸다는 정겨운 뜻이다. 밀성, 밀양을 번갈음질하다 조선 후기 고종 대에 비로소 정착된 향명이다. 한자로는 '密陽', 빽빽할 밀, 볕 양, 글자 그대로 밀도 높은 볕의 땅이다. 옛날부터 더운 고장이었던 모양이다. 오늘날도 대표적인 내륙분지로 한여름에 전국 최고기온을 기록하는 날이 많다.[1)]

한국 영화의 귀재, 이창동은 밀양을 '은밀한 태양볕(Secret Sunshine)'으로 풀이했다. 읍내에서 한참이나 벗어난 지점에 역사(驛舍)가 있다. 크지도 작지도 않은 전형적인 지방 소도시 역이다. 영화의 촬영지임을 알리는 표지판이 세워져 있는 밀양역에는 하루에도 십여 차례 KTX 열차가 선다. 인근의 창녕, 김해와 창원 등지를 이어주는, 나름 지역교통의 중개소 역할을 한다. 그러나 그래 보았자이다. "밀양이 어떤 곳이에요?" "뭐 별난 거 없어요. 사람 사는 곳이 다 비슷하지요." 영화에서 전도연과 송강호가 주고받은 대사 속에 밀양은 그냥 그저 그런 곳이다.

1905년 개통된 경부선의 부설계획을 세울 당시에는 철로가 읍성 근처를 통과하도록 설계가 되어 있었다. 그러나 조상에게 물려받은 땅을 철마에게 내줄 수 없다며 버틴 대성(大姓), 토호들의 반대에 부딪쳐 계획을 수정했다고 한다. 지방 토호들을 달래며 다스리는 것이 일제의 통치술이기도 했다. 서부경남의 마산, 진주로 이어지는 경전남부선의 분기점도 밀양 읍내 대신에 남쪽 끄트머리 낙동강 나루터인 삼랑진으로 밀어내었다. 삼랑진도 행정구역상 엄연한 밀양의 일부이지만 진(津)이라는 이름이 상징하듯 당시에는 아랫것들의 동네에 불과했다. 1923년 삼

---

1) 밀양의 연혁에 관한 가장 포괄적인 저술로는 1936년 출간된 안병희(安秉禧)의 『密州徵信錄(밀주징신록)』이 있다. 『국역 밀주징신록』, 밀양문화원, 2012 참조

랑진 역사에 선 급수탑은 일제가 건설한 건축물로는 드물게 대한민국의
근대문화유산으로 등록되어 있다.

"낙엽이 쌓여서/뜰은 숙연하다./노인 혼자 벤치에 앉아/안경알을 닦
는 사이/기차는 낮달을 싣고/어디론가 가고 있다."(이우걸, 「삼랑진역」,
『문학청춘』, 2010년 봄호)

한 세기 후에 한 향토시인의 시에 투영된 역사의 풍경에서 치열하고
도 각박했던 옛 삶은 먼 기적소리에 불과하다.

외세에 대한 본능적 저항은 외지인에 대한 배척으로 이어진다. 그
땅에서 몇 대를 살았거나, 최소한 자신의 몸이 태어나지 않았으면 향촌
의 일원이 될 수 없다. 그 본능적인 저항은 침입자가 가져온 새 문물에
대한 배척으로 이어졌다. 어쨌든 밀양은 역사의 고비마다 전통을 이유
로 근대화, 산업화의 물결을 외면하면서 고립을 자초했다.

누군들 자신의 향리에 대한 자부심이 없을까. 밀양 사람들도 고향에
대한 자부심이 강하다. 양반은 양반대로, 상민은 상민대로 부당한 것,
낯선 것에 저항하는 전래의 성향은 밀양인의 자랑이다. 반상의 구분이
사라진 지 오래인 지금, 굳이 조상의 신분을 들먹거리며 옛일을 되짚는
사람은 없다. 그러나 모두가 불의에 저항하는 밀양인이라는 자부심을
향토의 정신적 자산으로 여긴다. 정유재란의 영웅, 사명당(四溟堂) 유정
(惟政)에 비견할 정도로 목숨을 걸고 정절을 지키기 위해 저항한 아랑의
설화가 탄생할 만한 전통이다. 시인 고은은 『만인보』에서 이렇게 밀양
의 사적 유래를 기술한다. 역사적 사실은 대체로 근거가 있고 해석은
시인의 특권이다.

밀양 땅 본디 변한인데 가락국인데/신라에 합해지고 말았다./신라 한 고을이
되고 말았다./그 동안 거슬렸던 일 한두 번 아니다./그렇게 거역의 땅으로
내려오다가/고려 충렬왕 때/고려 원을 때려죽이고/의병을 모아/진도 삼별초
에 가담한 죄/그 죄로/밀성군사 밀양고을이 강등되어/천민 귀화부곡으로 떨

어져/계림에 속하고 말았다./그 뒤로도 풍파 잘 날 없이 현이 군이 되고/승격

강등을 되풀이하며 내려오다가/고려 말 겨우 밀양부로 승격되었다.

그러나 조선 태조 때/다시 그놈의 밀성고일 되었다가/밀성군으로 강등되었다.

다시 도호부가 되었다가/아비 때려죽인 자 있어 현으로 강등되었다.

조선말 고종 때에 이르러서야/밀양군이 되어/그 뒤 일제 군민폐합의 곡절

거쳐

오늘의 밀양군에 이르렀다./밀양 아랑 아씨/어디 그냥 있겠는가

참으로 여기 조선팔도에 여기만큼 고비 많은 데 없음이여

그럴거라/그래서 그럴거라/여기 밀양 백중놀이 춤판 뒷놀이 무리춤판

한밤중까지/햇불 달덩이 너울거리는 어둠속/이 밀양 머슴논들 춤판/이 춤판/

무서운지고/큰일 날 춤판/무서운지고.[2]

고은은 밀양을 반역의 땅, 저항의 땅으로 그렸다. 이 지방출신의 문인, 김춘복은 소설 『계절풍』에서 자신의 고향인 산내면 '쌈짓골'을 무대로 6.25 직전에 이데올로기 투쟁을 통해 새 세상을 그리던 민중의 핍진한 삶을 그렸다. 소설가 이문열의 자전적 소설 『변경』에서 1950년대 말, 1960년대 초 밀양읍의 모습을 생생하게 재현했다. 열 살 남짓 어린 나이에 이 고장에 흘러들어와 소년기를 보낸 그는 자신의 문학적 자산이 이 시기에 이곳에서 배태되었다고 고백한다.

밀양을 상징하는 건축물은 영남루다. 영남루는 진주의 촉석루, 평양의 부벽루와 더불어 조선 3대루의 하나로 불린다. 멀리 북녘 땅의 부벽루야 그렇다손 치더라도 같은 경상남도에 소재한 진주 촉석루와 밀양 영남루는 자주 비견된다. 누각을 중심으로 본 두 도시의 풍광도 닮은 점이 많다. 아랑각을 거느린 영남루 누각 끝에 서서 아래로 은어 떼가 유영하는 남천강을 내려다보노라면 촉석루를 우러러 받드는 의암(義岩)과 남강의 잔잔한 물결이 연상된다. "아, 강낭콩꽃보다도 더 푸른 그

---

2) 고은, 「밀양 백중놀이」, 『만인보』 2권, 창비, 1986, 295-296쪽

물결 위에 양귀비꽃보다도 더 붉은 그 마음 흘러라." 변영로의 명시「논개」에 필적할 수야 없어도 향토시인 이시은의 「아랑의 노래」도 기본 정조는 마찬가지다. "세월도 흘러 흘러 강물에 실려가고 바람도 불어 불어 대숲에 감겨들면……가슴에 꽂힌 비수 무엇으로 뽑아낼까."3)

적장을 끌어안고 투강함으로써 나라를 지키려는 작은 여인의 애국심이나 처녀의 영혼을 지키기 위해 육신을 버렸다는 아랑의 설화나 거부하고 지키려는 가치에는 경중을 따질 수 없으리라. 촉석루 경내에 설치된 의기사(義妓祠) 사당과 영남루 아래 대숲에 숨은 아랑각은 의(義)와 충(忠), 그리고 절(節)이라는 전래의 덕목을 기리는 전당이기는 마찬가지다.

어떤 의미에서든지 한계상황에서 극적으로 생을 마감한 여인들의 이야기는 듣는 사람을 비감하게 만든다. 이쯤해서 그 시대 백성의 일상적 삶으로 시선을 돌려보자. 지그시 두 눈을 감고 입술에 담아보라. "진주난봉가"와 "밀양아리랑"의 가락과 구절이 겹친다. "진주 낭군 오실 테니 진주남강 빨래가거라." "동지섣달 꽃 본 듯이 날 좀 보소."

강 너머 삼문동 섬은 밀양인의 아늑한 보금자리다. 솔밭, 뚝방 길 따라 잘 다듬어진 산책로는 한껏 채워도 언제나 아쉬운 젊은 연인들이 뒤따를 입소문을 각오하면서 은근한 커밍아웃을 선언하던 곳이다. 한층 눈을 들어 멀리 마암산과 종남산을 건너보는 풍광은 부벽루의 대동강에 뒤지지 않을 것이다. 강좌웅부(江左雄府),4) 강성여화(江城如畵)5) '영남제일루'에 보존된 300여 편의 현판은 이 누각이 조선조 시인묵객들의 사랑을 듬뿍 받았음을 입증한다. 퇴계의 글도 온전하게 걸려 있다.

반역의 땅에서 큰 벼슬이 나올 리 없다. 밀양의 유림은 조선조를 통틀어 재상 하나 배출하지 못한 향리에 대한 아쉬움을 감추지 못하면서도

---

3) 이시은, 제5시집 『빈 가슴에 그린 풍경』, 문예운동, 2009 가을
4) 낙동강 좌측의 큰 고을.
5) 그림 같은 강과 성.

올곧은 사림의 기개만은 양보하지 않는다. 충신과 역적이 말 한마디 차이, 권력의 부침에 따른 삶의 굴곡을 뼈저리게 체험한 탓인지 '벼슬하지 말라!'라는 옹색한(?) 가훈을 대대로 물리는 집안도 더러 있었다.

밀양인이 자랑스럽게 내놓은 역사의 인물로 조선 초기의 문신, 춘정(春亭) 변계량(卞季良)이 있다. 정유재란의 영웅 유정(惟政) 사명대사(四溟大師)도 있다. 그러나 유림과 지식인의 입장에서는 단연코 점필재(佔畢齋) 김종직(金宗直)이다. 무오, 갑자, 기묘, 을사, 조선조의 사화는 밀양인 김종직의 무덤에서 시작되었다. 무오사화의 발단은 김종직의 제자 김일손이 사초에 담았던 스승 김종직의 조의제문이었다. 초패왕 항우에게 죽은 한나라 의제(義帝)를 추모하는 그의 글은 세조를 항우에 빗댄 것이라는 해석이었다. 김종직은 부관참시되고 선산김씨 일족은 폐족을 면치 못했다. 밀양 향인은 김종직을 낳은 고장이라는 자부심에 차 있다. 1868년 밀양의 서원은 모두 대원군에 의해 철폐되었다. 그러나 그를 봉사하는 예림서원(藝林書院)은 철폐된 뒤 예림재로 이름을 바꾸어 여전히 밀양 유학의 절의정신을 발전, 계승했다.

망국과 일본의 진입

유학은 5백 년 왕조를 근근이 지탱하고 있었다. 그러나 밀어닥치는 외세의 공세 앞에 더 이상 나라를 붙들어줄 힘이 없었다. 전통도 자부심도 나라를 지켜내지 못했다. 망국을 앞둔 19세기 말, 20세기 초 밀양에는 공립학교인 향교를 중심으로 사대부들의 사랑방이었던 연계소와 중인계급에게도 개방한 육영재(育英齋)를 아울러서 넓은 유림사회를 형성하고 있었다. 나라를 잃고 나서는 전통은 더욱 무력해졌다. 사대부의 기개는 무참히 꺾였고, 상민의 냉소는 분노로 변했다. 일본을 정신적 원군으로 삼은 개화와 신문물에 대해 어떤 자세를 취할 것인가, 실로 큰 난제였다.

옛 고을, 밀양에도 20세기 초에 이미 일본이 진출하고 있었다. 한일

합병이 강제로 이루어진 1910년의 인구조사에 의하면 밀양 땅에 이미 1,579명의 일본인(남 836, 여 743)이 거주하고 있었다. 남녀의 숫자가 비슷한 것은 이미 생활밀착형 이주가 시작된 것이다. 이때 조선인의 숫자는 남 71,796, 여 71,915, 합계 143,711이었다. 일본인의 숫자는 이미 인구의 약 1퍼센트를 점했다. 일본인 거주자는 지속적으로 증가하여 1942년에는 2,636명으로(남 1,357, 여 1,279) 늘어났다. 그러나 조선인의 숫자는 30년 동안 거의 변동이 없었다(남 73,283, 여 72,530, 합계 145,813). 그 동안 외지로 떠난 사람이 많다는 추정이다.[6] 일본으로, 만주로 새 삶의 터전을 찾아 떠난 사람들은 대부분 농토와 지역의 뿌리가 약한 하층민들이었을 것이다. 그러나 개중에는 김원봉, 윤세주와 같이 나라를 되찾기 위한 독립운동의 방편으로 중국으로 떠난 소수의 청년도 포함되어 있었다. 일제 독립운동사에서 밀양은 별도의 한 장을 점유할 충분한 가치가 있다. 이 연면한 저항정신의 땅, 밀양은 이민족에 빼앗긴 나라를 되찾는 방법은 오로지 무장투쟁뿐임을 표방한 열혈청년들의 모임인 의열단(義烈團)의 산실이기도 하다.

내지(內地) 유학을 통해 적극적으로 신문물을 수용한 지주의 자제도 적지 않았다. 불의의 시대에 편승하여 자발적으로 대일본제국의 주구가 된 사람도 있었다. 후세에 의해 가장 치욕스런 밀양인으로 낙인찍힌 박춘금(朴春琴)은 한일합방 직후에 일본에 건너가 조선인 노동자를 착취하는 기업인으로 악명을 날렸고 1923년 도쿄, 요코하마 일대의 대지진(관동대지진) 때 조선인의 대량학살을 주도했다는 세평이 있을 정도이다. 일제시대의 인물로는 이례적으로 고은의 『만인보』에도 등재되어 있다.[7]

<hr>

6) 『조선총독부 통계연보』; 『밀양 독립운동사』, 강만길 편, 밀양문화원, 2003. 12, 30쪽에서 재인용. 1942년 조사에 의하면 조선인도, 일본인도 아닌 외국인 남자가 6명 있었다는 사실은 흥미롭다.

7) 고은, 「박춘금」, 『만인보』 28권, 창비, 2010, 753–754쪽. "다시 폭동이 일어날 것 막으려고/일본 농민/일본 서민들 공포에 떨도록/조선인 학살을 감행했다.……바로 이때의 학살조치를 이끌었던 자가/조선인 박춘금/상애회(相愛會) 만들어/조선인 공장노동자/막노동자를 착취하던 박춘금/그가/칸토오대지진 조선인 학살한 공로로 일본제국회의 중의원이 되었다. 이런 줄도 모르고/ 조선에서는/일본 지진 피해를 위로하여 쌀 2백

그러나 이와는 정반대로 결기에 찬 민족의식을 지켜 자녀에게 일본이 주도한 신교육을 거부하고 민족혼을 고취하는 대안교육을 시도한 가문도 있다. 부북면 퇴로리에 정주한 성호(星湖) 이익(李瀷)의 후손, 여주(麗州) 이씨 문중은 정진학교(正進學校)를 세워 후손과 지역의 청소년 교육을 도모했다. 민족사학자 이우성은 이러한 가계의 산물이다.

『밀양 독립운동사』를 집필한 김기승은 밀양 독립운동의 특징으로 세 가지를 들었다. 첫째, 밀양의 민족해방 운동은 지역주민 대다수의 참여로 민중적 토대 위에서 시기별로 다양한 형태로 출발되었다는 점이다. 1890년대와 1900년대에는 개화교육 운동과 구국계몽 운동이, 1910년대에 비밀결사 운동과 3.1 운동이, 1920년대에는 의열단의 투쟁을 비롯하여 청년운동, 농민운동, 노동운동, 학생운동, 군민권익 옹호운동 등이, 1930년대에는 국내의 대중운동과 국외 조선민족혁명당의 통일전선 운동이 전개되었다.

둘째, 밀양의 민족해방 운동은 부문과 계층의 다양성에도 불구하고 혼란과 분열보다는 단합과 국내외의 유기적인 연계성이 두드러지게 나타났다. 밀양 주민들은 3.1 운동에서 보여준 전체 주민의 통합된 역량에 바탕을 두고 세대, 종교, 계층에 따라 다양한 방식으로 운동을 전개하여 전체 역량을 강화했다. 이를테면 다양성 속의 통일성을 이룬 것이다.

셋째, 밀양의 민족해방 운동은 20세기의 전 시기에 걸쳐 이어졌고, 시종일관 통일전선 운동으로서의 성격을 강하게 띠었다는 점이다. 1890년대와 1900년대에 전개된 개화교육 운동과 구국계몽 운동은 유교적 전통에 바탕을 둔 주체적 근대화 운동으로서의 성격을 띠었다. 그래서 다른 지역에서 흔히 나타난 보수와 개화의 심한 갈등이 크게 나타나지 않았다.

그리고 1919년 3.1 운동에서는 계층, 종교, 연령을 넘어선 전형적인

만 가마니를 걷어 보냈다./걷어 보내고/긴긴 겨울 굶어 부황났다./박춘금은 카루이자와 온천에 갔다."

전 민족적 성격을 표현했으며, 1920년대의 의열단 및 신간회 운동과 1930년대의 민족혁명당에서 통일노선을 확립했다. 특히 밀양의 경우는 국내, 국외의 유기적 연결, 그리고 기성세대와 청년세대의 밀접한 협동을 특징으로 하였다. 이는 대중적 역량에 토대를 둔 저항성을 뚜렷하게 나타냈다는 점에서 신간회 본부의 노선과는 구별되었다고 평한다. 이러한 공유된 경험과 신념은 1940년대 밀양 지역 인사들의 민족해방 운동을 통일 민족국가의 수립이라는 단일 목표를 향해 결집하도록 만들었다는 지적이다. 밀양의 주류 독립운동가들에게는 해방과 통일은 분리할 수 없는 절대적 명제였던 것이다.[8]

용의 구슬, 아이의 탄생

1918년 1월 3일, 창원 황씨 가문에 사내아이가 태어난다. 황대화의 둘째 아들이다. 비교적 일찍 개화에 동참한 그는 총독부의 관리가 되어 인근의 의령군청에 근무하고 있었다. 대화 씨는 삼남에게 항렬자 용(龍)에 덧붙여 구슬 주(珠) 자를 준다. 분명히 용의 여의주를 염두에 둔 큰 이름이다. 세상을 평정할 큰 꿈을 지니고 살아야 할 운명을 감지한 것일까. 김해 김씨, 부인이 꾼 예사롭지 않은 태몽에 취했을까. 작명가의 자문을 얻었다. 범상치 않은 시운을 타고난 아이라는 것이다. 이후 용주의 일생은 무지개를 타고 나르던 용의 비상과 추락이었다. 그의 80 생애를 양분하면 전반은 정상을 향한 비상의 과정이었고, 후반은 순식간에 추락한 뒤에 보낸 울분과 좌절의 세월이었으니.

국가공부상에 기록된 용주의 출생지는 경남 의령군 읍내면 동촌리 82번지로 기재되어 있다. 의령군청 관사였다. 의령 땅에도 인습의 틀을 깬 선각자가 많았다. 백산상회를 설립하여 무역의 수입으로 청년의 일본 유학비를 부담하는가 하면 은밀하게 독립운동의 자금도 조달한 백산(白山) 안희재의 고향이기도 하다. 그의 족질, 안호상은 조선 최초의 독

---

8) 김기승, "밀양 민족해방 운동의 역사적 의미", 강만길 편, 『밀양 독립운동사』, 20–23쪽

일 유학생의 한 사람이다. 그는 집안의 결정에 따라 밀양의 전통 명가집 규수에게 장가든다. 그러나 유학에서 돌아오기가 무섭게 구식 여인과 자식을 버리고 당대 제일의 개화여성, 시인 모윤숙을 아내로 취한다. 별다른 윤리적 비난이 따르지 않던 당시의 풍속이기도 했다.9)

사는 곳보다 피와 뼈의 근원을 밝히는 공적 기록인 호적에는 밀양읍 내이동 982번지가 용주의 본적으로 기재되어 있다. 근대적 공부제도가 정착되기 이전에 용주의 직계조상은 여러 대에 걸쳐 단장면 감물리에 정주했다. 단장면은 밀양의 오지 중의 오지다. 영남 알프스의 초입인 이곳은 예로부터 뭇 약초를 실은 산이라는 재약산(載藥山)이 병풍으로 감싸고 있다. 재약산 아래에는 정유재란의 영웅이자 승장, 유정 사명대사를 기린 사찰인 표충사가 자리하고 있다. 1990년대 말, 밀양 출신의 이은성이 『소설 동의보감』(1990)에서 이웃한 산내면 얼음골과 함께 이곳 재약산을 지리적 무대로 삼았던 이유도 충분히 납득이 간다.

'송장이 되어 단장에 드니' 입담 좋은 여인네들의 가락 속에 등장할 정도로 단장은 오지 중의 오지였다. '붉은 마당(丹場)'이란 어원이 왠지 처절함을 더해준다. 단장면 단장리. 1785년, 오늘의 명동성당 터에 집을 소유하고 있던 통역관 김토마스(김범우)가 사학(邪學)에 홀린 죄로 귀양살이에 내몰린 곳이기도 하다. 정조 19년, 을사년은 천주교의 존재가 공식적으로 조정에서 언급된 첫 해이다. 중국에서 비밀리에 잠입한 주문모 신부의 통역이었던 김범우는 이벽, 이승훈, 권일신 부자, 정약용 3형제 등 양반 신자들을 대신하여 뭇매를 맞고 이곳 오지에 유배되었다. 장독(杖毒)으로 이태나 신음하던 그는 풍성한 약초의 효험을 보지 못하고 단장의 낙엽이 되어 풍진세상을 하직한다. 이 땅 최초의 천주교 순교자이다.

단장면 감물리(甘勿里)에 정주한 용주의 할아버지는 일대에 상당한

---

9) 안호상, 『한뫼 안호상 20세기 회고록 : 하나를 위하여 하나되기 위하여』, 민족문화출판사, 1996

토지를 보유하여 여러 소작인을 두기도 했다. 그는 일찌감치 신교육의 중요성을 인식했고 비교적 빨리 아들을 읍내에 진출시켰다. 용주가 태어난 이듬해인 1919년 3.1 만세운동은 밀양에도 확산되었다. 실은 영남에서 만세운동이 가장 먼저 일어난 곳이 다름 아닌 밀양이었다. 3월 11일, 12일, 양일에 걸쳐 밀양읍과 인근 부북면에서 일어난 만세운동은 읍내의 밀양공립보통학교 졸업생과 부북면 춘화교회의 기독교도 중심으로 전개되었다. 이 지방 출신으로 고종의 시종이었던 윤치형은 황제의 인산(因山)에 참석하기 위해 상경한다. 탑골공원에서 만세운동을 목격하고 밀양에 돌아와 선배, 을강(乙江) 전홍표에게 보고한다. 전홍표는 황상규와 상의하여 대규모 항의운동을 조직한다.[10]

백민(白民) 황상규(黃尙奎)(1891. 4. 19-1931. 9. 2)는 개화기의 밀양의 대표적인 선각자로 추앙받는 인물이다. 그는 약관 20대인 1910년대에 상동고명학교, 밀양동화학교, 마산 창신학교 등 여러 학교를 설립하여 민족 독립 정신을 고취하고 항일 투사를 양성한다. 그는 친일부호 장승원(이승만 시절 수도청장과 국무총리를 지낸 장택상의 아버지)을 처단하는 데 가담한 행동파로 3.1 운동에 앞서 1918년 발표된 '무오독립선언서'의 서명자 39인 중의 하나다.[11] 또한 1919년 상해 임시정부의 수립에 참여하여 재무위원으로 거금 18만 원을 쾌척한다. 당시 물가로 쌀 한 말이 25전 정도였다는 기록이 있다. 백민은 일곱 살 연하의 생질, 김원봉을 지도하여 의열단의 창설을 유도하고 고문인 의백(義伯)의 자리를 맡는다. 일본 요로인물의 암살, 총독부의 폭파 등을 음모하다 실행에 옮기기 전에 발각되어 체포된다. 옥중에서 스스로 혀를 깨물어서 묵비권을 행사함으로써, 검찰이 피의자 심문조서 없이 '백지기소'하도록 만든다.

1929년 11월 9일 신간회본부는 광주학생 사건에 대한 철저한 조사와 구속학생의 석방을 위한 노력을 쏟기로 결정한다. 중앙집행위원장 허

---

10) 『밀양 독립운동사』, 134쪽. 밀양시는 3월 13일을 공식적인 의거일로 기념한다.
11) 한홍구, 『장물바구니 : 정수장학회의 진실』, 돌아온 산, 2012, 65쪽

헌, 서기장 황상규, 회계 김병로로 조사단을 구성하였다.[12] 이렇듯 백민은 전국적인 인물이었다. 1931년 9월 2일 백민의 사회장에는 전국 각지에서 몰려든 조문객으로 밀양 경찰서가 비상근무 상태에 들어가고, 경찰서가 포위되는 일이 벌어지기도 했다. 신간회의 서기장을 역임한 그는 옥고 후유증으로 만 40세에 작고한다. 일제시대임에도 불구하고 사회장으로 치렀다. 밀양읍 지동에 조성된 그의 묘소에는 '白民黃先生尙奎之墓 社會團體聯合葬'(백민황선생상규지묘 사회단체연합장)이라는 장례 당시에 세운 묘비가 부침한 세월을 이겨내고 있다. 오랫동안 방치된 묘는 철없는 동네 아이들과 뜨내기 야생동물들의 야영장이 되었다. 근래에 들어와서 비로소 향토사학가 손정태 등 그를 추모하는 후세인과 때늦은 유족의 관심에 힘입어 최소한 폐묘 신세는 면한 셈이다.

한일병탄을 전후하여 밀양의 사립학교는 민족정기를 고취하는 요람이었다. 총독부의 조사에 의하면 1913년 밀양에는 6개의 사립학교가 있었다. 1897년 손정현에 의해 최초로 설립된 개창학교는 1901년에 공립으로 전환되었고 1906년 교육령의 개정에 의해 밀양공립보통학교로 개칭된다. 합병 이듬해인 1911년부터 졸업생을 배출한다. 의열단 단원이 된 김원봉과 윤세주, 철저한 마르크스주의자로 짧은 생을 마친 신비의 인물 안영달(安永達), 후일 김원봉의 비서로 북행에 동행했던 황용암(黃龍岩)도 이 학교 출신이다.[13]

윤치형에게는 아들 세주(世胄)(1901-1942)가 있었다. 그는 세 살 위인 김원봉을 따라 중국으로 망명한다. 황상규에게도 아들 용암이 있었다. 애국지사에게 아들은 조국에 바치는 제물이다. 한참 선배인 김원봉과 윤세주가 아버지가 지도하는 의열단의 단원이 되어 중국 땅에 망명했고 비밀리에 국내를 내왕하며 무장투쟁을 전개하고 있을 때 이들 선배들의 무용담을 살아 있는 신화로 접하면서 자란 소년, 용암은 국내에서 '소년

---

12) 한인섭, 『식민지 법정에서 독립을 변론하다』, 경인문화사, 2012, 281쪽
13) 『밀양 독립운동사』, 190쪽

동맹'의 핵심요원으로 나이에 걸맞지 않는 성숙한 활동을 한다. 그의 활약상을 1930년 전후의 동아일보 기사에서 확인할 수 있다.14) 안영달 또한 중심인물의 하나다.15) 그는 비교적 늦은 나이에 학병에 자원하여 나선다. 나이 어린 후배들을 설득하여 공산당원을 만드는 것이 그의 임무다. 이병주의 소설『관부연락선』에 실명으로 등장한다. 안영달은 해방 후 혼란기에 남로당의 권력투쟁 과정에서 동지에 의해 암살당한 것으로 정리되어 있다. 세월과 시대가 바뀐 후임에도 불구하고 그의 일가 친척과 후손은 찾을 길이 없다. 그 누구도 안영달의 역사적 존재를 확인하려 나서지 않는다. 황상규의 부인, 김악이는 기독교도가 되어 있었다. 기독교 여신도를 규합하여 태극기를 준비하여 윤세주의 집에 숨겨두었다가 일시에 배포하여 군중집회를 주도한다.16) 이듬해인 1920년 7월부터 3.1 운동 관련자에 대한 재판이 열린다. 식민지 법정에서 법으로 독립을 변호하여 명성을 쌓고 해방 후에 대한민국 건국사법의 대부가 된 가인(佳人) 김병로는 1919년 4월 16일자로 부산 지방법원 밀양지원 판사로 부임하여 정확하게 1년간 근무하고 사임한다. 그리고 이듬해부터 변호사로 개업하여 독립운동자들을 변호한다.17) 그는 "3.1 운동을 계기로 판사가 될 수 있었고 밀양에서 독립운동가에 대한 재판을 참을 수 없어 판사자리를 내던졌다"라는 추측도 있다.18)

밀양은 연변에서 최후의 생을 마감한 김학철이 평생토록 그리던 곳

<hr>

14) '방청금지 리 경남소년대회' 황용암 집행위원으로 선출, 「동아일보」, 1929. 8. 1, 4면; "1931년 3월 29일 밀양소년동맹 제3차 정기대회는 집행위원장 황용암의 사회로 진행되었다." 「동아일보」, 1931. 4. 4, 3면
15) 안영달은 1929. 12. 10일자 「동아일보」에는 밀양청년동맹 주관, 농촌순회강연의 연사로, 1930. 9. 14일자 「동아일보」 밀양청년동맹회의의 사회자로 기록되어 있다. 『밀양독립운동사』, 275쪽, 표4
16) 김춘복, "석정(石正) 윤세주의 생애와 사상", 『밀양문학』 14호, 2001, 75쪽 이하
17) 한인섭, 『식민지 법정에서 독립을 변론하다』, 57쪽
18) 김진배, 『가인 김병로』, 가인기념회, 1983, 41쪽; 김학준, 『가인 김병로 평전 : 민족주의적 법률가 정치가의 생애』, 민음사, 1988, 93-94쪽

이기도 하다. 함남 원산 출신으로 17세의 어린 나이에 상해로 건너간 그는 김원봉의 의열단 단원이 되어 김원봉과 윤세주의 지도 아래 팔로군에 투입되어 항일투쟁에 참전한다. 그는 1942년 태항산 전투에서 윤세주가 죽는 현장에 있었다. 김학철 자신이 타계하기 직전인 2001년 밀양을 방문했다. 김원봉과 윤세주의 남은 유족을 상봉한 후에 꼿꼿한 외다리로 걸어올라 공동묘지에 묻혀 있는 김원봉의 동지이자 부인이었던 박차정의 묘소를 참배한다. 더없이 진지하고 엄숙한 자태로 거수경례를 붙여 옛 동지에 대한 경의를 표한다. 필자는 김학철의 만년에 여러 차례 대면하고 그의 특별한 인생에 대해 들었다.[19) 그의 뇌리에 각인된 밀양은 자신이 죽기 전에 반드시 참배해야 할 사랑과 사상의 성지였다.

오랜 세월에 걸쳐 밀양 땅에서 김원봉과 윤세주는 공개적으로 거명할 수 없는 이름이었다. 김원봉의 형제는 물론 사촌까지도 연좌제의 족쇄에 묶여 공직을 꿈꿀 수 없었다. 뿐만 아니라 일상의 언행에서도 극도의 자제와 자기 검열을 강요당했다. 김원봉의 종질, 김재현의 청년 시절의 짓눌린 의식은 후일 학생 시절의 하숙방 친구였던 이균영의 소설『어두운 저편의 기억』(1984 이상문학상 수상작)에 중요한 모티브를 제공했다. 윤세주의 외증손자로 경제부처의 장관을 지낸 박봉흠은 윗대, 그것도 외가의 일이라 자신의 신상에 직접적인 영향을 받지는 않았지만 공직에 재직하고 있는 동안은 부담스런 조상의 존재를 의도적으로 잊고 지내려 했다는 솔직한 고백이다. 뒤늦게나마 세 사람의 의인, 황상규(백민), 김원봉(약산), 윤세주(석정)의 호를 딴 거리가 밀양시내에 탄생한 것은 금석지감이 든다.

---

19) 안경환, "최후의 분대장, 김학철",『참여사회』, 1996. 12; 안경환,『셰익스피어, 섹스어필』, 프레스 21, 2000, 31-34쪽에 재수록; "최후의 분대장 (1) : 민족이라는 괴물", 김학철, 안경환 대담,『참여사회』, 1998. 6; "최후의 분대장 (2) : 마지막 대담",『참여사회』, 2001. 10; 안경환,『사랑과 사상의 거리재기 : 안경환의 문화 읽기』, 철학과 현실사, 2002, 258-265쪽, 266-276쪽에 재수록

민족의식에 눈뜬 소년

소년 용주에게도 황상규와 김원봉은 강한 영향을 미쳤다. 황상규는 김원봉의 고모부다. 용주에게는 조항(祖行), 즉 친척 할아버지다. 또한 김원봉의 어머니가 용주의 친척 할머니이기도 했다. 지사 집안의 피가 삼중으로 얽힌 것이다.[20] 두 거물은 소년 용주의 민족주의 의식의 형성에 심대한 영향을 미쳤다. 성장하면서 용주의 삶과 사상의 일부가 되어버린, 가히 광적인 프랑스 사랑도 소년 시절의 일화에서 맹아가 싹튼 것이다. 어느 명절날이다. 소년은 세상이 존경해 마지않던 친척 할아버지 집에 인사차 들른다. 족보에 따라 할아버지라고 불렀지만 실은 서른 남짓의 아저씨였다. 자라서 무슨 일을 하든 한시도 나라를 되찾는 일을 게을리 하면 안 된다, 젊은 할아버지는 소년에게 당부한다. 그러면서 그는 외국어, 그중에서도 '불란서어'의 중요성을 강조한다. 1919년 파리 만국평화회의에 참석한 김규식 박사가 당시의 국제어였던 프랑스어를 익히지 못해 조선의 입장을 제대로 전하지 못했다면서 개탄하는 것이었다. '불란서', '불어', 소년 용주의 정수리에 내려박힌 두 단어는 평생의 계명이 되었다. 용주의 소년 시절을 직접 증언해줄 사람은 더 이상 없다. 다만 부인 이창희 여사가 용케 갈무리해온 빛바랜 사진 한 장이 역사의 방증이 된다. 의령군청의 관사에서 찍은 사진이다. 부모 형제와 더불어 왕고모인 김원봉의 숙모가 함께 자리했다. 이 사실이 용주와 약산과의 특별한 관계를 상징해준다. 용주 자신은 조선윤리의 상징이었던 족보나 씨족의 뿌리 관념에 대해 별다른 애착을 보이지 않는다.

"한때 종친회에서 여러 권의 황씨 족보를 보내왔다. 나도 5.16 직후 마지못해 황씨 종친회 중앙회 창립에 관여한 적이 있었기 때문인지 모른

---

20) 김성숙 회상, 이정식 면담, 김학준 해설, 『혁명가들의 항일회상』, 민음사, 1988, 83
　　쪽; 대한민국 국회도서관 편, 『한국민족운동사료 중국 편』, 1974, 484쪽; 『밀양출신
　　독립운동가』, 밀양시, 2009. 2, 35쪽(김원봉), 84쪽; 박태원, 『약산과 의열단』, 백양당,
　　1947. 2

다. 성(姓)의 뿌리를 밝혀보자는 것은 흥미로운 일이 아닌가. 그러나 당시 우리들 종문도 예외 없이 시조의 뿌리가 왕이나 귀족에서 비롯했을 거라는 희망적 관측을 두고 애매한 사실을 견강부회하려는 등 종차마다 원뿌리를 달리하고 있다는 난센스만 빚고 말았다. 나는 나의 뿌리를 대충 6세기 수의 18만 대군, 7세기 당의 개입군, 아니면 13세기 원의 침공군, 이들 중 하나가 아닌가 하고 추적하고 있다. 왜냐하면 나는 20대 전후하여 일본에서 유학할 무렵 그들의 민속적인 무드에 사로잡혀본 적이 없었다. 그러나 1944년 중국 남경의 어느 비좁은 상가에 들어섰을 때 그 잡다한 색채, 소음, 왕래하는 얼굴들을 일견했을 때 나의 오장육부가 본고향을 찾아든 것처럼 흡족하였다. 그때 나는 원래 나는 여기 살아야 했을 것을 저 멀리 반도로 밀려나간 것이 아닌가 하는 생각에 사로잡히고 말았다.……나는 나의 씨족의 뿌리에 관한 한, 그것이 당병(唐兵)이거나 원병(元兵)이라도 상관할 바 아니다. 그러나 나도 다음 세대의 뿌리임을 생각하면 인계해주어야 할 무엇을 찾지 않을 수가 없다. 나는 더욱 박물관을 내왕하면서 나의 '질(質)'에 관한 뿌리를 밝혀야 할 것 같다."21)

용주는 어린 시절 자신의 눈에 비친 한 '애국지사' 협객의 모습을 회상하면서 당시 밀양인의 삶의 한 단면을 전해준다.

"살구쟁이가 체포되어 부산으로 송치되는 날 많은 읍민이 그를 역까지 전송했다. 사건인즉 의열단을 안모가 밀고했다는 소문을 듣고 그날 밤 살구쟁이는 말리는 손을 뿌리치고 단숨에 삼십 리 길을 뛰어가서 안의 기와집을 불살라버렸다. 그리고 달아나라는 말을 들은 체 만 체 자수했다. 플랫폼에 열차가 도착하자 꽁꽁 묶인 살구쟁이는 눈매와 입 언저리에 그 살래살래한 미소를 간직했다. '또 보재이' 하고는 달랑 먼저 뛰어올랐다."22)

---

21) 황용주, "나의 뿌리", 「부산일보」 "춘추한필", 1977. 9. 20
22) 황용주, "항일투사", 「부산일보」 "춘추한필", 1977. 10. 28

어린아이에게 어머니는 세상의 전부다. 용주의 어머니 김씨는 당시의
현모양처의 전형대로 순박하나 심주가 곧은 여인이었을 것이다. 1977년
1월, 회갑을 바라보는 나이에 용주는 어머니에 대한 애절한 마음을 공개
적인 글로 발표했다. 부산일보에서는 전성기에 주필과 편집국장, 그리
고 사장을 역임했던 왕년의 논객에게 그 옛날 그가 누리던 특전을 다시
제공한다. 어떤 주제이든, 자유롭게 쓰라면서 지면을 내준다. 칼럼의
제목은 "춘추한필(春秋閑筆)" 주 1회, 거의 4년에 걸친 장기 연재였다.
이때 이미 황용주는 세상에 잊혀진 인물이었지만 아직도 그가 주필이던
시절의 향수를 가진 장년의 독자들도 적지 않았다. 실로 오랜만에 자신
에게 주어진 필설(筆舌)의 기회를 얻자 가장 먼저 어머니에 대한 회고로
시작한다. 더 이상의 췌사는 필요 없다. 이 한 편의 글로 능히 수만 장의
대하소설을 만들어낼 수 있을 것이다.

"1881년생으로 믿어지는 나의 어머니는 일자무식꾼이었다. 생전의
아버지 표현을 빌면 '낫 놓고 ㄱ 자도 모르는 천하명텅구리'였다. 어머
니는 김해 김씨였는데 일생을 '짐해 짐씨'로 지냈다. 소위 지식과 한문으
로부터 전혀 오염되지 않은 나의 어머니는 그럴수록 씨족의 개념과 악
에서 편견이 들어설 수 없었다. 양반이고 상놈이고 다 없어졌다지만
그녀의 씨족관에는 해가 지구를 돌고 있는 중세의 천동설 시대의 황홀
한 도취가 있었을는지 모를 일이다.

호주가였던 아버지가 며칠이고 귀가하지 않으면 10대 전 때의 나는
처음에는 술을 적대시했다가 어느새 사태를 알게 되었다. 미녀로서 부
각되어 있던 기생의 이미지가 돌연히 꼬리 긴 여우로 바꿔지는 것이다.
뜬눈으로 밤을 지새우고 있는 어머니를 동정한 나머지 백두산보다 높았
던 아버지가 미워지면서 나는 온 동네 벽에다 아버지를 규탄하는 야비
한 낱말들을 백묵으로 갈겨놓겠다고 몇 번이나 결심한다. 그럴 때마다
어머니는 '애들아, 아버지가 아무래도 도깨비에 홀렸어'라고 우리들 손

을 잡고 머리를 쓰다듬는다. 일순 이상하게도 도깨비에 홀려서 광야를 헤매고 있는 아버지가 불쌍해지는 것이다. 나는 일찍이 그때처럼 창밖의 암야가 공포스럽고 뿔이 난 적면의 도깨비를 명백하게 본 기억이 없다. 그런 날 새벽이면 어머니는 손수 부엌에 들어서 성찬을 차리고 아버지의 귀가를 기다렸다.

그래도 돌아오지 않는 아버지를 기다리면서 때 아닌 성찬을 앞두고 나는 어젯밤 아버지에게 퍼부었던 야비한 격문을 모조리 철거해버린다. 낫을 놓고 ㄱ자도 몰라보는 어머니에게는 그것들의 일당이 점거했어야 할 곳에 부부라는 관계, 부자라는 위계, 그리고 가정이라는 공동체가 정상적인 가동(稼動)을 유지하려면 아내로서 어머니로서 믿음보다 어려운 자기 억제의 힘으로서 가득 차 있었을는지 모른다.

나는 지금도 서산에 지고 말은 네 굽을 치는데 임은 붙들고 놓지를 않는 그런 석별의 정감을 체험하지 못한 것을 평생의 한으로 삼고 있는 실정이다.

그러나 나의 어머니가 언제나 내가 집을 나설 때마다 대문에서 눈에 눈물, 입은 있으되 말은 없으면서 그저 손등으로 어서 출발하라고 하던 동작을 회상하면 오히려 만족스럽다. 어머니의 감정은 소설이나 기타 인위적인 악영향을 받지 않고 원시림처럼 온존되어 있었기에 나를 언제나 지배하고 있는 것이다.

어느 날 어머니는 갑자기 누워서 잠이 들고 코와 입에서 소량의 피를 토하시더니 역시 말없이 세상을 떠나버렸다. 나는 그 반듯한 이마가 여인으로서 그렇게 전형적인 매력을 지닌 줄 미처 몰랐음을 후회하면서 어느 왕관도 그 이마 아니고서는 받아지지 않았을 것이라고 느꼈다. 과연 어머니는 김해 김씨였을까, 짐해 짐씨였을까."[23]

---

23) 황용주, "어머니", 「부산일보」 "춘추한필" 1회, 1977. 1. 9

2

마산, 유년의 환각

해(海)에게서 소년(少年)에게

마산은 항구다. 항구는 바다를 향해 사람을 내보내고 바다를 통해 들어오는 사람을 받아들인다. 바다는 개방과 진취적 기상의 요람이다. "역사에서 바다는 어떤 의미를 지니는가? 바다는 한편으로는 사람의 길을 가로막는 장벽이지만 동시에 사람들의 상상력을 자극하고 수평선 너머로 유혹하여 결국 머나먼 이국과 소통시키는 길이 되기도 한다." 참신한 주제와 경쾌한 필치로 주목받는 젊은 사학자 주경철은 이렇게 말한다. "근대 이전의 역사는 정주 농경문화권 중심의 역사였다. 농촌 마을 안에서의 생산과 소비, 귀족과 농민간의 계급갈등, 국가의 형성과 전쟁 혹은 혁명 같은 것들이 그런 내용들이었다.……그러나 근대의 세계는 바다를 통해 형성되었다. 작은 어촌의 가난한 어민들로부터 전 세계를 돌아다니는 대상인, 모험가와 해적들이 활개 치는 역동적인 해양 세계를 보라."[1] '마도로스'의 낭만적 삶의 이면에 담긴 선원들의 비참한 일상이 세계인의 개안을 인도했다.

"18세기 초에 수만 명의 선원들이 세계를 떠돌고 있었다. 선원들이 죽음의 공포와 질병, 저임금에 시달리며 힘겹게 살았던 이 선원 노동자 집단이 아니었다면 전 지구적 자본주의의 출범과 근대세계의 문명의

---

[1] 주경철, 『문명과 바다』, 산처럼, 2009, 11–12쪽

형성은 불가능했을 것이다."2) 조금만 생각해보면 쉽게 깨칠 수 있다. 왜 육당 최남선의 시, 「해(海)에게서 소년(少年)에게」(1907)를 우리 근대 문학의 효시로 삼는지를. 이 시가 등장하기 이전까지 이 땅의 문학은 산과 들, 바람과 나무에 매달려 있지 않았던가. 바다를 통해 비로소 넓은 세상을 접하지 않았는가?

"따린다, 부슨다, 문허 바린다.
태산(泰山) 갓흔 놉흔 뫼, 딥태 갓흔 바위ㅅ돌이나,
요것이 무어야, 요게 무어야.
나의 큰 힘 아나냐, 모르나냐, 호통까디 하면서,
따린다, 부슨다, 문허 바린다."
"육상(陸上)에서 아모런 힘과 권(權)을 부리던 자(者)라도,
나 압헤 와서는 꼼짝 못하고,
아모리 큰 물건도 내게는 행세하디 못하네."
……

"이 세상(世上) 뎌 사람 모다 미우나
그 중(中)에서 딱 한아 사랑하난 일이 잇스니,
담(膽) 크고 순정(純精)한 소년배(少年輩)들이
재롱(才弄)텨럼 귀(貴)엽게 나의 품에 와서 안김이로다.
오나라, 소년배(少年輩), 입맛뎌 듀마."(1908)

망국을 목전에 둔 개화기의 대석학, 육당 최남선은 소년과 바다에 나라의 장래를 의탁했다. 후일 스스로 친일의 굴레를 쓸 수밖에 없었던 영욕의 일생을 살았던 대학자는 민족의 장래를 위해 문명개화를 촉구하고 있다. 육당의 선구적 시에 인도된 수많은 후배들이 문명개화를 부르짖고 따라나섰다. '바다'는 문명개화를 통해 도달하고자 하는 새로운

---

2) 주경철, 『문명과 바다』, 151쪽

세상을 의미하고 '소년'은 새로운 문명세계의 주인공이다.

용주가 태어날 때 의령군청에서 근무하던 아버지 대화 씨의 근무지가 마산부청으로 바뀐다. 밀양과 의령, 내륙분지 소읍의 옹색한 야산에 갇혀 있던 용주의 무대는 바다를 접하면서 크게 넓어졌다. 마산의 포구에서 장차 여의주를 입에 물고 바다 넘어 비상할 아기 공룡 둘리의 꿈이 잉태된 것이다. 1925년 봄, 이제 여덟 살이 된 용주는 성호동에 소재한 마산공립보통학교에 입학한다. 이 학교는 1901년 마산공립소학교로 개교하여 한일합병 직후인 1911년에는 공립보통학교로 개명한다. 어떤 기준과 원칙에 의거한 셈법인지는 명확하지 않지만 용주는 23회 졸업생으로 등재된다. 현재의 성호초등학교가 승계하였다.

향교나 서원과 같은 유학의 기관이 없는, 뿌리 없는 신흥도시라고 알려져 있지만 따지고 보면 결코 마산의 연조가 일천한 것은 아니다. 적어도 신라시대부터의 기록을 가진 포구였다. 마산의 옛 이름은 골포(骨浦)였다가 경덕왕 때 합포(合浦)로 바뀌었다. 조선시대에는 중요한 조운의 기지로 사용되었다. 1663년(현종 4년) 대동법이 시행됨에 따라 낙동강 일대 13개 군의 조공미를 한양으로 수송하기 위한 조창이 설치되면서 마산포(馬山浦)로 개명했다. 1899년 마산포는 개항장이 되고 이곳에 일본 영사관이 설치되었다. 받아들이기에 앞서 먼저 내준 영토였다. 임진년, 정유년의 조선 침공에 실패한 후 3백 년 만에 다시 바다를 건너온 침략자의 전전기지가 된 것이다. 이번에 일본이 들고 온 신무기는 국제법이었다. 정식으로 일본의 통치가 시작된 후 1914년 마산부(馬山府)가 된다. 마산 땅에 이민족이 발굽을 내려찍은 것은 일본이 처음이 아니다. 대륙에서 내려온 원나라의 흔적이 선명하게 보존되어 있다. 1960년 3월 15일, 자유당의 부정선거에 항의한 마산의 시민 학생이 데모에 나선다. 경찰의 발포에 많은 사상자가 생기고, 한 달여 만에 이승만 정권의 붕괴로 이어진다. 그 위대한 시민항쟁을 기념하기 위해 세운

3.15 의거 기념탑은 마산 시민의 자부심의 표상이다. 기념탑 바로 건너편에 '몽고정'이라는 작은 우물이 있다. 오랜 세월에 걸쳐 국내 최대의 시장점유율을 자랑한 '몽고간장'이라는 상호도 이 우물에서 솟아났다. 마산 물맛의 대명사로 알려져 있다. 우물 옆에는 당시 몽고군의 전차 수레바퀴라고 전해지는 약 1.4미터의 원형 석물(石物)이 남아 있다. 원나라가 고려와 합세하여 일본을 정벌하려고 정동행성(征東行省)을 설치할 시대의 유물이다. 본시 고려정(高麗井)이었으나 무슨 연유에서인지 1932년에 몽고정으로 이름이 바뀌었다. 일제가 주도한 개명의 사유가 무엇이었을까? 자신만이 침략자가 아니라는 변명일까? 아니면 대륙을 향해 더욱 전진한다는 포부를 천명한 것일까?

벚꽃과 사쿠라

"하늘의 무지개를 바라볼 때마다 내 가슴은 뛰노라.……어린이는 어른의 아버지." 일제시대의 중학교 영어교과서에도 실린 영국 낭만주의의 대표적 시인, 윌리엄 워즈워스의 시는 영민한 소년의 영원한 양식이다. 수평선에도 이따금씩 무지개가 걸린다. 마산이 어린 용주에게 마련해준 것은 아름다운 자연풍광, 풍요로운 식탁, 신문물에 대한 경외감, 그리고 민족의식의 자각, 이 모든 것이다. 마산에서 보낸 유소년기 용주의 삶은 학교 안과 밖이 확연하게 달랐다. 학교는 천황이 다스리고 있었다. 일본어가 지식의 언어를 넘어 모국어가 되어야 했고 삶의 언어인 조선어는 미개한 민족의 비굴한 푸념을 담아내는 토속어에 불과했다. 그러나 학교 밖의 삶은 달랐다. 거기에는 전래의 산천이, 당당한 민족정기가, 그리고 미숙하나마 싹트는 이성에 대한 원초적 자각이 있었다. 이 모든 것을 용주는 환갑 즈음해서 찬찬한 필치로 재생해두었다. 후대인으로서는 실로 고마운 일이 아닐 수 없다. 용주의 어린 시절에는 모든 마산 사람들이 벚꽃을 즐겼다. 그것이 일본의 국화, 사쿠라라는 것은 역사적 경험의 세계이지 순진무구한 직관적 자연의 세계는 아니다. 꽃은 꽃이고, 아름다움은 아름다움일 뿐이다. 무지개의 색깔 중에 유독 분홍색이 돋보였다. 그것은 바로 봄의 도래를 알리는 벚꽃의 색깔이었다. 후일 그는 이렇게 회고한다.

"……나는 마산보통학교에 6년간 다녔지마는 교실에서 얻은 것은 빛깔로 치면 밝은 것이라고는 없었다. 다만 당시 신마산의 사꾸라마치(櫻町)의 벚꽃 야경은 지금도 총천연색 그대로 싱싱하게 살아 있다. 벚꽃 속에 매달아놓은 전등 초롱이 꽃의 살점을 한없이 눈부시게 했다. 훗날 일본인의 마음이 어떤 것이냐고 물으면 아침 햇볕에 비춰 있는 벚꽃이라고 노래한 와가(和歌)를 알게 되자 저주스런 일본민족에게 갑자기 친근감을 느껴본 적도 있다.

나는 지금도 벚꽃이 내게 안겨준 사상이라고 믿고 있다.……해방 후 나는 마산의 벚꽃을 찾았다. 마산 시민이라고 해서 일본인의 마음을 그대로 남겨두었겠는가. 그러나 그것은 격정의 과오였다. 꽃에 무슨 국적이 있겠는가?"3)

마산은 일본인의 무대였다. 도시 자체가 일본의 전진기지였듯이 마산의 공립학교는 일본인을 만들어내는 도장이었다. 이병주의 대하소설 『지리산』에도 철저한 민족혼에 충만한 진주출신 이상주의자와 친일 성향의 경박한 마산의 현실주의자를 대비시키는 장면이 등장한다.

"부산에서 진주로 잇는 철도를 경전남부선(慶全南部線)이라고 한다. 1943년 무렵 장차 전남 순천으로 이을 작정으로 지은 이름이다. 경상도, 전라도의 남부를 잇는 철도다. 그러나 당시의 종착역은 진주였다. ……마산에서 탄 손님은 대부분 학생들이었다. 국방색 정복에 각반을 차고 배낭을 멘 그들은 우르르 쏟아져 들어오더니 재빠르게 빈자리를 찾아 앉았다. 금장(襟章)에 4자가 붙은 학생들이었다. 서슴없이 일본말로 이야기를 주고받았다. 분명히 조선인 학생들인데 서로 부르는 이름

---

3) 황용주, "꽃과의 만남", 「부산일보」 "춘추한필", 1977. 4. 10

은 일본식이었다." 마산중학생은 철두철미한 야마토 다마시(大和魂)로 무장하고 집에서도 일본어만 사용하는 고꾸고 죠요노 이에(國語常用之家)임을 자랑하는, 뼛속 깊이까지 일본인임을 자랑한다. 이들은 "신국일본(神國日本)이 악귀인 미국 영국(鬼畜米英)을 상대로 한 전쟁에서 절대로 패할 수가 없다고 확신한다. 주인공 박태영이 이들과 충돌할 때, 철부지 마산중학생들을 야단치며 사태를 수습하는 민족혼이 살아 있는 청년이 등장한다. 그는 인근 소읍인 함안 출신의 마산상업학교 학생이다."4)

이러한 배역 설정은 당시 마산의 학생풍토와 상당히 근접한다. 마산중학은 개학 당시에 일본인 중심의 학교로 출발했고 정원의 3, 4할 정도만 조선인으로 채웠다. 마산고녀의 경우는 정도가 더욱 심했다. 조선인의 여아에 대한 교육열이 극도로 낮았던 이유도 있었지만 조선인의 경우 도내 보통학교에서 1교 1인의 상한을 두면서 전체 정원의 10퍼센트를 넘기지 않아 사실상 일본인 학교나 진배없었다.

전복 비린내의 정체

마산의 어물전은 오랜 세월에 걸쳐 세평을 축적해왔다. 조선 순조 재위(1800-1834) 시절에 편찬된 『만기요람(萬機要覽)』에는 마산포에 객주가 130호에 이른다고 기록되어 있는 것으로 보아 당시에도 상당히 번창했던 것으로 여겨진다. 1809년 창원현 마산포장, 1907년 창원부 마산시장, 현재는 마산어시장으로 통용된다. 오늘날에도 마산어시장에는 관광객 사이에 인기가 높은 횟집골목, 진동골목, 젓갈골목, 건어물골목 등이 조성되어 있다.

마산의 유년은 용주의 미각의 폭과 격을 높이는 데에 결정적으로 기여했다. 내륙분지 밀양과 의령의 식생활은 극히 검소했다. 채소와 산나

---

4) 이병주, 『지리산』 2권, 한길사, 2006, 113-114, 117쪽

물이 상비군이요, 기껏해야 소금에 절인 간고등어 한 토막이 밥상의 단골 식단이었던 내륙의 삶이었다. 웬만큼 잘사는 집도 매끼를 '때워 넘기는' 수준의 식탁이었다. 밀양에서는 집안 어른의 생신이나 귀빈 진객의 내방시에나 구경할 수 있는 진미가 은어(銀魚)지만 그것도 철이 맞아야만 했다. 이에 비하면 마산의 식탁은 그야말로 만어풍성, 진수성찬이었다. 갓 잡아 펄펄 뛰는 온갖 생선이 눈과 혀를 현혹한다. 어느 어린아이치고 음식을 탐하지 않을 아이가 있으랴만 용주의 식탐은 유별나게 강했다. 식욕은 무의식인 생존 의지의 표현이다. 평생의 건강이 어린 시절의 섭생에서 비롯된다. 용주는 건강을 타고난 아이였다. 게다가 음식을 밝히는 아이였다. 아무 음식이나 닥치고 먹는 것이 아니라 등급을 매겨 골라 먹을 줄을 아는 코와 혀를 가진 아이였다.

"나는 어릴 때부터 할머니로부터 '묵고지비'(식탐꾼)로 불리었다.……나의 할머니는 모든 사물에 대한 시비선악을 공맹사상의 기준으로 삼았다. 군자가 물욕을 탐해서도 안 되듯이 장차 군자가 되어야 할 꼬마가 먹는 데만 두 눈을 팔고 악을 쓰는 것이 못마땅했던 것이다. 할머니를 따라 장터에 가면 나는 먹고 싶은 것을 사주지 않는 경우 하루 종일 가게 앞에 서 있었다. 그래도 반응이 없을 때는 그만 노상에 뒹굴었다. '쯔쯔, 천하에 몹쓸 묵고지비 봐라!'"5)

여섯 살에 개발된 미각은 여든까지 퇴색하지 않는다. 만년의 회고다. "사람이 거칠어지는 이유는 우리들이 식물의 맛을 상실한 데 있다고 본다. 모유 대신 우유로 자란 아이들이 섬세한 미각을 잃고 있다는 것은 오늘날 정설이 되고 있다. 따라서 본연의 맛을 잃은 식물로 만든 요리는 오감의 델리커시를 잃게 한다는 것은 당연한 귀추라 하겠다. ……요놈의 뽀얀 뒷다리가 나란히 흰 접시에 놓인 양을 보고 있노라면 간지러운 섹스어필을 느낀다. 맛도 바로 그런 것이다. 나는 1945년 여름 양자강 유역의 전초기지에서 한때 이 맛(田鷄, 개구리) 때문에 손목

5) 황용주, "묵고지비 담(譚) (1)", 「부산일보」, 1978. 10. 16

시계를 투자했을 정도다."6)

유난히도 타고난 후각과 미각이 발달했던 용주에게 섬세한 예술가의 감각이 비례하여 개발되었음은 물론이다. 용주는 아마도 자신이 노동자 농민의 프롤레타리아 마르크시스트가 못 되었던 것도 가장 부르주아적 취향인 음식에 대한 탐닉과 여인의 향기에 대한 주체할 수 없는 애착일지 모른다고 분석한다. "나는 시인이 못 된 것을 천추의 한으로 삼고 있는 터이나 생각해보면 내가 시인이 될 수 있는 대로를 막아버린 것은 천성으로 타고난 묵고지비 폭력에서라고 요즘에서 자각할 수 있다.""내 기억의 첫 장이 꽃과 나비로 장식되었던들 나의 시정은 오늘날도 무성했겠거늘 그게 그만 생선의 비린내로 시작되었다. 이른 아침 후릿배가 해안에 당도하여 은빛을 번쩍번쩍 퍼덕이는 고기들을 풀어놓았을 때의 숨 막힐 듯한 비린내 말이다. 이상하게도 그 잡다한 비린내 가운데서도 유독 전복의 비린내는 평생을 두고 나를 지배하고 있다.……"

시쳇말로 어린아이에게도 식욕은 색욕인가, 소년의 후각을 사로잡은 전복 비린내는 산골 소녀의 살 내음과 어우러져 소년의 설익은 뇌수는 노릇한 현기증에 흔들거렸다. 소년은 청년으로 자라고 청년은 장년으로 익는다. 장년은 노년으로 물러서면서도 평생을 안고 사는 유년의 환각이 있다. 그래서 어린이는 어른의 아버지라고 했던가?

"옛날 일본의 선인이 하늘을 날다가 시냇가에서 빨래를 하는 여인의 하얀 종아리를 보고 색정을 느낀 바람에 그만 땅에 떨어졌다는 얘기가 있다. 나는 당연히 그 길로 하늘을 나를 수 있어야 옳았다. 그때 시신(詩神)은 작은 선이의 손을 통해 나에게 인류의 영원한 향수를 전달하려던 순간이었기 때문이다. 작은 선이의 손을 잡고 산을 오르는 동안 이상하게도 나는 전복 비린내만 맡고 있었다. '쯧쯧, 천하에 몹쓸 저 묵고지비

6) 황용주, "묵고지비 담(譚) (3)", 「부산일보」, 1978. 11. 4

봐라' 하고 나의 할머니가 얼마나 개탄하였을까."7)

가고파의 고향

1937년, 일본에서 중학과정을 마친 용주는 일시 마산으로 되돌아온다. 그때까지 부모의 살림터가 이곳에 있었다. 바로 몇 해 전인(1933년) 갓 서른에 이미 대가의 반열에 진입했던 이 고장 출신 시인 이은상(1903-1982)이 가사를 쓰고 스무 살 청년 김동진(1913-2009)이 곡을 붙인 가곡 "가고파"가 세상에 선을 보였다. 즉시 일본의 유학생들 사이에서도 애창곡이 되었다. 항구를 고향으로 둔 객지인들에게는 더욱 각별한 노래였다.

내 고향 남쪽 바다 그 파란 물이 눈에 보이네
꿈엔들 잊으리오 그 잔잔한 고향 바다

내 마음 색동옷 입혀 웃고 웃고 지내고저
그 날 그 눈물 없던 때를 찾아가자 찾아가.

처자들 어미 되고 동자들 아비 된 사이
인생의 가는 길이 나뉘어 이렇구나
잃어진 내 기쁨의 길이 아까와라 아까와.

목청이 좋은 사내는 누구나 "가고파"를 불렀다. 소리가 맑은 처녀는 누구나 홍난파의 "울 밑에 선 봉선화"(1920)를 불렀듯이. 용주도 "가고파"를 애창했다. 작사자가 마산 출신이라서 더욱 더 그랬다. 그러나 용주가 가장 좋아한 이은상의 시는 「칡꽃 마을 이야기」다. 「무상」, 「오월의 낙화암」과 같은 역사와 철학의 무게를 지닌 작품이나 또는 "봄 처녀", "옛 동산에 올라"와 같이 대중성이 높은 노산의 작품들을 제쳐두고 그는 이 시를 일기장에 필사해두었다. 전쟁과 별리, 잔혹과 애수는 그 세대

---

7) 황용주, "작은 선(仙)이", 「부산일보」, 1977. 1. 17

지식인에게 가장 보편적인 감성의 자양분이었을 것이다.

"'시인은 막대 끌고/또 한 고지에 올랐더니/파수 서 있는 병정 한 사람/산
밑 마을 가리키며 겪어온/기구한 사연/들려주는 이야기 — 바로 저 아래 보이
는/칡꽃마을이 내 고향이죠/저기 약수터가 있어/거기 가 빌면 소원성취한다
기/약속한/처녀랑 하냥/아침 저녁 같이 다녔죠'
'그러다 전쟁이 터져/온 마을이 불타버리고/모두들 죽고 흩어지고/나는 뽑혀
서 군인이 되고 처녀는/마을을 못 벗어나/비참하게도 숨겨버리고'
'나는 전투부대 따라/이곳저곳 옮아 다니다/지금은 뜻밖에도
이 고지 감시대 파수병이 되어/날마다/칡꽃마을 내 고향/내려다보며 섰지요'
'저기 있는 약수터도/영험이 없나 봐요/그렇게도 빌었었는데
소원성취 못하고서/옛 처녀/그려보면서/명복을 빌며 살지요.'"

중년의 독자는 이 시에서 유소년 시절의 연인, '작은 선이'의 환영을
보곤 했을지 모른다.

도시의 규모를 감안하면 이웃의 통영이나 진주에 비해 마산은 내놓을
만한 예술가가 적은 편이라고 한다. 그러나 마산은 세계적인 조각가 문
신(文信, 본명 안신[安信], 1923－1995)을 낳은 곳이다. 용주보다 다섯
살 아래인 그는 1923년 추산동에서 태어났다. 1961년도 단신으로 파리
로 건너가서 성공한다. 1965년 일시 귀국하여 대학 강단에 서기도 했으
나 이내 채비를 차리고 되돌아갔다. 1967년부터 파리에 정착한 그는
자신의 독자적인 예술세계를 구축하면서도 조국과 향토에 대한 남다른
사랑을 작품으로 보상하였다. 용주는 문신을 아꼈다. 자랑스럽게 여겼
다. 특히 그가 예술의 본향, 프랑스에서 인정받는 조각가가 되었다는
사실에 한없는 자부심을 느꼈다. 1980년 영구 귀국한 문신은 합포만이
굽어보이는 추산동 언덕배기에 터를 잡아 미술관의 건립을 추진했다.

1988년 서울올림픽 때는 25미터 높이의 스테인리스 스틸 작품인 올림픽의 조각을 세워 세계적 격찬을 받기도 하였다. 1994년 작가와 향토인이 간절히 소망하던 문신미술관이 '어릴 제 놀던' 고향 땅에 우뚝 서게 되었다. 1천여 점의 작품을 품어 안은 장중한 건축물을 유산으로 남기고 이듬해 작가는 영면했다.

어린 영웅

아버지 대화 씨는 총독부의 하급관리였다. 그에게도 불의의 세상에 대한 탄과 한이 없을 리 없었으나 묵묵히 동포의 민생을 챙기는 일이 그의 주된 일이자 관심사였다. 그는 시대를 받아들인 가장이었을 따름이었다. 최소한 동포의 원성을 사는 일을 하지는 않았다. 그래서 해방 후에 쉽게 면장에 추대되었다. 문명개화에 적극 동참하여 자식에게 신문물을 접할 것을 권장했을 뿐, 특별하게 친일도 반일도 강요하지 않았다. 은연중에 자라나는 자식이 스스로의 판단에 따라 처신하고 행동할 것을 기대했을 뿐이다.

이 시기에 젊은 나이에 상위직 관리를 지낸 사람의 회고가 있다. 이항녕은 해방 직후에 자신이 걸었던 친일행적에 대한 참회의 변을 쓴다. 그가 고백하는 자신의 '친일'행적은 경성제국대학 법문학부를 졸업하고 고등문관 시험에 합격하여 하동군수(1941)와 창녕군수(1942–1945)로 재직하면서 일제의 식민지 통치에 조력한 것이다.

"나는 총독부에 있는 동안 도쿄와 만주에 출장하면서 일본제국주의의 두 가지 모습을 보았다. 하나는 어마어마한 관료조직이요, 또 하나는 무자비한 이민족 학대이다. 내가 무엇을 바라고 고등문관 시험을 보아서 관리가 되었단 말인가? 법의 목적이 정의이며 법질서라는 것이 가장 합리적인 것이라고 배워왔지만, 식민지의 백성에게는 법의 목적이 정의도 아니며 법질서가 합리적인 것도 아니었다. 식민지의 백성 노릇하는 것은 인간으로서는 한없이 원통했으며, 더구나 그 식민지의 관리 노릇을 한다는 것은 인간으로서 가장 비천하다는 느낌이 들었다. 그러나 나는 그것을 버릴 용기가 없었다."8)

"나의 인생행로에서 희극은 한두 가지가 아니다. 일제시대에 뻔히 민족을 괴롭히고 있음에도 불구하고 마치 민족을 보호하는 듯한 생각을 가졌던 것이 어찌 희극이 아니겠는가? 또한 공출이라는 이름으로 많은 쌀을 수탈하면서도 공출 수량을 약간 깎아내린 것으로 마치 큰 인정이나 베푸는 듯이 선전했으니 어찌 희극이 아니랴? 젊은 대학생들을 지원병이란 명목으로 강제로 죽음의 땅으로 몰아내고서도 이것을 오랫동안 문약(文弱) 때문에 망국하게 된 민족의 약한 기질을 숭무(崇武)로 바꾸는 민족 개조의 계기가 되는 것처럼 억지주장을 하기도 했다. 어찌 희극이 아니랴? 일본의 신사에 참배하면서도 일본의 신도(神道)는 본래 한국에서 건너간 것이기 때문에 일본 신사참배는 우리 조상 숭배와 같다고 강변을 하였으니 어찌 희극이 아니랴?"9)

어린 용주도 자신에게 제도로서 주어진 일본교육을 받아들였다. 그러나 학교만 벗어나면 자연과 민족이 생활을 지배했다. 1977년, 환갑을 앞둔 그는 민족의식에 충만한 소년 시절의 골목대장 영웅을 회고하는 글로 친일파와 민족주의자의 아들들의 행태를 비교했다.

"우리 동네에 2대 파벌이 있었다. 한쪽은 공(孔)이 이끄는 개명, 친일파였다고 치면 이에 맞서는 세력은 사완이를 두목으로 하는 나무꾼 머슴들로 구성된 무산 프롤레타리아들이었다. 공은 동네에서 유일한 중학생이며 아버지는 총독부 판임관(判任官)이었다. 그의 일당의 부모는 시장, 어장에 뿌리를 박고 있었으므로 막강한 재원을 확보하고 있었다. 이에 비해 사완이는 홀어머니의 외아들이었다. 그네 집은 동네 외진 곳에 담도 문도 없는 단칸인데다 언제 보아도 방문이 비스듬히 열려 있었

---

8) 이항녕, 소고 이항녕 선생 유고집 『작은 언덕, 큰 바람(小皐長風)』, 나남, 2011, 93–94쪽
9) 이항녕, 같은 책, 267–268쪽

다.……아무리 기억을 더듬어봐도 그의 모자가 밥 먹는 장면이 없다. ……동네 전설에 따르면 사완이 아버지는 팔척 장신으로 쌀 한 섬을 새끼손가락 하나로 나르고 축지법을 써서 서울장안을 하룻밤 새에 다 녀왔으며 한말에 의병이 된 그는 수십 명의 왜병을 도끼 하나로 해치웠 다는 것이다.……우리들은 전설을 확인하기 위해 여러 번 동네 뒷산에 올라갔다. 과연 산봉우리에 집채만 한 바위가 있었는데 그 속에 쇠뭉치 가 꽂혀 있지 않는가! 사완이 아버지가 태극기를 세우기 위해 맨 주먹 으로 쳐박았을 것이었다.……양당의 발생 시기에 우리들 애송이는 출 신 성분에 따라 가입하게 되어 있었다. 나는 소학교에 입학하기 전까지 공의 열성당원이었다.……실력 면에서는 사완이 패거리가 압도적으로 우세했는데 그때마다 공은 어른들을 개입시켜 쫓아내었다. 강대국의 개입 때문에 쫓겨난 그들은 울분을 참지 못하고 뒷산으로 올라가 생솔 개비로 봉화불을 올렸다. 밤하늘에 치솟는 붉은 화염이 우리들 마음을 울렁이게 했다.……

어느 날 달밤이었다. 강력해진 공이 바이올린을 신나게 켜고 있는데 갑자기 사완이 나타났다. 혼자였다.……부라린 두 눈이 이글거렸다. 우 리들은 해묵은 둘 사이의 단판결투가 벌어질 것을 기대했다. 그러나 공 은 이날도 장수끼리의 단기(單騎) 결전을 회피했다. 통보를 받고 달려 온 동네어른이 긴 담뱃대를 흔들면서 사완이더러 물러가라고 위협했다. 어른을 거역할 수 없어 떠나면서 사완이 내뱉는다. '노는 마당에 내 땅 니 땅이 어디 있노? 먼저 차지한 놈이 임자지.'"10)

유년 시절의 어린 영웅에 대한 초로 사내의 회고는 속편에서 이어진다.
"일본의 새 천황이 즉위하던 무렵이다(1926년 쇼와천왕). 그날은 전교생 이 수업을 쉬고 일장기를 들고 신사를 참배했다. 한나절에 귀가한 우리 들을 공은 뒷산에 집합시켰다. 높은 소나무 위에 일장기가 꽂혀 있었고

---

10) 황용주, "두목(頭木) 사완(杳完)이", 「부산일보」, 1977. 3. 10

공(孔)의 일장 훈시가 시작됐다. 이 세상에 하늘보다 높은 사람이 있는데 그게 천황이라는 것이다. 교장선생의 훈시 그대로이므로 우리들은 긴장하지 않을 수 없었다. 그는 당의 단결을 공고히 해야 하므로 앞으로는 자기의 명령에 절대 복종해야 한다고 강조하고 나서 일장기를 향해 최경례를 시켰다. 애송이들에게 군부파쇼의 세상이 오고야 만 것이다.……그런데 어느 날 우리들이 일장기 밑에 집합되어 공의 훈시를 받고 있을 때 난데없이 사완이의 급습을 만났다.……공과 그의 막료들을 무섭게 노려보던 사완이가 껄껄 웃으면서 뇌까렸다. '조선 사람한테 천황이고 목탁이 이디 있노? 제 놈은 밥 안 먹고 똥 안 싸나?' 하고 쏜살같이 소나무를 타오르더니 일장기를 끌어내려 갈가리 찢어버렸다. 이젠 승부가 났고 해방이 온 것이다. 우리 동네 양대 파벌의 힘의 대결은 무산 프롤레타리아의 승리로 '끝났다.'

그러나 대결은 계속된다. 동네 유일의 여학생인 구장 집 딸에 대한 구애전이다. 정권을 잃은 공은 밤이 되면 소수의 추종자를 거느리고 구장 집 앞마당에서 바이올린을 켜면서 거드름을 피웠다. 그는 가죽구두를 신고 흰 Y셔츠를 입고 있었다.……우리는 공이 희숙의 손을 잡은 것 같다는, 그리고 러브 레터를 보냈다는 충격적인 소식을 듣고 망연자실했으나 속수무책이었다.

두목은 일자무식꾼이고 추종자는 어린애였다. 민족정기당(?)은 창당 이래 최대의 위기를 맞았다. 먼동이 트기 전에 사완이는 혼자 뒷산에 올랐다. 저녁 무렵 지게 다리가 부러지도록 가득 찬 진달래 더미를 구장 집 마당에 깔아놓았다. 발 디딜 틈도 없이 진달래꽃으로 뒤덮인 마당을 희숙이 어떻게 드나들 것인가. 석양의 역광선을 받고 하늘거리는 꽃송이들이 입을 모아 희숙이를 불러대고 있었으니 말이다."[11]

글을 쓴 날보다 적어도 반세기 전의 일이다. 그 동안 강산이 몇 차례나 바뀌었다. 사람도 기억도 세월에 침윤되고 자신의 변신에 따라 가공될

---

11) 황용주, "두목 사완이 (속)", 「부산일보」, 1977. 3. 17

수도 있다.……환갑노인이 재생해낸 유년의 환각이었다. 족히 훌륭한 단편소설이다. 역사적 사실과 허구가 뒤섞여 있을 것임은 짐작할 수 있다. 그러나 어슴프레나마 민족에 대한 자각은 어린 시절에도 형성되고 있음을 감지할 수 있다. 이야기 속에 간간이 아버지를 따라 고향 밀양을 찾을 때면 젊은 할아버지, 백민 황상규가 건네주던 조선 소년의 정기와 결의가 투영되어 있다. 멀리 중국 땅에서 산을 타고 범과 일본 놈을 잡는다는 아저씨 김원봉의 신화가 사완이 아버지로 이식되었다. 동갑또래의 작은 선이와 연상의 희숙이의 이야기를 통해 유년의 환각은 총천연색 파노라마로 자리 잡는다.

가난과 여성

어린 여아에게서 풍기는 전복 비린내에 휘감긴 소년의 봄은 행복했다. 그러나 그 소녀에게 주어졌던 삶의 조건은 너무나 가혹했다. 생계를 벌 수 있는 지식도, 숙련된 노동력도 없는 그녀가 걸어갈 길은 너무나 막막했다. 그 막막한 각박함이 전형적인 신파 스토리를 만들어냈다. 몇 년 후 대구사범 시절에 탐독한 가와카미 하지메(河上肇)의 『빈곤론(貧乏物語)』이 여성윤락을 만들어내는 적빈의 사회적 구조에 주목하는 안목을 키워주었다.

"1920년대의 작은 선이는 내를 매혹하고 있었던 소녀였다. 마산만을 내려다보는 100호 남짓한 동리 오두막집에서 홀어머니와 두 언니랑 살고 있었다. 여름이면 거의 맨발로 쏘다녔고 머리털은 노릿노릿하여 언제나 입에서 철분 냄새를 풍겼다.……취학을 하지 못한 작은 선이지만 우리들 대열에 참여시켜주었다.……1930년대 작은 선이는 머리털은 검어지고 몸 구석구석에 살이 찰 데는 차고 불거질 곳은 불거지고 윤이 나기 시작했다. 그리고는 갈보가 되었다. 동리를 떠나던 날 사람새끼가 갈보가 되었다며 뭇사람이 돌을 던졌다. 1950년대 작은 선이는 오동동 술집 주인이 되었다. 그 날렵했던 허리가 절구통이 된 마담인 작은 선이에 의하면 사랑이란 정말 눈물의 씨앗이라는 것이다. 그녀가 이룩한 일반유흥음식점이 우리들 사회에서 백화점만큼이나 필요한 업종인가를 묻기 전에 그녀가 뛰고 싶었던 인생행로를 사회가 어떻게 가로막았던가 되짚어볼 것이다."12)

시오닐 호세(Sionil Jose)는 필리핀 민족문학의 거성이다. 1927년생인 그의 일생과 작품이 곧바로 필리핀의 근대사이기도 하다. 『우리는 왜 가난한가?(*Why We are Poor?*)』(2005), 연전에 그가 자전적 에세이집을 출판했다. 가난을 일용할 양식으로 살았던 세대에게는 구구절절 가슴을 찌르는 경구들로 가득 차 있다. 무릇 문인은 역사가이어야 한다는 것이 그의 소신이듯이 그의 작품은 모두 필리핀사의 영욕을 조명한다. 호세의 작품 『에르미타(*Ermita*)』(2003)는 "그녀의 몸에 새겨진 필리핀 굴욕의 현대사"라는 일간지 서평의 제목이 내용을 대변한다. 1945년, 일본이 점령하고 있던 마닐라를 미군이 탈환한다. 일본군 패잔병이 상류층 처녀를 강간한다. 처녀는 강간범을 죽인다. 비열한 자가 남긴 새 생명이 잉태된다. 출생한 딸은 비밀과 어둠 속에서 자란다. 에르미타는 소설의 주인공의 이름이자 마닐라 심장부의 지명이기도 하다. 영욕의 역사가 교차했던 현장인 것이다. 소설은 주인공의 성장과정을 따라 군사독재와 부패의 세태 속으로 깊숙이 틈입한다. 빼어난 미모와 지식을 무기로 스스로 고급 창녀의 길을 택한 에르미타. 일본, 미국, 넓은 무대를 휘두르는 신파적 복수의 여정 속에 조국에 대한 사랑이 영근다. 그녀 자신의 편지 구절대로 '외세가 아니라, 같은 민족에 의해 파괴되어 가는 조국'에 대한 통한의 애국심이 새삼 애잔하다.13) 노작가 시오닐 호세는 필자에게 이병주와 학병소설에 대해 물었다. 나는 황용주의 "작

---

12) 황용주, "작은 선이", 「부산일보」, 1977. 1. 30
13) 안경환, 서평 '에르미타', 월간샘터, 2008. 8

44

은 선이” 이야기를 해주었다.

　용주는 성에 일찍 눈떴던 유년의 환각을 이렇게 회상했다.

“나의 할머니는 일찍이 나를 묵고지비로 단정하였지마는 실은 성에 관해서도 못지않게 두 눈을 팔았다. 하나님은 사람을 군자나 시인으로 만들기 위해 여러 가지 기회를 마련한다. 그러나 나는 식(食)과 성(性)에 대해서 묵고지비였던 탓으로 보다 큰 세상일에 낙방하고 말았다.……

　할머니가 나의 어머니를 훈계했던 여러 말씀 가운데 지금도 나의 기억에 생생한 것은 ‘왜 사내대장부가 열 계집을 못 거느린단 말인가?’ 하는 절구(絕句)다. 나의 어머니는 그것만은 죽으면 죽었지 양보할 수 없다고 한 일을 두고 할머니는 일소에 부치고 마는 것이다.……

　욕심꾸러기인 나는 한없이 산을 올랐다. 오르면 오를수록 경사는 급해진다. 이만하면 되었다 싶어 막상 썰매를 놓고 타려는 순간 치사하게도 나는 현기증을 일으킨 것이다. 까마득하게 내려다보이는 첩첩이 눈에 쌓인 급경사가 당장이라도 나를 집어 삼킬 것 같았기 때문이다.…… 겁에 질린 날더러 작은 선이는 빨리 타자고 졸랐다. 망설이고 있던 나를 두고 그녀는 앞자리에 앉았다. 뒷자리를 가리키며 어서 앉으라는 것이다.……내가 발견한 것이란! 썰매가 질주하는 동안 작은 선이의 둔부가 그녀의 치마를 통해 나에게 전달하고 있는 진동의 놀라움이여. 나는 훗날 카이로 근교에서 밸리 댄스를 본 적이 있다. 여인들의 둔부의 진동이란 인류가 영원히 존속하려면 누구나 존중해야 할 필수의 동작임을 깨달은 것은 훨씬 뒷날의 얘기다.”14)

낙동강의 기차

　마산보통학교에 다니던 시기에도 용주는 고향인 밀양을 자주 내왕한다. 아버지 대화 씨는 잦은 고향나들이에 으레 아들들을 동행했고 특히

---

14) 황용주, “묵고지비 담(譚) (2)”, 「부산일보」, 1978. 10. 22

영민한 둘째 용주를 즐겨 대동했다. 진주에서 출발한 기차는 하루에 두 차례, 부산을 내왕한다. 마산은 진주에서 한 시간 남짓한 거리다. 새벽 기차는 통학열차의 역할도 한다. 그래서 일정도 비교적 안정되어 있다. 그러나 오후 기차는 일정이 들쭉날쭉하기 일쑤다. 객차를 두 개, 화차를 한 개 달고 내왕하는 그 차는 서부경남의 오지를 부산과 서울로 잇는 유일한 교통수단이며 문명의 이기였다.

아버지 손에 이끌려 처음 기차를 타던 용주의 감회는 소설 『지리산』의 주인공 박태영의 회고에서 미루어 짐작할 수 있다. 큰 작가의 위대함은 자신의 체험을 한 시대의 보편적 정서와 경험으로 수렴하는 능력에 있다.

"연통에서 나는, 때론 검기도 하고 때론 희기도 한 뭉개 연기, 공기를 찢는 듯한 기적소리, 힘찬 피스톤의 박력, 철길을 마찰하며 굴러가는 바퀴소리, 모두가 신기하기만 했다. 태영은 이때 증기기관을 발명했다는 스티븐슨이란 이름을 마음에 깊이 새겼고, 먼 훗날 자신도 스티븐슨 같은 사람이 되어야겠다고 다짐까지 했다."15)

마산에서 밀양읍에 가기 위해서는 삼랑진에서 내려 경부선 상행열차를 기다려야 한다. 문자 그대로 세 개의 물길(浪)이 만나는 나루터라는 어원이다. 삼랑진역의 풍광은 이광수의 작품 『무정』(1917)에도 그려져 있다. 도쿄 유학을 떠나는 젊은이들이 경부선 하행 길에 홍수를 만난다. 기차가 삼랑진역에서 불시착하자 여학생들은 즉시 이재민을 지원하는 자선공연을 연다. 민족에 대한 자각, 민족 계몽에 대한 사명감, 친일로 변절하기 전 이광수의 사상이 고스란히 반영된 작품이다. 젊은 주인공은 역설한다. "우리가 지금 기차를 타고 가는 돈이며 가서 공부할 학비는 누가 주나요? 조선이 주는 것입니다. 왜? 가서 힘을 얻어 오라고, 지식을 얻어 오라고.……우리가 늙어 죽게 될 때에는 기어이 이보다 훨씬 좋은 조선을 보도록 합시다."16)

---

15) 이병주, 『지리산』 2권, 110쪽
16) 이광수, 『무정』, 문학사상사, 1992, 357-358쪽

마산을 출발한 기차가 삼랑진에 못 미쳐 낙동강 어구에 철교가 건설되어 있다. 이 지역 사람들은 속칭 '콰이강의 다리'라고 부른다. 녹슨 철교가 전성기의 영화(榮華)를 스산하게 상기시켜준다. 지금은 폐쇄되었지만 넓은 강의 지근거리에 작은 역도 서 있었다. 역 이름도 어김없이 낙동이다.

어린 용주의 눈에 비친 낙동강의 위용은 대단했다. 낙동강은 바다에 못지않은 거대한 세계였다.

"낙동강은 나의 거대한 애인이었다. 춘하추동 나의 소년 시절은 낙동강과 더불어 있었다. 나의 낙동강 인연은 은어와의 만남에서부터 시작한다.……여인이 새끼손가락으로 은어머리를 건드리며 '요것들이 상놈의 입에 들어갈 땐 아이고 억울해하거든요' 한다.……"

언제나 음식 타령이다. 용주에게 낙동강의 은어는 마르셀 프루스트의 마들렌느 빵에 해당한다. 희미한 옛 추억을 그림자를 안고 사는 노인이 되어서도 잃어버린 시간들을 끊임없이 상기시켜주는 의식의 각성제다.

"요즘 한반도 곳곳의 맑은 하천에는 한창 은어가 잡힌다. 은어란 놈은 성깔이 급해서 살에 모래알이라도 닿아도 죽어버린다. 맑고 물살이 세고 바닥에 자갈이 깔린 곳에만 유영한다. 돌에 낀 이끼 외에는 먹지 않기 때문에 몸에서 수박 냄새가 난다. 화사한 몸매가 민첩하게 뛰놀면서도 난폭하지 않다. 잡은 채로 구워서 먹는다. 비늘도 없거니와 버려야 할 내장도 없다. 은어 맛과 정승 맛은 맞먹는다고 한다. 큰 비가 내리고 뻘물이 한바탕 지나고 나면 은어의 풍어기다. 밤새 잡은 은어의 우미한 빛깔과 댓잎의 선이 바로 한 폭의 그림이다."17)

민물 은어만이 아니다. 강과 바다를 나들이하는 연어도 낙동강의 귀빈이다.

"1930년대만 해도 낙동강에 가을 한철 연어 떼가 나돌았다.……그러

___
17) 황용주, "은어", 「부산일보」, 1978. 10. 7

나 놈들의 조국애는 어쩌면 인류의 지침이 아닌가 싶다. 조국애란 국적을 선명히 하는 행위이기 때문이다. 우리도 하루 빨리 낙동강을 복원시켜서 놈들의 마지막 데이트 장을 마련해주어야 한다.……"[18]

후일 용주는 국회의원 선거에 입후보하는 지역 정치인에 대해서도 그 무엇보다 낙동강의 수호자가 될 것을 주문한다. 그러기 위해 지역주민의 주권자 의식을 강력하게 촉구한다.

"우리들 낙동강 주민은 다음 선거에서 할 일이 있다. 낙동강 7백 리 유역에서 출마하는 입후보자 가운데 낙동강 보호정책을 위한 공약이 없는 자는 외면하자는 것이다.……낙동강을 소생시켜 보존하자는 데는 높은 시정(詩情)으로 출발해야 하지만 우선은 가혹한 고발정신을 구사하지 않을 수 없다. 6.25 때 누가 부산을 지켰던가? 나는 그가 바로 낙동강임을 잘 알고 있다."[19]

마산보통학교를 졸업하고 대구사범에 입학할 때까지 짧은 기간을 그는 밀양의 백부 댁에 체류한다. 사범학교에 다니면서도 자주 밀양을 내왕한다. 경부선 완행열차로도 불과 두 시간 남짓 거리에 불과하다. 마산이 일본인의 전진기지라면 밀양은 민족혼의 성지였다. 대구는 마산에 비해 훨씬 크고 무거운 도시였다. 경북은 물론 창녕, 밀양, 합천 등 북부 경남의 읍촌을 함께 포섭하는 중심지였다. 그러나 큰 전쟁을 도모하는 일본의 입장에서 보면 대구도 밀양도 조선반도를 관통하여 중국대륙을 향한 수송로에 불과했다. 밀양, 대구 할 것 없이 조선의 모든 역사는 전쟁의 긴장과 검은 짓누름으로 가득 차 있었다.

"1932년 늦가을의 어느 날 우리들은 손에 일장기를 들고 경부선 밀양

---

18) 황용주, "낙동강 주민", 「부산일보」, 1978. 10. 14
19) 황용주, 같은 글

역 플랫폼에 도열하고 있었다. 얼마나 기다렸을까. 드디어 어둠 속에 군용열차의 검은 콧등이 나타났다.

언제 보아도 애교스럽던 증기기관차가 이날은 무서운 적의를 품고 내닫는다. 우리는 일장기를 흔들면서 군가를 부르기 시작했다. 열차 속에서 내다보고 있는 병사들은 뜻밖에도 무표정이다. 그저 마지못해 손을 내저을 뿐이다. 일본의 어느 기지를 출발하여 몇 날을 같은 광경만 보고 왔던 탓이 아닐까. 내의 차림으로 머리를 빡빡 깎은 젊은 얼굴들은 우리들 동네에서 흔히 보는 그 얼굴들이었다. 대일본제국 군인이라면 하나같이 도깨비처럼 용맹스러울 거라고 기대했던 나는 어쩐지 마음이 놓인다.

열차는 다시 움직이고 우리들은 다시 천황폐하 만세를 부르짖었다. 어둠 속으로 열차가 사라질 때까지 일장기를 내흔들었다. 그들은 만주의 싸움터로 떠나가고 있었다. 나는 내가 일장기를 흔들고 천황폐하 만세를 부르짖은 것에 대한 꾸며진 동작만 생각하고 있었다. 그로부터 중일전쟁은 장장 10여 년을 끌었고 1944년 나도 같은 밀양역 플랫폼에서 이제는 내가 일장기를 몸에 걸고 군민들이 부르짖는 천황폐하 만세를 들으면서 출정을 하였다. 모든 것이 꾸며진 연출 같은 기분은 10여 년 전 그날 밤이나 다름이 없었다. 다만 전쟁이 나를 형편없이 끌고 나가는 데 대한 분통 때문에 눈물이 쏟아졌을 뿐이다.……

내가 전장에서 감동을 느꼈다면 중지(中支)의 병사 주변에 뿌려져 있는 반전 삐라를 발견했을 때다. 당시 연안에 있었던 일본인 반전 그룹의 이름으로 손바닥만 한 삐라에 이렇게 적여 있었다. '전쟁은 인류 공동의 적이다.' '너희들은 천황의 적자가 아니라 부모의 귀한 자식이다.' 나는 순간 이것은 꾸며진 연출이 아니라고 감동했던 것이다.……나는 나의 일생이 전쟁과의 만남에서부터 시작하였지만 저 찬란한 평화, 그 평화의 구체화가 나의 꿈이었다."[20]

---

20) 황용주, "전쟁과 평화", 「부산일보」, 1979. 3. 8

후일 마산은 굴곡진 한국사에서 중요한 이정표를 만들었다. 6.25 전쟁 때는 최후의 보루인 낙동강 전선의 병참기지가 되었고 1960년에는 자유당의 부정선거에 항거하는 시민 학생 의거로 4.19 혁명의 도화선이 되었다. 그때마다 용주는 마산에서 보냈던 유소년 시절의 감회를 더해 사건의 역사적 의미를 음미했다. 용주의 일생에서 마산은 유년의 환각이요, 청년의 대망이요, 노년의 그리움이었다. 바다 너머서 밀려들어온 근대문물의 상징인 일본의 교육정책의 혜택을 크게 입었다. 문명개화(文明開化)를 기치로 내건 일본제국주의 교육이 역설적으로 조선소년의 민족혼을 일깨워주는 촉매제가 되었다. 그런가 하면 마산에서 소년은 자연의 신비를, 꽃의 아름다움을, 여자의 몸에서 풍기는 맛과 멋을 가려 탐닉하는 남자의 예술적 관능의 샘을 팠다. 마산공립보통학교의 졸업장을 거머쥔 용주는 보다 넓은 세계를 향한 청년의 이상을 펴기 위해 경부선 상행 열차에 오른다. 대구사범학교다.

3

대구사범학교 ─ 세상에 눈뜨다

마산공립보통학교를 졸업한 14세 소년 용주는 1932년 4월 대구사범학교에 입학한다. 당시 대구는 경남북을 아우르는 교육의 중심지였다. "대구에는 사범학교, 밀양에는 농잠학교가 있다. 경상도의 인재라면 적어도 이 두 학교 중에 하나에 들어야만 했다. 산골의 보통학교도 적어도 한두 사람 졸업생을 이들 학교에 진학시켜야만 체면이 섰다." 박정희의 이름으로 출간된 『국가와 혁명과 나』1)의 초고 집필자인 박상길(1925-2001)은 자신의 회고록에서 이렇게 적었다. "6년간 우등한 졸업생이니 학교의 명예를 위해서라도 대구사범이나 밀양농잠학교에 보내야 한다는 것이다.……" 그는 함양의 안의보통학교를 6년 내리 수석으로 마치고도 밀양농잠학교의 입시에 실패한 원인을 석연치 않은 정실주의 탓으로 돌리면서 이렇게 적었다. "전교 1등과 45등짜리가 이틀간에 걸쳐 입학시험을 치렀다. 그러나 1등인 내가 낙방하고 45등인 그가 합격했다. 지방유지인 그 학생의 아버지가 '힘을 썼다'라는 말을 들었다."2) 후일 박상길은 박정희에 의해 발탁되어 황용주의 감수 아래 박정희의 민족적 민주주의 정치철학의 진수를 단행본으로 정리한다.

대구사범학교는 1923년 4월 경북도립사범학교로 설립되어 1929년 4

---

1) 박정희, 『국가와 혁명과 나』, 향문사, 1963
2) 박상길, 『나와 제3.4공화국』, 한진출판사, 1983, 31쪽

월 대구사범학교로 개칭한다. 5년제 교육기관이었다. 광복과 동시에 폐
교되었다가 1950년 3월 25일 3년제 대구사범학교로 재차 개교하였다.
1962년 3월, 학제 개편으로 인해 고교과정의 사범학교가 폐지되자 경북
대학교 부설 교육대학(2년)으로 승격하였고 이어서 1982년 3월, 4년제
대구교육대학이 되어 오늘에 이르고 있다.

황용주는 대구사범학교 제4기생이 된다. 동기생으로는 왕학수, 조증
출, 권상하, 김종길, 이득우 등이 있었다. 이들의 교우관계는 각별했다.
경성사범, 평양사범과 함께 대구사범은 일제의 식민지 교육의 전초기지
였다. 일제는 초급학교 교원의 양성을 통해 장기적인 식민통치를 정착
시킬 계획이었다. 어린아이 시절부터 황국신민의 싹을 키워야 했다. 사
범학교는 조선인의 입장에서는 엘리트 청년들이 몰려들었지만 어떤 의
미에서든지 제국의 지도자를 길러내는 교육의 장은 아니었다. 그러나
적빈의 반도청년도 기아를 면하고 최소한의 입신을 할 기초가 되기에는
충분했다.

세 사범학교 중에서 대구사범에는 유별나게 일본인 학생이 적었다.
절대다수가 조선 학생이었다. 학년 정원 100명 중에 일본 학생은 기껏해
야 10명 남짓했다. 아마도 내지화(內地化)나 근대화 개방의 강도에 있어
대구는 다른 두 도시에 비해 훨씬 뒤처졌던 탓도 있었을 것이다. 식민지
의 수도, 경성이나 상업 중심지로 성장한 북반부의 수도, 평양에 비해
대구는 상대적으로 농촌 중심의 토호 세력이 강한 경상도를 기반으로
하고 있었다. 소수의 일본 학생은 철저하게 소외되었다. 단지 숫자만의
문제가 아니었다. 이들의 사회의식이나 지적 수준은 조선인 동급생에
비해 매우 처졌다. 집안 배경도 빈한했다. 내지에서 변변한 지위를 확보
하기 어려운 계층의 청년이 '식민지의 보통학교 선생이라도' 되겠다며
인생의 목표를 하향 조정해야 할 정도로 여유가 없는 사람들이었다. 또
한 조선 학생에게는 이들 저급 일본 젊은이들이 동급생들의 불령성(不
逞性)을 색출하는 학교의 앞잡이일지도 모른다는 경계심도 있었다. 어

쨌든 조선학생들은 이들을 동료로 끼워주지 않았다. 졸업 후의 동창회 명부에도 이들의 존재는 없다. 따지고 보면 이들 일본 학생들이야말로 학교에서 가장 소외된 집단이었다.

대구사범학교 4기생 중에는 그 누구보다도 박정희가 있었다. 동기생들은 그를 일러 '단군 이래 최고의 지도자'라는 자부심을 감추지 않는다. 그러나 그가 그렇듯 위대한 지도자로 민족사에 기록될 것이라는 사실은 학생 시절에는 그 누구도 예견하지 못했다고 입을 모아 토로한다. 사범학교는 전교생에게 등록금이 면제되었다. 그래서 가난한 사람도 똑똑하기만 하면 입신의 기회가 주어진다는 꿈을 품을 수 있었다. 이 제도는 해방 후에도 한동안 이어졌다. 신입생 100명 중 입학성적에 따라 상위 60명에게 별도의 특전이 주어졌다. 관비생으로 불리는 이들에게는 기숙사비가 면제되었다. 교복, 교과서 등 일체의 일용품도 무료로 지급되었다. 이에 더하여 매월 6원의 용돈이 지급되었다. 쌀 한 되 가격이 15전 정도였던 시절이다. 관비생에 끼지 못한 40명은 사비생이었다. 어느 틈엔가 관비생, 사비생 사이에 우열반의 구분이 생겼다. 사비생은 모든 면에서 결핍과 소외의 열등감을 안고 지내야만 했다. 동기생 중 모든 면에서 선두권을 차지하던 용주는 폭넓은 독서로 주위의 이목을 집중했다. 선생도, 선배도 그의 지적 역량을 주목했다. 입학성적도 최상위권이었다. 당연히 관비생으로 기숙사에 상주하면서 상급생들이 주도하는 각종 모임에 참여하면서 입지를 넓혀 나갔다. 학교 밖의 세계와도 연결되어 있었다. 가욋돈이 필요 없다는 아들의 사양에도 불구하고 아버지는 월 10원의 용돈을 부쳐주었다. 모든 게 풍족했다. 왕성한 체력이 청년의 기개를 뒷받침해주었다. 청년의 이상은 사회와 민족을 품고 내처 달렸다. 지적 호기심은 끝이 없었다. 왜 일본은 날로 강해지는가? 조선은 왜 이다지도 가난한가? 조선은 어떻게 일본의 일부로 살아야 하는가? 언젠가 조선은 독립할 수 있을까? 누가, 어떻게 민족의 독립을 이끌 것인가? 광복 이후의 조선은 어떤 세계가 될까? 수많은 의문이 한꺼번에 밀어닥쳤다. 1930년 1월 1일을 맞이하는 한 지식인의 망연한 넋두리가 당시의 암울한 분위기를 증언한다.

"1월 1일은 12월 31일의 연장일 뿐이다.……미몽(迷夢)의 시대가 열리는가. 작취(昨醉)가 미성(未醒)은 아닌 듯한데 부질없는 생각이 스친다. 언젠가 독립이 되는 것이라면 이제 한 해가 지났으니 그날은 그만큼 가까워졌다고 해야 맞을 것이다. 논리적으로는 그럴 것이다. 그런데 독립의 가능성은 점점 멀어져 가는 것처럼 느껴진다. 심정적으로는 그런 것이다. 시절은 점점 혼미해지고 인심은 날로 미혹해진다. 미망의 시대로 접어드는 것은 아닌가. 이렇게 하여 1930년대가 되는 것인가."[3]

2학년이 되면서 일상이 마냥 즐겁지만은 않았다. 장래 자신이 걸어야 할 길에 대해서도 고민하기 시작한다. 일단 사범학교에 입학하여 교원의 길은 잡았지만 날이 갈수록 성에 차지 않았다. 책을 읽으면 읽을수록 더욱 큰 세계가 보였다. 그러나 막상 어떤 직업을 택할 것인가는 막막하였다. 롤 모델이 마땅치 않았다. 이때 선배들이 접근한다. 그들은 사회적 주제로서 가난에 주목했다. 이 세상에 왜 가난한 사람이 많은가? 주위를 특별히 경계하지 않으면 자연스럽게 접하게 되는 것이 마르크시즘이었다.

"조선 놈에게 천황이 무슨 놈의 목탁이냐?" 유소년 시절의 영웅이었던 사완이가, "또 보재이" 자신을 압송하는 기차에 사뿐히 올라타며 웃던 민족주의자 협객 살구쟁이의 모습이 겹쳐왔다. 돌팔매를 맞으며 유곽으로 떠난 풋사랑 소녀, 작은 선이의 수그린 얼굴이 떠올랐다. "그녀의 옷에 묻은 찬 냄새를 기억하며 생각날 때마다 울었다."[4]

빼앗긴 들, 가난한 조국, 조선 민중의 삶을 어떻게 구제할 것인가. 이 모두를 나락에서 건질 구원은 어디에서 찾을 것인가? 답은 마르크시

---

3) 박윤석, "뉴 다큐 잃어버린 근대를 찾아서 : 1920년대 서울", 『신동아』, 2012. 1, 473쪽
4) 박형준, 시집 『생각날 때마다 울었다』, 문학과지성, 2011

즘이었다. 그 씨앗은 가난한 사람에 대한 연민의 정에서 잉태되었다. 어린 시절, 몇 백 석의 지주였던 조부의 집에서 목격한 일이 있다. 가을 추수가 끝나면 소달구지를 끌고 몇 십 리 밖에서 소작인이 그해 소출량을 납입하러 온다. 싣고 온 나락 가마니를 곡간에 넣고 나면 이미 해거름이 된다. 최소한 밥은 먹여 보내는 것이 지주의 도리였다. 그러나 안방은 물론 사랑방도 아니다. 외양간 옆 문간방이 그들에게 할당된 처소다. 어린 용주도 그 방에 들어가본 적이 있다. 장판도 없이 짚과 가마니로 설기설기 엮은 바닥에서 싸늘한 냉기가 코끝에까지 파고들었다. 식모아이가 내동댕이치다시피 내민 밥상에는 보리밥 고봉 사발에 고춧가루가 거의 보이지 않는 시퍼런 김치에 무말랭이 조각이 전부였다. 그나마 뜨거운 시래깃국이 모든 추위와 시림을 감싸주었다. 할아버지와 자신이 상식하던 고깃국이나 생선국은 보이지 않았다. 어쩌다 말라빠진 명태 한 마리가 따라 오르면 이들의 입가에 번지는 만족의 웃음을 기억한다. 밥상 물리기 바쁘게 한밤중인데 잠도 재우지 않고 내보낸다. 어린 용주의 마음속에도 무언가 애처롭고 불공평하다는 생각이 들었다. 저 사람은 어디서 자느냐고 할머니에게 물으니 네가 알 바 아니라며 말문을 막았다.5)

동기생 박정희

조갑제를 비롯한 많은 사람이 쓴 박정희의 전기적 연구문헌도 대구사범 시절의 박정희의 모습을 총체적으로 드러내지 못했다. 몇 가지 에피소드만을 적고 있다. 그만큼 특기할 사항이 마땅치 않았던 것이다. 적빈가정 출신의 사비생, 속으로 응고된 자존심이 한없이 깊었던 그였다고 한다. 체구도 작고 운동에 뛰어난 것도 아니었다. 교과서조차 변변히 갖추지 못했던 그가 학업성적에 두각을 나타낼 수 없었다. 내성적인 성

---

5) "비판적 지식인에서 현실참여자로 ─ 황용주 증언록", 『격동기 지식인의 세 가지 삶의 모습』, 정신문화연구원 현대사연구소, 1999, 113쪽

격 때문에라도 모임을 주도할 처지에 있지 않았을 것이다.[6] 어떤 의미
에서든지 박정희는 중심인물이 아니었다.

그와 함께 5년의 전 과정을 마친 동기생들조차도 학창시절의 그에게
서 특별한 지도자의 자질을 주목하지 않았다. 대구사범학교 동기생 중
에 재학 중에 박정희와 깊이 교류한 사람은 많지 않은 것으로 보인다.
동기생들이 박정희를 주목하기 시작한 것은 그가 군인의 길에 들어서고
난 후의 일이다. 박정희가 만주군관학교에 다니던 시절에도 왕학수와는
교류가 있었다. 도쿄에서 일본육사에 다닐 때도 왕학수는 동기생 백일
신과 함께 박정희를 찾아가서 만난 적이 있었다. 대구 출신의 백일신은
당시 마르크스주의에 경도되어 있었다. 이 시기에 용주도 왕학수와 백
일신을 함께 만나면서 그들이 박정희와 교류하고 있다는 사실을 듣고
도쿄에서 간이 동창회라도 만들자고 했으나 말뿐이었다. 사관학교의 일
과가 그다지 여유가 없었고 이내 그들 자신도 전쟁에 동원되었다.

대구사범학교에 재학한 2년 채 못 되는 기간 동안 용주와 동급생 박정
희는 실제로 교류할 기회는 거의 없었다. 그러나 박정희는 황의 존재감
을 충분히 느끼고 있었다. 입학 직후부터 상급반과 어울려 지내다가 2학
년을 채 마치지 못하고 퇴학당한 용주다. 그래서 더욱 강한 인상이 남아
있을 것이다. 드러낼 기회는 거의 없었지만 은근히 눈여겨보았던 용주
에 대해 특별한 경외심을 품고 있었다. 대구사범 동창생들과 재회하기
시작한 이래 박정희는 많은 동기생 중에 특히 용주의 안목과 식견을
높게 평가했다. 1960년 초, 부산 군수기지 사령관에 부임하면서 박정희
는 부산일보 주필로 재직하면서 지역 여론을 주도하던 황용주의 존재를
더욱 무겁게 느꼈고 둘은 급속하게 가까워진다. 어떤 의미에서 5.16은
황용주와 박정희의 합작품이었다. 후일 황은 그때 '우리의 운명'은 이미
결정되어 있었는지 모른다고 회고했다.

용주는 박정희의 민족관의 뿌리를 이렇게 설명한다. 용주 자신이 프

---

6) 조갑제, 『박정희 대통령의 결정적 순간들』, 기파랑, 2009, 137-138쪽

랑스어로 민족의 대외적 입지를 강화해야 한다고 믿었듯이, 박정희는 총칼로 나라를 바로잡아야겠다는 결의를 다진 것이다. 이러한 사명감의 원천은 '결핍에 대한 한'이었다. 뼛속 깊이 뿌리내린 결핍에 대한 한이 민족의 중흥을 꿈꾸는 이상가로 만들었다. 이 이상의 명령과 지휘에 따라 총칼로 혁명을 감행한 것이다. 박정희의 거사는 단순한 권력 찬탈이 목적이 아니라 권력을 장악한 후에 실현할 구체적인 이상과 계획을 갖추고 있었다. 그래서 5.16은 단순한 쿠데타가 아니라 민족주의 혁명이라는 것이다.[7]

독서회 사건

1933년, 용주는 2학년이 된다. 1학년 한 해 동안 무척 분주했다. 자신이 생각해도 한 해만에 불쑥 자랐다. 이제 세상의 주인이 된 것 같은 기분이다. 만주의 전쟁은 일본인의 기개를 더 높이고 있었다. 일단 세상을 알고 볼 일이다. 독서를 통해 더 넓고 깊은 세상을 파고 들어갈 것이다. 함께 고민해야 할 일은 배우고 알고 나서 어떻게 전할 것인가? 문학이 세상을 어떻게 만드는가? 춘원 이광수가 글로 민족을 어떻게 계도하는가? 책 속에 진리가 있고 책 속에 미인이 있다. 독서는 막막한 현실의 도피처인 동시에 구원의 수단이었다. 책 속에서 반란을 꿈꾸어도 좋다. 매일 밤 짝사랑의 여인을 바꾸어도 아무런 도덕적 문제가 생기기 않는다. 사랑과 사상은 젊은이의 관념을 지배하는 두 주인이다.

2학년에 진입하기 무섭게 선배가 접근해왔다. 같은 방에 배정된 것이 자연스런 인연의 끈이었다. 그 선배는 다름 아닌 조좌호(曺佐鎬, 1917–1991)였다. 조좌호는 용주보다 한 살 위인 1917년 생으로 경남 창원 출신이다. 마산의 인근 고을이다. 2010년, 행정구역 개편으로 마산과 진해는 창원으로 통합된다. 일제 잔재의 해소라는 역사적 의미도 있을 것이다. 조좌호는 1931년 향리의 남면공립보통학교를 졸업하고 대구사범학

7) 황용주, 『박정희 기념사업회 녹취록』, 2001. 4 (녹취자 김찬수)

교에 입학한다. 기숙사 생활은 관비생의 의무였다. 통상 5-6인이 1실로 학년이 다른 선후배가 함께 사용하고 매 학기마다 교체했다. 용주가 입학하던 1932년 바로 그해에 대구사범에는 '독서회 사건'이 발생한다. 독서회는 교사 현준혁이 조직한 마르크스주의 연구 모임이었다.[8) 1906년 평안남도 개천 출생으로 연의전문을 거쳐 경성제국대학을 졸업한 그는 영어담당 교사였다. 이 일로 현준혁은 체포되어 6년간 복역한다. 관련된 학생들도 퇴학을 당하고 그중 일부는 재판에 회부되어 옥고를 치른다. 이 사건을 계기로 독서회는 해체되고 학교에는 감시체제가 강화되었다. 현준혁은 해방과 동시에 조선노동당 평남지부의 창건에 관여했고 1945년 8월 26일, 점령군 치스챠코프 사령관과 패전국 일본의 후루카와(古川) 지사 사이의 합의에 의해 벌어진 평안남도 행정권 인수인계식에 조만식 인민정치위원장과 함께 인수위원의 자격으로 참여한다.[9) 그러나 그해 9월 28일 백주에 평양의 대로에서 암살된다. 김일성이 배후라는 설이 강하다.

조좌호가 인도한 이 모임은 처음에는 단순한 친목회였다. 인근 식당이나 다과점에서 군것질하는 정도였다. 주로 학교, 선생들 등 신변잡기가 대화의 소재였다. 우동, 호떡, 단팥죽, 생과자, 일본 음식은 '묵고지비' 용주의 혀에 새로운 열락을 가져다주었다. 왕성한 식욕과 섬세한 미각을 겸비한 용주에게는 모든 음식이 선약(仙藥)이었다. 때때로 정종 한 잔씩도 나누었다. 이렇게 의기가 투합하자 선배는 시내의 어느 하숙집으로 데리고 갔다. 네댓 명이 모여 있었다. 알고 보니 이들은 그룹 스터디를 벌이고 있었던 것이다. 백일신도 있었다. 그는 이미 상당한 선행 학습이 있었던 것으로 보였다. 축출된 것으로 알았던 독서회가 학교 밖에서 재건된 것이다. 그 모임에서 이미 신화가 된 현준혁 선생의 근황도 들을 수 있었다. 수형자 생활을 하면서도 늠름하게 절차탁마하

<hr>

8) 한홍구, 『장물바구니』, 65쪽
9) 송남헌, 『해방 3년사』, 까치, 1985, 108쪽

58

고 있다는 소식이다. 바깥 세계의 추종자들에게 충고와 교훈을 주고 있다는 것이다. 현준혁 선생에게는 신화가 많았다. 경성제국대학 시절에 하루에 새 단어를 200개씩 외웠다거나 마르크스의 『공산당선언』을 영어, 독어, 프랑스어로 다 외운다는 등등의 풍성한 신화의 곁가지를 어루만지는 일만으로도 희망의 끈이 남아 있었다. 마르크시즘은 중요한 시대조류였다. 남아로 태어나 20세 이전에 마르크스를 접하지 못한 것은 부끄러운 일이었다. 입문 교재는 교토대학의 가와카미 하지메 교수가 쓴 『빈곤론』(1917)이었다. 이 책은 당시 일본인 지식인 세계에서는 필독서로 알려져 있었고 당국에 의해 금서가 된 후로는 지하의 베스트셀러가 되었다. 왜 세상에는 가난한 사람이 많은가, 가난을 퇴치하려면 어떻게 해야 하는가, 세부적인 분석과 함께 부자의 사치가 초래하는 사회적 폐단과 도덕적 열등의 예를 적나라하게 열거했으며 궁핍에서 벗어나기 위한 빈자의 단결을 강조한다.[10] 이 책은 저자 자신의 경제사 이론서 『자본주의 경제학(資本主義 經濟學)의 사적 발전(史的 發展)』에서 제시한 유물사관을 강론하기 위해 쓴 일종의 대중용 교양서였다. 1916년 9월부터 12월까지 오사카 아사히 신문에 연재한 것을 묶은 단행본이다. 당시의 선진국으로 영국의 사례를 분석하고 애덤 스미스의 이론을 존경과 애정을 담아 비판한 책이다. 그런가 하면 제1차 세계대전의 참전으로 벼락부자가 생겨나는 반면, 물가의 폭등 속에 빈자가 속출하는 일본 사회의 핵심문제를 두드리는 저술이기도 했다. 종전까지 서구이론의 해제에 급급하던 경제학계에서도 비로소 '일본 경제학'의 탄생을 알리는 최초의 저술로 평가한다며 환영했다. 가와카미의 책은 어린 청년들이 품고 있던 모든 의문에 대한 답을 제공해주었다. 사회구조의 문제라는 것이다.

"놀랍게도 오늘날 문명국에 사는 많은 사람들이 가난하다." 첫 구절부터 가슴을 두드렸다.

---

10) 가와카미 하지메, 『빈곤론』, 꾸리에, 2009

가난한 사람의 정의를 셋으로 나눈다. 첫째, 부자에 비해 가난한 사람, 둘째, 다른 사람의 도움과 자선에 의지하여 생활하는 사람, 셋째, 인간의 생존에 필요한 최소한의 물질을 갖지 못한 사람이다. 첫 번째 의미의 가난이 경제상의 '불평등', 두 번째 의미의 가난은 경제상의 의존, 세 번째 의미는 경제상의 결핍을 의미한다. 이 책에서는 세 번째 의미를 깊이 파고든다.

"사람은 빵만으로는 살 수 없지만, 빵 없이는 아무것도 얻을 수 없다. 교육을 보급하기 이전에 먼저 빵을 보급하지 않으면 안 된다. 가난한 사람의 절반 이상은 매일 열심히 일하고 있지만 임금이 너무 낮기 때문에 빈곤선(貧困線) 이하에 머무를 수밖에 없다. 그런데도 영국, 미국 부자 나라에 가난한 사람이 많은 이유는 국민전체에 비해 극소수의 사람들 손에 엄청난 부가 집중되어 있기 때문이다."

"꽃을 감상하는 사람은 반드시 그 뿌리에 흙을 북돋우는 일을 잊어서는 안 된다. 육체의 욕망은 인간의 욕망 중에 가장 열등하고 그중에서도 성욕과 식욕은 가장 저급한 것이다. 그러나 저급한 욕망일수록 일반 민중으로 하여금 적절하게 만족할 수 있게 하는 것은 결국 사회의 기초를 굳건하게 하고 국가의 근본을 다지는 근거가 된다." 저자는 가난을 근본적으로 해결할 수 있는 방법으로 세 가지를 제시한다. 첫째, 세상의 부자들이 자발적으로 사치스런 생활을 중단한다. 둘째, 현격한 빈부 격차를 줄이는 경제구조를 만든다. 셋째, 생산업을 개인의 돈벌이에 맡겨두지 말고 국가가 개입하여 조절한다. 특히 군수산업이나 교육과 같이 국가의 중핵이 되는 업무는 국가가 직접 담당하도록 경제조직을 개편해야 한다. 오늘날의 기준으로 보면 지극히 상식적인 이야기다. 저자가 본격적인 마르크스주의자가 되기 이전에 쓴 저술로 오히려 자본주의의 윤리적 잠언의 성격이 짙다. 맹자의 구절도 적절하게 인용되어 있다. "백성은 恒産(일정한 재산)이 없으면 恒心(한결같은 마음)도 없다. 항심이 없으면 방탕하고 편벽되고 사악하고 제멋대로 행동하게 된다."(『맹자[孟

子]』, 「양혜왕 상[梁惠王 上]」……若民則 無恒産因 無恒心)

"노예를 해방하고 농민들과 고난을 나누는 톨스토이의 인도주의 선행은 찬양할 만한 것이다. 그러나 그에게는 결핍에 대한 공포가 없다. 러시아의 귀족으로서 '자발적인 가난'밖에는 맛볼 수가 없는 것이다." 실로 계급의 벽은 무서운 것이다. 작품에 인용된 이시카와 다쿠보쿠(石川啄木, 1886–1912)의 시가 가슴에 박히는 듯했다. "일을 해도, 일을 해도 여전히 나의 생활은 편해지지 않누나./물끄러미 내 손만 바라보네."

당시의 지성세계에서도 이 책이 왜 불온한 금서가 되는지 이해할 수가 없었다. 책의 내용이나 출판된 시기(1916. 7)보다 후일 가와카미가 걷게 된 행보 때문에 소급해서 금서가 된 것일 터이다. 가와카미는 치안유지법 위반으로 5년 징역을 선고받고 1937년까지 수형자 생활을 한다. 용주가 이 책을 접했을 때 저자는 아직 옥중의 몸이었다. "앞으로 나는 합법, 비합법을 불문하고 현실의 운동과는 완전히 관계를 끊고 본연의 서재로 돌아가 은거하겠다. 이것이 나의 결의다. 나는 이제 이 결의를 공언하고, 이 발언에 사회적 효과를 부여함으로써 공산주의자인 나를 내 손으로 매장한 것이다." 그 유명한 『옥중선언(獄中獨語)』 이후에도 가와카미는 살아 있는 신화였다. 가와카미의 모습을 먼 발치에서 바라보는 것만으로도 생의 환희를 느낀 청년들이 즐비했다.

해방 후에도 이 책의 신화적 명성에 취해 찾는 한국 청년이 많았다. 「농무(濃霧)」의 시인, 신경림도 2009년 이 책이 한국어로 정식 번역되어 출간되자 이렇게 감회를 적었다.

"전쟁의 상처가 여전히 아물지 않았던 1950년대 중반, 서울로 유학 온 나의 유일한 취미는 동대문과 청계천의 고서점을 돌아다니는 일이었다.……자장면 한 그릇 값을 주고 산 이 책을 밤 새워 읽고 난 뒤에 나는 눈앞에 새로운 세계가 펼쳐지는 것을 느꼈고, 이후 심지어는 이 책을 읽었는가를 따져 친구를 사귀는 잣대로 삼기까지 했다."11)

---

11) 가와카미 하지메, 『빈곤론』, 추천사

　20세기 후반의 인물들에게도 여전히 이 책은 살아 있다. 민주노동당과 진보신당의 대표를 역임한 노회찬도 고전의 의미를 이렇게 평가했다. "20세기 초중반의 일본과 오늘의 한국사회는 얼마나 다른 것일까. 항시적인 대량해고의 위협과 인간의 노동이 한 번 쓰고 버려지는 일회용품으로 전락해버리는 한국적 현실을 두고 빈곤이 인간의 존엄을 무너뜨리는 사실 앞에 전율했던 이 위대한 도덕적 사회주의자는 어떻게 반응했을까. 문제는 빈곤과 정면으로 맞서려는 치열한 정신이 일거에 이 땅에서 사라져버린 것이 아닌가 하는 의문이 든다는 것이다."12)

　독서회 사건으로 인해 현준혁 선생과 함께 잡혀갔던 선배들의 소식도 들었다. 대체로 비교적 가벼운 형기를 마치고 심기일전하여 나름대로 학업을 도모하고 있었다. 임화, 이태준, 이원조와 같은 거물들의 이름도 들었다. 어떻게 젊음을 보낼 것인가, 장차 무엇을 하면서 살 것인가? 일본은 앞으로 어떻게 될 것이며 이 나라, 이 민족은 어떻게 되는 것인가?

　주말의 외출은 비교적 자유로운 편이었다. 별도의 회합이 없는 날에는 대구 시내의 헌책방이 용주의 단골이 되었다. 일본인의 풍습대로 자리에 선 채로 읽는 '다치요미(立ち讀み)'도 즐겼다. 달리 돈 쓸 일이 별로 없었기도 하거니와 최우선으로 책을 구입했다. 도스토옙스키, 톨스토이, 셰익스피어도 샀다. 마르크스의 『자본론』은 16원이나 했다. 금서이었기에 터무니없는 고가였다. 관비와 집에서 보내준 한 달 용돈이 한 권의 책으로 변한 것이다. 구입한 책은 선별하여 기숙사에 지참했다. 문제될 만한 책은 시내의 친지 집에 맡겨두었다. 시사교양 잡지 『中央公論』과 『改造』에는 흥미로운 이야기가 가득 차 있다. 헌병에 맞아 죽은 선량한 백성, 제도와 권력을 극도로 증오하는 아나키스트들의 인간적 모습, 읽으면 읽을수록 깊은 내용은 잘 몰라도 남모르는 만족감이

---

12) 가와카미 하지메, 『빈곤론』, 추천사

충일했다. 어느 틈엔가 용주는 애송이 마르크스주의자가 되어가고 있었다. 문학적 상상력이 더욱 사회적 리얼리즘을 강화시켰다.

마르크스 보이의 퇴학

평일은 저녁 9시가 소등시간이었다. 그러나 학교당국은 기숙사 사생들이 자치적으로 운영하도록 내버려두었다. 특별한 상황의 기미가 보이지 않을 때는 그다지 엄격하게 운영하지 않았다. 관습적으로 침대의 칸막이를 담요로 차단하고 촛불에 의존한 심야독서는 대체로 용납되는 편이었다. 조좌호와 황용주는 침대를 마주하고 있었다. 1933년 12월 어느 날의 일이다. 마침 그날따라 다른 사생들이 외박 중이었다. 이때 뜻밖의 일이 벌어졌다. 자정에 사감 히로세(廣瀨)가 밀어닥쳤다. 두 현행범을 끌고 나갔다. 읽고 있던 불온서적은 증거물로 압수되고 여죄의 추궁이 이어졌다. 누군가의 밀고가 있었을 것이다.

이튿날 저녁, 용주에게 호출이 떨어졌다. 교관을 위시하여 담임, 체조 선생, 기숙사 사감 등 4-5명의 교사가 좌정하고 있었다. 모두가 심각한 얼굴이었다. 담임은 말이 없고 교관이 심문에 나섰다. 다짜고짜 "멤버를 대라"고 다그쳤다. "무슨 멤버 말입니까? 모릅니다." 오로지 혼자의 호기심으로 한 일이라고 버티었다. 으름장에 이어 시나이(검도 연습용 죽도)가 동원되고 교감의 회유가 뒤따랐다. "너는 공부도 잘하는 관비생이고, 아버지도 총독부 관리인데 장래를 생각해라. 네가 주도했을 리 없으니 멤버를 대면 불문에 부칠 수도 있다." 굳이 독립운동가가 아니라도 세상에서 가장 비열한 짓은 자신의 보신을 위해 동료를 파는 일임을 아는 것은 사내의 기본이다. 공포심보다는 야릇한 흥분이다. 나도 현준혁 선생처럼 유명해지나보다, 소영웅심마저 들었다. 후일 그는 당시의 일을 이렇게 회상했다. "젊음이 자산이고 이데올로기가 무기라는 사실을 알게 되었다."13) "얻은 것은 이데올로기이고 잃은 것은 예술 자신이

---

13) 『격동기 지식인의 세 가지 삶의 모습』, 114쪽

다." 회월(懷月) 박영희(朴英熙)의 명구가 어린 용주의 가슴에 훈장으로
달리게 된 것이다.

교관은 대구경찰서에 연락했다. 주범인 조좌호는 별도의 심문을 거쳐
고등계 형사에게 넘겨졌다. 종범인 용주는 퇴학처분으로 마감했다. 조
좌호에게는 치안유지법과 조선형사령의 올가미가 씌워졌다. 사상범에
관한 한 누구든지 위험한 경향이 있다고 판단되면 영장 없는 예비검속
으로 장기간 가두어둘 수도 있었다. 비교적 일찌감치 근대적인 형사법
체계를 채택한 일본이지만 국체 그 자체에 대해서는 추호의 위험도 용
납하지 않았다.

이병주의 『관부연락선』에 나타난 일본인 지식청년의 회고에서 당시
일본의 분위기를 감지할 수 있다. "소화 12년(1931) 지나사변이 발발한
해다. 나는 당시 M 고등학교 2학년이었다. 마르크스주의에 홀딱 빠져서
몇몇 친구들과 독서회를 가졌었지. 물론 학교당국에는 비밀로. 그런데
그런 정도면 대단한 것도 없었지. 폭로되었댔자 정학처분을 받았을 정
도일까? 그러나 일본의 정치가 급속하게 반동으로 내달으면서 나의 의
식도 급속도로 날카로워졌다."14)

일본 학생의 경우는 공산주의라는 위험한 사상만이 문제였다. 그러나
조선 학생의 경우는 독립이라는 보다 큰 위험이 결부되어 있었기에 더
욱 심한 규제가 따랐다. 이들을 규제한 전가의 보도가 치안유지법이다.
치안유지법 제1조는 이렇게 규정하고 있었다.

"국체를 변혁할 목적으로 결사를 조직한 자, 또는 결사의 역원 기타
지도자로서의 임무에 종사한 자는 사형 또는 무기징역, 또는 7년 이상의
징역에 처하고 그 정을 알고 결사에 가입한 자, 또는 결사의 목적 수행을
위한 행위를 한 자는 2년 이상의 유기징역에 처한다."

공산당은 국가의 전복을 목적으로 조직된 불법단체이다. 그러므로
공산주의 서적을 탐독하는 행위도 곧바로 공산당의 목적을 수행하기

____

14) 이병주, 『관부연락선』, 동아출판사, 1995, 210쪽

위한 행위로 의제되는 것이다. 조선 독립운동은 보다 중한 국체전복 행위이다. 이 법은 해방 후 국가보안법의 원조가 되어 많은 비판적 지식인을 철창에 가두는 공안검사의 전가의 보도로 전해 내려오면서 국제사회의 지탄의 대상이 되고 있다.

조좌호는 치안유지법의 위반으로 기소되었으나 짧게 복역하고 이듬해 9월 석방된다. 이내 심기일전하여 학자의 길을 걷는다. 배제고등보통학교를 졸업한 후 일본 시마네 현(島根)의 마쓰에(松江) 고등학교를 거쳐 도쿄제국대학 문학부 동양사학과에 입학한다. 해방 후에 학계에 투신한 그는 동양사학계에 큰 족적을 남겼다. 대학행정가로서도 성공하여 성균관대학교 총장을 지냈다.

국어 담당인 일본인 담임선생은 위로를 건넸다. 독신으로 경성제대 상과 출신의 선생은 다이쇼(大正) 시대의 자유주의 사조에 크게 영향 받은 인물이었다. "크게 실망하지 말게. 학교가 어디 여기뿐이냐? 전화위복이 될 거야. 이 학교는 졸업해보았자 기껏해야 보통학교 선생밖에 더 하겠나? 자네 같은 친구는 일본에 가서 더 공부해서 보다 큰 인물이 될 거야."

당시 사범학교 졸업생은 즉시 대학에 진학할 수 없었다. 5년간의 수학 기간을 마쳐도 3년간의 의무복무 기간을 채우지 않으면 대학 입시자격을 주지 않았다. 용주의 아버지, 대화 씨는 아무 말 없이 독학을 해서라도 후일을 도모하라며 격려한다. 아들은 이미 아버지의 그릇을 넘은 큰 인물의 면모를 비쳤다. 용주 자신도 그런 생각을 하고 있었다. 미리 살펴본 상급반의 교과과정도 실망스러웠다. 5년 내내 열심히 수학해보았자 지성 세계의 언저리에도 발을 들여놓을 수 없을 것처럼 보였다. 학교에서 가르치는 것은 모두가 기능적인 지식뿐이었다. 미련 없이 떠나자. 떠나는 순간 뒤돌아보지 말자. 그렇게 작심하고 떠난 대구사범학교였다. 멋모르고 맛 들일 뻔한 마르크시즘도 무더운 풋내기 청년 시절을 스쳐간 한 줄기의 소나기에 불과할 것이다.

이 학교에도 조선인 선생이 다수 있었다. 현준혁은 이미 살아 있는 신화가 되었지만 밖으로 드러내지 않으면서도 민족혼을 고취시킨 선생들이 많았다. 이 학교의 자랑은 조선인 선생 중에 단 한 사람도 후일에도 친일의 굴레를 쓰지 않았다는 것이다.

특히 김영기(金永驥) 선생은 학생들의 절대적인 신임을 얻고 있었다. 조선어와 역사 담당이었던 그는 모든 학생에게 애국시조 100수를 외우게 하는 등 언제나 민족의식을 고취시켰다. 조선어 사용이 금지되자 그는 국어(일본어)를 가르쳐야 할 입장이 되었다. 그러나 자신의 일본어 실력이 약하다는 것을 핑계로 내세우며 일본어를 거의 사용하지 않았다.

대구사범 학생들은 누구보다도 김영기 교사의 수업을 기다렸다. 일본 책은 겉치레로 펴놓기만 할 뿐, 선생의 수업은 오로지 조선의 산천, 조선의 역사, 조선의 문화, 조선인의 기상이었다.[15]

"교실 정면 흑판 위에는 하얀 바탕에 빨간 원, 히노마루(日の丸) 일장기가 액자 속에 모셔져 있다. 왼쪽 벽에는 국어상용(國語常用)이라는 새까만 글자. 그러나 학생들은 원래 조선어 교사였던 김영기 선생이 '국어'로 말하는 것을 거의 보지 못했다. 교장이나 시학관이 교실을 둘러볼 경우를 대비하여 흑판에 형식적으로 몇 마디 수업요지를 적어둘 뿐이다. 우리는 긴박감 속에 은밀한 즐거움을 나누었다. 말하는 선생도, 듣는 학생도 신경은 교실 밖 복도나 유리창 밖 교정으로 촉각을 곤두세웠다." 1939년 9월 '대구사범 학생 독립운동'에 관련되어 고초를 당한 한 학생의 증언이 있다.[16] 박정희, 황용주의 7년 후배인 11기생 조영진은 퇴교당한 후에 북경으로 망명하여 독립운동에 투신하다 광복 후 귀국하여 교직에 몸담는다. 2005년 8월 15일 광복절에 독립유공자로 표창받는다.

사건의 전말은 이러하다. 1939년 9월, 왜관으로 작업에 동원된 대구

---

15) 조갑제, 『박정희의 결정적 순간들』, 기파랑, 2009, 40쪽
16) "독립유공자, 조영진 '항일의 상징' 대구사범", 「대구매일신문」, 2005. 8. 5

사범학교 근로보국대는 일본 학생과 조선 학생 사이에 할당된 작업량을 차별하는 일인교사에 집단으로 항의한다. 그러나 교관은 이들의 항의를 집단항명으로 취급하여 징계조치에 회부하겠다며 위협한다. 급기야 성난 학생들이 선생을 폭행하는 사태로 번진다.[17] 이 사건이 독립운동 사건으로 비화된 것이다. 우발적인 사건이었지만 누적된 학생들의 불만에 민족혼이 점화된 것이다.

대구사범의 민족정신

1937년 8월, 일본 전역에 지원병 제도가 공포된다. 1938년 4월에 1기생이 입대한다. 장차 전면적으로 실시될 징병 또는 학도병 모집을 앞둔 실험적 조치였을 것이다. "누구나의 가슴에 멍에를 지우는" 일이었지만 친일의 조선 문인들은 천황의 은혜라고 감읍한다.[18] 또한 문약한 조선인의 체질을 바꿀 수 있는 호기라며 열광한다. "이조 오백 년간 특히 근세사에 있어 조선인은 무력적 훈련을 등한시했다. 그러기에 같은 문무관 간에 같은 등급의 무인이라도 문인 앞에서는 소인이라고 자기를 낮추어 불렀다. 그러니만치 상무정신은 퇴락일로를 걸었다.……이 문약의 정신이……조선인으로 하여금 우유부단하여 무슨 일에도 양(陽)적 활발성을 띠지 못하고 음(陰)적이고 히키쿠레적(냉소적)이 되게 만들었다.……이처럼 무질서 상태의 조선인에게 지원병의 훈련은 갱생의 길이다. 훈련되지 않고 무질서한 조선인을 생기발랄하게 훈련시킬 수 있고 국가에 충성이라는 것을 알게 한 이 제도는……나는 일찍이 지원병 제도보다는 징병을 주장한 사람이다.……"[19]

최남선, 최재서, 박영희, 김안서, 김용제, 유진오……기라성 같은 문

---

17) 민족연구소 편, 임종국 선집 (8),『빼앗긴 시절의 이야기』, 아세아 문화사, 2007, 62쪽

18) 최재서, "조선인 징병제가 황은의 감읍", (1943. 8. 1) "문약한 전통을 극복할 수 있는 반도인의 자질을 향상하고 내지인과 동일한 대우를 받는 첩경이다." 김병걸, 김규동 편,『친일문학작품 선집 2』, 실천문학사, 1986, 360−363쪽

19) 함대훈, 수필 "우리들과 지원병",『조광』, 1940. 12; 김병걸, 김규동 편, 같은 책, 255−257쪽

단의 거목들이 줄줄이 지원병에 나갈 것을 독려하고 나섰다. 민족의 자부심이었던 천재, 이광수는 아예 내놓고 조선의 '황민화'를 주창했다. "조선인은 자신이 조선인인 것을 아주 잊어야 한다. 기억할 필요가 없는 것이다.……즉 피와 살과 뼈가 일본인이 되어야 한다. 이것이 진정으로 조선인의 영생의 유일로이다. 그러므로 조선의 문인 내지 문화인의 심적 신체제의 목적은 첫째로 자기를 일본화하고 둘째로는 조선인 전체를 일본화하는 데 전심력을 바치고 셋째로는 일본의 문화를 앙양하고 세계에 발양하는 문화전선의 병사가 됨에 있다."[20] 1939년 10월, 정식으로 친일의 조선문인협회가 결성되었다. 1941년에는 월간『국민문학』이 창간된다. 국민이란 일본인, 즉 영광스런 천황의 신하를 의미한다.

이러한 시대적 상황 아래서도 대구사범학교의 항일민족 운동의 전통은 연면하게 이어진다. 1941년 2월, 졸업을 앞둔 35명의 학생들이 학술연구회를 조직한다. 종전의 문예부와 연구회로 만족할 수 없다. 여태껏 고작해야 이상화와 이육사, 대구출신 시인들의 시작을 윤독하는 수준이었다. 졸업 후에 어떻게 할 것인가? 이제는 보다 체계적이고도 항구적인 조직적인 활동이 필요하다. 역사교육을 통해 민족의식을 고취해야 한다. 권쾌복, 유홍수, 최낙철, 양병목, 김근배 등이 주축이 되어 '다혁당(茶革黨)'을 결성한다. 부형과 부락에 국제정세를 전해주고 일본은 반드시 멸망한다는 신념을 심어준다. 총독부가 주도하는 국방헌금과 공출, 징용 등을 방해한다. 그러기 위해서 기관지를 발행한다. 3월 초순, 기관지『학생』을 발행하고 이어서 대중용 계몽잡지『반딧불』도 창간한다. 이들의 대담한 활동을 격려하면서 민족의식을 고취시킨 선생들이 있었다. 김영기, 박관수, 두 사람이 대표적이 인물이었다.[21]

박정희도 대구사범학교 시절의 선생들에 대해서는 각별한 예를 차렸

---

20) "심적 신체제와 조선 문화의 진로",「매일신보」, 1940. 9. 5-12; 김병걸, 김규동 편,『친일문학작품 선집 2』, 105쪽에서 재인용
21) 민족연구소 편, 임종국 선집 (8),『빼앗긴 시절의 이야기』, 67-75쪽

다. 거의 30년 후의 일이다. 1962년 4월 1일 이른 아침, 장충동의 국가재
건최고회의 의장 공관에서 황용주 앞으로 전화가 걸려왔다. 당시 용주
의 숙소는 종로의 한 여관이었다. 부산일보 사장의 직을 지닌 채 서울에
체류하고 있던 참이다. 즉시 공관으로 와달라는 것이었다. 지난 몇 주간
박정희는 고심했다. 군사정권이 민정이양을 결정하고 난 뒤에 박정희
자신이 대통령에 출마할 것인지 여부를 두고 고민하고 있었던 것이다.
자신의 선의를 제대로 몰라주며 왜곡 반대하는 세력에 대해 박정희는
"못 해먹겠다. 때려치워야겠다"며 격분한 적이 한두 번이 아니다. 그때
마다 용주는 "무슨 소리냐, 그까짓 놈들 헛소리에 마음이 흔들리다니"라
며 격려한다.

　공관에는 김영기, 박관수, 대구사범 시절의 은사 두 사람이 함께 자리
를 했다. 박정희가 입을 열었다. "두 분 선생님, 이 황군을 앞에 두고
말씀드리겠습니다. 제가 입후보하겠습니다." 곧 육영수 여사가 불려 나
왔다. 시바스 레갈, 양주에 잔 4개가 준비되었다. 황용주는 일어나서
친구의 손을 잡았다. 그리고는 건배를 제의했다. "고맙소. 이제 진짜 대
한민국이 출발하는 것입니다. 김 선생님, 박 선생님을 모시고 대한민국
대통령의 탄생을 기원하면서 건배를 합시다."22)

　박정희가 김영기 선생을 얼마나 존경했는지는 국무총리와 적십자총
재를 역임한 서영훈의 증언에도 잘 나타나 있다. "적십자 사무총장의
일을 맡아 열심히 자원봉사 활동의 폭을 넓히고 있었다. 어느 날 김영기
선생이 나를 불러 세종대왕의 여주 영릉을 성역화하자는 건의문을 쓰라
고 했다. 武는 이순신 장군을 위해 아산 현충사를 건립하여 성역화했다

---

22) "5.16 혁명의 샘플은 명치유신이며 박정희의 사람됨은 일본의 무사도가 결정적인
　　영향을 주었다고 보면 된다. 현실 파악에 뛰어난 점, 사생관이 확고한 점, 그것에 서민
　　적인 정서를 갖고 있다는 점, 5.16 이후에 여러 번 민정이양을 결심하고도 또 번복했던
　　이유, 육 여사와 부부관계……1963년 1월 1일 장충동 공관에서 김영기, 박관수 선생과
　　대면, 대통령에 출마하겠다고 언명했던 일, 청와대에서 영화 감상하던 날, '임자는 황
　　사장 옆에 앉아. 손도 잡아보고' 등."(1999. 10. 22 일기)

는데, 文의 상징인 세종대왕의 능이 제대로 대접을 받지 못해서야 어디 문화민족이라고 할 수 있겠는가? 서영훈은 김영기의 이름으로 건의서를 초안하여 붓으로 써서 박대통령에게 보낸다. 며칠 후 박승규 민정수석이 김영기의 집으로 박대통령의 친필 서한을 보낸다. 김영기는 대통령의 서한을 서영훈에게 보여주었다. 건의가 정식으로 채택되었다는 징표였다.23)

김영기는 박정희가 육영수와 재혼할 때 장인 육종수가 결혼을 반대하여 결혼식에 불참하자 신부의 손을 잡고 입장할 정도로 각별한 사이였다.24) 박관수 선생 또한 박대통령의 특별한 섬김을 받았다. 1976년 박관수 선생은 대통령에게 이순신 장군의 "必死則生, 必生則死(필사즉생, 필생즉사)"라는 휘호를 친필로 써주었고 박정희는 즉시 대통령 특별담화에서 이 말을 인용했다. 박 대통령 사후에 소장품의 인터넷 경매에서 이 액자가 나왔다.25) 비록 학생 시절에 박정희는 선생과 학생 사이에 두각을 나타나는 존재는 아니었지만 그는 마음속에 언제나 대구사범 시절의 선생과 동료에 대한 남다른 애정을 품고 있었고 자신의 존재가 주목의 대상이 된 이후로는 적극적으로 인맥을 활용하면서 대업의 준비에 나선다. 부산 군수기지 사령관 시절부터 본격적으로 강화되기 시작한 대구사범의 인맥은 박정희의 5.16 거사를 뒤에서 도운 하나의 중요한 지지 세력이 되었다. 그 중심에 황용주가 버티고 서 있었다.

---

23) 서영훈, "나의 이력서 (21) : 자원봉사 활동과 육영수 여사", 「한국일보」, 2004. 4. 19
24) 한홍구, 『장물바구니』, 142쪽
25) "박정희 전 대통령 소장품 인터넷 경매 나와"(Donga.com, 2004. 7. 5)

4

오사카 중학 : 문학청년의 꿈과 민족

　　대구사범학교에서 퇴학당한 후 용주는 고심한다. 앞으로 어떻게 할 것인가? 이참에 아예 조선 땅을 떠나 중국으로 갈까? 그곳에 거점을 두고 활약하는 약산 아저씨를 찾아 나설까? 그 길을 택한 고향 선배의 이야기도 들었다. 의열단원이 되어 국내에 잠입해서 일인 요인의 암살을 기도하다 영어(囹圄)의 몸이 된 청년 의사도 있다. 굳게 마음만 먹으면 길이 없는 것은 아니다. 그러나 이 일은 내놓고 부모와 상의할 성질의 것이 아니다. 곰곰이 생각해보아도 아직은 때가 아니다. 무엇보다 지식을 더욱 연마해야겠다는 생각이 들었다. 이제 겨우 세상살이의 원리에 대한 초보적 지식을 접했을 뿐이다. 아버지의 뜻도 물론 제대로 된 학교에 들어가 공부를 하는 것이다. 그렇다면 일본에 가야 한다. 그러나 당장은 무리다. 준비기간이 필요하다. 최종 목적지를 일본으로 하고 일단 서울을 거치자. 이렇게 작정한 그는 마산 집에서 칩거하면서 서울의 사립 고보에 편입하기 위한 준비에 들어간다.1) 입소문으로 전해들은 제한된 정보에 의하면 서울의 모든 학교의 편입시험에 영어와 수학이 필수이고 또한 결정적으로 중요하다고 한다. 대구사범에서 2학년을 수료한

---

1) 이 시기에도 일기를 쓴 것으로 보이나 유감스럽게도 유실되었다. "새벽 4시 30분에 잠이 깨어 다시 잠이 들지 않아 코냑을 마시면서 옛 일기장을 더듬어본다. 1934년 것이 가장 오래된 것이다. 대구사범을 퇴학하고 집에서 수험준비를 하고 있던 무렵의 것이다."(1987. 9. 20 일기)

셈이니 응당 3학년으로 편입해야 한다. 불철주야 영어, 수학에 매달렸다. 이때쯤 일본인 담임의 격려 편지가 도착한다. 5,7,5,7,7 와카(和歌) 형식의 하이쿠(俳句) 시가 담겨 있다. 큰 힘이 되었다. 세상에는 멋있는 사람도 많다. 민족이 문제가 아니라 개개인 간의 문제이다.

盡きせざる/親の嘆きの/なるものお/君や近頃(きみやちかごろ)いかに
あるらをん
(끝없는 부모의 한탄이 있을 텐데 너는 요즘 어떻게 지내니?)

1934년 2월, 용주는 보성고보에 지원서를 내러 간다. 민족정서가 강한 학원으로 알려져 있는 이 학교에 용주는 기대를 걸었다. 그러나 서류를 살펴본 담당교사는 용주에게는 응시자격이 없다고 잘라 말한다. 대구사범의 교과과정이 문제였다. 우선 기록상으로 보아도 영어와 수학이 응시자격 미달이다. 대구사범에서는 1학년에게 영어를 전혀 가르치지 않고 2학년 1학기에 들어서 비로소 ABC를 가르치기 시작했다. 그나마 주 1회, 매회 1시간에 불과했다. 수학교육도 취약하기 짝이 없었다. 2학년에 대수를, 그리고 3학년에 들어와서야 기하입문을 가르치면서 수학과정을 마감했다. 소학교 선생에게 필요한 영어, 수학 지식은 그 정도로 충분하다는 판단이었다. 반면 일본인의 중학교나 조선 학생의 고등보통학교에서는 1학년에 입학하기가 무섭게 영어, 수학을 집중적으로 교육했다. 열심히 독학으로 실력을 쌓았으니 일단 시험을 치르게만이라도 해달라고 용주는 간청했으나 매정하게 거절당한다. 실로 낙심천만이다. 조선의 학교가 이러면 일본 학교의 사정은 더하면 더했지 나을 바가 없지 않겠는가. 불안하기 짝이 없었다. 어쨌든 영어, 수학은 아무리 많은 시간을 투자해도 부족하다는 사실이 분명해진 것이다.[2]

생짜로 영어 단어를 외웠다. 현준혁 선생이 매일 새 단어 200개씩을

---

2) 『격동기 지성인의 세 가지 삶의 모습』, 99-101쪽

외웠다는 신화는 용주에게 그야말로 신화에 불과했다. 하루 종일 매달려보아도 머릿속에 새로 투입할 수 있는 어휘는 고작 100개 정도였다. 그나마 하룻밤만 자고 나면 머릿속에 안착했다고 생각했던 단어들이 물안개처럼 사라져버린다. 여러 차례, 시행착오 끝에 목표 수치를 하루 40개 단어로 현실화시켰다. 어쨌든 참고서와 사전을 통째로 외우다시피 한 것이다. 6개월 동안 피나는 수련이었다. 수학도 이차방정식과 인수분해를 어느 정도 정복했다.

그래, 이젠 일본으로 가자. 학기 초에만 편입생을 받는 조선의 학교와는 달리 일본의 학교는 연중 수시로 편입할 수 있다고 들었다. 조선의 고등보통학교에 해당하는 내지의 학교는 중학교다. 중학교 4학년에 편입하는 것이 목표다. 열여덟 살 애송이 청년의 가슴은 벅찼다. 아버지의 주선으로 밀양경찰서 고등계가 발행한 도항증을 받아 쥐고 부산으로 향했다. 일본 신사(神社)가 들어선 용두산 공원을 거닐었다. 어린 가슴에도 복잡한 감회가 차올랐다. 이튿날 관부연락선에 올랐다. 1934년 8월의 일이다.

관부연락선, 현해탄 문학

1904년 러일전쟁에서 일본이 승리한다. 아시아가 유럽을 이긴 것이다. 세계가 놀랐지만 정작 당사자인 일본에게는 너무나 당연한 것이었다. 10년 전에 청국을 상대로 한 전쟁에서 승리한 이래로 기세는 날로 충천하고 있었다. 조선을 두고 벌이던 열강의 각축에서 단독 승리를 얻은 것이다. 미국도 조선에서 손을 떼기로 약조한 터이다. 미국은 필리핀을, 일본은 조선을 요리하기로 외무장관끼리 비밀리에 합의한 것이다. 이른바 가쓰라-태프트(桂-Taft) 협정이다. 이제 거칠 것이 없다. 이듬해인 1905년 조선과 일본 사이에 을사조약이 체결된다. 이제 조선은 자주국가가 아니다. 외교권을 일본에게 내준 절름발이 국가에 불과하고 병탄을 통한 일본의 정식 지배는 시간문제에 불과했다.

러일전쟁이 일어나던 바로 그해에 시모노세키(下關)와 부산(釜山)을 내왕하는 정기여객선이 개설된다. '관부연락선'으로 명명한다. 이키마루(壹岐丸), 쓰시마마루(對馬丸), 1천6백 톤급, 두 척의 배가 양안에서 동시에 바다를 향해 출발한다. 일본의 변방 도시의 꼬리(關)를 조선의 제일 항구의 머리(釜)가 이어받은 셈이다. 명칭에서도 나라의 지위가 극명하게 드러난다. 물론 일본의 항구가 앞선다. 지극히 자연스럽고도 상식적인 어순이었을 것이다.

그로부터 거의 한 세기가 흘렀다. '관부연락선'은 '부관페리'로 명칭이 바뀌었다. 한국 국적의 성희호와 일본 국적의 하마유호를 아우르는 개념이다. 일본 측에서도 그렇게 부를까? 아니면 여전히 '관부'일까? 어느 쪽이든 무방한 일이다. 우리 쪽에서나마 당당하게 부산을 앞세울 수 있는 것 자체가 그 굴욕의 시대를 체험한 세대에게는 금석지감이 들 것이다. 부관페리가 나들이하는 그 바닷길은 험하다. 일찍이 원나라 대군을 바람이 송두리째 삼켜버린 '마의 바다'다. 그 바람은 지키는 쪽에서는 신이 내린 바람, 문자 그대로 가미카제(神風)다. 한국에서 건널 때는 '현해탄(玄海灘)'이라 부르고, 반대로 일본에서 한국을 향할 때는 '겐카이나다(玄界灘)'라고 한다. 관정(寬政) 10년(1789년) 일본의 기록에는 '조선 부산해'로 표기되어 있다. 그러나 세상에서 조선이란 나라가 사라진 마당에 옛 기록이 무슨 위안이 되랴.

그 격랑의 바다 속으로 뛰어든 젊은이들이 있었다. 사연은 제각기 다르다. 인간이 스스로 목숨을 버리는 일은 쉽지 않다. 1926년 8월 4일 저녁, 시모노세키에서 출발한 도쿠슈(德壽) 마루가 쓰시마(對馬島)에 접근하고 있었다. 이미 별이 차가운 밤이다. 이 지점의 바다를 오키노시마(沖の島)로 부른다. 젊은 조선남녀가 검은 바다 속으로 뛰어든다. 서른 살 김우진과 윤심덕의 낭만적 동반자살은 역대 청춘비가의 차트에 올라 적어도 반세기 동안 민간신화로 후세에 전승되었다. 두 연인은 도쿄에서 신문물에 심취했다. 새 것에 혼이 끌리는 젊은이의 주린 감성에 음악

74

이 가장 먼저 다가왔다. 음악은 두 연인 사이를 이어준 영적 매개체였다. 이바노비치의 곡 "도나우 강의 잔물결"에 함께 가사를 붙였다. 그리고 "사(死)의 찬미"라고 제목을 달았다. "광막한 광야를 달리는 인생아, 너의 가는 곳 어데이냐/쓸쓸한 세상 험악한 고해(苦海)에 너는 무엇을 찾으러 가느냐." 그들이 함께 만든 노랫말은 자신들의 유서가 되었다. 김수산(金水山)과 윤수선(尹水仙), 정사(情死) 사건을 보도한 당시의 신문은 자살자의 신원을 '물(水)' 속에 감추었다. 함께 남긴 유언장의 구절은 삶에 지친 중년 아낙네에게도, 아직 제대로 살아보지도 못한 주제에 장래에 대한 막연한 불안에 가위 눌린 청년에게도, 그럴듯한 명분과 핑계, 도피와 좌절의 탄식이 되었다. "이래도 한평생, 저래도 한평생,……돈도 명예도 사랑도 다 싫더라."3)

1926년, 그해는 다이쇼(大正) 시대를 접는 마지막 해였다. 일본의 젊은이들 사이에 사회주의 사상과 염세주의 정조가 만연했다. 이에 더하여 장래가 암울한 조선의 청년들 사이에는 망국의 비애는 일상의 조건이었다. 따라서 같은 또래의 일본인에 비해 더욱 절박했다. 4월 25일, 조선조 마지막 왕 순종이 승하하고 6월 10일부터 전국적인 만세운동이 확산되어 나갔다. 저항과 좌절, 둘 다 죽음과 사촌간이다. 7월 29일 도쿄에서 무정부주의자 박열과 일본인 애인 가네코 후미코(金子文子)가 함께 자살을 시도한다.

20세기에 들어 일본에서 동반정사(心中) 문화는 열병처럼 번진다. 1923년 인도주의 사회주의자 소설가, 아리시마 다케오(有島武郎, 1878-1923)와 하타노 아키코(波多野秋子)가 휴양지 가루이자와(輕井澤)의 별장에서 함께 자살한다. 가루이자와는 테니스 코트에서 싹튼 '황태자의 사랑'의 보금자리로 알려진 일본 연인들의 성지이기도 하다. 셰익스피어의 『로미오와 줄리엣』도 크게 한몫을 했다. 동반자살은 연인 사이에만 성행했던 것은 아니다. 일부 지방에서는 가장에게 버림받은 가족이 '귀

---

3) 김정동, 『일본 속의 한국 근대사 현장 (1)』, 하늘재, 2001, 53-78쪽

신과 같은 사람(鬼のような人)'이라는 치욕의 낙인을 면하고자 동반자살(親子·心中)하는 풍습도 생겼다. 1978년 미국 캘리포니아 주의 휴양도시 산타 바바라에서 일어난 일이다. 일본의 변방 출신 가족이 일본음식점을 경영했다. 남편이 바람이 나서 모자를 버리고 도망가자 버림받은 아내가 어린 자식을 안고 태평양 바닷속으로 동반자살을 기도한 것이다. 아이는 죽고 홀로 살아남은 어미가 살인죄로 법정에 나섰다. '문화적 차이'를 변호의 요지로 내세워 캘리포니아의 아시아인 법률가협회에서 집단 변론에 나선 일도 있다.

『태어나서 미안합니다』는 아쿠타가와 류노스케(芥川龍之介, 1892-1927), 다자이 오사무(太宰治, 1909-1948), 아리시마 다케오 등 일본을 대표하는 작가이면서 스스로 목숨을 끊은 7명의 단편작품을 모은 책이다.4) 책의 제목이기도 한 '태어나서 미안합니다'라는 말은 다자이 오사무가 쓴 산문 『20세기 기수』에 나오는 유명한 문구다. 이들이 태어나서 죽은 시기는 메이지 시대에 서양문물을 급격히 받아들인 일본이 근대 봉건국가를 거쳐 제국주의로 빠르게 변화해가던 시기로, 작가들 모두 시대와 사회의 변화 속에서 삶의 목표와 이상의 상실 속에 괴로워하고 방황했다. 이들이 죽은 이유는 저마다 다르지만 그들이 가졌던 존재에 대한 고뇌와 불안을 작품 속에서 찾아볼 수 있을 것이다.

학병세대의 대표작가, 이병주의 문학의 중심에는 『관부연락선』이 있다. 그는 이 소설에서 원주신(元宙臣)이라는 조선 청년의 실체를 찾아 나서는 주인공과 지식청년 유태림과 일본인 동료의 행적을 작품의 플롯에 곁가지로 삽입했다. 소설 속의 기록에 나타난 바에 의하면 원주신은 민족의 반역자, 송병준(宋秉畯, 1858-1925)을 살해하러 일본에 잠입했다가 실패하고 돌아오는 뱃길에서 통한을 안고 바다 속으로 뛰어든 것으로 되어 있다. 두 사람의 집요한 탐구 끝에 원주신은 특정한 개인이

---

4) 아쿠타가와 류노스케 외, 『태어나서 미안합니다』, 문학사상, 2010

아니라 구한말 의병의 비밀결사대원을 지칭하는 것으로 밝혀진다.5) 치욕의 역사는 꼬리도 길다. 송병준이 나라를 판 대가로 조선총독부로부터 받은 광대한 토지가 80여 년 후에도 분란의 대상이 되어 새삼 국민의 분노를 자극했다. 송병준의 후손은 국유지로 등록된 인천 부평구 일대의 430만여 제곱미터가 조상의 사유재산임을 주장하여 국가를 상대로 반환청구소송을 제기했다. 2심 재판이 진행 중이던 2008년 9월, 친일반민족행위자 재산조사위원회가 송병준을 친일반민족행위자로 규정하고, 해당 부동산을 친일재산에 해당한다고 결정한다. 2011년 5월 13일, 대법원은 그 땅이 조선총독부로부터 받은 친일재산이므로 국가의 소유라고 판단한 원심은 정당하다"고 판시한다.

현해탄은 잠시나마 일제시대를 살았던 한국인에게는 풍부한 예술적 소재가 되었다. 학병 출신의 방송작가, 한운사는 1961년 「현해탄은 알고 있다」라는 라디오 드라마를 써서 엄청난 성공을 거둔다.6)

관부연락선을 타는 조선인의 심경은 단순히 착잡한 정도가 아니다. 극도의 불안과 긴장이다. 아무런 죄가 없어도 심하게 위축된다. 내선일체, 같은 나라라고 소리쳐대지만 엄연한 장벽이요, 사실상 국경이 가로놓여 있는 것이다. 국경은 장벽이다. 한 인간의 존엄은 국경 앞에서 무력해진다.

"배가 떠날 때나 도착할 때가 부두엔 언제나 식전(式典)의 기분이 감돈다고 했다. 그러나 시모노세키의 경우와 부산의 경우는 다르다. 시모노세키의 부두엔 오가는 사람의 기분과 감정이 자연스럽게 교류하는 분위기가 있다. 그런데 부산의 부두는 항상 체증을 일으키고 있는 것 같은 느낌이 남는다. 그렇게 되는 이유는 부두의 한 구석에 도항증 검사

---

5) 작품 속에서는 원주신이 바다에 뛰어든 해를 1904년으로 기록한다. 관부연락선이 정식으로 취항하기 전 해이다.
6) 한운사, 『구름의 역사』, 민음사, 2006

소가 있어서 일반 반도인은 학생과 특수인을 제외하곤 꼭 거쳐야 하는데 있다. 비좁은 장소에 앞을 다투는 사람들이 한꺼번에 수백 명씩 들이닥친다. 몇 개 안 되는 창구에다 고함고함 도항증을 들이밀고 검인과 더불어 승선표를 받아야 한다. 이 승선권이 없으면 선표가 있어도 배를 타지 못한다. 간혹 위조 서류를 내밀었다가 발각이 나서 묶여 들어가는 사람도 있다고 했다. 내선일체가 절대로 통하지 않는 데가 이곳이다."[7]

일본을 향해 떠나는 사람만 그런 게 아니다. 일본에서 고향으로 돌아오는 조선인도 마찬가지다. 이미 빼앗긴 땅은 내 땅이 아니다.

"여객선 부두다. 오륙도 돌아드는 연락선에서 어떤 이는 고개를 푹 숙이고 배를 내린다. 또 어떤 이는 낙동강과 동남해 사이에 길게 누운 산줄기와 하늘을 번갈아 바라보면서 감개무량한 표정을 짓는다. 그 누구든 부둣가에서 위엄을 부리고 선 부산세관의 르네상스식 건물을 통과해야 한다. 붉은 벽돌과 화강석의 2층 건물 위에 다시 높다란 망루형 첨탑이 굽어보는 가운데 형사의 따가운 시선도 감내해야 한다. 시모노세키에서 한 번 시달리고 여기서 또 한 번, 부산항은 그런 곳이다. 염상섭의 5년 전 신문연재소설의 주인공이 일본 유학 중 아내가 위독하다는 전보를 받고 귀국하는 길이다. 마치 무덤으로 들어가는 기분이다."[8]

염상섭의 『만세전』(1918)은 근대와 전근대의 기로에서 표류하는 조선 지식청년의 고뇌를 담았다. 일본에 유학 중이던 '나'는 아내가 위독하다는 전보를 받고 귀국한다. 귀국 도중 미행하는 일본형사에게 시달려 울분을 터뜨린다. 집에 와보니 현대의학으로 충분히 고칠 수 있는 유종인데도 아버지는 술타령이나 하며 재래식 의술에 맡겨둔 채 죽음을 재촉한다. '나'는 구더기가 들끓는 공동묘지 같은 환경에서 하루바삐 탈출하고 싶은 생각뿐이다. 이윽고 '나'는 불쌍한 아내의 죽음을 생각하며

<hr>

7) 이병주, 『관부연락선』, 343쪽
8) 박윤석, "잃어버린 근대사를 찾아서, 1920년대", 『신동아』, 2012. 1, 471쪽

질식할 듯한 집안을 박차고 다시 일본으로 떠난다. 1920년대 현진건의 「빈처」,「운수 좋은 날」 등 단편들이 상징하듯이 조선의 특징을 나타내는 두 단어는 빈곤과 좌절이다. 30년대라고 크게 달라진 바가 없었다.

오사카 블루스

1934년 늦여름, 들뜬 마음으로 용주는 시모노세키에서 내린다. 하선 수속은 지극히 간단했다. 내 나라를 떠날 때보다 남의 나라에 들어갈 때 한결 쉬운 것은 무슨 까닭인가? 일본항구의 첫 인상은 마산과는 달랐다.……무언가 가슴을 누르는 억울함이 치밀었다. 하룻밤을 보내기 위해 여관을 찾았다. 선창과 항구의 풍광이야 어디나 비슷하지. 바닷물은 국경이 없을 것이다. 그러나 사람들의 모습은 달랐다. 도시는 정돈된 모습이다. 사람들도 친절했다. 부랑자도 건달도 거지도 보이지 않았다. 이게 이른바 '내지(內地)'구나. 무서운 힘을 느꼈다. 이튿날 기차를 타고 오사카로 향했다. 모든 것이 예정한 대로다. 적어도 무언가 계획을 세울 수 있는 사회라는 생각이 들었다. 아버지가 준 쪽지에 적힌 대로 밀양 출신 지인을 찾았다. 오사카에는 조선인이 많았다. 일본 속의 조선인의 삶이 어떤 것인가?

호기심 많은 용주는 아침 일찍 일어나 오사카의 명소를 찾아 나선다. 친척 아저씨는 몇 군데를 가르쳐주었다. 먼저 덴노지(天王寺) 공원을 찾았다. 70여 년 후인 오늘도 오사카를 찾는 이는 누구나 택하는 코스다. 1909년 도심에 조성된 이 공원은 오사카의 심장이다. 이보다 15년이나 더 늦게, 천황의 은사(恩賜)금으로 세워진 도쿄의 우에노(上野) 공원과 구조는 비슷하다. '미술관 옆 동물원'의 구조다. 남녀노소 구분 없이 많은 사람들이 모여들었다. 이른 아침인데도 개를 데리고 산책하는 사람도 있었다. 조선에서는 볼 수 없는 풍경이다. 개와 사람이 함께 나란히 친구처럼 걷는 모습이 신기했다. 우거진 수목과 정원이 근대의 상징이다. 조심스럽게 두리번거리며 찾았다. 십여 년 전, 횡보 염상섭이 일경에게 체포된 곳이 어디쯤일까?

"평화의 재단에 숭고한 희생으로 제공된 3천만의 망령에 의하여 최(最) 웅변되게 또 최(最)히 통절히 오인에게 교훈을 준 것은 실로 민족자결주의의 오직 일언이다.……지금에 오인은 입만으로는 감언에 만착되기에 너무나 자기를 지나치게 알고 있다. 폭수(暴手)를 두려워해 차(此)에 복종함에는 너무나 지나치게 자유의 존엄성을 깨달았다. 주저할 바 있으랴. 차에 일명(一命)을 도(睹)하여서 독립을 선언하는 소이(所以)이다."9)

1919년 3월 19일, '재오사카 조선노동자일동 대표 염상섭(在大坂 朝鮮 勞動者一同 代表 廉想涉)'의 이름으로 발표된 독립선언서이다. 세 문단으로 작성된 이 문서는 노동운동과 독립운동이 미분화상태에서 분화로 이행하는 중요한 시발점으로 보기도 한다. 염상섭이 자칭 노동자로 주장하는 나름대로의 이유가 있었다. 게이오 대학을 신병을 핑계로 휴학하고 항구도시 스루가(敦賀)에서 학비를 벌기 위해 견습기자 생활을 한 경력이 있다. 후일 요코하마의 한 인쇄소에서 직공 노릇도 하였으며 동아일보 기자 시절에는 노동문제에 관한 논문을 연재하기도 했다.10)

후일 염상섭은 회고록을 통해 당시의 상황을 상세히 기술했다. 체포되어 재판을 받았으나 '프랑스' 판례에 준하여 무죄판결을 받고 석방되었다고 한다. 자신에게 기소된 죄명은 출판법 위반인데 골필을 사용한 복사는 등사와 달리 출판법의 위반이 아니라는 것이 법원의 판결이었다는 것이다. 놀랍게도 오사카 법원은 프랑스의 판례를 참조했다는 것이다.11) 프랑스법이 어떠하기에? 오사카 중학생 용주가 거의 이십 년 전에 일어났던 이 사건의 전말과 프랑스법의 법리에 대해 상세한 정보를

---

9) 『한국 독립운동사 (III)』, 국사편찬위원회, 1970, 963쪽

10) 김윤식, 교토 문학기행 『청춘의 감각, 조국의 사상』, 솔, 1999, 76-77쪽

11) 염상섭, "횡보문단 회상기 (1)", 『사상계』, 1962. 3, 통권 114호, 204쪽

접했을 리가 없다. 그러나 후일 프랑스에 대한 그의 애정이 깊어가면서 이 에피소드가 전하는 엄격한 죄형법정주의와 인도주의적 형사사법주의에 대해 소급하여 경외심을 다졌던 것도 사실이다.

당시의 현지 신문이 정황을 상세하게 전한다. "오사카 시 및 인근 시가와 마을에 살고 있는 약 3천 명의 조선인 노동자들은 업계의 위축으로 큰 타격을 입어 실업자가 속출하여 사상적으로 험악한 경향을 낳고 또 최근 조선에서 일어난 폭동(3.1 운동을 가리킴)의 속출에 대해 앞으로의 대응방향에 관해 당국에서도 자못 걱정하고 있었는데 19일 밤 시내 덴노지 공원 음악당 앞에 다수의 조선인이 모여 어떤 일을 계획 중이라는 급보에 따라 덴노지(天王寺), 난바(難波), 두 경찰서에서 대활약을 개시하여……20일 아침까지 아래 24명의 조선인을 체포 감금하였다. 그리고 맨 먼저 22세의 염상린(廉相燐)(燮의 착오)의 이름을 기록하였다."12) 다음 날 오사카 기계공업고등학교 학생 백봉제와 이경근의 이름이 추가되었다.13)

오사카성(大阪城)에 올랐다. 만감이 교차한다. 그냥 성이 아니다. 하나의 국가가 그곳에 서 있다. 아름답기도 웅장하기도 하다. 충격이다. 세월을 이겨낸 제대로 된 성곽하나 보지 못했던 조선청년이다. 조선의 성은 역사와 신화, 그리고 전설과 민담 속의 누구도 보살피지 않고 방치된, 그야말로 황폐한 성이었다. '황성 옛터' 보통학교 시절 이래 귀에 익은 노래가사다. 대구사범 시절에 누군가가 이 노래를 흥얼거리는 것을 들었다. 가사를 단박 외웠다. 억지로 외우지 않아도 그대로 머릿속으로 빨려들었다. 높지는 않으나 그래도 엄연한 총독부의 관리였던 아버지도 집에서 때때로 유성기 앞에 앉아 이 노래를 들었다. 이애리수의 처연한 목소리가 가슴속으로 파고들었다. 남모를 아픔이다. 과연 조선

---

12) 오사카 아사히 신문 제2면, 1919. 3. 21; 김윤식, 『청춘의 감각, 조국의 사상』, 77–78쪽에서 재인용
13) 오사카 마이니치 신문, 1919. 3. 22

은 폐허의 전설로 사라지고 말 것인가?

　황성(荒城) 넷터에 밤이 되니 월색(月色)만 고요해
　폐허(廢墟)의 스른 회포를 말하여 주노나
　아― 외로운 저 나그네 홀로 잠 못 일우어
　구슯흔 벌레 소래에 말업시 눈물지어요

　조선의 성이 자조의 관념과 신화 속의 신기루인 반면 일본의 성은 엄연한 현실의 요새다. 그리고 그 성은 욱일승천(旭日昇天), 미래를 향해 도약하는 기상이 넘치는 새벽의 성이다. 월색 고요한 애수의 성이 아니라 햇빛 찬연한 광휘의 성이다. 안내판에 기록된 성의 약사를 읽었다.
　1583년 도요토미 히데요시는 수운이 편리한 우에마치 대지에 천하 쟁탈의 거점을 마련하기 위한 성을 축성하기로 한다. 이것이 도요토미의 오사카성이다. 1585년에 5층 8단, 검은 옻칠을 한 판자와 금박 기와, 금장식을 붙인 호화로운 망루형 천수각을 완성한다. 이로써 히데요시는 천하를 평정한 위용을 과시한다. 그러나 1615년 에도막부가 도요토미를 쓰러뜨리기 위해 벌인 전쟁에서 도요토미의 성은 천수각과 함께 불탄다. 도쿠가와 히데타다는 정권이 교체된 사실을 알리기 위해 석벽을 다시 쌓아 성을 새로이 구축하고 천수각도 신축한다. 그러나 제2의 천수각도 1665년에 소실된다. 1931년, 세 번째 천수각이 오사카성 천수대 위에 세워졌다. 용주가 오른 천수각은 중건한 지 10년도 채 안 되는 새로운 역사의 건축물이었다. 42미터 높이의 천수각(天守閣)은 신기로운 조형이다. 동서남북, 어느 방향에서 보아도 대, 중, 소, 세 개의 삼각형이 쌓여 올라가고 맨 위 삼각형 정점이 첨탑이 되어 있다. 석축 위로 다섯 층계, 층마다 감시창, 장방형의 구멍이 뚫어져 있다. 아름다고도 무섭다.
　일찍이 "해가 뜨는 나라의 황제가 해가 지는 나라의 황제에게"라며 명(明)에 보낸 도요토미 히데요시(豊臣秀吉)의 국서 구절이 되살아난다.

1592년 임진란(元綠慶長の役)을 일으키면서 조선에 보낸 최후통첩의 구절은 "가도입명(假道入明, 명을 정벌하려 하니 길을 내달라)"이다. '임진왜란'이 아니라 임진전쟁이 옳은 역사적 용어라고 주장하는 학자도 있다. 이 사건은 동아시아의 질서를 흔들어놓았을 뿐만 아니라 세계사적 의미도 지닌다는 것이다. 일본은 1549년부터 예수회 신부들은 통해 중화질서 밖의 유럽의 존재를 인식했다. 1582년, 10대 소년들로 구성된 사절단(天王使節)이 유럽에 파견되어 스페인의 필리페 2세를 비롯한 유럽의 군주들과 교황 그레고리우스 13세를 알현하고 1590년 일본에 돌아와 지정학적 인식의 혁명을 촉진시켰다. 히데요시는 조선을 침략하기에 앞서 스페인 제국의 전초기지인 마닐라를 노렸지만 태평양을 자국의 호수로 부르는 스페인 제국의 거대한 위용에 눌려 감히 엄두를 내지 못한다. 한편 필리페 2세에게 상주(上奏)된 세계 경략 전술의 하나가 가톨릭에 귀의한 '기리스탄(吉利支丹)' 다이묘(大名)들과 연합하여 명 제국을 치는 것이었다. 실제로 임진왜란의 선봉장에 섰던 고니시 유키나가(小西行長)는 독실한 '기리스탄 다이묘'였다. 1598년 히데요시와 필리페 2세가 사망하지 않았더라면 역사가 어떤 방향으로 흘러갔을지 알 수 없는 일이다.14)

오사카성은 이 도시 중학생들의 단골 수련장이 되었다. 학교에서 성까지 십여 킬로미터를 달리는 구보훈련도 있었다. 운동부의 수련과정에 더하여 학교차원의 군사훈련도 추가되었다. 일요일이면 홀로 산책하거나 또는 삼삼오오 패거리를 지어 노다니기도 했다. 성에 오르면 멀리까지 보였다. 하늘 너머로 마산이 보이는 듯했다. 떠나온 어머니가, 두고 온 고향이 그립다. 힘과 정열이 폭발하는 청년도 어쩔 수 없이 외로운 법이다.

5학년 초여름 어느 일요일 아침의 일이다. 용주는 이날 홀로 나쓰메 소세키(夏目漱石, 1867-1916)의 문고판 『도련님(坊 つちゃん)』을 들고 성의 산책에 나선다. 이날 실로 놀라운 광경을 목격한다. 성문이 채 열리

---

14) 김명섭, "임진왜란인가, 임진전쟁인가", 「조선일보」, 2012. 1. 19, A30

기도 전에 모여든 군중이 뚜렷한 인솔자도 없이 가지런히 정렬하기 시작한다. 누군가가 시계를 보더니 이내 트랜지스터라디오를 켠다. 오전 여덟 시를 알리는 시보와 함께 라디오에서 구령이 흘러나온다. "준비, 시작. 팔운동 시작, 하나, 둘……." 모두가 하나 되어 진지한 동작으로 따른다. 학생도 관리도 군인도 아닌 일반시민들이다. 무서운 '야마토다마시(大和魂)'의 현장이다. 라디오 체조는 1936년 국가총동원체제가 확립되는 과정에서 어느 틈엔가 일본인의 정체성을 확인하는 집단체조가 된 것이다. 1939년 여름의 라디오 체조모임에는 전국적으로 연인원 1억8,600만 명이 참가했다. 두말할 필요도 없이 전시국면에서 국민의 긴장을 강화하고 건강보국의 대열에 동참하는 관민일치의 일상적 축제였다. 이를테면 국가파시즘을 관철하는 기재였다.[15] 모든 학교에서 조회시의 의무사항이었다. 채만식의 『탁류』와 박태원의 『천변풍경』에도 라디오 방송체조에 대한 묘사가 나온다. 체력단련은 국민적 과제가 되었다. 건강한 육체의 단련은 청년의 과제이자 국가에 대한 충성의 예이기도 했다. 체조는 보통학교에서도 필수적인 일상적 의식이었다. 사내아이들은 한겨울에도 눈을 뜨자마자 웃통을 벗고 냉수마찰로 일과를 개시한다. 물이 없는 곳에서는 찬 공기만으로 족하다. 매일 아침 운동장에서 전교생이 모여 구령에 맞추어 마른 수건으로 맨살을 문지른다. 왼팔, 오른팔, 가슴, 등. 소름이 송골송골 돋친 살갗 아래로 뜨거운 열기가 스며든다. 긴장한 머릿속으로 애국의 혼이 충일된다. 2001년 여름, 필자는 천수각 정면 단상 앞에 붙어 있는 작은 플라크를 확인했다. '오사카성 라디오 체조회'가 세운 것이다. 엄연한 역사였다.

오사카 중학

여장을 풀기 바쁘게 용주는 다닐 만한 학교를 탐색했다. 오사카에는 신기하게도 학원이란 곳이 있었다. 게다가 독학하는 고학생을 위한 통

___
15) 구로다 이사무(黑田勇), 『라디오 체조의 탄생』, 강, 2011

신강의록도 성행하고 있었다. 용주는 학원에 등록하여 영어와 수학을 속성 수학한다. 통신강의록도 구해서 읽는다. 2학기 편입시험을 치르는 학교를 찾았다. 당초 4학년이 목표나 3학년이라도 감지덕지 할 판이다. 다행스럽게 지척에 평판이 좋은 학교가 있었다. 일본대학 부설 오사카(大阪) 중학교였다.

조심스레 학교를 방문하여 담당 선생을 만났다. 선생은 친절했다. 마침 일주일 후에 편입시험이 있으니 즉석에서 지원서를 쓰라고 했다. 입시요강을 받았다. 그런데 이게 웬일인가? 영어, 수학만 준비했는데 뜻밖에도 한문, 국어, 물리, 화학, 생물도 시험과목에 들어 있지 않은가? 전혀 배운 바가 없는 과목들이다. 낭패 중의 낭패다. 또 글렀구나! 눈앞이 캄캄했다. 며칠 동안 제대로 잠을 이룰 수가 없었다. 그냥 포기할까? 다른 학교를 찾아볼까? 다른 학교도 마찬가지일까? 에라, 모르겠다. 일단 내친 길이니 영어, 수학이라도 쳐보자. 그 동안 들인 공이 있으니 몇 점이야 받겠지. 떨어져도 본전이다. 배짱이다. 이렇게 생각하니 마음이 편했다. 정해진 시간보다 일찍 수험장에 도착하였다. 십여 명의 지원자가 초조하게 기다리고 있었다. 얼핏 면면을 살펴보니 눈이 반짝거리는 놈 하나 보이지 않았다. 이 정도면 겨루어볼 만하다. 자신이 생각해도 영어는 완벽한 답안지를 냈다. 수학은 3분의 1 정도 풀었고 한문도 쓸 거리는 있었다. 그러나 나머지 과목은 전부 백지로 제출한다.[16]

며칠 후, 예고된 죽음을 확인하러 나갔다. 뜻밖이다. 필기시험 합격자 명단에 황용주가 있었다. 세상에 이런 엉터리 학교도 있구나 하면서도 내심 고맙고 기뻤다. 구술면접에서 교감과 한 교사가 물었다. 대구사범학교에서 퇴학당한 이유를 대라고 했다. 일본에서는 사범학교의 평판이 높은 편이었다. 독서회에서 가와카미의 책을 읽었다고 사실대로 말했다. 그 책을 읽고 내용은 이해했느냐고 선생이 되물었다. 용주는 아주 감격했다고 답했다. 그중 한 선생이 주위의 눈치를 살피다가 학생이 책

---

16) 『격동기 지식인의 세 가지 삶의 모습』, 115-118쪽

을 읽었다고 퇴학을 시키다니라며 동정을 표시하자 일동이 수긍하는
분위기였다.

등교 첫날 수업이 끝난 후 담임이 불렀다. 영어 선생이었다. 편입시험
에서 백지로 낸 과목이 많았는데 왜 그랬느냐, 몰라서 그랬나, 아니면
고의로 그랬느냐고 따졌다. 배운 적이 없어서 그랬다고 용주가 대답했
더니 그러면 영어는 어떻게 백점을 받았는가라고 되물었다. 영어는 시
험과목인줄 알고 열심히 준비했노라고 답했다. 비로소 담임이 고백했
다. 실은 사정심사의 자리에서 여러 과목이 백지이니 불합격시켜야 한
다고 하는 의견이 우세했었는데 자신이 강하게 설득했노라고 했다. 영
어를 이만큼 잘할 수 있는 것을 보면 다른 과목도 잘할 수 있는 자질이
있으니, 내게 맡겨주면 졸업할 때까지 반드시 나머지 과목도 수준급으
로 만들겠다고 약속했다, 그러니 전 과목을 성의 있게 공부하라고 당부
했다. 대구사범학교 시절의 담임을 다시 보는 듯했다. 아, 일본인 선생은
좀 다르구나, 적어도 특고(特高)의 앞잡이는 아니라는 확신이 들었다.
후일 용주는 그 선생은 자유주의 전통이 강한 관서학원(關西學院) 출신
이라는 사실을 뒤늦게 알았다고 한다.

자신의 바람대로 용주는 오사카 중학의 3학년 2학기에 편입한다. 1934
년 가을의 일이다. 오사카 중학 학생은 누구나 최소한 한 개 이상의
운동부에 가입해아만 했다. 용주는 럭비부에 가입했다. 특별한 동기는
없었다. 반에 배정되자마자 가장 먼저 접근해온 친구가 권유했기 때문이
다. 담임과 상의하니 그렇게 하라고 했다. 그리 큰 키는 아니지만 단단한
팔, 다리, 어깨를 갖춘 용주에게 가장 어울리는 운동이라며 격려해주었다.

이 학교에도 조선인 학생이 적지 않았다. 조선인 학생끼리 친목을
도모하는 별도의 조직은 없었다. 주목받을 일이 될지도 모른다. 오사카
에는 20여 만 명의 조선인이 거주하고 있었고 오래전부터 치안당국에서
는 이 도시를 불령선인(不逞鮮人)의 소굴로 경계하고 있었다. 그래서
알음알음으로 개인적으로 사교할 수밖에 없었다. 이 시기에 용주는 일

본인 학우와의 깊은 교류는 없었던 것 같다. 다만 반세기 후에 동창회의 초청장을 받고 그 시절을 그리는 짤막한 감상을 일기장에 적어두었다. "오사카 중학 동창, 교스이(去水)로부터 동창회 개최 통지서가 오다. 50년 전의 동창들을 꼭 만나고 싶은 심경 간절하다. 작년 가을과 금년 봄에 있었던 동창회에 참석한 일동의 사진을 보면 그래도 당시의 모습과 나의 기억에 있는 이미지가 거의 일치한다."17)

진로의 고민, 문학, 프랑스 문학

1935년, 17세 청년 용주의 봄은 열렸다. 문예춘추사가 제작한 "文藝自由日記"(문예 자유일기)장에 또박또박 정자로 적은 1935년 1월 1일자 일기에 이렇게 적혀 있다. 물론 일본어다. "새해 아침, 나는 무풍상태에 있다. 야심도 큰 고뇌도 없이 하루하루를 보낸다. 환경이 나를 그렇게 만들었다며 애써 위안을 삼고자 한다. 생각해보니 내게는 비상시다. 지난 1년 동안 마치 진흙 속에서 보낸 기분이다. 표면은 평온한 채 가장했으나 속에서는 용솟음치는 욕망을 다스릴 수 없다. 오사카의 생활은 17세 내 청춘의 용광로다. 내 성격은 급하고 거드름을 폈다. 지난 1년을 되씹고 되씹어야 한다. 실업가와 같은 결단력, 실천력이 모자란다." 이러한 자기 고백과 함께, 신년 맹세에 이어서 동아일보의 기사 내용을 옮겨 적었다. 신춘문예 특집란에 실린 수상작 양아(洋兒)의 "조선 학생의 노래" 가사, 당선시, 이혜숙(李蕙淑)의 「님의 송가」 전문, 그리고 정인섭의 논설, 「조선 문학의 독자성」의 요지가 일본어로 적혀 있다. 새해 첫날 그의 관심사가 무엇이었는지, 능히 짐작하고도 남음이 있다. 문학, 조선 문학, 조선, 그리고 자신의 장래. 아! 이 청춘을 어떻게 할 것인가?

전 과목을 열심히 공부하겠노라고 편입하면서 선생에게 약속한 학생이다. 용주는 성실하게 약속을 지키려고 노력했다. 그러나 사람마다 타

---

17) 1991. 9. 4 일기

고난 성향이 있는 법이다. 모든 과목이 적성에 맞은 것이 아니다. 숙제가 과중하지 않았기에 방과 후의 시간은 자신의 계획 아래 알차게 가꿀 수가 있었다. 아버지가 보내준 학비도 넉넉한 편이었다. 책도 사고 때때로 친구들의 군것질에 능동적으로 낄 정도의 용돈은 충분했다. 객기가 발동하면 사케도 한두 잔씩 나눌 수 있었다. 일본의 음식은 다양하고 정갈했다.

오사카 중학의 교과과정에도 제2외국어로 프랑스어가 개설되어 있기는 했다. 그러나 독일어의 절대 지배체제였다. 선생은 프랑스어나 프랑스 문학에 대한 특별한 애착을 보이지 않았다. 그저 기계적으로 기초문법을 가르칠 뿐이었다. 운 좋게 하숙집의 한 대학생이 가이드라인을 주었다. 학교 도서관에도 번역서가 약간 있었다. 없는 것은 직접 서점에서 구해서 읽었다. 모파상, 플로베르, 스탕달, 빅토르 위고, 발자크, 알퐁스 도데, 닥치는 대로 읽었다. 중학을 졸업하기 전에 용주는 이들의 작품을 문고판으로 대략 일별한 셈이다. 앙드레 지드의『좁은 문』(1909)은 문학청년의 아련한 상상력에 따뜻한 불을 지피는 기름이 되었다. "제롬 너지?" 개 짖는 소리에 단박 닫힌 문 너머의 발자국 소리를 3년 만에 나타난 애인의 것으로 알아차리는 알리사, 그렇게 얻는 사랑하는 임과 결합하는 지상의 행복을 포기하고 죽음을 택하는 알리사를 구원의 여성상으로 삼았던 문학청년의 기호에 어필했다. 육체의 순결을 지상의 미덕으로 삼던 시대의 경전이 되었다. 평론가의 지적대로 이 구절의 유래는 기독교 성경(마태복음 7:13-14)이라지만 유교문화의 조선 여인에게는 일생 동안 단 한 사람에게만 출입을 허락하는 순결의 문이 되었다.[18] 체념과 순응의 미덕을 키워온 조선의 여성들에게는 모파상의『여자의 일생(*Une vie*)』(1883)도 중요한 위안이 됨직했다. "인생이란 사람들이 생각하듯 그다지 행복하지도 불행하지도 않은가 봐요." 소설의 대미를 장식하는 하녀 로잘리의 말이 가슴을 찔렀다. 조선의 할머니, 어머니, 아주머니들에

---

18) 안경환,『법과 문학 사이』, 까치, 1995, 177-180쪽

게 건네고 싶은 위로의 말이다. 「목걸이」, 「비곗덩어리」……모파상의 단편들은 산뜻했다. 이 정도면 자신도 즉시 쓸 수 있을 것 같은 기분도 들었다. 전쟁과 사내의 동물적 육욕도 알 만한 나이도 되었다. 베를렌과 발레리의 시 구절을 암송하기도 했다. 언젠가 사랑하는 여인이 나타나면 그녀에게 바치리라.

발자크와 위고를 대가 중의 대가로 부르는 이유를 알 만도 했다. 일본인들은 유럽의 화풍에서 인상파가 탄생한 것은 1885년, 파리의 만국박람회에서 선보인 일본의 우키요에(浮世畵)의 영향임을 자랑으로 여기고 있었다. 프랑스는 세계 문화와 예술의 본고장이다. 그 나라의 예술의 본류에 일본이 영향을 미친다는 사실은 더 없는 자랑이 아닐 수 없다.

어린 용주에게 민족을 위해 프랑스어를 배워야 한다고 말하던 백민 할아버지는 세상을 떠난 지 오래다. 열 살 철부지 소년의 뇌리 속에서 배태되었던 프랑스어에 대한 사명감은 어느덧 프랑스의 교양과 문학, 철학과 사상으로 확대되어 나갔다. 이제 프랑스는 조선청년 용주의 정신을 지배하는 본류가 되었다.

몇 년 후, 1943년 도쿄의 메이지 대학 문예창작부에 적을 두며 프랑스 문학에 탐닉했던 이병주의 고백 또한 이채롭다. 무릇 한 인간의 삶에서 소년기에 일어난 작은 에피소드가 어떻게 일생의 전기를 마련하는지를 보여주는 실례다. 이병주는 1930년대 초, 향리(鄕里), 하동군 북천면 양보보통학교 시절에 책을 즐겼다. 일본인 교장 부인이 여름방학 때 일본에서 가져다 준 알퐁스 도데의 『마지막 수업』에 깊은 감명을 받았다고 한다. 그 작품을 읽고 '조선도 언젠가 독립할 날이 있겠지요?'라며 부인에게 물어 그녀를 곤혹스럽게 만들었다는 일화를 고백했다. 후일 프랑스 문학을 전공할 생각을 품게 된 단초가 이때 마련되었다고 술회한다.[19] 후일 나폴레옹이 검으로 이룬 것을 자신은 펜으로 이루겠다던 발자크처럼 자신은 '한국의 발자크'가 되겠다는 야심을 키웠다고 한다.

---

19) 이병주, 『이병주의 동서양 고전탐사 1』, 생각의 나무, 2002, 17-18쪽

이병주는 소설 『지리산』에서 당시 일부 청년이 프랑스에 대해 품고 있던 막연한 동경(憧憬)의 정체가 일본의 세계로부터 탈출하는 수단으로 삼을 수 있다는 고백을 한다.

"'프랑스어를 해서 무엇을 하실 작정입니까?' '글쎄요.' 사실 규는 막연히 프랑스 문화에 동경을 느끼고 학문하는 수단으로서의 일본말로부터 빨리 해방되었으면 하는 것 이외에는 별다른 생각을 가지지 못하고 있었다."[20]

제2차 세계대전에서 독일, 이태리와 함께 동맹국이 된 일본에게 프랑스는 적국이다. 독일이 프랑스를 굴복시킨 것은 동맹국의 승리인 동시에 일본의 승리이기도 했다. 프랑스가 독일에 항복한 소식을 듣고 더 이상 적국, 패전국의 문학을 공부할 필요가 무엇이냐는 한 학생의 질문에 교수는 이렇게 답한다. "프랑스가 독일에 항복한 것이 아니다. 프랑스 군대가, 그것도 일부의 군대가 독일에 항복한 것일 뿐이다. 프랑스가 항복했다고 해서 몽테뉴가, 발자크가, 빅토르 위고가 항복한 것은 아니다. 이 세상에서 항복을 모르는 것은 위대한 사상이고 위대한 예술이다. 위대한 사상은 그 자체가 승리이고 위대한 예술은 그 자체가 축복이다. 위대한 문화는 정권의 흥망, 역사의 우여곡절을 넘어 영원하다. 그리스는 망해도 그리스 문화는 남았다. 로마는 망해도 로마의 문화는 남았다. 중요한 건 문화다. 문화로서 승리해야 하며 문화로서 번영해야 한다."[21]

손기정의 쾌거

1936년 8월, 학생은 물론 전체 조선인을 감격과 흥분의 도가니에 몰아넣은 일대 사건이 일어났다. 베를린 올림픽에서 대회 최대의 이벤트인 마라톤 경기에서 손기정이 우승한 것이다. 남승용도 3위에 입상했다.

---

20) 이병주, 『지리산』 1권, 249-250쪽
21) 이병주, 같은 책, 302쪽

금과 동 메달을 목에 걸고 나란히 시상대에 선 두 조선인 청년의 모습은 나라를 잃은 백성들에게는 하나의 복음으로 다가왔다. 조선중앙일보와 동아일보는 손기정의 이마를 빛내고 있던 일장기를 지운 사진을 실었다가 정간 조치를 당하는 곤욕을 치렀다. 두 청년의 쾌거는 많은 사람들이 고대하고 있었다. 그해 4월, 도쿄에서 열린 대표선수 선발전에서 손기정과 남승용이 나란히 1, 2위를 차지했다. 현장에서 관전한 사람들의 말에 의하면 손기정은 시종일관 선두를 유지했으나 남승용의 경우는 마지막 10킬로미터를 남기고 차례차례 앞선 주자들을 제치고 근소한 차이로 2위로 골인하였다. 그래서 손기정 못지않게 남다른 지구력의 소유자인 남승용의 우승을 점치는 사람도 있었다. "손군 드디어 테이프를 끊었습니다. 당당하게. 우리 일본은 마라톤에서 우승했습니다. 우리 방송진 또한 자신도 모르게 외치는 만세입니다. 우리 일본은 드디어 고절(苦節) 이십 수년 만에 이르러, 당당하게 지금, 손군에 의해 마라톤 테이프는 끊어져 떨어졌습니다. 십수만 관중이 박수를 들어주십시오. 일장기여! 중앙 깃대에 높이높이 올라라. 드디어 드디어 우리 마라톤, 손군이 당당하게 우승을 차지하였습니다!"22) 현장 아나운서의의 중계방송이었다. 오사카의 신문도 특호활자로 대서특필했다. "대망의 사반세기. 마라톤의 영광, 빛나다. 반도가 낳은 젊은 스포츠맨, 우승한 손군과 남군."23)

　용주의 일기장에도 신문을 읽은 감격의 기록이 적혀 있다. 손기정 선수의 우승은 일본인의 신체라는 의미에서 볼 때 일종의 모순이다. 서양의 신체를 동경하고 추구해온 일본 근대의 역사 속에서 조선이나 중국의 신체를 얕보는 것으로 간신히 유지되어 있었던 일본인으로서의 아이덴티티는 중대한 위험에 봉착했다. 그러나 반도인도 노력만 하면 일본인이 될 수 있다는 희망과 목표를 제시한 셈이다. 반도인으로 태어

<hr>

22) 하시모도 가츠오(橋本一夫), 『일본 스포츠 방송사』, 大修館書店, 1991, 78쪽; 구로다 이사무, 『라디오 체조의 탄생』, 195쪽에서 재인용
23) 오사카 아사히 신문, 1936. 8. 10; 구로다 이사무, 같은 책, 196쪽에서 재인용

났으나 일본인의 근성을 배양하였고 체계적인 일본식 조련을 받아 마침
내 세계를 제패한 것이다. "특히 인고의 24년의 마라톤에서 반도 출신의
선수가 두 사람이나 승리의 영관(榮冠)을 썼다는 것은 내선일체(內鮮一
體)의 정신적 효과에서도 지극히 의의가 깊고 가치가 높은 일이라 하지
않을 수 없다."24)

오사카의 기후는 온화했다. 봄은 화사했고 여름은 무더웠지만 견디기
힘들 정도는 아니었다. 가을은 삽상했고 겨울은 포근했다. 온돌이 없어
도 다다미방이 주는 안온감이 컸다. 손기정의 쾌거 이후로 한동안 아침
구보는 오사카 유학생들 사이에 유행이 되었다. 아침잠이 많은 용주도
부지런히 참석했다. 오사카 중학에서 보낸 2년 반의 세월 동안 용주의
육체는 더없이 강건해졌다. 이젠 정말이지 세상에 두려울 것이 없다.

교토, 선망과 좌절의 도시

교토 사람들은 자신들의 도시를 그냥 '쿄(京)'로 부른다. 물론 수도라
는 의미다. 그들에게 도쿄(東京)는 기껏해야 동쪽의 수도에 불과하다.
가마쿠라 막부가 본거지를 에도로 옮겨간 것은 임시방편이었고 정식
천도절차를 밟지 않았다고 한다. 어쨌든 교토인들은 자부심이 강하다.
교토는 처음부터 종합적인 계획 아래 건설된 도시다. 세계의 제국 당(唐)
의 수도, 장안(長安)을 모델로 삼아 동서와 남북으로 툭 트인 정방형
대로가 방문객을 압도한다. 잘 정돈된 이 도시가 8세기에 건설되었다는
사실에 적지 않은 충격을 받는다.

"교토는 숲 속에 꿈꾸고 있는 듯한 도시다. 꿈과 그늘의 도시다. 꿈처
럼 아름답고 그늘처럼 고요한 도시다. 외향부터 오사카는 다르다. 사람
들의 표정도 걸음걸이도 다르다. 무언가에 쫓기는 삶이다. 언어도 그렇
다. 같은 간사이(關西) 말이라 굴곡이 심한 것까지는 비슷하지만 교토

---

24) 도쿄 아사히 신문, 1936. 8. 19 사설; 구로다 이사무, 『라디오 체조의 탄생』, 196쪽에서
　　재인용

말은 굴곡의 마디마디가 부드러운 곡선을 그리며 이어지는데, 오사카 말은 골곡의 마디가 깨어진 유리조각 끝처럼 거칠다. 같은 말을 해도 교토 사람이 하면 사랑을 속삭이는 것 같고, 오사카 사람이 하면 시비를 걸어오는 것 같다."25)

경상도 사내의 말에서는 쇳소리가 난다. 전라도 여인의 말소리에는 살 내음이 흐른다. 용주의 거친 경상도 말이 오사카 말이라면 오사카에서 만나 후일 아내가 된 창희의 전라도 말에서는 품위와 살가움을 함께 구비한 교토 여인의 은은한 체취가 실려왔다. 오사카에 정이 들수록 용주는 교토에 대한 동경이 깊어졌다. 누구 하나 지적인 스승도 없이 그냥 온 오사카와는 달리 교토에는 거장 지성이 즐비했다. 대구사범학교 시절 탐닉했던 가와카미 하지메(河上肇, 1879-1946)의 사상이 무르익은 곳이다. 지금은 감옥에 있지만 그는 엄연히 살아 있는 거인이다.26) 또한 교토는 니시다 기타로(西田幾太郎, 1870-1945)의 철학(西田哲學)이 잉태된 곳이다. 대표작 『선(善)의 연구』가 상징하듯이 니시다는 청년 시절부터 독자적인 관념론의 정립을 위해 정진한다. 1913년부터 1928년까지 교토 제국대학 철학교수를 역임하면서 메이지 유신 이래 일본인이 추구해온 서구 근대이론의 수입 견습생에 그치지 아니하고 독자적인 일본 철학을 창시한 것으로 평가받는다. 그는 와쓰지 데쓰로(和辻哲郎), 미키 기요시(三木淸), 구키 슈조(九鬼周造)와 함께 '교토 4철(四哲)'의 수장으로 불리면서 쇼와 전기(1925-1945)의 일본철학을 상징하는 인물이다. 1930년 이후부터 마르크스주의 철학과의 대결에 적극적으로 참여하여 '절대무(絕對無)의 변증법'을 주창하고, 이 이론은 관념론과 유물론, 양대 변증법을 극복한 것이라고 자칭하였다. 일본이 패전에 직면하였던 1945년

---

25) 이병주, 『관부연락선』, 232쪽
26) 그는 1928년 재직하던 도쿄대학 당국의 압력을 받아 교수직을 사퇴한다. 1932년 공산당에 입당하여 지하활동에 들어갔다가 검거되어 5년의 징역형을 선고받는다. 1937년 석방되어 교토로 옮겨 칩거하면서 자서전 등의 집필에 전념한다. 1945년 일본이 패전한 다음 해 영양실조가 악화되어 죽는다.

6월에 생애를 마감하였지만, 전쟁 중에는 천황제 국가를 철학적으로 긍정하는 입장에 서기도 했다. 니시다 철학의 주제를 베토벤 교향곡에 비유하여 '고뇌를 넘어 환희로'로 요약한 후세인이 있다.[27] 교토시는 니시다가 즐겨 다니던 길을 독일 하이델베르크 '철학자의 길'의 선례에 따라 '철학자의 길'이라 명명하였다.

일찌감치 독일 예나대학에서 철학박사학위를 받고 보성전문학교에 재직하던 안호상도 연구년을 얻어 교토대학에서 연구를 계속하면서 니시다 기타로, 다나베 하지메(田邊元), 아마노 데이유(天野貞祐) 등과 교류한다. "니시다는 불교철학에 가까웠으나 전반적인 명성이 높았다. 아마노는 칸트 철학을 번역한 사람이다." 안호상 자신도 이들에게 결코 뒤지지 않는다고 자부했지만 반도인인 자신에게 기회를 주지 않았다는 회고다.[28]

교토에는 문학의 길을 걷게 된 조선인 선배들의 일화도 풍성하게 전해오고 있었다. 김말봉, 임화, 이양하, 정지용 등 교토에서 작품을 쓰거나 문인적 소양을 배양한 선배들의 족적이 느껴졌다. 특히 이양하는 교토 제3고 출신이다. 여섯 개 금빛 단추가 위용을 더해주는 교복을 차려 입는 학생들을 경이의 눈으로 바라보는 시민들, 상상만 해도 흥분된다.[29] 그래 교토에 가자! 제3고다.

1868년 메이지 유신을 일으킨 중심 세력은 철저히 서양의 모방에 나섰다. 헌법과 육군은 독일식, 우편, 공장 및 해군은 영국식, 민법과 교육은 프랑스식이었다.[30] 일본의 교육은 일종의 종교제도였다. 일본제국을 상징하는 지적 장치가 제국대학이다. 제국대학에 들면 제국이 학생의 신분을 보장한다. 제국대학의 입학은 일종의 종교 입단식이다.[31] 같은

---

27) "21세기에 보는 20세기 사상지도, 니시다 기타로", 「경향신문」, 2012. 1. 21, 15면
28) 안호상, 『한뫼 안호상 20세기 회고록 : 하나를 위하여 하나되기 위하여』, 145쪽
29) 김윤식, 『청춘의 감각, 조국의 사상』, 35쪽
30) 김윤식, 같은 책, 74쪽
31) 나카야마 시게루(中山茂), 『제국대학의 탄생』, 중앙공론사, 1978; 김윤식, 같은 책, 77쪽에서 재인용

제국대학이라도 식민지의 경성제국대학은 고등보통학교를 졸업하면 입학할 수 있었지만 내지의 제국대학은 고등학교를 졸업하지 않으면 입학자격이 없었다. 일본의 교육제도의 근간은 프랑스를 모방했지만 제국대학만은 독일식에 가까웠다. 1886년 제국대학령 제1호는 "제국대학은 국가가 반드시 필요로 하는 학문과 기예를 교수하며 또 그 깊은 이치를 밝힘을 목적으로 삼는다"라고 천명했다.[32] 사립대학은 1918년의 대학령에 따라 1920년대 이후 비로소 설립된다.

일본의 고등학교는 영국의 사립학교와 독일의 김나지움을 종합하여 본받아 만든 엘리트 양성기관이었다. 일본 전역에 십여 개에 불과한 고등학교는 철저한 기숙사 생활을 통해 엄격한 규율을 연성한다. 3년의 과정을 마치고는 대부분이 제국대학으로 진학한다. '데칸쇼'로 요약되는 일본고등학교의 '교양주의'는 일본 근대화의 지적 상징어이기도 하다. 무릇 지성인이라면 최소한 데카르트, 칸트, 쇼펜하우어를 아울러야 한다는 뜻이다. 통합인문학을 지칭하는 뜻이다. 시대가 청년에게 기대하는 교양의 구체적 내용은 국제정세의 변화에 따른 일본사회의 지적, 제도적 조응에 따라 변화한다. 교양의 시대구분이 가능하다. 제1기는 니시다 기타로의 『선(善)의 연구』(1911)가 대변하는 인격주의, 제2기는 1920년대 이래 전래된 '과학'으로서의 교양주의(그 중심에는 마르크스주의가 있다), 제3기, 즉 학병세대에게 결정적으로 영향을 미친 것이 인민전선 사상이다.[33] 고등학교 재학생들은 대부분 농촌공동체에서 돌연 국가의 엘리트 코스에 들어 성격이 다른 사회 속으로 던져진 것이다. 한편으로는 자신이 자란 공동체 속으로 되돌아갈 수 없고, 또 한편으로는 아직 한 사람의 '근대인'으로의 요청에도 응할 수 없는 엉거주춤한 상태였다. 이때 등장한 것이 독일 관념철학의 일본적 개정판이라고 할

---

32) 제국대학 중의 제국대학인 도쿄제국대학이 일본 사회에서 차지하는 지위에 대해서는 다치바나 다카시(立花隆), 『천황과 도쿄대 1, 2』, 청어람미디어, 2008
33) 김윤식, 『일제말기 한국인 학병세대의 체험적 글쓰기론』, 서울대학교 출판부, 2007, 127쪽

수 있는 니시다 철학이다. 이 철학은 농촌공동체와 근대적 개인을 신비
적으로 지양(止揚, aufheben)한 국가적 목표를 '금욕적 고행'의 대상으로
제시했기에 학생들에게 일정한 마음의 평화를 줄 수 있었다.34) 고등학
교는 근대일본이 서구화의 이념을 체득하는 과정이다. 관념적 이념의
공부가 으뜸 항목이다. 그래서 데칸쇼에 주력한 것이다. 마르크스주의
는 용주에게 낯선 것이 아니었다. 대구사범 시절에 이미 약간의 경험이
있었다. 이젠 시대의 화두도 아니었다.

스페인 내전과 인민전선 사상

당시 일본 지식인들 사이에 새로이 다가온 시대조류가 '인민전선' 사
상이었다. 이 용어의 본래의 뜻은 파시즘과 전쟁에 반대하는 국민의 여
러 계층과 그들을 대표하는 여러 정당과 당파가 공동강령을 정하고, 공
동행동을 전개하는 정치적 연합전선을 말하는 것으로, 1930년대의 프랑
스와 에스파냐에서 실행으로 옮겨진 운동과 정권을 총체적으로 표현한
것이다.

프랑스에서는 1934년 2월 우익단체의 폭동을 계기로 다가오는 파시
즘의 위협에 대항하여 노동자·지식인·도시소시민·농민들 사이에서
민주주의를 옹호하는 소리가 급속히 높아갔다. 이 기운에 밀려서 10년
동안이나 대립을 거듭해온 사회당과 공산당의 제휴가 촉진되어, 그해
7월 양당의 통일행동협정이 성립되었다. 에스파냐에서는 1931년 총선
거에서 국왕이 추방되었으나, 공화제 내부에서의 좌우대립은 격심하였
다. 1934년 이후 인민전선 세력은 힘을 증강하여 1936년 1월 좌익공화
파·사회당·공산당 계통의 노동조합 사이에서 인민전선 협정이 성립하
였다. 인민전선은 민족주의 전선을 무너뜨리고 1936년 선거에서 승리를
거둔다. 인민전선은 스페인 영토의 3분의 1을 차지하던 교회재산을 몰

---

34) 다지마 마사키(田島正樹), 『철학사를 읽는 법칙』, 치구마신서(筑摩新書), 1988, 32쪽;
　　김윤식, 『일제말기 한국인 학병세대의 체험적 글쓰기론』, 47쪽에서 재인용

수하는 등 광범한 개혁정치를 실시하였다. 이에 대한 반동으로 1936년 7월, 스페인의 특권계급들인 군벌, 로마 가톨릭 교회, 지주, 마름 등이 군사반란을 일으켜 내전이 발발했다. 정부 조직은 와해되고 노동자 조합과 공산주의자 단체들이 프란시스코 프랑코의 군사반란군에 의해 무너짐으로써 스페인 민중들은 프랑코가 죽는 1975년까지 군사독재의 탄압을 받았다.

스페인의 인민전선 정부는 프랑스의 경우보다 더욱 좌익적·전투적이었으나 본질적 성격은 프랑스의 경우와 마찬가지로 반(反)파시즘의 정치철학이었다. 사회주의 노동자당(PSOE), 노동자협의회, 스페인 공산당, 공화당계 좌파 단체 다수로 구성되었다. 그러나 대부분의 무정부주의자들은 인민전선에 반감을 품어 내전 동안에도 인민전선에 가담하지 않았으며 선거에도 참가하지 말 것을 종용했다. 1936년 7월 스페인령 모로코에서 파시스트(내셔날리스트)가 카나리아 열도의 총독 프랑코의 주도 아래 반란을 일으킨다. 그해 10월, 국제의용군이 결성되어 오든(W. H. Auden), 조지 오웰, 헤밍웨이, 말로, 생텍쥐페리, 앙드레 지드 등 세계의 지성들이 인민전선을 지원하기 위해 참전한다. 1937년, 히틀러는 파쇼정권을 지지하기 위해 바스크의 소도시 게르니카를 폭격한다. 1939년 3월 27일, 프랑코 장군의 반란군은 마드리드에 입성하고 4월 1일 인민전선은 붕괴된다. 일본의 종합잡지 『改造』와 『中央公論』은 스페인 내전의 전 과정을 소상하게 보도한다. 특히 앙드레 지드의 발언은 널리 회자되었다. 그는 인민전선을 지지하면서 "나는 인민대중을 적으로 돌릴 수 없다"라고 선언한다. 『좁은 문』, 『배덕자』, 『전원교향곡』 등 지드의 작품을 탐독하던 이병주가 데뷔작 『소설 알렉산드리아』(1965)에 게르니카 사건을 중요한 삽화로 이용한다. 그는 인민전선 사상이 당시 조선의 지식청년에게 미친 영향을 3.1 운동의 좌절과 결부시켜 이렇게 정리한다. "프랑코는 악이고 인민전선은 선이다. 그런데 인민전선 정부는 붕괴한다. 결국 악이 선을 압도한 것이다. 독립을 외친 조선인은 선이고 이를 탄압한 일본정부는 악이다. 중국을 침략하는 일본은 악이고 방어하는 중국은 선이다. 그런데 악이 연전연승하는 부조리는 어떻게 받아들일 것인가?” 내란의 종결 후로는 스페인의 소식은 일본의 뉴스 프론트에서 사라졌다. 일본 스스로 전쟁에 나선 까닭이다. 다만 많은 사람들이 사형당하고 감옥에 죄수가 넘치고 있다는 사실이 가십으로 전해오고 있었다.

“그 내란에 대해 행동했다.……우리에게 다가온 느낌은 세계사의 사조에는 좌우익의 흐름이 있구나, 그중에서도 좌익은 여러 각도의 흐름이 내재해 있다는 것을 알게 되었다.……스페인의 인민전선의 구성을 보고 느끼게 되었다.……그때부터 우리 세대의 내부의식 속에 가치관의 혼란이 오게 되었다.”35)

그는 『지리산』에서 극도의 비장감을 전하기 위해 스페인 내전에서 죽은 시인, 로르카(Garcia Lorca, 1898-1936)의 시를 인용한다. “어디에서 죽고 싶으냐고 물으면 카탈로니아서 죽고 싶다고 말할 밖에 없다. 어느 때 죽고 싶으냐고 물으면 별들만 노래하고, 지상에 모든 음향이 일제히 정지했을 때라고 대답할 밖에 없다. 유언이 없느냐고 물으면 나의 무덤에 꽃을 심지 말라고 부탁할 밖에 없다.”36)

용주는 후일 자신의 입으로 스페인 내전의 역사적 의미를 이렇게 요약했다. “일차대전 이후 구라파 각국의 공업화가 절정에 가까워짐에 따라 자본의 횡포가 대중의 기본권을 위협하게 되자 각국인민들은 스스로의 방어를 위해 인민전선을 결성하게 된다.……”37)

1936년, 용주는 4학년 2학기를 마치면서 교토 제3고등학교에 시험을 치른다. 월반을 시도하는 것이다. 당시 일본의 학제는 신축성 있게 운영

---

35) 이병주, “회색군상의 논리”, 『세대』, 1974. 5, 240쪽
36) 이병주, 『지리산』 6권, 35-36쪽
37) 황용주, “자연전쟁”, 「부산일보」, 1977. 11. 11

되는 편이었다. 학교마다 학생을 뽑는 재량의 폭도 넓었다. 일견 획일적인 가치관이 지배할 것 같은 분위기 속에서도 학교는 고도의 자율성을 누렸다. 기대와 긴장 속에 교토로 가서 이틀에 걸쳐 입학시험을 치른다. 그러나 제3고의 벽은 높았다. 용주의 수험공부가 절대적으로 모자랐다. 졸업 전 월반이라는 꿈은 당초 헛된 미몽이었다. 1936년 10월 16일자 일기장에 이렇게 통한의 글을 적는다. 그리고 내년을 다짐한다.

"지난 1년 동안 번민의 세월이었다. 고등학교, 제국대학이라는 정통의 길에 대한 매력을 완전히 외면하지도 못하면서 정작 준비에는 부실했다. 내가 사랑하는 문학을 뒷전으로 미루어낼 수가 없다. 그래서 입시에 전력투구할 수가 없었다. 시험에 실패한 이유는 내가 더 잘 안다. 4학년 정도의 공부도 없이 내가 3고에 합격하겠다는 것은 실로 주제넘은 일이었다. 나 자신에 대한 구구한 변명거리를 만들어낼지 모르나 앞으로 1년간은 비상체제로 시험 준비에 전력투구해야만 한다."

제국대학, 고등문관 시험

"오후 아버지와 여러 가지 이야기 나누다. 지난봄의 실패의 원인, 취직 건 등. 내년의 지망교와 장래의 계획을 아버지가 호의적으로 들어주셔서 기쁘다. 물론 나 자신도 꿈과 현실의 괴리를 절감했고 이상을 거론하면서도 끝없는 불안을 느낀다. 25세까지 꼭 고등문관 시험을 패스하여 보답하겠다고 하면서도 과연 내년에 고교에 입학할 수 있을까, 그리고 제대(帝大)까지 학비가 조달될 수 있을지, 행여 중도 좌절과 같은 파행을 겪지나 않을지. 생각만 해도 가슴이 답답하다."[38]

고등학교, 제국대학, 고등문관 시험, 대일본제국의 관료로 입신하는 가장 이상적인 정통의 코스다. 영민한 자식을 둔 모든 부모의 대망이기도 하다. 비록 고등학교, 제국대학을 거치지 않더라도 대학의 문과생치

---

38) 1937. 8. 21 일기

고 한번쯤 고등문관 시험을 생각해보지 않은 사람은 거의 없다. 조선인 문과생의 팔 할이 법과지망생이었고 대부분 법과생은 일단 '고문(高文)'에 대한 꿈을 건다. 합격률은 지극히 낮았지만 그 낮은 합격률 때문에 더욱더 매력이 배가되었다. 사법과에 합격하면 시보를 거쳐 판사가 되고 행정과에 합격하면 곧바로 지방군수가 된다. 즉시 세상을 움직이는 제도 속으로 들어가는 것이다.

법학은 유용한 삶의 수단이다. 일본의 공법체계는 독일 국가학 (Staatslehre)을 베껴온 것이다. 비스마르크의 강력한 영도 아래 급부상한 프로이센 제국은 메이지 유신 이래 근대국가로 발돋움하려는 일본의 모델이 되었다. 오래된 독일의 격언이 있다. '법학은 빵을 굽는 학문 (Brotwissenschaft)', 우리말로 옮기면 밥벌이에 유용한 수단이라는 뜻이다. 어디 밥벌이에 그칠까? 법에는 권력이 따른다. 판검사가 되면 국가를 대신하여 국민에 대한 생살여탈권을 행사한다. 식민지 조선인에게도 일본의 제도를 움직이는 기재 속으로 들어갈 수 있는 호기가 주어진 것이다. 개인적인 영달을 넘어서 동포를 위해서도 무언가 도움이 되는 일을 할 수 있는 기회가 주어질 것이다. 물론 일본이 강점하고 있는 조선의 체제를 인정하고 그 속에 투신하는 것 자체를 민족에 대한 배신으로 여길 수도 있다. 오로지 무력 독립운동만이 조선청년의 나갈 길이라고 다짐할 수도 있다. 그러나 그것은 일상과는 너무나 먼 이상과 원칙일 뿐이었다. 약산 아저씨가 택한 길은 멀리서 동경하고 흠모할 수야 있을지언정 감히 따를 수 있는 일이 아니었다.

소설『지리산』의 화자 이규는 조선청년의 뇌리 속에 정주하기 시작하는 일본의 제도적 가치관을 확인하고 놀란다. 순사, 서기, 또는 교원, 지위의 고하를 막론하고 공적인 제도 속에 진입하기를 희망하는 것이 조선청년의 꿈이었다. "남해 상주라는 시골에서 강의록을 통해 대일본제국의 헌법을 공부하고 있는 청년을 발견한 것은 대단한 충격이었다."39)

---

39) 이병주, 『지리산』 1권, 167쪽

모든 국가시험에 대일본제국의 기본법인 헌법이 필수과목으로 지정되어 있었던 것이다. "난 고등문관 시험과는 관계가 없어. 이렇게 말했지만 나는 속으로 이러쿵저러쿵 망설일 것이 아니라 고등문관 시험을 목표로 노력을 집중해봐도 무방할 게 아닌가 하는 생각을 하고 있는 참이었다. 하룻밤만 지내면 녹아 없어질 생각임을 짐작하면서.……"40)

할 수만 있다면야 누구나 하고 싶은 것, 쉽게 이룰 수 있으면 갖고 싶은 것이 고문 합격이었다. 아비의 소망은 자식에게 강요되어 전승된다. 고등문관 시험은 일본의 국체와 헌법 속으로 편입되는 의식이다. 헌법은 국가학이다. 국가의 작동원리를 규정하고 국가가 국민에게 무엇을 요구할 것인가를 규정해둔 문서이다. 그것은 국민의 입장에서 보면 거대한 노비문서일 뿐이다. 국민이 국가에 대해 어떤 것을 요구할 수 있는 권리가 있느냐의 문서가 아니다. 메이지 헌법상 천황은 신이다. 신에게는 무엇을 요구하는 것이 아니다. 오로지 기구(祈求)할 뿐이다. 이러한 천황의 신적 지위를 부정하는 이성적 학자가 없을 수 없다. 도쿄 제국대학 법학부의 미노베(美濃部) 교수가 천황은 형식적인 기관에 불과하다는 이른바 '천황기관설'을 주창했다가 교수직을 잃기도 했다.

1853년 미국의 페리 제독의 함포 앞에 가마쿠라 막부는 와해되고 쇄국의 문이 열린다. 1868년, 천황을 정점으로 하는 명치유신 체제가 도입된다. 문명개화의 구호가 전국을 휩쓴다. 경륜과 안목, 그리고 진취적 성향을 갖춘 서양 제도문물 연구단을 보냈다. 2년여에 걸쳐 유럽의 강대국과 새로 부상하는 아메리카 대국을 시찰한다. 연구단이 제출한 보고서의 내용은 실로 충격적이었다. 강한 나라가 되기 위해서는 무엇보다 국가제도의 정비가 화급하다. 법이 핵심이다. 그런데 영국과 미국의 법제는 쉽게 수입할 수 있는 것이 아니었다. 한 예로 이들 나라에는 단일한 법전이 없다. 법조문보다는 판사들의 판결문이 더 중요하다. 게다가 일반국민이 배심으로 재판에 참여하여 판결을 내린다. 새로 만드

---

40) 이병주, 『지리산』 1권, 165쪽

는 나라에서는 도저히 수용하기 어려운 제도다. 일사불란한 국가체계, 헌법을 정점으로 하는 위계질서에 충실한 법제가 필요했다. "내 친구 중에 헌법학자라는 게 있어. 이 자의 말을 들어봐. 사회를 지배하는 것은 법률이다. 법률의 우두머리에 있는 것이 헌법이다. 나는 헌법을 연구하는 학자다. 그러니 내가 제일이다. 이런 식의 이야기거든. 내가 쏘아주었지. 그러면 세균을 연구하는 세균학자는 후레자식이냐고." 대일본제국헌법의 절대성과 최고성을 신봉하는 이들의 입장에서는 "조선의 독립운동을 하는 자들은 거개가 상식결핍증이거나 정신착란에 가까운 사람들이오. 그 외의 운동가들은 해외에서 생활의 수단으로 하고 있는 거요. 정신이 올바르게 서 있는 자들은 모두 내선일체, 야마토 다마시(大和魂)에 귀일하는 수밖에.⋯⋯"41)

오사카 이슬비

오사카 중학에 재학한 2년 반 동안 용주는 특히 몇 사람의 조선 학생과 깊은 교분을 나누었고 그들과의 교분은 평생의 영고성쇠를 통해 이어졌다. 김용일, 문종후, 김선근, 방병일, 짐진수가 만년의 일기장에 자주 등장한다. 제주 출신의 문종후는 고향에 돌아가 성공한 의사의 삶을 영위했다. 전북 부안 출신의 김용일은 파란만장의 삶을 살았다. 일제시대 조선인으로 가장 먼저 공산당원이 된 것으로 알려진 아버지 김철수(金綴洙)의 그림자가 고스란히 그의 삶에 투영되었다. 그는 6.25 때 숙부 김광수를 따라 월북한다. 배필이 된 김상죽(金湘竹)은 용주의 부인 이창희와 의자매를 맺고 오사카 시절부터 동고동락한 사이다. 그녀는 고문 후유증으로 고생하다 불행한 삶을 마감한다. 둘 사이에 난 아들 둘도 피할 수 없는 연좌제에 묶여 고된 삶을 살았을 것은 능히 짐작하고도 남음이 있다. 김철수는 흰 두루마기 입고 녹번동의 황용주의 집에 주기적으로 나타나곤 했다. 그때마다 용주 부부는 약간의 용돈을 건네주곤 한다.

---

41) 이병주, 『관부연락선』, 259쪽

옛 친구의 아버지에게 베푸는 최소한의 인간적 예의조차도 용주가 좌익이라는 정황증거로 악용되기도 했으나 개의치 않았다. 후일 도쿄제대에 진학한 김선근은 학병에 동원되었다 용케도 귀향조치를 받았고 극적인 행운은 후일에도 이어졌다. 누구보다도 용주를 흠모하며 따르던 전남 완도 출신의 후배, 김진수는 너무 일찍 죽어 평생 아쉬움을 남겨주었다.

1927년에 설립된 오사카 중학은 현재 오사카 학원 오사카 고등학교로 개명하여 히가시사다구(東淀區) 소2초메(湘 2 丁目) 18-51, 옛날 그 자리에 남아 있다. 유감스럽게도 용주의 학적부는 남아 있지 않다. 오래전에 폐기되었다는 학교장의 편지였다. 다만 소화 11년(1937년), 3월 8일자 졸업생의 명부에서 그의 존재를 확인해주었다. 2010년 10월 10일자 오사카 고등학교 교장 오카모토 히로시(岡本博)의 편지는 관련 법령에 의해 졸업 후 20년 동안 학적부를 보관한 후에 기록을 파괴한다는 내용이었다. 용주가 평생토록 지니고 있던 학우들과 찍은 몇 장의 빛바랜 사진이 당시를 증언해준다. 사진 속의 청년은 늠연한 표정이다.

일본의 제2도시 오사카는 용주가 첫정을 준 이국의 도시, 설익은 청춘의 이상이 울던 곳이다. 문학에 심취했던 청년의 객수와 정조가 함께 배양된 곳이다. 후일 전후세대의 엔카 가수, 미야코 하루미(都春美)(한국명, 이춘미)가 부른 "오사카의 이슬비(大阪しぐれ)"(1980)를 노인이 된 용주가 그처럼 탐닉했던 이유가 있다. 경상도 아버지와 일본 어머니 사이에서 난 그녀의 외모는 큰 눈을 제외하고는 영락없는 조선인이다. 그녀를 스타덤에 올려놓은 "눈물의 연락선(涙の連絡船)"(1965)과 함께 용주로 하여금 이 오사카 송가를 사랑하도록 만든 것은 멜로디와 노랫말에 함께 엮인 아련한 청년 시절에 대한 향수였으리라.

"혼자서는 살 수 없어, 살아갈 수 없어.……
꿈도 젖는구나, 아아 찬비 내리는 오사카."

시대와 주제, 그리고 상황은 달라도 청년의 정조는 비슷한가. 군가와 엔카를 함께 목청 터져라 부르던 그 청년들도 속절없는 노인이 되었다. 학병 친구들이 모여서 신곡 경연대회라도 벌일 양이면 용주는 이 노래를 주문했다. 하루미의 간드러지고도 처연한 음색을 음미하면서 눈을 감고 있으면 세월은 거꾸로 흐른다. 그래도 소망은 앞으로 향해 달린다. 내년이면 한 살 더 젊어지리라. 적어도 마음만은 말이다. 1960년대 초, 부산 전성기 시절부터 NHK에서 방영하는 신년 가요 홍백전에 익숙한 용주다. 격식대로 차려입었지만 왠지 어색한 기모노 아래 감추어진 그녀의 작은 육신에서 약소국의 비애를 전해 들었다. 예술의 문제가 아니라 청춘의 문제였다. 김윤식의 표현을 빌자면 "청춘의 감각, 조국의 사상"이리라.42)

평생의 습관 — 일기쓰기

용주는 자신의 생각과 행장을 일기로 남기는 습관을 길렀다. 남아 있는 황용주의 일기는 열일곱 살 되던 해인 1935년 정월 초하루부터 시작한다. 일본어로 작성된 것이다. 1944년 1월 학병 입대 직전까지 계속된다. 학병 시절에는 아내에게 정교한 64통의 엽서를 썼고 그중에 37통이 온존되어 있다. 그리고는 1966년 이후의 기록이 남아 있다. 평소의 습관대로라면 활동하던 전성기에도 최소한 메모의 형식으로로라도 일기를 썼을 것이다. 그러나 불행하게도 유실되었다. 은밀한 거사를 도모하는 당사자이었기에 만약을 우려하여 의도적으로 기록을 남기지 않았을 수도 있다. 아니면 일단 남겼던 기록을 누군가가 은폐했을 수도 있다. 부인의 증언은 적어도 자신이 기억하는 바로는 거의 매일 일기를 썼다는 것이다. 그러나 그 중요한 시기의 일기는 행방이 묘연하다. 자신이 의도적으로 따로 갈무리해두었을 수도 있다. 후일 5.16과 박정희에 대한 언론의 취재가 자신에게 집중되었으나 정작 활자로 나타난 내용은 언제

---

42) 김윤식, 『청춘의 감각, 조국의 사상』

나 성에 차지 않았다. 그래서 반드시 자신의 손으로 직접 써야겠다고 입버릇처럼 다짐하던 그이고 보면 이 시기의 은밀한 기록을 별도로 보관했을 수도 있다. 그러나 그 기록은 남아 있지 않다.

하나의 가설은 정보기관이 가지고 갔다는 것이다. 1992년 이병주가 죽었을 때도 정보기관에서 나와 당시 작가가 쓰고 있던 전두환 평전의 초고를 모두 거두어 갔다고 한다. 행여나 당시 대통령 노태우에게 불리한 내용이 담겨 있지나 않을지 하는 우려에서 기관이 거두어 갔다는 것이다. 증언을 해준 영화배우 최지희는 이병주가 자신의 전기도 써주겠다고 약속했다고 한다. 최지희는 이병주와 같은 경남 하동 출신으로 어린 나이에 '아름다운 악녀'로 데뷔하여 일약 스타덤에 올랐다. 그녀는 정가에 깊은 연줄을 맺고 있었고 배우생활은 청산하고 도쿄에서 경영하던 음식점과 술집 '지희네'는 한국정치의 밀실이라는 소문이 자자했다. '지희네'는 이병주의 작품 속에 실명으로 등장한다.

성년 선언

'세는 나이'로 스물이 되는 해인 1937년 1월 1일 용주의 일기는 '신년사'라는 제목 아래 이렇게 쓰고 있다.[43] 오사카 중학 졸업을 두 달 앞에 둔 시점이다.

"나도 이제 스무 살이 되었다. 20세란 10대의 마지막 해이고 20대의 첫 해이다. 소년은 점점 거리가 멀어졌고 담담한 감상으로 둘러싸인 달콤한 과실이 되어버렸다. 이제 청년이라 말하는 광대한 풍경을 그릴 수 있게 되었다. 실천해야 하는 것이 이미 정해져 있는 역사적 사명을 자각한 이상, 자신의 모든 기구(機構)를 총동원하여 첫째 학문을 쌓아올려야 한다. 묵묵히 소와 같은 저력으로 무서운 의지를 발휘해야 한다. 과거의

---

43) 산세이도(三省堂)(1937년) 발행(新學生日記)의 속표지에 주소와 학교가 적혀 있다.
  "오사카시(大阪市) 히가시 나리구(東成區) 키다 이쿠노초(北生野町) 2-1 쿠사노시게 오(草野茂雄) 댁(方) 황용주(黃龍珠) 日本大學 大阪中學校"

역사에서 배우지 못한 새로운 사실이, 20세기 말의 인문적 전환기에 대비해야 하는 흥미 있는 시대를 맞이한다는 것이 정녕 기쁘고 흥미롭다. 그러므로 정확한 시대성을 파악하여 추세의 인식을 바탕으로 인류문화의 발전에 해로운 반동사상이 그 포악의 정점에 도달하려고 할 때 청년적 예지여, 그 불합리를 간과하지 말지어다. 정열과 의분을 정밀하게 할 것이며 결코 연소를 멈추지 말아다오. 플라톤이여! 십자군용사여! 뉴턴이여! 지나(支那, 중국)의 학생제군이여! 나는 그대들에게 뒤지지 않는 인류문화의 건설자가 되기를 원하고 있다.”

마치 온 천하를 삼켜 녹일 것 같은 스무 살 청년의 패기가 넘치는 글이다. 반도청년의 위축감은 전혀 보이지 않는다. 며칠 후의 기록에는 1월 5일자 조선일보 신년특집을 읽고 난 소감이 적혀 있다. “변함없이 진부해서 탐탁지 않고 세계정세의 해설은 독창적인 데도 없고 고급 잡지의 전재 정도로밖에 평가할 수 없다. 경제면에서는 깊은 인식, 식견이 없고 쓸데없는 가구의 배열에 지나지 않는다. 일반대중을 상대로 썼다면 변명의 여지가 없지 않지만 (지식인을 염두에 둔다면) 구주 각국의 명논문을 전제하여 철학적 사색을 살펴야 할 시대인데 말이다.”

거창한 신년사를 쓴 지 두 달 후 1937년 3월, 용주는 오사카 중학의 졸업장을 손에 쥔다. 그러나 그것뿐이다. 앞일이 막막하다. 제3고의 입학시험에 또다시 실패한 것이다. 심한 좌절이다. 그러나 3개월의 공백 끝에 다시 책상에 앉는다. 5월 22일자 기록이다. 오사카를 떠나 고향 마산으로 돌아온 후이다.

“그 동안 나는 일기를 쓸 여가보다는 마음의 여유가 없었다. 시험 준비, 불운, 실망, 무위의 범위에 있어서 아마도 전 생애를 통해 잊어버릴 수 없는 시기였다. 이 시기보다 심각하게 사물을 생각한 시기는 없었다. 5월 18일 저녁 6시 47분 기차로 오사카를 출발했다. 역의 플랫폼의 밤하늘에 한큐(阪急), 한신(阪神)의 네온사인이 쉴 새 없이 점멸하고 있었다.

열차가 떠날 때 동창인 김군, 동향의 조군, 그리고 지난 2년간 숙식을 함께했던 홍, 김, 양군이 슬픈 얼굴을 지었다. 나도 북받치는 이별의 애수에 젖어 말문을 열 수가 없었다. 지난 3년간 나의 가슴에서 하루도 떠나지 않았던 홍군은 더욱 간절하다. 훤칠한 큰 키 위로 높이 들어 흔드는 손, 그 언젠가 폭우가 쏟아지던 마산 부두의 이별은 안개 자욱이 덮인 선상에서 멀어지는 그를 오래토록 바라보던 바로 그때의 모습이다. 배가 방향을 바꾸자 나 또한 갑판을 이동하여 그의 모습이 시계에서 사라질 때까지 응시했다. 내 두 눈에 눈물을 고이게 했던 그 친구, 실로 사랑하는 그였다. 진실한 사랑은 이처럼 순백한 여운을 남긴다.……고향땅에 발을 들여놓는 순간부터 인간은 비판의 눈을 상실한다. 고향이 애정의 원천이기 때문일지도 모른다. 일상이 전혀 다른 오사카에서 고향에 돌아오는 순간부터 몸도 마음도 그 시원점으로 되돌아간다.”

고향 마산에서 보낸 몇 달, 용주는 많은 생각을 한다. 이때 청년기의 질풍노도가 밀어닥친다. 구체적인 대상을 대상으로 한 이성의 눈뜸이 예술과 창작에 대한 강렬한 동기를 부여한다. 동시에 짓누르는 일상에 대한 분노가 폭발한다. 이 시절의 습작 노트가 남아 있다. 진한 일기장의 구절도 보인다. 여인과의 첫 경험도 적혀 있다. 석 달간에 걸친 그의 일기장은 온통 열기의 도가니다. 괴테의『젊은 베르테르의 슬픔』과 루소의『고독한 산보자의 몽상』이 한꺼번에 밀어닥친다.

“왠지 처음 만난 그 순간부터 떠나보내어 다시는 못 만날 사랑이 될 예감이 들더이다. 마침내 그 날이 오고야 말았구나. 당신의 외로움이 바로 당신의 행복이었던가봐.” 지나치게 유치한 구절과 지나치게 고답적인 구절이 교차하는 스무 살 청춘의 감상(感傷), 이를테면 사랑과 사상의 교접이라. “그녀의 작은 몸과 눈앞에 어른대는 제방의 밤. 과연 행복해졌다는 숫자와 불행에 빠진 숫자가 어느 것이 팽대한가. 동서고금의 역사에 비추어볼 때 분명히 후자였다. 불란서의 정치가, 지드, 지성까지 도달하기엔 전쟁을 치르는 사람의 정신은 전 여정의 시간과 거리가 있는 것 같다."44)

8월의 일기는 이즈음 모든 것이 불확실한 전쟁의 시대에 문학청년의 고민을 적나라하게 토로한다. 청나라 시인, 조익(趙翼)의 시구다. "나라가 불행하면 시인이 행복하다(國家不幸詩人幸)." 문학은 불안의 시대의 구원이다. 그러나 그 구원은 창작이라는 인고의 작업을 통해서만 얻을 수 있는 것이다.

"근래 들어와서 무언가 창작을 해보고 싶은 욕구가 용솟음치다가도 이내 사그라지곤 한다. 이 정세, 이 현실, 어쩐지 예측할 수 없는 변고가 닥칠 것 같은 혼란의 시대. 무언가에 짓눌려 피곤의 극치에 놓인 것 같은 불안의 시대다. 여기에 분출하는 성격의 이상함. 그 어느 누구의 소설에서도 찾아볼 수 없는 심각한 불행의 예감 속에서 벗어나지 못한다. 한 인간이 혼신의 정열을 쏟아 할 수 있는 일이란 없는 시대, 그런 마음을 쏟을 곳 하나 없는 세태, 무엇인가를 구하며 중단 없이 나가는 마음의 욕구, 그것이 무엇인지 분명히 모르며, 설사 안다고 해도 내놓고 말할 수도 없는 시대, 이런 일을 멋지게 쓸 수 있으면 하는 생각이 자주 든다."45) "사람들을 만나도 속내를 털어놓고 대화할 수 없어 서글프다. 상대방을 믿을 수가 없다. 그들 또한 나를 빈둥거리며 무위도식하는 인간으로 여기고 있을 터이니까. 무언가 치열한 일을 하고 싶다. 삼복염천에 벌거숭이로 거리를 활보하든지, 아니면 물속에 푹 잠기든지. 이런 심리상태가 된다."

"오늘도 칩거함. 북지(北支)사변에 대해 곰곰이 생각함. 이 건에 대해 일기에 쓰는 것이 오늘 처음이다. 이처럼 큰 사건이라 일기의 대상으로는 쉽지 않고 또 곤란한 일이기도 하다. 사건 발생 2개월이 지나서야 비로소 정부의 방침도 명확해졌고 지나의 입장도 정해졌다. 전쟁이 없었더라면 동양사, 일본사를 공부한 소학생, 중학생은 지루함을 견디기

---

44) 1937. 8. 6 일기
45) 1937. 8. 7 일기

108

힘들었을 것이다. 전쟁이 인류의 문화 향상에 필요한가는 확실히 알 수 없고 과거 역사를 비추어보아도 불명하다. 전쟁마다 다른 의미를 가진다. 이 사변은 반드시 더 큰 전쟁으로 이어질 것이다. 그러나 전쟁으로 인하여 일부의 사람들이 가혹한 불운에 처한 것은 엄연한 사실이다."46) "라디오 방송에 의하면 상해사변이 발생했다고 한다. 상해는 일본군에겐 싸우기 쉬운 장소임에 틀림없다. 오후 보통학교에서 강습회에 참석한 면서기와 축구시합을 함. 자신의 육체도 타인에게 빠지지 않는 청년이라고 생각했다. 이날 밤 나의 번뇌는 잠을 못 이룰 정도다."47) "일본 공군 남경 폭격, 지나로선 중대한 문제다. 신문은 1면에 큼직한 제목을 내걸고 있다. 상해에서의 자잘한 포격보다 남경폭격은 실로 중대사인 것 같다."48)

그러나 아직 전쟁은 관념의 수준에 머물러 있을 뿐 징집 대상에서 면제된 반도의 청년의 일상에는 직접 영향을 주지는 않는다. 보다 현실적인 문제는 장차 어떤 길을 걸을 것인가이다. 구체적으로 문학을 업으로 살 수 있을 것인가이다. 고심 끝에 문학의 길을 포기한다고 선언한다. '명기(明記)하라, 이날을'이라는 제목을 달아 자신에게 다짐한다.

"문학청년의 성향으로부터 낙을 바꾸어라. 사회나 주변의 현실을 향한 관심을 접어라. 오로지 어학과 기초적인 학과에 전신 정력을 집중하라. 혼란한 머릿속을 정돈하도록 규칙적인 생활을 하라. 내년 3월까지 잠시라도 수험 이외의 생각을 하지 말자. 이제부터라도 늦지 않다. 용기를 잃지 말자. 이제 문학은 네게 딜레탕트가 되어라. 이 말은 큰 오류이며 나 같은 사람만이 토할 수 있는 말이라는 것을 모르는 바 아니지만 수단과 주의는 화학적 작용과 같은 수순으로 이어지기 때문에 용서해 주기 바란다. 아, 슬프게도 이제 나는 문학이라는 대로를 벗어난다. 진

---

46) 1937. 8. 11 일기
47) 1937. 8. 13 일기
48) 1937. 8. 17 일기

보라고 하는 결과론적 관점에서 나는 모든 희망과 신뢰를 걸고 업에
종사하련다. 나의 과거의 경력이 부당하다는 것은 분명 이제부터라도
순응하며 살 마음가짐에 동요를 가져올 수 있지만 그러나 이 정도의
정의가 통하지 않는 사회는 아니므로 이제부터라도 순응하며 사는 의
미가 있다."49)

"오늘 나는 이날부터 지금까지의 자신으로부터 탈출하여 새로운 자신
으로 새 출발하려고 한다. 이제까지 생각했던 것, 자신의 모든 것, 안고
있던 사색 방식을 바꾼다. 첫째, 자유주의를 버린다. 둘째, 작가 지망을
단념한다. 그리하여 좌익적 경향을 개량한다. 슬픈 일이지만 어쩔 수
없다. 나는 살아 나가야 한다. 인생을 사는 이상 타인과 같이 살아야
하기 때문이다. 가까이 있는 사람들아, 지금까지의 생활방식을 죄다 버
리자. 뒤늦게나마 나태함을 깨달은 것을 다행으로 여기자. 강한 의지의
인간이 되자. 나에게 결여되었던 의지, 씩씩함, 도피적이 아닌 자기의
정신본질을 재현하라. 그리하여 다시 3고에 도전하라. 다시 실패할 것이
라고 절대로 생각지 말자."50) 그 흔한 말로 삼 세 번이라고 했던가. 용주
는 교토 제3고에 세 번째 도전장을 던질 각오를 다진다.

작가의 꿈

일기에 그렇게 선언하고도 용주는 문학의 꿈을 버리지 못한다.

"아름다운 달밤이다. 오사카에서는 한 번도 밝은 달이라는 감흥이 인
적이 없었는데 고향의 달은 마치 마음 속 안방까지 스며드는 기분이다."51)
단편소설을 읽고 영감을 얻어 자신이 직접 창작을 구상한다.52)

"다키미준(高見順)의 『세상(世相)』은 흔히 있는 도회의 질서가 무너
진 퇴폐한 생활을 그린 것이다. 모방한 것은 아니지만 나도 이런 일을

---

49) 1937. 8. 14 일기
50) 1937. 8. 15 일기
51) 1937. 8. 22 일기
52) 1937. 9. 17 일기

생각해보았다. 도회에는 도회적인, 일상에 질질 끌려가는 무기력한 인텔리의 생활이 있는 것처럼 시골에는 시골 특유의 무엇이 있다. 특히 식민지 청년의 이중의 짐을 지고 신음하는, 그리고 신음하는 자는 본성이 착한 편이며, 여자와 음주로 의미 없는 시간낭비를 일삼고, 마치 진흙의 장막을 치고 사는 삶의 방식. 요즘처럼 명철보신교(明哲保身敎)의 신자가 되어 작은 사업이라도 경영하면서 여성행각을 일상의 위안으로 삼은 친구와의 우정은 진실성이 없음. 유아독존의 편견이 고개를 든다.

취하면 일부러 감상적인 척하면서 측은하게 굴고, 다음날은 히죽히죽 웃으며 계산의 방향을 타산하고 있다. 주인공인 모군은 드물게 보는 수재로서 소시민의 아들이지만 극도로 예민한 정서로 주위의 인정을 받지는 못하지만 사람이 좋은 것 때문에 동류로 받아들인다. 자신의 명예욕이 하늘을 찌르기에 세상을 단념한 그들의 태도를 그들 자신의 무능한 상태와 동일시한다. 그리하여 본인의 낭만주의(실생활에서 계산해낸)는 특정 여자를 대상으로 한다. 형편없는 주변 인물들 중에서 다소나마 희망을 갖고 있던 (특히 부모와 친척으로부터) 그는 너무나 진지한 나머지 그녀와 동반자살한다. 사랑하는 여자와 동반자살도 결행하지 못하는 친구는 끝까지 조롱의 눈으로 그의 죽음을 바라본다.

결국 인간의 한결같은 열성과 타고난 재능이 있어도 외부 조건이 좋을 때만 사회적으로 출세하지만 사회가 그를 받아주지 않은 때나, 자신이 이러한 외부적 상황을 초월하여 체념으로 이어질 때, 그의 한결같은 생각은 장렬한(이런 표현은 우습지만) 최상의 로맨티시즘을 좇아 죽음을 선택하게 된다. 더구나 부모를 포함한 많은 사람들로부터 출세의 기대를 받고 있었기 때문에 이런 결과가 생긴 것, 그리고 남선(南鮮) 마을의 경제상황, 특유의 풍경도 소개하면서. 이 마을, 저 마을을 찾아다니는 여급. 도회지구의 범죄시대 세력의 말초적인 현상. 오로지 희망이 있다면 어린아이의 순진한 시대순응성을 체득하여 도회에 진출한다는 것이 유일하다.”

    며칠 후에 '또 하나'의 단편소설을 구상하는 메모가 일기장에 기록
되어 있다.

    "H가 K의 집에 오전 중에 들이닥쳐 가출론을 부르짖고 귀가 길에
A 극장 중국 우동집에서 아름다운 소녀를 발견한다. 17세의 갸름한 얼
굴에 보조개가 매력적인. 자주 가늘게 뜨는 실눈, 신선한 인상. 소녀
가극단원의 경력. 들뜬 H와 K는 다른 친구 3인을 합하여 5인이 돈을
추렴하여 변두리에 방을 얻어 그녀를 기거하게 하다. '합자(合資)'는 초
기에는 그런대로 큰 무리 없이 넘어갔으나 차츰 애정의 농도에 차이가
생기자 티격태격한다. K와 H는 사람의 마음속은 모르나 우정이 애정보
다 고상한 것이라고 동료들을 설득하나 통하지 않는다.

    우리와 친구들처럼 끝까지 묘사한다. 재미있는 착상이니 언젠가는
쓰기로 하자."53)

    "9월 25일 『일본비평(日本批評)』 10월호에 실린 장혁주(張赫宙, 일본명
野口赫宙)의 「우수인생(憂愁人生)」을 읽다. 오랜만에 창작을 접한 탓이
기도 하겠지만 장씨의 절실한 인생유전을 보여준 듯하여 숨이 막힐 것
같다. 주인공 김영일(일본명 坂田英一)의 아버지는 광부로 북큐슈에 돈 벌
러 갔다. 그의 모친은 일본인이다. 대여섯 살 때부터 조선인이라는 이유
로 박해와 경멸의 대상이 되다. 학교에 다니기 시작하면서 더욱 도가
깊어져 아버지에게 부탁하여 이곳저곳 전학을 다녔지만 날이 갈수록
심각해지다. 우연히 사려 깊은 교사를 만나 일생에서 가장 즐거운 추억
을 가지지만 그것도 잠시, 아버지의 투옥으로 또다시 유전박해. 어머니
의 고향에 농가재산을 상속받으러 가지만 거절당하고 여동생과 함께
투신자살을 시도한다. 천애고아가 된 그는 백부의 조선 농촌에 가지만
일본에서와 마찬가지로 성이 김이라 이유로 취직도 못하고 거리를 배회
하다 아버지의 친구를 만나 성을 사카다(阪田)라고 속이고 연락선을 타
고 도쿄로 간다. 그동안 아버지는 출옥하여 다시 광부생활을 하면서 그

____
53) 1937. 9. 20 일기

가 야간학교에 다니도록 송금해주고 있었다. 그러던 아버지의 사망소식을 신문에서 읽다. 천애고아가 된 그는 자신에게 온정을 베풀어준 소학교 선생을 찾아 나섰으나 이미 전근가고 없다. 학교 근처의 교회 언저리를 거닌다.……오사카에서 비슷한 경험을 한 나이기에 더욱 절실하게 느껴진다."

용주는 장혁주(본명 은중[恩重])의 인생 유전에 대해서는 대구사범 시절에 익히 들은 바 있었다. 구 한국군 장교를 지낸 지주의 소실인 생모를 따라 경주에서 보통학교를 마친다. 1924년 대구고등보통학교 4학년 때 학생파업에 가담하여 무기정학을 당한다. 1926년 졸업 후에 무정부주의자들의 단체 진우동맹(眞友同盟)에서 활동하기도 하였다. 일어로 쓴 「아귀도(餓鬼道)」가 1932년 『개조(改造)』(일본잡지)의 현상문예에 2등 입선하여 문단에 본격적으로 진출하게 되었다. 이후 한국어 소설로는 동아일보에 연재되었던 장편 「무지개」·「삼곡선(三曲線)」을 위시하여 10여 편의 장단편을 신문과 잡지에 발표하였으며, 1936년 도일하여 많은 일본어소설을 썼다. 태평양전쟁이 일어난 1942년에는 자전적인 색채가 짙은 장편 3부작 『인간의 굴레(人間の絆)』를 발표하는 한편, 일본의 식민정책에 적극 참여하여 일본문학보국회의 황도조선연구회(皇道朝鮮研究會) 위원과 대륙개척문학위원회(大陸開拓文學委員會) 위원 등을 역임하였다. 이 때문에 8.15 광복이 되어서도 귀국하지 못하고 일본에 머물러 있다가 6.25 당시 한국동란을 취재한 『오호 조선(嗚呼朝鮮)』을 출간하고 일본에 영구 귀화하였다. 그의 친일행적은 주관성 없이 시류에 따라 쉽게 바뀌는 변절의 표상이 되기도 했다.54) 용주는 장혁주의 내몰린 인생유전에 대해 남다른 연민의 정을 느끼고 두고두고 안타까워했다.

---

54) "새로운 출발", 김병걸, 김규동 편, 『친일문학작품 선집 2』, 194-240쪽

5
구원의 여인, 이창희

이상은 높고 기개는 하늘을 찌르지만 현실은 냉엄했다. 그러나 언제까지나 좌절 속에서 허우적대고 마냥 세월을 죽이고 지낼 수는 없다. 청년의 삶이다. 1938년 겨울, 용주는 다시 관부연락선을 타고 일본으로 향한다. 조선의 거물 선배들의 시구절들이 새삼 가슴을 두드린다.

"해협 오전 2시의 고독은 오롯한 원광을 쓰다.

설어울리 없는 눈물을 소녀처럼 짓자.

나의 청춘, 나의 조국!

다음 날 항구의 비개인 날세여!"

정지용, 「해협의 오전 두시」(1933)

"예술, 학문, 움직일 수 없는 진리…….

그의 꿈꾸는 사상이 높다랗게 굽이치는 동경.

모든 것을 배워 모든 것을 익혀

다시 이 바다 물결 위에 올랐을 때

나는 슬픈 고향의 한 밤,

홰보다도 밝게 타는 별이 되리라.

청년의 가슴은 바다보다 더 설레이었다."

임화, 「해협의 로맨티시즘」(1938)

아버지에게는 이렇다 내놓을 만한 중간 결실을 보여드리지 못했다. 그러면서도 새로운 기대를 걸게 했으니 죄스러운 마음이다. 어쩌면 결코 채워질 수 없는 아버지의 헛된 기대일지도 모른다. 고등학교-제국대학의 포부를 재차 내세웠지만 용주의 내심은 이미 흔들리고 있었다. 반드시 일본의 핵심제도 속으로 진입해야 한다는 절실한 사명감도 없었다. 교토 3고의 입학시험에 두 차례 연거푸 실패한 용주는 3차 시도를 접는다. 대신 차선의 길을 모색한다. 총독부 관리였던 아버지는 당연히 재능 있는 아들이 '고문'을 통과하여 제국의 관리가 될 것을 기대했다. 그러나 고등문관 시험은 당초부터 용주의 머릿속에 들어 있지 않았다. 그렇다면 장차 무엇을 할 것인가? 막연하였다. 아직 구체적인 직업은 머릿속에 그려지지 않았다. 무엇을 할 것인가보다도 '어떤' 인간이 될 것인가가 더욱 중요하게 느껴졌다. 구체적인 직업과 특정 방향을 강요하지 않는 자유로운 삶이 그리웠다. 무엇보다도 끓어오르는 지적 호기심을 마냥 눌러둘 수가 없었다. 건전한 지성인, 정의로운 인간이 내 삶의 목표다. 도식적인 학과수업만으로는 얻을 수 없는 삶의 자양분이 필요하다. 인간의 본성과 공동체 삶의 본질을 성찰하는 눈을 길러야 한다. 인간에 대한 깊은 성찰 없이 사회를 논할 수 없다. 무엇보다 인문학이다. 문학, 역사, 이른바 '문사철(文史哲)'을 굳이 나눌 필요도 없을 것 같았다. '데칸쇼'는 제국대학과 고등학교의 전유물이 아니다. 그런데 문학은 역사와 철학에 비해 보다 쉽게 접근할 수 있을 듯했다. 삶의 구체적인 모습이 투영되어 있기 때문이다. 어쨌든 문학을 저버릴 수가 없었다.

그래, 이제 일본 고등학교의 꿈을 접자. 대신 사립대학을 택할 것이다. 외형적으로는 좌절일지 모르나 내면적으로는 더욱 충만된 삶일지도 모른다. 인생행로에는 언제나 차선의 길이 있기 마련이다. 대학에서 본격적으로 교양을 쌓고 문학의 길을 밟을 것이다. 이를테면 통합인문학으로서의 문학이다. 대학에 입학하려면 우선 학과를 정해야 한다. 두말할 필요도 없이 불문과다. 다시 찾은 오사카에서 이렇듯 수정된 인생계획으로 사립대학의 입학을 준비하고 있던 그에게 예기치 않은 일이 일어났다. 어느 날 갑자기 한 여인이 나타난 것이다. 이 운명적인 만남은 『관부연락선』의 유태림과 서경애 사이의 사랑에 견줄 만하다. 일본경찰이 의도하지 않은 중매인 노릇을 한 것이다.[1]

불령선인, 이상호 씨

이창희는 1922년 1월 20일, 전남 여수에서 전주 이씨 상호 씨와 어머니 박다례 씨의 4녀 1남 중 맏이로 출생한다. 창희의 조부는 소형 선박을 몇 척 소유하고 내지(內地)를 상대로 무역과 윤선(輪船)업에 종사했다. 일찌감치 바다 건너의 삶을 주목하였던 것이다. 슬하에 4남 2녀를 두었다. 4남인 상호 씨의 몫으로 넉넉한 재산이 상속될 수 없었으나 경성 유학의 기회가 주어진다. 그러나 중앙고보 3학년 때인 1919년, 3.1 만세 사건에 연루되어 퇴교당한다. 천지를 흔들던 만세소리에 청년의 의기가 끓었던 것이다. 퇴학당한 상호는 낙향하여 울분의 세월을 달래고 있었다. 농산이 풍요로운 전라도 땅의 착취는 일본제국의 식민지 정책의 중요한 내용이기도 하다. 조정래의 대하소설 『아리랑』에 절절하게 재생되어 있다.

낙향한 상호 씨는 야학을 경영하면서 청년 계몽운동에 나서고, 정재완(후일 6선 의원) 등과 함께 '맞두리(상조회)'를 만들어 서민금융의 소통에도 나선다. 부인 다례 씨는 남편의 뒷바라지에 혼신한다. 다례 씨는 이웃 고을 광양 출신으로 조선조에 귀양 온 사대부의 후예였다. 친정은 넉넉했다. 아버지는 벌교, 광양 지역의 부자로 어선을 여러 척 보유하고 있었다. 조정래의 대하소설 『태백산맥』에 등장하는 '뒤 안에 묻은 독 안에 금덩어리가' 잔뜩 들어 있었다는 에피소드의 주인공이라고도

---

1) 황용주, 이창희가 함께 투옥된 이야기는 학병동지들 사이에 널리 알려져 있어 일정한 부분은 이병주의 작품의 소재가 되었다는 정황도 엿보인다.

116

한다. 미술선생을 하던 다례 씨의 친정 조카는 1948년 10월, 여순 반란 사건 때 행방불명이 된다.

상호 씨는 일본인이 경영하는 목욕탕에서 난동을 부려 헌병대에 체포 되기도 한다. 일본인 거리에 자리한 목욕탕은 영업방침으로 조선인의 출입을 금지했다. 의협심에 불탄 상호 씨가 주인에게 이유를 따지고 든 다. 조선인은 불결하다, 목욕탕 물을 더럽히기 때문이라고 여주인은 쌀 쌀하게 대답한다. 이 말을 들은 상호 씨는 순간적으로 여주인의 뺨을 후려친다. 거친 욕설이 따른다. 마침 여주인의 동생은 헌병대의 간부였 다. 난리가 벌어진다. 그러나 다행스럽게도 사태는 극단으로 치닫지는 않고 적당한 선에서 무마된다. 지역사회의 민심을 고려한 정책적인 해 결이었음은 물론이다. 이런 에피소드를 양산해내는 그는 특별히 위험한 불령선인(不逞鮮人)은 아니었을지언정 일본인 사회에는 불편하기 짝이 없는 존재였다.

상호 씨는 맏딸 창희에게 특별한 애착을 보인다. 첫 아이를 잃어버리 고 난 뒤에 얻은 터이라 더욱 정이 애틋했다. 부부는 창희 아래로 내리 세 딸을 더 생산한 후에 비로소 외아들 대훈을 얻는다. 대훈은 평생토록 자형 용주의 열렬한 추종자가 된다. 용주 또한 장가들 당시 어린 소년이 었던 대훈을 동생처럼 친자식처럼 사랑하여, 학병에 나가서도 어린 대 훈에게 일본어 엽서를 보낸다. 후일 그가 서울법대를 졸업하고 언론에 투신한 것도 평생의 멘토, 용주의 권고와 주선에 따른 것이었다.

당시의 부모들이 대체로 그랬던 것처럼 상호씨도 자녀를 엄하게 교육 하였다. 자리를 가릴 정도의 나이, 일곱 살이 되기 무섭게 본격적인 수신 교육을 시작한다. 아침 6시에 아이들을 깨운다. 새로운 시대에 걸맞은 육아법이다. 우선 찬물 세수다. 한겨울에도 정신이 번쩍 들도록 냉수로 세수하고, 이어서 도수체조를 시킨다. 자녀들이 스스로 건강을 챙기고 진취적인 기상을 함양한다는 것이다. 오남매 모두에게 예외 없이 적용 된 자녀교육의 일정표는 막내 대훈의 기억 속에도 고스란히 남아 있다.

딸들은 자라서도 평범한 주부로 만족하지 않고 적극적인 사회활동에 참여한다. 여성으로서는 드물게 학교장, 교육위원, 공무원 등의 직책을 두루 맡았기에 상호 씨 가족은 여수의 신흥 명문가의 평을 얻는다.

상호 씨는 아이들에게 애국시조 100수를 암기시킨다. 길재, 성삼문, 정몽주 등 민족혼을 고취시키는 선인들의 작품이다. "오백년 도읍을 필마로 돌아드니, 산천은 의구하되 인걸은 간데없네." "이 몸이 죽어죽어 일백 번 고쳐 죽어.……" 이러한 교육을 받고 자란 자녀들이 민족의식을 배양하고 문학적 재능을 함께 개발한 것은 자연스런 일이었다. 창희는 여수 보통학교 6년 과정을 졸업한다. 학생 시절에도 총명이 뛰었다는 주변의 이야기다. 이 학교는 1909년 3월에 4년제 사립 경명학교(鏡明學校)로 설립되어 1911년 7월에 여수공립보통학교로 개편되어 개교한다. 창희가 졸업한 직후인 1935년 3월에 현재의 서교동으로 교사를 이전하였으며, 여수공립소학교(1938), 여수공립국민학교(1941)로 개칭되었다. 해방 후인 1945년 12월, 여수서국민학교로 이름이 바뀌었다. 그러다가 1996년 3월, 전국적 차원에서 '국민학교'가 '초등학교'로 바뀌어 현재의 여수서초등학교가 되었다.

학생은 조선인뿐이었으나 선생은 일본인 일색이다시피 했다. 창희의 기억 속에 조선인 교사는 남아 있지 않다. 교사(校舍)는 이순신 장군의 유적지, 진남관(鎭南館)을 사용했다. 이 역사의 아이러니를 의미 있게 반추할 나이는 아니었다. 그러나 내놓고 토론한 기억은 없으나, 자랑스러운 조선의 장수, 충무공 이순신이 유하던 곳이라는 자각은 강하게 있었다. 아버지 상호 씨가 자주 상기시켰던 것이다.

수피아여고

1935년 봄, 창희는 광주의 수피아여고에 진학한다. 1908년 4월 1일, 미국 남장로계의 선교사 유진 벨(Eugene Bell, 한국명 배유지)이 여학교를 설립하여 초대 교장으로 엘라 그레이엄(Ella Graham, 한국명 엄안라) 선교사가 취임한다. 1911년, 미국의 독지가 스턴스 여사가 5천 달러를 희사하여 일찍 죽은 여동생 제니 스피어(Jennie Speer)의 이름을 딴 3층 건물을 신축하고 교명을 수피아여학교(Jennie Speer Memorial School for Girls)로 명명한다. 1929년 11월 1일, 전교생이 광주학생 독립운동에 참여했고, 1937년 9월 5일 5대 교장 유화례(Miss Florence Root)는 일제의 신사참배 강요를 거부하고 자진 폐교한다. 일본이 패망한 1945년, 그해 12월 5일, 수피아여고는 동창회의 주도로 복교되어 현재에 이르고 있다.

학교가 신사참배를 거부한 직접적인 이유는 일본의 천황을 신으로 숭배하는 것은 유일신을 받드는 기독교 교리에 정면으로 배치되었기 때문이었지만, 이러한 조치는 간접적으로 조선 학생들의 민족혼을 고취하는 데 기여했다. 수피아여고 학생 중에 일본인 자녀가 있었다는 기록은 전혀 없다. 그만큼 학생의 동질성과 결속력이 강했다. 예기치 않은 폐교로 인해 전 과정을 마치지는 못했지만 수피아의 교육은 창희에게 보다 넓은 세계에 대한 동경을 키웠고, 청년의 사명감과 민족혼을 다지는 습관과 훈련을 쌓았던 것이다. 이러한 학교의 전통은 연면하게 이어지고 있었던 터이다. 광주 여학생들의 의거는 창희의 인생에도 영향을 미쳤다.

광주학생 사건 당시에 외국에 체류하던 안호상은 이 사건을 이렇게 평가한다. "귀국하기 한 해 전에 발생한 광주학생 사건은 대한 독립운동으로 전국 규모로 확산된다. 1929년 10월부터 이듬해 3월까지 194개교, 5만4천 명의 학생이 참가했다. 그러나 이 사건도 우리 사회에 오히려 좌절만 안겨다 주었다. 일본에 대한 반감을 표시한 정도로 끝나고 오히려 교육에 대한 통제의 빌미를 제공해주었을 뿐이다. 이 사건 이후로 조선 학교의 운영은 더욱 어려워졌고 사회 전체로는 체념의 분위기마저 만연해졌다."2)

학교가 문을 닫자 창희는 여수 집으로 돌아온다. 좋은 혼처를 찾아

---

2) 안호상, 『한뫼 안호상 20세기 회고록 : 하나를 위하여 하나되기 위하여』, 142쪽

시집이나 가라는 주위의 권유를 일소에 부치고 대신 일본행을 갈망한
다. 여수는 일본에서 전라도로 들어오는 관문이다. 시모노세키-부산을
정기로 항해하는 관부연락선의 개통에 이어 시모노세키-여수 사이에
정기연락선이 개통되었다. 도항, 검색 등 모든 과정에서 관부연락선의
기준이 적용되었다. 상호 씨는 윗대로부터 바다 건너 세계에 대한 관심
과 이해를 물려받았다. 그래서 젊은이가 살아갈 세상이 자신들의 세계
와 다르다는 사실도 잘 알고 있었다. 그래서 큰 세상을 배우고자 대처에
나가겠다는 딸의 간절한 소망을 뿌리치지 않았다. 다만 일상을 조신하
게 살고, 몸도 마음도 다치지 않고 뜻을 키워나가기를 바랄 뿐이었다.
어머니 다례 씨가 보다 적극적이었다. 여자이기 때문에 교육의 기회를
원천적으로 박탈당했던 자기 세대의 한이 딸자식들에게 대물림되어서
는 안 될 것이다.

1938년 늦가을, 열일곱 살의 창희는 연락선에 오른다. 오사카에 유학
중이던 친척 오빠가 길잡이로 동행한다. 일본에 건너가서 돈을 벌고,
형편이 되면 학업도 계속한다는 막연한 희망과 계획이었다. 든든한 재
력이 뒷받침되고 번듯한 학교에 입학할 수 있는 기초학력을 갖추어, 확
실한 유학대책이 서 있었던 소수의 청년을 제외하고는 대부분의 젊은이
들의 일본행은 막연한 희망과 기대 속에 내딛는 장래로 향한 꿈의 비상
이었다.

오사카의 처녀들

창희는 임시방편으로 오사카의 '쓰루하시(鶴橋)' 지역 작은 공장에 공
원으로 취직한다. 8할이 조선인이었다. 몇 안 되는 일본소녀들은 더욱
무지랭이들이다. 며칠 지나지 않아 창희는 이들의 열악한 근로여건을
보면서 처참한 생각마저 들었다.

창희는 몇 달 동안 요즘 말로 일용직 근로자로 뼈 빠지게 일했다.
한 공장만이 아니었다. 단돈 몇 전이라도 더 높은 임금을 찾아서 여러

공장을 전전했다. 압핀을 박는 일, 편물 공장의 시다, 온갖 허드렛일을 마다 않았다. 그러나 상황은 전혀 개선되지 않았다. 무엇보다도 공장에서는 장래가 보이지 않았다. 인생의 막장으로 느껴졌다. 설상가상으로 은밀하게 간직하던 비상금마저 분실한다. 불과 몇 달 전에 일본행 배에 오를 당시에 품었던 작은 소망이 송두리째 흔들리고 있었다. 남자 공원들은 일과 후에 작당하여 시국토론을 벌이곤 했다. 강경애의 『인간문제』(1934)가 인천 지역 공장의 여성노동자의 비인간적인 상황을 그려 노골적인 사회적 메시지를 전했다. 지주에게 강간당한 뒤 공원이 되어 혹사당하다 폐결핵으로 생을 마감하는 노동자 선비의 죽음을 통해 노동자의 자각을 촉구했다. 노동자가 단결하여 폭력혁명을 통해 새로운 사회를 건설해야 한다. 사회주의만이 희망이라는 메시지가 담겨 있었다. 공원 중 몇몇이 비슷한 이야기를 하고 있었다.

재일 조선인 노동자의 상황이 일본 지식인의 주목을 받게 된 데는 김사량(金史良)의 기여가 크다. 그의 소설, 『지기미』(1941)는 도쿄 시바우라(芝浦) 지역의 조선인 노동자의 비참한 생활을 그린 작품이다. '지기미'란 경상도 비어로 '제 어미'란 뜻이다. 굳이 욕이라고 규정할 수도 없는, 그저 강한 불만을 토로하는 간투사인 셈이다. 그런가 하면 별다른 의미 없는 하층계급의 일상어이기도 하다. 비어를 통해 동류간의 정체성을 확인하고 결속을 다지는 신분어이기도 하다. 평소에 '지기미'를 입에 달고 사는 주인공의 입버릇 때문에 생긴 별호(別號)를 작품의 제목으로 땄다. 작가 스스로 일본어로 번역하면서 『벌레』로 제목을 바꿔 달았다. 그야말로 벌레 같은 노동자의 비참한 삶을 그리기에 최적의 제목이었다. 이 작품은 일본문단에 상당한 반향을 일으켜 1940년, 최고의 권위를 자랑하는 아쿠타가와(芥川) 상의 후보작으로 오르기도 한다. 민족혼에 충만한 그가 일본어로 본격적인 문학 활동을 하게 된 동기는 일본인 사회에서 조선의 입장을 대변하려는 사명감의 발로였다. 그러나 그처럼 민족혼에 충만한 김사량도 전쟁 말기에는 일본 정부에 적극 협

력하지 않을 수 없었다. 강제동원되다시피 하여 일본해군 견학기인「바다의 노래(海の歌)」와「해군행(海軍行)」을 쓴다. 두 작품 모두 대일본제국의 위용을 찬양하고 미영귀축을 상대로 한 성전(聖戰)에서 승리할 것을 다짐하는 황국신민의 각오를 다지는 내용이다. 이렇듯 자신의 소신에 어긋난 친일활동을 한 자괴심을 견디다 못한 그는 몰래 일본 땅을 벗어나 만주에서 항일운동에 참여한다. 해방 후에 분단된 조국의 북쪽을 선택한다. 그리고는 6.25 동란 중에 흔적 없이 사라졌다. 사후에 그의 존재는 남북한에서 함께 잊혀졌다. 한국문학사에는 철저하게 외면되었고, 고작해야 민족문학의 정통성을 빛나게 해주는 '반민족' '친일문학자'라는 낙인이 찍힌 유령으로 간혹 등장할 뿐이다.

창희가 목도한 조선인 노동자의 상황은 단순한 절망이 아니었다. 그는 이들에게서 일본제국주의에 대한 항거보다는 사장에 대한 증오, 부르주아 계급 전체에 대한 증오가 팽배하고 있었음을 감지했다. 조만간에 자신에게도 손을 뻗쳐올 것이다. 섬뜩한 생각이 들었다. 무섭기도했다. 무조건 이 세계를 탈출해야겠다는 생각뿐이었다. 70년 후, 창희는 그때를 회고하면서 그 세계에서는 '아나키스트적' 분위기가 물씬거렸다고 되뇌었다.

반년 남짓한 공원생활을 미련 없이 청산한 창희는 남은 돈을 쏟아부어, 인근의 타이프 학원에 등록한다. 일본어와 영어 타자, 6개월 속성반이다. 집중과 근면은 어린 시절부터 몸에 밴 창희의 장기다. 이 학원에서 창희는 평생토록 우정을 다져갈 두 친구를 만난다. 한 살 아래 김상죽과는 의형제를 맺는다. 제주 출신으로 조실부모한 그녀는 부모가 남긴 약간의 유산의 관리를 백부에게 위탁하고 있었다. 이옥(李玉)도 알게 된다. 그녀도 김상죽과 같은 제주 출신으로 후일 의사가 된 용주의 친구, 문종후(文鍾厚)와 부부가 된다. 이창희, 김상죽, 이옥, 낭랑 17세에 만난 이들 세 사람의 우정은 평생토록 이어진다. 후일 김상죽이 용주의 빨갱이 친구, 김용일과 배필이 되어 갖가지 간난과 고초를 당했을 때도 나머지 둘은 힘껏 보살핀다.

타자학원에서 발급해준 '최우수 수료증'을 들고 창희는 구직에 나선다. 오래전부터 마음에 둔 곳이 있었다. 화신(和新)이다. 박흥식이 설립한 조선 최초의 백화점 화신(和新)은 오사카에 지점을 두고 있었다. 경성에서 판매할 상품의 구입이 주된 임무였다. 창희는 무작정 화신 '시이레(仕入)' 부에 찾아가 자신을 고용해줄 것을 청한다. 단정한 용모와 자세, 그리고 첫눈에 보아도 영민함을 알아차릴 수 있는 언행이다. 과장이 오사카 아사히(大阪朝日) 신문을 들고 나왔다. 즉석에서 타이프를 쳐보라고 했다. 창희의 타자 속도와 정확도에 만족한 과장은 기사의 내용을 물었다. 열일곱 여성으로는 드문 일본어 구사력이다. 즉시 채용결정이 내려지고 인사부서의 조치가 뒤따른다. 책정된 급료는 공원에 비할 바가 아니었다. 일당이 아니라, 월급제였다. 공원과는 신분 자체가 달랐다. 불과 한 달 후에 창희의 소개와 보증으로 김상죽, 이옥도 함께 이 회사에 취직한다.

한마디로 창희는 유능하고 모범적인 여사원이었다. 그런데 그렇게도 얌전한 처녀가 뜻밖의 문제를 일으킨다. '스타킹 파업사건'이다. 회사의 근무수칙 중에 여사무원은 반드시 스타킹을 착용해야 한다는 규정이 있었다. 당시 일본사회에 나일론 스타킹이 널리 보급되고 있었다. 이 사실을 가늠케 하는 에피소드가 있다. 제2차 세계대전 중 미국 연방정부가 여성노동력을 군수물자 생산 공장에 유입하기 위해 사용한 독전용 구호가 있다. 일본을 상대로 한 전쟁에서 이기면 미국 여성은 마음껏 나일론 스타킹을 신을 수 있다며 부추겼다는 것이다. 일본에서 직장 여성의 근무복으로 바지가 일반적으로 허용된 것은 1970년대 이후의 일이다. 습도 높은 한여름 무더위 속에도 하반신을 싸매는 스타킹을 강요하는 것이 얼마나 반인권적인가, 요즘에는 상상조차 못할 일이다. 창희는 무좀으로 고생하는 한 일본여성이 안쓰러웠다. 극심한 고통으로 괴로워하면서도 차마 내놓고 말 못하는 그녀를 대신하여 상사의 신뢰를 얻고 있던 창희가 건의한다. 그러나 창희의 건의는 여지없이 묵살된다. 여성의 단정한 몸가짐이 그처럼 강조되었다. 집단행동이 필요하다고 판단한 창희는 여직원들의 뜻을 모은다. 이렇듯 불합리하고도 비인간적인 수칙을 바꾸지 않으면 여직원 전체가 동맹파업을 불사하겠노라고 강한 메시지를 전한다. 당돌한 집단행동은 의외로 쉽게 성공한다. 단 하루 만에 회사는 주모자 창희의 건의를 수용한 것이다. 단체행동의 위력을 쓰루하시의 노동자들에게서 어렴풋이 알고 있던 창희였다.

시라노 드 벨주라크

젊은 미인의 삶은 고달프다. 뭇 사내의 관심이 빚어낸 근거 없는 추문도 일상적 삶의 일부다. 창희는 많은 구애자의 성화에 시달린다. 창희에게 연정을 품은 개성 출신의 한 청년은 용기를 내어 직접 사랑을 고백한다. 즉시 거절당하자 공고(工高)밖에 마치지 못한 자신의 학력이 결정적인 약점이었을 것이라 지레 짐작하고 자격지심에 야간대학에 입학하기도 한다. 창희의 존재는 오사카의 조선인 청년 사회에도 알려지기 시작한다. 오사카 중학에 재학 중이던 한 청년이 중간다리를 내세워 창희에게 연서를 보낸다. 수준 높은 고급 일본어다. 이옥의 강권에 못 이겨 그를 만나보았다. 그러나 정작 대면해보니 편지에서 받았던 감동은 전혀 일어나지 않았다. 그러나 상대는 집요했다. 문종후와 사귀고 있던 이옥이 일을 꾸민다. 꾸민 일은 뜻밖에 확대된다. 그들 사이에 '나카노시마(中の島) 사건'으로 명명한 운명적 사건이 벌어진다. 1939년 5월의 일요일이다. 일행은 오래전부터 이옥이 제안한 '하나미(花見)'에 나섰다. '꽃구경'은 일본인이라면 누구도 거를 수 없는 봄맞이 연례행사다. 나카노시마 장미동산은 오사카 사람들에게 인기 높은 관상지이다. 예의 여류 삼총사를 이끌고 문종후가 길잡이로 나섰다. 그런데 뜻밖에도 현장에서 문제의 편지 청년을 마주친 게 아닌가? 물론 이옥과 문종후의

각본에 따른 '우연을 가장한' 필연적 조우였다. 창희는 놀라고도 당황스러웠다. 청년의 자연스런 합류를 단호하게 거부하며 일행을 민망스럽게 만들면서까지 시종일관 경직된 얼굴로 한나절을 버티어낸다. 머쓱해진 편지 청년 곁에 또 다른 청년이 서 있었다. 다름 아닌 황용주였다. 사건의 전말인즉 심한 열병에 걸린 친구의 절절한 고백을 들으면서 "도대체 얼마나 도도한 여인인지, 네가 그럴 만한 가치가 있는 여자인지, 내 눈으로 직접 확인해보겠다"며 따라나선 것이었다. 이를테면 친구를 위해 방자 역을 자원한 것이다. 듣던 바대로 창희는 도도했다. 청년에 대해 노골적인 기피는 물론 최소한의 예의조차 갖추지 않았다. 그저 도도한 것이 아니었다. 불꽃이 튀는 매력이 넘쳤다. 용주는 마치 샤를로테의 현신을 보는 듯했다. 괴테의『젊은 베르테르의 슬픔』의 여주인공이 따로 없었다.[3]

이날 이후 당초의 구애자는 창희의 무대에서 사라진다. 그 자리를 용주가 대신하여 전면에 나섰다. 친구의 구애를 대신하는 전령이 아니라 자신이 직접 구애자가 된 것이다. 후일 알게 된 사실인즉 그 친구가 창희에게 보낸 '수준 높은' 일본어 편지들도 실은 용주의 작품이었다. 구체적으로 어떤 과정을 거쳐 친구를 물러 세우고 자신이 직접 나섰는지 구구한 억측이 있을 수 있다. 한 가지 분명한 것은 두 친구 사이에 애정의 라이벌 관계는 쉽게 정리가 되었다는 사실이다. 오사카 중학을 졸업하면서 친구는 관서대(關西大)에 입학원서를 낸다. 그런데 정작 시험장에 앉은 사람은 친구가 아니라 용주였다. 얼핏 보아 둘의 외향이 유사하다는 사실이 이들의 공모를 성사시켰다. 용주의 실력으로 그는 무사히 합격한다. 대리편지를 쓰다 못해 그걸로 부족해서 대리시험까지 치느냐, 위험하기 짝이 없는 부정행위를 태연하게 치러낸 용주에게 그건 우정이 아니라며 창희가 분개하자 용주는 싱긋 웃으면서 답한다. "그

---

3) 샤를로테는 용주와 비슷한 연배로 학생시절 문학청년이었던 신격호(1922-)가 창업한 기업명 롯데의 원조라는 이야기가 널리 퍼져 있었다. 서진모,『청년 신격호』, 2010

대를 얻기 위해 치르는 노역 중의 하나였어." 후일 용주는 「시라노 드 벨주라크(Cyrano de Belgerac)」의 줄거리를 가족과 나누면서 그때를 회고하곤 했다. "아름다운 이야기야!"

체포와 운명적 사랑

그러나 오사카의 삶은 창희가 감당하기 힘들었다. 회사는 날로 잔업이 많아지고 장래 전망도 어두웠다. 객지에 나와 있는 처녀의 몸으로 집을 위해 할 수 있는 것이 아무것도 없었다. '형편이 되면' 학업의 기회도 찾겠다던 당초의 희망이 얼마나 허황했던가 하는 자괴심마저 들었다. 사랑을 호소하며 경쟁적으로 접근해오는 사내들의 무분별한 공세가 성가셨다. 부모님이 알면 큰일 날 일이다. 고민하다 못해 집으로 귀국의 뜻을 전한다. 아버지는 딸의 뜻대로 하라고 답한다. 불과 일 년 남짓한 오사카 생활이다. 말리는 상사의 호의도 뿌리치고 사표를 제출한다. 얼마 안 되는 짐을 여수로 부치고 시모노세키 행 열차를 타기 위해 오사카의 본역, 우메다(梅田)로 향해 나선다. 김상죽이 전송에 나선다. 본역에 가기 위해서는 환승역을 거쳐야만 한다. 계단에서 김상죽이 갑자기 "고(黃) 상!" 하고 소리친다. 용주다. "귀국은 안 돼요. 당신을 말리라는 신의 계시가 있었소. 이 시간에 날더러 이곳에 가라는 신의 계시가 있었단 말이오." 물론 이옥과 김상죽이 신의 전령이었다. 너무나 절박한 용주의 외침에 창희는 당황한다. 그러면서도 내심 피식 웃음이 났다. 후일 용주 가족은 이 역사적인 무용담을 두고두고 가족화합용 방담의 소재로 삼았다. 행여나 놓칠세라 허겁지겁 역사 계단을 오르던 용주의 눈에 맨 먼저 들어온 것은 스타킹으로 예쁘게 포장한 창희의 매끈한 두 다리였다. 창희의 여동생, 환희는 형부의 심장과 영혼을 함께 체포한 '백만 불짜리 다리'라며 언니의 각선미를 부러워했다.

용주는 대뜸 창희의 손을 잡고 짐을 뺏는다. 기차표도 빼앗아 자신의 손에 쥐고 두 처녀를 인근 찻집으로 끌고 간다. 고국에 돌아가지 말고 남아서 장래를 모색하라는 인생 충고와 함께, 자신이 지켜주겠노라고 맹세한다. 창희의 대답은 지극히 상식적인 수준이었다. "나는 아직 어리다. 연애할 여유가 없다. 부모님의 동의 없이는 교제도 할 수 없다"라는 전형적인 모범 답만 되풀이하는 창희에게 용주는 강력하게 '자유의사', '성인', '자신이 삶의 주인공', '기회'를 역설한다. 자신이 창희를 붙드는 다른 목적도 있다고 했다. 그게 뭐냐고 창희가 되물었다. "몰라도 돼요. 기쿠치 간(菊池寬)의 소설도 읽지 않았소?" 정식 청혼은 아니었다. 그러나 창희는 그 말이 간접적인 청혼임을 알아차리지 못할 정도로 아둔한 처녀는 아니었다.

창희의 마음은 이미 기울어져 있었다. '나카노시마' 사건 이래 용주는 창희에 대한 연모의 정을 키워왔다. 그야말로 그것은 '첫눈에 사랑'이었다. 여유 있는 태도, 믿음직한 생각, 인간적인 신뢰.……이만하면 일생을 기댈 수 있는 사람인 것 같다. 막상 귀국길에 나서려고 했지만 정작 그것은 막막한 불안과 외로움의 소치였을 뿐이었다. 좌절의 아픔을 안은 채 떠나온 그곳으로 되돌아가는 것이었다. 그런데 이제 용주를 만나고 나서 새로운 삶의 의미가 샘솟을 것만 같았다. 구애에 성공한 청년 용주는 "그녀가 사슴처럼 내게로 왔다"는 시구절로 그때의 감격을 기록했다. 창희의 귀국을 막는 데 성공한 용주는 일단 자신의 아파트로 데리고 간다. 마침 함께 기거하던 두 사람의 후배가 일시 고향에 다니러 간 사이였다. 그들의 방에 창희를 들인 것이다. 창희의 의동생 김상죽도 함께 기거한다. 두 달이면 청춘은 하나의 새 우주를 만든다. 함께 나갈 방향을 잡은 두 사람은 열렬하게, 그러나 품위 있게 예비부부의 수업에 들어간다. 이미 학교를 졸업한 시점이라 용주에게 시간적, 정서적 여유가 있었다. 실로 꿈같은 밀월의 날들이 이어진다.

그러나 이즈음 뜻밖의 일이 벌어진다. 1939년 11월 어느 날의 일이다. 그 날도 하루 종일 시내에서 데이트를 하고 어둑어둑해서 집으로 돌아온 직후였다. 인근에 잠복하던 사복형사 둘이 갑자기 밀어닥친다. 두 형사는 서로 눈짓을 주고받으면서 즉시 용주와 창희의 방을 샅샅이 수색한다. 책 몇 권과 용주의 노트 일기장을 압수한다. 일견 보아 그다지 문제가 있어 보이지 않았지만 경찰서에 동행을 요구한다. 정밀조사가 필요하다는 것이었다. 간이 콩알만 해진 창희 앞에 용주는 너무나 태연하게 행동한다. 즉시 동행할 것을 요구하는 형사에게 용주는 "맛데(기다려)!", 마치 어린아이를 꾸짖듯이 내뱉는다. 그리고선 창희를 불러 인근 중국집에 요리를 주문하라고 시킨다. 머뭇거리는 창희에게 사람 수를 감안하여 충분한 양을 시키라고 덧붙인다.

"고노 야로, 쯔붓도이 야츠!(이 거만한 자식!), 이 자식 웃기는 놈이 아닌가?"라는 형사에게 황은 "전쟁도 먹어야 치를 게 아니요?"라며 너스레를 떤다. 음식이 배달되자 태연하게, 느리게, 그리고 맛있게 먹어치운다. 형사들에게도 음식을 권한다. 이 절체절명의 순간에 용주가 보인 의연한 태도에서 창희는 자신의 운명은 이미 용주의 일부가 되어 있음을 깨달았다.

1939년, 오사카는 오래전부터 정평 있는 불령선인(不逞鮮人)의 도시였다. 20년 전, 1919년 3월의 만세사건에서도 오사카 경찰은 20만이 넘은 조선인의 숫자가, 그리고 그들의 핍진한 삶이 불온의 온상이었다고 진단한 바 있었다.

1936년에 발행된 한 일본어 신문에 실린 기사에서 당시의 오사카의 상황을 짐작할 수 있다. "오사카 부내(府內)의 조선영화 상영 금지문제"라는 제목의 기사다. "오사카 시 신세카이(新世界) 파크 극장에서 7월 15일부터 상영 중인 조선영화, 경성촬영소 제작의 조선어 토키 '홍길동전'에 대해 갑자기 오사카 특고(特高)가 내선계로부터 반도인의 동화운동을 저해할 우려가 있다고 하여 오사카 부내(府內)의 공개를 금지하는 내용의 통달이 내려왔다. 시내만 해도 조선인 거주자가 20만이 넘은 오사카에서 이런 조선영화의 상영금지는 중대한 일인데 산에이샤(三映社) 도쿄 대표 오오쓰 준기치(大津淳吉) 씨는 같은 회사 이사 이와후지 신사부로(岩藤新三郞) 씨와 함께 내무성 검열실을 방문하여 다지마(田島) 이사관과 간담, 진정했다. 내무성이 허가한 것을 지방당국에서 금지한 것은 오히려 이상한 일이어서 진상조사에 착수하기로 했다.”4)

포식한 후에 용주는 화장실에서 담배를 피우면서 시간을 끈다. 자신은 기꺼이 동행할 터이니 여자는 데려갈 필요가 없지 않으냐며 형사와 흥정한다. 그러나 형사는 두 사람 모두 혐의자이기 때문에 빼줄 수 없다고 했다. 마침내 옷을 챙겨 입은 용주와 창희는 형사를 따라 구니시마(國島) 경찰서에 연행된다. 창희는 황급히 펜을 들어 마침 외출 중이던 김상죽에게 쪽지를 남긴다. 경찰서에 연행된 둘은 특고과 소속, 마에다(前田) 형사에게 넘겨진다. 둘은 따로 따로 조사받은 후에 유치장에 각각 수감된다. 유치장의 경험은 세상살이의 안목을 키워준다. 갇힌 안의 세계와 열린 바깥 세계의 단절이 주는 소외감을 다스리기 쉽지 않다. 일생 동안 여러 차례 유치장과 구치소 신세를 졌지만 용주는 이때의 경험은 가장 ‘낭만적’이었다고 술회한다. 창희 역시 용주의 처가 되어 여러 차례 옥바라지를 했지만 이때가 가장 행복했노라고 회고한다. 강압적인 분위기 속에서도 사랑하는 사람과 함께 갇혀 있다는 사실을 생각하면 특별한 행복감이 들기도 했다.

며칠 후, 유치장 속으로 노래 소리가 스며들었다. 분명히 후배들의 목소리였다. “나의 살던 고향은 꽃피는 산골.” “울 밑에 선 봉선화야, 네 모양이 처량하다.” 당시 조선 유학생들의 애창곡들이다. 봉선화는 조선인의 비가다. 유학생들은 술을 마시면 으레 이 노래를 불렀다. 가사로 보아 여인의 노래다. 가련한 여인의 한탄이다. 내 나라를 이웃의 변태 성욕자에게 능욕당한 가련한 여인이다. 가녀린 목에서 목청을 가다듬어

---

4) 『東京映畫新聞(도쿄 영화신문)』(178호), 1936. 7. 20; 한국 영상자료원 영화사연구소 엮음, 『일본어 잡지로 본 조선영화 1』, 2010, 116쪽에서 재인용

야만 품격이 사는 노래다. 술 취한 사내들이 악쓰고 부를 노래가 아니다.
"같은 울 밑에 선 봉선화라도 내 봉선화는 뜰 안쪽의 봉선화가 아니라
뜰 바깥쪽에 있는 봉선화다."

이병주는 소설 속에서 이 슬픈 노래를 사내의 첫정을 일본의 시궁창,
싸구려 유곽에 내던진 청년의 자학의 상징으로 그렸다. "정서라고는 털
끝만큼도 없는 말초신경의 곤충의 그것과 같은 경련", "사발치기로 일본
술을 마시자 취기가 한꺼번에 돌아버렸다. 비틀거리며 돌아오는 길에
봉선화를 불렀다.……그는 몇 백 번을 불렀어도 곡조를 맞추지 못한다."
"오선지에 채보할 방법이 없는 설움과 우울한 마음이 엮어내는, 누구도
모방할 수 없는 독특한 노래. 6척 위장부(偉丈夫), 동정(童貞)이란 이름
으로 억눌린 25세의 청춘이 추방되고 소외된 신세 속에서 부르는 노래
인 것이다."5)

일단 체포하면 그냥 내보내지 않는 것이 특고의 생리다. 용주에게
구체적인 혐의가 있었던 것은 아니다. 예비검속의 차원이었을 것이다.
오사카에서 용주가 특히 눈에 띄는 거동은 없었지만 적어도 특고의 육
감으로는 불온서적을 돌려가며 읽기라도 했을 것이다. 다행스럽게도 용
주는 호기심마저 철저하게 관리하여 일기장에도 의심받을 만한 단초를
전혀 남기지 않았지만, 잠언으로 인용해두고 있던 셰익스피어 구절까지
도 꼬치꼬치 따지고 들었다. 엄격한 심문 일변도만은 아니었다. 형사는
가끔 담배와 과자를 주면서 일본과 조선의 장래에 대해 의견을 나누어
보자며 유인했다. 문학에 심취한 청년인데 누구의 작품을 좋아하는가
묻기도 했다. 작품 내용에 대해서도 물었다. 어떻게 일본어를 그렇게
잘하느냐, 칭찬도 했다. 슬쩍 지나가는 말로 도쿄 시나가와 역에 가본
적이 있느냐고 물었다. 나가노 시게루(中野重治)를 아느냐고 물었다.
그러면서 「비 나리는 시나가와역(雨の降る品川驛)」은 좋은 시라고 했
다. "오오, 조선의 산아이요 계집아인 그대들/머리끗 뼈끗까지 꿋꿋한

---

5) 이병주, 『관부연락선』, 228쪽

동무/일본 프로레타리아트의 압짤이요 뒷꾼/가거든 그 딱딱하고 둣터운 번질번질한 얼음장을 투털어 깻쳐라/오래동안 갓치였던 물로 분방한 홍수를 지여라/그리고 또다시 해협을 건너뛰어 닥쳐오너라."[6] 이 시는 조선인 마르크스주의자의 투쟁을 찬양하는 시다. 이북만, 김남천, 임화 등의 이름도 알고 있었다. 카프 도쿄지부에서 발행되는 『무산자』도 접한 적이 있었다. 순간 섬뜩했다. 용주는 그런 이름도 처음 들을뿐더러 시도 모른다고 했다.

대구사범에서 퇴학당한 사실이 아직 마에다의 정보망에 걸려들어 있는 것 같지 않았다. 그러나 조만간 알게 될 일이다. 용주는 순순하게 과거를 털어놓았다. 철없던 시절에 멋모르고 사회주의 서적을 읽었으나 한 번도 사회주의에 빠져들지 않았노라고 했다. 오사카에서는 어떤 시국 집회나 시위, 또는 모의에 참여한 일이 없다고 다짐했다. 아버지가 은퇴를 앞둔 총독부 공무원이라는 사실도 밝혔다. 그러면서 자신이 경찰에 불려온 사실을 아버지에게만은 알리지 말아달라고 부탁했다. 마에다는 대구에 조회공문을 보낸다.

여자 유치장은 비교적 한산했다. 경찰은 창희를 잡범과는 분리하여 독방에 수감한다. 감금된 20일 동안 일곱 차례나 취조실에 불려나갔다. 마에다가 위협을 한다. 순순히 불지 않으면 고문도 마다 않겠다며 다그쳤다. '없는 것, 모르는 것을 어떻게 대란 말이냐. 일본과 같은 선진국이 어찌 죄도 없는 여자를 고문한단 말이냐.' 두 눈을 부릅뜨며 자신을 노려보는 어린 여자의 강단에 눌려서인지 형사는 의외로 선선히 물러선다.

둘 사이의 대질신문은 없었다. 아마도 용주는 훨씬 더 시달렸을 것이다. "극심한 고문은 받지 않았다." "견딜 만했소. 당신을 얻는 과정이었으니 기꺼이." 석방된 후에 용주는 이렇게 대범하게 말했지만 가혹행위가 없었을 리 없다. 갇혀 있으면서도 서로가 궁금해서 죽을 지경이었다. 딱 한 번 곁을 스쳐 지나가며 용주가 "미안하지만 버텨다오"라고

---

6) 김윤식, 『청춘의 감각, 조국의 사랑』, 168쪽

넌지시 조선말로 건넸다. 창희의 눈에서 순간적으로 눈물이 왈칵 쏟아졌다.

용주와의 관계를 추궁받자 창희는 당당하게 '약혼자'라고 선언한다. 정식으로 약혼한 관계냐고 따져 묻자 사랑하는 것도 죄느냐며 대들었다. 사랑은 투사를 만든다. 상죽의 연락을 받은 김치은이 창희의 신원보증인 자격으로 나타났다. 그는 동향의 친척으로 오사카의 어느 구청(區役所)에 근무하고 있었다. 20일이 지났다. 접견실에 김치은과 함께 아버지가 나타났다. 김치은의 전갈을 받고 허겁지겁 연락선을 타고 온 것이다. 자신의 석방 사실을 통보하는 아버지에게 창희는 묻는다. "황은요?" 아버지는 "너 혼자만"이라고 답한다. 창희는 혼자서는 나갈 수 없노라고 버틴다. 당돌한 딸은 아버지에게 그 사람은 연인을 넘어 동지임을 선언한다. "아버지도 결사운동 하셨잖아요?" 행여 아버지가 둘 사이를 갈라놓으려 할지 모른다는 위구심이 들었다. 용주의 석방도 성의껏 주선하겠다는 아버지의 약조를 받아낸다. 그 말도 미심쩍어 김상죽에게 김치은이 용주의 석방을 챙기는지 일거수 일투족을 살피라고 부탁한 후 비로소 아버지를 따라나선다.

일각이 여삼추다. 열흘이 지났을까. 용주도 석방이 되었다는 소식이 여수로 날아들었다. 편지에 시가 적혀 있다.

아네모네 꽃피면 즐거움에 넘치고
백가지 물고기 떼 그물을 찢고
아 나는 남국의 감옥에서
수려한 처녀의 환상과 동침한다

창희는 평생 이 구절을 외우고 살았다. 구십 노파의 입에서도 그 시절 그 감동, 그 사랑의 언어가 옥구슬처럼 구른다. 감옥은 사랑의 연병장이

다. 『관부연락선』의 서경애는 유태림이 별 뜻 없이 빌려준 러시아 서적
이 문제가 되어 경찰에 체포된다. 사건이 확대되자 흠모하는 그를 보호
하기 위해 일경의 모진 고문을 받으면서도 끝내 그의 이름을 털어놓지
않는다. 감옥에서 만난 사회주의자 일본 여인은 이렇게 경애를 격려한
다. "여자는 사랑으로 고문을 이겨내는 것이다." 유태림은 기껏해야 회
색분자 지식인으로 생을 마감하지만 서경애는 강철과도 같은 정신단련
을 통해 진짜 사회주의자가 된다. 그러나 창희에게는 용주가 곧바로 이
데올로기였다. 열여덟에 물든 붉은 마음은 평생토록 벗어나지도 고치지
도 못한 고질이 되었다. 반세기도 넘는 세월을 함께 보냈던 교주가 떠난
후에도 신도의 애절한 단심(丹心)은 미동조차 하지 않는다.

연애결혼

평생 한 여자와 사는 것은 특별한 행복이다. 오래된 부부나 연인 사이
에는 둘 사이에만 주고받는 은밀한 몸과 마음의 코드가 있기 마련이다.
어떤 위기가 닥쳐도 이 코드만 단단히 거머쥐고 있으면 파탄은 면할
수가 있다. 옛 조선의 풍습에서도 아내의 지위는 일정한 보호막이 있었
다. 여필종부는 관습적으로 공인된 법도였지만 그 법도를 정면으로 거
스르지 않으면서도 남녀평등을 구현하는 실천적 지혜도 널리 통용되고
있다. 혼인은 인륜지대사다. 개인의 만남이기 이전에 가문의 결합이다.
사내와 계집이 스스로 지아비 지어미가 되는 것은 가문의 뿌리가 없는
뜨내기에게나 있을 법한 일이다.

그러나 시대가 바뀌고 있다. 설령 그게 옳은 법도라손 치더라도 이미
세상은 전래의 법도를 애써 지키는 번거로움과 여유를 잃어가고 있다.
시대의 변화와 함께 전쟁 중의 경황없음이 용주에게 큰 축복이 되었다.
용주가 누린 시대의 축복 중 가장 큰 축복은 자신의 손으로 배필을 선택
했다는 것이다. 당시로는 드문 연애결혼이었다. 아버지가 개화된 사람
이었기에 가능한 일이기도 했다. 게다가 장남도 아닌 둘째 아들이다.

창희의 집안 또한 개화의 조류에 눈과 귀를 열고 있었다. 연애결혼은 당시로서는 매우 드문 일이었지만 굳이 배척할 일도 아니었다. 제대로 된 상대를 골라온다면야. 또한 일본에서 벌어진 일이라는 것도 부모에게는 양해의 사유가 될 수 있었다.

아내와 연인이 한 몸인 여인, 그런 여인과 평생을 교류하면서 해로하는 즐거움은 많은 사내들의 꿈이다. 남녀가 개화된 근대어로 문물과 사상을 공유하는 것은 특전 중의 특전에 속했다. 당시에 서신으로 사랑과 사상을 주고받을 수 있는 부부는 거의 없었다. 많은 지식인들의 '불행한' 가정생활은 너무나 많은 문헌을 통해 잘 알려져 있다. 자유의사가 아니라 가문의 결정에 따라 맺어진 혼인, 배운 사내와 배우지 못한 착한 아내 사이의 균형은 몇 백 년 동안 유지되고 있었다. 남녀가 유별하니 지식과 일이 다를 뿐이다. 그러나 일본이라는 이름의 근대가 등장하면서 삶의 패턴에 커다란 변화가 일어났다. 안호상과 모윤숙 사이의 변질된 신식결혼은 한 시대의 모순이자 비극의 전형이다. 경남 의령 출신의 안호상은 스무 살을 채 넘기기도 전에 인근 고을 밀양의 양반집 처녀에게 장가든다. 그리고 딸이 채 걸음마도 하기 전에 독일 유학의 길을 떠난다. 집안 아저씨인 백산(白山) 안희재(1885-1943)의 영향이다. 독일 예나대학의 철학박사가 되어 돌아온 그는 춘원 이광수에게 독일어를 가르치다가 그가 건네준 모윤숙의 첫 한글시집 『빛나는 지역』(1933)을 읽고 감동한다. "일만 화살이 공중에 뛰놀듯이/우리의 심장엔 먼 앞날이 춤추고 있다/은풍의 감겨진 아름다운 복지에/우리의 긴 생명은 영원히 뻗어가리." 안호상은 매달린다. 그의 의식 속에 자리한 시골의 아내는 생명도 감정도 없는 하나의 가구에 불과하다. 춘원 또한 본처를 버리고 신여성 의사 허영숙을 아내로 맞은 터이다. 1934년 7월, 안호상과 모윤숙 두 사람의 결혼식에는 중매인 격인 춘원과 신부 모윤숙의 부모는 참석하지 않는다.[7] 안호상과 결혼생활 중에도 모윤숙이 산문시 「렌의

---

7) 안호상, 『한뫼 안호상 20세기 회고록 : 하나를 위하여 하나되기 위하여』, 153-154쪽

애가」(1937)를 발표하자, 독자들은 작중의 '시몬'이라는 인물은 작가가 실제로 사랑한 남성, 춘원 이광수를 지칭한다고 받아들였다.

　도쿄, 연락선, 현해탄, 이 모든 것이 조선 여인의 가슴을 난자한 원수였다. 개화 이래 얼마나 많은 착하고 선량한 여인들의 한숨과 눈물이 조선강토에 뿌려졌는가? "일본 동경 얼마나 좋기에 꽃 같은 나를 두고 연락선 타느냐." 당시에 널리 유행하던 조선 여인의 탄가다. 일본 유학을 떠나보내는 아내의 마음을 절절하게 대변한다. 일 년에 두 차례 생이별이다. 때때로 졸업 전에 돌아오지 못하는 이별이다. 단순한 시한부 이별이 아니다. 때때로 돌이킬 수 없는 의식의 바다 너머로 내보내는 영원한 별리의 단초가 되기도 한다. 서구문명과 유행의 교두보인 도쿄에서 새로운 시대 조류를 호흡하는 유학생 서방님에게는 고향의 아내가 무식하고 촌스럽기 짝이 없다. 쉽게 이혼하거나 첩을 둔다. 그래서 "동경은 첩이다"라는 말이 나돌았다.……그런가 하면 요릿집과 기방은 사내들의 풍류의 장이기도 했다. 또한 군중이 모여도 의심받지 않는다. 이런 이점 때문에 기생집은 흔히 독립운동의 아지트로 활용되었다. 3.1운동, 대동단 사건 등 기방의 지지를 받지 않은 독립운동은 거의 없었다는 말이 있다.8)

　개화된 세상에 혼을 앗긴 조선반도 젊은이, 안호상의 정직한 고백이 예사롭지 않다. 대부분의 도쿄 유학생보다 일찍, 그것도 도쿄보다 문물이 앞선 유럽을 유학한 그다. "당시 외국에서 오래 살다 돌아온 사람은 아무래도 젊어서는 문명의 편리함에 약한 것이다.……나도 예외는 아니어서 한국의 모든 것이 불만스러워 보였다. 한국인의 얼굴도 마음에 들지 않았다. 고향에서 본 어머니의 얼굴에서도 아내의 얼굴에서도 같은 느낌을 받았다. 독일에서 보고 싶어 했던 딸도 기대했던 만큼 예쁘게 보이지 않았다. 이런 이질적인 느낌이 처음부터 어머니와 아내, 그리고

---

8) 권보드래, 『연애의 시대』, 현실문화연구, 2003, 118쪽

딸에게 서먹한 기분이 들게 했는데 그런 기분은 상당히 오래갔다. 쭈뼛
쭈뼛 하며 '아부지……'를 어색하게 부르고 수줍게 다가오는 딸을 안아
올리긴 했으나 그 '아부지'를 실감하기까지에도 시간이 걸렸다."9)

아버지가 낯설어 쭈뼛쭈뼛 하던 그 딸은 후일 어머니와 자신, 2대에
걸친 여인의 한중록(恨中錄)을 썼다. 아버지의 외국 유학과 유랑, 어머
니의 유기와 신여성과의 동거. 그 무슨 이유로든 집을 비울지라도 이
세상 어디엔가 살아 있다는 이유만으로도 가족의 의식을 지배하는 것이
아버지다.

> "개화의 드높은 파고도 법도의 성 허물 수 없어
> 봉건의 굴레 속에 상처 입은 한 마리 양
> 오늘사 품에 안긴 어머니의 하늘 자리……
> 애타는 예순여섯 해의 예비 신부 마감하고
> 무지개 다리 위에 천하인 양 꽃구름도 띄워
> 두 분 손 가없이 맞잡고 수중궁궐 이루소서."10)

보리스 파스테르나크의 『닥터 지바고』의 주인공은 감성이 발달한 만
큼 우유부단한 인간이다. 시인인 그는 애인의 품속에서는 가정과 아내
가 그립고, 아내의 울에서는 애인을 그리워한다. 『관부연락선』의 유태
림도 같은 부류다. 어쩌면 모든 사내의 전형이었는지 모른다. 서경애가
자신 때문에 감옥생활을 한 줄을 뒤늦게 알고선 유태림은 죄책감에 번
민하나 그렇다고 해서 아내를 버릴 수도 없다. 아내도 애인도 택할 수
없는 현실에서 그는 도피의 수단으로 학도병에 나선다.

"아내와 이혼할 궁리를 해보았다. 그러나 그것은 불가능한 일이었

---

9) 안호상, 『한뫼 안호상 20세기 회고록 : 하나를 위하여 하나되기 위하여』, 142쪽
10) 안을현, 시집 『라일락은 눈꽃처럼 : 그리움의 일생, 어머니의 시학』, 토방, 2004. "어머
  님 시집오는 날 : 현충원에 합장하고 나서"

다.……우리나라의 결혼은 개인과 개인의 결합이 아니고 가족과 가족의 결합이다. 수천 년을 헤아려 족보라는 것을 간직하고 있는 집안이란 하나의 거대한 유기체다. 이 유기체에 속한 개인이란 존재는 집안이라는 것에서 떠나면 일개의 동물로 화하고 만다.……학도병 문제가 나타났다.……무위안좌(無爲安坐)하고 기다리느니보다 내 스스로를 사지에 몰아넣어 거기서 운명과 결판 지을 생각을 했다.……해방이 되었다. 고향에 돌아와서 집에 들어서자 중문에 서서 내 가방을 받으며 울음을 터뜨린 여자가 있었다. 그것이 내 아내였다. 나를 남편이라고 해서 수년을 기다린 아내 생각이 일자, 그 순간에 나의 결심은 무너졌다."11)

제국의 수도, 도쿄

귀국한 창희는 집안일을 돕는다. 일주일이 멀다 하고 용주에게서 날아오는 편지가 삶의 원천이다. 대학에 들면 정식으로 부모님을 뵙고 청혼하겠노라고 약속한다. 기다리는 동안 창희는 선박회사에 취직한다. 사장은 똑똑한 그녀를 양녀로 삼고자 제의한다. 그러나 창희는 이미 약혼자가 있는 몸이다. 새로운 인간관계를 맺을 여력이 없다. 용주도 마찬가지다. 이미 '마음의 아내(心の妻)'가 생긴 것이다. 창희는 용주의 원격조정에 따라 지성의 수련 작업에 들어간다. 문학작품이 주된 교재다. 용주에게서 받은 가이드라인에 따라 일본문학의 수업에 들어간다. 나쓰메 소세키, 아쿠타가와 류노스케, 다니자키 준이치로(谷崎潤一郎, 1886-1965), 기쿠치 간, 가와바타 야스나리(川端康成, 1899-1972)…….

용주는 창희가 떠난 오사카에 더 이상 머무를 이유가 없었다. 이 도시에서 얻을 수 있는 것은 이미 다 얻은 셈이다. 이젠 잃을 것만 남아 있다. 한 달에 걸친 경찰서 유치장 생활은 오사카를 떠날 심리적 명분을 강화시켜주었다. 용주는 미련 없이 도쿄로 삶의 터전을 옮긴다. 수도의 문물의 위용은 질적으로 다르다. 도쿄는 이미 세계를 넘보는 대일본제

11) 이병주, 『관부연락선』, 272-273쪽

국의 수도이자 서양의 지성과 사상, 예술과 과학의 집산지다. 홀로 보낸 1년간의 도쿄생활은 자유와 방종, 절제와 수련, 낭만과 일탈, 긴장과 이완의 연속이다. 1940년 1월 28일자 용주의 일기장은 이렇게 적고 있다. 메모 형식이다. "영화 「잠수함(Submarine)」을 관람하다." 용주가 관람한 이 영화는 두말할 필요도 없이 국민계몽, 독전(督戰)용으로 제작한 것이다. 1905년, 쓰시마 해협에서 러시아 함대를 격파하여 러일전쟁의 승리를 확정한 일본해군의 신화는 해를 거듭할수록 극대화되어 일본 국민의 뇌리 속에 뿌리박는다. 1941년 12월 7일, 하와이 진주만 공격으로 연합함대 사령관 야마모토 이소로쿠(山本五十六) 제독은 국민영웅으로 떠오른다. 그는 1943년 4월 태평양전선에서 죽어 일본국민의 전신(戰神)으로 현창된다. 그 야마모토가 세계 해전사에서 영국의 넬슨과 조선의 이순신에 비견할 만한 명장이라고 자신을 칭찬하자 그는 이렇게 답했다고 한다. "넬슨에 견주는 것은 받아들일 수 있지만 이순신에 비견하는 것은 언어도단이라, 이순신은 감히 나 따위가 넘볼 수 없는 불세출의 명장이다." 출처가 불명한 이 말을 여해(汝諧) 이순신을 미화하기 위해 조선인이 만들어낸 것이라는 일본인의 주장도 있다.

용주의 메모는 계속된다. "조선 문학의 제반 문제, 동양정신과 서양정신, 문학의 사상적 근거는 우주와 시대성을 어떻게 받아들일 것인가? 도대체 시대성이란 무엇인가?"12) 전쟁과 인간, 문학과 사회, 동양과 서양, 조선과 일본, 내가 서 있는 이 자리, 이들 화두들이야말로 용주의 대학생활을 지배하던 관념들이었다.

문학청년의 예비수련

"20대에 공산주의자 아닌 사람도 없고 40대에 민족주의자 아닌 사람도 없다. 1930년대 초에 유행하던 말이다."13) 일본 지식인 사회에서도

---

12) 1940년, 1941년 일기 군데군데.
13) 안호상, 『한뫼 안호상 20세기 회고록 : 하나를 위하여 하나되기 위하여』, 139쪽

한창 성행하던 사회주의 이론이 1930년대 중반 이후에 급격하게 쇠퇴하는 풍조였다. 일본의 NAPF나 조선의 KAPF에 소속되어 있던 작가들도 차례차례 전향을 선언한다. KAPF의 강제해산과 치안유지법에 의한 작가들의 대량 구속(1930년 '종로 사건', 1933년 '전주 사건') 등으로 이어지는 일련의 탄압적 상황 속에서 많은 문인들이 프로문학을 포기한다는 각서를 쓰고 전향한다.

용주는 '전향소설들'을 챙겨 읽었다. 작가 자신을 모델로 하여 감옥생활이나 전향의 동기와 배경을 다룬 작품들과 전향 후의 생활과 새로운 사상을 모색하는 모습을 그린 소설의 두 부류로 나뉜다. 박영희의 「독방」과 백철의 「전망」이 전자의 예이고, 한설야의 「설」, 최명익의 「심문」이 후자에 속한다. 김남천의 「경영」과 「맥」도 읽었다. 그러나 뭔가 성에 차지 않았다. 프롤레타리아 문학은 진지한 사색의 결과이기보다는 피상적이고도 즉흥적으로 시류에 편승한 결과로 생각되었다. 스무 살 용주의 눈에도 이데올로기에 함몰된 프롤레타리아 문학은 무엇보다도 인간의 심오한 감성을 그려내지 못하는 치명적인 약점이 보였다.

반면 교양으로서의 일본문학은 언제나 즐겁고 유익하다. 나쓰메 소세키는 이미 전설이 되어 있었다. 아쿠타가와 류노스케도 고전을 넘어 전설에 접근하고 있었다. 열일곱 살이 되던 1935년 1월 1일 새해의 다짐에 이미 용주는 셰익스피어와 함께 아쿠타가와의 잠언을 정성스럽게 베껴두고 있었다. 후일 노벨문학상(1968)을 수상한 가와바타 야스나리는 오사카 태생이다. 이미 그는 갖가지 전위문학적 실험을 거듭한 끝에 전통적인 일본의 아름다움 속에서 독자적인 문학의 세계를 창조해 근대 일본문학사상 부동의 지위를 구축하고 있었다. 『이즈의 무희(伊豆の舞姫)』(1926)는 사춘기의 청순한 연정을 서정적으로 그린 초기의 대표작이다. 그 후, 『수정환상(水晶幻想)』(1931), 『서정가(抒情歌)』(1932), 인생을 비정(非情)의 눈으로 응시한 『금수(禽獸)』(1933) 등 문제작을 발표했다. 모든 작품을 내처 읽었다. 『설국(雪國)』을 통해 비현실의 세계

에서만 존재할 수 있는 순일(純一)한 미(美)의 맛을 보았다. 다니자키 준이치로의『탄생(誕生)』, 『상(象)』, 『슌킨 이야기(春琴抄)』도 흥미로웠다. 1933년에 출간된 구라타 햐쿠조(倉田百三, 1891~1945)의 에세이집 『사랑과 인식과의 출발(愛と認識との出發)』은 당대 청년의 상식이었다.14) 1년 동안 실로 무수히 많은 작품들을 읽어냈다. 김사량, 장혁주, 김소운, 이효석, 이광수, 유진오 등 일본어로 쓴 조선작가의 작품도 구해서 모조리 읽었다. 어느 틈엔가 이젠 자신도 일본어로 창작을 해볼 엄두를 낼 수 있을 것 같았다.

와세다 학생의 신혼생활

용주는 1941년 정월, 와세다 대학(早稻田大學) 제2학원(문과)의 입학 시험을 치른다(제1학원은 이과). 2년 예과 수료 후에 본과에 진학하는 4년 제 코스다. 물론 불문과였다. 무난하게 합격이다. 와세다의 입학이 결정된 1941년 초겨울(2월) 용주는 귀국한다. 그리고 3월에 결혼한다. 용주가 만 스물세 살, 창희는 열아홉이다. 실로 절정의 청춘이다. 밀양 용주의 집은 '여수 애기' 창희를 활짝 맞아들인다. 창희의 기준으로 볼 때 시집 살림은 궁핍했다. 총독부에 근무하던 부친 대화 씨는 연전에 퇴직하여 내이동 집에서 그다지 여유 없는 날들을 보내고 있었다. 농사철에는 더욱 곤궁했다. 이미 향리에 있던 농토는 읍내로 본거지를 옮기면서 처분한 지 오래였다. 시숙은 시모노세키 상업학교를 졸업하고 읍사무소의 직원으로 근무하고 있었다. 용주가 먼저 도일하고 얼마간의 의무적인 시집살이 끝에 동행이 허락되었다. 마침내 정식으로 두 사람의 신접살림이 시작된다. 기다구(北區) 오지초(王子町) 상계인 아파트 83호다. 여수와 밀양에 동행하던 김상죽도 도쿄까지 따라왔다. 상죽은 백부가 관리하던 재산의 일부를 받아 신혼부부의 옆방에 기거하게 된 것이다.

와세다 대학의 상징건물은 시계탑이다. 대학의 캠퍼스는 시가지 한

14) 이 책은 해방 후 1970년대까지 우리나라에서도 널리 읽히던 청춘 에세이다.

140

복판에 띄엄띄엄 건물이 자리잡고 정문이 없는 것이 특징이다. 1882년 설립 이래 교지(校旨)를 '학문의 독립(学問の独立)'으로 삼고 있다. 이 대학은 일본 자유주의 정신의 함양에 기여한 것을 큰 자부심으로 여긴 다. 정치와 경제 영역에서 일본사회에 와세다가 미친 영향은 지대하다. 교정에는 대학을 설립한 전직 수상 오쿠마 시게노부(大隈重信)의 동상 이 서 있다. 2차 대전 후에도 7인의 수상을 배출했다. 문학부는 1902년 정식 대학으로 승격되기 이전인 1890년에 창설되었다. 신주쿠의 메인 캠퍼스는 2차 대전 중 미군의 공습으로 인해 주요 건물이 대부분 파괴되 었고 1949년 재건축하여 오늘에 이르고 있다.

일본사회에서 와세다 대학은 라이벌 게이오(慶應) 대학을 떼놓고 논 의할 수 없다. 두 라이벌 명문 사립대학 사이의 선의의 경쟁이 일본사회 전체를 윤택하게 만들었다. 1858년 후쿠자와 유키치(福澤諭吉)에 의해 설립된 이 대학은 미국의 브라운 대학이 모델이라고 한다. 후쿠자와는 일본의 근대화를 상징하는 인물로 1만 엔짜리 지폐에 초상이 실려 있 다.15) 대학은 1881년 최초의 '외국' 학생으로 두 명의 조선인을 받아들 였다. 1883년에 60명, 1895년에 130명이 입학한 기록이 있다. 그러나 일제시대에는 와세다가 조선 학생을 더욱 많이 입학시켰다. 세련된 케 이오에 비해 와세다에는 다소 질박한 청년문화가 지배하고 있었다. 그 래서 반도학생의 기질에 더욱 맞는다는 세평도 있다. 이러한 일제시대 의 고정관념이 해방 후 한국의 대학문화에 원용되곤 했다. 그리하여 고 려대학교를 와세다에, 연세대학교를 게이오에 비유하곤 했다. 우열을 가리기 힘들지만 기질적으로 대조되는 양대 명문 사립학교의 동반성장

---

15) "내가 경응대학에서 학문 이외에 배운 것이 있다면 창설자 후쿠자와 유키치의 생애에 서 얻은 감명이다.……다른 대학에 비해 리버럴한 분위기였다. 그가 부르짖던 대학의 교훈인 독립자존의 정신과 그가 끝끝내 관의 유혹을 뿌리치고 학문과 언론활동에만 전념했던 생활철학에 감명을 받았던 것이다.……대학에서 배운 독립자존은 나에게 있어서는 우리나라의 독립자존을 뜻하는 것이고 리버럴(liberal)이란 우리 민족의 해방 을 의미하고 후쿠자와가 일본의 근대화에 학문과 교육, 그리고 언론을 통해 기여한 것처럼 나도 우리 조국의 근대화를 위해 헌신할 것이라는 정신을 배양해주었다." 김준 엽, 『장정 1』, 나남, 1991, 59쪽

은 나라 전체의 축복이었다. 학생 동인지『와세다 문학』은 게이오 대학 동인지『미타(三田) 문학』과 함께 중요한 학생문단을 형성하고 있었다. 일본 국민의 이목은 제국대학 출신의 '귀재들'의 문학활동에 집중적으로 쏠려 있었다. 그러나 와세다와 게이오 또한 엄연한 범주류 엘리트 문학의 일부였다.

와세다에 입학한 용주는 맘껏 일본의 세계를 탐한다. 입학 직전 해인 1940년, 창씨개명이 있었다. 도리 없는 일이다. 황용주는 히야마 류(檜山流)가 되었다. 성은 아버지가 참여한 문중회의에서 결정된 것이지만 '류'라는 이름자는 용주 자신의 선택이다. 당시 흠모하던 프랑스 배우, 루이 주베(Louis Jouvet, 1887–1951)에서 따왔다. 주베는「북호텔」,「무도회의 수첩」등 시대의 명화를 통해 오래토록 기림받는 배우였다. 창희는 구니모토 소이코(國本蘇夷子)가 되었다. 결혼을 하면 남편 성으로 갈아타는 일본의 풍습이 새로이 창씨 개명한 반도인의 삶 속에는 유입되지 않았다.

용주는 폭넓게 교우관계를 이끌었다. 연일 많은 친구를 집에 데려온다. 용주의 나이가 많은 이유도 있지만 모든 동급생들이 그를 형처럼 대우했다. 밤새 토론하고 술도 마시고 했다. 때때로 창희도 옵저버로 토론에 참석한다. 모파상의 단편집을 교재로 토론하던 기억이 생생하다. 일본인 친구들 중 특히나 친분이 깊었던 두 사람이 있다. 에히메현(愛媛縣) 출신의 마쓰시타 이사무(松下功)와 가지(加地)는 평생 교류한 친구다. 이병주의 소설,『관부연락선』에 주인공 유태림이 6.25 동란 중에 행방불명된 후에 그가 일본 유학시절에 쓴 소설초고를 출간하기 위해 애쓰는 E라는 일본인 친구가 등장한다. 만약 용주의 학창시절을 증언해줄 의리의 일본인 친구가 있다면 바로 이 두 사람이다. 학병에 나가서도 먼저 입대한 두 친구의 안부가 궁금하여 안달한다. 세 사람의 끈끈한 교우관계는 만년에도 이어진다. 요행스럽게도 전쟁은 세 청년 중, 누구의 목숨도 빼앗지 않았다. 전성기를 지나서 1987년, 옛 친구들

의 초청을 받은 용주 내외는 딸 란서를 데리고 일본을 방문하여 고향에
서 성공한 이들과 해후한다. 용주의 수필 「북향의 창(北向の窓)」이 에
세이 상을 받고 교지에 실린다.16) 두 일본인 친구가 감탄하여 동인지의
창설을 제안한다. 동인지의 제목을 무엇으로 할 것인가를 두고 토의를
벌인다. 「프락시스(Praxis)」, 「아레테(Arete)」, 「시대와 청년」……. 그러
나 전시의 엄격한 통제와 물자의 결핍으로 인해 구상과 습작단계에서
좌초하고 학생들의 동인지 발간은 햇빛을 보지 못한다.17)

  편면적으로 남아 있는 용주의 대학 시절 일기장은 교수의 강의, 학생
들의 문학과 시국 토론, 감상 등 산만하리만치 다양한 내용들로 채워져
있다. 1941년 10월 16일의 일기장에는 이런 구절이 적혀 있다.
  "도스토옙스키 『악령』의 키킬로프의 성격에 대하여 쓰다. 무신론자
가 가장 인간적인 것이다. 『죄와 벌』의 라스콜리니코프처럼 자아의 의
지 이외에 어떤 권위도 인정하지 않는다." '신은 죽었다!'로 인간 해방을
선언한 니체는 도스토옙스키를 일러 자신이 무언가를 배울 수 있는 유
일한 심리학자라고 말한 바 있다. 오늘날에는 이미 상식이 되어버린 이
야기이지만, 당시 지식청년에게도 널리 유행하던 사조임에 분명하다.
"이 세상에 신이 없는 이상 인간 자신이 신이 되지 않으면 안 된다. 그러
나 현재의 인간은 생의 공포와 죽음의 고통이라는 두 개의 기만에 감염
되어 있기 때문에 불행하다. 공포와 고통이라는 두 개의 기만을 정복하
고 생사의 경지에 도달한 인간이야말로 오만하고 행복한 신인(神人)이
며 그제야 비로소 인간의 자의가 최고의 권위가 되며, 사람도 신이 된다.
이것이 바로 인신(人神)이 낡은 신인(神人), 그리스도를 대체할 인간인

---

16) 아쉽게도 원문을 구할 수 없다. 마쓰시타와 가지가 용주에게 보낸 편지에 그 사실이
   언급되어 있다. 부상으로 받은 아담한 컵은 딸 란서의 수중에 보관되어 있다.
17) "마쓰시타, 가지 군 함께 깊이 토론하다. 마쓰시타는 소설을 구상한다. 가지 군은
   「女の便り」(여성의 편지)라는 수필을 썼다. 나는 악령에 대해 평론을 쓰기로 하다."
   (1941. 10. 27 일기)

것이다. 이렇게 된 인간은 새로운 복음을 세상에 선포하는 제1인자로
자신 스스로 최고극치를 입증하기 위해 자살하지 않으면 안 된다."이병
주는 자신의 문학세계의 바탕이 된 다양한 지적자산 중에 특히 사마천
의『사기(史記)』와 함께 도스토옙스키와 니체를 들었다. 도스토옙스키
와 니체는 이병주의 개인적 선호를 넘어 그 시대 지식청년들 사이에
어느 정도 보편성을 지녔을지도 모른다. 역사란 무엇인가. 골백번 죽어
다시 태어나도 일본천황을 신으로 섬길 수 없는 조선청년이다. 그리고
지식인은 이성적 인간이다.

1941년 12월 7일, 일본의 진주만 기습 공격에 응답하여 미국이 즉시
선전포고를 한다. 이즈음에 쓴 용주의 일기장 구절들이다. "아침 9시
지나서 등교하니 학교 게시판에 격문이 붙었다. '지금 서태평양에서 영
미와 전쟁상태에 들어가니 학생 제군은 가일층 긴장을 놓지 않기 바람.'
마치 공중에 뜬 기분이다. 선생이 학생을 쳐다보는 눈빛이 다르다. 국문
학사 담당, 이와츠(岩津) 교수는 사뭇 비장하다. 미국과 러시아가 동맹
을 맺을 가능성이 높다. 러시아 문학은 유장하다. 모리 오카다(森丘田)
의『正宗 白鳥』를 읽다. 프랑스는 어떻게 되는가? 곽군을 만나다."18)
"홍콩이 함락되었다. 파죽지세다."19) "공습은 없으니 전시라는 실감
이 나지 않는다. 아침 메뉴는 성찬이다, 새해이니까."20) "마닐라를 함락
하다."21) "『中央公論』1월호에 실린 미키 기요시(三木淸)의『전쟁 인식
의 기조』를 읽다. 전쟁은 다른 수단으로 다스리는 정치다. 그렇다."22)
그러나 이내 전쟁은 수도의 일상이 되었다. 도쿄에 미군 폭격기가
출현한 것이다. "오전 8시 경계경보 발령. 12시 30분 적기 내습. 교련

---

18) 1941. 12. 18 일기
19) 1941. 12. 27 일기
20) 1942. 1. 1 일기
21) 1942. 1. 3 일기
22) 1942. 1. 7 일기

144

중이었다. 방공호 안에서 음악을 듣다. 그가 말했다. '정말로 사회문제야.' 농담처럼 '우리 둘도 차라리 징용령에 끌려가는 편이 좋지 않을까?'했다. 폭발음, 고사포, 적기가 떨어지다. 소이탄이라 생각했으나 실제로 적기의 폭탄이 쓸고 간 자리……화재. 부상자 병원으로 실려 가다. 4시경 소화 작업이 일단락되다.……이상한 생각이 든다. 전쟁은 사람을 죽이는가? 일깨우는가?"23) "오전 2시 공습경보. 이제 전쟁은 관념이 아니라 일상이 되었다."24) "경계경보 해제. 낮에 여수에서 전보. 안부를 묻다. 안심하라고 전보 치다. 아버지에게도 환희에게도. 밀양에도 송신."25)

"긴자의 중앙극장(中央劇場)에서 영화 「땅(土, つち)」을 보다. 3개월만의 영화관 나들이다. 무조건 알 것 같은 기분이다. 흙 냄새, 쌀 냄새가 물씬거린다. 야마모토(山本) 아저씨의 소설을 읽는 기분이다. 고향의 어머니와 동포가 생각난다. 밖으로 나오니 현란한 색채에 어지럽다. 흑백영화가 주는 착시다. 유라쿠초(有樂町)에 사람들이 몰려 있다. 극장 입구에 공습경계 경보가 붙어 있다. 극장 안의 사람들은 실감나지 않는다. 어머니가 (대필하여) 보내주신 편지 속에 접어넣은 눌러 말린 꽃잎(오시바다)이 서럽다. 문득 「서부전선 이상 없음」의 장면이 생각나다. 어머니의 진실이 다가와도 답을 쓸 수 없다. 누군가가 대신 읽어주어야 할까."26) "가와카미 교타로(河上徹太郎)의 『문예춘추』 12월호 글을 읽다. 문득 이런 생각이 든다. 언문소설은 어떻게 될 것인가? 나라의 절들은? 불국사의 가을을 생각하다. 도다이지(東大寺)와 호류지(法隆寺)는 평야에 군림한다. 조선 불교의 소승(小乘)성은? 조선 문화의 일반적 운명은?"27)

---

23) 1942. 4. 18 일기
24) 1942. 4. 19 일기
25) 1942. 4. 20 일기
26) 1942. 4. 21 일기
27) 1942. 12. 24 일기

"인류사상사를 강의하는 세키(關) 교수의 방법론은 특이하다. 60이 넘었을 텐데도 마치 동료와 같은 친근감이 든다. 진짜 대학의 문과 교수다.……내가 문과를 선택한 게 얼마나 다행한지를 새삼 깨우쳐준다. 공포 속에서도, 흥분 속에서도 강의에 몰두하게 만든다. 그리고 다시 생각하게 만든다. 인류사에 전쟁이 왜 필요한가, 왜 피할 수 없는가. 경계경보 발령 중의 사람들의 행렬은 비교적 차분하다. 이젠 이골이 난 듯하다. 아니면 체념인가?"[28]

"사이조(西條)[29] 교수의 시가사(詩歌史) 강의는 지루하지 않다. 에피소드가 풍부하다. 야마우치(山內) 교수의 강의가 휴강이라 불문학도 8인이 커피점에서 두 시간 동안 방담하다. 하라우치(原內), 이 여자는 수준이 갖추어져 있다. 보기 드문 재원이다."[30]

"야스쿠니 신사에서 임시 대제(大祭)가 열리는 고로 휴강하다."[31] 이 해에 들어서는 병영훈련도 교과과정의 일부가 되었다. "가루이자와(輕井澤)에 야영 출발."[32] "마쓰시타, 가지와 함께 셋이서 가루이자와 긴자 거리를 걷다. 우울하다."[33]

9월 들어 조선인 학도의 입영이 결정되었다. 예상하고 각오했던 일이지만 당혹스럽다.

"지난 1개월 매일 정신이 위축되는 것은 어쩔 수 없다. 기후도 영향이 있다. 술도 감정이 고양되나 취하지는 않는다. 풍경은 살벌하다. 아, 청춘이란 이런 것인가. 매일 새로운 전기가 필요하다. 하기야 동기는 내 스스로 만드는 것이 아닌가."[34]

---

28) 1943. 4. 4 일기
29) 소화 15년(1941) 와세다 대학이 발행한 수첩에 사이조 야소(西條八十)는 문학과 주임 교수로 표기되어 있다.
30) 1943. 4. 22 일기
31) 1943. 4. 25 일기. 전사한 야마모토 이소로쿠(山本五十六)의 국장(國葬)을 지칭하는 듯하다.
32) 1943. 8. 17 일기
33) 1943. 8. 20 일기
34) 1943. 10. 1 일기

유라쿠초에서 만나요

용주의 학창기 동안 창희는 충실한 조력자가 된다. 그러면서 자력으로 공부한다. 독서가 문화생활의 핵심이다. 이 시절의 창희는 맵시 나는 옷을 입는 센스 있는 여성으로 정평이 나 있었다. 후일 용주는 이 시기의 아내의 미모를 자랑스럽게 회고한다.

"학생 때 일이다. 일본의 제전(帝展, 국립미술전람회)은 도쿄의 우에노(上野) 미술관에서 초가을이면 개막되었다. 어느 화창한 날 나는 아내(당시는 연인)를 대동하고 입장했다. 몇 개의 화방을 거쳐 특선작이 진열된 큰 방에 들어섰더니 때마침 신문사의 뉴스 카메라반이 촬영기와 라이트 장치를 하느라고 부산했다. 특선작 앞에 서 있는데 완장을 두른 기자가 다가왔다. '미안합니다. 두 분이 한 작품 앞에서 3, 4초만 머물다가 다른 작품으로 옮겨가주실 수 있습니까?' '왜 그러십니까?' '그냥 작품만 찍기가 싱거워서요'라고 답한다. '아니 우리 말고도 많은 사람들이 있지 않습니까?' '아가씨의 투피스가 너무나 멋지게 어울려서 부탁드리는 것입니다.' 그만 바보가 되어버린 내가 졸지에 홍당무가 되어 달아나려는 촌닭을 붙들고 중인환시를 무릅쓰고 얼마 동안 연기를 할 수밖에 없었다. 문제의 투피스는 도쿄의 고급양장점에서 맞춘 것이 아니었다. 인구 만 명도 채 안 되는 R 시에서 고작 재봉틀 하나 놓고 학생복이나 만들어주는 데서 지은 것이었다."[35] '옷이 날개다.' 그러나 실은 옷보다 사람이었을 것이다. 청초, 단아한 창희의 미모는 용주가 평생토록 아끼고 어루만지던 보석이었다. 어딜 가더라도 주변의 이목을 끌었고 시샘을 유발했다. 둘은 틈틈이 외출했다. 창희는 남편을 졸라 최승희의 공연을 관람한 것을 일생일대의 감격으로 기억하고 있다.

반세기가 흐른다. 중노인이 된 용주 부부는 추억의 장소에 정답게 손을 마주 잡고 나타난다. 감회가 새롭다. 1977년 용주의 글이다. "1937년에서 43년까지 동경은 나와 연인의 20대를 구가해주었던 도시다. 거

---

35) 황용주, "날개와 쇠사슬", 「부산일보」, 1977. 3. 20

리의 어느 모퉁이 어느 구석도 나에게는 거장의 화폭처럼 살아 있을
정도다.……'유라쿠초에서 만나요(有楽町で会いましょう)'라는 유행
가를 처음 들었을 때 나는 소년처럼 가슴이 설레었다. 당시 연인들은
누구나 이 역에서 만났다. 거기서부터 긴자(銀座)를 산책하거나 극장이
나 다방을 가거나 히비야(日比谷) 공원을 맴돌 수 있었기 때문이다. 당
시 이름난 다방은 한없이 천정을 높이고 탁자와 탁자 사이의 공간을
넓게 하여 도시 안에서도 목가적인 분위기를 만끽함으로서 찻값을 받았
다. 영화 「무도회의 수첩」은 아니나 1979년의 유라쿠초 플랫폼에서 서
보니 연인을 기다리는 성 싶은 인물도 없으려니와 도시의 운반수단이
명하는 대로 와르르 쏟아져 나가고 타고 하는 천편일률의 굳은 표정뿐
이다." 두 사람에게 '유라쿠초에서 만나요'는 청춘의 회상곡이다. 이 노
래를 불러 명성을 얻은 가수 프랑크 나가이가 한국계라는 사실을 당시
에는 몰랐다고 한다. 알았더라면 더욱 애창했을 것이다.36)

　"밤과 낮의 신주쿠(新宿)를 걸어보았다. 근 반세기 사이에 거리의 외
형은 숲이 더욱 울창해지듯이 고층빌딩이 즐비해지고 쇼윈도에는 소비
품이 요란스럽다.……2차 대전 때 그렇게도 철저하게 폭격을 당했던
도시를 불과 30년 만에 이토록 알차게 꾸며놓은 저력도 높이 평가될
수 있으리라.……동양에서 일본 민족이 서구문명을 욕심스레 소화시킨
일인자이긴 하나 동경의 재건만은 아마 천추의 한인 실패작이 되고 말았
다. 파리의 지하철은 1855년에 계획을 발표하였지만 제1호선은 1900년
에 완공되었다. 시민과 함께 40여 년을 생각하고 또 생각하였던 것이다."

　이즈음 대구사범 동창생 박정희가 육군사관학교에 다니고 있다는 소
식이 전해왔다. 조치대학(上智大學)의 왕학수와 메이지 대학의 백일신
은 용주와 자주 만난다. 왕학수는 근래에 이치가야(市ヶ谷) 혼무라(本村
町)에 자리한 일본육사를 방문하여 박정희를 만났다고 했다. 경북 출신
으로 마르크시즘에 경도되어 있던 백일신은 방학 때 정희를 만났다면서

36) 황용주, "일본기행 2", 「부산일보」 "춘추한필", 1979. 4. 25

148

기회가 되면 함께 만나자고 제안했다. 기회가 되면 함께 만나자는 다짐을 했지만 육사의 외출이 엄격하여 실제로 만나지는 못했다.

육사건물은 불과 몇 년 전(1937)에 신축되었다. 미군의 도쿄 폭격에도 전혀 손상을 입지 않았고 종전 후 1960년부터 일본자위대가 입주하고 있다. 1970년 11월 25일, 이 건물은 전 세계인의 주목을 받는다. 도쿄대 출신의 일본 문단의 귀재로 노벨문학상 후보자로 거론되던 작가, 미시마 유키오(三島由紀夫)가 쇠퇴해가는 일본정신의 부활을 촉구하기 위해 추종자를 대동하고 중인환시 속에 할복자살한다. 바로 이 건물의 옥상이다. "미국의 강요에 의해 만들어진 헌법에 저항하여 반란을 일으키라." 그가 남긴 비장한 연설의 요지는 평화헌법의 폐지다. 즉 영원히 전쟁을 포기한다는 일본헌법 9조의 개정을 촉구한다. 미시마의 죽음을 보면서 용주는 몇 줄의 단상을 적는다. "미시마의 『금각사(金閣寺)』를 서대문 형무소에서 읽었을 때 작중인물의 마지막 자살 장면이 처연했던 기억이 되살아난다."37)

마지막 야구경기

와세다, 게이오, 두 학교 사이에 매년 열리는 운동경기는 일본 전체 국민의 축제였다. 흔히 '소게이전(早慶戰)'으로 불리는 일대 회전이 벌어지면 수도 도쿄는 가히 열광의 도가니였다. 야구, 럭비, 조정, 세 종목이다. 야구는 아메리카의 신문물을, 럭비와 조정은 영국의 전통에서 수입했다. 특히 조정 경기는 영국의 옥스퍼드와 케임브리지 대학의 전통을 따른 것이다. 경기가 열리면 학교는 전면 휴업에 들어가고 모든 학생이 응원에 동원되었다. 결과에 무관하게 경기가 끝나면 도쿄의 밤거리는 학생들의 해방구가 되었다. 세 규정 종목 중에 특히 인기가 높았던 야구경기는 봄, 가을, 두 차례에 걸쳐 열렸다. 1929년 가을 경기에는 쇼와 천황이 직접 참관했다. 그러나 젊음과 낭만의 경연장이었던 경기

---

37) 1970. 1. 25 일기

의 성격이 전쟁으로 인해 근본적으로 달라졌다. 곧 전선에 투입될 학생들에게 경기는 장엄한 죽음을 위한 준비 의식이기도 했다. 적국인 영미귀축의 국민 스포츠라는 반감도 일어났다. 마침내 경기를 중단한다는 정부의 결정이 내려졌다. 전쟁 동안 중단되었던 경기는 패전 후에 미국의 절대적인 영향 아래 부활되었다. 1950년 가을, 천황이 다시 소게이전 야구경기를 참관했다. 1994년 가을에는 헤이세이(平成) 천황이 참관하여 국민스포츠의 전통이 부활되었다. 1943년 10월 16일에 벌어진 '최후의 소게이전(ラストゲーム最後의 早慶戰)'은 2008년에 영화로 부활되어 일본 야구사의 찬란한 문화유산으로 등재되었다.

학병에 입대하기 위해 연락선을 타기 불과 2주일 전에 이 경기를 직접 참관한 용주의 소감이 남아 있다. "경기는 경기일 뿐이다. 이기고 지는 것이 무슨 의미가 있으랴. 그러나 결코 이길 수 없는 전쟁에 끌려갈 우리의 운명은?" 전쟁에 끌려가야 한다. 학교는 조기 졸업, 정식으로는 한 학기가 남았지만 특별조치로 졸업한 것으로 인정된다.

1943년 11월 초, 용주는 관부연락선을 타고 귀국한다. 1944년 1월 18일, 내일 입영을 앞둔 한밤중에, 용주는 창희를 붙들고 소리 내어 오열한다. 그리고 다짐한다. '반드시 살아서 돌아오마!'

6

학병, 강제지원 당하다

학병이란 무엇인가?

대만과 한반도에 이어 중국 대륙의 침략에 나선 일본은 1931년 만주 사변, 1937년 중일전쟁에 이어 1941년에는 태평양전쟁을 일으킨다. 흔히 이를 두고 일제의 '15년 전쟁'이라고 부른다. 중국 대륙에 이어 남양 군도, 인도, 말레이시아로까지 전선이 확대되자 일제는 절대적인 병력 부족에 직면하게 됐다. 급기야 식민지 조선에서 병력을 조달하기 위해 징병제와 지원병 제도를 도입한다. 1938년 2월, 육군특별지원병령이 공포된다. 17세 이상, 신장 160센티미터 이상의 소학교 졸업 학력을 가진 조선인 청년들에게 육군특별지원병의 지원 자격을 부여하고 단기훈련을 거쳐 중국전선에 배치한다. 이어서 1942년 5월 8일 각의의 결정을 통해 1944년부터 조선에 징병제가 실시된다고 발표했다. 자발적으로 지원한 조선인은 대체로 신분 상승을 겨냥한 입영이라고 볼 수 있다.[1]

1944년부터 만 20세 이상의 조선 청년들은 모두 징병의 대상이 되었다. 1943년 10월 1일 현재 조선인 징집대상자는 26만6,643명이었고 그중 25만4,735명이 계출한다. 1944년 4월 1일부터 8월 20일까지 제1회 징병검사가 실시되어 대상자 26만6,225명(조선 거주자 21만3,366명) 가

---

1) 김윤식, "학병세대의 글쓰기의 기원 — 박경리, 김동리, 황순원, 선우휘, 강신재의 경우", 『2011 이병주 하동 국제문학제 자료집』, 19–32, 20쪽

151

운데 20만6,057명이 수검하고 이 가운데 4만5,000명이 현역병으로 동원된다. 제2회 검사는 1945년 2월부터 5월에 걸쳐 이루어져 4만5,000명이 조선군 및 관동군에 배치됐다.

전면적인 징병제의 실시에 앞서 대학생의 지원병 제도가 실시되었다. 그 동안 학생에게 허용되었던 징집유예 제도를 중지한 것이다. 1943년 10월 20일 육군성 명령 제48호 '육군특별지원병 임시채용규칙'을 통해 20세 이상으로 전문학교·법문계 대학에 재학 중이거나 또는 졸업한 남자에 대해 지원병 제도를 실시한다고 발표했다. 일본인, 조선인 구분 없이 모두에게 적용된 조치다. 10월 21일, 메이지 신궁에서 학도집행식이 거행되고 12월 1일, 제1회 학도병이 입영한다. 이듬해인 1944년 1월 20일 조선인 학병의 입소가 뒤따랐다.

조선인 학병의 대상자는 약 7,000여 명으로 추산된다. 이들 7,000여 명 중 실제로 응소한 자는 4,385명이었다. '1.20 동지회'가 1987년에 펴낸 『1.20 학병사기(學兵史記)』에 따르면, 학도병 입영자 가운데 조선 내 전문대·대학 재학생은 959명, 외지(일본·만주·중국) 유학생 2,150명, 졸업 후 미취직자 941명, 취직자 335명 등이다. 입소한 "4,385명 중 15퍼센트인 657명이 사망 내지 실종되고 3,728명은 생환한 것으로 추정된다. 그중 40퍼센트인 1,531명이 북한에 정착한 것으로 보면 2,297명이 남한에 정착한 것으로 추계된다."2)

시행 초기에 '지원'이 부진하자 총독부는 서둘러 대책 마련에 나선다. 재일 사학자 강덕상의 연구에 의하면 중학생 이상 학생 3만 명을 서울운동장에 집합시켜 '대학·전문학교학도 임전결의대회'를 열어 분위기의 조성에 나서는가 하면 지역 단위별로도 유사한 관제 행사를 열기도 했다. 또 한편으로는 각 대학에 압력을 넣어 지원을 독려하기도 했다.3) 경성일보(1943. 11. 6) 보도에 따르면, 경성고상(서울대 상대 전신)과 경성

---

2) 『학병사기』 1권, 1.20 동지회, 1987, 317쪽
3) 『조선인학도출진(朝鮮人學徒出陣)』, 이와나미서점(岩波書店), 1997

152

법전(서울대 법대 전신)의 경우 11월 6일 현재 대상자 전원이 지원한 것으로 나와 있다. 당시 관립학교의 분위기를 가늠할 수 있다. '학병지원 제1호'는 경성법전 재학생 조문환(曺文煥, 창씨명 夏山正義)으로, 그는 '직업적 친일파' 조병상의 차남이다.4) 총독부는 조선인 명사들을 동원해 학병지원을 권유하는 글을 쓰거나 대중연설을 하도록 강요했다. 최남선·이광수·김연수 등이 연사로 동원되었다. 1943년 11월, 육당 최남선은 도쿄의 각 대학을 순회하면서 조선 유학생에게 학병에 지원할 것을 권유하는 연설을 한다.5) 도쿄에서 김을한(金乙漢)이 발행하는 『조선화보(朝鮮畫報)』 1944년 1월호는 '학도출진 특집호'로 꾸렸다.6) 「도쿄대담」이란 제목의 좌담회는 최남선과 이광수(香山光郎)를 좌우에 두고 일본 잡지계의 실력자 마해송 신태양사 사장이 사회를 맡았다.7)

최남선은 일본과 조선은 고래로 상무정신의 정화(精華) 전통이 뿌리 깊다는 말로 참전을 권유한다. "우리가 누구를 위해서 나가야 한다기보다 세계의 청년들이 모두 총을 들고 나가니 우리도 그 대열에 끼어야 할 어쩔 수 없는 운명에 처해 있다."8) 최남선은 이렇게 에둘러 위로 아닌 위로를 주고 싶었을 것이다.

현장 연설을 들은 게이오 대학생 김준엽의 기억이다. "대표적인 친일파로 구성된 연사들은 한결같이 '성전필승(聖戰必勝)' '타도미영(打倒美英)'을 역설하고 진정한 내선일체를 이룩하기 위해서는 '특별지원'의 은전에 감사하고 군문에 들어가야 한다고 열변을 토하고 있었다. 미친 놈들이군. 아무리 일본 놈의 앞잡이가 되어 부귀영화를 누린다기로서니 동족 청년들 보고 저렇게 말할 수 있담 하는 것이 나의 솔직한 감회였다.

---

4) 정운현, "두 아들을 지원병과 학도병으로 팔아먹은 조병상", 『친일파는 살아 있다』, 책보세, 2011, 131−134쪽
5) 윤임술, "특별고사포부대의 정체", 『학병사기』 1권, 624쪽
6) 『조선화보(朝鮮畫報)』, 東京, 朝鮮文化社, 1944. 1
7) 김윤식 번역 및 해설, "학병 권유차 도쿄에 간 최남선 이광수의 「도쿄 대담(東京對談)」", 김윤식, 『일제말기 한국인 학병세대의 체험적 글쓰기론』, 399−434쪽
8) 김윤식, 같은 책, 401쪽

나는 연사들을 찾아가 일군에 들어가는 것이 그렇게 훌륭하고 좋거든 당신들이나 당신들 자식부터 내보낼 노릇이지, 우리들 보고 권유는 왜 하느냐고 따졌다. 이 물음에 대해 그들 중 누구 하나도 감히 대답하지 못했다. 화난 생각을 하면 주먹으로 때려주고 싶은 충격마저 느꼈으나 동족의 선배들이라 그렇게 대접할 수도 없었다."9)

이광수는 메이지 대학에서 열린 궐기대회에서 "황국을 위해 죽자"라는 구호를 외친 일본 학생과 조선 학생의 일치된 '내선일체'의 모습에 감격했다고 토로한다.10) 그는 무려 83편의 일본어 저술을 내선일체의 신념에 바친다. "우리의 재래의 성명을 지나식(중국식)으로 채택한 것은 따지고 보면 6, 7백 년밖에 되지 않았다. 그 이전에는 일본과 같은 뿌리였다."11) 창씨개명이 시행된(1940년 2월 11일) 지 불과 며칠 후에 그는 새 이름을 택한다. 그가 선택한 이름에 당당한 소신이 각인되어 있다. 그는 전설적인 일본 신무천황이 즉위한 곳으로 알려진 가구야마(香久山)를 성으로 채택하고,12) '혼까지 일본인이 되어야 한다'고 역설함으로써 일본인마저 당황스럽게 만들기도 했다.

그러나 그런 이광수조차도 면종복배할 뿐이라는 일본 경찰의 동향보고서가 있었다고 한다. 당시 최대의 지식인이었던 최재서도 『국민문학(國民文學)』의 발행인이 되어 온갖 이론을 동원하여 대일본제국의 '성전(聖戰)'의 정당성과 영광스런 조선인의 참여를 독려하고 나섰다.13) 해방 후 1949년 2월 7일 이광수는 반민특위에 체포되어 1달 동안 서대문형무소에 감금되었다 병보석으로 출감하고 8월 29일 불기소 처분을 받는다. 이에 앞서 1949년 1월 『삼천리』에 「나는 독립국가의 자유인이다」라는 제목의 장시를 쓴다.

---

9) 신상초, 『탈출』, 57-58쪽
10) 김윤식, 『일제말기 한국인 학병세대의 체험적 글쓰기론』, 401쪽
11) "창씨와 나", 「매일신보」, 1940. 2. 20 (조선어); 『삼천리』, 1940. 3. 87 (일본어)
12) "황송한 말씀이나 천황여명과 독법을 같이 한다."
13) 김윤식, 『일제말기 한국작가의 일본어 글쓰기론』, 서울대학교 출판부, 2003, 339-386쪽

......

나는 죄인, 비록 대청광서에 나고

明治 大正의 거상입고

天照 昭和에 절한 더러운 몸이언마는

건국 선거에 투표하는 날

조국은 나를 용납하여 불렀다

칠월 십칠일 헌법 공포식 중계방송 듣고

흘린 감격의 눈물로 먹을 갈아

사는 날까지 조국 찬양의 노래를 쓰련다.

그리고 독립국 자유민으로 눈 감으련다.[14]

그는 앞서 단행본으로 출판한 『나의 고백』(1948)에서 '홍제원 목욕론'을 들먹이며 자신의 친일행적에 대한 변명과 함께 친일파에 대한 종합적인 면책을 주장하였다. "오늘의 친일파 문제도 마찬가지다. 우리는 삼천만 전체로서 홍제원 목욕을 하고 다시는 죽더라도 이민족의 지배를 받지 말라고 서약함이 옳기도 하고 효과적이기도 할 것이다."[15] 모든 의미에서 한국 근대문학의 아버지인 이광수의 노골적인 친일행각이 오늘날까지도 용서받지 못하는 것은 우리 문학사의 최대의 비극이라고 할 수 있다.[16]

명사들의 학병 권유 강연을 포함한 갖가지 홍보정책을 동원했지만 성과는 신통치 않았다. 그 누구도 기꺼이 학도병에 '지원'하지 않았다. 내놓고 저항하지 못한 사람은 있을지언정 기꺼이 지원한 사람은 극소수였다.

---

14) 『이광수 전집』 9권, 우신사, 1979, 507–509쪽
15) 정운현, 『친일파는 살아 있다』, 354–356쪽
16) 이중오, 『이광수를 위한 변명』, 중앙 M&B, 2000

'강제지원' — 허구와 모순

1943년 10월 25일부터 11월 20일까지 학도병 지원서의 접수를 거쳐 12월 12-20일 사이에 간단한 징병검사가 시행되었다. 이어서 단기훈련을 거쳐 이듬해 1월 20일 입영했다.[17] 지원은 명분이었고 강제가 현실이었다. 그래서 모두가 '강제지원'으로 불렀다. 강제와 지원이라는 양립할 수 없는 두 어휘 속에 오욕의 세월의 비극이 담겨 있다. 한 학병의 수기다. "일제는 너무나 조직적이었다. 하숙집으로, 학교로, 매일 고향의 집에서 전보가 날아들었다. '집에서는 승낙했으니 하루 빨리 학병을 지원하라'는 것이었다. 그러나 집에 돌아와보니 전보를 친 적이 없다는 것이다. 알고 보니 관청에서 조작하여 보낸 것이었다." 웅기항 수상서에서 "조선 학생의 폐하에 대한 충성도를 조사한다"며 내민 백지에 서명한 것이 지원서로 둔갑하기도 했다.[18] 대상에서 제외된 이공계와 사범계 중에서도 강제로 '지원'된 경우도 있다.[19]

충북 괴산 출신의 한운사(韓雲史, 본명 한간남, 1923-2009)는 일본 주오대학 신입생의 몸으로 학병에 '지원'한 것으로 처리되었다. "니가 도장을 찍었다며 지서주임이 왔기에 우리도 도장을 찍어줬다." 부모의 말이다. 그는 나고야 13부대 수송연대, 자동차 중대에 배속되어 제대할 때까지 사병으로 복무한다. 1950년대 후반부터 당대 최고의 방송드라마 작가로 부상하여 오랜 세월 동안 국민의 귀와 가슴을 울렸다. 자신의 학병 체험을 바탕으로 쓴 「현해탄은 알고 있다」는 당대의 블록 버스터였다. 1960년 KBS 라디오 드라마로 출발하여 폭발적인 인기를 누리자

---

17) 『학병사기』 4권(1998)에 실린 입영자 내역은 "한국 내 학병 959(대상 1,000) 귀성 중인 일본 유학생 1,431(1,529) 일본 잔류학생 719(약 1,400) 9월 단축 졸업생 941(1,574) 취직 중인 졸업생 335(약 700)"이다. 666쪽
18) 박성화, "평양부대 학병사건", 『학병사기』 2권, 1988, 181-228쪽
19) 노현섭, "나의 강압적 지원수기", 『학병사기』 1권, 117-123쪽. "이공계는 면제라지만 꼭 그런 것만은 아니었다. 의과대학만 면제의 대상이 되었다. 수의학과도 대상이 되었다.……그때 나는 이미 대학을 졸업하고 직장을 가지고 있었다. 총독의 두 번째 서신이 날아왔다. 경고문조로 '금년도 졸업생에게도 특별지원의 호기를 부여하노니 성은의 보답에 주저치 말지어라.'"

이듬해에는 텔레비전 드라마와 영화로 만들어졌다. 김기영 감독이 메가폰을 잡아 엄청난 인기를 몬 영화는 1963년에는 속편, 「현해탄의 구름다리」로 이어졌다.[20]

한운사는 학병동지들 사이에 '부민관 사건'으로 널리 알려져 있었다. 이 사건은 입영을 앞둔 학병의 의기를 과시한 하이라이트다. 1943년 12월 30일, 조선 총독 고이소 구니아키(小磯國昭)는 조선학도 특별지원병의 입대를 격려하는 장행회(壯行會)를 열었다. 장소는 경성 부민관(府民館)이다. 총독부가 주관하는 각종 행사가 열리던 곳이다. 지금의 태평로 서울시의회 건물 자리다.[21]

한운사 자신의 회고담이다. "경성대학 운동장에서 수료식이 거행되었다. 일주일 훈련을 받았던 지원병들이 차렷하는 호령에도 응하지 않고 기미가요를 불러도 따라하지 않았다.……부민관에서 고이소 총독이 주최하는 장행회에 일동을 참석시키려면 지휘관은 화를 낼 시간도 없다.……끌려왔는지 제 발로 왔는지 이광수를 비롯한 조선의 명사들이 단상에 앉아 있다. 총독은 이 영예로운 기회를 살려 황은에 보답하라고 힘주어 말하고 있었다.

2층 한쪽 구석에 앉아 있던 나는 자신도 모르게 벌떡 일어나서 소리쳤다. '고이소 총독께 묻습니다. 총독은 우리가 나간 뒤에 조선 2천5백만의 장래를 확실히 보장해줄 수 있는가 없는가 분명히 대답해주시기 바랍니다.'……순간 장내는 물을 끼얹은 듯 조용했다. 총독은 천천히 낮은 목소리로 단호하게 말했다.……'그런 것을 의심하는 자는 황국신민으로서의 훈련이 부족하다고 할 수밖에.'"[22]

---

20) 신성일과 공미도리가 주연으로 캐스팅되었다. 당시 최고의 청춘스타 신성일은 후일 부인이 된 엄앵란과 열애 중이었는데 신의 어머니는 집안이 좋은 재일교포 공미도리와 결혼시켜 일본 진출의 교두보를 마련하고자 했다고 한다. 신성일, 『청춘은 맨발이다』, 문학세계사, 2011, 123-125쪽

21) 일반적으로 역사교과서에 기록된 '부민관 사건'은 1945년 7월 24일, 박춘금이 주도하는 친일단체 대의당(大義黨)이 개최한 아세아민족분격대회장에 대한애국청년당 의사들이 폭탄을 설치한 사건을 지칭한다.

22) 한운사, "부민관 장행회의 추억", 『학병사기』 1권, 294-304쪽. 한운사의 패기 어린

즉시 헌병이 와서 목덜미를 잡고 지하실로 끌고 갔다. 경찰은 '너는 사형이다'라며 윽박질렀다. 그러나 우려하던 극단의 사태는 벌어지지 않았다. 형사반장은 구치소 대신 여관방으로 데리고 가서 밤새 대화를 나눈다. 한운사는 나쓰메 소세키의 문학을 변론으로 내걸었다. "속세와 타협하지 않는 묵직한 저회(低徊)주의, 인생을 관망하고 분석하며 좀처럼 부박(浮薄)하게 즐기지 않는 도사린 태도, 특히 인간의 밑바닥에 흐르는……."

형사는 알아들은 듯이 고개를 끄덕거렸다. 내친 김에 한운사는 앙드레 지드도 보조적 방어무기로 내세웠다. 형사는 흥미가 없었다. 총독은 반도청년의 특별한 사정을 감안하여 사건을 확대시키지 말라고 지시한 것이다. 경성제대를 갓 졸업한 중부경찰서장은 방자한 청년으로부터 경위서 한 장을 받고 입대할 때까지 집에서 근신하라며 사건을 종결한다.23) "부민관에서 흩어진 학도병들이 종로를 휩쓸고 길거리에 주저앉고 바에서 난동을 부려도 아무도 비위를 건드리지 않기로 했다."24)

경찰이 입영 전의 학도병들의 탈선을 방임한 정황은 많은 사람들이 증언한다. "간밤에 학병들이 종로네거리 주재소에 들어가 책상 서랍마다 소변을 보아 주요 공무서가 젖었다."25) 종로경찰서장은 한국인 이한(伊判, 윤)으로 자신의 동생(윤종만)도 학병입대가 예정되어 있었다. 서장은 입영 예정자들이 탈선행위를 하더라도 전선에 끌려갈 처지이니 절대로 상대하지 말라고 명령한다.26)

지방도시 마산에서 열린 장행회도 마찬가지로 엄숙과는 거리가 먼 행사였다. "1944년 1월 10일, 마산에서 마산부와 합동으로 열렸다. 하광호, 민충식, 이강백……등이 단상을 차지하고 단하에는 그들의 가족 및

행동에 대해서는 현장에 있었던 여러 사람들의 증언이 있다. 같은 책, 임용목 292쪽, 배상동 157쪽, 서석연 187쪽, 김용규 683쪽

23) 한운사, 『학병사기』 1권, 304쪽
24) 한운사, 같은 책, 302쪽
25) 이인성, "입대 예비교육시 반항실기", 『학병사기』 1권, 285쪽
26) 서재균, "장교는 3할 후탄", 『학병사기』 1권, 558쪽

일반시민이었다. 인사말부터 모든 진행이 일본말인데 배우격인 우리들은 전부가 만취되어 중심을 잃고 비틀거리는가 하면 소위 국민의례 때도 일장기에 대한 경례 때도 보라는 기는 안 보고 동서남북 제멋대로여서 참으로 고소를 금할 수 없고 그 유창한 일본말은 간데없고 도라지와 아리랑이 판을 쳤는데 환호의 장소가 흐느낌의 장소로 변하고 말았으니 '동질성'은 수포로 돌아가고 말았다.……홍당무가 된 얼굴들, 춤추고 노래 부르고, 기적소리인가 울음소리인가.……창원역에서 조좌호 지원병이 뚜껑 없는 화물칸에 몸을 담고 상향(上向) 일변으로 뻗은 팔의 율동 없는 단조로운 춤이 너무나 인상적이었다.……각 역마다 만취한 동지들이 면면이 가관이다…….”27)

'학병탈출 제1호' 김준엽의 증언이다. 평안북도가 고향인 그는 서울 부민관에서 열린 장행회에 참석하라는 통지를 받고 상경하나 정작 행사장은 외면했다. “나는 그자들의 구역질나는 이야기를 듣기가 싫어 그 모임에 참석하지 않고 몰래 명동(本町)으로 빠져나와 그 시간을 이용하여 탈출에 필요한 물품을 사들였다.”28) 다음날 신상초와 김준엽은 평양에서 조우한다. 두 사람은 신의주보고 동기동창이다. 신상초 또한 널리 알려진 탈출학병이다. 둘은 기생집에서 술을 마시다가 옆방의 학병 지원자 무리들과 난투극을 벌인다. 이때 한 기생이 크게 꾸짖는다. “야 이 못난 것들아, 내일이면 왜놈에게 끌려가 함께 개죽음을 당할 판인데 서로 싸우고 있다니.……그런 힘이 있거든 길가에 나가 왜놈이나 패주어라.” 이 소리에 정신이 번뜩 들어 서로 싸움을 멈추고 화해의 술을 마신다. 함께 어깨동무를 하고 밤거리로 나가 파출소를 습격한다. 급히 출동한 헌병은 이들을 체포하지 않고 여관으로 되돌려 보낸다. 학병들에게 일체 손을 대지 말라는 명령이 내려져 있었던 것이다.29)

---

27) 노현섭, “나의 강압적 지원 수기”, 『학병사기』 1권, 117, 123-124쪽
28) 나침반과 상세지도가 주된 품목이었다. 김준엽, 『장정 1』, 63쪽
29) 김준엽, 같은 책, 72쪽

명분 없는 입대가 도덕적 열등인 만큼 기피는 미덕이다. 무슨 수를 쓰든 입영을 피할 수 있으면 그것으로 족했다. 노골적인 권력의 개입은 드물었어도 교묘한 칭병은 때때로 통했던 것 같았다. 입대 후에도 요령 좋게 조기제대의 혜택을 누린 청년도 있었다. 동료들은 다소 시샘어린 눈으로 이들의 정당한 처세술을 바라보았다.[30]

학병에 지원하지 않은 대상자에게는 징용영장이 기다리고 있었다. 김익권의 회고다. "다음날 아침 영장이 날아왔는데 의외로 징용영장이었다. 지정된 경기도청에 나가니 학병에 불응하고 징용영장을 받은 대학 전문생이 수백 명이 있었다.……일주일 훈련을 받고 있는데 호출하여 가보니 '너는 학병으로 가게 되었다'라며 일장 훈시를 하였다. 그리하여 나는 지원서도 쓰지 않은 채 학병으로 나가게 되었다."[31] 주오대학 야간 전문부 법과에 다니던 황장엽은 1944년 1월 하숙집을 찾아온 형사를 따라 귀국한다. 그는 100여 명의 조선인과 함께 지원병 훈련소에 입소하여 10일 후에 징용공으로 끌려간다.[32]

2012년에 비로소 일제(日帝) 학도병 지원을 거부했다가 강제노역에 동원된 조선인 '징용(徵用)학도'가 최소 400명 이상이라는 조사결과가 나왔다. 이 중 대다수는 일종의 '사상범'으로 분류해 특별 관리했다. 2012년 8월, 국무총리 소속 '대일항쟁기 강제동원 피해조사 및 국외 강제동원 희생자 등 지원위원회'(위원장 박인환)의 조사보고서에 따르면, 일본제국의회는 1944년 일본의 학도병 지원 요구를 거부하고 노무자로 끌려간 조선인 학생 수를 125명으로 공식 기록했다. 그러나 위원회는 징용에 동원된 학도 1개 차수(次數) 인원이 150-200명이고, 최소 2개

---

30) "도쿄제대에서 왔다는 김선근이라는 친구는 신병으로 제대했다. 눈에 보이게 건강이 나빴다. 그런데 제대할 때 "꾀병이야. 안 먹고 안 잤어." 후일 안 일이지만 그는 식산은행 총재 하야시 마쓰모토(林松本) 씨의 사위감이었다. 민첩한 '하리기리'(모범적인 초년병) 김석겸은 허위로 병을 앓아 육군병원에 있다 해방을 맞았다. 가짜 광인도 물론 있었다. 김봉호는 '작전 잘해서 의병제대'했다." 허상도, "맨손항쟁 스무날", 『학병사기』 1권, 470쪽
31) 김익권, "학병출진의 슬픈 이야기", 『학병사기』 1권, 110-116쪽
32) 황장엽, 『나는 역사의 진리를 보았다』, 한울, 1999, 61쪽

160

차수가 있었다는 피해자 진술을 근거로 적어도 400명 이상의 학도병이 강제노역을 한 것으로 추산했다. 이들은 당시 '응징학도' '징용학도'로 불렸다.

위원회가 공식 확인한 학생 65명은 경성제국대(현 서울대), 연희전문학교(현 연세대), 보성전문학교(현 고려대), 일본 도쿄제대(현 도쿄대), 와세다대, 메이지대 등 우수 대학 출신이 상당수 포함됐다. 국사학자 고(故) 한우근 전 서울대 교수, 영문학자 여석기 고려대 명예교수, 민주화 운동가 고(故) 계훈제 전 민주주의민족통일전국연합 상임고문, 고(故) 서명원 전 문교부 장관 등도 '징용학도'였던 것으로 나타났다.[33]

강제지원에 나선 당사자는 물론 이들을 보내는 사람들의 마음도 착잡할 것이다. 그러나 외형상으로는 장행(壯行)을 축하해야만 한다. 천인의 소망을 바늘땀에 담아 무훈장구, 무사귀환을 비는 '센닌바리(千人針)' 부적을 만드는 일, 그것은 전장에 자식을 내보내는 집안에 공통된 절실하고도 엄숙한 의식이었다. 보성전문학교 교수들을 대표하여 학도병 출정자의 송별사를 읽은 안호상의 회고가 있다.

"우리말로 원고를 쓰고 일본말로 번역하여 송별회에 나갔다. '하늘에는 태양이 있고 땅에는 정의가 있다. 그리고 제군들의 가슴에는 야심이 있다. 부모 덕으로 나서 공부를 열심히 하다 이제 생명을 거는 전쟁터에 나간다.……제군들은 밝은 태양 아래서 정의를 목표로 삼고 양심에 따라 행동하다 잘 돌아오도록 하라.'[34] 그는 '천왕폐하'나, '멸사봉공' 등등의 어휘를 쓰지 않았다는 이유로 헌병대의 소환을 받는다. 각종 핑계를 대어 신사참배를 기피해왔던 그였다. 그래서 창씨개명하지 않고 일본어로 강의하지 않고, 머리도 전시 스타일로 깎지 않고 국민복도 입지 않는

---

33) 「조선일보」, 2012. 8. 13
34) 안호상, 『한뫼 안호상 20세기 회고록 : 하나를 위하여 하나되기 위하여』, 194쪽; 이철
    승, "이게 아닌데", 『학병사기』 4권, 204쪽

이유를 엄하게 문초당한다."35) 보성전문 학생 이철승은 안호상의 뼈 있
는 송별사와 함께 장덕수 교수의 언중유골도 생생하게 기억한다. "여러
분이 전장에 나가는 것은 비극이다. 그러나 죽으러 간다고 생각하지
말고 내일을 위하여 심신을 단련하러 간다고 생각하라. 그러나 총을
쏠 때는 먼저 반도에서 온 청년이라는 것을 잊지 말기 바란다."36)

1944년 1월 20일, 용병의 시대

이병주는 학병에 끌려간 젊은이들의 굴욕감을 '노예의 사상' '용병의
비애'로 표현했다. 그는 『관부연락선』에서 이들 용병 노예 젊은이들이
사슬에 묶이는 장면을 이렇게 기록한다.

"1944년 1월 20일 오전 9시, 1천여 명이 대구 80연대에 입영했다. 간
단한 신체검사가 끝난 뒤 검은 학생복을 벗고 카키색 군복으로 갈아입
었다. 군복으로 갈아입은 친구들의 모습에 반사된 자신의 모습을 보고
비로소 운명의 채찍질을 두뇌에서 가슴에서 뼈에서 피부에서 실감했
다.……보랏빛 희망이 카키색의 체관이 되어 지금 절망의 저편으로 흘
러가는 것이다. 어두울 수밖에 없었다."37)

그 1천여 명 중에 무사히 귀환한 한 사람, 엄익순의 기록이다. "우리들
은 기차로 대구를 떠나 북상하였다. 물론 행선지는 알 길이 없다. 다만
만주나 중국 땅으로 가는가 보다 짐작만 할 따름이다. 차창은 외부와
접촉을 막기 위해 커튼을 내린 채 3일 3야를 달려 닿은 곳이 통주(通州)
에 자리잡은 중지파견군 모(矛)사단 제3853부대 제5중대였다. 악몽의
세월이 기다리고 있었다.……내가 속한 병과는 보병이었다.……이럭저
럭 약 3개월의 신병훈련도 끝나고 간부후보생 시험이 있었다. 질이 나쁜
놈이라고 낙인이 찍힌 신세이고 보니 합격할 리가 없는데 뜻밖이었다.

---

35) 안호상, 『한뫼 안호상 20세기 회고록 : 하나를 위하여 하나되기 위하여』, 194쪽
36) 이철승, "이게 아닌데", 『학병사기』 4권, 205쪽
37) 이병주, 『관부연락선』, 71쪽

소주 훈련소로 가게 되었다. 심상구, 최세경, 최동락, 김종대, 황용주, 임익두, 민충식, 정우식이 함께했다."38)

메이지 대학 상과 출신으로 용주의 내무반 동료였던 이영기의 수기가 당시의 일상을 증언한다. 소주에 자리 잡은 중지파견군 60사단(矛). "나는 제47대대 기쿠다니(菊谷) 중대에 동향이자 진주고보 동창인 정기영(일본명 오가와[鳥川]) 등과 함께 배속되었다. 소주 교육대에서 나는 정기영과 황용주와 침대를 나란히 하고 있었고, 건너 침대에는 박한석 동지가 있었다. 이 4인조가 의기투합하여 요령 좋게 넘겼다.……정기영은 진주 갑부의 아들이었다. 그의 부친이 잘 아는 교포가 소주에 살고 있었다. 외출이 허가되면 우리 셋을 인솔하여 마음껏 먹여주고 돈도 꾸어서 자유롭게 쓰게 하였다.……우리들은 소주 사단 사령부를 떠나 남경사관학교로 가게 되었다."39) 이영기는 자신과 함께 남경사관학교에 입교한 '동지'의 명단을 이렇게 적었다. 장경순(국회 부의장), 구태회(럭키그룹 창업자, 국회의원), 정기영, 황용주, 박한석, 정우식(국회의원), 민충식, 최세경, 나길조(변호사), 김용제(검사), 엄익순, 김종대, 박두석 등.40)

학병사기 : 대한민국 인재풀

황용주는 학병동지들 중에서 중요한 인물이다. 일본군에 복무할 당시에도 그랬지만 일본이 항복한 후 상해에서 귀국을 대기하는 동안 학병의 지도자로 활약했다. 박정희 대통령과의 특별한 관계 때문에 더욱 특수한 지위를 추인받기도 했다. 『학병사기』는 1946년 3월 6일, 미군 LST로 부산 부두에 내린 20여 명의 중지 1진 귀환자들이 동지회의 결성을 맹세한 날로부터 15년이 지난 1961년에야 비로소 정식으로 '1.20 동지회'가 결성되었음을 밝힌다. 5.16 직후의 일이다. 용주가 발기문을 쓴다.41)

---

38) 엄익순, "몸부림치던 그때", 『학병사기』 1권, 761-767쪽

39) 이영기, "잊을 수 없는 사람들", 『학병사기』 1권, 783-787쪽

40) 이영기, 같은 책, 789쪽

41) 용주의 육필원고가 남아 있다. 이와 함께 1963년 1월 20일자 도쿄의 힐튼 호텔 용지에

주축이 된 중지 귀환병뿐만 아니라 국내 배치자, 일본내지 근무자, 동남아 배속자 등 '모든' 동지들을 아우르는 작업을 추진한다. 무엇보다도 자신들의 체험을 역사의 기록을 남겨야 한다는 공통의 사명감이 이루어졌다. 1987년 12월, 드디어 『학병사기』 제1권이 발간된다. '시련과 극복'이란 부제를 달았다. 동지회가 창설된 후 26년 만의 일이다. 서문을 쓴 회장 안동준은 이렇게 기록의 성격을 규정한다.

"1.20 학병사는 일제의 한국에 대한 침략 정치사의 일 단면이라고도 할 수 있다. 그것은 '경국(傾國)의 시초(始初)지사가 아니라 망국지후의 결과지사'였던 것이다."[42]

이병주가 비장한 간행사를 쓴다. "우리는 그때 운명을 생각하고 역사를 생각했다. 아니 운명처럼 역사를 생각하고 역사처럼 운명을 생각했던 것이다.……반항적이었건, 도피적이었건, 타협적이었건, 그 학병생활을 통해 한시 반시인들 민족을 잊은 적이 있었던가. 수모를 느낄 때도 아슴푸레 미래에 대한 등불을 켤 때에도 우리의 조국은 한반도이며 설혹 죽을지라도 우리의 영혼은 그곳으로 돌아가야 한다는 염원을 잊을 수가 없었던 것이다. 그런 까닭에 우리는 그곳에서 조국의 아름다움을 알았다. 조국에 대한 절실한 사랑을 가꾸었다. 우리에게 희망이 있다면 우리 스스로가 조국의 희망이어야 한다고 깨달았다.……일본은 본의 아니게 우리에게 교육의 터전을 마련해준 것이다. 이제 우리는 그 곤욕의 체험으로 하여 일본인을 원망하는 마음을 청산할 시기에 이르렀다. 비록 감사하진 못할망정 우리의 자각을 공고히 한 계기를 만든 역사적 사건을 두고 저주하는 심정으로부터 벗어나야 하겠다.……지금 엮어내는 학병사의 의미도 바로 여기에 있다. 굴욕의 시간을 회상하려는 노릇이 아니라 영광의 씨앗을 찾기 위한 노력이다. 그 씨앗은 오로지 우리의

쓴 메모도 보존되어 있다. 동지회가 결성된 지 8개월이 지나도록 성과가 지지부진한 데 대한 변명이다.
42) 『학병사기』 1권, iii-iv

정신과 실천의 의지에 있다는 것을 확인하고자 하는 데 학병사 간행의
의미가 있는 것이다."43)

이어 11년에 걸쳐 세 권을 추가 발행한다. 제2권, 『저항과 투쟁』(1988.
4), 제3권『광복과 흥국』(1990. 1), 제4권『통일과 번영』(1998. 4). 전 4권
에 걸쳐 80여 명의 학병동지가 기고했다. 출판의 전 과정을 통해 안동준
(安東濬)의 특별한 기여가 있었다고 입을 모은다. 4권의 권말에(997-1221
쪽) 2,688명의 명단이 수록되어 있다.44) 얼핏 보아도 대한민국의 인명사
전이다. 대한민국의 출범에서 제3공화국까지 한국사회를 주도한 인물
들이 즐비하다. 김수환(추기경), 이일규(대법원장), 강영훈(국무총리), 김
준엽(고려대 총장), 조영식(경희대 총장), 윤천주(서울대 총장), 조좌호
(성균관대 총장), 장도영(육군 참모총장), 김계원, 박병권, 민기식, 김용
배, 김계원, 장경순, 김익권, 백석주, 김종오, 한신, 최영희(이상, 장군),
이철승, 장준하, 신상초, 박병배, 최세경, 정우식(정치인), 구태회, 임정
수, 이동찬, 김종대(경제인), 오탁근(법무장관), 성동준(문교차관), 변무
관, 나길조(검사), 김용한, 강문용, 곽복록, 동완, 안병욱, 서임수, 이가형,
이대원, 정병욱, 김성희45)(학계), 김성한, 장용학, 한운사(작가) 등이고,
서울법대 교수도 6명 포함되어 있다.46)

발간된 전 4권의 『학병사기』 중 그 어느 곳에도 황용주는 정식으로
기고하지 않았다. 장도영도 없다. 두 사람 모두 박정희와의 특수한 관계
가 고려되었을 것이다. 또한 제1권이 출간된 1987년에는 두 사람은 이미
'입이 없는' 야인이 되어 있었기 때문이기도 할 것이다. 그래서 더욱
그들에 관한 동료들의 언급은 미화된 여지가 적어 신빙성이 높다.

---

43) 이병주, 『학병사기』 1권, 간행사
44) 정기영의 특별한 공로다. 그는 체계적이고도 집요한 노력 끝에 일본 정부에 보관된
    이들의 명부를 찾아낸 것이다.
45) 김성희는 오키나와에서 생존한 단 6명 중, 한 사람이다. 김성희, "생지옥 오키나와",
    『학병사기』 2권, 3-6쪽
46) 김기두, 이상조, 김증한, 임원택, 서돈각, 김도창이다.

일본군 장교가 되다

어느 나라의 군대나 마찬가지로 일본군의 제복은 그 자체가 계급이다. "일본군의 군복은 묘한 작용을 한다. 장교복은 아무리 못난 놈이라도 입기만 하면 잘나 뵈도록 하기 위해 고안된 것임에 틀림없다. 이와 반대로 병정이 입는 군복은 아무리 잘난 놈이라도 되도록이면 못나 뵈도록 하기 위해 고안된 것이다."47) 사병생활의 고달픔은 필설로 다하기 어렵다. "보들레르에게 일본 졸병의 모자를 씌워 총을 들고 이 위에 세운다면? 상상할 수가 없다.……괴테에게……이 일본 졸병의 모자를 씌운다면? 그것도 상상할 수가 없다. 칸트에겐? 베토벤에겐? 톨스토이에겐? 니체에겐? 역시 상상조차 할 수 없다. 그러나 도스토옙스키에겐? 그에게만은 어울릴 것 같다."48) '용병' '노예의 사상' 등으로 표현한 이병주의 졸병론의 한 단면이다. 도쿄제국대학 재학 중 입대하여 사병으로 버마전선에 배치되었던 이가형의 평가다. "일본군대는 신기할 정도로 병사들을, 특히 초년병을 못살게 구는 곳이다. 병사의 힘을 길러주는 곳이 아니라 병사의 힘을 쥐어짜는 곳이다. 이것은 병력의 핵심을 병사의 인내력과 희생정신에 두고 있는 구식 군대가 하는 짓이리라."49) 그는 엄지손톱을 이의 피로 물들이면서 죽은 이의 마리수를 세고 있는 자신이 포로감시원이나 위안부와 마찬가지로 더없이 비굴하고 초라하다. 보들레르의 시구를 떠올린다. "거지들이 몸에 이를 기르듯/우리는 사랑스러운 뉘우침을 기른다."50)

무엇보다도 배고픔이 가장 감내하기 힘든 고통이다. 장준하는 일본군 고참병이 남긴 잔반을 얻어먹기 위해 비굴한 짓을 한 동료의 모습을 기록했다. "한때 우리나라 육군의 최고 책임자였던 모 장군도 사실은 나와 같은 동료였다. 그러나 나는 그를 동료로 보기에 가슴이 아픈 때가

---

47) 이병주, 『관부연락선』, 71쪽
48) 이병주, 같은 책, 102–103쪽
49) 이가형, 『분노의 강』, 경운출판사, 1993, 59쪽
50) 이가형, 같은 책, 71쪽

한두 번이 아니었다. '잔반불식동맹'을 만들어 그의 자존심을 길러주고
자 했건만 그것은 허사가 되어버리고 만 슬픈 기억도 아직 잊을 수 없
다. 그 친구는 고참병이 먹다 남은 밥을 던져주면, 그릇째로 뺏기 내기
를 하는 것이 아니라 숫제 두 손을 밥그릇에 넣어 먼저 밥만 움켜쥐고
돌아서서 그 더러운 밥을 먹곤 했다. 얼마나 배가 고팠으면 저럴까 불쌍
해 보였지만, 그에게서 받은 한국인의 모욕감을 나는 지금도 참을 길
없다."51)

　일본군의 장교가 되는 것은 무엇을 의미하는가? 사병은 강제징집이
지만 장교 되기는 적극적인 의사표현이 있어야 하는 것이다. 용주는 능
동적으로 장교가 되었고 장교로서의 경험을 적극적으로 활용하였다. 일
본의 패전 직후 일본군의 고위층과 협상하여 한적(韓籍)사병의 신변 안
전과 조기귀국을 위해 나름대로 애썼고 상해에서도 김구 주석을 비롯한
임시정부의 요인들과도 접촉한다.52) 일본군 복무 중에 탈출하여 중경의
임시정부에 합류할 모의를 한 적이 있다는 동료들의 증언이 있지만, 그
는 입대 전부터 일본이 조만간 패망할 것이라는 기대와 확신을 안고
살았고, 이러한 확신은 당시에 남긴 글에서도 확인할 수 있다.

　도쿄제국대학 법학부 출신으로 중국 북지(北支) 고로(衣)부대에 배치
되었다 탈출한 신상초는 이렇게 술회한다. "중지전선에 배치되었던 한
국의 학병들은 모두 원, 불원을 떠나 간부 후보생에 편입되었다. 우리는
모두 상등병 계급장을 달고 있었다. 별 셋을 달게 되니 별 하나짜리
초년병은 마음대로 부려먹을 수 있고 별 둘 짜리인 일등병에 대해서도
어느 정도 호령할 수 있었다."53) 훈련만 마치면 곧바로 상등병이 된다는
것은 어떤 의미에서는 파격적인 대우였다. 여러 가지 정책적 고려가 있

---

51) 5.16 쿠데타 시 육군 참모총장으로 후일 제거된 장도영을 지칭하는 것이 분명하다.
　장준하, 장준하 문집 2 『돌베개』, 10주기추모문집간행위원회 편, 사상, 1985, 15쪽
52) 염인호, 『김원봉 연구 : 의열단, 민족혁명당 40년사』, 창작과비평사, 1993; 김삼웅,
　『약산 김원봉 평전』, 시대의 창, 2008, 577쪽
53) 신상초, "사선을 넘은 분노", 『학병사기』 1권, 714-760, 735쪽

없을 것이다. 조선 지식인에 대한 배려도 있었고 명목상으로나마 '지원'한 반도의 지식청년에 대한 천황의 은사일지도 모른다. 특히 중국지역에서 탈출하여 임시정부나 중국군에 합류하는 것을 예방하려는 방어기제일 수도 있다.

그러나 같은 일본군 장교라도 배치된 지역과 부대의 사정에 따라 생활은 판이하게 달랐다.

현승종 전 국무총리는 남경의 일본군 중앙군관학교에서 예비사관으로 근무한다. 그는 "소대장을 맡아 중국 팔로군을 상대로 실제 전투다운 전투를 치른 것은 딱 한 번밖에 되지 않는다"(『일요시사』, 2009. 3. 27)라고 밝힌 바 있다. 영문학자 조성식(1922-2009)은 1944년 10월 "나는 당시 일본 시고쿠(四國) 동북부 해변 도요하마(豊濱)라는 곳에 위치한 선박병 예비사관학교의 사관후보생이었고……1945년 6월, 원산으로 전속되어 있었다. 그는 "견습사관(見習士官)의 권한은 대단했다"[54]고 자부했다. 일본 구마모토(熊本)시 서부 16부대에 배속된 김남협의 수기도 있다. "3개월이 지난 뒤 우리는 일제히 일등병이 되었다. 동시에 간부후보생 시험을 보게 되었다. 이 시험은 우리에게 큰 시련이 아닐 수 없었다. 갑종 간부는 7년, 을종 간부는 5년, 졸병은 3년의 복무기한이니 어찌할까?" 각자의 처세관에 따라 고의로 낙방한 사람이 많았다.[55]

메이지 대학 법학부 출신으로 후일 검찰총장과 법무부 장관을 지낸 오탁근은 일본 본토의 중부 22부대에 배속된다. 그는 자신이 근무한 병영의 분위기를 이렇게 전한다. "간부후보생들은 부대 내에서 교육을 받는 기간 중에는 고참병에게 일반적으로 시달림을 많이 받았다. 그것이 일본군 이면의 전통이다. 후보생들은 상등병에서 출발하여 오장 계급에서 갑, 을로 분류된다. 갑종은 예비사관학교에 가서 6개월 정도 교육을 받고 견습사관이 되어 원대 복귀한다. 그러기에 일등병이나 만년

---

54) 조성식, 『영어와 더불어 ─ 영어학자의 자전적 에세이』, 해누리, 2007, 230-232쪽
55) 김남협, "애정의 천리길", 『학병사기』 1권, 482쪽

상등병들이 볼 때는 시기심도 대단했다. 몇 달 만에 계급이 높아질 후보생이고 보니, 높아지기 이전에 군대생활의 맛을 보여주어야 한다는 정서가 있었다."56) 리츠메이칸 대학 법과 출신으로 후일 해방 후 경찰 간부가 된 문학동의 수기는 당시 일본의 허술한 사정을 보여준다. 그는 일본 본토에 배속된다. "갑종간부시험(甲幹)에 합격하면 육군 예비사관학교로 가게 된다. 소모품으로 대량 생산한 연유로 교육을 할 학교가 만원이 되어 각 부대에서 갑간 후보생끼리 훈련했다."57)

군대는 계급이다. 그러나 때로는 계급 못지않게 밥그릇도 중요하다. 보성전문 상과 재학 중 입대하여 일본 중부 제8부대에 근무한 서재균의 수기가 어린 장교의 고충을 대변한다. 그가 배치된 부대의 사병들은 예비역에서 소집된 고병(古兵)들이라 견습사관인 그에게 종종 결례를 했다. 화가 난 그는 어느 날 하사관을 집합시켜 기합을 준다. 하사관들은 사병들에게 가혹한 분풀이를 한다. 부대장은 그에게 정색을 하면서 충고한다. "전투부대에서는 장교의 3할은 적의 총탄에 맞아죽는 것이 아니라 부하가 뒤에서 쏜 총알에 죽는 것이다."58)

일부는 의도적으로 장교가 되기를 기피했다. "간부후보생이 되면 제대가 늦어질 것 같아 기피했다는 고백이 있는가 하면",59) "간부후보생 시험을 치른 사람에게 속내를 보일 수 없다는 경계도 있었다."60) 충북괴산 출신의 한운사는 제대할 때까지 사병으로 복무한다.61) 밀양 출신 안영달도 시종일관 사병으로 남는다. 그는 진정한 마르크시스트가 되려면 당원이 되어야 한다고 믿었다. 그리하여 일본 조치대학 재학 중에 일본 공산당의 후보당원이 되었다. 그의 많은 나이를 감안하면 의도적

---

56) 오탁근, "나의 학병생활기", 『학병사기』 1권, 596, 611쪽
57) 문학동, "끈은 나의 인생관", 『학병사기』 1권, 520-523쪽
58) 서재균, "장교는 3할 후탄", 『학병사기』 1권, 557, 568쪽
59) 한순갑, "강제입영에서 노경까지", 『학병사기』 1권, 265쪽
60) 조영식, "학도병 의거사건", 『학병사기』 2권, 229-280, 266쪽. "우리 중대에 간부후보생을 거쳐 견습사관으로 와 있는 사람이 있어요." "인자하고 기독교 신자지.……하지만, 간부후보생 시험을 치른 사람이니 마음을 다 줄 수는 없지요."
61) 한운사, 『구름의 역사』, 33쪽

으로 학병에 자원하여 잠입했다는 주장도 있다.62) 도쿄 유학시절부터 약간의 친분이 있는 동향의 선배임을 내세워 안영달은 수시로 용주에게 접촉해온다. 부대는 다르지만 외출 때면 꼭 찾아와서 정보를 주고받는다. 안은 연안의 무정(武亭), 김두봉(金枓奉)의 소식을 전하고 황은 중경 쪽의 김구, 김원봉의 소식을 전한다.63)

패전국의 장군

일본군 지식인 장교들의 태도에 대한 학병 체험자들의 증언은 대체로 우호적이다. 패전이 기정사실로 굳어지면서 이들은 거의 예외 없이 신생 독립국에서 중요한 역할을 담당할 학병 출신 조선인 청년에게 격려와 축복을 보냈다고 한다. 더러는 일본의 역사적 책임을 자인하기도 했다고 한다.64) 대학동문이라는 이유로 호의를 베푸는 것은 당시의 보편적 정서였다. 김준엽도 게이오 대학 선배의 특별한 배려로 역설적이게도 탈출이 용이했다고 고백한다.65)

8.15 해방 당시, 중국의 일본군은 관동군, 북지군, 중지군, 남지군으로 나뉘어 있었고, 전체를 총괄하는 사령부가 남경에 있었다. 사령부의 참모장은 안도(安藤) 소장이었다. 1945년 6월, 안도는 남경의 예비사관학교 졸업식 식전에서 강연한다. 이 전쟁을 어떻게 승리로 이끌 것인가라는 전형적이고 의례적인 주제였다. 그의 강연의 요지 또한 지극히 의례적인 것이었다. 아시아 민족이 단결하여 대동아공영권을 만들어야 하고 그 중심 사상은 신도, 황도라야 한다는 일본 군대의 전범(典範)을 되풀이한다. 강연이 마무리되기 전에 용주가 번쩍 손을 들었다.

---

62) 소설 『관부연락선』에는 학병들의 의식화 작업을 위해 안영달이 어떤 역할을 했는지 상세하게 기록되어 있다. 79–82, 91–93쪽
63) 『격동기 지식인의 세 가지 삶의 모습』, 99–100쪽
64) 임성화, "평양부대 학병사건", 『학병사기』 1권, 209쪽. 와세다 대학 선배인 다카다(高田) 대위의 호의를 입었다.
65) "나는 운이 따라준 것이다. 대허가에 도착해보니 경비중대 훈련교관이 경웅대학 선배였다. 4년 선배인 그는 후배인 나에게 각별한 관심을 표시하면서 호의를 베풀었는데, 이 호의가 나의 탈출을 용이하게 만들어주었다." 김준엽, 『장정 1』, 91–92쪽

"아세아 전체 민족이 서구의 지배에서 벗어나기 위해 힘을 합쳐야 한다는 데는 이의가 있을 수 없습니다. 그런데 제각기 민족의 독립을 얻고 그 독립의 바탕 위에 협력하여 같은 생활권을 만드는 것이 바람직할 터인데 이를 통합적으로 이끄는 이념이 황도(皇道)밖에 없다는 점은 이해하기 힘듭니다."

장내에 대소동이 벌어졌다. 모두 벌떡 일어섰고 그중 한 열혈청년은 '빠가야로'(馬鹿野郞, 바보새끼)라고 소리치며 용주에게 달려들었다. 안도는 엄숙하게 모두 제자리에 앉으라며 장내를 정리한다. 그리고는 용주를 내려다보며 물었다. "이름이 뭔가?" "히야마 고우세이(檜山龍珠)입니다." 이어서 반도 출신이냐고 물었다. 용주는 그렇다고 답했다. 안도는 의연했다. "반도 출신으로 천황폐하의 성전에 참여해주어 고맙다. 대동아 공영권의 건설을 위해서는 반도 청년의 도움이 절대적으로 필요하다. 지금 귀관의 발언의 취지도 충분히 이해한다. 반도 출신으로 내지인과 마찬가지의 기개를 가진 것을 칭찬해 마지않는다. 만약 귀관의 발언이 고의로 이 성스러운 전쟁을 반대하는 것이었다면 어김없이 사형감이지만 지식인 학도로서의 소신을 밝히는 것이라면 충분히 수용할 수 있다."

일순간 장내는 숨소리조차 들리지 않는 정적이 감돌았다. 용주도 소신껏 발언했지만 내심 자신의 발언이 초래할 파장을 우려하고 있었다. 진땀이 등골을 따라 흐르는 것을 느꼈다. 안도의 강연이 끝나고 모두가 해산했다. 그런데 그것으로 끝이 아니었다. 겉으로는 태연했으나 몹시 불안한 마음으로 막사에 있는데 한 시간이 채 못 되어 사관의 호출이 있었다. 이제는 죽었구나, 각오를 하고 교육부대장실로 갔다. 그런데 이게 웬 일인가? 안도는 점잖은 목소리로 앉으라고 한다. 그리고서는 일본 정종을 한 잔 가득 따라서는 마시라고 권한다. "어느 대학 출신인가?" "와세다 대학입니다." "아 그래, 전공은?" "불문학입니다." "왜 하필이면 불문학을 택했는가?"

두 순배 돌고 약간 취기에 기대어 용주는 오래전에 준비된 답을 당당하게 밝힌다. 1차 대전이 끝나고 파리에서 강화회의가 열렸다. 임시정부의 김규식 박사가 참석하여 옵저버의 자격으로 발언을 했다. 윌슨 미국 대통령이 민족자결주의의 이념을 내걸었던 절호의 기회였는데 불행하게도 그는 짧은 영어로 허우적거리다 잘 되지 않을 때는 조선말로 소리치곤 했다. 그래서 장내가 소란하기만 하고 전혀 의사 전달이 되지 않았다. 만약 그가 당시의 국제어였던 불어로 유창하게 연설했더라면 조선의 입지가 훨씬 나아졌을지 모르는 일이 아니었던가. 이런 생각 때문에 어린 시절부터 불어를 배우기로 작정했다고 털어놓았다. 안도는 "그래 말이 되는 이야기다. 참, 오늘 일은 없었던 것으로 하자"고 하고는 정종 한 병을 비울 때까지 여러 가지 이야기를 나눈다. 용주는 그때 안도에게서 받은 인격적 감화를 평생 잊지 못한다.

용주가 불려가자 동료들은 불안하기 짝이 없었다. 평소의 친분을 생각하면 자신들에게도 화가 미칠 수 있을 것이다. 당시에 현장에 있었던 정기영의 증언이 있다. '저 녀석은 이제 골로 갔구나. 성질머리 하고선, 좀 참지.' 그는 안절부절 못한다. 그러나 용주는 멀쩡하게, 그것도 거나하게 취해서 막사에 돌아온 게 아닌가. 학병동지들 사이에 이 이야기는 오래토록 찬탄과 시샘의 대상이 되었다. 용주는 후일 박정희도 일본 사관학교를 다녔기 때문에 그릇이 크다, 안도의 예를 보아도 일본 사관학교 출신 장성은 그 정도의 식견과 그릇을 가지는 것이 기본이라고 내놓고 말하곤 했다.66) 이 사건 이후 용주는 일본인 장교의 스케일과 지적 역량에 대해 찬사를 아끼지 않았다.

도대체 무슨 배짱으로 그렇게도 당돌한 질문을 던질 수 있었는가라는 질문에 용주는 준비된 답변을 가지고 있었다. 무엇보다 반도 출신 일본군 장교로서의 기백을 보여줄 생각이었다. 사관 교육을 수료하는 시점에 전쟁의 명분에 대한 문제를 제기함으로써 자신의 정체성에 대한 확신을 갖고 싶었다. 용주는 한운사의 부민관 장행회 사건도 전해 듣고

---

66) 『격동기 지식인의 세 가지 삶의 모습』, 103쪽

있었다. 절대로 자신에게 가혹한 행위를 할 수 없을 것이라는 믿음이 있었다. 안도가 조선인 병사를 적으로 여기지 않는다면 그 정도 여유가 있을 것이라는 은근한 기대가 있었다. 그러나 엄밀하게 따지고 보면 용주는 억세게 운이 좋았을 뿐이다. 안도는 특별한 군인이었다. 어쨌든 이 사건으로 용주는 동료들 사이에 더욱 확고한 리더십을 확립하는 데는 성공했다.

해방 소식

용주는 8.15 해방 소식을 이틀 후에 접한다. "1945년, 중국 무석(無錫) 북방 양자강 유역에서 이날 일본이 무조건 항복했다는 것도 모르고 있다가 17일 저녁에야 무석에 있는 부대분부에서 알게 된 일이 생각나다. 종일 흐리고 비가 내리다."[67]

히야마 소위는 즉시 남경으로 안도(安藤) 참모장을 찾아간다. 안도는 반갑게 맞이한다. 용주는 수료식에서 베풀어준 격려에 감사의 말을 전한다. 안도는 자네 원대로 됐으니 앞으로 조선을 훌륭한 나라로 만들어달라며 격려를 아끼지 않는다. 용주는 그를 찾아온 구체적인 목적을 밝힌다. 징병이든 지원이든 일본군 내의 조선 장병의 명단을 얻으러 왔다는 것이었다. 왜 필요하냐는 안도의 질문에, 일본의 군사 훈련을 받았으니 이들을 다 모으면 새로 세울 나라의 군대의 근간이 되지 않겠는가라고 답한다. 안도의 대답은 더없이 시원했다. 즉시 부관을 불러 지시하고, 자료가 준비될 동안 히야마 소위에게 영내에 숙소를 마련해주라고 지시한다. 이튿날 안도는 미안한 표정을 지으며 구체적인 명단은 파악할 수가 없다, 다만 관동군을 제외하고, 북지, 중지, 남지군을 통틀어 징병이 4만, 지원병은 1천 명 내외, 그리고 학도병은 약 300명 정도로 추산될 뿐이라고 답했다. 더더구나 지금은 패전 처리의 일거리가 산적해 있어서 더 이상 구체적인 도움을 주기 어렵다며 양해를 구한다. 그러나 용주는

---

67) 1984. 8. 15 일기

집요했다. 그러면 장교들만이라도 요소요소에 집합시켜달라고 요청한
다. 안도는 다시 부관을 불러 상의한다. 그리고는 용주에게 서류를 한
장 보여준다. 장개석 정부의 군사위원회 위원장, 하응흠(何應欽, 1899-
1987) 명의로 일본군 중지파견 총사령관 마쓰이(松井正根) 앞으로 보낸
전문이다. 요지인즉 현재 당신들이 장악하고 있는 지역은 계속 장악하고
대 신사군, 대 팔로군 전투는 계속하라는 것이었다. 그리고 반도 출신
사병은 소속 변경을 하지 말고 그대로 일본군에 두라는 것이었다.

　안도는 전문을 보여주며 우리는 패전자이니 어쩔 수 없지 않는가라며
난감한 표정을 지었다. 용주는 다시 "그럼 우리가 집단 탈출할 테니 그
건 막지 말아달라"라고 주문한다. 안도는 싱긋이 웃었다. "그래 알았다."
그러면서 용주의 어깨를 정답게 두드렸다. "자네는 장차 대장이 될 재목
이야." 용주는 내친 김에 한 가지 더 요청을 한다. 조선 출신 장병에게는
미리 식량과 피복을 지급해달라는 것이었다. "그건 비밀이 보장되기 어
렵기 때문에 힘들지만 무슨 수를 생각해보자." 그러면서 안도는 황의
손을 잡았다. "잘 가게. 그리고 좋은 나라를 만들게." 용주는 일생을 통
해 당시의 감격을 잊지 못한다. 식민지 청년에게 따뜻한 격려의 말을
건네주던 패전국 장군의 의연함을 오래토록 흠모했다. 후일 용주는 백
방으로 수소문하여 안도를 찾았으나 그는 종전 후에 은둔생활을 하다
원인 모를 신병으로 일찍이 생을 마감했다는 소식을 들었다.

　"어떻게 살아왔는가가 아니라, 앞으로 어떻게 살아날 것인가가 자연
공통의 화제가 되었다. 비분강개로 끝날 것이 아니라 군문에 들어간 후
에 구체적으로 삶의 길을 찾는 것이 무엇인가가 문제다. 분통이 터질
지경이지만 일본 군문 안에서 참을 대로 참으면서 일신의 안일을 보전
해두었다가 전쟁이 끝나는 것을 기다리자는 신중론, 한국 내에서 탈주
할 수는 없지만, 전선에 나가는 대로 도망쳐 연합군 측에 가담하여 일본
놈에 대한 원수를 갚아야 한다는 극단론, 전자는 기회주의적 투항론이

요, 후자는 위험천만한 주전론이지만, 양자의 주장에는 각각 상당한 이유가 있었다." 신상초는 학병에 응소한 사람들의 갈등과 고뇌를 이렇게 분류했다.[68]

"꿩이란 놈은 아무리 귀엽게 길러도 사람과는 담을 쌓는 놈이다. 몇 해를 두고 애지중지 자식 마냥 길러놓아도 새장을 벗어나면 곧장 줄행랑을 치지 않고서는 못 배기는 습성이다. 강제동원된 학도지원병이 꿩이 되지 않는 것이 도리어 비정상이다."[69] 지수철의 생래적 탈출론이다.

중국 전선에서 수많은 학병들이 탈출을 감행했다. 장준하(『돌베개』, 1971), 김준엽(『장정』, 1987), 신상초(『탈출』, 1975)의 널리 알려진 '3대 탈출기'[70]에 당시 상황이 잘 드러나 있다. 일본군이 중국대륙을 점령했다는 것은 사실상 보도뿐이고, 실제적인 점령은 점(点)과 선(線)뿐이라는 말처럼 일본군의 점령효과는 철도 연변과 주요 도시 지역에 한한 것이었다."[71] 한마디로 중국 대륙은 군사적으로 일본군, 국민당, 공산당, 왕정위(汪精衛) 세력의 4파전의 무대였다.[72] 중국전선에 배치된 조선 병사는 일단 부대를 탈출하여 농촌지역으로 도피하면 일본군의 영향권을 벗어난다는 기대를 걸 수 있었다. 중경 임시정부라는 목적지가 없는 다른 지역에서도 탈출이 감행되었다. 버마전선에 파송되었던 사병 이가형이 쓴 『분노의 강』에도 탈출의 기록이 보인다. 1.20 학병동지회에서 발간한 『학병사기』는 중국의 3대 탈출기를 포함하여 17인의 탈출기를 모아두었다.[73]

"학병 중에는 교육훈련에 열성을 내는 자도 있고 당초부터 탈출을

---

68) 신상초, 『탈출』, 66쪽

69) 지수철, "장에 갇힌 새", 『학병사기』 1권, 815쪽

70) 김윤식 교수는 3대 탈출기를 '역사형식으로서의 학병'으로 분류한다. 김윤식, 『일제말기 한국작가의 일본어 글쓰기론』, 437–468쪽. 이에 더하여 "민담형식으로서의 학병"(417–436쪽), "소설형식으로서의 학병"(469–484쪽)이란 제목 아래 선우휘의 『불꽃』(1957)을 다룬다.

71) 장준하, 『돌베개』, 36쪽

72) 김준엽, 『장정 1』, 158–159쪽

73) 『학병사기』 2권, 502–890쪽

기도한 자도 있었다. 전자는 기왕에 입대했으니 빨리 승급 진급하여 아니꼽기만 한 고병(古兵) 등의 억압에서 하루 빨리 벗어나서 한이라도 풀어보려는 적극파이다. 후자 중에는 성공적으로 탈출한 사람도 있었지만 계획이 탄로나 영창과 곤욕을 치른 사람도 많다. 또한 꾀병, 지둔(遲鈍) 등을 가장으로 기회를 노린 소극파도 있었다. 각기 방편은 달랐지만 모두에게 공통된 것은 일본군에 저항했다는 것이다."74) 심지어 어떤 부대는 조선인 학병이 대거 탈출함으로써 부대의 편성을 새로 해야 할 정도였다. 용주와 같은 중지의 矛(야리) 부대에 배속된 김종수의 회고가 있다. "우리 부대에도 학병이 많이 탈출한 것을 알았다. 衣(고로) 부대에서 다수 탈출한 후에 남은 학병들은 우리 부대로 왔다. 그중 한 사람이 장도영 대장이었다."75)

"전남 화순 출신으로 일본대 법학과 재학 중에 고시행정과에 합격한 임주석은 일본 동부 1902부대에서 탈출한다."76) 국내탈출의 예도 있다. 1944년 8월 8일 대구의 24부대에서 6명이 팔공산으로 탈출한다. 그중 4명은 국내에서 체포되고 한 사람은 만주에서 체포되어 일본 고쿠라(小倉) 형무소에서 8.15 해방을 맞는다. 보성전문 재학 중에 입대한 김복현만이 황해도 광산에서 해방될 때까지 은둔하는 데 성공했다.77)

그러나 아무리 탈출이 용이하다고 하더라도 어디까지나 '비상적'인 일이다. 실패하면 즉시 사형당할 각오를 해야 한다. 탈출에 성공해도 그 이후가 더 큰 문제다. 김준엽과 장준하와 같이 극히 운 좋게 광복군에 합류하거나 신상초와 같이 운 좋게 중국군에 동참한 예도 있다. 그러나 일부는 체포되어 고쿠라 육군형무소에서 해방을 맞기도 하고 드물게 1년 이상 국내에 잠적한 예도 있다.78) 중국군으로 위장하여 전투 중에

---

74) 정찬규, "한인학병처우를 위한 일본군부의 고육지책", 『학병사기』 1권, 837쪽
75) 김종수, "사선을 뚫고 — 일제학병 탈출기", 『학병사기』 2권, 534−556쪽
76) 이은태, "일본군부대에서 고국까지", 『학병사기』 1권, 249−261쪽
77) 『학병사기』 2권, 601−606쪽
78) 차몽구, "나는 이렇게 탈출했다", 『학병사기』 2권, 589쪽

귀순했으나 포로 신세를 면치 못하고 고생한 경우도 있다.[79] 즉시 총살
된 경우도 있을 것이다. 장준하의 기록이다. "더욱 슬픈 것은 전 중국지
역에서 두 번째로 일군에서 탈출한 한성수가 상하이에 특수임무를 띠고
잠복 진입한 후에 동포의 밀고로 3개월 만에 일본헌병대에 체포되어
처형된 것이었다."[80] 버마, 필리핀, 타이완 등지에서 탈출한 사람도 있
었을 것이다. 그러나 그들의 기록은 희소하다.

용주도 여러 차례 탈출을 생각한다. 사병 시절에는 물론 장교가 된
이후에도 탈출을 모의한다. 스스로 주동하지 않아도 언제나 분위기가
그랬다. 1945년 6월 1일, 용주는 장경순, 민충식, 최세경, 정기영 등과
함께 소위 계급장을 단다. 교육 중에 탈출을 모의하기도 한다. "우리들
은 예비사관학교에서 교육을 받는 동안 교육이 끝나는 대로 기회를 보
아 중경으로 탈출하자는 모의를 했다.……그때 남경과 중경 사이에는
선이 닿는 정보통들이 있었다. 약산이 임시정부의 군무부장이며 광복
군 제1지대는 약산 계열의 사람들이 장악하고 있었다는 소식을 들었
다."[81] 은밀하게 상해의 독일계 통신사에서 일하고 있던 김진동(金鎭
東)을 만난다. 그는 임시정부의 부주석, 김규식의 아들이다. 용주는 자
신과 약산과의 관계를 털어놓고 중경으로 탈출할 의도를 밝힌다. 정기
영과 함께 구체적인 행동지침을 모의하고 중경 임시정부와 비상루트,
비상식량, 돈까지 준비한다. 장교의 신분이라 비교적 운신의 폭이 넓었
다. 경비가 허술한 어느 날 새벽 두 시에 만나기로 했으나 용주는 약속
장소에 나타나지 않았다. 혹시 탄로가 났나 하며 마음 졸이던 정기영은
나중에야 진상을 알고 기가 막혔다. 그 시간에 용주는 전우들과 태연하
게 이별주를 마시고 있었다는 것이다. 생사를 건 탈출을 앞두고 벌인
도저히 납득할 수 없는 어이없는 해프닝은 두고두고 술자리의 안주가

---

79) 박현섭, "필사의 탈출", 『학병사기』 1권, 557-560쪽
80) 장준하, 『돌베개』, 326쪽
81) 『격동기 지식인의 세 가지 삶의 모습』, 132-133쪽

되었다. 후일의 고백인즉 내심 용주는 보다 적극적인 역할을 생각하고 있었던 것이다. 일본의 패전은 임박한 것이 분명하다. 그렇다면 그 후에 어떤 일을 할 것인가, 그게 더욱 중요한 것이 아니겠나? 그가 종전 소식을 듣자마자 곧바로 남경사령부의 안도를 찾아간 것도 바로 이런 이유 때문이었다.

엄익순의 증언이다. "이때 우리들은 최종의 학교교육이 되는 남경 예비사관학교에 입교하게 되었다.……무엇 때문에 이토록 훈련하며 훈련을 마치고 나면 누구를 위하여 또 누구와 싸워야 하나.……6월경 졸업하면 모두가 일선에 배치될 터이니 그 시기를 노려서 광복군으로 도주하여 조국 독립에 힘쓰자며 황용주, 김종대 동지들과 비밀리에 결의함으로써 나의 어수선한 마음을 달래었다. 졸업과 동시에 나는 일선지구인 중지 의흥(宜興)에 배속되었다. 대망의 탈출 기회가 왔다. 동지들과 의논 끝에 9월 1일로 잡았다.……그러나 해방이 먼저 왔다."82)

문학청년 병사의 감상

용주에게 전쟁은 동시에 문학이기도 했다. 평화 시의 윤리와 가치관이 깡그리 전도되는 전쟁, 그 한계 상황에서 인간은 어떤 존재인가? 어린 시절에 전쟁을 겪은 베트남의 작가, 호안타이(Ho Anh Thai)가 편집한 현대 베트남 작가의 소설집의 제목은 『전쟁 후의 사랑(*Love After War*)』이다.83) 그는 전쟁은 문학의 어머니라고 정의한다. 전쟁은 감성이 풍부한 사내들의 사랑을 배양하는 훈련장이다. 하기와라 사코타로오(萩原朔太郎)의 시, 「군대(軍隊)」는 지식인 병사의 눈에 비친 전쟁의 일상이다. "피로하고 곤비하고 현혹하도다. 이 흉악한 군대가 딛고 가는 곳 어디서나 풍경은 퇴색하고(疲勞し困憊し眩惑す　この　凶惡な軍隊の

---

82) 엄익순, "몸부림치던 그때", 『학병사기』 1권, 767쪽
83) *Love After War —Contemporary Fiction from Viet Nam,* eds. Wayne Karlin, Curbston Press, 2003, ix

178

踏み行くとくる どこでも風景は 退色し)."[84]

　도쿄대학에서 문학을 전공하던 이가형의 기록이다. "나는 우연히 가지고 있게 된 에브리맨스 라이브러리(Everyman's Library) 출판사의 찰스 램의 『셰익스피어 이야기(*Tales from Shakespeare*)』를 가끔 들여다보곤 했으나 군대에 들어와서는 완전히 멍청이가 되었는지, 쉬운 단어의 뜻도 얼른 머리에 떠오르지 않는다. 담배를 피우는 병사들은 종이가 필요했기에 나는 『로미오와 줄리엣』과 『햄릿』 부분을 우선 제하고 찢어 나누어준다. 그 대가로 담배를 얻어 피운다."[85] 문학청년의 넋두리는 이어진다. "나는 플로베르를 강의하던 다쓰노(辰野) 박사와 말라메르를 강의하던 스즈키(鈴木) 교수의 얼굴을 떠올린다. 그들의 첫인상은 시골 고등학교(제5고)에서 상경한 조선인 청년에게 매혹적인 사부님 같은 존재였다. 그분들과 같은 일본 석학들의 제자였던 나의 이 꼬락서니는 도대체 어떻게 된 것인가? 형편없는 조선인 청년이 아니고 무엇인가! 나는 그분들과 같은 불문학자가 되고 싶었는데……."[86]

　"나는 조선총독 치하에서 아들의 출세를 위해 일본제국의 최고학부인 동경제국대학의 법과를 원했던 아버지 생각이 났다. 독법과가 고등문관 시험의 합격률이 높다 해서 나는 고등학교도 문과 을류(독일어과)를 택하지 않았던가? 1942년 12월 8일 일본 해군이 진주만을 공격하던 이튿날 아침 나는 일본 경찰에 연행 구속되었다. '민족주의 사상 책동자'로서 취조 받은 후에 기소유예로 5개월 만에 석방되었다. 그러나 불령선인으로 낙인이 찍혔다. 이제 법과를 택할 수 없는 이유가 생긴 셈이다. 아버지는 아들이 동경제국대학생이라는 것만으로 만족하셔야 했다."[87]

---

84) 이가형, 『분노의 강』, 136쪽에서 재인용
85) 이가형, 같은 책, 316쪽
86) 이가형, 같은 책, 56쪽
87) 이가형, 같은 책, 54쪽

용주의 학병엽서

6.25 전쟁 직후에 나온 "향기 품은 군사우편"(1955)이란 가요가 있다. 전쟁을 치르고 있던 나라의 소시민의 마음을 사로잡은 애창곡이었다. "행주치마 씻은 손에 받은 임 소식은 능선에 향기 품고 그대의 향기 품어 군사우편 적혀 있는 전선 편지에 전해주던 배달부가 싸리문도 못 가서 북받치는 기쁨에 나는 울었소."

아내의 심경은 그렇다손 치고 사지로 떠나는 남편의 심경은 어떨까? 한 사내는 냉정을 가장한 매언(罵言)을 내뱉는다. "나는 이때 처에게 정을 떼려고 '호박 같이 생긴 게 왜 따라다니냐?' 마음에 없는 말을 쏘아 붙였다. 너무나도 어이없는 내 말에 임신 2개월의 몸인 그녀는 울기만 했다. 나는 뒤도 돌아보지 않고 함께 입대하는 학병들과 함께 뚜벅뚜벅 죽음의 구렁텅이로 들어갔다. 장송곡처럼 들려오는 일본 군가 소리와 '반자이(萬歲)' 소리를 들으면서 영문(營門)을 바라보았다. 아직도 영내 를 바라보고 있는 학병들의 친지 가족 중에 내 아내는 어디에 있을까? 내 눈에 눈물이 고인 것을 잊을 수가 없다."[88]

1944년 1월 20일부터 이듬해 7월까지 용주는 59차례에 걸쳐 아내에 게 엽서를 보낸다. 그중 서른세 통이 온존되어 있다. 1945년 8월 말부터 1946년 3월 귀국 시까지 상해에 체류할 때도 여러 차례 서신을 보내온 것으로 창희는 기억한다. 아내 앞으로 보낸 용주의 엽서의 발신지는 여 러 곳이다. 대구부(大邱府) 제24부대(1. 26일자 소인), 평양역(1. 29일자 소인), 중지(中支)의 1317부대(力) 대(隊)의 3, 3853부대 교육대 와다나 베(渡邊)부대, 1654부대 가와노부대(河野隊)(口) 등으로 기재되어 있다. 후일 정기영의 각고의 노력 끝에 입수한 총독부의 공식기록부에 나타는 용주의 군적은 "지나 파견군(中支) 제13군 예하부대(사단) 독립보병 114 대대(모[矛]3853부대) 檜山流 現步 甲幹"[89]이었다.

---

88) 엄익순, "몸부림치던 그때", 『학병사기』 1권, 761−767쪽

군부대에서 보낸 규격엽서의 소인에는 발송일자가 표시되어 있지 않다. 그리고 엽서의 내용 중에 일자를 명시하지 않는 것이 군의 규율이었다. 그래서 용주는 일련번호로 표시했다.

"문교부 사무소에 편지하여 가졸업증서가 어떻게 되었는지 조회해주오. 입영 후 건강하게 지내고 있으니 안심하시오. 같은 반에 밀양의 가네코(金子, 관서대), 진주의 가나자와(金澤, 와세다대)가 있어 즐겁게 지내고 있소.……부디 몸조심하고 14관(貫)(1관은 3.75킬로그램)을 돌파하도록. 불어는 자습하고. 당신 사진을 여러 장 보내주오. 입영 전에는 정말로 미안했소. 죄책감에 시달릴 때가 많소. 저 하늘색을 닮은 마음이기를. 제발 울지 말기를.""대구에서 전우들은 도중에 뿔뿔이 흩어지다. 안동, 밀양 친구들도 모두. 어제 경성역을 지날 때 가야마(香山) 대좌가 말을 걸었다. 자기도 밀양의 풍광을 잘 안다고. 그 말에 가슴이 멍해진다.""회식 시에 술이 취하면 눈물이 날 정도로 사람이 그립다.……점점 머리가 멍해진다. 주책없이 배가 고프다. 수송(輸送)에 견디는 것이면 뭐든지 출진(出陣)시켜주오. 당분이 많은 것이면 더욱 좋고."(제1신)

"소이코여, 오늘은 기원절(紀元節)(2.11 일본천왕의 생일)인데 식이 끝나고 팥밥과 술이 나왔다. 조금 취했다.……83호집에서 함께 지낸 3년이 꿈만 같다. 하늘이 활짝 개어 있다. 먼 곳에 왔어도 그대 생각 일편단심."(제2신)

"몽테뉴의 『수상록(白水社)』 주문할 것.……건포 마찰은 참 좋다. 조석으로 춥고 차가운 바람이 분다. 지금은 교육 중이고 제1기가 지나면 중대본부로 돌아가 지나 병과 싸운다. 지나인은 한 사람 한 사람 자기 자신이 세계를 떠받들고 있다는 듯 부동자세다. 거리는 붐비고 기름내 질펀한 돼지고기가 비리다. 하얀 벽돌의 포도 도처에 크리크, 대여섯 자 키 높이의 보리가 지평선에서 마주하는 하늘과 들. 몸은 좋아져 하루 세 끼는 모자라."(제3신)

---

89) 『유수명부 기』 2, (2001. 5. 15 일기에 인용)

"입영 1개월을 맞다.……교관이 마샬 군도가 공격을 당했다는 소식을 들려주었다. 6월 초에 간부후보생이 시험이 있다고 한다."(제5신)

"초춘의 따스함. 병영의 매화도 피기 시작했다.……어제 태어나서 처음으로 봉급을 받았다. 2개월 분, 거금 180원 25전이나 일본 돈으로는 20원도 못 된다."(제6신)

"무슨 사연이 없어도 오월이라는 계절을 간절히 기다리고 새 잡지의 표지를 생각하고 이성을 잃고 '목욕'의 숲에 호수가 그려지고 흔들리는 수면에 눕게 된다."

시가지 모퉁이에 고목나무 한 그루
초가빈가가 옹기종기 모여
모여라, 큰 나무 밑의 주민들이여
한낮의 나무 그늘이란 실로 포근해.
눈도 쉬게 하고 마음도, 육체도.(제9신)

"벌써 2개월. 오늘은 일요일 오전에 군의의 위생 강의를 듣다. 유려한 말솜씨에 기분이 좋다. 학술적 향수랄까 사이조(西條) 선생의 시간을 회상하다.……요즘은 이상한 꿈을 꾸지 않고 정상적인 꿈만 꾼다. 부모 형제 그리고 당신의 꿈. 봄이라고 하나 아직 바람이 차다.……황진(黃塵)이 지평선을 흐리게 하는 때도 있다.……이것이 중지의 봄이라는 것 이겠지."(제10신)

"『발레리 전집』 잘 챙겨두었는지. 아사히(朝日) 광고 유의해서 보고 챙기도록. 베디에라자루 저, 사토 선생 번역『중세문학 2』는 나와 있는 데 창문사(創文社)에서 발행한 책 한 권 갖추어 숙독하도록. 가사에 시간이 딸리겠지만 인간이란 실로 하루에도 다량의 생산적 노력이 쏟아 나오는 것이다.……희망을 가지고 무언가를 향해 차근차근 나아가기를 바라오."(제11신)

"초여름. 개구리 울음소리. 차차 감상도 없어지고 힘차게 빨리 움직인다. 무엇이고 밀어붙이고 나가다. 어제는 연습에 돌아오다 보리밭 보리 줄기를 눈여겨보면서 오는데 문득 내 집인 양 잠시 혼미, 지나의 초가, 눈 익은 병영이다. 아 참, 내가 지금 중지에 있지."(제15신)

"편지 잘 받았소. 좀더 밝은 사진을 받고 싶소. 조명을 밝게 하고 표정도 밝은 것이 좋아. 무엇 때문에 웃는가, 과연 웃어질까. 마음속에서 우러나는 웃음일까, 어렵겠지만 여하튼 웃어봅시다."(제26신)

"야마우치(山內) 선생, 보내는 편지마다 신록을 쫓는 것보다 말라메르의 작품을 읽는 것이 훨씬 더 실생활을 차분하게 해준다고. 관념을 쫓는 것은 위험하지만 현재의 그대에게는 그게 자연이라고 생각하소."(제33신)

"와타나베(渡邊) 부대에서 보낸 서신 반송되어 읽다. 망향의 염이라는 것은 인간에게 있어서 하나의 큰 산맥이다.……망향도 처음에는 구체적인 대상에서 집착, 욕망적 회귀의 염이었으나 지금은 시정에 감싸인 신앙적 감정으로 변해간다. 여기에 있어『로망의 노래』에서 십자군의 용사, 즉 '바루강'을 넘어 '도루코'를 건너 아라비아에 당도하여 수년 후 다시 돌아갈 때 전사를 만났다. 여기에 우리의 가슴을 때리는 비극."(제35신)

"아포르네이루이 미라보 다리 밑으로 세느가 흐르고 우리들의 사랑은 남는다. 스쳐가는 다리 밑으로 시간은 흐르고 우리들만 남는다. 그것은 극히 순수한 큐비즘의 시인 것을 지금에 와서 확실히 이해가 간다."(제41신)

33년 후의 회고다. "1944년 소위 학도병으로 만주를 거쳐 중국 대륙을 종단한 끝에 다다른 곳이 양자강 북안의 통주(通州)였다. 농과대학 교사가 병영이었다. 2층 교실에 내무반이 있고 창문 앞에 내정이 있었다. 이른 봄에 도착한 나는 다시 살아서 고국에 돌아가기는 글렀다는 비통함보다 아내와 헤어져 있다는 하루하루가 견딜 수 없었다. 20대의 혈기가 도망, 자살 같은 돌파구를 강요했고 때로는 나날의 고통스런 훈련이 전쟁에 대한 회의와 함께 공허를 촉진했다. 한마디로 나의 삶이란 중국이란 대해에 뜬 한 방울의 기름 같았다.……그러던 어느 날 내정에 서 있는 몇 그루의 목련이 꽃을 피우기 시작한 것이다. 2층 내무반 침대에 누워 있는 바로 내 눈 앞에서 봉오리 끝에 흰 빛이 생기고 잇달아 뾰족한 화변이 내밀더니 그 끝이 갈라져서 우리들 한반도의 그 다정스런 목련 꽃이 되는 것이다. 기상 나팔소리가 아니면 잠이 깨어지지 않던 초년병에게 목련의 향기는 감미로운 각성작용을 하고 있었다.……서대문의 독방에서 긴 겨울을 보내고 어쩌면 장기형을 선고받을지도 모른다는 압박에, 벗어날 기력마저 잃고 있었던 이른 봄 나는 높은 담 밑에 개나리가 만발했을 때의 감동을 잊지 못한다. 감방이란 색채가 없다는 것이 큰 징역의 하나다.……아침마다 개나리의 황금빛이 또 다른 황금빛으로 달리 보인다. 나는 그때 처음으로 다 같은 프랑스의 숲이지마는 왜 르누아르의 그림과 밀레의 그것이 다른 색채로 표현되어야 하느냐를 이해할 수 있었다. 그때의 개나리와의 만남은 나에게 어린 화가를 안겨주었다고나 할까."[90]

전쟁은 이성적인 행위가 아니다. 이성의 극소화, 감성의 극대화가 이루어지지 않으면 전쟁에서 승리하기 어렵다. 전쟁은 독재의 미화작업을 필요로 한다. 독재자들은 대중을 통제하고 탄압하지만 역설적으로 대중의 지지와 협력이 필요하다.……독재가 체제를 유지하고 공고화하기 위해 활용하는 중요한 전략의 하나는 대중의 취향을 동일시하는 것이다. 문학, 음악, 미술, 영상, 방송, 이 모든 수단이 동원된다. 나폴레옹, 히틀러, 무솔리니, 김일성 김정일 부자, 박정희, 마오쩌둥, 카스트로, 이들 모두에게 공통된 속성이다.[91] 나치 독일의 전쟁에서 요셉 괴벨스를

---

90) 황용주, "꽃과의 만남", 「부산일보」, 1977. 4. 10
91) 민은기 엮음, 『독재자의 노래 ― 그들은 어떻게 대중의 눈과 귀를 막았는가』, 한울, 2012, 4-5쪽

수장으로 하는 선전부의 역할이 지대했다.92) 일본 군국주의도 마찬가지
였다. 모든 일본 군인은 수십 곡의 군가를 외고 있다. 행군 때마다 소리
높여 외친다. 군가는 군인만의 몫이 아니다. 전쟁을 치르는 나라 국민의
일상적 도락이기도 하다. "……그들은 일장기를 흔들어대면서 나의 출
정을 전송하고 있었다. 꽹과리와 북을 치면서 목이 터져라고 일본의 군
가를 부르고 있었다. '하늘을 대신하여 불의를 응징하는 충용하기 짝이
없는 우리 병사는(天に 代りて 不義 打つ 忠勇無雙の 我が 兵は)', '이
기지 못하면 살아서 돌아오지 말라'고 '죽어서 돌아오라고' 미친 듯이
사지로 몰아내세우고 있었다. 오직 한 사람만이 그들 한가운데서 숨어
서 꼼짝 않고 배웅하고 있었다. 그 얼굴은 서글픈 눈동자를 내게로 돌리
며 말하고 있었다. '살아서 돌아오라'하고 '죽지 마라'하고."93)

각 부대마다 공식 노래가 있다. "이로와 구로가 지와 아카이(色は黑
が 血は赤い, 피부는 검지마는 피는 붉도다)." 6사단 군가는 일본 육군
전체의 우수군가로 표창받기도 했다.94)

아내에게 보내는 엽서에 용주는 이렇게 군가의 가사를 적는다. "아세
아의 동쪽 해 뜨는 곳, 성군이 나타나서……." 그리고 자신의 감상을
덧붙인다. "이 노래(군가)가 좋은 것은 가사보다 가락 속에 실린 생의
활력 때문이다"라고. "때마침 정원에 국화꽃이 피었다. 평소에 슈베르트
의 미완성 교향곡과 베토벤의 제9번 교향곡을 들어도 별반 감흥이 없었
는데 어제 아침에 변소 청소를 마치고 막사에 들어오다 라디오에서 흘
러나오는 9번을 듣고 머릿속이 쨍해졌다. 슈베르트는 가라앉히고 베토
벤은 솟구치게 하니까. 정신이 고양될 때 슈베르트는 박력이 없다. 그림
으로 치면 밀레와 고흐의 대조라고 할까. 지나 사상의 근간은 현실주의

---

92) 정주은, "히틀러, 독재의 최면에 걸린 음악", 민은기 엮음, 『독재자의 노래 ― 그들은
  어떻게 대중의 눈과 귀를 막았는가』, 120-195쪽
93) 『학병사기』 1권, 342쪽. "露營の 歌(야전장의 노래)"의 한 구절. 勝って 來るぞと 勇ま
  しく / 誓って 故鄕を 出たからは / 手柄 立てずに 死なりうか(이기고 돌아오마라고 용
  감하게/맹세하고 고향을 떠난 이상/수훈을 세우지 않고 죽을까보냐?)
94) 손홍수, "나의 일군학병 시절의 회고", 『학병사기』 1권, 587, 589쪽

다. 슈베르트의 로맨티시즘에 비해 저 호궁(胡弓)의 곡조는 너무나 리얼
해서 거의 육체적이다. 나는 요즘 잠꼬대를 한다고 하는군. '와!' 하고."
(제56신)

창희에게 보낸 엽서들 중에 규격의 군용엽서가 아닌 엽서가 한 장
있다. "이 엽서는 우리 반의 조수, 다나카(田中) 상등병에게서 받았소.
지나 색이 농후하고 배경의 산과 눈을 빼면 뒤의 형체가 대략 지금 내가
있는 곳과 근사하오. 그림 속의 풍경은 그러하지만 실제로는 흙탕물이
고 짐승 같은 인간들이 지나다니오. 풍경, 그것은 혼의 상태이고 매일
조망하는 것은……."
자신의 일상을 가능한 한 건조한 무드로 전하면서도 행간에 숨은 애
틋한 정조를 가꾼다. "축제가 끝나고 사람들이 뿔뿔이 흩어진 어두운
광장에 퍼져나가는 종이 쓰레기 불꽃놀이 냄새.……발레리는 좀더 정
확하게 말했는데 잊어버렸소. 찾아보고 알려주소."(제59신) "첫눈이 내
리다. 병사의 지붕이 하얗게 단장하다. 아이처럼 기쁘다. 山, 川, 野,
水, 사람, 여지껏 적으로 생각하던 모든 것이 갑자기 친애의 정을 보내
오는 것 같아."(제60신)

종전(終戰)의 기대 — 일본 패망의 예상

1941년 12월 7일, 일본이 진주만을 공격할 때만 해도 패전을 확고하
게 믿은 조선의 지식인은 거의 없었을 것이다. 1944년 1월 20일, 학도병
지원 당시만 해도 그런 사람은 많지 않았다. 일본의 패망과 조선의 독립
은 예상보다는 신념의 문제였다. 당시 학병의 의식수준을 가늠하는 증
언이 있다. "대다수는 한국의 독립운동이 해외에, 특히 중국에 엄연히
존재하고 있다는 사실을 믿으려 들지 않았다. 일본 파시즘의 교묘한 의
식 조작과 사탕발림의 동화정책은 한국의 젊은 지성들로 하여금 역사
발전의 방향감각을 마비케 했고 민족의식을 자각조차 못하게 하고 있었

던 것이다.……피에르 자네의 말을 빌리면 파시즘의 의식조작에 '혼까지 좀 먹힌' 인간상이 생겨난 것이다."[95]

　이은태(李恩泰)의 수기는 또 다른 단면을 보여준다. 그는 메이지 대학 재학 중 강제로 입대당한다. 그 과정에서 14차례나 고문을 당한다. 그는 학병이냐, 20년 징역이냐를 선택해야만 했다. "나는 징역을 가더라도 일본이 2차 대전에서 패망한다는 굳은 신념이 있었다. 2년만 참으면 된다. 구체적으로 2년이라는 숫자의 근거는 두 가지가 있었다. 첫째, 1941년 가을 몽양 여운형 선생이 도쿄에서 우리들에게 들려준 이야기를 믿었다. 또 하나는 메이지 대학에서 종합경제론을 강의하던 노자키(野崎) 교수의 학술적인 분석이었다. 몽양이 도쿄에 온 소식을 듣고 당시 명치대학 조선동창회 회장이었던 나는 간부 12명과 함께 메구로(目黑)의 (몽양 선생의) 조카댁으로 갔다. 경시청과 헌병대 요인들이 감시하고 있었다. 한 시간 이상을 기다린 후에 간신히 만날 수가 있었다. 일행을 대표하여 나는 거두절미하고 '선생님, 저희들도 희망을 가질 수가 있겠습니까?' 몽양은 비장하게 말했다. '이군, 그게 무슨 말이야! 우리들에게 곧 자유가 온단 말이야, 자유가!' 우리 일행은 그저 통곡할 따름이었다. 몽양은 일본은 2년 내에 반드시 연합국에 패퇴한다는 확신을 심어주었다.

　노자키 교수는 '일본이 아무리 정신적 무장이 뛰어나더라도 항공기, 군함 등 무기 생산에서 연합국, 특히 미국과 경쟁할 수 없고 태평양의 섬과 섬을 잇는 긴 보급선을 효과적으로 유지할 수가 없다'고 말하여 조선 유학생을 열광하게 만들었다. 그리하여 나는 단순한 염원이 아니라 과학적 논거로 일본의 패망을 굳게 믿게 된 것이다."[96]

　입대 전부터 용주도 일본의 패배를 확신하고 있었다. 중국전선에 배치된 지 얼마 되지 않아 용주는 막연하게나마 종전이 멀지 않았음을

---

95) 신상초, 『탈출』, 69-70쪽
96) 이은태, "내가 겪은 학병수난기", 『학병사기』 1권, 199-214, 205-207쪽

감지한다. "어제 신문에서 미군이 기어이 마닐라에 진군했다는 소식을 듣고 놀랐다. 풍문에 의하면 마쓰시타가 그곳에 갔다고 한다. 노여움에 실눈을 가느다랗게 뜬 그의 모습이 떠오른다. 그의 집에 문의했으나 회신이 없다.……가지 또한 단 한 장짜리 편지였기에 잘 알 수가 없다. 언제 갑자기 기쁜 소식을 듣고 나타날지, 기대하다. 머리 위를 나는 비행기를 볼 때마다 비행용 안경을 쓰고 두 눈을 번뜩거리는 가지를 상상한다. 정말로 전쟁이 신변에 가까이 다가왔다는 것을 느낀다. 우연히 대미(對美)전 때문에 명확해졌지만 개인의 입장도 가지가지라.……가사에 바쁜 그대에게 이런 말을 해도 좋을지 모르지만 때때로 시국과 역사를 생각하고 정신의 심층부를 다스리는 체조를 하기 바라오."(제5신)

"해질 무렵에 '하늘의 신병(神兵)'이란 노래를 부르면서 그 선율에 몸의 감정이 울려 눈시울을 붉히다.97) 비 개인 해질 무렵 풀숲에 노옥(露玉)이 반짝이는 것을 보고 문득 그 계절에 심재교 언덕에 감색(紺色)의 깃을 세우고 서 있는 자태를 회상하다.……83호실의 건(도쿄 시절 살림집), 여수역에 서 있는 아름다운 모습, 코스모스 꽃, 지금 내 마음 속에 사는 정화된 그리스의 푸른 하늘을 닮았다. 괴로울 때는 스스로 덮개를 펼쳐서 이 파란 하늘에서 구원을 찾아낸다. 『좁은 문』은 바로 거기다. 영남루를 볼 날이 곧 올지도 모른다.……그건 그렇고 대동아전쟁도 이젠 숨 막히는 상황에 도달했다고 생각한다. 만약 그대도 이런 압박감을 느낀다면 순순히 받아들이고 동요하지 말기를."(제12신)

"기다리던 이사가 시작되었다. 배는 초여름 하늘을 이고 좁다란 크리크에 운명을 내맡기고 흘러간다.……배가 닿는다. 밀양 정도의 도시인데 내가 든 병사(兵舍)는 영문에 들면 저택에 드는 듯한 친밀감에 몸이 따뜻해지는 듯. 낮에 보리밭을 보면 언젠가 여름 방학 때 귀향하여 집

---

97) 1942년 초에 일본군 공수부대가 셀레베스 섬과 수마트라 섬에 기습 공격을 감행해 네덜란드군의 주요 시설을 손쉽게 점령했는데, 이 대활약의 선전과 홍보를 위해 4월에 군가 '하늘의 신병'이 발표되었다.

188

앞 논밭 옆을 산보하는 듯한 느낌.……바로 지척에 지나 병이 있다고 해도 이 맑은 기분, 밝은 마음으로 물리칠 수 있을 것 같아.……대동아 전쟁의 미래는 탄탄한 대도(大道)이고 한 사내의 삶에 알맞은 희망의 길이다.”(제21신)

이만하면 지식인 병사의 지나친 여유일까, 아니면 민족주의자 조선인 병사의 교묘한 위장일까?

“오랫동안 무소식이라 걱정했을 것이오. 긴 교육을 마치고 임지에 돌아왔소. 지금까지 함께 기거하던 전우들과 헤어졌소. 오가와(烏川) 군(정기영)도 멀리 떠났구려. 어딜 가든 총후(銃後) 국민으로 남녀를 구분할 수 없는 세태에 신체회복과 더불어 높은 뜻으로 분투하도록. 보도에 의하면 지금 그쪽 사태가 결정을 요하는 듯.……백색 벽 안베라 천장, 사각의 방에 침대 하나, 책상과 의자 하나, 그리고 아무것도 없다. 혼자서 자고 있으니 밤벌레가 각양각색 음의 치장을 연주해주는구려.”(제60신)

전쟁의 트라우마 — 박희영의 기록

이가형은 전쟁이 끝나고도 트라우마를 벗어나지 못하는 슬픈 영혼들, 그중에서도 ‘죽음의 전선’, 동남아시아 전선에 내몰린 조선인 졸병, 포로 감시원과 위안부들의 상처를 위무하기 위해 논픽션 수기와 소설을 쓴다. 용주는 전쟁 트라우마에 시달리다 일찍 생을 마감한 우울한 천재, 박희영을 추모하는 글을 두 차례나 쓴다. 이병주도 그를 위해 작품을 쓴다.[98] ‘어학의 천재’로 정평 있던 박희영은 도쿄외국어대학 영문과 재학 중에 입대하여 일본군 중부 8부대에 배속된다.

“2.7 사건 당시에 고향에서 면장이었던 아버지와 빨치산이었던 형이 각각 다른 손에 의해 학살당하면서 비단 같던 박의 심성이 신을 찾게

---

98) 이병주, ‘중랑교’, 이병주 소설집 『세우지 않은 비명』, 서당, 1992, 209-224쪽. “서울의 동북에 중랑교란 이름의 다리가 있다. 망우리 공동묘지에 묻히기 위해서는 이 다리를 건너야 한다. 동구릉 근처에 있는 아의 친구 박희영 군의 무덤을 찾기 위해서도 이 다리를 건너야 한다.”

만들었다.……그러나 신은 너무나 멀리 있고, 일상을 도와주지 않았다. 적산가옥에 있던 그는 제일 큰 방을 비워 온통 새장으로 채웠다. 천사들 속에 살아보겠다는 뜻이다.……박은 술과 담배를 애용했다. 40대에 아내를 잃고 서울 근교에 묘지를 장만하면서 아예 자신이 누울 자리도 나란히 만들어놓았다.……그는 새를 키웠다. 검은 앵무새를 특히 사랑했다. 그는 이 새에게 두 마디만 가르쳐주었다. 동네 아이들이 집 밖에서 '홍아 놀자'며 막내아들을 부르면 어김없이 '홍이 공부한다!'라고 답한다. 그리 많던 새장은 어디에 갔을까?"99)

"6.25 동란이 터지자 그는 부산에 옮겨온 미군 헌병대에 자진 근무한다. 미군을 통해 형과 아우의 생사를 확인하고 싶었기 때문이었다. 그 무렵 그와 나는 밤이면 자갈치 시장에서 술을 마셨다. 내일을 알 수 없는 나날이었기에 술에 도취할 수밖에 없었다. 거나하게 취한 그는 바다와 하늘을 쳐다보면서 '나는 무언가를 믿어야겠다'며 중얼거렸다. 그로부터 20년간 박 교수의 일상은 술과 천주교가 지탱해주었다."100)

섬세한 정서의 소유자였던 만큼 그 누구보다도 박희영은 전쟁에서 가장 깊은 마음의 상처를 입은 듯하다. "추억 중에서도 가장 망해 먹을 것, 그것이 전쟁의 추억이다. 어떠한 의미에서도 전쟁에 참여해야 한다는 것은 처참한 경험이 아닐 수 없다. 전쟁이 자아내는 그 비정과 그 허탈의 상처를 메워주는 것이 그 어떤 눈부신 전쟁이란 말인가? 아아 불의의 전쟁이 신성한 것으로 영웅적인 대업으로 간주되던 야만의 과거여. 영원히 망각의 저편으로 소멸되거라!"101)

박희영은 일본 중부군 전체에서 유일한 통역병이었다. 이등병이 중령의 옷을 입고 체포된 11명의 미군의 심문과 재판, 그리고 참수의 형을 받는 자리에서 통역을 해야만 했다.

---

99) 황용주, "박모외전(朴某外傳)", 「부산일보」, 1979. 9. 4
100) "잊을 수 없는 사람들", "휴머니스트 박희영 교수", 「한국경제」, 1984. 1. 24
101) 박희영, "내가 겪은 전쟁과 평화", 『학병사기』 1권, 537쪽

"나는 일본중부군 전체에서 단 한 명의 통역이었다는 점과 잠정적으로나마 승리자의 편에 서서 항복해온 강대국의 장병들을 대해볼 수 있는 기이한 체험을 했다. B-29의 기장 셔먼(Sherman) 대위가 일본 군법재판소장 마쓰시타(松下) 소령의 칼 일격으로 생목이 상어 토막처럼 잘리는 것을 보고 실신했다. 나는 그들이 입에 부어넣어준 위스키로 간신히 의식을 회복했다. 깨어나 보니 이미 11명의 처형이 끝나고 있었다. '형편없는 자식이군 그래.' 코웃음 치면서 법무장교는 다시 한 잔의 위스키를 마시게 했다……."102) 이른바 '기모다메시(膽試ツ)', 담력 테스트다. 신상초와 김준엽도 중국인 포로를 총검으로 찌르는 것을 주저하는 초년병을 질책하는 상관의 비인간적인 군인정신 교육의 현장을 기록했다.103)

박희영은 해방 후 대한민국 정부가 수립되기 이전에 다시 현해탄을 건넌다. 이번에는 일본 전범을 단죄하는 증인으로 소환된 것이다. "1947년, 다시는 넘어올 일이 없기를 염원했던 현해탄을 넘게 되었다. 승자인 연합군은 극동전범재판의 증인으로 나를 소환한 것이다.……입장이 달라지고 차원이 높아진 새로운 정의 아래 왕년의 중부군 사령과 나카야마(中山) 중장과 그 막료들이 푸른 수의를 입고 나를 쳐다보고 있었다. 나는 연 3일 증언대에 서서 진실 그대로 증언할 수밖에 없었다. 나의 증언은 자연히 구 일본 피고인들에게 불리한 것이었고 또 나 자신을 전범으로 몰아넣는 불리한 대목도 한두 군데가 아니었다."104)

박희영에게 전쟁은 운명이자 일상이었다. "6.25 동란이 왔다.……나는 또 다시 군복을 입고 서부전선(마산지구)으로 나가야만 했다. 프랑스

---

102) 박희영, "내가 겪은 전쟁과 평화", 『학병사기』 1권, 548, 546쪽

103) "거짓말 말아. 네가 포로를 죽이려 하지 않는 이유는 딴 데 있어. 인도니 정의니 국제법이니, 생각해가지고는 도저히 전쟁을 치를 수 없어. 인텔리라는 족속은 바로 이 때문에 약하단 말이야." 신상초, "사선을 넘은 분노", 『학병사기』 1권, 734쪽; "중국인을 잡아 초년병들에게 착검하고 일렬로 찌르게 하는 황군(皇軍)에게 국제법이란 털끝만치도 머릿속에 없었다." 김준엽, 『장정 1』, 93쪽

104) 박희영, 같은 책, 549-550쪽

의 문호 발자크는 이렇게 말했다. '발목 복사뼈까지 피에 잠겼던 발을
닦을 여가도 없이 구라파는 부단히 전쟁을 시작하지 않았던가?'"105) 전
선에 나간 한 일본 지식인은 전쟁시대 지식인의 운명을 이렇게 정리했
다. "내 말에 운 녀석이 하나, 나를 원망하고 있는 녀석이 하나. 그래도
정말로 나를 잊지 않고 있던 녀석이 하나, 내가 죽으면 재스민 한 아름
꽂아줄 녀석이 하나, 모두 합쳐서 단 하나."106)

중국인 포로사건

중국전선에 배치된 조선인 병사는 관점에 따라서는 어색한 입장에
처해진다. 전쟁의 논리에 따르면 중국군과 조선인 일본군은 서로 적이
다. 이런 단순 논리에 의하면 적의 적은 우군이 된다. 일본 군복을 입고
있는 한 조선인 병사도 중국군의 적이다. 그러나 일단 일본 군복을 벗어
던지면 그들의 동지가 된다. 일본은 공동의 적이다. 비록 일본 군복을
입고 있어도 중국인에 대한 조선인 병사의 생각은 국제법이나 인도주의
정신을 떠나서도 사뭇 다르다. 용주는 중국군 포로에 관련된 두 건의
에피소드를 평생토록 소중하게 간직하고 살았다.

첫째 사건은 장교가 되기 전 상등병 시절에 일어난 일이다.

"1944년 여름 중국에서 겪은 일이다. 중국인 밀정의 정보에 따라 내가
소속한 부대가 신4군(중공군)의 신병훈련소를 습격했다. 새벽의 기습을
받고 주력은 피했으나 나이 어린 신병 20명가량은 잡혀서 창고에 수용
되었다. 전선으로 손과 발을 묶어놓았기 때문에 며칠 사이에 손목과 발
목에 깊은 상처가 패이게 되고 여름철이라 구더기가 우글거리게 되었
다. 하루는 내가 보초를 섰다. 17-18세가 되는 동안을 보고 있노라니까
문득 친근감이 들어서 주방에 달려가 껍질째로 삶은 콩을 바스켓에 담

---

105) 박희영, 『학병사기』 1권, 551쪽
106) 김윤식, "2차 대전 전몰자의 수기, 인간의 소리", 『일제말기 한국작가의 일본어 글쓰기
　　론』, 266쪽에서 재인용

아 와서 던져주었다. 순간 미묘한 동요가 생겼다. 땅바닥에 널려 있는 콩과 나를 번갈아 쳐다보는 소년들의 눈망울에 생기가 서려 있었다. 제일 안 구석에 있던 한 소년이 묶은 발을 서서히 뻗어내어 콩을 끌어들이며 얼른 허리를 굽혀 입으로 통을 물었다. 그러나 그 소년은 씹기 전에 잠시 나를 뚫어지게 쏘아보았다.

인간이 본능과 지켜야 할 어떤 존엄의 사이에서 갈등하고 있는 순간을 그 소년은 생생하게 보여주고 있었다. 그러자 벼락같은 호령이 좌중에 터졌다. 일동은 앉은 채로 차렷 자세가 되어 모두들 허리를 꼿꼿하게 펴고 콩에 떨어져 있는 시선을 위로 돌렸다. 민망해진 나는 호령을 내린 나이 먹은 청년을 보았다. 청년의 두 눈은 감당할 수 없는 적의로 가득 차 있었다. 나는 수첩에 '四海是皆同胞 我的高麗人(세계인이 모두 동포이지 않은가? 나는 고려인이오)'이라 적었다. 처음 청년은 뜻밖이란 표정으로 나를 쳐다보았다. 나는 겸연쩍은 미소를 지었다. 순간 청년은 밝은 표정이 되더니 고맙다는 인사를 하고 일동에게 먹어도 좋다는 명령을 내렸다."107)

중국 포로에 대한 용주의 각별한 연민의 정은 장교가 되어서는 더욱 깊어진다. 1945년 6월, 소위 계급장을 단 그는 소대장으로 소주의 외각 부대에 배치된다. 수시로 출몰하는 홍군(紅軍)을 소탕하는 것이 임무였다. 작전 중에 몇 사람의 중국 포로를 체포한다. 소대장의 책임 아래 간략한 심문조서를 만들어 상급부대로 이첩하면 이를 확인한 후 즉결처분하도록 내부적 업무수칙이 정해져 있었다. "포로 중에 유난히 어린 소년이 있었다. 열일곱 살이라고 했다. 나를 바라보는 눈이 너무나 맑아 처연해졌다. 양 손목에 채인 수갑이 너무 조여들어 손목에 큰 상처가 났고, 진물이 줄줄 흐르는 곳에 구더기가 스멀스멀 기어 다니고 있었다. 어머니와 단 둘이 농사짓고 살고 있었는데 홍군에 끌려 '자원'형식으로 입대하게 되었다는 것이었다. 한밤중 일직사관의 순찰시간을 틈타 아무

---

107) 황용주, "송환되는 선원들아", 「부산일보」, 1979. 10. 10

말 없이 포로의 수갑을 헐겁게 풀어주고 옥문도 느슨하게 해두고 자리를 떴다. 이틀 후에 홍군의 대공습이 있었다. 인근부대는 큰 피해를 입고 불길에 휩싸였다.”

그러나 황의 부대는 아무런 피해도 입지 않았다. 탈출에 성공한 중국 소년병의 도움이었는지는 알 수 없다. 그러나 황은 그렇게 믿고 싶었다. 용주는 이 사건을 자신이 직접 회고하는 글은 남겼다.[108] 이병주도 자신의 목숨을 구해준 중국인 소년에게 고마움을 기리는 에세이를 썼다.[109]

7
한국 지성사와 학병세대

한국의 근-현대사에서 학병은 어떤 의미를 가지는가? 이 문제는 역사는 단절과 새로운 시작인가, 아니면 연속적인 발전과정인가라는 물음과 직결되어 있다. 우리나라의 현대사에 학병세대는 고아다. 학병 응소자는 치욕스런 일제 부역자로 도매금으로 치부되었다. 이는 '강제지원'의 피해자인 당사자들로서는 감내하기 힘든 불의다. 문학의 영역에서 이 문제를 지속적으로 파고든 거의 유일한 사람이 김윤식 교수다.[1]

그의 관찰에 의하면 학병은 일제 말 조선의 최고 지식인들의 집단이었다. 그래서 학병체험자의 기록은 정신사적으로도 소중한 사료다. 학병세대의 글쓰기는 두 가지 점에서 특별한 의미를 지닌다. 첫째, 이들은 해방 후 나라의 사회적 중추 기능을 맡아온 실세라는 점, 다른 말로 하면 정치적 현실주의에 해당하는 세대다. 둘째, 이들 세대의 글쓰기(자기표현) 현상은 이미 대중적 기반을 구축하고 있었다는 점이다. 이들은 대한민국의 탄생 이후에 각계각층에 진출했다(북한에서도 초기에 상당한 기여를 했다는 기록들이 있다. '주체사상'의 입안자, 황장엽도 학병출신이다). 한 예로 1953년에 창간되어 당시 지식청년들의 지적 고갈을 풀어주던 월간 잡지 『사상계』의 편집진과 중요한 필자 중에 학병 출신이 많았다. 『돌베개』

---

1) 김윤식, 『일제말기 한국인 학병세대의 체험적 글쓰기론』; 김윤식, 『한일 학병세대의 빛과 어둠』, 소명출판, 2012 등

(장준하), 『탈출』(신상초), 『장정』(김준엽) 등 생생한 체험을 바탕으로 역사의 단면을 기술하였다. 이들의 글쓰기의 강점은 허구가 아니라, 역사라는 점이다. 순수한 문학적 글쓰기와는 별개로 역사적 글쓰기인 만큼 현실적 힘을 보유했다. 더구나 일제하의 민족적 이데올로기라는 대응이며, 순수한 젊음의 감정과 논리를 표출한 것이다. 사람에겐 개인의 문제보다 더 큰 민족의 문제가 있다는 것이 대중적 흥미와 호소력을 보유한 것이다. 여기에 이병주라는 대형 소설가의 등장으로 학병세대의 체험은 문학적 공간을 확보한다.[2]

김 교수의 연구에 의하면 학병 입대의 구체적 경로는 네 갈래로 분류된다. 첫째, 중국전선 배치, 둘째 국내 배치, 셋째 일본본토로 향한 경우, 넷째, 버마전선 배치다.[3] 탈출자이든 잔류자이든 첫째 부류의 기록이 가장 풍부하다. 둘째 부류는 해방 직후에 잡지 『학병』(1946년 1월 창간)을 발간하여 정치운동을 편 부류로, 나남부대, 대구 제24부대 등 국내에 배치되었던 사람들이다.[4] 셋째 부류는 1961년 방송작가 한운사의 작품이 대중의 사랑을 받으면서 부각되었다. 넷째 부류는 뒤늦게 몇 사람의 체험이 공표되면서 최소한 역사적 사실만은 인식하게 되었다.[5] 그러나 이 밖에도 필리핀, 대만에서도 학병이 배치된 흔적이 있다.[6]

---

2) 김윤식, 『일제말기 한국인 학병세대의 체험적 글쓰기론』, 159쪽
3) 김윤식, 같은 책, 376-378쪽
4) 국내에서 해방을 맞은 학병들은 1945년 9월 1일, 재빨리 학병동맹을 창설한다. 일찌감치 준비된 좌익들이 주동자였다. 그리하여 좌익 성향의 성명서가 발표된다. 『학병』 제2호 (1946. 2). 이들을 분쇄하고자 경찰이 나선다. 1946년 1월 9일, 무장 경찰대의 습격으로 학병동맹 3인이 살해된다. 안동준의 회고가 있다. "학병동맹이라 해도 그 구성요원이 비단 학병에 갔다 온 동지들만의 모임이 아니었다. 학병을 피해 도피했던 투사동지도 있었고 민족의식, 사상, 이데올로기 면에서 일정하지 않은 것 같았다. 그러나 대대수의 학병동지들은 사상 면에서 순수하고 단순한 애국애족의 정신에 불타고 있었다. 개중에는 동맹을 정치적으로 이용하는 무리가 있었다."
5) 이가형, 『버마전선 패잔기』, 신동아 논픽션, 1964. 11; "분노의 강 둑에서", 『학병사기』 4권, 154-185쪽; 『분노의 강』, 경운출판사, 1993
6) (대만) 최동준, "1.20 한인학병 그리고 대만", 『학병사기』 2권, 69-95쪽. "장교는 자신을 위하여, 하사관은 도락을 위하여, 병사는 나라를 위하여"; (필리핀) 조연호, "패주 끝에 찾은 태극기" 『학병사기』 2권, 99-122쪽; (러시아) 동완(董玩), "시베리아 소련포로수용소" 『학병사기』 2권, 123-132쪽; (버마) 노재원, "별은 살아 있다", 『학병사기』

김윤식은 학병세대의 글쓰기의 '교양주의적 성격'을 강조한다. "대학, 학문, 예술 등과 분리될 수 없는 것, 즉 학문의 순수성 내지는 이념을 지칭한다."7) "대부분이 지주의 자제들이었다. 지주들은 농토를 팔아 자식의 학비를 댔다. 아직 상공업에 눈 돌릴 안목이 모자랐던 전래의 지주들이 보유한 재산은 오로지 토지뿐이었다."8) 지주 자녀들이기에 농민적 삶의 현상과 의미에 남다른 애착과 향수를 가진 한편 근대화의 이름으로 다가오는 상공업 중심의 도회적 삶에 대해 민감한 기대와 불안을 함께 키우고 있었다. 이들이 민족주의나 마르크시즘에 탐닉하게 된 것은 이러한 풍토적 배경에서였다. 겨레와 사직이 함께 어려웠던 시절, 그 난관을 뚫고 전문학교, 대학을 다닐 수 있는 학도들은 일제 강점기 속에서 부유한 집안 또는 알게 모르게 권력과 결탁된 가문 출신이었다.9) 일제시대 고등교육기관인 전문학교와 대학의 수는 전 일본을 통틀어 100개교에 미달했다. 식민지 조선에는 사학은 물론 관학 설립에도 극도의 정책적인 제한을 받아 일본의 15퍼센트에도 미달했다. 그리하여 전문대학생 수에서도 조선반도에서보다 내지에서 다니는 숫자가 더 많았다. 일본본토에서도 관공립 학교는 반도 출신의 입학에는 엄격히 규율했으나 사학은 극히 일부를 제외하고는 차별과 제한을 가하지 않았다.10)

학병세대의 자부심

1999년 정신문화연구원 현대사연구소에서 펴낸 자료집에 실린 회고에서 황용주는 2차 대전 이전에 일본의 교육을 받은 세대로서의 남다른

2권, 406쪽

7) 김윤식, 『일제말기 한국인 학병세대의 체험적 글쓰기론』, 43–44쪽
8) 유재영, "내가 설 땅이 어디냐!", 『학병사기』 1권, 127쪽. "그 당시 한국 출신 유학생의 대부분은 지주층의 자녀들로 학비조달의 수단은 소작료밖에 없었다. 그래서 자녀의 고등교육을 위해서는 가산의 탕진은 물론 학부모의 지극한 교육열이 있어야 했다."
9) 김윤식, 같은 책, 116–118쪽
10) 안동준, 『학병사기』 1권, 226쪽

자부심을 표했다.11)

　"박정희, 김원봉, 박헌영, 세 사람의 공통점은 현실을 손 안에 파악하는 능력에 있다. 한반도의 역사가 있고, 공간이 있고, 사람이 사는데 어떻게 하면 자신이 신봉하는 가치를 전파시킬 수 있나, 확고한 소신이 있다. 박헌영의 경우는 공산당의 뿌리를 어떻게 확대시킬 것인가, 김원봉의 경우는 공산당보다 더 다양한 가치의 민족주의를 전파하느냐, 박정희의 경우는 현실 권력을 장악하고 물질적 삶을 끌어올려야 한다는 식으로, 한반도 전체를 어떻게 정돈(arrange)할 것인가, 구상을 가지고 있었다는 점에서 해방 후의 정치인들과는 다르다.

　김영삼, 김대중 같은 사람들은 그런 게 결여되어 있었어요. 아마도 해방 전후의 도정에서 도덕적 지성이 형성된 사람들, 말하자면 구라파식 세대 구분에 따르면 전전(戰前)(avant, before), 전중(戰中)(dans, in) 전후(戰後)(apres, after) 세대 사이에 본질적인 차이가 있는 것 같아요. 우리는 전전, 김대중, 김영삼은 전중, 이회창은 전후파가 되는 거지요. 그러니까 이 세 세대는 인생관, 현실 감각, 국가관, 철학에 너무나 큰 차이가 있어요.……

　전중파는 사회적인 혼란으로 여유가 없었기에 중학교에서 대학교에 이르기까지 기본과 원칙을 중시하는 정규교육을 받지 않았습니다. 전전에는 졸업하면 운동선수가 되라는 따위의 이야기는 없었지요. 박사 아니면, 부장, 장관이 되라고 했지요. 사람의 질과 가치가 확보되어 있었던 것입니다. 전후파에게는 꼭 박사나 장관이 되어야 하느냐, 그것만이 가치 있는 일이냐?라며 가치관이 달라졌지요. 그런데 전중파는 이것도 저것도 아니지요. '박사가 되어라, 장관이 되어라', 이것은 개인적 차원에서는 확고한 출세주의인 동시에, 나보다도 타인을, 나라를, 공익을 위해 살라는 대의적인 주문인 것이지요."12)

---

11)『격동기 지식인의 세 가지 삶의 모습』, 123-124쪽
12) 같은 책, 124쪽

어쨌든 학병은 일제말기 조선의 최고 청년지식인 집적체였다. 이들은 일제에 의해 강제로 민족정신을 말살당하기를 강요받은 조선인이라는 사실에 더하여 엄연한 대일본제국의 지적수준을 고스란히 투영하고 있던 집단이기도 했다. 후일 들어서는 당초부터 무모하기 짝이 없는 허영임이 판명났지만 세계를 상대로 전쟁을 치른, 결코 가볍게 넘길 수 없는 나라의 수준이 이들 개개인의 식견에도 일정 부분 투여되어 있었던 것이다.

4.19 세대의 학병세대 비판

이병주는 타국의 전쟁에 '용병'으로 동원된, 사실상의 노예에 불과했던 학병 사병들의 비루한 생활을 이렇게 자조했다. "사자는 사자 시대의 향수를 지니고 있다./독사는 독사 시대의 향수를 지니고 있다./그런데/너는 도대체 뭐냐/용병을 자원한 사나이/제 값도 모르고 스스로 팔아버린 노예./그러니 너에겐 인간의 향수가 용인되지 않는다./지금 포기한 인간을 다시 찾을 수 없다./갸륵하다는 건 사람의 노예가 되기보다는/말의 노예가 되겠다는/너의 자각이라고나 할까/먼 훗날/살아서 너의 집으로 돌아갈 수 있더라도/사람으로서 행세할 생각을 말라/돼지를 배워 살을 찌우고/개를 배워 개처럼 짖어라."13)

그러나 학병 경력자들은 후세인들에 의해 '친일파'로 도매금으로 분류되어 외면, 비난, 질시, 저주의 대상이 되었다. 특히 1960년대 후반부터 이른바 4.19 세대들이 대학생을 응원군으로 삼아 새로운 문화권력의 주체가 되면서 학병세대에 대한 혹독한 비판을 제기했다. 도대체 왜 불의의 제도에 항거하지 않았던가? 일제의 주구 노릇을 하는 학병을 거부하고 민족을 위해 의로운 길을 택했어야 후세에 떳떳하지 않았는가?

실제로 징집을 거부하고 산속으로 도피하여 후일을 도모한 극소수의

---

13) 이병주, 『8월의 사상』, 한길사, 2008, 277–278쪽

청년도 있었다.14) 경남 함양 출신의 하준수는 일본 주오대(中央大) 법과 재학 중에 학병을 거부하고 징병도 기피하면서 지리산에 칩거했다. 단순히 기피하는 데 그치지 않고 동지를 규합하여 나름대로 새 날을 대비하여 심신을 단련했다. 그를 두령으로 하는 73명의 청년이 조직한 '보광당(普廣黨)'은 암울한 시대에 당대에 살아 있는 신화가 될 수도 있었다.15) 이병주가 대하소설『지리산』에서 하준수(작중 이름 하준규)를 특별하게 부각시킨 충분한 이유가 있었다. 그러나 학병의 거부는 예외였고, 지극히 비현실적인 선택이었다. 하준수의 선택으로 그의 집안은 풍비박산 났을 것쯤은 누구나 쉽게 짐작할 수 있다. 무모하리만치 용감한 길을 택했던 영웅을 숭배하는 것은 의미가 크다. 그러나 모든 사람에게 그 어려운 길을 택했어야 한다고 소급하여 주문하는 것은 억지에 가깝다. 한 개인에 대한 역사적 평가는 후세인의 관념이 아니라 당대의 현실을 기준으로 삼아야 한다. 친일 문제를 집요하게 파고드는 한 후대인은 학도병은 일본군에 '지원'한 것이 아니라 강제징집된 피해자라고 할 수 있다고 하면서도 김준엽 등의 '일본군 탈출'이나 학병기피 사례 등을 감안하면 이들을 '수동적 협력자' 정도로 보는 것은 무리가 없다고 규정한다.16)

본격적인 문학의 영역에서 학병 세대가 남긴 공적은 이병주와 선우휘, 두 사람에 국한된다. 두 사람만이 이 거대한 세대를 문학적으로 지탱하지 않으면 안 되었다. 학병의 간접 체험자인 선우휘는 자신의 좌표를 6.25에 둠으로써 두 세대 간의 공백을 매우고자 했다면, 직접 체험자 이병주는 군사혁명의 정치성 속에 좌표를 세워둠으로써 세대의식을 확실히 할 수 있었다. 두 거인의 글쓰기가 4.19 세대의 문화권 속에서 배제, 배격되었지만 그 대신 일반대중 층의 지지 속에 일정한 문학적 소임을

---

14) 하준수, "신판 임꺽정 — 학병거부자의 수기", 『신천지』, 1945, 4—6쪽
15)『신천지』1권 4호, 165쪽; 김윤식, 『일제말기 한국인 학병세대의 체험적 글쓰기론』, 23쪽에서 재인용
16) 정운현, 『친일파는 살아 있다』, 249—252쪽

이루어내었다. 체험세대의 이병주가 도달한 '허망의 정열'론(『지리산』)
과 '노오'라고 외친 미체험세대의 선우휘가 '문학 절대가치'에다 좌표를
둔 것은 이 나라의 문학사적 사실 이상의 의미를 갖는다고 볼 것이다."[17]

대학생이 정치적 담론과 문화적 소비시장의 확고한 주체세력으로 결
정되면서 대한민국 지성사에 4.19는 거의 신성불가침의 지위를 향유하
게 된다. 이들은 스스로 일본 군국주의에 오염되지 않은 진정한 최초의
자주국가의 주인들이라고 자부했다. "나는 거의 언제나 4.19 세대로 사
유하고 분석하고 해석한다. 내 나이는 1960년 이후 한 살도 더 먹지
않았다"[18]라는 김현의 자만에 넘치는 선언이 한 시대의 문화적 권력의
소재를 단적으로 가르쳐준다. 4.19와 5.16을 상호 조화불능의 상극적
대척으로 규정함으로써 4.19 세대는 군부독재 속에서 서구적 자유의
개념과 그 내면화를 통해 문학적 빛을 발하고 있었던 것이다.[19]

학병세대의 의식구조도 마찬가지일 것이다. 이후의 유신세대, 광주세
대, 386 세대도 마찬가지일 것이다.

4.19 세대는 1966년에 창간된 『창작과 비평』과 1970년에 창간된 『문
학과 지성』을 통해 70년대 이후 90년대 초까지 한국 문단의 양대 축으로
커다란 영향력을 발휘했다. "4.19 세대의 형성과 그들의 진취적 역사전
개가 이 나라 지성계에 큰 충격을 던졌고, 문학 쪽에서는 그것이 이른바
화려한 60년대 문학을 이룩했음은 지울 수 없는 사실이다. 순종 한글세
대인 이른바 '4.19 세대'는 그들의 순수의식을 지나치게 강조한 나머지
제로 상태에서 출발했다고 자부하고, 문학도 그들이 새로 개척했다는
'화전민세대'로 불리는 50년대의 전후세대도 안중에 두지 않았다."[20]

김윤식은 학병세대를 주인공으로 한 『불꽃』의 작가, 선우휘와 4.19
세대의 작가, 박태순 사이에 벌어진 세대 논쟁을 소개하면서 "4.19 세대

---

17) 김윤식, 『일제말기 한국인 학병세대의 체험적 글쓰기론』, 70쪽
18) 김현, 『분석과 해석』 "서문", 문학과지성사, 1988
19) 김윤식, 같은 책, 69쪽
20) 김윤식, 같은 책, 67-68쪽

의 조급함"에 대해 일침을 가한다.21) "현실과 지식인"『아세아』 창간호
(1969. 2)에서 선우휘는 '증언적 지식인'이란 제목의 글을 쓴다. 그는 "일
제의 교육을 받은 우리들은 이제 다 죽어 없어져야 합니다"라는 구세대
의 자조적 발언에 대해 "한문으로 교육받은 세대는 모두 물러가야지요"
라며 답하는 한 젊은 대학교수의 발언에 아연실색할 수밖에 없었다는
요지의 글을 쓴다. "젊은 세대를 미숙한 어린 것들"로 보는 것이 선우휘
의 논점이다. 4.19를 다룬 소설,『무너진 극장』(1968)의 저자, 박태순이
반론을 편다.22) 박태순은 "한국의 장래는 선우 선생의 몫보다는 젊은
세대의 몫이다"라고 단언한다.23) 학병세대와 4.19 세대의 단층이란 이
처럼 뚜렷하게 나타났다. 김윤식은 이들 사이에 이른바 '전후세대'의
설정이 가능하다는 점을 고려하면 훨씬 풍요로운 문학적 논쟁이 가능했
을 것이라고 한다.24) 공산주의가 가진 장단점을 간파한 것이 학병세대
의 강점인데 비해, 관념만 왕성할 뿐 논리와 체험이 미숙한 4.19 세대의
조급함이 드러나는 대목이다.25) 최근에 들어와서야 비로소 4.19와 5.16
을 '2인3각'으로 수용하는 지적풍조의 맹아가 후속 세대에서도 발견되
는 것은 지극히 다행스런 일이다.26) 보다 앞선 학병세대에 대해서도
보다 성의 있는 연구와 합당한 평가가 이루어져야 할 것이다.

선우휘, 이병주와 같이 전문 작가의 길에 나서지 않은 학병체험자의
문학적 글쓰기의 예도 있다. 도쿄제국대학 불문학과 재학 중에 입대한
이가형은 1964년『버마전선 패잔기』라는 논픽션을 쓴다. 그것으로 미

---

21) 김윤식, "학병세대와 4.19세대 사이의 단층",『일제말기 한국인 학병세대의 체험적
  글쓰기론』, 372-373쪽
22) 박태순, "젊은이란 무엇인가?",『아세아』, 1969. 3, 122-128쪽
23) 박태순, 같은 글, 216쪽
24) 60년대 문학의 현란한 전개 바로 뒤에 전후세대가 있었으니까. 서기원의 '전후문학의
  옹호'(『아세아』, 1969. 5) 대 김주연의 '새시대 문학의 성립'(『아세아』, 창간호) 및 김현
  의 세대교체의 진정한 의미(『세대』, 1969. 3)가 이 사정을 말해준다.
25) 김윤식, 같은 책, 374쪽
26) 권보드래, 천정환,『1960년을 묻다 : 박정희 시대의 문화정치와 지성』, 천년의상상,
  2012

진하여 후일 자료를 축적하여 소설『분노의 강』을 출판한다. 그는 프로이트의 트라우마 이론에 주목하여 일제의 전쟁에 강제동원된 조선인 중에 가장 깊은 상처를 받는 부류를 위로하고자 글을 쓴다. "……'병사들의 지옥'이라는 버마전선에서 조선 지원병이, 그리고 그들보다도 더욱 운이 나빴던 위안부들과 포로 감시병들이, 총독치하에서 가장 운이 나빴던 조선의 젊은이들이 받았던 '마음의 상처'라는 것을 생각하지 않을 수 없었다. 이 몇 십 년 동안 나를 괴롭힌 '전쟁의 악몽'은 바로 내가 받은 트라우마의 발동이 아니었던가?"[27] 그는 데이비드 린 감독의 세계적인 명화, 「콰이강의 다리(The Bridge on the River Kwai)」(1957)의 원작을 읽고 충격에 빠진다. 원작자 피에르 불르(Pierre Boulle)는 작품 속에 자신의 체험을 담았다. 작가는 일본군 포로가 되어 심한 학대를 받았는데, 포로 감시원을 '고릴라처럼 생긴 잔인한 조선인(le Coreen a face de singe)'이라고 썼다. 이가형은 이 구절에서 심한 충격을 받는다.[28] 그는 특히 조선인 위안부의 일상을 상세하게 그린다. 소설의 형식을 취한 것도 이 부분을 부각시키기 위해서라는 생각마저 든다. 그는 『분노의 강』속에 "어머니의 젖가슴"이란 장을 만들어 조국과 어머니, 그리고 조선의 여인을 동치시킨다.

은경이는 나의 고추를 주물럭거린다.

"오빠는 버마에서 조선여자를 만난 적이 있지요?……안 되겠어요. 전 보통학교도 제대로 마치지 못했어요. 한데 오빠한테 안겨보고 싶었어요. 어떻게 하죠?" 나는 목이 타서 물을 마시고 싶었다. 나는 '물, 물'이라고 말했는데 은경이는 못 알아들은 모양이다.

"뭐라구요? 오빠에게 뭘 해드리죠?"

"은경이의 젖을 빨게 해줘"

---

27) 이가형,『분노의 강』, 21-22쪽
28) 김윤식,『한일 학병세대의 빛과 어두움』, 소명출판, 2012, 67-69쪽

“내 젖을? 원 세상에!”

나는 혼탁한 의식 속에서 죽은 어머니의 젖가슴을 생각하고 있었다. 나는 고개를 담요 밖으로 다시 내놓는다. 그녀의 젖가슴은 어둠 속에서도 유난히 하얗게 드러난다. 나는 그녀의 젖가슴을 엄마의 젖가슴인 양 두 손으로 어루만지고 교대로 젖꼭지를 만지고 빤다.[29]

선우휘의 경악이다. “나는 젊은 세대에게 별로 물려준 것이 없는 기성세대가 젊은 그들에게 할 수 있는 일이 있다면 그것은 ‘노오’라고 해야 할 때에 명백하게 ‘노오’라고 대답해주는 일뿐이라고 생각한다. (4.19 이후에) 상식 이상의 학식이 있고 사회적 지위도 웬만한 어느 지식인이 스무 살 전후의 학생들의 방문을 받고, 그의 평소 의견과는 다른 학생들의 주장에 질질 끌려간 나머지 전적 공명을 표시한 것을 보고 나는 일경을 불급했다.”[30]

이병주 또한 분노한다. “그러나 예외일 수 없이 우리의 세대가 후진들로부터 가장 불신받는 세대라는 점을 알아야 한다. 우리는 조대보다도 부대보다도 형대(兄代)보다도 바로 학병세대인 우리 세대가 불신세대로서 후진들의 냉안시 대상이라는 것을 잊어서는 안 된다. 그들은 말하지 않고 반항하지 않지만 우리들을 이미 썩은 인간들로 규정하고 있는 것이다. 역사의 고비길마다 항상 가혹한 시련에 부딪쳐야 했던 우리의 세대가 동정을 사기는커녕 가혹한 비난의 대상으로 되어 있다는 것은 참기 어려운 일이지만 엄연한 사실인 것은 어떻게 할 도리가 없다.”[31]

“세대 간의 대결로 볼 수 있는 어떤 자리에서 나는 이런 질문을 받았다 ‘당신들은 일제에 학병으로 갔다고 하는데 그 동기와 이유가 뭡니까?’ 나는 학병에 간 사람이면 누구나 할 수 있는 일반적 이유에다 내 개인의

---

29) 이가형, 『분노의 강』, 254–256쪽

30) 선우휘, “현실과 지식인 증언적 지식인 비판”, 『아세아』 1969. 2, 79쪽; 김윤식, 『일제 말기 한국인 학병세대의 체험적 글쓰기론』, 67쪽에서 재인용

31) 이병주, “다시 인생을 출발하는 기백을 갖자”, 『학병사기』 3권, 670–671쪽

사정을 곁들여 설명했다. 그랬더니 뒤이은 질문은 이랬다. '학병에 가지 않았으면 감옥살이를 해야 했습니까?' '징용당하게 돼 있었소.' 징용(徵用)과 병정(兵丁)의 차이를 말해보라는 질문에 이어 차라리 강제를 당할 바에야 징용을 택하는 것이 옳지 않았느냐, 당시에도 독립운동자가 있지 않았느냐, 카이로 선언이 발표된 것이 1943년 말경이었는데 아무리 강압을 당했다기로서니 일본군이 되기를 지원할 수 있었느냐고.

대부분 카이로 선언을 몰랐을 것이라고 답했다. '전문대학생들이 카이로 선언을 몰랐어요? 4천 명이나 되었다는 대학생 가운데 몇 사람쯤은 알았을 것 아니냐' 하며 '법률을 몰랐다고 해서 면책될 수 없듯이 몰랐다고 해서 도의적인 책임을 벗어날 수 없을 것이다'라고 전제하고 '몰랐다는 것 자체가 식민지 지식청년으로서 자각이 부족한 탓이 아닌가' 하고 힐난한다. 공격은 여기에 멎지 않았다. '그런 과오에 대한 반성은 어떤 형식으로 했는가, 이 나라의 자주독립을 위해 무슨 일을 했느냐, 38선의 철폐를 위해 어떤 노력을 했느냐, 이 나라 민주주의를 위해 무슨 짓을 했는가, 6.25를 어떻게 받아들이었으며 그때 무슨 일을 했는가?

나는 할 말을 잃었다. 변변치 못하지만 우리 학병 출신 가운데 나라를 위해 혁혁한 공을 세운 사람이 많다는 얘기와 더불어 몇 가지 실례를 들기도 했는데 그들은 그 모두를 개인의 출세주의 이기근성에 기한 야욕으로 번역해버렸다. 심지어는 직업군인이나 직업정치인, 고급관리의 애국적 행동은 당당한 권세와 호사스런 생활로 이미 대가를 받은 셈이니 그로써 수십만 청년 가운데 고등교육의 특권을 향유할 수 있었던 소수 청년으로서의 민족에 대한 책무를 다한 것으로 볼 수 없다는 결론이었다.

심지어는 '당신들의 세대가 사회에 이니셔티브를 쥐고 있는 한 일제에의 예속은 끝나지 않았다'고 극론하는 자마저도 나타나기도 했다.

우리들을 비판하는 이런 시각이 후진들, 특히 엘리트 층에 상상을 초월할 만큼 침투되어 있다는 사실만은 부인할 수 없고, 그들의 말에

진실이 없는 것도 아니다. 그렇다면 우리는 그들의 의견이 오해(誤解)이
건 정해(正解)이건 무시하고 살 수는 없다. 어쨌든 이런 불신을 씻고
우리의 세대를 구제해야 한다.……지난 30년을 회고하면 한심스런 기
분이 든다. '잃은 것은 청춘이고 얻은 것은 회한'이라고 자탄하면서 지낼
수만은 없는 일이다."32)

　　야당 정치인 박병배의 변명은 더욱 비장, 신랄하다. "세세한 이유나
원인은 각각 개인 간에 차이가 있을 수 있겠지만 장단을 막론하고 일본
군대 밥을 먹고 또 교육훈련을 받고 전투를 한 것만은 사실이니 이 사실
에 대한 정확한 평가가 있어야 할 것은 당연한 논리의 귀결이다. 적화
야욕을 위해 '민족'을 팔아먹는 것을 업으로 하는 북괴도 김일성이가
소련병정노릇 했다고 해서 북에서 욕먹는다는 소릴 들어보지 못했다.
신생 독립국에서도 군대교육을 어디서 배웠느니, 반민족이라는 소동을
들어본 적이 없다. 민족분열이나 상호비방이 애국인 줄 착각하는 조선
적 불치병에 젊은 세대가 걸렸다면 그것을 치료해줄 의약품을 발명할
책임이 우리 1.20 세대에 있다."33)

　　김윤식은 이병주의 문학에 대해서 이렇게 종합평가를 내린다. "『관부
연락선』의 문제제기, 『지리산』의 이데올로기 실천은 시대적 과제이기
도 하지만 좌익 이데올로기의 비판으로 '회색의 사상' 노선에서 움직였
다. 그럼에도 이병주 문학이 긴장력을 유지할 수 있었던 것은 반공일변
도의 군사정권에 대한 일정한 비판의식일 수 있었다. 그래서 지식인 소
설로서의 인기를 유지할 수 있었다."34) "『지리산』(1972. 9–1978. 8)은
1972년 7.4 공동성명의 발표에 힘입어 이병주가 세상에 내놓은 작품이

---

32) 이병주, "다시 인생을 출발하는 기백을 갖자", 『학병사기』 3권, 672–673쪽
33) 박병배, "자신의 존재정의", 『학병사기』 1권, 675–676쪽
34) 김윤식, 『일제말기 한국인 학병세대의 체험적 글쓰기론』, 215쪽

다. 반공을 국시로 하는 이 땅에 '회색의 사상'을 주제로 한, 6.25 이후의
최초의 글쓰기다."[35]

특기해야 할 정기영의 기여

학병을 일제의 앞잡이 내지는 수동적 협력자로 규정하는 후세인의
단견을 단숨에 잠재우는 사건이 있다. 일본 정부를 상대로 학병의 명예
회복을 위해 정기영이 벌인 피나는 노력 앞에 경의를 표하지 않는 후세
인이 있다면 그는 민족의 '후레자식'이나 진배없다.

정기영은 끈질기게 일본 정부를 상대로 한 진실 파악과 문책의 길에
나선다. 첫째, 학병에 동원된 사람의 명단을 확보한다. 조선인 외지부대
'유수명부(留守名簿)'를 구하는 데 성공한다. 유수명부란 일제시대 일
본 육군의 군인군속에 관한 인사기록이다. 일본 내지에 배속된 지원병
을 제하고 나머지 인원의 명부를 확보한 것이다. 오랜 세월에 걸친 피나
는 노력 끝에 정기영은 일본 후생성의 허가를 얻어내어 1988년 12월
12일부터 27일까지 단독으로 자료실에서 열람한다. 비공개로 분류된
자료다. 그 시기에 이르기까지 유수명부의 열람을 허가받은 유일한 사
람이 바로 정기영이었다. 1.20 동지회에서도 오랜 세월에 걸쳐 흩어진
동지들의 명단파악에 주력했으나 10여 년이 지나도록 4,385명 중 1천
여 명 정도밖에 확보하지 못하고 있었다. 정기영의 성과로 비로소 일본
밖에 배치된 학병을 포함하여 강제동원된 모든 조선인의 내역이 밝혀
진다.

1972년 1월 23일, 정기영은 자신의 생애를 정리하는 비장한 글을 남
긴다. "이 글을 읽는 이 아버지는 말한다. 차마 입에 담기마저 몸서리치
는 추억이다.……우리는 모두가 살았어도 숨 쉬지 못했었고 죽어도 넋
도 없었다." 학병세대를 대표하여 자녀세대에 전하는 집단유언이다. 그

---

35) 김윤식, 『일제말기 한국인 학병세대의 체험적 글쓰기론』, 61-62쪽

는 북해도에 징용 온 조선 노동자들이 부르던 '밟아도 아리랑' 구절을 옮긴다. "밟아도 밟아도 죽지만 말라. 또다시 꽃피는 봄이 오리니."36) 이제 봄의 축복을 맘껏 누리는 후세인에게 지지리도 비참했던 선현의 한은 애써 기억할 가치는 없는 한갓 전설이 되어버렸다.

진주 갑부의 자제 정기영은 도쿄제국대학 문학부 사학과에 재학 중에 입대한다. 제국대학에 앞서 그는 후지야마(富山) 고교에서 수학한다. 재학 당시에 조선 학생의 불온서클에 가입한 혐의로 구속된다. 그때 일본인 친구 부친의 보증으로 석방되어 학교를 무사히 졸업하고 이어 도쿄제대에 진학한다. '조선의 종법제도'에 관한 졸업논문을 쓰기 위해 경성제국대학에 임시 파견된 상황에서 학도 지원병 제도가 실시된다. 그런데 자신이 신세를 졌던 바로 그 동급생의 아버지가 조선에 부임하여 학도병 징모(徵募) 업무를 담당하게 된 것이다. 친구는 정기영에게 아버지의 사정을 감안하여 지원 입대해줄 것을 권유한다. 정기영은 옛 신세를 저버리지 못하고 응한다. 정기영과 용주는 각별한 사이다. 한 내무반에서 동고동락한 사이다. 누구보다도 지적 수준과 정서적 성향이 비슷했다. 후일 용주의 부산 시절에 경남중학교에 유학한 정기영의 아들이 용주의 집에 기숙할 정도로 각별한 사이가 되었다. 1965년, 단절되었던 한일 간의 국교를 정상화시킨 문서인 한일협정은 '포괄적 타결'로 과거를 매듭지었다. 한국 정부가 일본으로부터 받은 배상금 액수의 적정성에 대한 논란이 있다. 당시의 절박한 국내 상황을 감안하면 나쁘지만은 않은 타결이었다는 변명도 있다. 그러나 정기영은 액수의 문제가 아니라 응당 다루어졌어야 할 주제가 생략되었다고 믿었다. 그 생략된 주제의 하나가 학병을 포함한 강제동원 피해자 문제라는 것이다.

정기영은 학병 희생자를 포함하여 일본에 안치되어 있는 조선인 사망자의 유해를 봉환하는 사업에 여생을 투여한다. 그는 부산에 개인재산

---

36) 정기영, "원혼(冤魂)은 고발(告發)한다", 『학병사기』 3권, 54쪽; 정기영, "한일 간의 미해결의 한(恨) ─ 숨겨진 역사의 진실을 캔다", 『학병사기』 4권, 661-721쪽

임야 62만 평으로 재단법인 부산영원(靈園)을 설립한다. 또한 1991년 일본 정부를 상대로 "태평양전쟁 한국인 희생자 보상청구소송"을 제기한다. 소장에는 원고 정기영 외 40인의 이름으로 "학도에 대한 지원강제"를 별개의 청구원인으로 기재하였다.

"일본당국은 당초 친척과 연고자를 통하여 압력을 가하여 지원시키려 했으나 1943년 11월 10일까지 적격자 6,203명 중 지원자는 200명 미만에 불과했다. 같은 날 고이소 총독은 '한 사람의 예외도 없이 지원하라'라는 성명을 발표하고 11월 14일에는⋯⋯." 소장에 청구이유로 뉘른베르크 전범재판에서 개발된 "인도에 반하는 죄(crime against humanity)"를 별도로 기재한다. 1991년 12월부터 1995년 6월에 이르기까지 도쿄 지방법원에서 열린 재판에 정기영은 세 차례 출석하여 증언한다.37) 그는 또한 야스쿠니 신사 영령봉환 운동을 벌인다. 뿐만 아니라 1992년 11월 20일 UN 인권위원회(UN Human Rights Commission)에 청원서를 제출하기도 한다.38)

박정희 정권은 1965년 한일 청구권 협정 체결에 따른 국내 보상을 위해 한시법을 제정하여 1975년부터 1977년까지 일부 보상을 실시하였다.39) 그러나 미흡하기 짝이 없었고 무엇보다 진상의 규명이 난제였다. 2004년 11월, 노무현 대통령의 참여정부는 '일제 강점하 강제동원 피해 진상규명위원회'를 발족하고 각종 법률을 제정하여 강제동원 피해의 지원사업을 추진하였다. 그 작업은 아직도 진행 중이다. 피해의 판정에는 일본 측 자료의 확보가 긴요하기에 다양한 외교 채널을 통해 일본 측에 관련자료의 제공을 요청하고 있다. 정기영의 선구적인 노력이 무위에 그친 것만은 아니다.

---

37) 도쿄 지방재판소, 1회 법정진술 (1991. 12. 6) 변호인 오노(小野); 2회 법정진술 (1992. 9. 14) 변호인 다카키(高木); 3회 법정진술 (1995. 6. 12) 변호인 다카키(高木)

38) 『학병사기』 4권, 720쪽

39) '청구권 자금 운용 및 관리에 관한 법률(1966년 2월 19일, 법률 제1741호)', '대일민간 청구권 신고에 관한 법률(1971년 1월 19일, 법률 제2287호)'

전장과 병영의 파적(破寂)거리 — 노래와 영화

훈련과 행진 시에 목청 돋우어 불러야 하는 군가는 물론 공식제도의 일부다. 그러나 조선인 학병들 사이에만 통용되는 사적제도가 있었다. 누가 지은지도 모르며 입에서 입으로 돌려 부르던 여러 버전의 '학병의 노래들'이 있다. "아! 산천에 물어보자/나는 왜 가야 하느냐/봄이면 제비오고 단풍 드는 가을에 오곡이 무르익는 고향 내 나라/누구 위해 버려두며 가야 하느냐."[40] 순천 출신으로 탈출을 감행한 성동준(후일 문교부 차관)의 즉흥시도 기록으로 남아 있다. "갈 곳이 어디메냐! 우리 학병아 눈 내리는 벌판에 황혼뿐이랴. 정의의 칼을 뽑아……."[41]

국내 버전도 전해온다. 대구부대의 집단창작이다. "허망의 논리 믿은 바 아니언만/정의와 사악 분간은 하면서도/손발을 묶고 아프게 매질하네/피눈물 뿌려 총자루 잡았었네."[42]

해방 후에 정식으로 채택한 '1.20 동지의 노래'(이은상 작사)[43]는 2절 가사가 더욱 애절하다. "총을 겨누어 누구를 쏘랴/칼을 휘둘러 누구를 치랴/눈앞에 닥친 죽음 속에서/조국을 속삭인 우리 동지들/(후렴) 잊을 수 없는 1월 20일/한 데 뭉치면 큰 힘이 된다."

장준하가 일본군을 탈출한 후에 비로소 알게 된 "독립군의 노래" 구절이다. "요동만주 넓은 들을 쳐서 파하고/청천강수 수백만 몰살하옵신/동명왕과 을지공의 용진법대로/우리들도 그와 같이 원수 쳐보세."[44] 탈출 후, 북지의 팔로군에 합류한 신상초가 배운 '조선 의용군들' 사이에 즐겨 불리던 작사, 작곡자 미상의 군가도 있다. "중국의 광활한 대지

---

40) 오탁근, "나의 강제입대기", 『학병사기』 1권, 230, 237–238쪽
41) 서석연, "그림자 잃은 사나이", 『학병사기』 1권, 179, 190쪽에 인용
42) 허상훈, "맨손 항쟁 스무 날", 『학병사기』 1권, 415쪽
43) (1절) 자유를 잃었던 어두운 한때/너와 나 악몽에 사로 잡혀서/눈물을 머금고 끌려갔
   어도/전선에서 만난 우리 동지들/(후렴) 잊을 수 없는 1월 20일/한 데 뭉치면 큰 힘이
   된다. (3절) 해방과 함께 다시 살았다/이 귀한 목숨 헛되이 하랴/내 나라 위해 내 겨레
   위해/즐거이 바치세 우리 동지들. 김성태 작곡, 박태원 작사라는 주장도 있다. 김윤식,
   『일제말기 한국인 학병세대의 체험적 글쓰기론』, 18쪽
44) 장준하, "임천(臨泉) 한광반(韓光班)의 3개월", 『학병사기』 1권, 797쪽

위에/조선의 젊은이 행진하네/……양자와 황하를 뛰어넘고/피 묻은 만
주벌 결승전에/원수를 동해로 내어 몰자/전진, 전진, 전진, 전진."45)

비장한 독립군의 노래나 학병의 노래만이 병사의 일상은 아니다. 오
히려 감상과 낭만의 주조를 이룰 수 있다. 유행가 따라 부르기는 실없는
농담과 함께 황폐한 병사의 일상에서 더없이 값진 영양제다.

"어제는 외출 나가 영화를 보았다. 「망루의 결사대(望樓の 決死隊)」."
1945년 봄, 용주의 엽서는 이 영화를 보았다는 사실만 전하고 어떤 감정
의 단서도 남기지 않는다. "영화관도 신주쿠의 문화뉴스 회관을 닮아
있었는데 오랜만에 도쿄 시절을 회상하다. 백화점에 들어가보았다. 내
지와는 달리 별별 것이 다 있다. 소화 15, 6년 정도의 풍요로움이다.
그러나 물가는 비싸다. 당신에게 어울릴 만한 투피스가 3,800엔 등. 색
색의 과일을 보면 문득 '만나고 헤어짐이 서늘한 빙과(氷菓)의 계절, 그
래도 화려하게'라는 시구를 생각한다."(제44신)

영화는 중요한 독전 수단이자 방어무기다. 전쟁의 승리를 위해 적군
에 대한 분노를 자극하고 내부의 적을 다스려야 한다. 언제 어떤 상황에
서도 정신적 합일, 일치단결이 군인의 지상 미덕이다. 이마이 다다시(今
井正) 감독의 「망루의 결사대」(1943)는 조선 북단의 항일 유격대, 즉
일본의 표현으로는 비적(匪賊)을 경찰이 작은 병력으로 방어해낸다는
내용이다. 유격대는 주재소를 공격하기 전에 인근 마을의 조선인 민가
를 불태운다. 일본에 순응하는 조선인을 민족의 배신자로 규정했기 때
문이다. 또한 유격대의 한 청년은 마을을 습격하기 앞서 몰래 잠입하여
아버지를 피신시키려 한다. 이를 배신행위로 규정한 동료가 그의 부친
을 살해한다. 아버지를 잃은 청년은 유격대의 흉포함에 전율하고 일본
경찰의 관대함에 감동하여 협력하여 '비적'을 격파한다는 내용이다.46)
이 영화는 비행 소년 선도영화의 패턴을 취하고 있다. 즉 조선인의 행위

---

45) 신상초, "탈출과 팔로군 투쟁기", 『학병사기』 1권, 863쪽
46) 사토오 다다오(佐藤忠男), 『일본 영화 이야기』, 다보문화사, 1993, 203쪽

를 민족을 위한 독립운동으로 생각하지 않고 산적이자 배신자로 규정하는 것이다. 그래서 특히 이 영화는 조선 출신 학병의 정신교육용으로 사용되었다. 영화를 보고 난 용주는 어떤 소회였을까? 엽서에 적지 못할 속내는 무엇이었을까?

1939년 10월 1일, 제국의회를 통과한 영화법이 시행된다. 이제 일본의 모든 영화는 정부의 전면 통제 아래로 들어간다. 영화의 배급은 물론 내용에 대해서도 사전 검열이 실시되었다. 사회의 어두운 면을 조명하는 영화는 상영 불가다. 이를테면 1940년 독립 프로덕션의 하나인 낭오(南旺)가 지바 야스키(千葉泰守) 감독에게 맡겨 만든 영화 「벽돌여공(煉瓦女工)」은 근면하게 사는 도쿄의 하층민의 생활을 그렸다. 당국은 현실을 너무 어둡게 비쳤다는 이유로 상영을 금지했고 영화사는 경영난으로 문을 닫게 되었다. 반면 1937년 가메이 후미오(龜井文夫) 감독이 해군성의 지원으로 만든 일본 군함의 원양항해를 그린 「노도를 박차고(怒濤を蹴って)」나 문부성의 기획에 의해 아베 유타카(阿部豊) 감독이 메가폰을 잡은 「불타는 하늘(燃ゆる大空)」(1940)은 당국과 대중의 지지를 받았다. 후자는 일본의 관점에서 중일전쟁(支那事變)을 해설한 홍보영화였다.47)

당시 중국에 사는 일본인들 사이에 살아 있는 전설로 우뚝 군림한 여인이 있다. 니코란(李香蘭)이란 이름의 가수이자 배우다. 그녀는 중국에서 태어나서 완벽한 중국어를 구사하였기에 중국인으로 알려졌으나 실은 백 퍼센트 일본인이었다(본명은 야마구치 요시코(山口淑子), 1920년생). 전형적인 일본 여배우와는 달리, 강한 정감을 띤 표정과 또렷한 이목구비의 매력이 중국인이라는 선전이 쉽게 통했던 것이다. 그녀가 선풍적인 인기를 불러일으켰던 것은 물론 미모와 노래 실력이었다. 그러나 그보다도 일본인의 심리를 파고드는 배역의 설정에 있었다. 영화에서 그녀가 맡았던 역할은 일본의 공격을 중국 여성이 기쁘게 받아들

---

47) 사토오 다다오, 『일본 영화 이야기』, 173-248쪽

인다는 환상을 심어준 것이다.[48] 그녀는 "소주야곡(蘇州夜曲)", "중국의 밤(支那の夜)", "야래향(夜來香)", 「만세유방(萬歲流芳)」, 「백란(白蘭)의 노래(歌)」 등 여러 영화에 출연하고 음반도 취입했다. 1932년 만주국을 세운 관동군 정보담당자가 조종하여 국책회사 만주영화사를 앞세운 것이다. 종전 후에 그녀는 일본에 귀국하여 영화에 출연하였고 할리우드에도 진출한다. 장년에는 정치가로 변신하여 참의원에 선출된다.

미모의 여배우는 전쟁에 동원된 젊은 군인의 마음을 들뜨게 하고 성적 환상에 불을 지핀다. 6.25 전쟁 때 한국전선에 배치된 미군 G.I.들에게 마릴린 먼로가 그랬듯이, 니코란은 중국에 출정한 일본 병사의 핀업걸이었다. 「소주야곡」(1942)은 일본 사내가 중국 여자의 사랑을 받는다는 이야기가 곁가지로 걸쳐 있다. 전쟁과 사랑, 애국심과 연민, 배신과 복수가 얽힌 전형적인 전쟁 멜로드라마다. 후시미즈 오사무(伏水修) 감독의 「중국의 밤」(1940)은 중일전쟁을 일본의 입장에서 정당화하는 요지다. 대표적인 대 중국 독전용 작품이다. 일본인 선원, 나가야(長谷)(하세가와 가즈오[長谷川一夫] 분)는 상해의 번화가에서 일본인과 다투고 있는 중국 여성 게이랑(桂蘭)을 돕는다. 다툰 상대 일본인은 여자의 처벌을 원한다. 게이랑의 주장은 다르다. 이 장면을 지켜보던 나가야는 중국인의 배일감정을 자극할 우려가 있다고 판단하여 자신이 대신 일본인이 입은 피해를 배상해주고 소동을 진정시킨다. 뼛속까지 반일감정에 차 있는 게이랑은 일본인의 도움을 받은 것이 자존심이 상한다며, 일을 해서 빚은 갚겠다며 호텔로 쫓아온다. 그녀의 반일감정을 고쳐주는 것이 일본인의 전쟁이라고 호텔의 일본인 동료에게 선언하고 마치 비행소녀를 선도하듯이 참을성 있게 게이랑을 대한다. 전형적인 비행소녀 선도 영화의 패턴에 따라 계속되는 그녀의 반항에 속을 썩으면서도 진심어린 애정으로 끝내 그녀의 오도된 반일감정을 치유하고 결혼에 성공한다. 대동아 공영의 이상을 이해하지 못하는 중국은 선도할 비행소녀이었다.

---

48) 사토오 다다오, 『일본 영화 이야기』, 201쪽

이병주는 마지막 미완성 소설『별이 차가운 밤이면』49)에서 양반집 첩의 자식으로 태어나 제국대학을 졸업한 후 일본인 정보장교가 된 조선청년이 상해에서 이향란을 만나는 것으로 설정한다. 작품 속의 이름은 이채란이다. 소주 60사단 치중대에서 보초를 서던 이병주가 "소주야곡"과 "야래향"을 흥얼거리며 노예의 '용병생활'을 하는 장면을 상상하는 것만으로도 흥미롭다.50) "청년 이병주에게는 「만세유방」의 환각이나 '소주야곡'의 음향이란 몸으로 느낀 것, 몸에 새겨진 지문과도 같은 것, 언제라도 분위기만 조성되면 되살아날 수 있는 감각적 측면이 있다.……아무리 용병이라도 청춘은 있는 법이다."51)

일본군 장교였던 담대한 낭만주의자 황용주도 이중스파이 이채란과 연애하는 꿈을 품음직도 하다. 1945년 9월, 중국전선에서 용병생활을 마감한 소대장 용주는 많은 동료를 이끌고 상해로 간다. 그의 앞에는 이상의 지도가 펼쳐지고 그 자신이 담대한 꿈의 주인공이 된다.

---

49) 이병주 지음, 김윤식, 김종회 엮음,『별이 차가운 밤이면』, 문학의 숲, 2009
50) "노비출신 박달세와 청춘과 야망 — 미완성 최후작 '별이 차가운 밤이면'" 김윤식,『이병주와 지리산』, 국학자료원, 2010, 283, 294-295쪽
51) 김윤식,『일제말기 한국인 학병세대의 체험적 글쓰기론』, 201쪽

8

상하이 블루스

1945년 8월 11일 미 국무성에 의해 작성되어 14일에 발효된 일본군의 항복절차를 규정한 일반명령(General Order) 제1호는 "만주를 제외한 중국 대만과 북위 16도 이북 프랑스령 인도차이나의 모든 일본군 선임 지휘관은 장개석 장군에게 항복한다"(1항)라고 규정한다. 장개석에게 항복한 100여 만 일본군 중 조선인은 10만 정도로 추산된다. 임정 수뇌부는 국민당 정부의 협조로 이 10만 병력을 넘겨받아 광복군으로 편성하고 보무당당하게 귀국하고 싶었다. 그런 대조직을 몰고 들어가면 미군과 소련군도 무시하지 못하고, 국내의 어떤 반대세력도 감히 도전하지 못할 위세를 부릴 수 있을 것으로 판단했다. 그러나 이 시도는 한갓 몽상에 그치고 말았다.[1]

가장 큰 이유는 연합국의 전후 한반도 처리 방침에 따라 임시정부가 승인되지 않았고, 이 연장선상에서 광복군 또한 인정되지 않았기 때문이다. 한편 중국 국민당 측도 자국 영토 내에 타국의 군사활동 내지 군대육성을 달가워하지 않았다. 종전 직후 중국 측은 한인교포와 한적사병 처리 문제에 관한 법률(韓僑韓俘處理辦法)을 제정한다. 이 법의 핵심은 첫째, 일본의 패망 이전에 중국의 승인을 받은 광복군에 한하여 승인한다. 둘째, 한국 교포와 한적사병은 모두 집중 관리해서 본국으로

---

1) 김기협, 『해방일기』 1권, 너머북스, 2011, 313쪽

송환한다. 셋째, 한적사병의 편입 등을 통한 광복군의 확군(擴軍) 등은 금지한다는 것이었다. 중국 측이 이러한 조치를 내리게 된 주된 이유는 일본군의 무장해제와 본국송환이라는 연합군의 일반적 전쟁포로 처리 방침과 임정과 광복군의 불승인정책에 개인한 것으로 보이며 부분적으로는 중국 내의 한인에 대한 적대의식이 작용한 것으로 보인다.[2] 그리하여 임정은 지청천, 이범석 등 광복군 요원에게 포로 획득사업을 맡겨 중국에 남겨두고 귀국했다. 26년간 지키고 쌓아온 임정의 권위와 가치는 민족주의의 깃발로서의 도덕적인 것이다.[3]

전쟁이 끝났다. "1945년 이날 중국 양자강 연류 강소 상숙(尙肅) 교외 양자강 연안에서 일본군 견습사관으로 사병 80여 명을 거느리고 진지구축공사를 하고 있었는데 당시의 소상한 기억은 모호하지만 무석(無錫)의 부대 동부에까지 크리크에 배를 타고 도달했을 때, 이미 어두운 밤인데 시내에 불이 훤히 켜져 있었고, 폭죽소리가 나고 부대 정문 앞에서 서류를 불태우고 있었다. 배가 안벽에 닿자 일본군 하나가 '종전이다, 종전이다' 하면서 내가 조선인인 줄 알고 있었는지 '조선은 독립했다'라고 한다. 이 순간의 감격은 당시 4천만 동포가 다 같이 느꼈던, 바로 그것이다."[4]

안도 참모장을 만난 후에 자신을 얻은 용주는 상해로 간다. 선발대를 미리 보내 사정을 살폈다. 상해에는 이미 확보된 비밀요원들이 더러 있었다.[5] 이들과 상의하여 일본군을 탈출할 '한적'사병을 규합하여 캠프를 준비한다. 김원봉의 명을 받은 이소민(李蘇民)이 이끄는 광복군 제1지대 선견대가 상해로 와서 군대의 편성을 돕는다. 이렇게 탄생한 것이

---

2) 정범준, "1945-48 대한민국 임시정부의 중국 내 조직과 활동", 『사학연구』 제55, 56 합집호 881-882쪽; 김기협, 『해방일기』 1권, 313-314쪽에서 재인용
3) 김기협, 『해방일기』 2권, 49쪽
4) 1994. 8. 15 일기
5) 최창식(崔昌植, 1892-1957), 선우혁(鮮于爀)등 이전부터 이어져오는 비선이 있었다. 『격동기 지식인의 세 가지 삶의 모습』, 100쪽

광복군 주호지대(駐滬支隊)이다. 상해 호강대학의 캠퍼스를 사용한다.6)
이소민은 황용주더러 학병뿐만 아니라 한적사병 전원을 규합하여 책임
자가 되라고 주문한다. 해방 후 한 달이 족히 지난 후라 탈출한 병사의
수가 4천 명에 달했다. 학병 출신도 300여 명, 장교만도 70여 명이었다.
투표를 거쳐 자연스럽게 용주가 대표가 된다.

김원봉의 전기를 쓴 이원규는 상해에서 김원봉과 황용주가 만나는
장면을 이렇게 그렸다. "황용주의 역량은 컸다. 사병 출신들을 호강대학
과 항주의 큰 사찰에 수용하여 먹이고 입히고 있었다. 그리고 장교 출신
들은 일본인이 경영하던 만세관(萬歲館)이라는 호텔을 접수하여 경영
했다."7)

이 시기의 황용주의 활동을 입증할 수 있는 세 건의 문서가 보존되어
있다. 김원봉 평전을 쓰면서 염인호가 수집한 것이다.8)

첫째, 대대장 황용주의 명의로 발행한 일본어 영수증이다.

"국폐(國幣) 이만이천 원을 대내(隊內) 일간지 문(門)의 현상원고 상품
대로 지급한다"라는 문구 아래 지급명세가 적혀 있고, 소화 35년(1946
년) 2월 23일 대대장 황용주 명의의 개인 도장이 찍혀 있다. 일간 소식지
를 발행했음을 알 수 있다. 두 번째 문건은 1946년 1월 30일, 대대장
황용주의 이름으로 동지들에게 공표한 격문이다.

告, 同志 大隊長 黃龍珠

1945년 8월 15일 이 빛나는 날, 조국 광복 건설을 위하여 넘치는 흥분
아래 우리 민족혁명의 '메디나' 상해로 모였던 것이 바로 이 집단이다. 그로부
터 우리는 우리의 순리와 양식이 인도하는 궤적을 그리기 시작했다. 여기에

---

6) "밤 TV에서 중공과의 핸드볼 경기를 보다. 중공선수들의 모습에서 옛날 1945년 가을
중국 상해 호강대학에서 맑은 유니폼을 입고 교정을 뛰어다니던 대학생들이 회상된
다."(1983. 11. 16 일기)
7) 이원규, 『약산 김원봉』, 실천문학사, 2005, 467–468쪽
8) 염인호, 『김원봉 연구 : 의열단, 민족혁명당 40년사』, 창작과비평사, 1993

기록된 한 사람 한 사람이 각기 자아 인식에서 우러나는 '코스모스'를 가지고 이 집단을 형성하고 여기에서 필연적으로 발생하여 조성된 것이 우리의 지도 이념을 통하여 이곳 이국 상해에서 우선 당면한 현실을 숙지하고 조국건설의 대로를 밟아 나왔다. 우리들이 의식, 무의식적으로 지니고 있는 '일본적인 것'을 청산하여 새로운 민족정신의 탐구 창출을 모색하고 외면적으로는 해방 이후 탄생한 망상적인 독선자, 우후죽순처럼 생겨난 위 애국지사(僞 愛國志士), 독립투사, 위당 작파적(僞黨 作派的) 인사 등의 축출이 급선무임은 우리가 통감하는 바이다.

이제 해방을 앞두고 우리에게는 오직 세계사가 암시하고 20세기 청년의 예지가 직각(直覺)하고 있는 한 길만이 있을 뿐이다. 동지들이여, 우리의 조국애가 노력하여 찾는 길을, 혹은 농촌에서, 혹은 도읍에서 육체를 통하여 지혜를 통하여 성과 열을 다하여 개척자의 정신으로 용진(勇進)합니다.

순경(順境)에 있거나 역경에 있거나 언제나 상해 시절의 긍지와 분투를 회상하여, 내가 지금 서 있는 시공의 정치(定置)를 사랑하고 신장시켜 위대한 신흥국가의 건설에 이바지합시다. 순수와 미와 진실만을 찾아 우리나라 하늘, 그 깨끗하고 맑은 창공에 올리소서.

上海 江灣 兵舍에서, 1946. 1. 30[9]

세 번째 문건은 이소민이 용주에게 보낸 친필 편지다. "용주 대대장 동지 앞. 금번 여현 독립부대에서 선발대로 백진성, 신규일, 김성희, 이관영, 최광수, 한일봉 등 6동지가 올 것이기에 귀부대로 보내주고 만나서 그들의 숙식 문제며 각항 조사 등 주의사항을 상세히 가르쳐주시기 바랍니다. 그리고 금일 모두에게 참가시키는 것이 어떨는지 요량해서 처리하십시오. 친절하게 대해주시오. 이소민 17일."(9월로 추정) 겉봉에는 붓글씨로 '江灣大隊部 黃大隊長 龍珠同志'가 적혀 있고, 그 옆에 '鐘

---

9) 캉왕은 황포강 기슭에 우쑹(吳淞) 쪽으로 있는 지명이다. 일본이 항복한 후 일본군의 수용소가 설치된 지역이다. 일본군을 '탈출한' 한적사병도 이 지역에 일시 머물렀다.

字 第 112區號信箱織'이라는 붉은 색 스탬프가 찍혀 있다.

염인호의 연구 성과로 입수한 자신의 육필로 쓴 당시의 격문을 전해 받고 용주는 감개에 찬다. 일기장에 적어두었다('봄날 같은 겨울날'이라는 제목의 필자 자신의 메모도 남아 있다).

광복군 주호지대

1940년 9월, 대한민국 임시정부는 중경에서 광복군 총사령부를 탄생시킨다. 총사령관에 이청천(본명 지대형), 참모장에 이범석이 선출된다.[10] 그러나 창설된 지 1년이 지난 1941년 10월까지도 이렇다 할 가시적인 활동이 없었다. 자금을 지원할 중국 측에서 기존의 조선의용군과 통합하기를 원했던 것이다. 1941년 11월 15일 중국 측이 요구한 원칙과 기준에 따라 광복군은 중국군에 편입하는 형식을 취했다.[11] 이어서 1942년 5월, 조선의용군이 광복군에 편입되자 사령관 김원봉에 대한 예우로 그를 광복군 부사령관으로 영입한다. 제1지대장에 김원봉(제1지대 제2구대장 이소민[李蘇民]), 제2지대장에 이범석이 임명된다. 병력의 규모로 보면 제2지대가 주력부대이다.[12]

장준하의 기록은 김원봉에 대한 철저한 불신을 기조로 하고 있다.

"힘겹게 탈출하여 중경에 도착하니 각 계파 간의 갈등이 심하여 차라리 가능하다면 도로 일본군에 귀대하여 항공대에 자원하여 중경 임시정부를 폭파하고 싶은 심경이다."[13] "셋집을 얻어 정부청사를 쓰고 있는 형편에 그 파는 의자보다 많았다."[14] 나라가 망한 뒤 중국 땅 여기저기로 망명해나온 애국지사들이 처음에는 상해 임정을 중심으로 뭉쳐 활동하였다. 그러나 상해를 떠난 후로는 뿔뿔이 헤어져 각자 독립운동 단체

---

10) 김구, 백범 김구의 자서전 『백범일지』, 나남, 2005, 388-406쪽
11) 김준엽, 『장정 1』, 287쪽
12) 김준엽, 같은 책, 295쪽
13) 장준하, 『돌베개』, 209쪽
14) 장준하, 같은 책, 207쪽

를 꾸며서 여기저기에서 개별 활동을 하는 형편이었다. "김구의 한독당은 중국의 국민당의 도움을 받고 있고 김원봉일파는 중국 남의사(藍衣社)라는 특무기관의 원조를 받고 있는 처지였다. 중국 정부는 통합을 종용했고 그 결과 1943년 9월에 성립된 것이 임시정부였다.[15] 심지어는 김원봉이 미인계로 김준엽을 유혹하기도 했다고 한다.[16]

특히 일본이 항복한 이후 상해에서 김원봉의 지원 아래 황용주의 주도로 벌어진 학도병의 상황에 대해서는 날선 비판을 담았다.

그러나 우리를 더욱 슬프게 한 것은 새로운 사실이었다. 일본이 항복하기 직전까지 통역 아니면 일선지구를 돌아다니며 아편장사나 일군 위안소의 포주들까지도 하루아침에 광복군 모자를 하나씩 얻어 쓰고 독립운동가, 망명가, 혁명가를 자처하는 목불인견의 꼴이었다. 뿐만 아니라 타국에서 동포의 재산을 이런 자일수록 앞장서 몰수하기가 일쑤였고 광복군도 제1.2.3지대로 나뉘어 대립을 보이고 있었다.……제1지대는 중경에 본부를 두고 임시정부 군무부장이던 김원봉이 맡았으며, 병력 10여 명에 불과했다. 그러나 서안을 근거로 한 제2지대는 300여 명의 병력을 가진 이범석 장군 지휘의 부대였다. 제3지대는 김학규 씨가 임천을 본거로 하고 학병탈출자 10여 명을 핵심간부로 한 최전방지역의 부대였다. 최전방이라는 조건 때문에 인원을 쉽게 확보할 수 있었으며 그래서 병력이 150여 명에 달했었다. 그러나 대부분이 광복군에 입대한 지 1, 2개월 정도에 불과한 신참대원이었다.[17]

이들 세 지대가 서로 패권 다툼을 하여 광복군의 정신을 스스로 배반하고 있었다. 더욱이나 상하이, 난징을 무대로 활동하던 제1지대의 소위 학도병 출신 간부들의 방자 무도한 횡행은 말이 아니었다. 해방으로 일군에서 해산된 한국인 출신 장병들이 무리로 쏟아져 나와 이들을 광복군으로 포섭해야 할

---

15) 장준하, 『돌베개』, 206쪽
16) 김준엽, 『장정 2』, 473쪽
17) 장준하, 같은 책, 265쪽

것인데도 불구하고 책임을 감당해야 했을 그 지대는 이른바 판사처(辦事處)라는 분실 비슷한 것을 상하이, 난징 위주로 주요 인근 도시에 두고, 광복군은 자기들뿐이라는 듯이 날뛰면서 일군 출신 한인장병에 오만불손한 행패까지 부려대었다. 이로써 그들에 대한 포섭은 고사하고 오히려 대립 상태로 떨어뜨리고 말았다. 이들은 한국인 사병을 인수받아 상하이 호강대학과 항저우(杭州)의 대사찰에 수용했는데 그 수가 엄청나게 많아 호강대학에만 5천 명, 항저우에는 2천 명이 되었다.

이들 일군 출신 장교단은 만세관이라는 여관에 합숙해가면서 광복군 제0지대에는 결코 가담시키지 않겠다고 벼르고 있었다. 이른바 이들 호강부대는 광복군도 아니고 어느 부대에도 속하지 않는 하나의 독립부대와 같은 묘한 성격이 되어버렸다. 그러나 일군에서 나올 때는 1개월분의 식량과 왕정권의 화폐 얼마를 받은 것뿐이므로 이들의 식량문제가 다급하지 않을 수 없었다. 식량도 떨어지고 쌀 한 가마니 값이 지폐 한 가마니와 맞먹는 화폐가치 속에 식량난으로 허덕이게 된 것은 당연한 일이었다. 그래서 자연히 인근 한인교포들에게 신세를 지게 되고 마침내 민폐를 끼치게 되었다. 우리 교포들 가운데 좀 부유한 자들은 해방과 더불어 일인 스파이라는 뜻의 한간(漢奸)으로 몰려 중국 관헌에 의해 투옥되거나 재산을 몰수당하고 있던 상태였다. 심지어는 우리 혁명가라는 제0지대 대원까지도 한인동포에게 사형을 가하고 노략질을 하여 교포의 감정을 상하게까지 하였다.

이렇게 참담하게 된 것은 한마디로 제0지대의 독선과 교만 때문이었다고 해도 과언이 아니다. 그들은 마치 일군에서의 탈출이 이런 독선과 교만을 위해서인 것처럼 행동했다. 그것은 탈출의 동기를 허영과 공명심에 둔 것이나 다름이 없었다.

그런데 이런 상황을 재빨리 이용하는 자가 있었다. 그것은 일군 출신 부대로 하여금 임정이나 광복군에 대한 불신을 부채질하면서 그 어부지리를 노리는 김원봉의 계산이었다. 일군 출신 부대의 책임자 격으로 있던 황모는 일군 육군소위 출신인데 이 자가 묘하게도 김원봉과 친척관계가 되어 김원봉이

황에게 직접 이소민이라는 자를 파견, 광복군 제1지대로 끌어들일 공작을
펴, 손을 잡았던 것이다.

　결과적으로 이것은 광복군과 임정에 백해무익한 처사였다. 안타까운 일이
었다. 김원봉은 열심히 임정과 광복군에 대한 불신 작용을 일군부대에 가했
다. 그 효과가 아주 큰 것이었다.

　10월 7일, 중경으로부터 온 광복군 사령관 이청천 장군에 대한 사열을 거부
까지 했던 것이다. 우리로서는 차마 그대로 보고 있을 수 없었다. 우리들은
목숨을 걸고 활동을 시작하지 않을 수 없었다.[18]

　신일 동지(김준엽의 가명)와 나는 우선 그들 가운데 모, 모, 장교들을 찾아다
니며 이 문제에 대한 의논을 시작했다. 의논이지만 실은 회유 작전이었다.
우선 김원봉의 간계를 깨우쳐주고 그 하수인 노릇을 결과적으로 했던, 황모와
이소민에 대한 정확한 자료를 주어 그들을 불신임시켰던 것이다. 설득은 주효
했다. 마침내 이청천 장군은 사열을 받게 된 것이다. 사열에 참가한 병력
6천, 이역에서 그 고생을 하던 이 장군의 가슴에 전무후무한 쾌사의 감정이,
너무나도 기다렸던 그 감정이 일었을 것이 틀림없는 것이리라 생각했다. 이청
천 장군은 내무사열도 하고 또 항저우 병영의 시찰도 했다. 그로부터 우리는
이 일군 출신 장교단과 꽤 거리를 좁혀갈 수 있었고, 그래서 임정과 광복군에
대한 올바른 인식을 나누어 갖게 할 수 있었다.

　그런데 이청천 장군이 항저우 병영을 시찰했을 때 수용 병력은 극도의
곤란 속에 시달리고 있던 때라 광복군 사령관에게 상당히 기대를 걸었던 모양
이다. 그러나 그 기대를 조금도 채워줄 수 없었던 이 장군은 오히려 상당한
실망을 남겨주었다.……한편 일군 출신 장교단은 우리를 위하여 그들의 숙소
인 만세관에 방까지 주선해주며 우리들과 행동을 같이 했다. 귀국한다면 아무
래도 이들이 우리 건국의 기초에 큰 역할을 해야 할 것이라 하여 우리는
가급적 임정과 광복군에 대한 올바른 인식을 나누도록 노력하였다.[19]

---

18) 장준하, 『돌베개』, 266쪽
19) 장준하, 같은 책, 267쪽

222

김준엽의 기록은 보다 중립적인 논조다. 김준엽은 "당시 한국인 사병은 6천 명이 호강대학에 주둔했는데 그 대표로는 장경순, 민충식, 황용주의 세 사람"이라고 밝히고 있다.[20] "우리와 같이 학병 출신이었으나 파견된 광복군에 실망하고 단독행위를 취하고 있었다. 그들은 10월 7일 중경으로부터 이청천 총사령관이 상해에 도착했는데도 이 사령관에 대한 사열도 거부했다고 한다.……장 동지와 나는 장경순, 민충식 씨 등을 만나 모든 것을 성의껏 논의했더니 일이 쉽게 풀렸다.……다음으로 항주에 있는 한적사병들도 무사히 사령하고 모두 광복군으로 수편하였다. 이를 계기로 장경순, 민충식 씨 등과 가까이 지내게 되고 그들의 호의에 따라 우리의 숙소도 만세관으로 옮겼다. 어느 날, 북사천로(北四川路)에 있는 한국식당에서 두부찌개와 게장을 안주로 막걸리에 만취되어 함께 어깨동무를 하고 상해 거리를 활보하던 기억이 새롭다. 귀국 후 오늘에 이르기까지 장경순, 민충식 씨와는 개인적으로 가깝게 지낸다."[21] 이 자리에 황용주도 동석했거나 협상을 위임했을 것이다(황용주에 대한 언급이 생략된 사유는 그가 박정희의 측근이었기 때문일 것으로 추측된다). 어쨌든 장준하와 김준엽의 노력으로 이 부대는 김구, 이청천 등이 상해로 오면서 광복군 사령관 이청천의 사열을 받게 된다. 이 과정을 거치면서 이 부대는 약산과 이소민이 의도하던 바와는 다르게 나아갔다.[22]

용주의 회고에 의하면 영리한 이소민은 이들 병사들을 훈련하여 화북에서 만주로, 그리고 신의주, 평양으로 귀국시킬 계획이었던 것으로 보였다. 김원봉은 이때까지만 해도 화북에서 만주로 진출해 있던 조선의용군(김원봉 자신이 창설한 부대이기도 하다)과 합세하는 데 미련을 두고 있었다. 이소민은 주호지대원들에게 '민족운동사의 특강'을 통해 약산

---

20) 김준엽, 『장정 2』, 570쪽
21) 김준엽, 같은 책, 571쪽
22) 염인호, 『김원봉 연구 : 의열단, 민족혁명당 40년사』, 창작과비평사, 1993, 292-293쪽

과 의열단의 투쟁을 부각시킴으로써 이들을 민혁당의 부대로 만들어 나갔다.

여기에 한독당 측이 제동을 걸었다. 한독당 측 부대인 서안의 제2지대는 미국의 정보기관인 OSS와 협조하고 있었다. 이 기관은 본부가 중경에 있었고 북중국지부가 서안에 있었다. 이 부대에는 중위 계급장을 단 조선인 2세가 있었다. 해방이 되자 지대장 이범석은 OSS 측에 대고 한국에 돌아갈 수 있도록 비행기를 내달라고 한다. 이범석이 이끄는 대원들이 8월 18일, 여의도 비행장에 내린다. 그러나 일본군들이 비행기를 포위하고 돌아갈 것을 요구한다. 쫓겨난 비행기는 출발지인 서안 대신 상해에 착륙한다.[23]

상해에서 이범석은 주호지대를 장악하러 나섰다. 용주는 찾아온 이범석을 깍듯이 대접한다. 이범석은 이틀 후에 황용주, 장경순, 민충식 이중희 등을 불러 '여러분들은 재교육을 받아야 한다. 일본에서 대학을 다녔기 때문에 광복군의 정신과 규율을 잘 모른다. 그러니까 교육을 마친 후에 제2지대 요원으로 특채하마'라고 설득한다. 용주는 이범석이 세계 정세에 둔감한 것을 보고 실망했다.[24] 그러한 용주와는 달리 장준하와 김준엽은 이범석을 더없이 높게 평가한다. 그를 일러 문학적 상상력과 낭만적 열정을 감춘 문무겸전의 사람으로 그린다.[25] 이범석이 남긴 자서전 『우둥불』에도 이러한 면모가 드러나 있다.[26]

이 시기에 주호지대에서는 대지(隊紙)를 발간하였다. 그 일부는 전문 연구자가 소장하고 있다. "철기는 광복군을 10만으로 확충하여 귀국할 계획이었다. 중국 정부는 광복군의 계획을 전적으로 찬성했으니 미국의

---

23) 장준하, 『돌베개』, 256−263쪽
24) 『격동기 지식인의 세 가지 삶의 모습』, 108−110쪽
25) "서양 속담대로 문명한 두뇌와 야만의 육체를 가져야 한다." 철기(鐵驥)의 일생은 3w(war, wine women)로 상징된다. 김준엽, 『장정 2』, 516쪽
26) "우둥불이란 함경북도 방언으로 잠자는 군인들이 몸을 데우기 위해 피우는 불, 즉 노영화(露營火)를 의미한다." 철기 이범석 자서전 『우둥불』, 후기, 사상, 1971, 489쪽

태도는 모호했다. 김구 주석도 개인 자격으로 입국케 한 미국인데 광복군을 무장 편성한 채 귀국케 하지 않았다. 한반도에 대해 중국이니 소련처럼 명백한 이해나 정책을 갖고 있지 않았던 미국은 중요한 착오를 범한 것이다. 만약 임시정부를 적극 지지하고 광복군 10만 대군이 무장한 채 입국했더라면 남북 분단도 막고 여순 반란사건도 막을 수 있었고 어쩌면 6.25 사변도 일어나지 않았을 것으로 생각한다."27)

"염인호 군이 우편으로 1945년 상해에서 발표한 선언문을 카피해서 보내주다. 염인호 군은『김원봉의 의열단』을 쓴 저자인데 나의 이 '告同志'라는 선언문이 게재된 연구 팸플릿을 입수했다고 한다. 그때의 내용이지만 지금도 사상의 하나 다름없다."28)

"오후에 염인호 군이 오다. 15일, 16일 MBC TV에서 9시 뉴스에 '조선의용대'의 활약상을 담은 필름을 입수했는데 이 필름은 1946년 부산에서도 상영된 바 있었다고 한다. 1945년 10월 1일에서 46년 3월 5일 상해에서 출범할 때까지의 일기를 기록할 당시의 서류를 copy하여 가져왔다. 이종수가 기록한 것이다. 기록을 보면서 그때의 상황이 되살아난다. 그리고 그 동안 까맣게 잊고 있었던 일도 다시 살아난다. 사람의 기억력은 믿을 것이 못 된다.

생각해보면 참으로 기적적인 일이 아닐 수 없다. 당시 상해에서 주호지대를 처음 한국광복군 제1지대 제2구라고 했다가 잠편(暫編)지대라고 했다가 한적사병 상해 집중영(集中營)으로 바뀌다. 그 동안의 대지(隊紙)를 적어둔 것이 어떤 경로로 오늘날까지 보존되어 염인호 군에게서 나에게로 되돌아왔다. 그때 간부였던 엄익순, 차문석, 민충식 등은 고인이 되었다."29)

---

27) 김준엽,『장정 2』, 501쪽
28) 1993. 7. 21 일기
29) 1993. 8. 17 일기

임정인의 귀국

임정 일행은 11월 5일, 중경을 떠나 상해에 도착한다. 상해에서 보름 이상 지체하다 김구 등 1진이 11월 23일에, 그리고 김원봉 등 2진이 12월 2일에 귀국하게 된다.[30) 임정 요인들의 귀국이 늦은 이유는 미군의 비협조 때문이라고 일반적으로 알려져 있지만, 광복군의 확장 시도, 장개석과의 협력 모색 등 임정의 중요한 사업을 위해 스스로 귀국을 늦춘 측면도 있었다.[31)

용주의 기록이다. 1945년 11월 5일 오전, 임정 요인들은 중국 정부가 마련해준 두 대의 낡은 비행기를 타고 중경을 출발하여 5시간 만에 상해 강만 비행장에 도착했다. 용주는 대대장의 자격으로 참모와 부관을 대동하여 비행장에 도착하는 임정 요원들의 출영에 나간다. 제법 큰 비행기에서 김구 주석을 필두로 김규식, 조소앙, 신규식이 차례차례로 내린다. 마침내 김원봉이 내린다. 열병식이 끝나기가 무섭게 용주는 체면불구하고 달려가서 김원봉에게 고개 숙인다. "아저씨, 제가 용주입니다." 약산도 감격을 금치 못한다. "그래, 네가 용주란 말이냐." 숙질간에 많은 이야기가 밀려 있다. 거의 한달 가까이 둘은 많은 이야기를 나눈다. 지나온 날에 대해서는 하룻밤으로 족했다. 그러나 앞으로의 일은 수많은 날들을 함께 나누어야만 했다.[32)

1945년 12월 2일, 미국 수송기를 타고 약산이 귀국길에 오르기까지 용주는 분주하게 움직인다. 중경 임시정부의 요인들이 귀국 경로를 모색하기 위해 상해에 들린다. 일본군 고급장교들이 사용하던 호텔을 인수하여 임정 요원들을 묵게 한다. 미군정은 임시정부를 인정하지 않았

---

30) 1진은 귀국 후 하루 동안 격리 상태에 있었고 2진은 1월 1일 귀국환영회가 열린 이튿날, 그것도 일기불순을 이유로 서울 대신 목포공항으로 입국한다. 임정 요인들 사이에 상호 불신을 조장하려는 이승만과 한민당 측의 숨은 의도라는 주장도 있다. 김기협, 『해방일기』 2권, 116, 174쪽
31) 김기협, 같은 책, 38쪽
32)『격동기 지식인의 세 가지 삶의 모습』, 106쪽

고 요인들이 개인 자격으로 입국할 것을 종용한다. 중국 내의 통행의 허가는 미 7함대의 소관사항이었다. 중경에서 상해로의 이동은 7함대의 허가를 받고, 상해에서 서울행은 군정장관 하지의 허가가 있어야 했다. 말하자면 서울에서 비행기가 와야만 환국할 수가 있었다.

중경 임시정부 요인들의 환국이 늦어진 것은 잘 알려진 바대로 임시정부의 법통을 고집하는 임정 측과 개인 자격으로 입국할 것을 주장하는 미군정 측 사이의 갈등 때문이었다. 임정 요원 가운데 특히 김구, 조완구, 엄항섭 등 한독당 계열의 인사들이 법통에 강하게 집착했다. 반면 김규식, 김원봉, 장건상은 국무회의 석상에서 이렇게 발언한다.

"38선 이남에서 이미 미군정이 실시되고 있고 국내외 정파가 제각기 목소리를 내고 있는 마당에서 중경 임시정부가 민족 전체의 대표자라고 주장하는 것은 현실적인 한계가 있다"며 어느 정도 합리적인 입장을 개진했다. 격론 끝에 미군정의 제안을 받아들이기로 한다.

귀국 채비를 차리면서 상해의 호텔에서 마지막 국무회의가 열린다. 부주석 김규식의 주재 아래 열린 이 회의를 참관한 황용주의 증언이다. 김원봉은 김성숙과 더불어 좌우 대립의 해소를 통한 민족통일의 열망을 강하게 드러내는 강도 높은 발언을 한다. 이 자리에서 통과된 것이 '입국 전 공약 3장'이다. 제1장은 '임정은 비록 개인 자격으로 입국하기로 되었으나 미군정이 용인하는 한도 내에서 정치활동을 할 것인데, 국내에서 극우, 극좌파가 대립 항쟁하는 사태에 임하여 임정은 어느 파에도 편향됨이 없이 초연한 입장을 취하여 양파의 대립을 해소시키면서 다 같이 포섭하기로 한다'이었다.

11월 23일, 미군 수송기가 상해에 도착한다. 정원 15인의 소형 비행기다. 누가 먼저 타느냐를 놓고 추태에 가까운 쟁투가 벌어진다. 격론 끝에 약산의 민혁당 측이 양보한다. 김구 주석, 김규식 부주석, 국무위원 이시영, 문화부장 김상덕, 선전부장 엄항섭의 5인과 수행원 10인, 총

15인이 1진으로 결정된다. 이 결정에 대해 장준하는 김구 일파가 먼저 입국함으로써 임정＝한독당＝김구라는 등식을 국내 민중에게 주입시키려는 한독당 측의 의도가 깔려 있었다고 판단한다.[33] 보다 근본적으로는 이 결정에는 임정 요인의 입국을 추진한 이승만과 미군정의 의도가 개입된 것으로 보인다. 즉 진보적 성향의 약산과 민혁당은 부담스런 존재였다는 것이 이유라는 해석이 설득력 있게 들린다.[34] 이른바 '간수 내각'에 동의하지 않았던 김규식은 1진에 배정된 반면 약산, 유림, 김성숙, 장건상 등 반한독당 측은 12월 2일 2진으로 귀국했다. 김구 일행의 선발을 용인한 약산의 실수는 치명적이었다. 중경 시절에 약산의 수족 노릇을 했던 한 청년은 손해 보는 일을 잘하는 것이 약산의 기질이라고 말했다. 어쨌든 약산은 김규식의 '배신'에 대해 매우 섭섭하게 생각했다고 한다.[35]

　　용주는 김구 주석 일행을 당시의 최고 영국계 유대인이 소유한 화평반점(和平飯店, Peace Hotel)에서 환영파티를 연다. 김구는 용주에게 광복군 대령의 임명장을 준다. 총사령관 이청천의 도장이 찍혀 있다. 그리고 격려금 10억 원을 건넨다. 이튿날 10원, 100원짜리 10억 원을 트럭에 싣고 캉왕으로 간다. 럭키 스트라이크 담배 1갑에 만원이니 아주 큰돈은 아니다. 일본군에 납품하던 교포 손모를 비롯한 독지가들이 있었다. 손은 프랑스 조계에 큰 저택을 가지고 있었다. 그는 사업으로 번 돈의

---

33) 장준하, 『돌베개』, 330쪽
34) Robert T. Oliver, *Shingman Rhee, The man Behind the Myth* (Robert Hale Ltd, London, 1954, 210). 로버트 올리버, 『(대한민국 건국대통령) 이승만』, 단석연구원, 2009, 223쪽. 이승만은 당시 중국의 쑹쯔원 외교부장이 김규식, 김약산, 조소앙 등 자신과 친분이 깊은 중경의 임정 요인들에게 우선권을 부여하려고 미 국무부와 협의하는 시도를 강하게 제동을 걸었다고 한다. 중국 측은 이들이 공산주의자들과 '연합전선'을 펼 수 있다고 판단했으나 이승만은 이와 같은 '포용정책'은 결과적으로 중국에서는 장개석의 국내에서는 김구의 고립을 초래했다고 자신의 비망록에 썼다. 또한 하지는 김규식이나 김원봉 같은 파벌(민혁당)보다는 김구 휘하의 우파가 먼저 와야 한다고 주장했다.
35) 염인호, 『김원봉 연구 : 의열단, 민족혁명당 40년사』, 295쪽

228

몇 분지 일은 독립운동에 투여하고 있었다.36) '천향각'이라는 요릿집을 운영하는 조선인도 용주에게 자금과 루트를 주선한다. 김진동의 중개가 있었다. 그는 "김구가 온다고 하니 거금을 냈다." 용주는 또 다른 독지가로 위모 씨를 언급하고 있다. 마치 스파이 영화의 장면을 연상시킨다. 소설가 이병주도 상해 시절부터 자신의 후원자가 되어준 채기엽이라는 실명의 인물을 등장시킨다.37)

김구 자신의 회고의 변을 옮긴다. "상해에 거주하는 동포의 수는 13년 전보다 몇 십 배가 늘어나 있었다. 그러나 왜적과의 전쟁으로 말미암아 생활난이 심해진 까닭에 각종 공장과 사업 방면에 부정한 업자들이 속출했다. 전날 독립정신을 끝까지 굳게 지키며 왜놈의 앞잡이가 되지 않은 자는 불과 10여 인이니······선우혁, 장덕로, 서병호, 등······." "상해의 동포들 전부가 모여 대성황리에 환영회를 개최하였다. 13년 전에 보았던 어린아이들은 장성했고, 장정들은 노쇠하여 옛 얼굴을 찾아보기 어렵다."38)

냉소적 관찰자

이병주는 소설 속에서 상해의 현장을 냉소적으로 체험한 유태림의 변을 남겼다. 필시 작자 자신의 심경이었을 것이다.

"무계획하게 소주를 떠난 것이 후회가 되었지만 이미 때는 늦었다. 인플레가 천장을 모르고 뛰어오르는 형편에 쌀과 보리쌀을 죄다 팔아버리고 떠난 소주엘 다시 돌아간다는 가망 없는 일이다. 당장 오늘 밤부터 35명의 숙소를 걱정해야 하는 판이다.······상해에 미리 파견한 친구들에게 책임을 추궁해봐야 별 수 없는 노릇일 뿐이다. 그들은 광복군이라는 명칭에 취하고 이소민 장군을 환영하는 상해역두의 분위기에 취하고

---

36)『격동기 지식인의 세 가지 삶의 모습』, 131–134쪽
37) 이병주,『관부연락선』, 122, 125쪽
38)『백범일지 : 백범 김구 자서전』(백범학술원총서 2), 나남, 2002, 418쪽

한적사병은 내게로 오라는 그의 연설에 취하고 북사천로에 당당하게 걸린 광복군의 간판에 취해 내용을 알아볼 필요조차 느끼지 않고 소주로 되돌아와선 태림의 신중론을 뒤엎어버린 것이니 이제 와서 왈가왈부해봤자 친구 사이에 의만 상하게 되는 것이다."(유태림의 변)39)

"상해라는 곳은 동양과 서양의 기묘한 혼합, 옛날과 지금의 병존, 각종 인종의 대립, 그 혼혈, 호사와 오욕과의 선명한 콘트라스트, 전 세계의 문제와 모순을 집약해놓은 도시, 특히 1945년의 상해라고 내가 말하는 것은 이때까지나 앞으로나 상해에서 기생충과 같은 존재밖에 안 되는 한국 사람들이 주인이 없는 틈을 타서 한동안이나마 주인 노릇, 아니 주인인 척 상해에서 설친 때라는 것이다. 8.15 직후 상해에서 한국 사람들이 우쭐대던 꼴은 꼭 기억해둘 만한 가치가 있다. 승리를 했다는 중국 사람이나 패배한 일본 사람이나 그 밖의 각국 사람들이 어리둥절하고 있는 판인데 한국 사람들만은 내 세상을 만났다는 듯이 설쳐댔으니 기관이었지."40)

그러나 혼돈만큼이나 중립의 세계다. 어떤 공인된 편견이나 기득권도 없이 활짝 열려 있는 무대였다. 모든 야심가, 몽상가가 새로운 한 판을 구상하는, 미래에 대한 불안보다는 오히려 사명감을 배가시켜주는 그런 곳이었다. 이보영의 말대로 "인간의 압착기, 카니발적 세계의식이 현란한 예증일지 모른다."41) "프리메이슨을 떠올리며 어떤 정당에도 가입하지 않고 상해에서 알게 된 그 많은 친구들을 순수한 우의로 엮어보고 싶다." 유태림의 말이다. "상해 6개월 반 동안 별의별 사람을 다 만났다. 누구에게 줄을 대라, 돈을 준다, 밀수, 아편, 일본군의 돈, 한간(漢奸)의 돈이라고……."42)

상해에 안영달이 나타난다. 최후까지 일본군 사병생활을 하면서도

---

39) 이병주, 『관부연락선』, 121쪽
40) 이병주, 같은 책, 69쪽
41) 이보영, "역사적 상황과 윤리 — 이병주론", 『현대문학』, 1977. 2. 3
42) 이병주, 같은 책, 119-120쪽

230

기개가 꺾이지 않고 살아남았다. 안영달은 상해에서 조선공산당의 조직
에도 관여한다. 그에게는 별도의 루트가 있었다. 안영달은 용주를 졸라
김원봉을 만난다. 그는 약산이 정통 사회주의자는 아니지만 동조자로
보고 자신의 경력, 활동, 생각을 솔직하게 털어놓는다. 안영달은 사회주
의 혁명은 시대적 필연이고 조선도 그러한 철저한 사회주의의 길을 걸
어야만 한다는 것이다. 약산은 안영달에게 분명히 입장을 밝힌다. 자신
은 김규식과 함께 민족혁명당의 노선을 견지한다고. 어느 날은 민충식,
안영달, 황용주가 함께 김원봉의 주재 아래 토론을 벌인다. 안은 교조적
마르크스주의 논리를 편다. '제국주의의 억압의 사슬 아래 신음하던 무
산대중의 진정한 해방을 위해서는 공산당이 집권하여 사회주의 혁명을
실현해야 한다'는 주장이었다. 황과 민은 달리 생각했다. 침묵을 지키며
젊은이들의 토론을 지켜보던 약산은 이렇게 결론을 내린다. '하루아침
에 한반도를 이상적 사회로 만드는 것은 무리가 있다. 물론 무산대중을
해방시키자는 데는 이의가 없다. 다만 현실적으로 즉시는 힘들다는 이
야기다. 그렇다고 봉건적 구질서를 고집할 수도 없다. 불평등한 계급사
회는 반드시 타파되어야 한다.' 약산이 그리던 해방정국의 구도를 굳이
사회과학 용어로 표현하자면 '부르주아 민주주의 혁명'이었다는 것이
황의 설명이다.[43] 김준엽은 김원봉을 평가하여 "학구적인 이론가가 아
니고 실천적인 투쟁가라고 나는 생각한다. 그는 공산주의자라기보다는
민족주의적 좌파일 것이다. 설사 공산주의자라고 할지라도 공산주의 우
파라고 해석하는 것이 타당할 것이다."[44]

건국의 방법에 대한 열띤 토론이 벌어진다. 안은 박헌영을 중심으로
공산당을 재건해야 한다고 역설했고 황은 범민족주의의 노선을 고집했
다. 약산은 향후 혁명과제로 토지개혁을 실시하고 인민정부도 만들고

---

43) 『격동기 지식인의 세 가지 삶의 모습』, 107쪽
44) 같은 책, 108쪽

중요산업을 국유화해야 하나 조선은 소련과 사정이 다르다. 그러므로 소지주, 쁘띠 부르주아, 봉급생활자를 제외해서는 안 된다고 강조한다.[45] 러시아는 프롤레타리아 혁명을 통해서 사회 전체를 뒤흔들어 가려낼 사람은 가려내어 숙청할 필요가 있었으나 우리는 그렇지 않다는 것이다. 즉 조선에도 계급은 있지만 러시아처럼 망치로 때려 부수기 전에는 없어지지 않을 만큼 강고한 것이 아니라고 생각했다.[46]

용주와 단독으로 만났을 때 약산은 "안군은 머리도 좋고 해서 앞으로 많은 일을 할 것인데 너무 지나치다. 조선 현지 사정을 잘 모르지만 교조적으로 기계적으로 할 일이 아니다"라고 말하곤 했다.[47]

황은 안영달에게 머무를 방을 제공했으나 안은 거부한다. 한시 바삐 귀국해야 한다는 것이다. 하기야 남대문에 공산당사가 생기는 형편이니 안달이 났다. 김원봉이 써준 두 장의 소개장을 들고 안은 서둘러 귀국길에 나선다. 상해에서 서주, 북경, 청도를 거쳐 인천으로 귀국했다. 이 루트는 전쟁 중에도 확보되어 있었던 것이다. 장개석 군대가 장악하고 있던 소주, 북경 도시지역과 신사군, 공산군이 장악하는 농촌지역을 번갈아 거치면서 안영달은 귀국한다. 1945년 11월 말 내지는 12월 초의 일이다. 후일 서울에서 용주를 만난 안영달은 약산의 소개장이 신통하게도 통하더라고 했다.[48]

상하이 블루스

블루스란 19세기 중엽, 아프리카에서 끌려온 미국의 흑인 노예들에 의해 만들어진 가곡의 형태이다. 흑인 노예들이 백인의 청교도적인 종교에 귀의해 나온 것이 가스펠(Gospel)인 반면 블루스는 한(恨)의 결정체

---

45) 용주는 약산이 프랑스 사민주의자 정도라고 생각했다. 사민주의란 프랑스의 인민전선으로 이해했다. 『격동기 지식인의 세 가지 삶의 모습』, 108쪽
46) 같은 책, 105쪽
47) 같은 책, 103쪽
48) 같은 책, 105쪽

라고 할 수 있다. 그러니까 흑인 영가를 집단적인 노래라고 한다면 블루스는 개인적인 고독과 삶의 투쟁에서 자생적으로 태어난 차이가 있다. 한마디로 블루스는 가장 고독하고 괴로움과 슬픔, 그리고 절망감에 빠진 주인공들만이 부르는 노래로서 항상 1인칭으로 자신만이 자기를 향해 들려주는 노래이다. 여기에서 노래를 듣는 사람은 노래 부르는 사람과 같은 카타르시스를 느낀다. 음악적 형식에서 '블루 노트 스케일'(8음계에서 내림 마와 내림 나를 반음씩 내려 사용하는 형식)로 멜로디 라인을 이루고 있다.

우리나라에서 블루스의 기원은 일제시대로 거슬러 올라간다. 일본에서는 1937년에 "이별의 블루스", "비의 블루스"가 나왔다. 이들의 특징은 일본의 고유음계인 단조의 멜로디 라인으로 부점 8분음부, 16분음부를 배합한 4/4박자의 느릿한 템포로 구성되어 있는 미국의 흑인 고유의 블루스 형식과는 무관한 구성으로 단지 느릿한 4박자의 리듬을 블루스라고 명명한데서 일본풍의 블루스의 원형 같은 스타일로 고착되었다.

1938년에는 "상하이 블루스"가 나와 새로운 블루스풍의 아성을 이루었으며 1945년 일본이 패전한 이후에는 수많은 블루스가 만들어 지면서 유행가의 한 장르가 된다. "상하이 블루스"는 용주 일행이 상하이에 머무르는 동안 하루에 몇 차례나 부르고 들었던 노래다.

눈물에 젖은 샹하이

꿈같은 스마로(四馬路) 거리의 불빛

리라 꽃잎 지는 이 밤에도

생각나는 건 그대의 얼굴

아무 말 없이 헤어졌지요

그대와 나는 가든 브릿지에

누구와 볼까 저 푸른 달.49)

---

49) 김윤식, 『일제말기 한국인 학병세대의 체험적 글쓰기론』, 89쪽

김준엽도 이 노래를 기억한다. "가든 브리지, 사마로 등 동경 유학시절 일인들이 노래나 소설로 많이 묘사하던 장소다."50) 조선에 블루스가 최초로 등장한 것은 1939년 "다방의 푸른 꿈"이다. "내뿜는 담배연기 속에 희미한 옛 추억이 풀린다. 고요한 찻집에서 커피를 마시면서 조용히 부른다.……흘러간 꿈은 찾을 길 없어 연기를 따라 헤매는 마음, 사랑은 가고 추억은 슬퍼 브루스에 나는 운다.……" 이난영의 애조 띤 목소리가 실린 가락과 노랫말은 당시의 조선 지식청년들의 퇴폐적 분위기에 편승하여 열광적인 인기를 누렸다(김해송 작곡, 작사 조봉암). 그러나 이 노래는 6.25 이후에 작곡가가 월북했다는 이유로 오랫동안 금지곡이 되었다가 1999년에야 비로소 해금되어 이미자의 목소리로 재생되었다. 해방 직후의 "애수의 네온가", "청춘 부르스"에 이어 1955년 "무정 부르스", 1956년 "밤비의 부르스"가 등장했고 1959년의 "대전 부르스"는 사상 최대의 히트곡이 되어 새로 단장한 대전 역사에 거대한 노래비가 세워져 있다. 어느 틈엔가 블루스는 비단 상심한 청춘남녀뿐만 아니라 잿빛 일상에 짓눌린 한국인의 삶에 귀중한 청량제가 되었다.

1950년대 말, 부산 광복동을 무대로 놀던 '상하이 박'이라는 한량이 있었다. 해방 전에 실제로 그는 상하이에서 살았다고 한다. 이병주도 황용주도 자주 어울리곤 했다. 그가 남포동, 광복동 일대를 주름잡으면서 "다방의 푸른 꿈"을 틀어주는 마담과 "상하이 블루스"를 부르는 여급에게 듬뿍 팁을 건네주곤 했다. '그야말로 옛날식 다방에 앉아 도라지 위스키 한 잔에다 짙은 색소폰 소릴 들어보렴.……' 최백호의 "낭만에 대하여"보다 훨씬 이전에도 잃어버린 시절의 낭만에 울던 세대가 있었다.

1946년 3월 6일, 용주는 1진으로 미국 LST편으로 상해를 출발하여 이튿날 아침 부산항에 도착한다. 함께 귀국한 엄익순의 회고다. "나는 광복군 주호지대(駐滬支隊) 간부로 있던 장경순, 황용주 동지와 민충식,

---

50) 김준엽, 『장정 2』, 572쪽

정기영, 이중, 심상구 동지들과 환국 제1보를 부산 제1부두에 내딛었다." 그때부터 부산에서는 매년 1월 20일 어김없이 회합을 가졌다. 5.16 후 이 모임을 기반으로 하여 장경순 동지를 위시한 10여 재경 동지와 지방 동지의 열성적인 노력 끝에 전국적 대규모 조직으로 탄생했다.[51]

____

51) 엄익순, 『학병사기』 1권, 767쪽

9

탐색과 도피 — 해방 직후

'해방은 도둑처럼' 찾아왔던가? 후세인의 관점에서 해방 전후사에서 가장 중요한 물음이다.

이 물음에 대한 정직한 답이 '친일파'를 규정하는 데 중요한 참조자료가 된다. 『해방일기』의 저자 김기협은 가상적인 대담자, 안재홍의 입을 빌려 이렇게 말한다. "정상적인 사람이라면 전혀 예견하지 못한다는 것이 불가능하지요. 물론 정확히 언제라고는 말할 수는 없었습니다.…… 속으로는 예견하더라도 겉으로는 드러내놓고 말할 수 없는 상황이었습니다. 일본의 패망을 거론하는 것은 '비국민' 정도가 아니라 역적이었죠. 제대로 표현도 못 하고 아무런 행동도 할 수 없었으니 속으로 생각만 했다고 하기가 더 부끄러운 것입니다. 대화숙(大和塾)에서 젊은이들이 징병 징용에 응하도록 설득하는 강연을 요구할 때 나도 그 요구를 '거절' 하지 못하고 '회피'하였습니다. '어차피 질 싸움에 젊은이들을 무의미하게 희생시키는 짓을 나는 못 하겠소'하고 당당히 거절하지 못하고 병으로 핑계 댔습니다."[1]

1945년 8월 15일, 마침내 일본이 항복했다. 밀양에서 소식을 들은 부친 대화 씨는 며느리 창희를 부른다. 그리고 담담하게 말한다. "용주가 돌아온다." 창희는 북받치는 감정을 감추느라 주체하기 힘들었다. 그러

---

[1] 김기협, 『해방일기』 1권, 76쪽

고도 거의 다섯 달이 걸렸다. 실제로 용주가 돌아온 것은.

"아아 어린 영혼들아,/젊은 생명들아/오늘은 남쪽 내일은 북쪽/이르는 곳마다//고향의 위치는 바뀌어/정오면 해가/지내가는 天心엔/언제나 별이 가득하였다.//……주검도 삶도 없는/ 그대들의 청춘을/외로운 주검으로/내어몰은/패망한 적과//부유한 동포에게/이젠/경건한 인사를/드려도 좋을/때가 왔다."[2]

1946년 1월, 시인 임화가 쓴 「학병 돌아오다」의 구절이다.

"영광의 세월이요 또한 치욕의 세월이었다. 지혜의 시대이자 몽매의 시대였다. 믿음의 시절인가 했더니 불신의 시절이었다. 광명의 계절인 동시에 암흑의 계절이었다. 희망의 봄이 곧바로 절망의 겨울이었다. 우리들 앞에 모든 것이 마련되어 있는가 했으나 실제로는 아무것도 할 수 없었다." 빅토리아 영국의 대문호, 찰스 디킨스의 수많은 소설 가운데 젊은 연인들의 사랑을 가장 많이 받는 소설,『두 도시 이야기(*A Tale of Two Cities*)』(1859)는 이렇게 보따리가 펼쳐진다. 이 소설은 자유와 평등이라는 양립이 불가능한 두 이념 사이에 표류해온 인류의 역사에서 가장 중요한 사건의 하나인 1789년 프랑스 혁명 당시에 파리와 런던을 배경으로 전개되는 사랑이야기다. 동시에 '앙시앵 레짐(ancien régime)'을 무너뜨린 고귀한 사상이 현실의 제도로 정착하는 과정에서 발생하는 각종 부조리와 잔혹한 인간의 모습을 소름 끼칠 정도로 적나라하게 묘사한 인간성의 고발서이다.[3]

강탈당했던 나라를 되찾은 조선민족, 그러나 해방의 기쁨은 단 하루도 편하게 누릴 수 없는 몽매와 무지의 세월이었다. 그러나 응당 통일조국을 열망하던 청년들은 그들 앞에 벌어질 서울과 평양, 두 도시 사이의

---

2) 임화, 「학병 돌아오다」, 『학병』 창간호, 1946. 1, 12–14쪽
3) 안경환, 『법과 문학 사이』, 204–206쪽

화합할 수 없는 대립과 갈등을 예견하지 못했다. 그러나 결과는 그렇게 되었다. 임화의 시가 질곡을 벗어던지고 새 나라를 만드는 꿈에 부풀은 청년의 여유와 포부를 상찬했다면, 디킨스의 구절은 마치 이들 청년의 허망한 정열의 좌초 뒤에 따를 자조적 허무를 예언하는 듯하다.

해방 직후의 혼란은 예상보다 심각했다. 중경의 임시정부 요인들의 경우만 해도 그랬다. 국내파, 해외파, 해외파 중에서도 미국파, 중국파, 러시아파, 이른바 '파'도 수시로 변하는 명분과 추종하는 지도자의 입장에 따라 제각기 모색하는 활로가 달랐다. 바야흐로 백가쟁명(百家爭鳴)의 시대가 왔다. 한마디로 말해서 1945년 8월 15일에 대한민국 임시정부는 연합국들에게 해방된 나라의 관리를 맡길 만큼 믿음직한 존재로 인식되지 못했다. 일본과의 전쟁에서도 뚜렷한 역할을 하지 못했고 국내에 조직된 지지세력도 없었다. 임시정부를 지지한 유일한 연합국인 중국은 다른 연합국의 존중을 받지 못했고 그런 중국마저 임시정부를 정식으로 승인하지 않고 있었다.4)

북간도 출신의 청년 강원용은 당시의 상황을 이렇게 회고했다.

"젊은 청년인 나를 더욱 소극적으로 만든 것은 믿고 따를 만한 지도자나 정치 세력이 없었다는 것이다. 겉으로는 협상이니 뭐니 하며 손을 잡는 듯하다가도 등을 돌리고 나면 상대를 걸고넘어지는 정치판의 행태에 더 이상 나의 신념과 이상, 그리고 순수한 꿈을 걸 수 없었다.……조국 분단의 원죄를 안고 태어난 대한민국의 탄생 앞에 소박한 애국심만 갖고 뛰어 다녔던 나와 같은 젊은이들은 커다란 좌절을 느끼지 않을 수 없었다. 그 좌절과 실망은 마음을 다잡을 수 없을 정도로 심각한 것이어서 그 동안 뛰어 다니면서 발에 묻힌 먼지 한 티끌까지 죄다 털어내고 싶은 심정이 되어 산 속에 들어가 숨어버릴 생각까지 할 정도였다.

친일파, 민족 반역자를 몰아내고 공산당이나 극우 독재세력은 배제하고 통일된 민족국가를 세우기 원했던 나의 꿈이 수포로 돌아가고, 조국

---

4) 김기협, 『해방일기』 1권, 131쪽

은 반으로 나뉘어 한 쪽은 공산국가, 또 한 쪽은 극우 독재세력이 차지하고 말았으니 나는 심한 정치적 허무주의, 아니 거의 정신적 공황상태가 되고 말았다."5)

강원용은 북간도 용정에서 윤동주, 송몽규, 문익환 등과 함께 이름을 날리던 민족청년이었다고 한다. 특히 웅변에 능해 대중 집회에서 빛을 발했다고 한다.

해방되던 해에 약관 스무 살의 청년, 박상길(1925-2003) 또한 되찾은 조국에서 건국사업에 투신할 꿈에 부푼다. 열네 살 소년의 몸으로 가난과 고향을 등지고 혈혈단신 만주 봉천에 이주한 그는 통신강의록으로 일본의 중학 과정을 마친다. "만주대륙에는 우리 동포들 간에 여운형, 김구, 이승만 등 사발통문이 돌면서 머지않아 일본이 패망한다, 그러니 뭔가 대비해야겠다는 생각을 하게 되었다. 그 하나는 사람을 만나야겠다는 것이고……."

청년 박상길은 1945년 9월 봉천에서 격문을 쓴다. "아! 자유는 왔다. 독립은 왔다.……청년은 국가다. 국가는 청년이다. 청년이 의의가 없으면 국가도 의의가 없다."6) 그리고 주변을 독려하여 건국청년당을 결성하고 스스로 당수가 된다. 당가도 스스로 작사 작곡한다. "조국을 지고 일어난 건국청년당"으로 후렴을 딴다. 물론 그의 당은 변변한 실체가 있었을 리 없다. 서둘러 귀국한 청년은 백방으로 자신을 이끌어줄 지도자를 찾아다닌다. "이승만, 김구, 김규식, 안재홍 등 민족지도자들을 두루 만난다. 그러나 그 누구도 확신이 가는 처방을 가지고 있지 않았다. ……이 무서운 민족의 분열 앞에서 다른 정당이나 단체에 들거나 또 다른 정당을 고집하는 것도 죄스러웠다.……정치는 민족의 지도자에게 맡기고 젊은이는 따로 할 일이 있었다.……마침 임시정부 군무부장 김원봉을 교장으로 김여식, 임석재 박사들 주재 아래 조선국군학교가 설립

---

5) 강원용, 회고록 1권 『역사의 언덕에서』, 한길사, 2003, 369쪽
6) 박상길, 『나와 제3.4공화국』, 48-49쪽

되었고 우리들은 여기의 사관생으로 입교했다."7) 그가 입교했다는 '조선 국군학교'의 실체도 의문이다. 다만 당시에 우후죽순처럼 솟아났다 이내 사라진 동호인 모임 정도이었을 것이다. 한 번 모임에 정당이나 기관 하나가 탄생하던 시절이었으니. 다만 박상길이 단행본으로 출간한 『우주탄선언(宇宙彈宣言)』은 당시 혼란의 정국에서 앞 다투어 청년 세력을 포섭하려던 정치 지도자들이 관심을 둘 만했다. "20세기는 지구가 두 세계로 나뉘어져 있고 세계의 모든 환란은 이에 기인한다.……조선의 사정은 20세기의 축도판이다.……20세기의 약소민족은 두 가지 모순(有神, 唯物)에 시달려왔고 이를 극복하기 위해서는'세계약소민족연맹'을 결성해야 한다.……약소민족의 각성 없이 인류의 평화가 없다. 아세아는 인적, 물적 정신적 자원에 있어 역사가 깊고 강대하고 희망이 크다."8)

이 책에는 이승만, 김구, 이범석이 휘호를, 그리고 안재홍이 서문을 쓴다. "청년은 장래를 가졌다.……그러므로 새로운 이념에서 그 일생 정력을 쏟아야 한다.……이와 유사한 주장을 각국의 학자들이 주장하지 아니한 것은 아니지만……양대 사조의 직접 당사자로서 이러한 주장을 서적화하는 것은 처음이다. 김규식과 이인의 추천사도 실려 있다. 미소의 양대 세계판도가 전 세계를 에워싸고 어룽어룽하며 우리 대한이 이러한 세계 사정의 찌렌만가 되어 있는 이때 이 책은 시기를 잘 포착했다.……" 자유당 말기에 국회의원이 된 박상길을 5.16 후에 박정희가 영입하면서 해방 직후에 그가 쓴 『우주탄선언』을 감명 깊게 읽었다고 고백했다고 한다.9)

해방정국의 김원봉

미군정이 경남지역을 장악하기까지는 약 1개월이 걸렸다. 1945년 9

---

7) 박상길, 『나와 제3.4공화국』, 50-51쪽
8) 박상길, 『우주탄선언』, 조양사, 1948
9) 박상길, 같은 책, 1-24쪽

월 16일, 찰스 해리스(Charles Harris) 준장과 시찰단이 부산에 도착하여 철도, 항만, 전신, 전화와 도(道) 행정에 대한 조사를 진행했고 9월 20일에는 일본인 도지사와 각 부장으로부터 관내 행정사항에 대한 보고를 받았다. 이때 일본인 관리들은 미군에게 "경상도 사람들은 믿을 수가 없고 반항적"이라고 말하면서 "만약 미군정이 정권을 공산주의 사상이 깊이 뿌리박고 있는 조선인들에게 맡긴다면 조선은 쉽게 공산주의화할 것이라고 충고하기도 했다."[10] 일본인의 충고가 중요한 참조자료가 되었는지, 경남 군정청의 도, 시, 군 고문들은 모두 한민당계나 우익계 인사가 기용되었다. 밀양에서는 이주형이 군정고문을 맡았다.[11]

약산의 측근들은 주로 중국에서 귀환한 당원들이었다. 김규식, 장건상 등 당의 '귀빈들'은 귀국과 동시에 다른 길을 걸었다.[12] 김구의 한국 독립당 계열 청년과 김원봉의 민족혁명당 계열 청년들이 서로 비행기 좌석을 먼저 확보하려고 팔을 걷어붙이고 싸움을 하는 추태도 벌어졌다. 김구, 김규식 등과 수행원들에게 양보한 약산은 12월 2일, 제2진으로 귀국한다.[13]

1946년 봄, 미군 LST를 타고 중국에서 돌아온 젊은 당원들이 다시 약산의 휘하에 집합한다. 용주에게는 이미 예정된 운명이 있었다. "약산은 의열단을 조직한 이래 단원 모집과 군자금의 조달을 위해 여러 차례 단원을 국내로 파견한 바 있다. 내 어린 시절을 보낸 밀양에서 그런 사람들이 은밀히 다녀갔다는 얘기를 어른들끼리 얘기하는 것을 들은 바 있다(김원봉은 용주가 출생한 해인 1918년에 이여성, 김약수와 함께 중국행). 어린 마음에도 그가 영웅으로 느껴졌고 언젠가는 만나고 싶었

---

10) 국사편찬위원회, 『대한민국자료사』 1권, 1968, 110쪽; 『밀양 독립운동사』, 507쪽에서 재인용
11) 김삼웅, 『약산 김원봉 평전』, 510쪽
12) 김규식은 특정 정파를 위해 일할 수 없다는 선언과 함께 독자노선을 걸었고(『동아일보』 1946. 2. 19), 장건상은 인민당에 가담했다.
13) 김재명, "항일의 영웅, 약산 김원봉의 생애", 『월간 경향』, 1987. 11. 388~403쪽. 명분을 버리고 실리를 택한 김규식에 대해 약산이 몹시 실망했다는 후문이 있다.

다.……"14) 유소년 시절부터 키워왔던 소망을 청년이 되어 이루었고 상해의 포구에서 재차 다짐한 운명이었다.

귀국 후 한 달 남짓 기간을 밀양과 여수의 가족 친지들과 회포를 나눈 후, 4월 용주는 상경한다. 이후 1년여 기간 동안 용주는 약산의 측근에서 수족처럼 일한다. 여운형의 비서였던 이강국, 김구의 비서였던 장준하와도 자주 만난다.15) 각자가 모시는 지도자의 입장을 전달하고 일정을 조율하는 일이 이들 청년들의 임무였다. 박헌영의 추종자 중에 김용일이 있었다. 오사카 중학 시절부터 용주의 특별한 친구다. 그는 김철수의 아들이다. 김철수(金錣洙, 1893-1986)는 초기 사회주의자의 대표적 인물의 하나다. 전라북도 부안 출신인 그는 도쿄에서 유학 중이던 1915년부터 사회주의 운동에 투신한다. 1920년 가을에는 일제를 몰아낸 다음 사회주의 국가를 건설해야겠다는 생각에서 최팔용, 이봉수 등과 사회혁명당을 조직한다. 1925년 조선공산당에 가입하여 1930년 1월 서울에서 체포되어 1931년 10월 경성 지방법원에서 10년형을 선고받고 1938년까지 복역한다. 1940년 다시 체포되어 복역하다 1945년 8월 17일 공주형무소에서 41명의 정치범들과 함께 석방되었다. 석방 후 박헌영을 중심으로 범사회당의 재건을 위해 노력한다. 친일파와 민족반역자를 제외한 모든 세력의 연대를 주장하였으며, 이승만과 박헌영의 제휴를 위해 노력하였다. 그러나 당시 그가 주도하던 사회노동당에 대한 북조선 노동당의 비판이 거세지고, 1946년 11월 23일 남조선 노동당이 결성되어 사회노동당 세력을 흡수하자 그의 당은 1947년 2월 해체된다. 이때 그는 '그만 죽고 싶은 마음'이 되어 모든 정치활동을 포기하고 낙향한다.16) 김철수의 동생 김광수는 1930년대에 조선일보 오사카 지국장을 하고 있었고, 조카 김용일은 대판중 재학시절에 숙부의 집에 기거하고 있었

---

14) 『격동기 지식인의 세 가지 삶의 모습』, 98쪽
15) 같은 책, 126쪽. 장준하가 이강국을 만났다는 장면은 『돌베개』, 311쪽
16) 이균영, "김철수 연구", 『역사비평』, 1989년 봄호; "김철수 유고", 『역사비평』, 1989년 여름호

다. 김용일은 1946년부터 48년경까지 효자동에 근거를 둔 민주청년동맹의 기관지인 청년해방일보의 편집장을 맡았다. 후일 아내 김상죽과 어린 자식들을 남겨둔 채 월북한다. 만년의 용주는 이따금씩 친구의 아버지 김철수의 용돈을 챙겨드리기도 한다.

이들 청년들이 귀국하기에 앞서 약산은 국내에서 기다리고 있던 열성 지지자들을 규합하여 기반세력을 만들어야 했다. 맨 먼저 고향이다. 1946년 2월 27일, 약산은 고향 밀양을 찾는다. 미 군정청의 밀양 책임자, 던(Dunn) 중위가 환영회를 주관하고 경찰서장과 군수가 영접한다. 강연에 앞서 가족, 친지와 회동한 자리에서 약산은 대화 씨에게 상해에서 용주를 만난 소식을 전한다. 그리고 함께 고모부 황상규의 묘소를 참배한다.

환영식장인 밀양국민학교는 밀양은 물론 이웃 고을에서 밀려든 인파로 인산인해를 이루었다. 철없는 어린아이들은 신출귀몰하며 일본경찰을 우롱했다던 '감내 똥파리'를 구경하러 대열에 따라나섰다. 그가 은닉 장소로 잠입하는 모습을 분명히 확인한 일본경찰이 체포하러 쳐들어갔으나 흔적을 찾을 수가 없다. 한 마리 파리로 변신하여 유유히 포위망을 벗어났다는 신화의 주인공이다. 아이들은 그의 고향마을 감내(甘川)를 파리대왕의 탄생지로 숭앙했다. 각급 학교가 임시휴교로 항일 애국영웅을 환영했다. 가느다란 버드나무 가지를 꺾어 손잡이로 삼고, 서투른 솜씨로 그린 종이 태극기를 손에 들고 연신 '김원봉 장군'을 연호하는 군중 앞에 약산은 입을 열었다.

"28년 만에 고향에 돌아와서 보니 여전히 부동한 것은 종남산(宗南山)과 남천강이었습니다. 이와 같이 산천은 의구하되 백민 황상규 선생, 전홍표 선생과 여러 동지들은 벌서 작고하였고 정열에 불타던 젊은 동지들은 이제 백발이 성성해졌습니다. 그리고 우리 동포들은 오늘날에도 남정(襤丁)을 입었고 발을 벗고 굶주리고 압박받는 동포 그대로입니다.……떠날 때 생각은 다만 한 가지, 굴욕의 생은 살고 싶지 않았고 일본의 압박을 우리 금수강산에서 물리쳐 몰아내고 우리의 동포를 안정시킬 수 있을까, 오직 그것뿐이었습니다."[17] 군중은 환호했다. 그리고 무리 지어 시가지를 행진했다. 창희도 시집 식구들과 함께 연설장의 열기에 취했다. 그리고 이내 돌아올 남편을 맞을 준비에 가슴이 벅찼다.

"상상력에 의한 소설적 시퀀스"라는 작법이라며 소설의 형식으로 약산의 전기를 쓴 한 후세인은 연설이 끝난 직후 김원봉과 황용주의 관계를 이렇게 그렸다. "밥을 먹다말고 황용주가 22구경 모젤 권총을 내밀었다. 그가 광복군 군무부장으로 중경 시절에 차고 다니었던 것이었는데, 황용주가 짐 속에서 찾아내 분해하여 기름칠을 해둔 것이었다. '꼭 품속에 넣고 다니십시오. 세상 돌아가는 것이 심상치 않아서 그런 것입니다.'"[18] 실은 용주는 약산의 밀양 연설이 있은 지 일주일 후인 3월 7일에 비로소 고향땅을 밟았다. LST를 타고 부산 부두에 내린 바로 다음 날이었다.

8.15 직후, 전국 각지에서는 각종 사회단체와 정당조직이 분출했다. 무엇보다도 귀환한 학병들이 중심이 된 치안청년조직과 각종 노동조합 농민조합 조직이 두드러졌다.[19] 김원봉이 이끌던 조선민족혁명당(민혁당)의 지부 조직이 가장 먼저 결성된 곳이 밀양이었다. 1946년 3월 16일 밀양극장에서 당원 500여 명이 참석하여 결성식을 갖고 서기장 박희병 등 임원을 뽑았다.[20] 김원봉이 고향을 방문하여 연설한 후 1개월이 채 못 지난 시점이다.

1946년 3월 20일, 모스크바 삼상회의가 결성되나 1차 회의조차 결렬

---

17) "역전혈사(力戰血史)가 지향로(指向路)", 「민주중보(民主重報)」, 1946. 3. 2; 염인호, 『김원봉 연구 : 의열단, 민족혁명당 40년사』, 333쪽에서 재인용
18) 이원규, 『약산 김원봉』, 552쪽
19) 김삼웅, 『약산 김원봉 평전』, 510쪽
20) 「민주중보」, 1946. 3. 19; 김삼웅, 같은 책, 511쪽에서 재인용

되자, 6월 3일 이승만은 '정읍 발언'으로 남한단독정부의 수립을 주장하고 미군정도 남한단독입법기구를 추진한다. 이때 약산이 속한 민족혁명당은 6월 7일, 정읍 성명을 비난하며 좌우합작, 남북통일의 의지를 천명한다. 1946년 6월, 인민공화당 조직(중국에서 김규식과 함께 이끌던 민족혁명당을 개편)이 탄생한다. 위원장에 김원봉, 선전부장 윤징우, 재정부장 황용암이 선출된다.21) 김규식이 운동에 앞장서자 인공당(민혁당)이 지지했다. 약산과 김규식은 서로 나뉘어 있었지만 빈번하게 교류하고 있었다. 좌우 합작운동은 이데올로기적으로 좌, 우의 합작운동이기도 했지만 다른 한편으로는 국내파, 국외파, 또는 임정파, 미국파, 모스크바파, 연안파 등 각계 파벌 간의 합작의 성격이 강했다. 김규식은 임정파의 대표로서 김구보다 약산을 선호했다. 두 사람이 중경 시절부터 가까웠다는 사실뿐만 아니라 둘 다 모스크바 삼상회의의 결정 사항을 지지하고 있었고, 또한 친일파에 대해 단호했기 때문이었다.22)

1946년 9월 말, 좌익세력의 배후 조종 아래 철도노조는 해고 반대와 쌀 배급의 확대를 내걸고 파업한다. 이 파업을 계기로 전평(전국노동조합평의회) 산하의 각급 노조가 총파업에 들어간다. 10월 1일, 대구에서 대규모 폭동이 일어난다. 경찰이 시위대를 향해 발포하여 다수의 사상자가 발생한다. 시위는 전국으로 확대된다. 10월 8일, 강경 진압에 항의하는 '민전'은 조사단장으로 약산을 위촉한다. 용주가 약산을 수행한다. 약산 일행은 미 군정청을 방문하여 인민봉기의 원인(遠因)은 (1) 수집미를 배급하지 않은 것, (2) 친일파 민족반역자를 재등용한 것, (3) 경찰에 의한 구타, 검거, 투옥이었다고 지적한다. 이어서 사건의 직접적인 계기는 (1) 파업단을 불법 총살한 것, (2) 강제로 하곡을 수집한 것 (3) 기아에 직면한 민중의 생활고라고 주장하고 시정을 요구한다.23) 또한 경찰에

---

21) 김재명, "김원봉의 고투와 좌절 (하)", 『월간 경향』, 1987. 12, 486-511쪽
22) 염인호, 『김원봉 연구 : 의열단, 민족혁명당 40년사』, 337쪽
23) 「독립신보」, 1946. 11. 1; 염인호, 같은 책, 353-354쪽

체포된 공산당 간부 이주하가 단식에 들어가 생명이 위독해지자 약산은 11월 14일 허헌 박문규(민전 사무국장)와 함께 대법원장과 검사총장에게 탄원하여 '인도적 입장에서 민족해방 투사를 살리자'라고 호소했다. 이주하는 당일로 석방된다.[24]

일본에 체류하고 있던 미국의 언론인 마크 게인은 미군정의 상태를 취재하기 위해 한국을 방문한다. 그는 1946년 10월 19일, 허헌과 약산을 함께 만난 기록을 이렇게 남겼다.

"허헌은……두 손은 떨고 있었다. 다른 한 사람은 준엄한 얼굴과 놀랍도록 튼튼한 목과 어깨를 가진 사람이었다. 그는 지금은 소멸된 중경 임시정부의 군무부장이었으며 현재 인민공화당의 위원장인 김약산이라고 말했다. 나는 그가 중경 시절부터 좌익으로 전향했었다고 들었다."[25] "이제 허헌이 떠나고 김약산이 다른 데이블에서 돌아왔다. 그는 부드러운 말투로 이야기했다. 튼튼한 두 손과 우리에게 들려준 격렬한 이야기에 비추어볼 때 기이하게 보일 정도였다. '허헌은 변호사지요. 나는 직업 혁명가요!'"[26]

혼란의 수도 서울에서 직업 혁명가, 약산의 삶이 결코 안온할 수가 없었다. 환국한 약산은 운송회사를 경영하던 한모의 재정 지원을 받는다.[27] 그는 김원봉 소년이 중국으로 건너갈 때 여비를 주선해준 한봉인의 자제였다. 한은 해방 후 적산이었던 이 회사를 불하받아 운영하고 있었다. 귀국 후 한미호텔을 임시거처로 삼고 있던 약산은 한이 제공한 남산 아래 (필동) 주택에 입주한다. 동시에 시내 여러 곳에 은신처를 마련해둔다. 1946년 5월, 부인 최동선이 돌이 채 지나지 않은 아기를 데리고 귀국하여 합류했다. 군정청 경찰은 약산과 주변 인물의 동태를

---

24) 「독립신보」, 1946. 11. 15; 염인호, 『김원봉 연구 : 의열단, 민족혁명당 40년사』, 354쪽 에서 재인용

25) Mark Gayn, *Japan Diary*, Ch.3 Korea, 1986, 37. 마크 게인, 『해방과 미군정 : 1946. 10-11』, 까치, 1986, 10-11쪽

26) 마크 게인, 같은 책, 39쪽

27) 일제시대 '마루보시(丸星)'를 인수한 홍증식도 후원자의 한 사람으로 알려져 있다.

일거수일투족을 감시하였다.[28] 특히 우익단체의 테러를 조심해야 했다. 1945년 12월 송진우, 여운형, 장덕수 등 지도자들이 연이어 살해되었다.

1947년 7월 현재 약산의 인민공화당은 60개의 지당부와 12만 이상의 당원을 보유했다(실제 수는 3만 정도라는 주장도 있다). 고향인 경남 일대에 더욱 깊이 뿌리내리고 있었다. 이를테면 "1947년 7월 12일 9시경 밀양군 상남면 평촌리 대흥봉 부락 동사에서 피의자(김익찬)는 동 부락민 10여 명을 집합시켜 설금술(상남면 선전책)의 사회 아래 (1) 인공당의 취지, (2) 토지 무상몰수 무상분배, (3) 인공당의 가입문제 등에 대하여 선동 모의한 후 즉석에서 집합 중인 박희택, 이상곤, 박수특, 손경호……등 수 명을 인공당에 가입시키고……"[29]라는 사실을 적시한 재판기록이 있다.

김원봉의 월북

1947년 8월 12일, 새벽 4시 경찰이 약산의 집에 들이닥친다. 그러나 그는 이미 자취를 감춘 후였다.[30] 그가 공식 석상에 모습을 드러낸 것은 이듬해 4월 19일부터 23일까지 평양에서 열린 남북한 제 정당 사회단체 대표단체 연석회의 석상에서였다. 4월 19일 개회식에서 축사를 하고 23일에는 폐막식의 사회를 본다. 그리고 그해 9월 9일 국가검열상에 취임한다.[31]

1947년 8월 15일을 기해 좌익세력에 대한 일제검거가 단행되면서 남한 내에서 좌익의 합법적인 활동 공간이 사라지자 약산의 영역 또한 사라졌다. 환국 후에 임정을 발판으로 좌우의 민족해방 운동가를 널리 망라하여 통일전선을 구축하려고 노력했으니 국내 정치세력이 극단적

---

28) 마크 게인, 『해방과 미군정 : 1946. 10-11』, 10-11쪽
29) 『좌익사건 실록』 7, 237쪽; 염인호, 『김원봉 연구 : 의열단, 민족혁명당 40년사』, 361쪽, 주 53에서 재인용
30) 「광명일보」, 1947. 8. 13
31) 염인호, 같은 책, 621쪽

으로 양분되는 가운데 실패했다. 그 후 모스크바의 결정을 지지하는 좌
익 측에 가담하여 통일전선의 형성을 위해 진력했으나 미소공위의 파탄
과 미군정의 좌익탄압으로 인해 좌절을 겪을 수밖에 없었다.[32]

무엇보다도 신변의 위협이 월북의 직접적인 동기였다. 약산은 경찰이
지명수배를 내리고 다섯 개 이상의 특별 체포조가 전국을 누비기 시작
했다는 보고를 듣고 측근들과도 소식을 끊고 잠적했다. 극우단체로부터
끊임없는 백색테러 위협 때문에 당시 약산은 늘 긴장된 나날을 보내야
했다. 비서로 일하던 용주도 "저녁 때 그가 어디에서 자는지 알지 못했
다. 측근에조차 숙소를 알리지 않을 정도로 신변안전에 신경을 썼다.
당시 그의 집은 청계천 수표교 근처에 있었지만 체포와 테러를 피해
잠자리를 여기저기 옮겨 다녔다."[33]

약산이 우익과 좌익을 하나로 통합시키고자 노력을 기울였던 것은
임정에 참여한 이래 그가 견지해온 민족해방 운동 세력의 대동단결 노
선의 일환이었다. 그러나 그의 노선은 친일파의 처리, 민주개혁, 신탁통
치의 수용 문제, 친미친소 문제 등 현실적인 문제에서 이해를 달리하는
세력이 좌우로 확연하게 양분되는 현실 속에서 꽃을 피울 토양이 없었
다.[34] "약산은 결코 마르크스주의자가 아니었다. 그는 김일성의 항일투
쟁을 전혀 인정하지 않았다. 북행의 원인은 민전이 흐지부지되었고, 자
기를 따르든 단원들이 거의 북쪽으로 돌아서버렸고 여러 가지 의미에서
불가피한 선택이었다."[35] 그러나 남한에 단독 정부가 성립되는 경우에
는 북한에 참여한다는 민전의 기본 입장에 따라 월북했다는 주장도 있
다.[36] 황용주는 김원봉이 절대로 마르크시스트가 아니었다고 단언한다.

<hr>

32) 염인호, 『김원봉 연구 : 의열단, 민족혁명당 40년사』, 366쪽
33) 김재명, "김원봉의 고투와 좌절 (하)", 『월간 경향』, 1987. 12, 507쪽
34) 염인호, 같은 책, 326쪽
35) 김종구, 『발굴 한국현대사 인물 3』, 한겨레신문사, 1992, 168쪽
36) 김삼웅, 『약산 김원봉 평전』, 577-579쪽

그가 북으로 간 것은 마르크스주의를 믿어서라기보다 당시의 남쪽 정황이 그의 북행을 불가피하게 만들었기 때문이라고 본다. 또한 1946, 47년의 김일성의 위치는 아직 그다지 확고하지 못해 전술적으로 민족주의자들의 지지가 필요했기 때문이었다. 고당 조만식의 경우를 보더라도 그렇다. 중국에서 화려한 투쟁 경력을 갖춘 김원봉을 끌어들여 이용했을 가능성이 높다고 분석한다.[37]

김원봉이 월북한 구체적인 정황에 대해서는 여러 버전의 묘사가 있다. "머리를 완전히 삭발하고 운전사, 최동주를 대동하고 월북했다." 염인호는 조카 김태근의 증언의 입을 빌려 이렇게 기록했다.[38] "김약산은 이때부터 7개월 동안 서울 근교의 시골 마을들을 옮겨 다니며 은둔했다.……수행원은 황용암 한 사람뿐이었다. 황용암은 황상규의 아들이었고 약산의 고종사촌이었다. 상해에서 귀국한 이래 비서 노릇을 하던 황용주가 떠나자 이제는 황용암이 그를 수행하고 있었다."[39] "며칠 뒤 약산은 아내와 두 아들, 그리고 아기를 보아온 처녀와 식모를 대동하고 삼팔선을 넘었다" 등등이다. 그 누구도 엄정한 진실을 증언할 수 있는 사람은 없다.

황상규의 아들 황용암은 용주에게 동반 월북할 것을 권유한다. 용주가 고심하는 동안 여수의 장인 상호 씨가 위독하다는 전보를 받고 임신 중인 아내를 동반하고 달려간다. 고비를 넘긴 모습을 보고 서울로 되돌아오는 데 2주일이 걸렸다. 예상 밖에 오래 걸렸다. 상경해보니 이미 이들은 북으로 가고 없었다. 후일 황용암은 다시 남으로 되돌아와서 밀양의 친지, 김형달이 경영하는 병원에서 간호보조원 생활을 하면서 불안한 세월을 넘긴다. 한때 부산의 진보주의자 박기출의 보호를 받기도

---

37) 『격동기 지식인의 세 가지 삶의 모습』, 129쪽
38) 염인호, 『김원봉 연구 : 의열단, 민족혁명당 40년사』, 380쪽
39) 김삼웅, 『약산 김원봉 평전』, 568쪽

한다. 그러나 과거의 행적이 선명치 않은 당시 많은 사람들이 그랬듯이 이렇다 내놓을 만한 직업 없이 평생을 보냈다. 1971년 2월 20일, 그의 장례식에 다녀온 용주는 일기장에 이렇게 적었다. "고려병원, 용암 씨 빈소에 조문하다. 아들 정태가 있어 든든하다."

약산이 월북한 직후인 1947년 9월 23일, UN 총회는 한국 문제의 의제를 상정, 가결했고 11월 14일 표결을 실시하였다. UN의 감시 아래 한국의 독립정부를 수립하기 위한 자유선거를 실시할 것을 43대 0, 만장일치로 의결했다. 소련의 반대 속에 1948년 1월 8일, UN 임시위원회단 대표진이 서울에 도착한다.[40]

공산권 문제 연구소에서 발간한 『북한 총람』은 6.25 전쟁 기간 중 약산은 남한에 남아 있던 인민공화당 당원을 모아 월북시켰다고 한다. 그러나 국가검열상이라는 직책상 후방에서 군사지원을 담당했던 것으로 보인다.[41] 6.25 전쟁 기간에 경남 일대의 인민공화당 잔존 세력은 뿌리 뽑혔다. 많은 무고한 사람이 죽었다. 그중 보도연맹 전력자들이 입은 무고한 피해는 후세에 걸친 뿌리 깊은 한을 심어주었다. 인민군의 남진이 계속되어 낙동강이 전선으로 굳어지고 밀양의 인근 읍인 창녕에 인민군 척후대가 출몰하는 등 밀양의 사정이 급박해지자 군경은 밀양의 보도연맹 가입자 400여 명을 체포, 처형한다. 약산의 형제 가운데 춘봉, 작은봉, 구봉 등 4명은 한밤중에 들이닥친 군경차에 실려 나가서는 되돌아오지 못했다. 약산의 아버지 김주익 노인은 이웃의 경원 속에 거의 아사하다시피 일생을 마감했고 사촌들도 체포되어 곤욕을 치른다.[42]

40) 김재명, "김원봉의 고투와 좌절 (하)", 『월간 경향』, 1987. 12, 511쪽
41) 염인호, 『김원봉 연구 : 의열단, 민족혁명당 40년사』, 180쪽
42) 염인호, 같은 책, 387쪽

10

고향의 봄
— 세종학교 시절(1947-1955)

김원봉 일행이 평양으로 떠나자 용주는 망연자실했다. 이젠 서울에서 활동 근거가 사라졌다. 그에게는 독자적으로 운신할 무대가 없었다. 나름대로 여러 지도자들과 교분이 있었지만 약산과의 밀착도가 너무나 강했던 용주였기에 선뜻 그를 받아줄 만한 정치적 계보도 없었다. 용주 자신도 약산을 대체할 만한 지도자를 찾지 못했다. 근로인민당, 민족혁명당, 건국노동당, 여러 이름의 혁신정당은 모두 사라졌거나 탄압의 표적이 되었다.

허망한 좌절감이다. 앞으로 닥칠지도 모르는 신변의 위협도 문제였다. 어떻게 할 것인가? 고민에 고민을 거듭하나 묘수가 없다. 마지막 보루는 단 하나, 고향뿐이다. 언제나 고향은 객지에서 지친 심신을 품어 안아준다. 그리고 재기의 바탕을 마련해줄 수도 있다. 중국, 일본, 그리고 조선조의 역사가 그랬다. 일본에서도 정계에서 설 자리를 잃은 사람은 고향에서 인재를 양성하여 후세를 위한 자산을 만든다고 하지 않았나. 교육은 백년대계라고 하지 않는가? 고향에는 운신할 바탕이 있다. 총독부 관리로 일하던 아버지는 과거 경험을 바탕으로 단장면 면장이 되어 있었다. 그는 고향으로 돌아간다.

학병 출신 중에 유독 교사가 많은 이유를 김윤식은 이렇게 정리한다.

"귀국한 그들이 이데올로기에 미친 정치꾼이 되지 않고 교사 노릇에 시종했다는 점을 주목해야 한다. 교사는 지식인의 도장, 즉 지식이란 보편성을 갖춘 종교에 흡사한 것, 추상적 관념적 세계 속의 학습이기에 헤겔식으로 표현하면 절대정신, 즉 철학(학문)의 영역이다."[1] 손만호의 수기가 이 주장을 뒷받침한다. "우리 동지들 중에 교육계에 종사하는 사람이 가장 많은 이유는 물론 처음부터 교육계에 입지한 동지들도 있겠으나 그 대부분이 남의 죽음을 대행할 뻔한 전선에서 민족해방의 감격을 안고 귀국하여 조국이 필요로 한다면 심신을 바칠 각오였으나 방종의 자유와 걷잡을 수 없이 출렁이는 세파, 그리고 남북 대립의 난맥상으로 처신하기조차 어려운 세태로 변모해갔으므로 1, 2년 동안 시기를 기다리기 위해 교육계에 몸을 담게 된 것이 그만 천직이 되어버린 경우가 많다."[2] 용주도 마찬가지의 길을 걷게 된다.

근 20년 만에 되찾은 고향은 실로 포근했다. 산천은 미려하고 인심은 후덕했다. 고향은 귀향한 그에게 더없이 값진 보배를 선사한다. 1947년 10월 27일 딸이 태어난다. 주저 없이 란서(蘭西)로 작명한다. 오래토록 준비해두었던 이름이다. 이제 불란서(佛蘭西)는 용주의 사상과 낭만을 넘어 글자 그대로 가족이 된 것이다.

주변에 모여든 젊은이들은 새로 떠오르는 젊은 지도자에게 국회의원에 출마하라고 권유한다. 그러나 재정적 받침이 마땅치 않았다. 무엇보다도 마땅한 정당이 없다. 당시 밀양에는 사실상 이승만의 자유당밖에 없었다. 다른 이념의 정당은 간판을 걸 만큼 세력을 확보하지 못했다. 이승만과 다른 노선을 취하는 정치지망생은 전도가 없었다. 당분간 학교사업에 진력하여 후일을 도모하는 수밖에 없었다. 내이동의 공회당에

---

1) 김윤식, 『일제말기 한국작가의 일본어 글쓰기론』, 417-484쪽; 김윤식, 『일제말기 한국인 학병세대의 체험적 글쓰기론』, 28쪽
2) 손만호, "중등교육을 위하여 봉사", 『학병사기』 3권, 521쪽

서 야간 중학 과정을 열어 영어와 수학을 가르친다. 고등공민학교의 간판을 걸었다. 자원에 나선 교사도 적지 않았다. 교사와 학생이 늘어나자 관청과 유림의 지원 아래 교동(校洞)의 향교 건물을 교사로 사용한다. 이 기간 동안 단장면장과 밀양읍장 직을 맡았던 부친의 도움이 컸다. 해방과 더불어 새 시대의 배움에 굶주린 청년 학생들이 몰려들었다. 일제시대에 경상도의 명문이던 공립 농잠학교는 여전히 인기가 있었지만 새 시대의 열망을 담기에는 뭔가 부족했다. 학교의 선생과 학생 중에는 야산대와 연결을 맺고 있는 사람도 적지 않았다. '조선의 모스크바'로 불리던 밀양이다. 특히 단장면, 산내면, 산외면, 밀양읍에서 수십 리 떨어진 3개 면은 지형 때문에라도 야산대가 번창했다. 경북 청도와 함께 밀양에는 천황산, 화악산, 재약산 등 높은 산이 많아 좌익세력의 동부지역의 전위기지가 되고 있었다. 산내면 출신 작가, 김춘복의 소설 『계절풍』(1979)에 그려진 쌈짓골의 모습은 대체로 당시의 현상을 재현한 것으로 보인다.

용주는 뜻 있는 젊은 동지를 규합한다. 밀양읍뿐만 아니라 각 면마다 최소한 1개의 학교가 있어야 한다. 그를 따르던 많은 후배들 중에 특히 황의중과 의기투합한다. 용주가 읍내의 향교에서 고등공민학교를 운영할 당시 황의중도 산내면 송백리에 학교를 세운다. 전쟁이 발발하기 직전인 1950월 5월 25일 산내고등공민학교가 설립된 것이다. 이 공민학교는 5년 후에 정식 학교로 승격되어 세종중학교의 분교, 동강중학교로 문을 연다. 1955년 4월 1일 초대 교장 황의중이 취임한다. 분교인 만큼 동강의 교표도 세종학교와 동일했다. 즉 청, 홍, 백 삼색의 프랑스 국기를 모방한 것이다. 인근의 단장면에도 중학교가 선다. 용주의 선조들이 뿌리내린 단장면은 대찰 표충사의 소재지다. 표충사가 사찰재산을 출연(出捐)하여 세운 학교가 홍제중학교다. 그러나 많지 않은 인구를 감안하면 산내면, 단장면에 각각 별도의 중학을 유지하는 것은 장기적인 관점에서 애로가 예상되었다. 그리하여 전쟁이 한참 진행 중이던 1950년

10월, 홍제, 동강, 두 학교의 재단은 병합하기로 합의하고 산내면과 단장면의 분기점인 금곡리에 '삼성(三星)중학'으로 개칭하여 교사를 마련한다. 그러나 1년을 못 채우고 원상태로 분리, 복귀한다.

1950년대 이래 두 황 교장은 평생토록 교류의 끈이 잘린 적이 없었다. 반세기 후인 2000년, 황의중의 교직 50년을 기념하여 용주는 하서(賀書)를 쓴다. 용주는 '진정한 교육자'라는 제목 아래 학교가 탄생할 당시의 상황을 이렇게 회고했다.

"우리 밀양이 낳은 민족의 거인, 백민 황상규 선생, 약산 김원봉 선생의 뜻을 이어받아 반세기를 두고 이룩한 동강(同岡, 황의중의 호)의 물심양면에 걸친 교육 사업은 이 나라 교육사에 길이 남으리라. 해방이 되어 앞으로의 건국을 위하여 20대 청년 앞에는 많은 선택권이 있었다. 그러나 누가 시킨 바도 없는데 동강은 산내에서, 나는 읍내에서 고등공민학교를 설립하였다. 우리의 이와 같은 선택은 아마 백민과 약산이 독립을 위한 첫 길이 교육에 있다고 한 판단을 우리도 모르게 따랐을 뿐인지도 모른다.······인간의 역사는 사람이 만드는 것이다. 우리들 60년대, 70년대에 아무나 집권했다고 해서 같은 가치를 창출할 수는 없다.······"3)

2010년 여름, 필자는 재단이사장으로 은퇴한 황의중을 만나기 위해 동강중학교 교정에 들어섰다. "공부하다 운동하고 운동하다 지치면 공부하자"라는 표어가 송림 사이에 걸려 있었다. 세종학교의 현신을 본 것이다. 황의중은 1960년대 부산 해동고등학교에 재직하던 시절에 황용주의 주선으로 서정귀, 박영섭(대동병원 원장) 등 대구사범 출신 동문들과 이윤근(해동고 교장), 이병주 등이 회동할 때 말석에서 낀 적이 더러 있었노라고 회고한다.4) 황의중은 통일에 대한 용주의 집념을 상기시키는 에피소드를 소개해주었다. 서울 녹번동 집을 방문할 때마다 용주는 우리 집 옆으로 '통일로'가 지나고 있소, 통일이 되면 가장 쉽게 북행할

---

3) 『동강(東岡) 황의중(黃義衆)의 삶과 교육 : 교직 50주년기념 문집』, 2000, 152-153쪽
4) 황의중 인터뷰, 밀양 산내면 동강중학교 이사장실(2010년 8월 6일)

것이니 이처럼 명당이 어디 있겠소, 하면서 미소 지었다. 또한 함께 골프를 치다가도 아깝게 퍼팅을 놓칠 때면 마치 우리나라 형편과 비슷하다는 조크를 입에 달았다. 방금 될 듯 될 듯하면서도 안 되는 게 아쉬운 통일이다. 자나 깨나 용주의 머릿속에는 통일뿐이었다는 것이 황의중의 관찰이다.

전란 중의 교육사업

밀양의 삶은 평화로웠다. 사명감과 의욕이 모든 어려움을 덮어주었다. 그러나 우려하던 전쟁이 일어났다. 후일 용주는 전쟁이 발발하던 당일을 회고하는 글을 썼다.

"1950년 6월 25일, 나는 전일과 같이 교장실에 앉아 있었다. 1947년 나는 고향인 밀양의 향교에 공민학교를 설립하여 중학 과정을 가르치고 있는 동안 학생이 불어나고 뜻 맞는 선생들이 모여들자 추세로 재단을 설립하게 되어 이름 지어 세종 중고등학교라고 했다. 해방 직후 어느 고을에서도 볼 수 있었던 사학의 자연발생적인 탄생 그것이었다.

만약 사변이 발생하지 않았던들 교사들과 남천강에서 투망을 놓고 막걸리에 피라미 안주로 상쾌한 하루를 보냈을지 모른다. 그날 나에게 38선이 터졌다는 제1보를 들려준 것은 장이라는 왕년의 권투선수였다. 순간 나는 회전의자를 돌려 창 너머 항상 보는 고향의 산천에 눈이 갔다. 인간에 있어서 고향산천은 내실에 앉아 있는 포근한 안일감을 준다. 그것이 일순간에 포화로 무너지고 산산조각이 나는 붕괴감으로 바꿔지는 연상으로 한없는 슬픔으로 밀어닥치기 시작했다. 다음 순간 마음 깊숙한 곳에서 노여움이 울울하게 솟아오르면서 '그건 실수야, 실수!'라며 모여든 교사들에게 소리 질렀다.

나는 불과 5년 전에 중국전선에서 돌아온 생리가 가시지 않았던 상태였으므로 38선을 넘고 밀어닥치는 군대들의 모습이 마치 생생한 기록영화를 보고 있는 것처럼 눈에 선했으며 전투의 병적인 광란을 하나하나

직시할 수 있는 것 같았다.

나의 무성(茂盛)한 청춘을 오로지 조국의 해방을 위해서 면학하고 인생의 설계를 거기에만 초점을 두고 내 딴에는 필사의 힘을 다했다고 자부하던 시절이었으므로 감히 누가 함부로 이 조국에, 자의에 의한, 또 다른 설계가 있을 수 있느냐는 불쾌스런 증오가 나를 사로잡았다. 그리고 군사적인 행동이 아마추어의 서투른 시행으로밖에 판단되지 않았다.

나는 1945년 해방 후 상해에서 남북의 분단을 두고 여러 의견과 행동이 한결같이 직선적이고도 비서구적인 것을 몸소 겪으면서 우리들 남북이 필경 피를 보고야 말 것이라는 예감을 씻어버릴 수 없었지만 그러나 그것이 이처럼 빨리 그리고 이처럼 비정하게 다가올 줄이야 예기치 않았다. 마크 게인이 이승만을 만나 그 야망스런 눈초리를 묘사하면서 결국은 남북의 충돌은 피할 길이 없다고 예측한 기사를 읽었을 때 나는 그러나 한반도에도 유연한 양식이 자랄 수 있다는 자신을 잃지 않았다.……

그날 저녁이 되면서 나는 겨우 전쟁의 현실을 전쟁의 역사적 개념으로 바꿔놓을 수가 있었다. 헤겔이 백림의 서재에서 나폴레옹의 군대를 바라보면서 눈앞의 현실을 극력 부인하고 개념화하려 하였던 노력의 가치가 어렴풋이나마 이해되는 것 같았고, 이런 몇 백 년 만에 있는 확률에 마주치게 된 상황을 나도 존중하려고 애를 썼다. 밤이 되어 나의 상상세계에는 무수한 전투의 현실이 교착되었지마는 나는 여느 날처럼 잠이 들었다."[5]

세계의 역사는 전쟁의 역사다. 전쟁은 피할 수 없는 인류의 운명임을 알면서도 혐오할 수밖에 없는 지식인의 정조는 만년의 일기장에도 드러나 있다. "드디어 미군이 이라크를 공격한 것이다. 내 평생 이런 개전의 비보를 듣는 순간이 몇 번이던가, 참으로 그것의 연속선상에 나의 인생

---

5) 황용주, "천재기(天才期)", 「부산일보」, 1978. 6. 20

1919년 봄, 돌이 지나고 몇 달쯤
후의 황용주. 뒤에 서 계신 분들이
그의 부모님.

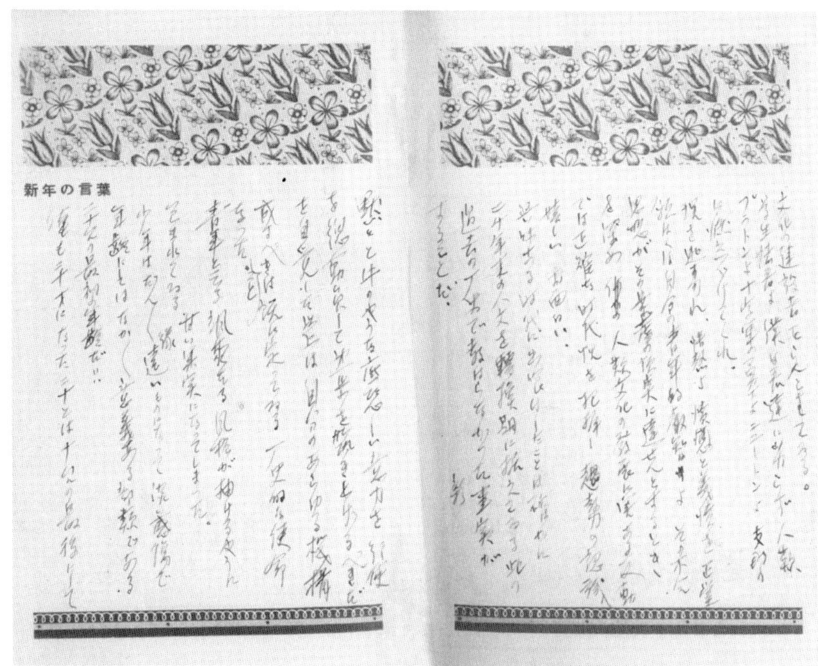

1937년 1월 1일, 황용주의 일기장.

오사카 중학 럭비부. 뒷줄 왼쪽에서 세 번째가 황용주. 1938년경.

이창희와 평생 친구 이옥. 1939년.

이창희 18세. 오사카 시절.
1939년.

와세다 대학 불문과 동급생들과 함께. 앞줄 왼쪽에서 두 번째가 황용주. 1942년.

학병 훈련병 시절의 황용주. 소주(蘇州) 교외의 호구산(虎丘山).

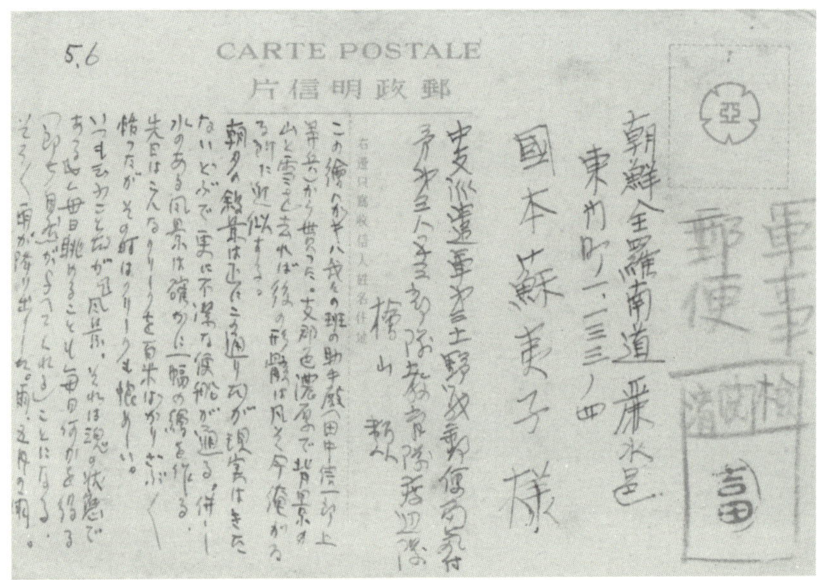

학병 시절 아내에게 보낸 엽서.

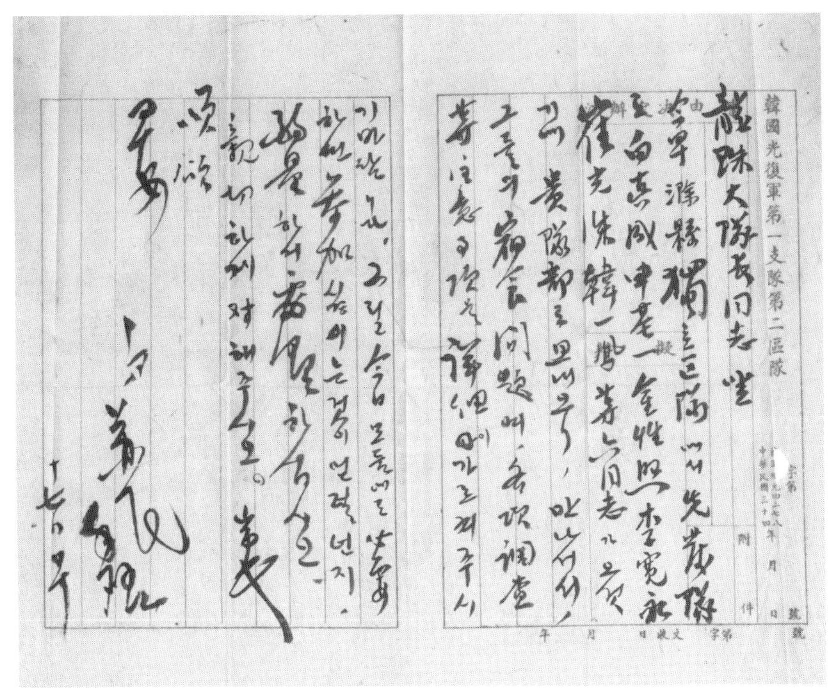

상해 광복군 이소민 장군이 대대장 황용주에게 보낸 편지. 1945년 10월경.

아버지 황용주와 딸 란서. 1952년 밀양 시절.

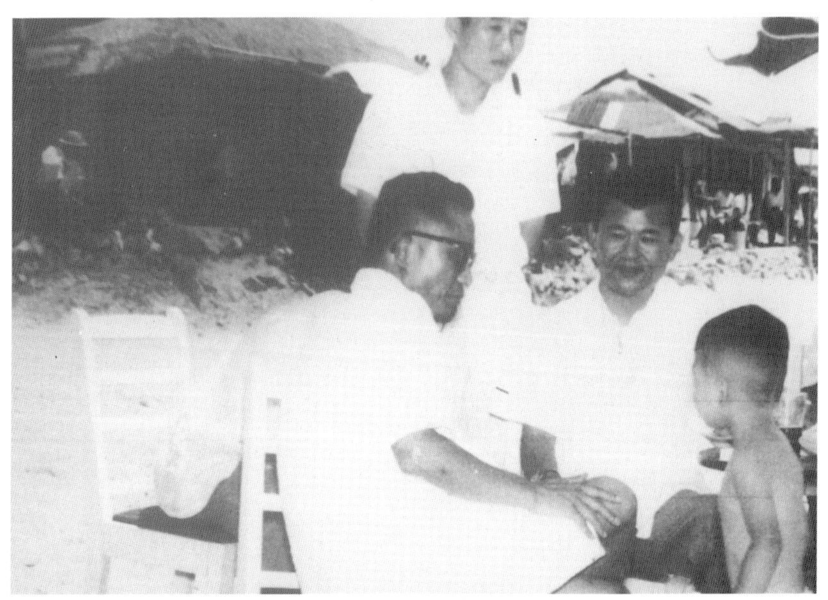

해운대 해수욕장에서. 1962년 8월.

박정희 최고회의 의장과 황
용주. 1962년 12월경.

문화방송 사장 취임식 연설. 1964년 9월 1일.

세 가족. 딸 란서가 이화여대
2학년 때인 1967년.

한국기원 이사장 조남철 국수와 친선 대국 중인 황용주. 1978년.

황용주의 장례식, 영정을 든 두 외손자. 2001년
8월.

외손자 앙투완이 그린 황용주 초상.
"멜씨, 할아버지." 2013년.

이 깔려져 있다는 느낌이다. 소학교 시절 만주사변, 중학 시절 상해 상륙, 독일의 침략전쟁, 그리고 와세다 대학 제2고등학원 시절의 일본의 진주만 공격, 해방 후 밀양에서 세종중고 시절의 6.25 동란, 5.16 후 서울에서 맞은 월남전쟁, 이번만큼은 전쟁까지 가지 않을 거라고 확신했는데 뜻밖에 예상이 어긋난다. 이러한 오판은 현직에서 물러난 지 20년, 그야말로 세상 물정을 모르고 생활한 데서 원인이 있겠다. 그리고 세계 정세를 관념적으로만 보고 있었다는 근거이기도 하다. 세계사는 비정한 전쟁의 반복이었다는 사실을 잊고 있었던 탓이다.”6)

그러나 전쟁도 인재교육의 열정과 사명을 흐트러뜨리지 않았다. 밀양에도 여러 학교가 세워진다. 교동과 읍내 지역에는 다른 사학의 근거지로 태동되고 있었다. 고려, 조선시대의 향명을 딴 밀성중고등학교가 그것이다. 이 학교는 황용주의 세종학숙이 설립된 이듬해인 1953년 4월 명륜학원으로 설립되어 7월 1일자로 밀성고등학교를 개교한다.

학교법인을 세우려면 기본 재산이 필요하다. 일본에서 성공한 사업가인 상남면 예림(藝林) 출신의 신현대가 많은 전답을 소유하고 있었다. 황은 신을 설득하는 데 성공한다. 교명을 무엇으로 할 것인가? 여러 후보 중에 '세종'을 채택한다. 향토학자, 신학상의 제언이다. 되찾은 내 나라, 마음 놓고 내 민족의 말로 탐구할 수 있는 새 세상, 교육입국의 이미지에 가장 적합한 인물은 그 말과 글을 만들어준 세종대왕이 아닌가. 1952년 4월 17일, 정식으로 학교법인 세종학숙이 인가되었다. 5년에 걸친 준비의 결실이다. 초대 이사장에 신현대, 초대 교장 황용주는 10월 27일자로 취임한다. 이에 앞선 3월 29일, 밀양공민학교는 5회 (마지막) 졸업생 160명을 배출하고 문을 닫는다. 과도기의 역할을 충실히 해낸 것이다.

그해 10월 세종중학교(12학급), 고등학교(6학급)의 인가를 받아 정식

---

6) 1991. 1. 17 일기

으로 개교한다. 전쟁 중에 신기운을 모아 설립한 세종학교는 해방 전 일본인의 세력권이었던 역전지역에 터를 잡는다. 옹색한 밀양 역전의 가곡동 곡물창고에서 태동한 세종학숙은 재단의 납입금에다 모금과 현물기부를 더하고 많은 사람들의 자발적인 노역봉사를 더하여 2층짜리 신축교사를 세운다. 두 장의 빛바랜 사진이 고난과 보람의 역사를 증언한다.

2002년, 개교 50주년 기념으로 세종고등학교 총동창회에서 펴낸 자료집에는 "1952년 2층 목조교사 개축공사(1), 7월 완료(2)"라는 제호 아래 "이 한 장의 사진보다 더 위대한 작품이 있을까? 세종인 스스로 교정을 세우며 꿈을 펼쳤다. 그 날의 감격이여!"[7]라는 해설이 달려 있다. 이에 앞서 밀양향교에서 찍은 밀양고등공민학교 시절의 사진도 담겨 있다. 이 자료집은 학교의 연혁을 이렇게 적고 있다. "1944. 7월, 밀양고등공민학교 인가. 1945년 4월 밀양고등공민학교 제1회 입학(밀양교동 향교). 1948년 6월, 제1회 졸업생 배출."[8]

초대 교장에 취임한 용주는 혼을 쏟아붓는다. 교가, 교훈, 교표, 생도세칙, 할 일이 태산이다. 교장이 직접 생도세칙을 초안했다. 교모와 교패도 교장의 고안이다. 기사도를 상징하는 방패 위에 청(자유) 백(평등) 홍(박애), 삼색의 프랑스 혁명의 이념을 고스란히 반영한다. 손수 작성한 설립 교지(敎旨)를 옮긴다(1952). "본교는 학문의 자유와 인간의 존엄과 조국의 민주주의적 지향을 확립함으로써 본지(本旨)로 함. 학문의 자유는 진리를 탐구함에 있나니 진리를 진리로서 인식하는 유일한 규준은 즉리성(卽理性)임에 우리는 첫째 이성적 인간이 되기를 기(期)함. 인간의 존엄은 넓고 깊은 인간애 동포애를 구리(具理)함에 있나니 우리는 이를 위하여 협동 봉사 자기희생을 통하여 헌신함. 먼저 우리 자신이

---

7) 『반백 년 세종』, 세종학원, 2002, 7쪽
8) 같은 책, 8쪽

아량 있는 자유인이 되기를 기함. 본교는 불요불굴한 개성과 창조적 인물을 육성함을 본지로 함."

교가도 만든다. 작사자는 신학상(申鶴祥), 그는 역사와 문학을 포함한 옛 학문에 조예가 깊은 담백, 청렴한 선비로 존경받는 인물이었다. 그가 남긴 저술『사명당의 생애와 사상』9)에는 향리의 영웅에 대한 자부심이 절절 넘친다. 어린 시절부터 영민했던 작은 아들 영복은 후일 오랜 영어 생활로 아버지의 가슴에 깊은 한숨을 심어준다. 사형의 위협이 목전에 닥쳤던 아들의 목숨을 구하러 백방으로 동분서주했던 아버지의 피맺힌 호소에 응답하여 마음을 내준 사람들 중에 황용주도 포함되어 있었음은 물론이다. 소설가 이병주도 적극적으로 동참했다.

신학상의 가사에 곡을 붙인 사람은 다름 아닌 윤이상이라고 한다. 그는 밀양중학교, 부산고등학교 등 경남 일대의 많은 중고등학교의 교가를 작곡했다. 그래서 한때 그가 동백림 사건에 연루되어 고초를 치를 때 간첩이 작곡했다는 이유로 몇몇 학교는 교가를 부를 수 없게 되기도 했다. 세종학교의 교가는 "장엄하고 웅장하게"라는 창법 지침이 달려 있다. "덮치는 파란곡절 겪어가면서 온 누리 빛내고자 날로 자란다." 당초에는 이렇게 시작하는 가사가 너무나 비장하다는 지적에 따라 전쟁이 끝난 후에 개사한다. "이 강산 이름 높은 영남루 앞에 진리의 샘이 솟는 우리 세종고, 배우고 익혀가며 내일을 향해 온 누리 빛내고자 날로 자란다."

세부적인 교육방침도 천명한다. '민주교육'이 지상목표다. 세칙은 (1) 장차 그들이 민주사회에 기여할 '민주된 사람'이 되도록 한다. (2) 학생 자신의 생활양식을 통해 획득하는 민주주의가 되도록 한다. (3) 지도하는 사람과 지도받는 사람이 동일인격이라는 것을 철저하게 생활을 통하여 얻도록 한다. 교육의 '방책(方策)'으로 지(智), 덕(德), 체(體)의 삼덕목을 채택한다. I. 智育. (1) 교과서 의존적 폐풍을 시정하고 새로운 교수방

---

9) 신학상,『사명당의 생애와 사상』, 밀양신문사, 1997

법의 채용 (2) 국가사회가 요청하는 긴요한 과제에 치중한다. (3) 개별적 지도를 통하여 생도 각자의 활동을 신장시키며 그 능력을 충분히 발휘하도록 한다. II. 德育. (1) 학생들의 생활 자체의 문제를 도의적 견지에서 연구 해결하도록 한다. (2) 결석생이 없도록 한다. (3) 점심지참과 무단외출을 안 한다. III. 體育. 정서교육을 함양하기. 그 일환으로 취주악대를 창설한다.

세종학교의 취주악대는 고을 전체의 명물이 되었다. 또한 세종학교는 육상부를 집중 육성하는 한편, 3년의 전 교과과정에 체육을 필수로 지정한다. 이 모든 것이 거의 반세기 후에 참교육 교사들의 교육이념과 실천강령에 반영될 내용들이었다. 특기할 일은 교장 스스로 프랑스어를 가르쳤다는 사실이다. 밀양의 고교과정에 프랑스가 포함된 것은 전무후무한 일이다. 1회 졸업생 손영진은 당시의 상황을 이렇게 전한다.

"'덮치는 파란곡절 겪어가면서……' 지금은 바뀌어버린 교가의 1절처럼 세종의 초창기는 그야말로 파란곡절, 그것이었습니다.……우리 학교와 학생들에게 참으로 행운이었던 것은 황용주 님을 교장으로 모셨던 사실입니다. 그 분은 당시 밀양이 낳은 천재라고 불려진, 조금은 무섭게 보이는 미남이었습니다. 일본 제국주의에 염색된 사상이 아직 덜 빠지고, 공산주의자들이 일으킨 6.25 전쟁으로 인해 온 나라가 불바다가 된 와중에도 교장 선생님은 우리에게 불어를 가르치시면서 자유, 평등, 박애의 사상을 심어주려고 애써주셨습니다. 오늘까지 우리 학교의 상징으로 사용하는 삼색 교패(校牌)는 그 분이 프랑스 삼색기에서 따온 정신의 소산입니다."[10]

후일 야인이 된 용주는 이 시기에 쓴 자신의 일기장을 읽으면서 당시의 감회를 재생한다. "1952년의 일기를 읽다 밤늦게까지 자지 못하다. 이 해에 세종고가 재단을 창설하고 학교인가를 내다. 자주 부산에 나다니

---

10) "나의 학창시절", 손영진 제1회 졸업생(40쪽). 신계식 제1회, 신상두 제5회, 이상조 제6회

고 신현대 씨 댁에서 숙식하고 동대에 강의도 하고 란서가 유치원에 다니면서 재롱을 부리고 있다. 『文藝春秋』, 『中央公論』, 『改造』, 『Time』, 『Life』 등 잡지를 읽고 소상하게 국제정세를 발췌하고 있다."[11]

"밤에 1951, 52년도 일기를 다 읽고 53년도를 읽기 시작하다. 34, 5세 때라 한참 원기왕성하고 기백이 충실해 있을 때임을 알 수 있다. 이상하게 이즈음의 글씨가 지금보다 낫다."[12]

이렇듯 각고의 노력으로 학교의 틀이 잡혀갈 즈음 뜻밖의 일이 벌어진다. 이사장 신현대가 돌연 사망한 것이다. 그가 타계하자 일본에서 성공적인 기업인의 삶을 뒷바라지하던 부인 엄순남이 이사장에 취임한다. 1955년 9월 1일자로 기록되어 있다. 여장부로 정평이 있는 재단이사장에 대한 교장부인 이창희의 회고이다. 신은 당시에 권번 출신의 퇴기를 첩으로 두고 있었다. 그러나 부인은 옛 풍속을 전혀 개의치 않고 시앗을 거두는 여유를 보였다고 한다. 여걸 미망인은 학교 재정에서 가족의 생활비를 댈 것을 요구한다. 나중에는 사저의 신축비용까지 요구한다. 법인과 개인의 엄격한 분리는 법이 요구하는 바이지만 관습과 통념, 그리고 의리와 인정의 문제이기도 했다. 교장의 생각으로는 이사장의 요구는 도가 넘친다고 판단했다. 학교와 재단 사이에 갈등이 고조되었다. 이사장은 경상남도지사를 찾아가서 학교장의 학교 운영에 비리가 있다고 고발한다. 당시 지사는 작고한 신 씨의 친구였다. 지사는 황 교장의 퇴임을 요구한다. 용주가 거부하자 경찰력을 동원하여 학교를 접수하려 시도한다. 다수의 선생과 학생들이 저항한다. 소수의 선생과 학생이 재단의 편을 든다. 몇 주에 걸친 대치상태가 계속되었으나 시간이 흐를수록 저항의 전열이 흐트러졌다. 마침내 용주는 교장직에서 물러난다. 와세다 대학 동문이자 학병 동기였던 교감 김석겸도 함께 물러난다.

---

11) 1987. 11. 6 일기
12) 1987. 11. 7 일기

재단은 후임으로 보다 젊은 인재, 안모를 영입한다. 그는 재력이 좋은 가문 출신이다. 그 또한 일본 유학과 해방 후 고려대학교를 졸업한 신예 지식인이었다. 게다가 6.25를 맞아 인민군 신분으로 포로수용소의 경력을 가진 부잣집 막내아들이었다. 안의 교장 취임의 이면 조건은 신의 유업인 기업에 자본참여를 한다는 것이었다. 그러나 그가 취임한 후에도 분규는 한동안 계속되어 학교를 양분시켰다. 양상은 달랐지만 교장과 재단 사이의 갈등은 여전히 계속되었다. 그 또한 1년도 채우지 못하고 단명한 교장으로 학교를 떠난다. 안의 후임으로 연장자인 온화한 성품의 신학상이 3대 교장으로 취임하지만 1년을 겨우 넘기고 자리에서 물러난다. 그 후 세종학원은 여러 차례 재단이 바뀐다. 한때는 천주교에 양도되었다가 오늘날은 대안학교로 명맥을 유지하고 있다. 한마디로 세종학교는 철두철미 초대 교장 황용주의 작품이었던 것이다. 세월이 크게 달라진 만큼 그 옛날의 세종의 영화는 이제 얼마 남지 않은 경로당의 몇몇 회원들의 희미한 옛 추억의 그림자가 되었다.

서울에서 낙향한 용주 가족은 처음에는 내이동 집에서 부모, 형과 동생의 자녀들과 함께 살았다. 결코 규모가 큰 집이 아니었는데도 대가족이 집단거주한 것이다. 란서도 이 집에서 태어났다. 그러던 차에 학교 근처의 적산가옥을 학교가 불하받자 사택으로 분가한다. 비로소 부부와 딸, 세 식구의 독립된 생활단위와 공간이 마련된 것이다. 게다가 용주는 아내의 친정 여동생도 함께 기거하도록 주선한다.

학교가 설립되면서 학생의 모집보다 유능한 선생을 확보하는 일이 더욱 난제였다. 외지인 선생에게는 사택을 제공해야 했다. 교장 사모님이 직접 주방을 책임져야 했다. 민족의 비극, 전쟁은 역설적으로 경상도의 학교에게는 일시적인 축복이 되었다. 수많은 피난민 지식인들이 남쪽으로 몰려들었다. 실로 다행스럽게도 밀양은 직접 인민군 치하에 들지 않았다. 북쪽으로는 경북 청도와 서쪽으로는 창녕, 인접 고을들까지 북한군의 수중에 떨어졌다. 불과 2개월 시차로 인민공화국과 대한민국이 바뀌고, 무수한 참혹한 일들이 일어났다. 용케도 밀양은 극단적인 참화는 모면한 셈이다. 화악산, 천왕산과 같이 깊은 산중에는 전쟁이 발발하기 전부터 야산대가 작은 공화국을 형성하고 있었다. 지리산에서 패주하다 북행길이 끊어진 잔비들이 마지막 저항을 하면서 가느다란 생명줄을 쥐고 있었다. 야간 '보급투쟁'에 내려온 '산 손님들'에 의해 부잣집들이 강탈당하고 지서가 습격당하는 일도 잦았다. 이따금씩 경찰서 정문이나 남천강 배다리 난간에 공비들의 잘린 목이 내걸리곤 했다. 시계를 가진 집이 드문 시절이라 경찰서는 확성기를 통해 정오를 알리는 오포(午砲) 사이렌을 불어댔다. 청정한 창공을 가르는 사이렌 소리는 전쟁이 결코 끝나지 않은 것을 상기시켜주곤 했다.

교사들의 행태도 가지가지였다. 예정된 식사시간이 몇 분만 늦어도 소리치는 당당한 식객도 있었다. 이북 출신의 한 교사는 배다리에서 보초를 서고 있던 군인이 도민증을 제시할 것을 요구하자 "선량한 시민입니다"라고 답했다가 큰 곤욕을 치렀다. 시민과 인민의 차이를 구분하지 못하던 그 군인은 이북 억양의 교사를 간첩으로 오인하여 야단법석을 떨었다. 제천 출신의 위모 교사는 총각을 가장하고 여선생에 접근했는데 얼마 후에 아이를 업은 부인이 나타나 큰 소동을 일으켰다. 천종옥이라는 낭만파 교사는 한밤중에 만취하여 예림교 다리에서 강물 속으로 추락하여 크게 다쳤다. 구사일생 건져낸 그의 양복 주머니 속에는 잉크가 번진 시 구절이 적혀 있었다. "아랑의 영혼에 교접하다."[13] 이 모든 에피소드가 전쟁기의 어느 소읍에서나 볼 수 있음직한 일상적 삶의 모습이었을 것이다.

1955년 봄, 선생 중 한 사람이 병역기피의 혐의로 곤경에 처했다. 교장 용주는 광주의 모 부대에 근무하는 대구 출신의 장군을 찾아 도움을 청한다. 사건의 해결에는 큰 도움이 되지는 않았지만 오랜만에 그간 살아온 이야기를 주고받으며 회포를 풀었다고 증언하는 사람이 있다. 그

---

13) 아랑은 정절의 표상으로 구전되어온 밀양을 상징하는 여인이다.

장군은 다름 아닌 박정희였을 개연성이 매우 높은 이야기다. 박정희 전기를 쓴 저자들은 대체로 황과 박, 두 사람은 1959년 박정희가 부산군수기지 사령관에 부임하면서 처음 만났다고 쓰고 있다. 그러나 실은 그보다 몇 년 앞선 1955년, 미국 육사의 연수를 받고 돌아온 박정희가 광주 보병학교장으로 부임했을 때 이미 두 사람 사이에 친교의 끈이 맺어졌던 것 같다.

용주는 1990년 5월 18일자 일기에 세종학교에 대한 감회를 이렇게 적어두었다.

"흐리다. 광주 사태 10주년 기념일이라 하여 광주에서는 시민의 추도 대회가 있고 학생은 곳곳에서 데모를 한다고 보도하고 있다. 세종중고 동창회에 가다. 뜻밖에도 우리를 위하여 '스승의 날'답게 꽃을 달아주고 18금 넥타이핀을 기념품으로 주다.……몇 년 만에 기분 좋은 일이다.……현재 졸업생이 7천 명이 넘는다고 한다."

분홍빛 환각, 딸의 기억

고향이 용주에게 선사한 보석인 외동딸 란서는 마치 자신의 이름에서 운명이 예고라도 된 듯이 프랑스 땅에 삶을 묻고 있다. 예술에 빠진 프랑스인과 가정을 이루어 수십 년 파리에 살고 있으면서도 열 살 때 떠난 밀양의 기억을 잊지 못하고 숫제 가슴에 지니고 다닌다. "분홍빛은 나의 원색이다. 고향 땅 복사꽃의 색이다. 누군가가 '분홍빛 환각'으로 이름 붙여준 평생의 환각제이다. 솜사탕처럼 입안에서 녹아내리는 달콤한 맛이다. 때때로 삶이 나를 너무 힘들게 할 때마다 꺼내서 조금씩 녹여 먹던 달콤하고 아릿한 밀양의 어린 시절, 아버지 어머니와 함께 살던 시절, 아마 그런 것을 사람들은 행복이라고 이름 붙였을 것이다."

봄이면 강 건너 복사꽃이 화사한 마을에 가족 소풍을 나간다. "엄마는 미군 카키복을 변형시켜 소매 끝과 목에 빌로드 장식을 단 투피스를 만들어 내게 입히고, 자신은 주름을 접은 큰 주머니가 달린 스커트에 손수 뜨개질한 반소매 블라우스에 굽이 높은 까만색 세무(스웨이드) 샌들을 신고 내 손을 잡고 서 있는 사진을 보면 다시 그 환각의 세월 속으로 들어간다. 아버지는 소련제 카메라를 들고 우리들의 모습을 찍었다. 어머니가 정성스레 장만한 도시락은 자전거 뒷자리에 실려 있다. 동네 아이들은 줄줄이 따라나서고 우리는 억지로 걸음을 재촉하지 않았다. 따르는 아이들의 숫자가 적정 규모로 줄어들 때쯤에 아버지는 행군을 멈추고 도시락을 풀어 나누어주었다. 게걸스럽게 음식에 탐닉하는 아이들을 우리는 허기를 달래며 지켜보았다. 아버지가 일부러 행군 속도를 늦추었을 것이라는 것이 엄마와 나의 의견이다.

내가 사는 파리의 남쪽 쏘(Sceaux)라는 동네에 큰 공원이 있다. 이 공원에도 4월이면 벚꽃이 핀다. 공원을 조성할 당시에 일본에서 들여왔다고 한다. 200년이 지난 아름드리 고목이 되어 겹으로 된 벚꽃무리들이 가지를 축 늘어뜨리며 뭉게뭉게 피어 있는 모습은 실로 장관이다. 이때쯤이면 프랑스에 살고 있는 일본 교민들이 무리지어 몰려오고, 중국인들도 합류한다. 공원 전체가 그들이 가지고 온 음식냄새로 진동한다. 나는 반세기 전 우리 아버지처럼 음식을 나누어줄 인심 좋은 아저씨라도 만날까 기웃거리다 실없이 웃는다.

우리 가족은 함께 노래를 즐겨 불렀다. '나의 살던 고향은 꽃피는 산골, 봉숭아꽃 살구꽃, 아기 진달래, 울긋불긋 꽃 대궐 차리인 동네, 그 속에서 놀던 때가 그립습니다.' 내가 사는 집에서 5분 거리, 꽃이 만개한 주말에 산책에 나선다. 마치 반세기 전 밀양의 그 꽃밭을 옮겨온 듯한 환각에 이어 상쾌한 현기증이 따른다. 우리 집 아이들이 이따금씩 이 노래를 흥얼거리는 것을 보면 참으로 유년의 환각은 평생의 고질이라는 생각이 든다. 지금도 솜사탕만 보면 저절로 목젖이 간지럽고, 분홍색 환각이 나를 감미롭게 한다.

밀양의 복사꽃 나들이 시절 아버지는 시각으로 접하는 자연풍광의 정서뿐만 아니라, 미각에도 눈뜨게 만들어주었다. 다소 까탈스러운 나

의 혀도 아버지의 '묵도리', '묵고지비' 성향의 물림일 것이다. 그 아버지
의 딸로 자란 나다. 철마다 우리는 과일로 술을 빚고 저장식품을 만들곤
했다. 진달래, 머루, 다래, 매실로 빚은 술을 투명한 유리병 속에 보관했
다. 병마다 제조일자와 시음 예정일을 표기했다. 나는 특히 산딸기 술을
좋아했다. 매혹적인 빨강색 액체를 한 잔 들이켜고 나면 전신이 나른해
지고 가벼운 졸음이 다가오는 느낌이 좋았다. 만류하는 어머니를 아랑
곳하지 않고 아버지는 내게 술 한 잔 먹이고서는 내가 봄 강아지처럼
나른해하는 모습을 보면서 즐거워하셨다."

"밀양은 젊은 아버지의 장원이었다. 내게는 밀양 시절 아버지의 모습
을 담은 빛바랜 사진 한 장이 있다. 멋들어진 폼을 잡고 콧수염에다
중절모를 쓰고 가죽 잠바를 걸친 호남이다. 마치 클라크 케이블을 흉내
내는 듯하다. 그 모습이 새삼 낯설다. 너무나 친숙한 아버지의 전형적인
이미지와는 너무나도 다른 모습이 사진 속에 서 있다. 그 사진을 물끄러
미 바라보고 있노라면 아버지를 언제나 촌스런 아저씨로만 취급했던
게 미안해 죽을 지경이다.

물 구경은 밀양읍 사람들의 한여름 큰 놀이였다. 여름이면 어김없이
홍수가 났다. 삼문동을 싸고도는 남천강은 바깥쪽이 허술했다. 일제시
대에 공설 운동장 인근에 조성한 솔밭 방풍림 안쪽 뚝방은 비교적 튼실
한 편이었지만 우리 동네 쪽은 몇 년에 한 번은 반드시 침수가 되는
취약지구였다. 우리 집 근처에 '아라이보시 공굴(콘크리트)'라는 건설공사
가 없는 건설현장이 있었다. 다리 공사를 하다 예산이 모자랐는지 버려
둔 채로 부지하세월을 기다리고 있었다. 딱히 할 일이 없는 동네 사내아
이들의 놀이터로 안성맞춤이었다. 한여름에는 대체로 물이 말라 있었
다. 강 건너편에 나의 학교(밀주국민학교)가 있었다. 큰비가 쏟아지면 붉은
흙탕물 속으로 돼지도, 집도 떠내려갔다. 박 넝쿨을 이고 가는 초가집,
부러진 나뭇가지를 붙들고 아우성치는 사람, 그 끔찍한 모습에 안타까
워했다. 후일 이광수의 『무정』(1916)을 읽으면서 그가 그린 밀양, 삼랑

진의 낙동강 홍수 장면이 어쩌면 내 기억을 되돌리게 하는지 '사람들은
중히 여기고 여기어 남을 주기는커녕 잠깐 만져만 보자고 하여도 분이
벌게지며 "못한다" 하던 모든 세간을 그 벌건 물들이 이리 둥실 저리
둥실 띄워가지고 왔다갔다 물결에 강 한복판으로 집어던져 빙글빙글
곤두박질하며 한정 없는 바다로 흘러 보낸다.' 어쩌면 반세기 동안 매양
같은 모습일까, 불만스런 의문이 들었다.

이문열의 『변경』이 한국일보에 연재될 때(1987-1988), 아버지는 일
요일마다 신문을 사러 몇 정거장을 걸어 나섰고, 어쩌면 밀양의 풍광을
그렇게나 잘 그렸는지, 감탄을 금치 못하며 내게 스크랩을 보내주었다.
내가 읽은 『무정』의 구절이 되살아났다."

용주의 일기장에도 그렇게 적혀 있다. 특히 1959년 가을, 그처럼 견고
하다던 삼문동 둑마저 터뜨린 '사라호' 태풍 때의 남천강의 전경을 실감
나게 그렸다. 당시 실제로 현장을 목격한 필자도 『변경』의 그 부분을
읽으면서 새삼스런 감회에 젖었다.

"그 '아라이보시'를 가려면 우리 집 앞의 땅콩 밭을 지나 둑길을 거친
다. 마을을 가로질러 가는 길보다 훨씬 멀었지만 나는 이 길을 좋아했다.
이 둑길은 아버지가 자전거 뒤에 나를 태워 학교에 데려다 주던 길이다.
봄이면 아버지 어머니 사이에 끼어 나들이 가던 벚꽃 만발한 길이며,
추석이면 색동옷을 입고 할아버지, 할머니가 사시는 내일동 큰집으로
차례를 지내러 가던 길이기도 하다."

내일동의 한양극장은 영화, 연극 등 신문화를 접할 수 있는 예술의
전당이었다. 몇 년 후에는 네 개로 늘어났지만 이 당시까지만 해도 밀양
전체에서 유일한 극장이었다. 영화 상영뿐만 아니라 연극, 웅변대회,
관공서의 기념행사 등등 다용도로 사용되고 있었다. 황 교장 가족은 이
극장에 들어오는 거의 모든 외화를 빠뜨리지 않고 관람했다.

"읍내의 영화관에서 외국영화를 놓치는 법이 없었다. 어린 나도 기를

쓰고 따라나섰지만 아버지도 일부러 떼놓고 가려 하지 않았다. 그때 본 영화 중에 로렌스 올리비에와 진 시몬즈 주연의 「햄릿」(1948)과 피어 안제리라는 이태리 배우가 나오는 「내일이면 늦으리」(1950)가 뇌리 속에 박혀 있다.……「햄릿」은 여러 장면이 아주 선명하다. 무엇보다 어린 내 눈에 이상했던 것은 왕자가 내복만 입고 다니는 것이었다. 윗옷은 화려한 레이스와 온갖 장식을 달아 왕자의 기품이 보였는데 아랫도리는 착 달라붙은 내복을 입고 있었다. 왕자의 체신이 말이 아니었다. 영화가 끝나고 아버지에게 연유를 캐물었다 두고두고 우리 집안의 유쾌한 일화로 전승되도록 만들었다. 미쳐서 물에 빠져 죽은 오필리어의 모습은 오랜 잔영을 남겼다. 하얀 옷에 꽃 왕관을 쓰고 물 위에 둥둥 떠내려가던 모습은 오래토록 사랑의 불가사의로 남아 있었다. 일요일이면 우리 가족은 용두목 넘어 복사꽃이 만개한 들판으로 소풍을 나가곤 했다. 그 용두목은 아버지가 즐기던 은어가 잡히는 곳이다. 거의 고여 있는 용두목 물길을 약간만 벗어나면 세찬 급류가 흘렀다. 여름이면 많은 수영객이 몰려들고 해마다 한두 사람씩 죽곤 한다. 내가 친하게 지내던 약국집 아이의 사촌이 방학에 놀러왔다 이 급류에 말려들어 죽었다. 사람들은 용두목에는 객지 사람을 잡아먹는 물귀신이 산다고들 했다. 당시까지 내가 본 죽음은 모두 물과 관련된 것이어서 오필리어의 죽음도 영화 속의 허상만은 아니었다. 「내일이면 늦으리」의 스토리도 여주인공이 물에 빠져 자살하는 내용이다. 뭔가 이상했지만 내놓고 물어볼 수 있는 내용이 아니라는 생각이 들었다. 결혼 전에 임신하면 죽음으로 마감하는 것, 이 또한 내게 남겨진 사랑의 불가사의의 하나였다.

헤밍웨이가 스페인 내전에 종군기자로 참여하기 전에 파리에 산 적이 있었다. 그때 쓴 책이 『움직이는 축제(*A Movable Feast*)』(1934)였다. 앞 부분에 이렇게 썼다. '당신이 행운아가 되어, 그것도 아주 젊은 시절에 파리에 사는 행운을 누린다면 파리는 당신의 가슴에 남아 당신이 어디를 가든지 함께 따라갈 것이다.'

아버지와 어머니가 젊은 시절 일본에서 함께 누린 꿈과 같은 생활이 밀양에 따라와서 나에게 축제를 열어준 것이다. 어머니는 어린 여동생이 치른 비극적 사랑의 뒷갈무리를 맡았다. 이모는 여섯 달 되는 어린 딸을 데리고 밀양에서 새 인생을 설계했다. 아버지의 격려와 후원 아래 죽음이 아닌 삶의 길을 만들어 올랐다. 엄마를 제외하고는 엄마의 형제들은 모두 사회활동을 한 분들이다. 외조부의 진보적인 생각이나 교육열도 원동력이었지만, 6.25 이후에 두 이모가 맞은 개인적 불행을 극복하고 여자로서 독립적인 삶을 걷도록 격려하고 밑거름을 뿌려준 아버지의 배려가 있었다. 결혼을 통해 생을 지속하거나 마감하지 않아도 되는 독립된 길, 교직과 공무원으로 성공의 길을 걸은 이모들은 내 아버지를 형부가 아니라 정신적 아버지로 모신다.

세종학교 교정에 대한 나의 기억은 강렬한 몇 장면으로 압축된다. 담배연기 자욱한 숙직실에서 선생들과 바둑판을 벌여놓고 교과 과정을 논의하던 아버지의 모습이 선연하다. 엄마가 정성들여 저녁 준비를 해놓고 기다려도 오지 않는 아버지를 모시러 가면 아버지는 언제나 함께 있던 선생들을 몰고 온다. 이인한(수학), 정광석(국어) 선생님의 모습은 아직도 기억이 생생하다. 식탁은 언제나 학교 선생님과 사환들이 공유했다. 우리 세 식구만이 먹은 기억은 거의 없다. 식탁 대화의 주제도 시국, 학문, 문화, 거침이 없었다. 한마디로 우리 집은 당시 지식청년들의 살롱이었다. 후일 버지니아 울프의 불룸스베리 클럽 이야기를 배우면서 나는 밀양의 세종살롱을 연상했다. 물론 아버지가 중심이었다."

"세종학교의 교정에는 봄, 여름 내내 백일홍이 선명한 색깔과 의연한 자태를 잃지 않고 있었다. 그 당당한 모습이 전쟁의 황폐한 이미지와 엉켜져 내 뇌리 속에 자리하고 있다.

하얀색 목조 건물과 돌기둥이 마치 서양 영화에 등장하는 빅토리아 건축물을 상기시킨다.

더위가 막 시작하는 어느 한가한 날, 아마도 일요일이었을 것이다. 무슨 일인지 그날도 아버지는 학교에 나가고 늦잠에서 깨어난 나는 아버지가 집에 계시지 않아서 시무룩했다. 학교 사환으로 일하면서 우리 집에 기거하던 어린 청년에게 어머니는 나를 아버지에게 데리고 가서 놀다 점심에 늦지 않게 함께 돌아오라고 했다. 괜히 짜증을 내는 나를 등에 업어 달래면서 그는 들길을 재촉했다. 그날따라 학교 운동장에는 국방색 옷을 입은 군인들이 총을 겨누고 서 있었고 우리들조차도 발을 들여놓지 못했다. 사환이 아무리 설명해도 막무가내였다. 이때 나는 무심코 기숙사 방향으로 고개를 돌리다 순식간에 백일홍의 그 선연한 아름다움에 도취하여 정신이 혼미했다. 무언가 심상치 않은 소식을 듣고 휴일임에도 아버지는 달려 나갔을 터이다. 아버지가 즉시 귀가했는지, 아니면 다른 신고를 당했는지 기억이 없다. 그러나 내겐 그날의 교정의 광경이 6.25 영화를 볼 때마다 오버랩되어왔다. 백일홍의 아름다운 자태를 잊을 수 없고, 절박한 상황에서 뜻밖의 아름다운 정경에 넋을 앗기는 인간의 정서란 참으로 오묘한 것이다. 후일 아버지의 일기 속에서 전쟁터의 그 처절한 노란색 개나리와 목련꽃의 정경이 오버랩되면서 어쩌면 유전자라는 것이 참으로 희한하구나 하는 생각이 들었다. 굳이 가르쳐 주지 않아도 깨어 있는 유별난 정서를 꽃에서 구하게 되는 것은 아버지와 나만의 성정일까?"

세종학교만이 아니었다. 밀양 도처에 백일홍이 지천으로 깔려 있었다. 필자의 대학 시절(1967) 삼성문화재단이 70원이라는 파격적으로 저렴한 가격으로 보급한 문고 시리즈에 참여한 문일평의『화하만필(花下漫筆)』에 남도의 백일홍은 역사적 유래가 기록되어 있다.

"화무십일홍(花無十日紅)이라고 하나 백일홍만은 이름처럼 거의 백날을 두고 계속 핀다. 백일홍은 아주 다른 두 종류가 있다. 나무에 피는 백일홍과 풀에 피는 백일홍이다. 나무 백일홍은 본시 자미화(紫微花)로 일찍부터 한국 남쪽에 널리 퍼졌다. 나무껍질이 하얗고 윤기가 나며 키는 한 길이 훨씬 넘는다. 기이하게도 사람이 손으로 껍질을 조금만 긁기만 하면 전신이 저절로 흔들린다고 해서 박양수(博痒樹)(긁는 것을 두려워하는 나무)라는 별칭이 생겼다. 강희안(姜希顔)의 『양화소록(養花小祿)』에 보면 목백일홍은 옛날 당나라의 각성 관아에 많이 심었으며 조선에는 영남 근해의 모든 군, 읍과 촌락에 흔히 심었다. 5, 6월에 피기 시작하여 7, 8월에 그치는, 가장 풍치 있는 꽃으로 귀인의 저택에 즐겨 심는다.”14)

“아버지는 특급 중에 특급 원정(園丁)이었다. 우리가 살던 집은 일본 적산가옥이었는데 채밭과 꽃밭이 따로 달려 있었다. 아버지는 꽃밭을, 어머니는 채밭을 담당했다. 오늘날의 통념으로 보면 정반대이어야 할 텐데 말이다. 꽃보다 더 우아했던 엄마가 토마토 밭에 거름을 퍼다 붓던 장면은 지금 생각하면 기도 차지 않지만 당시로는 전혀 이상한 생각이 들지 않았다. 아버지의 꽃밭은 정말이지 기화요초로 가득했다. 후일 녹번동 집에서 난초 100종을 동시에 가꾸는 아버지의 솜씨에 감탄한 사람들은 아버지가 마술의 손을 가졌다고 한다. 이모가 3년을 키워도 꽃을 피우지 못하는 까탈스러운 난초가 아버지의 손에 넘어가자 이내 개화되었다. 도대체 무슨 비법이 있느냐는 이모의 물음에 아버지는 ‘사랑을 주면 된다’라고 답했다. 그리고서는 ‘이 꽃 하나하나가 란서의 얼굴이다’라고 덧붙였다. 수많은 꽃들은 다양한 란서의 표정이다. 아침에 일어나면 잘 잤니? 하면서 멀리 있는 딸과 대화하듯이 하루를 열고, 잠자리에 들기 전에는 이불을 덮어주듯이 쓰다듬어준다.”

“어머니는 가난한 시골 삶이었지만 그중에서도 배운 여자답게 생활의 지혜를 십분 발휘하며 아버지의 바깥 삶을 도왔다. 동네사람들이 내다 버린 온전치 못한 과일과 술도가가 버리는 술찌끼로 나라쓰게(奈郎つ

---

14) 문일평, “백일홍 나무”, 삼성문화문고 19권 『화하만필(花下漫筆)』, 삼성미술문화재단, 1971, 8–80쪽

げ)와 같은 저장식품을 만드는 등 이웃의 식생활 개선에도 영향을 주었다. 어떤 싸구려 옷도 엄마의 손길이 스치고 나면 동네 아낙네들의 눈에는 활동사진 속의 여주인공 차림이었다. 언젠가 한국 전쟁의 상흔을 취재하러 왔던 일본 텔레비전 팀은 검정 사틴이 하늘거리는 원피스에 하얀 진주 단추를 단 옷을 입고 미술 전람회를 보러 가던 엄마의 모습에 현혹되어 즉석에서 캐스팅을 제의했다. 엄마가 손수 만들어 입힌 내 옷은 대구나 부산에서 산 값비싼 옷을 자랑하던 부잣집 아이들의 부러움을 샀다. 나는 공주 신분은 아닐지 몰라도 단연코 개성 넘치는 베스트 드레서였다. 그러나 나는 그처럼 남들과 다른 튀는 옷이 부담스러웠다. 정식 교복은 없었지만 절대 다수의 여자애들은 검정 치마에 하얀 옥양목 저고리를 사실상 유니폼으로 입었다. 나도 속고쟁이 바지가 치마 아래로 빠져 내리는 그런 한복을 입혀달라고 졸랐다. 내 소원이 이루어져 운동화를 벗어 던지고 고무신을 신으니 그렇게 마음이 편할 수가 없었다. 어머니는 '란도셀'로 불렀던 어깨에 메는 가죽가방 대신 책보에 싼 양철 도시락 통을 비스듬히 매어주었다. 철거덕 철거덕, 하학 길에 빈 도시락에 금속 수저가 부딪치는 소리에 안온한 행복감이 충만했다.

　어느 날, 엄마는 나를 유난히 정성들여 단장시키며 외국에 보낼 사진을 찍어야 한다고 했다. 반년 전에 그 외진 곳, 밀양 세종학교에 프랑스 사람이 아버지를 만나러 왔던 것이다. 민속학자인 그는 시골구석을 돌면서 민족자료를 수집하다 뜻밖에도 불어에 능통한 청년을 만난 것이다. 자신의 꿈을 접어두고 시골학교에서 학생을 키우는 젊은이에 대한 존경의 염이 솟았다. 프랑스 문학에 대한 아버지의 깊은 이해와 열정에 감동하기도 했다. 딸의 이름조차 자기 나라의 이름에서 따왔다는 말을 듣고 더욱 감격했다. 그 사람은 아버지에게 무엇이든 프랑스에서 원하는 것을 말하라고 했다. 아버지는 사르트르의 『자유의 길』 전집을 부탁했다. 약속대로 전집이 도착하자 고마움을 전하고자 책을 배경으로 가족사진을 찍었던 것이다. 아버지가 평생 소중하게 여기던 그 전집은 행방불명이다. 내가 프랑스로 떠나기 전까지 녹번동 2층 응접실 책장 한가운데를 지키고 있었던 가보였었는데."

이 대목에 아버지 자신의 회고를 옮긴다. "쎄르쥬라는 불란서인 민속학자가 내한했다. 해방 직후에 북경대, 하버드대, 동경대에서 동양문화를 연구한 거장이다. 그가 자료 수집차 밀양에 들렸다. 시골 벽촌을 돌고 돌면서 뒤주 속까지 샅샅이 뒤지고 다녔다. 그가 밀양을 떠나면서 자신이 도와줄 일이 무엇이냐고 물었다. 내가 정치적 갈등에 휩쓸리기 싫어서 사르트르 전집이나 읽고 싶다고 했더니 일부러 일본에 들러 전집을 사서 보내왔다. 『자유의 길』로 제목을 붙인 전 20권짜리 전집이었다. 후일 도둑맞은 것이 못내 억울하다."[15]

다시 딸의 회고이다. "우리 집에는 강아지 그림이 달린 큰 나팔의 유성기가 있었다(빅터 사). 나는 이 시절 프랑스의 샹송과 '라 쿰파르시타'와 같은 라틴 음악에 익숙해져 있었다. 심지어는 스윙이나 흑인 영가를 들으면 좋아할 줄 아는 아이가 되어 있었다. 루이 암스트롱의 색소폰 소리를 들으면 감상에 젖곤 했다. 후일 부산 국제극장에서 당시의 인기 재즈가수 잭 디가든의 공연이 있었다. 부산일보에 재직하는 동안 아버지는 수많은 프랑스 영화를 초청 상연하였고, 재즈의 밤에는 잭 디가든을 직접 초청했다. 아버지가 그를 초청한 것이 아마도 한국 신문사의 역사상 외국인 대중음악인을 초청한 최초의 일이 아닌가 한다. 열네 살 나는 흥분을 금하지 못했다. 최근에 파리에서 한국으로 오는 대한항공 기내에서 상영하는 특별 프로그램에서 「루이 암스트롱과 재즈(Louis Armstrong ─ King of Jazz)」라는 기록 영화를 보았다. 바로 잭 디가든이 암스트롱 시대에 함께 활약하던 재즈의 거장 중 하나로 기록되어 있음을 보고, 새삼 아버지의 앞서고 열린 문화적 안목에 감탄했다. 머리만 앞서는 지식인이 아니라 가슴도 함께 따라주던 내 아버지를 그

---

15) 1987. 3. 4 일기

누가 대체할 수 있으랴?

우리 가족의 일상은 샹송이나 재즈와 같은 음악뿐만이 아니라 프랑스 문학도 중요한 학습이자 도락이었다. 밀양에서 시작된 우리의 학습은 부산 시절에 황금기를 이루었다. 내가 처음 접한 문학세계는 장 발장이 열었고 폴 베를렌(Paul Verlaine)의 시가 가락을 맞추어주었다. 새로운 음반을 구해 듣기도 하고, 베를렌, 구르몽, 아폴리네르의 시를 셋이서 음절을 나누어 가며 낭송했다. 베를렌의 「가을노래」나 아폴리네르의 「미라보 다리」와 같은 시, 모파상의 『여자의 일생』, 『비계 덩어리』, 『진주목걸이』, 지드의 『좁은 문』, 발자크의 『골짜기의 백합』, 플로베르의 『보바리 부인』, 에밀 졸라의 『목로주점』, 빅토르 위고의 『레 미제라블』은 내게는 춘원, 이상, 김유정보다 먼저 익힌 작품들이다. 졸라의 『목로주점』(1956)은 마리아 셀이 출연한 영화를 통해 먼저 익혔다. 에디트 피아프(Edith Piaf), 줄리엣 그레코(Juliette Greco), 이브 몽탕(Yves Montand)이 이미자, 나훈아, 현미보다 친숙했다. 후일 프랑스의 시댁 어른들도 나의 문화적 소양에 대해 경의를 표했다. 우리 부모님과 시댁 어른들은 진심으로 서로를 존경하고 이해할 수 있었던 것도 이러한 우리 집의 문화적 소양 덕이 컸다. 『철도원』, 『북호텔』, 『무도회의 수첩』, 『나의 청춘 마리안느』, 『전원교향곡』을 통해 십대 초반의 나는 남녀의 사랑과 서민의 삶에 대해 배웠다. 장 가뱅(Jean Gabin)이 출연한 수많은 영화를 접했기에 마치 이웃집 아저씨처럼 친근감을 가졌다. 나는 아버지에게서 장 가뱅의 이미지를 확인한다. 그래서 클라크 케이블을 닮은 사진 속의 젊은 사나이가 더욱더 낯설게 느껴지는 것이다.”

11

자유기고가의 삶
국제신문, 부산일보

새로운 터전, 부산(1955-1958)

전화위복이란 이런 경우를 일러 말하는 것이리라. 밀양 땅은 용주의 웅지를 펴기에는 턱없이 좁았다. 어차피 고향에 붙잡아둘 수 있는 인물이 아니었다. 역설적으로 그가 쫓겨나다시피 고향을 떠났기에 눈앞에 큰 세계가 열렸던 것이다. 세종학교 교장직을 벗어던진 용주의 앞에는 힘든 날들이 기다리고 있었다. 당장 생계가 문제였다. 부산(釜山)의 동아대와 부산대학에서 프랑스어와 철학 등의 과목을 가르쳤다. 전시연합대학인 연세대에도 시간을 얻었다. 밀양에서 기차로 통근했다. 시간당 강사료는 500환, 점심 값이 300환 정도였으니 "내 평생 가장 어려운 시절이었다"라고 회상한다.[1] 그나마 다행스러운 것은 세종학교의 재단과 후임 교장의 양해 아래 사용하던 사택을 한동안 비워주지 않아도 되었다는 점이다. 그러나 졸지에 지역사회에서의 발언권은 고사하고 존재 자체도 무시당하기 일쑤였다. 때때로 아침저녁 동네사람들의 어색해 하는 태도에서 모멸감이 들기도 했다.

열 살 남짓, 딸의 기억이다. "밀양역은 나의 기다림의 역이기도 하다. 아버지는 부정기적으로 부산으로 출퇴근했다. 늦잠과 느긋한 성격 때문

---

1) 『격동기 지식인의 세 가지 삶의 모습』, 139쪽

에 통근기차를 놓친 적도 한두 번이 아니다. 그러나 돌아오는 시간만은 언제나 정확했다. 밀양역에서 아버지를 기다리는 설렘은 또 하나의 내 유년의 환각이었다. 후일 「철도역」이라는 영화를 보면서 그때의 밀양역을 생각했다. 침침한 역사와 표정 없는 얼굴들은 그 시대의 전형이었지만 '눈망울에는 깊은 슬픔이, 입가에는 애매한 웃음이' 서린 사람도 많았다. 나는 기다리는 아버지가 내리는 기차가 더없이 고맙고 사랑스러웠다. 내게 기차정거장은 이별의 역이 아니라 만남의 역이었다. 그 후로도 나는 기차역을 배웅이 아니라, 영접의 목적으로만 이용하는 습관이 배었다."

"그 시절 우리는 가난했다. 하기야 우리는 평생 풍족하게 산 적은 없었다. 그러나 돈이 없기 때문에 불행하다는 생각을 가져본 적이 없다. 아버지는 영도다리 밑 좌판에서 점심을 때우기도 했다고 한다. 나는 지금도 도시락을 싸들고 출근한다. 이런저런 다른 이유도 있지만 아버지에 대한 답례의 마음이다. 내가 포식하면 아이들에게도 미안한 마음이다."

전쟁은 부산을 대한민국의 임시수도로 만들었다. 삽시간에 인구는 몇 배로 늘어났다. 밀려든 피난민들 가운데 북한 지역 출신은 물론 서울에서 명성과 탄탄한 입지를 확보하고 있던 지성인들도 많았다. 용주는 광복동, 남포동, 자갈치 시장을 무대로 여러 인물들과 교류한다. 김정한, 이주홍, 서인석, 최종식, 박두석, 박희영 등이 당시에 상시 교류하던 인물들이다. 박경리, 천경자 등, 후일 명사가 된 많은 거물들의 무명시절을 나누었다. 이들과 함께 수많은 에피소드를 만들어냈다. 대구사범 동창인 왕학수가 여성의 '전통적 미덕'과 지식 여성의 여유를 강조하며 시인 김후란더러 짓궂게도 술을 따르라고 하자 김후란이 거부하고 자리를 뜬 적이 있다. 용주가 나서서 끝내 왕학수의 정중한 사과를 받아냈다고 한다.

대학에서 강의하면서 부산일보와 국제신문, 부산의 양대 신문에 자유로운 기고자로 활약한다. 두 신문의 창간 과정은 해방 직후 부산의 산업사와 밀접하게 연관되어 있다. 해방직후에 주간지로 출간한 동아산업시보와 수산신문을 통합하여 1947년 9월 1일, 산업신문이 창간되었고, 산업신문이 1950년 8월에 제호를 바꾸어 국제신보가 된다. 보다 앞서 1949년에 이미 부산일보의 사주가 되어 있던 김지태가 국제신보를 인수했지만 정성을 크게 쏟지 않았다. 후일 기자 출신 김형두가 국제신문을 인수하면서 두 신문 사이의 경쟁과 반목이 심화되어 법정소송도 벌이게 된다.[2] 김형두는 4월 혁명 이후 정치바람을 타고 참의원 선거에 나서 당선된다.[3]

용주는 틈이 나는 대로, 기회가 주어지는 대로 강의하고 글을 썼다. 부산일보와 국제신문이 주된 매체였다. 용주의 강의는 인기가 높았다. 후일 언론인이자 문학평론가가 된 이유식의 증언이 있다.[4] 딸 란서에게 전한 한 여학생의 증언도 있다. "불문학 강의는 언제나 수강생으로 넘쳐났다. 전쟁 직후 향학열에 불타는 우리들에게 선생님의 풍부한 경험과 학식이 더없는 매력이었다. 선생님의 차림은 영락없는 '촌놈 핫바지'였다. 그런데 어느 날 선생님은 열강 중에 이마에 흐르는 땀을 훔치려 손수건을 꺼내 드셨다. 너무나 화려한 색깔에 세련된 무늬가 눈을 끌었다. 후일 어떤 동급생이 손수건을 사모님이 챙겨주셨느냐고 묻자 빙그레 웃으시면서 그렇다고 답하셔서 은근한 선망과 함께 실망을 안겨주었다."

"아버지의 인기를 질시한 일부 교수들이 빨갱이라고 모함을 했다. 학생들을 선동하지 않고서는 자신들의 입지가 약화될 것이 두려웠던 것이다. 행여 전임자리라도 꿰차고 들어오면 난리라는 위기감이 있었다고 한다." 딸이 알고 있는 당시 학교의 상황이다.

용주를 부산일보에 스카우트한 김지태 사장의 회고이다. 김지태는 초대 총장 윤인구(尹仁駒)와 함께 부산대학을 창설한 설립 공로자이다. 국가재정이 취약한 당시 지방에 국립대학을 설립할 경우에 해당 지역에서 상당한 재정적 부담을 져야 한다는 것이 원칙이었다. 김지태는 거액

---

2) 한홍구, 『장물바구니』, 105쪽
3) 김형두, 『일경 김형두 자전, 신문과 나의 반생 : 격류를 헤치고』, 조선문학사, 1995
4) "이유식의 문단 뒷골목 이야기 2", 황용주 편, "필화사건과 나", 2009. 11. 28, blog.
    daum.net/oilcolor//6338957

을 희사했고 초대 문교부 장관 안호상이 설립 허가를 주선했다. 윤인구가 초대 총장에 취임했다. 그러나 "윤 총장이 학내에 친인척을 포함한 자신의 친위대를 구축하자 교수들의 불평이 높아지고, 이들 가운데 많은 사람들이 내가 경영하는 부산일보에 논설을 집필하고 있었다(총장과 교수 사이에 공기가 이렇게 돌아가니). 이정환(李廷煥), 민병규(閔丙奎)와 같은 좋은 교수들은 서울로 떠났고 그밖에도 많은 교수들이 기회만 있으면 부산대학을 등지겠다는 생각을 하고 있었다. 이렇듯 윤 총장에 반대하는 교수들이 나의 부산일보에 글을 쓰니 자연 부산일보는 야당적인 입장에 서게 되었고 상임 논설위원과 주필을 지낸 황용주 씨가 한때 부산대학에서 강의를 했던 전력으로 역시 교수였던 박두석 논설위원과 함께 야당의 원내총무격인 역할을 했다."[5]

지식인의 저항정신

용주는 1956년 12월, 두 차례에 걸쳐 부산일보에 "지식인의 저항정신"이라는 제목의 칼럼을 쓴다. 이 칼럼은 가히 폭발적인 반응을 일으켰고 부산 경남지역 사회에 용주의 필명을 결정적으로 높이는 계기가 되었다.

"일본 군부와 우익 지도자가 소위 대동아전쟁을 준비했을 때 '비상'이라는 표어를 내걸고 일체의 자유주의, 합리주의, 휴머니즘을 제압했던 사실은 오늘날 잔존한 일본의 지성인보다 이 나라 지성인에게 더욱 생생한 기억을 남기고 있을 것이다. 그것은 그들은 지성인으로서의 위치와 발언권을 획득했기 때문이고, 우리는 여전히 지성의 빈곤과 결핍 상태에 놓여 있기 때문이다.……당시 무엇이 어떻게 되어가는지 모르는 비상시 아래서는 지성이란 용어조차 비위에 거슬렸던 모양이다. 그러기에 「지성」이란 저항시까지 발간되었던 것이다. 특히 어떤 변동에 즈음한 한 민족이 비극적 파탄을 초래할 길을 택하고 있느냐, 그렇지 않고

5) 김지태, 『나의 이력서』, 한국능률협회, 1978, 78-79쪽

278

성공적인 존명의 길을 택하고 있느냐의 문제를 취급할 때 1930년대의 일본의 현실은 절호의 실례로 흥미롭다. 한마디로 말하면 당시 전쟁 준비 측의 이론에는 지성이 없었다. 지성은 언제나 휴머니즘의 편이고 특히 19세기 이래로 한동안 자유주의와 합리주의에서 이론적 근거를 추출해왔고 그렇기 때문에 그를 옹호하는 입장에 선다. '비상시'라는 표어하에 내세운 지도이념과 제반 정책과 사회풍조가 반지성적이었기 때문에 명석을 잃지 않는 지성인으로부터 일련의 저항을 받았다.

첫째, 지도이념은 철학의 영역이었던 만큼 니시다 기타로(西田幾太郎)로부터 여지없이 반격을 당했다. 일본정신 혹은 황도정신이 종교가 아니고 철학적 이념이라면 합리주의에서 출발해야 한다고 규정하고 '오늘날에 있어서 왕왕 이론적인 이해도 없이 그저 개인주의 자유주의로서만 배척당하는 경향이 있다. 단순히 개인의 자유만을 기초로 하여 국가 사회를 생각하는 사고가 배척되어야 함은 물론이지만, 그거나 개인이나 자유를 부정하는 것은 압제주의에 지나지 않는다.' 팔굉일우(八紘一宇)에게 새롭고 독특한 논리가 있다고 한 데 대하여 '그저 특수하다는 것은 아무것도 아니다. 특수는 특수에 대할 뿐이다' 하였고 대동아공영이란 역사적 창조라고 비약했을 때 '창조적인 것은 구체적 일반성을 갖지 않으면 안 된다'고 하였다.

마침내 공소조폭(空疎粗暴)한 군부내각이 학부(學府)의 지성을 유린하기 시작했을 때 어용학자가 나타나서 전체주의의 생경한 이론을 정치적 권력에 결부시켰을 때, 그리고 모든 합리주의적 경향과 개인의 자유와 마지막으로 연구의 자유조차 말살했을 무렵 그는 감연히 외쳤다. '덮어놓고 합리주의를 부정하는 것은 단순한 비합리주의에 지나지 않는다. 개인의 자유 없이는 창조도 없다. 연구에는 자유가 인정되지 않으면 안 된다. 처음부터 결론을 맺는 곳에는 연구라는 것은 없다.' 당시 일본의 현실을 병합해서 생각할 때 이런 발언이 얼마나 적절했던가 새삼스럽다.

지성은 반지성적인 이념에서 비극과 파탄을 약속했던 정치현실과 대결했을 때 이와 같은 지성 자체가 가진 예지가 빛난다. 다음 반사회적 정책이 그릇된 이념에서 속속 입법되었을 때 한 사회비평가가 이렇게 풍자했다. 군중 속에서 누가 '쓰리(소매치기)다, 쓰리다' 하고 지나갔다. 군중은 그자가 외치고 지나가는 곳만 쳐다보고 우왕좌왕하다가 지나간 뒤에 제각기 자기 호주머니 속이 빈 것을 발견했다. '쓰리다!'라고 외친 바로 그 자가 소매치기였던 것이다. '비상시다, 비상시다!' 외치며 국민 대중을 한곳으로 몰아넣고 나서는 전시체제를 갖추었다는 것이다. 지성이 거센 현실에 굴복치 않고 명석을 보지(保持)하고 있을 때만 비로소 통찰할 수 있는 자세라 하겠다.

사회 풍조에 있어서는 당시 서구식 개인주의를 배격하고 '가족제도의 미풍'으로 돌아가라고 역설했다. 30년대 일본사회에 가족제도는 이미 그 잔재만 남고 '가정'이 있을 뿐이었다. 그러나 대중이 가족제도에의 회상에 잠겼을 때 냉리(冷悧)한 지성이 파고들었다. 어디 돌아갈 가족제도의 미풍이 있느냐고. 이러한 중세기적 사실이 불과 20년 전 우리들의 청년 시대의 일이다."6)

"오늘날 새로이 고찰할 때 당시 일본 사회의 지성이 비참한 패배를 당했던 사실이 바로 일본 민족을 파탄으로 이끈 자체임이 틀림없다. 역사가 바로 놓이게 되었던들 당시 일본의 지도이념에 지성이 참획(參劃) 해야 할 것이고 또 만약에 그릇된 이념이 정치적 발언권을 획득했을 때 옳은 지성은 개별적 저항에서 횡으로 종으로 조직된 길을 택해야만 되었던 것이다. 지성 자체가 자신의 패배를 예지하면서도 현실을 극복할 수 있는 태세를 발견치 못했다는 모순은 결국 지성의 빈곤에서 초래되었을 뿐이다. 지성의 빈곤이라 함은 지성인이 대중과 유리될 때와 지성이 여론을 지도하지 못했다는 두 가지 원인에서 초래될 뿐이다.

---

6) 황용주, "지식인의 저항정신 (상) 거센 현실에도 일루의 희망", 「부산일보」, 1956. 12. 13

지성의 발언은 반지성이 현실에서 도량(跳梁)할 때 필요한 것이며 특히 현실이 지성을 무시하고 어떤 그릇된 이념에서 인도되어 있을 때, 강한 저항이 방법을 발견해야 함은 30년대 일본의 현실이 교시한 바 있었다.

그러면 우리들 현실에서 우리의 지성이 어떤 위치에서 어떤 발언이 요구되어 있는가. 민족자결이라는 공명한 사관(史觀)에서 우리들에게 독립이 부여되었다. 동시에 민주주의라는 이념을 택하게 되었다. 독립이라는 현실이나 서구식 민주주의나 모두 우리들에게는 낯선 존재이다. 자주라 함은 창조에 가까운 어려운 현실이며 민주주의적 방법이란 과학적인 '메티에'와 도의적 자제심의 수련이 없고는 실현 불가능한 것이다. 다시 말하면 일정한 수준 이상에 도달된 지성이 작용하지 않는 두뇌에서는 의의조차 상실하고 만다.……

해방 이후 우리의 지성들이 부여된 독립을 어떻게 처리했던가? 38선의 설치를 어떻게 해석했던가? 오늘날 남북통일의 길이 무력통일의 길밖에 남지 않았다는 현실을 어떻게 보는가? 모스크바 삼상회의의 결의를 몇 차례의 집회와 시위로 좌절시켰다. 38선 설정을 먼저 집회와 시위로서 반대하는 지성의 발언이 있어야 마땅하지 않았던가?

이러한 오류는 어디서 기인했을까? 1947년 마크 게인은 우리나라 지성인들이 현실에 사로잡혀 갈피를 못 잡고 있었거니와 일면으로서는 이데올로기의 도구로서 인간성을 잃고 있었을 때 그의 냉철한 지성은 정확한 추산을 내렸던 것이다. '하루씩, 그리고 개개인의 행동마저 저 정치적 괴물인 38선을 불멸의 괴물로 만들고 있다. 그래서 조선은 나날이 국내끼리의 전쟁으로 표류해간다. 남북 양 지역에 일단 서로 길항(拮抗)되는 정권이 수립되면 이미 내전은 불가피한 것이다.'

이 불행한 예언이 신의 계시에서도 아니고 현실의 정밀한 계산에서 나온 것이기 때문에 그의 관측대로 사보타지와 테러라는 가증할 행태로서 열차 폭파 월경내습 게릴라전으로 예각적인 긴박상태에 이르러 필경에는 막부(幕府)와 북경에서 운명적인 결정을 보게 된다는 것이다.

한국동란이 이미 민족의 결정적 비극이었다는 의미는 현실적인 피해보다도 38선을 민족 안에서 재확인 재건설했다는 데 있다. 그것은 설정한 측의 책임은 벗어나고 이제는 이 나라의 완강한 지성만이 철거할 수 있는 성질의 것이 되어버렸다. 참으로 우리들 지성은 어려운 과제 앞에 서게 되어버렸다. 지성이 고독과 불안과 오뇌 속에서 신음하고 있을 때가 아닌 것이다. 지성이 바른 위치를 찾고 적절한 발언을 가질 때라 하겠다.

앞서 말한 바, 지성은 그의 위치로서 휴머니즘의 옹호자가 되어야 한다. 그리고 공통된 발판으로서 합리주의와 자유주의의 발판 위에 서야 한다. 현대 휴머니즘의 위기는 과학과 정치에서 너무나 공리주의가 앞선 데서 기인한다. 과학정신이 정치에 예속되고 입법정신이 정치가의 개성에 좌우된다면 공명한 휴머니즘은 자체의 힘을 잃게 되고 만다. 만약에 불란서의 지성을 영국의 과학과 정치가 수호하고 있다고 단언한다면 옳을 것인가. 그리고 그곳의 지성은 자기의 서재를 미국의 무력이 보호하고 있기 때문에 수소탄 실험이 서재를 위태롭게 하지 않는 한도 외의 위치에서 마구 계속되어도 좋다고 발언해도 좋단 말인가.

프랑수아 모리악도 정치가 휴머니즘에 저촉될 때 눈을 감지 않았다. 그는 자신이 안전할 수 있다는 것보다 자신의 인간성이 부당한 대우를 받게 될까봐 먼저 우려했던 것이다. 그는 과감히 경고한 적이 있다. '나는 전체주의자의 철의 장막 안과 인간의 존엄이 기반이 되어 있는 자유 영역 간의 차이를 알았다.' 우리가 당연히 놀라야 할 것은 미국과 소련의 차이가 아니고 그들의 공통점이다. 세계 반역(半域)의 영도자가 된 위대한 미국의 민주주의 제도와 풍습은 최대한으로 이용될 수 있는 인간유형을 창조하려는 경향을 걷고 있으며 이리하여 획일화하고 있다. 이 두 충돌되는 문화에 있어서 필요불가결한 것은 인간을 취급함에 있어 목적적이 아니라 수단적이라는 것이다. 휴머니즘의 역사는 인간이 도구로서가 아니고 목적이라는 주장과 획득의 그것이다. 어떤 종교이든 최고 인격이 따로 존재한다고 설정하고 인간은 그것에 도달할 수 있는 매개물이거나 또는 도달할 수 있는 매개를 내재시킬 수 있는 존재라 설정할 때 그 종교는 개혁을 당했다. 즉 '신은 인간이다.' '불성은 인성이다'라고. 어떤 정치이념이든지 그 궁극 목적을 인간이 제도를 유지하는 수단적인 객체로서 취급할 때 또는 오만하게도 인간은 어떻게 되어야 한다고 규정할 때, 그런 정치 관념은 인간으로부터 배반을 맛보는 것이다.

정치와 종교는 당연히 인간은 어떻게 놓일까 하는 명제에서 출발하고 또 거기에 도달해야 되는 것이다. 왜냐하면 아무도 신도, 제도도 인간을 낳을 수도 개혁할 수도 없기 때문이다. 인간만이 인간을 객체로서 사유할 수 있거나 재발견할 수 있기 때문이다. 이것은 어디까지나 인간이 주체라는 휴머니즘, 특히 20세기 30년대 이후의 확고부동한 명석한 이론이다. 앞서 말한 휴머니즘의 역사를 크게 대별하면 신분제도인 노예제도를 택하느냐 반대하느냐에서 출발해서 왕정이냐 공화냐 하는 주권획득의 단계를 거쳐 오늘날 인간이 정치의 객체냐 주체냐 하는 제도의 선택 시기에 딸린 것이다. 프랑스의 배관공과 택시운전수는 사회보장이 급속히 실현되기를 바라기 때문에 사회당을 택한 것이고 영국의 기업가는 자신들의 무한한 능력과 양식으로써 영국의 기업이 세계시장을 유지할 수 있다는 자신이 있기 때문에 보수당을 적극 지지하는 것이다. 말레이 반도의 토착민은 공산당이 약소민족을 해방한다고 고무되어 있기에 택했을 것이다. 이러한 현상적 문제가 내포하는 본질적인 공통된 명제는 예나 지금이나, 거기나 여기나 매양 같은 '자신들이 인간으로서, 제도와 환경의 주체로서 자유로이 놓여야 되겠다'는 보통 때에서 출발하고 또 그것이 옳은 선택이 되려면 외부의 강요나 선견적인 정의(定義)에 입각해서는 안 되는 것이다. 그들의 시추에이션만이 선택의 발언자인 것이다.

인간이 자신에 대하여 주체가 될 때 그 얼마나 삼엄한 책임이 수반되는 것인가. 그리고 아무런 선재(先在)적, 선견(先見)적 의지나 계시에 의하지 않고 자신의 책임 하에 자신이 선택하게 될 때 그의 유일한 규준은 자신의 지성 이외에 무엇에 의존해야 하는가.

하물며 사르트르가 말하듯이 인간이 자신을 선택하는 것은 동시에 인간 전체를 선택하는 것이 되고 전체를 택하는 것은 그가 참획하는 것을 의미할 때 우리가 어떤 서적 한 권을 택하거나 어떤 약혼자를 택하거나 어떤 당을 택하거나 이것이 인간 전체의 조건과 사회 전체의 성립에 참획한다는 조건이고 바로 그 내용일 때 의연한 자주성이 부여되지 않겠는가. 지성이 약하거나 작용하지 않은 상태에서 이런 결정이 이루어졌다면 그 결과는 가공하고도 남음이 있다. 왕왕 지성인의 성격에 준순(浚巡)의 기색이 엿보이는 것은 그에게 지성이 결핍되었거나 옳은 선택을 위한 대기의 자세였는지 모른다.

그러나 지성은 먼저 합리주의와 자유주의라는 지반을 선택하고 창궐하는 현실을 제압시켜놓고자 가책 없는 결별(訣別)을 가할 때 스스로의 해답이 발견되는 것이다. 현금 우리의 현실이 30년대 일본과 나치 점령하의 그것은 아니지마는 그러나 한 가지 모럴이 있다며 그것은 역시 지성의 저항이 필요하다는 것이다. 왜냐하면 백보를 양보하고라도 이 순간에 정치적 사회적 풍토가 건전한 지성에 지배되어 있다고는 지성의 동반자인 상식조차도 시인하지 않으려 하기 때문이다. 금세기 후반의 지성은 휴머니즘의 아방가르드가 되지 않으면 안 된다. 그럴 때 휴머니즘은 몇 가지 중요한 문제 중에서 먼저 다음의 수정을 보아야 한다. 즉 '최대다수'를 '전원각인'으로, '최대행복'을 '일정한 보장'으로 수정되어야 한다는 것은 작금의 동구사태에서 새롭고 절실한 교시를 포착했을 것이다. 그것은 백만 명의 행복도 한 명의 불안 앞에서는 전율할 만한 모럴이다."7)

---

7) 황용주, "지식인의 저항정신 (하)", 「부산일보」, 1956. 12. 17

이 글에 용주의 정치관, 예술관, 민족관, 통일관이 담겨 있다. 후일 1964년 필화사건에서 문제된 내용은 이미 이 시절에 공개 천명된 것이다. 용주의 글에 교수도 학생도 열광적인 반응을 보였다. 무엇보다 일본 군국주의 지성적 기반의 취약함에 대한 비판이 통렬했다. 민족통일에 대한 지성인의 책임을 강조하는 대목에서 청년독자의 피가 끓었다. 연이어 기고 요청이 들어왔다. 국제신문에서도 원고료를 부산일보의 두 배로 주고 집필실도 따로 마련해줄 테니 논설을 써달라고 요청했다. 부산일보는 용주에게 수시기고와 함께 장기연재를 청탁한다. 이에 용주가 생각한 것이 문학작품의 번역연재였다. 1957년 1월 1일부터 피에르 루이스(Pierre Louis)의 『여인과 꼭두각시(*La femme et le pantin*)』(1898)가 『세르빌의 정화(情話)』로 개명되어 연재된다. 1956년 12월 24일자의 부산일보의 사고(社告)의 내용이다. "삐에르 루이스 원작, 황용주 역, 추연근(秋淵謹) 화(畵) 『세빌의 정화(情話)』 명춘원단(明春元旦)부터 연재." 이어서 취지문이 실려 있다. "자칫하면 권태를 느낄 만한 판에 박은 듯한 신문소설의 장르에도 어떤 변혁이 와야 할 줄 압니다. 그날그날의 관능을 자극하는 정도에서 그쳤지 읽고 난 뒤엔 아무것도 남는 것이라곤 없는 것이 신문소설의 연재라고 할 것입니다. 이에 본보는 뜻한 바 있어 이러한 아류(亞流)에 대하는 본보기로서 '삐에르 루이스' 원작, 부산대학 황용주 교수 번역. 사범대학 추연근 교수 삽화의 『세르빌의 정화』를 명년 1월 1일부터 본 면에 연재하기로 했습니다. 황 교수의 참신하고 각성된 역문과 추 교수의 세련된 삽화와의 어울림은 오경(奧境)을 개척할 것이며 반드시 독자제현의 절찬을 받게 될 것으로 자신합니다. 원작자 삐에르 루이스는 현대불문학의 태두로서 널리 세계에 알려져 있는 작가임은 췌언을 불요하거니와 『세르빌의 정화』 원명인 『부인과 빵땅』은 그의 대표작이라고 일컬을 수 있을 만큼 세계적인 거작임을 부기해둡니다."

원작자인 루이스(1879-1925)는 벨기에 태생으로 프랑스에서 활동했다. 동성애 사건으로 영국에서 망명생활을 하던 오스카 와일드와 각별한 교분을 유지했고, 특히 후일 노벨문학상을 수상한 앙드레 지드와는 단짝이 되었다. 자신은 철저한 이성애자이지만 동성애자의 권리를 옹호한 선구자로 알려져 있다. 성행위의 감각적 묘사를 중시하면서도 고전적 방법론을 방기하지 않았던 작가로 평가되고 있었다. 루이스의 이 작품은 대중적 인기를 누려 몇 차례 영화로 만들어지기도 하였다. 1928년에 이어 1935년에는 「여자는 악마(The Devil is a Woman)」라는 영어 제목으로 할리우드의 조지프 스텐버그 감독이 당시의 최고 배우 마를렌느 디트리히를 캐스팅하여 성공했다. 1959년에는 프랑스의 줄리앙 뒤비베(Julien Duvivier, 1896-1967) 감독이 다시 메가폰을 잡아 전혀 다른 외향의 육체파 배우 브리지드 바르도를 여주인공으로 등장시켰다. 줄리앙 뒤비베 감독은 제2차 세계대전 발발 전에 이미 「무도회의 수첩」(1937)으로 일본의 지식인들 사이에 절대적인 인기를 누렸다. 그가 전후에 내놓은 「나의 청춘 마리안느」(1954)는 제2차 세계대전 후의 위선과 편협한 교회주의, 인간의 비열함과 여성의 교활함으로 상징되는 프랑스 사회의 암울한 모습을 그려 필자 세대에게도 강한 영향을 미쳤다.

용주가 이 작품을 연재물로 선택한 것은 영화의 원작이라는 점에 착안했기 때문이다. 또한 작품명을 『세르빌의 정화』로 바꾼 것도 작품의 지리적 무대가 된 세르빌(Serville, 흔히 '세비리아'로 번역되는)이 우리의 독자에게 그마나 덜 낯선 지명이기 때문이기도 했다. 모차르트의 오페라, 「세빌리아의 이발사」 정도는 부산의 청년에게도 상식이기도 했으니.

이태 전(1955)에 서울신문에 연재된 정비석의 『자유부인』 논쟁의 여진이 아직 남아 있던 터이라 남녀문제를 다룬 작품이 세인의 주목을 끌 수 있었다. 이어서 부산일보는 1957년 8월 1일부터 이듬해 2월 28일까지 이병주의 『내일 없는 그날』을 연재한다. 마산 해인대학 교수로 재직하던 그는 작품을 발표한 적이 없다. 그런 무명인을 부산일보가 과감하게 데뷔시킨 것은 용주의 소개와 주선 때문이었다. 당시 중앙문단의 오만과 독점적 지배에 대한 반감에서 지역의 작가를 발굴한다는 의미도 있었다. 어쨌든 파격적인 조치였다. 부산일보는 외국 작가의 글을 소개하기도 했다. 미국의 여류시인, 제러미 잉걸스(Mildred Dodge Jeremy Ingalls, 1911-2000)가 판문점을 시찰한 감상을 적은 시를 용주는 자신이 직접 번역하여 게재하기도 한다. 필명으로 자신의 호, 남천(南天)을 사용한다.8)

제3세계의 민족주의

용주는 국제신문에도 논설을 기고한다. 용주는 대략 200여 편의 국제신문 사설을 집필한 것으로 추산된다. 생전에 자신이 직접 취합하여 정리해둔 사설만도 150여 편에 이른다. 다양한 주제 중에 유엔, 프랑스, 반공과 남북통일, 국가의 정체성, 사상의 자유와 국가안보 등의 문제에서 용주의 소신이 특히 선명하게 드러난다. 이를테면 1958년 10월 24일 "UN의 날에 거는 민족의 비원"에서는 '선 통일 후 가입'에서 '선 가입 후 통일'로 강대국의 입장이 변화한 것이 감지된다는 관찰을 싣는다. 이에 앞선 4.15일자 사설에서는 곧 치를 1958년 5월 선거에서 자유당과 민주당의 양당의 통일방안의 차이가 쟁점이 되어야 한다고 주장한다. 즉 자유당은 UN 감시하에 북한 지역에만 선거를, 민주당은 남북한 전 지역에 선거를 주장한다. 이 경우 선거를 감시할 "UN 감시국의 구성이 문제다 ― 이번 총선은 양당의 통한방안에 투표된다"라며 통일문제에 대한 유권자의 관심을 촉구한다. 이어서 "UN 가입에의 기본점"(1958. 9. 8), "UN 총회의 당면과제"(시사해설, 1958. 9. 25) 등 전향적, 진보적

---

8) At sunrise still Lord Buddah guards/the waters/The cross on quonset huts at Panmumjom/ Stands dontle guard on this/land's hardosed mountains,/And every prayer ascends/for this land's sons and daughters/(원문 망실) one sky this morning/The (원문 망실) behold the rising sun. "고요한 이른 아침엔 석가님이 저 바다를 보호하신다./판문점 퀀세트 위에 주님 십자가는/또 하나의 초병처럼/저 강산 거칠은 산등에 서 있고/제마다의 기도자는 이 나라 아들딸을 위하여 합장한다./오늘 아침에도 하나의 하늘을 주십사고./중천의 달은 이 밤 끝의 해돋이를 보셨다기에." Jeremy Ingalls, 번역 南天 (1957. 9. 23)

입장을 과감하게 개진한다.

무엇보다 특기할 점은 당시 언론이나 독자의 평균수준에 비추어볼 때 이례적일 만큼 아시아, 중동의 정치상황에 대해 깊은 관심을 가지고 '민족주의' 정신을 고취하는 데 주력한 것이다. 특히 아랍 민족주의 운동의 과정과 성과를 면밀하게 추적하고 있었다.9) 또한 아시아의 근대화, 민족주의와 군대의 역할에 대해서도 지속적인 관심을 표한다.10) 궁극적인 관심은 물론 이러한 아시아, 중동국가의 군이 주도하는 민족주의 운동이 한국에 미칠 영향이다.

"꾸테따 동으로 오다"(1958. 9. 30)라는 칼럼 제목이 무언가를 암시하고 고대하는 듯하다. "침실이 호화찬란하고 이름난 음화가 나붙었고 2천 매나 되는 넥타이를 저장하는 킹 소로몬도 삼사(三舍)를 피하게 했던 파루크 왕을 나일 강변에 점유하고 있었던 애급 전경작지 삼분지 일의 왕실소유 농토를 포기케 하고 지중해를 건너 이태리로 망명케 한 낫셀 혁명이 일어나자 다음은 이라크의 파이잘 왕이 그날 아침 여덟 시 항공편으로 토이기로 날게 되었는데 그만 아침잠도 깨기 전에 참살되었다. 공화혁명이 한걸음 동으로 옮긴 것이다.

지난 26일 밤에 이와는 달리, (혁명은 아니지마는) 버마의 정권은 의회의 불신임결의를 받았다. 총선을 거치지 아니하고 10년 집권자인 우누 수상에서 육군 참모총장 네윈에게 이양된 것이다. 말하자면 모레 불 수상이 드골에게 정권을 넘긴 정도의 정치적 변화인 것이다.

그러나 애급, 이라크, 버마의 신정권 담당자가 죄다 현역군인이라는 것은 남미의 그 숱한 혁명이 항상 군인의 손에 의해 이루어졌다는 사실

---

9) "카이로 아아(亞阿) 회의의 성격 when?"(1958. 8. 24); "'오만'과 '알제리아'의 불을 꺼라." "바그다드 조약회의의 주변"(1958. 1. 28); "통일 아랍공화국 탄생의 의미"(1958. 2. 4); "자각에서 행동으로 옮기는 '아랍' 민족통일 운동"(1958. 2. 16) 등
10) "인니(印尼) 안정은 동남아 안정의 필수조건이다"(1958. 2. 25); "반군은 처음 혁명이라기보다 정변을 요구, 수마트라 공산세력 반란" — 연작(燕雀)이 홍곡(鴻鵠)의 대지를 모르는 격, "아세아적 내전은 슬프다 — 인니 사태는 내전이 아닌 내전 — 중동에서 동남아로 옮기는 위기"(1958. 3. 20)

과 혹은 전전의 일본의 군부내각, 아니면 장개석 중국, 지난봄의 태국 정변 등 다소라도 '힘'의 작용을 빌려서 정권을 쥐게 된 정변은 사실을 장악하고 있는 군인이 아니면 안 되는 모양이다.……물론 낫셀, 카셈 등이 근면, 질소(質素)한 사생활을 하고 있지마는 권력적 사치와 낭비는 이루 말할 수 없는 것이다. 따라서 힘의 편재(偏在)가 심한 정권일수록 또 다른 상대적 편재를 유발하기 마련이다. 애급, 이라크, 버마의 순으로 뒤집혀진다는 것은 정치권력의 편재가 근동에서 중동, 다음은 동남아로 깔려져 있었다는 증거이다. 태양은 서로 가고 정변은 동으로 흐르는 것일까."11)

반공법, 국가보안법에 대해서도 그는 담대한 주장을 편다. '국시', '국헌', '진보' 등 불확정 개념이 민족통일에 관한 공개토론을 위축시키는 정치적 수단으로 악용되지 않도록 주의를 환기한다. "통일에 대한 이승만 대통령의 국시, 국시라고 해서 영구불변일 수 없다."12) 이 대통령 발언의 중대성 UN 감시하의 북한 지역 선거 —"이 대통령 외신기자 회견 — 남북한 동시 외국군대 철수 동의?"13)라며 제목이 말하듯이 통일논의의 의지를 재촉한다. "反共과 國憲"이라는 제목의 사설에서는 "국시를 반공방일(反共防日)로 명시할 것을 제안(?)하더라도 진보당 간부를 구속한 것은 무리이다. 진보당은 취소되어도 진보사상은 부인되어서는 안 된다. 우리에겐 민주주의도 진보사상이다"라며 사상의 자유를 강하게 주장한다.14)

국제신문의 배려로 이제 최소한 부산에 집무실이 생겼다. 아침저녁 바쁘고 옹색한 기차 통근 신세를 면할 수 있게 된 것이다. 이제 비로소 부산생활에 자신을 얻은 용주는 이사를 결정한다. 1957년, 서대신동 단

---

11) 1958. 9. 30 사설
12) 1958. 1. 27 사설
13) 1958. 1. 29 사설
14) 1958. 2. 27 사설

칸방에 옹색한 새 보금자리를 튼다. 비가 오면 부엌의 물을 퍼내기가 일쑤다. 졸지에 도시의 셋방댁으로 전락한 창희는 도너츠를 만들어 주인집에 돌리는 등 세련된 신여성의 사교성을 발휘한다. 란서도 밀양의 밀주국민학교에서 부산사범대학 부속국민학교 4학년으로 전학한다. 전학 온 첫날 스스로 자원하여 동급생에게 전학인사를 함으로써 스스럼없이 새 친구들을 사귄다.

프랑스 문화와 미국 영화

1958년 용주는 동아대학 학보에 "불란서적인, 지극히 불란서적인"이란 제목의 칼럼을 쓴다. "서구식 민주주의 만가"로 부제한 이 글은 프랑스 찬가이기도 하다.

"2차 대전의 종전 후에 영국, 화란 등 국가들이 지배했던 나라들이 대부분 독립을 얻었으나 불란서는 지속 지배의 의지를 보였다. 그러나 아랍 민족주의의 열풍 앞에 굴복하여 북아프리카의 모로코, 튀니지를 독립시켜주었다. 동남아의 인도차이나나 알제리 사태의 원인은 위기에 대응하기 힘든 취약한 내각책임제 정권, 불란서적 중도주의가 주도하기 때문이다. 프랑스는 대통령의 지명을 받는 수상이 의회의 과반수의 동의를 얻어 취임하는 이원집정제이다. 그러하기에 역대 내각은 알제리 문제에 대해 일도양단적 정책을 내놓을 수가 없다.……식민시대에 진출한 알제리 현지의 프랑스인의 이익을 보호하면서 동시에 원주민들의 자치권을 보장하는 타협안을 모색할 뿐이다.……그러나 전면 독립을 요구하는 FLN(민족해방전선)의 원칙주의를 효과적으로 다루려면 강력한 정부가 필요하다. 전쟁 시대의 국민적 영웅, 드골이 등장해야 하는 이유다. 원래 '마음은 우익이고 머리는 좌익'인 드골은 1945년 대 영미군과 공동작전을 펼 때부터 '싸우지 않는' 그가 싸우고 있는 영미와 같은 대우를 요구한다고 미움도 받았으며 아이크 미국 대통령이나 처칠 영국 수상에게서는 '너무나 불란서인다운' 자존심에 관하여 찬양과 경멸 반반 섞인 비판을 받고 스탈린에게서는 비현실적인 인물로 지탄받는 그였다."15) 또한 드골의 재등장은 역사의 필연이다. 그러나 그의 리더십은 프랑스 국민의 민주의식에 바탕한 것이다. "알제리 사태 이후에도 불란서는 갈라지지 않을 것이다"라는 제목의 칼럼에서 "이번 사태로 드골 수상이나 공산당 혹은 군부에 얼마든지 힘과 폭력에 호소하여 정권을 장악할 수도 있었지만 시종일관 의합과 의견조정을 통했다는 프랑스적 민주의식의 성숙과 시민적 양식은 불란서가 아니고는 있을 수 없다는 너무나도 불란서적인, 즉 휴머니스틱한 국민성의 소치다"16)라며 프랑스인의 정치적 양식에 믿음과 경의를 표한다.

새로운 시대에 신문의 역할과 사명에 대해서도 준엄한 제언을 한다. "미국 개척시대의 서부영화를 보면 쌍권총의 사나운 개척자들이 불을 뿜는 탄환 사이에 끼어 말들을 매달아놓은 외양간 옆에 편집국, 공무국, 업무국의 한 책상 위에 뒤섞이고, 사장, 국장 기자, 문서 발송을 혼자서 도맡는 사나이가 오늘날의 NYT나 워싱턴 포스트의 백대호, 천대호의 타블로이드판을 만들고 있는 풍경이 나타난다. 대략 그런 사나이는 50대의 터벅머리에 셀루로이드 앞창의 정구모를 쓰고 노안경 깊숙이 눈곱 낀 눈을 껌뻑거리며 검은 토시를 낀 오른팔을 귀잎 위에 꽂은 연필을 매만져 가면서 그저 주야로 일하기 마련이다. 항상 어디서 운영자금이 나오는지 궁금하기 마련이지만 그래도 희대의 악한이나 선거 테러리스트들이 왈칵 닥쳐서 한발에 전 재산을 뒤집고 따귀를 때려도 이튿날이면 또 나와서 속간한다. 물론 민주주의의 쾌남아들은 존 웨인, 케리 구퍼 등 주인공이 결국은 이들 언론의 노개척자들을 위기일발에서 구출하면서 마지막 해피엔딩 장면에서는 으레 남녀 스타가 뜨거운 키스를 하고 있는 옆에서 노안경을 벗으면서 쾌심의 미소를 짓고 있다. 그때는 신문이 진전한 것이 아니라 개척자들의 빠른 권총솜씨와 정의가 앞서

---

15) 황용주, "불란서적인, 지극히 불란서적인 것", 「동아대학보」, 1958. 6. 15
16) 황용주, "애절한 모순 ─ 불란서적 자유와 명석", 「국제신문」, 1958. 5. 19

있었지마는 물론 오늘날은 정반대다. 그러나 작금 우리들 신문이 갑자기 조, 석간을 내고 맹렬한 초반전을 시작하였는데 이게 사회와 세론의 전진에선가 아니면 신문만이 독주하는 것인가. 판단키 어려운 현상인가 한다. 혹은 세론과 신문이 한 팀이 되어 이 나라 정치악과 계주를 붙고 있는지도 모른다."17) 이러한 시대에 신문은 사회의 이화(異和)점을 발견해서 알리고 적극적으로 해결책을 시도케 하려는데 그 사명이 있을 것이다. 결국 신문 산업도 다른 기업과 다름이 없다. "해방 13년 만에 비로소 우리 신문도 여론을 생산하는 기능을 갖고 이제 자숙할 때가 왔다."18)

황용주의 칼럼은 당시로서는 파격 중의 파격이었다. 제목에서부터 '문화'의 냄새가 강하게 풍겼다는 독자의 회고가 있다. 이를테면 피에트로 제르미(Pietro Germi) 감독의 「철도원」을 사설의 표제로 삼아 서민의 고된 삶을 달래줄 정책을 제안한다. 본격적인 영화 칼럼도 쓴다. 국제신문 1957년 4월 7일, 8일 양일에 걸쳐 "『목로주점』의 영화와 원작"이라는 제목의 칼럼이 실려 있다. 에밀 졸라의 원작을 바탕으로 르네 끌레망 감독이 마리아 셀, 프랑수아 페리에를 주인공으로 캐스팅하여 만든 1956년도 작품이다. 용주는 문학작품의 영상화에 있어 유념할 사항을 전문가적 식견으로 주문한다.19) 1958년 4월 21일자 "스타와 작중인물"이란 제목의 칼럼에서 "스타 안에서 인간을 찾아야 한다"고 쓴다. 문학작품을 영화로 만들 경우, 가장 중요한 성공조건이 '스타'라는 것은 「바람과 함께 사라지다」의 비비안 리(오하라 역)와 「자유부인」의 김정림(오선영 역)의 예를 들어 강조한다.20) 또 다른 영화 칼럼은 "원작과 영화에서 「세일스 맨의 죽음」의 경우처럼 결국 인간은 '나'의 근사치에서 결정적인 감동을 받는다"라고 쓴다. 이어서 아서 밀러(Arthur Miller)가

---

17) 황용주, "世論과 新聞의 繼走", 「국제신문」, 1958. 11. 2
18) 황용주, "여론의 개발", 「국제신문」, 1958. 9. 26
19) 황용주, "『목로주점』의 영화와 원작", 「국제신문」, 1958. 4. 7(상), 1958. 4. 8(하)
20) 황용주, "스타와 작중인물", 「국제신문」, 1958. 4. 21

1957년 연방법원에서 징역 1년, 벌금 1천 달러 형을 받고 의회에 증인으로 소환되는 맥카시 현상에 대해 날선 비판을 쏟아낸다.

남천의 생각대로라면 문화적 요소가 빠진 영화는 단지 일시적 오락일 뿐이다. 그래서 문학적 교양의 바탕이 결여된 미국 영화에 대해서는 냉혹한 비판을 가한다. 이는 급격하게 미국화되어가는 한국 사회의 반교양주의, 물신주의에 대한 엄중한 경고이기도 하다.

"……나는 스크린에 이미 친근한 미국의 자연, 인물, 사회가 그려질 때면 홀연히 나의 위치를 도리어 관조하는 시간을 가진다. 해방 전까지만 해도 우리의 생활양식과 정치체제가 오늘날처럼 미국 일변도로 쏠려갈 줄이야 어찌 예측했던가. 그래서 그때 나는 그저 미국 영화에 문학이나 있는가 찾아보다가 실망만 맛보곤 했다. 무슨 운명의 손길에선가, 혹은 역사의 은비(隱秘)한 속삭임을 소홀히 한 탓인가, 나는 적어도 내 생활의 외면만은 미국 정책수립자가 그려준 데생 속에서 살게 되었고 나날이 형성되어가는 아메리카니즘에 휘감겨들지 않고는 못 배기게 되었다.……한마디로 말하면 나는 미국 영화에서 얻은 것이 없다.……나는 가끔 엉뚱한 생각을 하는지 모르나, 영화도 예술인가 하는 소박한 의문에 사로잡혀서 혼자서 고소한다.……매년 오백오십 억의 사람들이 미국 영화를 구경한다는 사실에 당도하면 거대한 다중폭력에 엷어질 것 같다. 하지만 그래도 좋다. 어디 미국 영화는 답해보라. 60년 동안 무엇을 창조했느냐고 말이다. 수많은 인간 유형을 그렸다고 날뛸지는 모르지만 그런 건 '라 뮤리엘'이 벌써 삼백 년 전에 정리해놓았던 것이다. 성림(聖林)의 영화작가는 기껏해야 '스타'나 창조했을까, 쥬리앙 소렐(스탕달의 소설 『적과 흑』의 주인공)이나, 보바리 부인과 같은 뚜렷한 인간상을 세상에 내던져서 천사(千史)에 살아 있도록 했단 말인가?

우리는 또한 미국 영화가 인간상을 바꿀 수 있는 유의 예술적 사상을 창조한 예를 본 적도 없다. 영화작품 세계에서도 작가는 원하는 작중 인물을 구사하여 원하는 시추에이션에 두어서 시와 이론과 조각과 회화와 심지어는 음악까지 동원시켜서, 그야말로 자유롭게 인간과 자연의 심금을 파고들 수 있는데도 불구하고, 그리고 작품을 감상시킬 때로 독자로 하여금 꼼짝 못하게 영화관 안에 붙잡아놓는다는 이상적인 지배력을 가졌음에도 불구하고 우리의 심혼에 침입하여 영원한 생명으로서 더불어 호흡할 수 있는 피조물을 몰아다넣지 못하는 것은 무슨 장애일까? 오늘날 겨우 일부의 프랑스, 이태리 영화가 문학에 접근했을 뿐, 수천 수만의 미국 영화가 담배의 기호성 정도의 감촉만을 남기고 부질없이 사라져버린 허무를 어떻게 항변할 것인가?

우리는 미국 영화가 특히 한국 사회에 던진 이상한 착각을 간과할 수 없다. 그것은 인생의 행복은 생활수준의 향상에 있다는 철학이다. 과연 인생의 행복이 월봉 5백 불에서 무조건 성립된다면 이런 사회가 한국에서 야기된다. 그네들은 자동차를 생활수단으로서 함부로 달리고 있는데, 우리는 생활의 목적으로서 가져야만 한다는 착각에서 벗어날 수 없는 형편이다. 따라서 우리는 다른 목적을 추구해야 한다는 자각을 갖지 않은 한, 우리가 자동차를 가지게 될 그때 우리는 이미 인생을 상실하고 만다는 것이다.

이런 의미에서 거의 절대다수의 미국 영화는 생활수준의 향상을 위한 교과서나 참고서가 될 수 없는 것이다. 「사브리나(Sabrina)」(1954년에 개봉된, 오드리 헵번 주연의 할리우드 영화)에서 아버지인 운전수가 딸을 달랜다는 말이 '빈민에겐 민주주의도 없단다'라고 해서 새삼스레 악연(愕然)할 필요조차 없는가? 이 말은 사브리나 부모가 빈민이라는 뜻도 아니고 정치적 민주주의를 말하는 것도 아니었으며, 그들 부모는 우리도 파리 유학을 할 수 있는 '빈민'이고 보니 민주주의건 뭐건 딱딱하게 파고들 필요가 없지 않냐는, 플로베르가 말한 사갈(蛇蝎)한 부르조아지 근성의 생활감성에 지나지 않는 것이다.……"21)

이와 같은 영상문화론에 입각하여 영화산업을 바라보는 한국 정부의

---

21) 황용주, "미국 영화 관견(管見)", 「국제신문」, 1958. 7. 4

문화적 안목의 결여에 대해서도 일갈을 토한다.

"영화「시집가는 날」(1956, 오영진 원작, 『맹진사댁 경사』)이 외유를 하게 되었다는 소식은 1학년 '리다(Reader)'를 마스터 못한 부잣집 맏아들이 미국 유학 가는 것 같아서 어딘지 모르게 간질간질한 느낌을 금치 못하겠다. 물론 재능과 근면이 유학 가는 시대가 아니고 간판과 기회와 아버지의 위광이 때로는 외원치부(外援致富)층의 허영이나 배금주의가 도미하는 시대이니만큼 차라리 영화작품이 가는 게 유의미할지 모른다. 어중이 개인은 외유했댔자 빈축감이겠지만 그래도 작품인 이상 무슨 파문을 던질지 모르니 말이다.

영화작품의 외유는 오늘날 목우(木偶) 같은 대사, 공사가 주재하는 이상, 국정 소개와 '대한민국이 여기 있다'의 표지가 될지 모른다. 가장 최근에 독립하였고 유엔에 81번째로 가입하였던 아프리카 중서부 가나 국은 이 대륙에서 독립국가(1957)가 된 순 흑인국가로서 리베리아 다음 가는 나라가 되었지만 그 나라 수상이 된 헤겔 철학도 콰메 은크루마 (Kwame Nkrumah, 1909-1972) 씨는 국가의 미래를 걱정하는 표현에 '세계역사에 있어서 이민족의 지배자는 피치민족에게 자치를 은쟁반에 얹어 갖다 주지 않았다'라고 외치면서 그들이 가나란 이름에 긍지를 느끼는 것은 '과거에 대한 사모에서가 아니라 미래에 대한 전진에서'라고 갈파하고 있다. 이 한마디로 해서 우리는 암흑대륙이 일시에 훤해지는 것 같고, 같은 철학도인데도 철학을 옳게 배운 두뇌에 대한 무한한 친밀감을 느낀다.

한국이 동란으로 인하여 에티오피아니 콜롬비아니 하는 사랑스런 나라에마저 폐를 끼쳤는데 이제 그 보답으로 무엇을 내놓아 접대할 것이 없었는데 내 생각으로는 좋은 영화나 만들어서 '침략을 미워하는 유대의식을 위하여'라는 리본을 달아 17개국에 보내주었으면 가장 뜻 깊은 선물이 되지 않을까 대방(大方)의 의견을 듣고자 한다.

한국 작품이 외유할 수 있는 조건은 이번처럼 '한국산' 작품이란 레텔 때문에서가 아니고 '작품'으로서의 가치가 성립되어야 함은 두말할 필요가 없다. 그러면 작품으로서의 한국영화는 어떤 것이어야 하는가? 지드 씨의 해답에 의하면 모든 작품은 기존 작품의 부정에서 발견된다고 한다. 재래 작품을 일단 부정하는 선결과제부터 필요하다. 사견으로는 첫째, 영화작가는 영화가 4, 5천 만의 자본이 투자됨으로써 착수된다는 제약 때문에 너무나 대중성이란 괴물에 사로잡혀서 대중성은 곧바로 흥행성이라고 속단하는 점을 결별할 필요가 있다. 어째서 대중성과 흥행성이 같단 말인가? 그리고 대중성 역시 재검토되어야 한다. 톨스토이가 『부활』을 출간하였을 때, 러시아 민족은 8할이 문맹이었고 나머지 2할마저 소설을 읽는 층은 불과 수천 명에 지나지 않았다. 이 같은 사실은 실재하는 대중과 작품의 대중성은 별개라는 것을 입증한다. 한때 제왕에 봉사했던 고전작품이 근대에 와서 읽지도 않는 대중에 봉사하기 위해 창작된다는 것은 언어도단이다. 작품이 대중으로 하여금 대중성을 조성케 하는 것이다. 이런 의미에서 영화작가는 대중에 아첨할 필요도, 무서워 할 필요도 없다. 오른다리를 괴뢰군에게 맞아 잃고, 왼다리를 국군에게 잃은 무명의 병사라도 좋으니 잡아다놓고 살려는 인간을 철저히 추구해나가면 거기에는 정치도 무색해할 수밖에 없는 예술의 힘이 표효하지 않겠는가? 주체의식에 깃들게 된 이 나라 백성이 주체의식을 상실하려는 사회구조에 놓여서 연애건 투쟁이건 성실하게 한국적 생태만 포착된다면 그건 어디로라도 외유시킬 만하다.

제발 그 소꿉장난 같은 '빠' 풍경이나 새 옷만 갈아입은 식모, 느린 대화, 신파조 표정 따위를 집어치우고, 잘 움직이고 스토리에 필연성이 있고, 친근성 있는 개그가 연발되는, 우등생들만 몰아서 작중 인물을 구성할 수는 없을까, 유학이건 외유건 우등생을 보내는 날이 언제 올꼬?"22)

---

22) 황용주, "한국 영화가 외유 가는 날", 「부산일보」, "부일 싸롱", 1957. 6. 16

296

활발한 대중강연

이 시기 동안 용주는 활발한 대중강연에도 참여한다. 단골 주제는 정치와 예술이다. 1958년 8월 16일 하오 7시 광복동의 미화당 4층 예식장에서 열린(주최 : 고려대 부산학우회) 학술강연회의 연사는 안호상과 황용주, 두 사람이었다. 안호상의 주제는 "시대와 도덕", 황용주의 것은 "중동사태와 민족주의"였다. 제목만 보아도 강연 내용을 짐작하고도 남음이 있다. 또한 같은 시기에 황용주가 참여한 "영화강좌와 주제음악 감상회"라는 팸플릿이 보존되어 있다.

"(광복동) 아포로 음악실에서는 28일(목) 하오 7시부터 부산 영화평론가협회 주최 부산 방송국 후원으로 영화 감상강좌 및 영화 주제음악 감상회를 개최케 되었는데 불란서 영화「애수(哀愁)」[23]를 황용주 씨가 해설하고 동 영화 주제음악 외 수 개의 영화음악과 '라이티 뮤직'을 감상하게 된다. 한편 이 모임은 매주 목요일에 정기적으로 있을 예정이며 레코드 제공은 보림, 국제, 동아, 각 악기상이다."

같은 해 8월 14일자로 제1회 "영화의 밤" 소식을 알리는 철필등사지 팸플릿이 남아 있다. 부산 영화예술 연구회가 주최하고 국제신문사가 후원하는 다양한 프로그램이 포함된 이 행사에서 황용주는 '영화와 문학'을 주제로 강연하는 것으로 되어 있다.[24] 마지막 페이지의 안내말에는 "우리 회는 그 동안 47회의 연구합평회를 가졌습니다. 매주 토요일 하오 5시부터 미화당 5층 문화회관 다실에서 모이는 이 회합에서는 그 주에 상영한 영화를 감상하고 합평하며 시나리오, 연출, 연기, 음악, 촬영, 미술 등 여러 분과가 모두 각자의 입장에서 의견을 교환합니다." 창립 당시부터 황용주가 중요한 역할을 했다는 증언들이 많다.

---

23) 로버트 테일러와 비비안 리가 주연한 할리우드 영화, 「애수(Waterloo Bridge)」(1940)의 오기로 추정됨. 이 영화에서 "올드 랭 사인(Auld Lane Syne[Farewell Walz])"이 주제음악으로 사용되었다.

24) "1958년 8월 하오 7시. 장소 : 아포로 음악실. 주최 : 부산 영화예술연구회. 후원 : 부산 영화평론가 협회, 국제신문사. 필름 제공 : U.S.I.S. 레코드 제공 : 삼성사. 강연 : "영화와 문학" 황용주."

1980년 8월, 부산일보, 국제신문 양대 신문체재가 막을 내린다. 전두환의 신군부가 주도하는 언론사 통폐합정책의 시행으로 국제신문이 문을 닫게 되자 용주는 위로의 말을 전한다.

"일도일사(一道一社)의 정비원칙에 따라 부산일보에 국제신문이 통합된다. 당장은 독자들에게 불편한 점도 없지 않을 것이고 흡수되는 국제로서는 아쉬운 마음 금할 길 없을 것이다. 그러나 통합됨으로써 강건해지고 시설 강화와 인력이 두터워짐으로써 정보의 양과 질이 향상된다는 이점도 생긴다.……1961년 부산일보는 서울 문화방송과 함께 공공성 우위를 확보하기 위해 재단법인으로 발족했었다. 그때부터 부산일보와 문화방송은 시민을 위한, 시민의 것이 되었던 것이다. 이제 일도일사의 체제는 중앙지와 지방지의 개념도 불식하게 되었다.……6백만의 주민을 배경으로 하는 곳에 하나밖에 없는 신문은 코가 땅에 닿도록 봉사해도 만전이라 할 수 없는 새 시대를 맞고 있다."25)

---

25) 황용주, "언론개혁", 「부산일보」, 1980. 8. 10

12

주필시대의 열림(1958-1961)

"해방 당시 부산은 일본인까지 합쳐 인구 30만의 도시였다. 그러나 일본인의 귀환에도 불구하고 몇 년 만에 80만으로 걷잡을 수 없이 늘어났다. 일제의 강제동원으로 일본으로 중국으로 끌려가서 넓은 세상을 구경했던 농민들은 농촌의 '작은 세상'으로 돌아가는 대신 '대처'인 부산에 눌러앉았다."[1]

부산일보는 역사가 길다. 긴 역사만큼 파란과 시련의 연속이었다. 1960년대 이후의 부산일보의 역사는 한국현대사의 중요한 쟁점이 되어 왔고 앞으로도 한동안 이어질 것이다. 문제의 뿌리는 한때 박정희와 황용주, 두 사람이 공유했던 '민족중흥'의 꿈에서 파생된 것이다. 1946년 9월 10일 박수형, 하원준 등이 부산시 대청동 4-36에서 일제강점기의 부산일보 사옥과 시설을 인수받아 같은 이름으로 재창간한다. 그러나 곧 운영난이 닥치자 극복책으로 운영동인체제를 구성하기도 한다. 1949년 7월 김지태(金智泰)가 새로운 사주가 되어 같은 해 9월 주식회사로 전환한다. 이어 10월에는 대중신문(大衆新聞)을 병합함으로써 본궤도에 들어선다. 1950년 6.25 전쟁의 발발로 부산일보의 입지는 강해진다. 중앙의 일간지들은 대부분 발행을 중지하였고 이듬해 1월에야 비로소 임시수도 부산에서 '전시판'을 찍어낼 수 있었다. 이 공백기 동안

---

1) 한홍구, 『장물바구니』, 37쪽

299

부산일보의 발행부수가 1만에서 5만으로 급등했다. 전쟁의 혼란 속에 '심인 광고'가 폭주하여 광고시장도 활성화되었다. 그러나 1951년 1월 미8군의 「성조지(星條紙[Stars and Stripes])」에 사옥과 시설이 징발되었다. 1953년 2월 비로소 되돌려 받았으나, 그해 11월 27일 부산역 앞 대화재로 사옥과 시설이 전소되는 등 시련을 겪었다. 1958년 9월 26일부터 지역신문 최초로 조-석간제를 실시하고, 1958년 11월 부일장학회를 설립하였으며, 1959년 4월 국내 최초의 민간 상업방송인 부산 문화방송을 개국하여 한국 언론의 역사에서 최초로 매스컴의 융합화를 시도하였다.

'주필시대'의 신화

한때 부산, 경남지역 지식인들 사이에 '주필시대'라는 말이 회자되었다. 부산일보, 국제신문, 부산에서 발간되는 두 일간지가 지역의 여론과 지성을 주도하던 시절을 일컬었다. 어림잡아 1958-1961년이다. 일요일도 쉼 없이 조, 석간으로 하루에 두 차례, 두 라이벌 신문이 쏟아낸 논설과 시평은 전란으로 피폐한 삶 속에서도 새로운 시대의 도래를 갈망하던 지식인 독자들에게 일상의 흥분과 희열을 선사했다. 두 지방지의 비중은 4.19와 5.16을 전후해서 전국적으로 극대화된다.[2] 부산일보의 황용주(南天),[3] 국제신문의 이병주(邪林), 두 거물급 주필들의 공로가 결정적인 요인이었다. 두 언론인은 일제말기의 학병으로 중국전선에 배속되어 특별한 체험을 하였고 해방 후 건국의 과정에서 '탐색하는' 청년기를 보냈다. 둘은 청년 시절부터 문학뿐만 아니라 공연예술, 영상예술에 대해서도 관심을 가졌고 보다 넓게는 교양으로서의 예술을 강조했다.[4]

---

2) 안경환, "학병 출신 언론인의 글쓰기 : 주필시대의 신화―황용주와 이병주의 경우" 「이병주 기념사업회 국제학술대회 2011. 10 자료집」

3) 부산일보의 역사에서 황용주 주필이 가지는 의미에 대해서는 "민권투쟁의 선봉― 황용주 주필과 새 편집체제", 『부산일보 50년사 : 1946-1996』, 214-283쪽

4) 이병주는 메이지 대학 다수의 영화관련 과목을 수강했고 진주의 교사 시절에 연극, 「살로메」를 연출하기도 했다. 황용주도 부산 영화평론가협회의 창립 멤버였고 신문에

학병으로 중지전선에 배치되었던 이들은 일본이 항복하자 1946년 3월 귀국한다. 이병주는 마산과 진주에서 고교교사와 대학교수로 근무하다 6.25 전란에는 북한군의 점령 아래서 고초를 겪고 퇴각 후에도 불편을 당한다. 종전 후에 제3대 국회의원 선거(1954)에 무소속으로 출마하여 낙선한다. 1960년 7월, 신문사에 재직하면서 제7대 선거에 재차 출마하여 낙선한다. 그에게 붙여진 '좌익의 낙인'이 패인의 하나가 되었다.

황용주는 1954년부터 부산에 진출하여 부산대 강사, 국제신문 논설위원을 거쳐 1958년 1월 22일 국제신문의 주필이 되나 같은 해 10월에 부산일보의 주필 겸 편집국장으로 자리를 옮긴다. 황용주가 떠난 국제신문의 자리를 이병주가 채운다. 상임 논설위원으로 영입되어(1958. 11. 5) 이듬해에 주필(1959. 7. 1), 편집국장 겸 주필(1959. 9. 25)로 승진한다. 이병주가 국제신문에 영입된 구체적인 정황에 대해서는 다소 엇갈린 주장이 제기되어 있다. 이병주 자신[5]과 당시의 사장 김형두의 회고가 있다.[6] 어쨌든 국제신문에서는 떠난 황용주에 필적할 수 있는 거물급 인사를 영입하려고 노력했다는 사실만은 일치하고, 결과적으로 이병주의 영입으로 성공을 거둔 것 또한 이론이 없다.

김지태의 황용주 영입작전

부산일보를 키우기 위해 사장 김지태가 쏟은 혼신의 노력은 두고두고

영화평을 쓰고 대중강연도 했다.

5) "당시 국제신보에 황용주란 명 논설위원이 있었어. 그런데 경쟁지인 부산일보에서 파격적인 대우로 스카우트해간 거라. 국제신보의 김영주(김형두) 사장이 황용주에 대항할 사람으로 같은 대우 조건을 내세워 찾았는데 내 이름이 나온 거야." 정범준, 『작가의 탄생 : 나림 이병주, 거인의 산하를 찾아서』, 실크캐슬, 2009, 255쪽

6) "누구보다도 먼저 공석 중인 주필을 모셔오는 일이 급선무였다. 나는 국제를 떠난 H 씨보다 유능하고 의지가 굳은 필력 있는 사람을 모셔와야 했다. 백방으로 수소문한 결과 마침내 적임자가 나타났다. 그는 나로 하여금 감탄을 불금케 했던 인물로 진주농고의 후배이면서 전 주필 H 씨와는 동창 간으로 마산대학에 재직 중인 사람이었다.…… 그가 다름 아닌 천하호걸이며 재사이자 소설가인 나림 이병주였다." 김형두(1957. 9. 7 국제신문 사장 취임), 『신문과 나의 반생』, 180쪽; 정범준, 같은 책, 255-256쪽에서 재인용

회자된다. 그는 『사하촌』의 작가, 소설가 김정한(부산대 문학부)과 부산 지역의 혁신 세력의 좌장인 이종율(부산대 정치학과) 등 당대의 일급 논객을 영입한다.[7] 인재 영입, 필진 강화의 하이라이트는 황용주를 주필로 스카우트한 것이다. 김지태는 1949년 부산일보를 인수한 후로 명목상의 사주로만 머물렀지 신문의 경영에는 큰 열의를 보이지 않았다. 그는 정계에 진출하여 두 차례 국회의원을 지낸다. 즉 제2대 선거(1950. 5)에서는 무소속으로, 제3대 선거(1954. 5)에는 자유당 공천으로 당선된다. 그러나 1954년 11월, 이른바 '사사오입개헌' 반대를 이유로 12월, 자유당에서 제명된다. 1955년에 복당하였으나 1958년 5월 제4대 선거에서는 공천 탈락하여 무소속으로 출마하여 낙선한다. 자유당 정권에 정치자금을 제공하지 않았기에 보복을 당한 것으로 알려졌다.[8]

김지태는 선거에서 낙선한 후에 비로소 언론이 얼마나 중요한 정치적 자산이 되는지 알게 되었다고 한다. 황용주가 주필로 재직할 당시 국제신문은 판매부수와 지식인 선호도에서 부산일보를 훨씬 앞서고 있었다. 해방 직후부터 부산 상공인사회를 이끌어왔던 부산 기업인의 상징적 인물, 김지태의 자존심이 걸린 문제이기도 했다. 몇 차례 간접적으로 의중을 타진한 후 1958년 초가을 김지태는 정식으로 용주를 식사에 초청한다.

"나 이제 정치에 꿈을 접고 신문사를 경영하고 싶소." "국회의원보다는 신문사를 경영하시는 게 사회를 위해 더욱 보람 있는 일이 아니겠습니까?" "그래 말이요. 황 교수, 그러면 황 교수께서도 국제신문을 그만큼 키웠으니 이젠 우리 신문을 좀 도와주시오. 학교일도 완전히 접고 말입니다." 마음만 먹으면 대학에 정착할 수도 있었겠지만 교수로서는 할 수 있는 사회적 일이 거의 없었다. 일단 진지하게 생각해보겠노라고 답했다. 이적 조건을 주고받는 데 한 달이 걸렸다. 황이 사주에게 내건

---

7) 한홍구, 『장물바구니』, 64쪽
8) 한홍구, 같은 책, 47쪽

조건은 너무나 파격적으로 대담한 것이었다. 우선 사옥을 대거 수리하여 신문사의 얼굴을 쇄신하라는 것이다. 당시 부산일보 사옥은 일제시대 건물로 1953년 부산역 대화재시 연기로 심하게 그을린 채로 남아 있어 마치 유럽의 중소도시에 흔해 빠진 작은 '검은 교회'를 연상시켰다. 신문사 시설을 확장하여 독일제 고속 윤전기를 도입한다. 활자를 바꾼다. 편집방향과 사원의 인사에 사장이 관여하지 않는다. 모든 사원을 봉급제로 한다. 용주는 사장이 감히 수용하기 어려운 조건들을 내건다. 당시의 신문사 직원의 경우, 고정 봉급제로 일하는 사람의 숫자가 많지 않았다. 이러한 고용제도 아래서는 기자임을 무기로 각종 비리를 저지르는 사이비 기자를 양산하게 된다.

용주는 자신이 내건 조건에 상응하는 약속을 내걸었다. 발행부수를 당시의 1만2천에서 3년 이내에 5만 부로 확장시키겠다는 것이었다. 이때 국제신문의 발행부수는 3만 부에 육박하고 있었다. 가판 경쟁이 치열하던 시절이었다. 정기구독에서뿐만 아니라 부산 시내의 통행인을 상대로 팔던 가판 경쟁에서도 국제신문이 한결 앞서고 있었다. 가판은 주로 정부를 비판하는 야당 성향의 사람들이 산다. 가판은 발행부수는 얼마 되지 않지만 여론의 향방을 가늠하는 데 중요한 시금석이 된다.

"무슨 재주가 있소?" 김지태는 미심쩍은 듯이 다그쳤다.

"좌우간 내게 맡겨주세요. 신문의 편집과 인사에는 간섭하지 않고…… 자유당을 때리는 사설과 기사가 나가더라도 잔소리 말고 정부의 탄압이 있더라도 흔들리지 말고 저에게 맡겨주세요."

마침내 담대한 합의가 이루어졌다. 이 모든 조건을 김지태가 받아들인 것이다. 이에 덧붙여 김지태는 황에게 부민동에 저택을 사주고 이 집은 사택이 아니라 황용주의 개인 소유임을 분명히 한다. 게다가 봉급도 월 50만 환, 실로 파격적인 대우였다. 당시 동아일보의 주필이나 편집국장이 월 30만 환 수준이었다. 용주의 집은 사장 자신의 집보다 위치도 좋고 가격도 비쌌다. 김지태의 배포이다. "주필과 편집국장을 겸하면 두 사람

봉급을 줘야 하는데 조금 못 미쳐서 미안하오. 차차 올려드리지요."

사설(四說)의 주필

이렇게 하여 황용주의 화려한 주필시대가 막을 열었다. 1961년 5월까지 그야말로 필봉의 전성시대였다. 이 시기에 평소의 생각대로 서구적 민주주의는 한국적 상황에 맞지 않다는 신념을 더욱 공고히 다져나간다. 그는 1959년 1월 마닐라에서 열린 세계의원연맹 IPU 아시아 개발도상국 회의에서 미국의 한 원로학자의 이야기를 경청한다.『뉴스위크』지에 칼럼을 쓰고 후일 주일대사를 지낸 그는 아시아의 문제는 아시아의 방식으로 풀어야 한다는 주장을 제시한다. 즉 아시아에서는 미국적 민주주의로는 근대화를 이룰 수가 없다는 것이다. 즉 근대화를 이룰 물질적 토대가 취약한 곳에서는 민주주의가 정착되기 어렵다는 것이다. 자신은 미국적 민주주의가 세계를 영도할 수 있는 정치이념이라고 믿었는데 아시아에 와서 보니 자신의 생각이 지나치게 관념적이었다는 것을 깨달았다고 했다. 아시아는 민주주의에 앞서 기아에서 해방되고 빈곤에서 탈출해야 한다. 말하자면 경제적 토대를 먼저 구축하지 않으면 민주주의는 허튼 공상에 불과하다. 필리핀이나 인도에 아무리 미국식 생활을 강요해보아야 순진한 미국인의 이상대로 이루어질 수 없다는 것이다. 이 이야기를 듣고 용주의 신념은 더욱 확고해졌다. 공산주의만 반대한다면 아시아에서는 독재라는 비난을 감수하고서라도 강력한 정부의 주도 아래 경제개발을 리드해야만 한다. 미국식 자본주의의 원리에 따라 민간주도로 해서는 백년하청이다.9)

신문사의 경영에는 별로 아는 바가 없다. 그러나 그에게는 사명감이 있었다. 그는 세종학교를 세우면서 무에서 유를 창조해낸 역사가 있다. 와세다 대학 시절에 절친한 친우였던 마쓰시타를 따라 마이니치(每日) 신문사도 견학하고 기자들을 만나 정권과 언론의 관계에 대해 듣기도

9)『격동기 지식인의 세 가지 삶의 모습』, 136쪽

했다(장래 신문기자가 지망생이었던 그는 전쟁 후에 고향에 돌아가서 실제로 신문사를 경영했다).

전권을 쥔 주필이자 편집국장이다. 마치 일제시대에 춘원 이광수가 2천만 민족의 계몽을 위해 동아일보의 4설(사설, 논설, 횡설수설, 소설)을 썼듯이 용주도 사설은 물론 논평, 해설, 다양한 형식의 칼럼을 집필한다. 칼럼의 제호도 다양하다. "부일살롱", "중앙동", "동남풍", "오륙도", "에라스(Helas)", "千字世相", "一人一提", "수요산언(水曜散言)", "수상", "수필" 등등. 각각의 칼럼에 맞추어 용주는 여러 필명을 쓴다. 이때 자신의 호인 남천(南天)을 위시하여 용천(龍天), 남민(南民), 산언자(散言者), 심지어는 딸 이름인 란서(蘭西)도 사용한다.

정치사설은 경향신문의 김영선을 모델로 삼았다. 단순한 비판과 풍자에 그치는 사설은 의미가 없다. 담긴 정치적 사상이 있어야 한다. 그렇지 않으면 독자는 곧 식상해서 외면한다. 논설위원회의 때마다 황은 강조한다.10) 황의 주필시대는 라이벌인 국제신문의 이병주의 호필준론(豪筆俊論)이 가세하여 시너지 효과를 극대화시켰다.

사장의 절대적인 신임과 적극적인 지원 아래 황은 많은 사람들을 부산일보에 영입한다. 부산일보를 거쳐간 많은 사람들이 후일 언론계는 물론 정계에서도 존재감을 나타낸다. 최세경, 서정화, 이진희, 김석겸, 권도홍, 이대훈, 한동원, 최성두, 권오현, 조정제, 정한상, 최주식, 허창도, 김종신 등이 그가 영입한 인물들이다. 이들 중 최세경과 김석겸은 학병동지였고 김석겸은 세종학교 시절에 교감으로 자신을 보좌했던 동향의 지인이다.

후일 김지태 자신의 회고에는 사장이 직접 신문의 편집에 깊이 관여하여 방향을 제시한 것으로 기록했다.

"전국에서도 손꼽히는 유력지로 부상한 부산일보는 나의 진두지휘

---

10)『격동기 지식인의 세 가지 삶의 모습』, 141쪽

로 조금도 필봉을 늦추지 않고 58년 9월 19일 영일 을구의 재선거 이래, 10월 20일 대구시장 선거, 59년 6월 5일 영덕, 인제의 재선거, 6월 23일 울산 을구와 월성 을구의 재선거, 9월 12일 양산, 보성 재선거 지역에 특파원을 파견하여 갖은 탄압으로 권력을 남용하는 관권과 대결하였다."11)

황용주의 사설도 이러한 기조를 띠었다.

"……이제 부정선거를 막고 장미꽃을 피게 하려면 선거위원과 개표종사원을 여인에게 이양해주면 어떨까 한다. 설마 우리들 어머니나 미스 제위가 평소에 피아노 치기를 좋아하고 샌드위치 만들기를 일삼는다 할지언정 투표용지를 들고 그렇게 해볼 아취(雅趣)는 안 가진 성싶기 때문이다. 일본 사회당 여의원이 의사방해를 하기 위해 의장석에 버텨 앉았더니 수컷들이 손끝 하나 댈 수 없고 옆에만 가도 기성을 내지르니까 최소한 용변과 용변 사이의 기간만은 무혈점령이 계속되더라고, 이 땅에 잔 다르크를 '마스 푸로'(大量生産)하는 의미에서도 어떨까 한다."12)

"말하자면 자유당은 먼저 입맛대로 해치워놓고 뒤처리는 자유당식 정치로서 메우자는 것이고 민주당은 항상 먼저 한 대 얻어맞고서는 '왜 때리는 거요! 불법 아녜요' 해서 왈칵 떠든다. 제법 정면충돌을 각오하는 기색이면서 막상 피를 뽑는 대목에 가서는 역시 민주당식 정치를 내놓는다. 강자의 약점을 잡고서 야무지게 쳐들어갔다가 결국 힘이 모자람을 깨달은 약자가 한 푼 얻어먹고 떨어지는 감이 없지 않다는 것이다. 이 따위 두 낱의 정치방식이 결연한 대결을 해서 보는 사람의 가슴을 후련하게 씻어줄 리 만무하다. 만약 이 나라 정치방식에 두 낱의 방식 이외에 날씬한 제3스타일이 나지 않는다면 자유당은 기왕이면 처음 한 펀치로 녹아웃시켜버리기로 하고, 민주당은 만일 첫 펀치를 면했다면 죽자고 끝내 카운터 어택을 해보란 말이다."13)

---

11) 김지태, 『나의 이력서』, 195쪽
12) 황용주, "개표사무는 여인이 맡도록", 1958. 10. 2 사설

조봉암 사건 비판 논설

부산일보의 반정부, 반자유당 논조는 1958년 5월, 조봉암 사건을 보도하는 데서 극명하게 드러난다. 초대 농림부 장관을 역임한 조봉암은 북한으로부터 대한민국을 구한 사람이라는 후세인의 평가도 있다. 국가정보원장을 역임한 이종찬의 주장이다. "대한민국 정부를 세울 때 최대의 난제는 토지개혁이었다. 제헌회의에 입성한 의원의 절대다수가 한민당원인데 그들은 대부분 지주 출신이라 토지개혁을 극력 반대했다. 이승만 대통령은 광복 후 조선공산당과 결별한다는 성명을 발표했지만 좌우 합작운동에 참여했고 대일 항쟁기 내내 공산주의 활동을 한 죽산(竹山) 조봉암을 초대 농림부 장관에 임명하여 토지개혁을 밀어붙였다. 덕분에 6.25 전쟁 때 인민군이 내려왔어도 한국에서는 농민봉기가 일어나지 않았다. 남침을 앞두고 김일성과 박헌영이 스탈린을 찾아갔다. 스탈린이 '너희가 내려가면 노동자 농민들이 깃발을 들고 호응할 것인가'라고 묻자 박헌영은 자신 있게 '그렇다'라고 대답했다 남로당이 10.1 대구 폭동과 4.3 제주도 사건을 일으킨 적이 있기 때문이다. 그런데 그가 월북한 후 대한민국에서는 조봉암 장관이 토지개혁을 강력히 밀어붙여 소작인들이 땅을 갖게 했다. 이런 이유로 인민군이 내려왔어도 농민들이 계급투쟁을 벌이지 않았다.……조봉암은 유상몰수 유상분배를 원칙으로 토지개혁을 했기에 땅을 뺏긴 지주에게는 '지가증권(地價證券)'을 주었다. 그리고 은행에 지가증권을 담보로 대출을 해주게 하여 지주를 산업자본가로 유도하려고 했다. 그러나 전쟁이 일어나 이 증권이 휴지가 되면서 산업자본가의 육성은 무산되었다. 토지개혁과 산업화의 동시 추진은 무산되었지만 토지개혁 자체는 성공이었다. 그때 이승만이 조봉암을 기용하지 않았더라면 지금 대한민국은 없었을 것이다."[14]

---

13) 황용주, "두 낱의 政治하자 — 영일 재선거는 부정개표 시비", 1958. 10. 9 사설
14) 이정훈, "역대 대통령직 인수위원장에게 듣는다" 김대중 정부 이종찬 전위원장, 『신동아』, 2013. 1, 151–152쪽

그는 1952년과 1956년 대통령 선거에서 모두 차점으로 낙선했다. 1956년의 제3대 선거에서는 30퍼센트의 득표율을 확보하여 이승만의 강력한 정치적 라이벌로 떠올랐다. 1958년 1월 31일 검거된다. 진보당을 창당하면서 북한의 자금을 받았다는 혐의다. 2월 25일 진보당은 정당 등록이 취소되고 당대표 조봉암은 구속된다. 그는 7월 2일 제1심에서 징역 5년을 선고받으나 10월 25일 제2심에서는 놀랍게도 사형이 선고된다. 부산일보는 10월 27일자 사설로 사형의 부당성을 지적하고 대법원이 '휴머니즘에 입각한 법정의에서 신중하고 엄중한 판결'을 내려줄 것을 촉구한다.[15] 그러나 이듬해인 1959년 2월 27일 대법원은 항소를 기각하고 사형을 확정한다. 이어서 7월 30일 조봉암의 재심청구를 기각하고, 바로 이튿날인 7월 31일 사형이 집행된다. 1959년 5월 5일 조봉암이 재심신청을 하자 부산일보는 5월 7일자 1면 "세론"란에 "조봉암의 죄과를 신중하게 재심하기 바란다. 시국성에 끌리어 소잡함은 없었던가? 인간 조봉암을 포섭할 수 없을까? 사형죄수 조봉암은 과연 적확히 사형에 해당하는 중죄를 확실히 지었을까?" 따져 묻는 긴 글을 쓴다.[16] "우린 단지 보도된 내용의 정합성 결핍과 피고 조봉암이 해방 후 금일까지 10여 년을 두고 우리의 자유민주 정계에서 어깨를 같이 하고 걸어온 그 친근성에 의해서 그를 어쩐지 갑자기 우리의 적으로 치부할 수 없다"고 썼다. 이 논설은 내용 못지않게 시점도 중요했다. 불과 일주일 전인 4월 30일 자유당 정권은 경향신문에 폐간령을 내렸다. 이런 분위기 아래서 중앙의 일간지도 몸을 사리고 있을 때 부산일보가 용감하게 정론의 깃발을 든 것이다.

---

15) "……1, 2심의 담당검사가 진보당을 대한민국의 국헌에 위반된다고 본 법적 근거는 진보당원이 진보당을 사회민주주의 정당이라고 한 점과 평화통일론은 반드시 국시에 위배되는 것도 아니라는 해석 차이라고 하겠는데……하여간 이 사건의 최종심은 휴머니즘에 입각한 법정의에서 신중하고 엄정히 판결지어져야 할 것이다. 『부산일보 50년사』, 219쪽

16) 한홍구, 『장물바구니』, 67쪽; 『부산일보 50년사』, 137쪽

후일 2007년 진실화해를 위한 과거사 정리위원회는 이 사건에 대해 '당시 야당 정치인을 제거하려는 표적수사가 사형집행으로 이어진 정치탄압이자 인권유린'으로 규정했다. 유족들은 이를 근거로 2008년 8월 대법원에 재심을 청구했고, 2011년 1월 20일 무죄선고가 내려졌다. 같은 해 6월, 유족은 국가를 상대로 위자료 등 손해배상 청구소송을 냈고, 2011년 12월 27일 서울중앙지법은 원고 측 의견을 일부 인정하여 국가가 유족에게 배상할 것을 판결했고, 2012년 7월 26일 서울고등법원도 같은 취지로 유족에게 29억여 원의 국가배상 판결을 내렸다.

1978년에 출간된 김지태의 전기는 조봉암 사건에 대한 부산일보의 반응은 사장 자신의 결정이었음을 강조한다.

"신문이 찍혀나가자마자 수사기관이 부산일보를 덮쳤음은 말할 나위가 없다.……자명(김지태)은 협상을 시도해 경찰의 추궁을 따돌렸다. 협상 무기는 두둑한 돈 봉투였다."[17] "세론"의 집필자는 비상임 논설위원 부산대학교 교수 이종달이었다. 그런데 자명(김지태)이 몸을 피한 까닭은 조봉암 구명론이 실제로는 자신의 작품이었기 때문이다.……그는 이종율에게 필자의 신분을 결코 밝히지 않겠다고 언약하고 이종율, 황용주와 함께 구체적인 집필 방향까지 논의했다.[18]

자유당에 대해 비판적 자세를 유지하는 것은 정론지를 표방하는 언론의 기본적 소임이기도 하지만 황용주과 김지태, 두 사람의 정치적 입장과 이해관계와 일치하였기 때문이기도 하다. 어쨌든 4.19를 거쳐 5.16에 이르기 이전까지는 부산일보는 경영진과 편집진 사이에 더할 수 없는 밀월관계가 유지되고 있었다.

---

17) 자명 김지태 평전 『문항라 저고리는 비에 젖지 않았다』, 석필, 2003, 362쪽
18) 같은 책, 362쪽

천의무봉의 주필

딸의 회고대로 부산일보 주필시절은 아버지 일생의 전성기였다. 용주는 정치뿐만 아니라 예술, 일반교양 등 주제와 논조에 일정한 틀의 제약을 받지 않고 자유로운 필봉을 맘껏 구사했다. 문자 그대로 천의무봉(天衣無縫)이다. 한 예로 그가 쓴 "여인의 고독"이란 제목의 감각적인 글을 옮겨보자. "우리들이 여인을 사랑한다는 것은 그 여인을 사랑한다는 우리들 마음을 사랑하는 것이 아닐까. 어느 날 저녁 불 밝은 광복동에서 우연히 애인을 만났다고 하자. 그 여인을 중심으로 해서 주변 풍경은 갑자기 환해진다. 그 여인의 빛남에선가, 사랑하는 나의 마음에선가, 여인의 아름다움은 모든 여성이 가진 바로 그 자태이다. 자태라고 해서 애매하면 그 '폴므'이다. '폴므'라고 해서 '이미지'가 나지 않으면 '종아리', '목덜미' 혹은 자애로운 목소리, 그래도 부족하면 또 하나의 구체(具體)인 그녀들이 분비하는 점액(粘液). 결국 우리들이 사랑하는 모든 여인들이 있는데 사랑한다는 행위 안에는 언제나 단 하나의 여인뿐."[19]

또한 그는 청소년의 성적 호기심을 억압 일변도로 대하는 기성세대의 도덕관념을 탈피할 것을 강하게 주장한다. "십대들이 원색도 선명한 누드를 볼 때 가슴이 설레는 것은 자연의 개화처럼 귀한 것이라 하늘을 나는 신선도 계천에서 빨래질하던 처녀의 새하얀 종아리에 곁눈질하다 그만 신통력을 잃고 지상에 떨어진 일이 있었다. 사실 사춘기의 애들을 데리고 다니다 난데없이 빨가벗은 나체나 키스 씬의 포스터에 부딪칠 경우 어색하기 짝이 없다. 그러나 어색한 느낌은 어른의 생리이지 십대의 무구(無垢)한 감각에는 그것이 인생의 전부인 것처럼 선악 판단과 윤리의식을 떠나서 하나의 실존이다."[20]

1958년 11월, 러시아의 작가 보리스 파스테르나크가 노벨문학상 수

---

19) "여인의 고독", 1958. 11. 2
20) "키스에 시비가 붙는다", 1958. 9. 28

상자로 결정되었을 때 그는 소련의 정치적 상황 아래 작가가 겪는 고뇌를 이렇게 쓴다.

"스웨덴의 한림원은 광범위한 정보망과 방대한 자료를 통해서 견확(堅確)한 판단을 내린다.

그들이 과학과 문학에서 연연이 선정하는 수상자의 논문과 작품은 언제나 의외의 발견인 동시에, 알고 보면 가장 높은 세계 수준을 뚫은 것이며, 인류의 진보에 있어서도 유익성을 확보하고 있으며 또 한 가지 놀라운 것은 휴머니스틱한 관점을 확보하고 있다는 점이다.

작년에 선정된 문학상은 알베르 까뮈였지만 아무도 까뮈가 노벨상을 받을 것이라 예상 못했는데 막상 선정되고 보면 스웨덴의 양식과 정곡성에 경탄할 지경이다.

이번 파스테르나크의 선정에 사계의 전공자들도 눈이 둥그레졌지만 누구보다 파 씨 자신과 소련의 작가들이 그러했다. 어느 국가가 정치이념을 앞세우고 급변하고 있을 때는 문학작품의 보편적 가치가 당대의 집권층의 정책 앞에 굴복하고 있거나 호응되어 있기를 강요당하는 법인데 파 씨의 경우가 역시 그러했을 것이다. 일단 수상을 결정했다가 집권층의 강요 앞에 거절한 그는 후 수상 앞으로 편지를 내어 '내가 탄생한 조국의 국경을 넘는 것은 죽음이나 같다'고 호소했다고 하는데 이 같은 관변보도가 사실을 말하는지 선전에 이용하고 있는지 알 수 없으나 여하튼 작가로서의 최고 영예를 포기하고 시민으로서의 '활동임무가 모두 소련 안에 있다'는 판단을 택한 그의 개인적 비운은 이 세기의 상징적인 비극의 하나다.

파 씨의 비운은 우리들 주변에도 있었던 것으로 6.25 때 의용군에 끌려간 청년은 오른팔을 UN 군 폭탄에, 왼다리를 괴뢰군 포탄에 잃은 예가 얼마나 많은지 모른다. 물이 피보다 진하지 않을지 모르나 20세기가 국가 악을 추방할 때까지는 제2, 제3의 파스테르나크가 지금도 어느 하늘 아래서 얼마나 신음하고 있을지!"21)

 "전쟁과 혁명의 재미는 장군들이 단숨에 권력과 지위를 쥐는 데 있고 사병들은 뭐라 해도 약탈에 있다. 오랜 행군 끝에 한 걸음도 더 이상 옮겨놓지 못할 지경이다가도 저 산 넘어 도시가 있다 하면 어디서 힘이 나는지 부대가 소란하게 활기가 감돈다. 곡괭이를 들고 굳게 닫힌 대문을 냅다 쳐부수고 안방에 뛰어드는 기분을 무엇에 비기랴! 합격, 득연(得戀), 만취, 취직, 당선 등 세속의 것을 다 합치고도 그만 한 익사이팅과 엑스타시가 혼연한 기분에 못 당하리.……죄 많은 이야기를 해서 하늘이 두렵지만 고래로 이 사병들의 광기 없이는 명장이 탄생하지 않는다. 따라서 소위 대동아 전쟁 때 미국 병사들에 어필한 전쟁의 목적은 '너희들 커피와 설탕을 위해서'라고 했듯이 전쟁에 따르는 또 하나의 전설은 국내불경기가 고질화할 때 한다. 그러고 보니 작금은 어디 없이 불황이다."22)

 "원래 데모나 스트라이크의 발생은 부당한 압제와 착취에 대한 권리 주장과 정당방위가 담합을 통해서 의견 소통이 되지 않는 것에서 터져 나오는 것이다. 그러나 집권층은 거의 본능적으로 이와 같은 실력 행사를 도전으로 간주하여 권력과 권한으로써 제압하려 든다. 이는 마치 약점을 찔린 소인이 도리어 부화를 내는 생태와 통한다.……이 점은 프랑스 작가, 앙드레 지드 씨의 병자는 '인간 플러스 병'이라는 방정식을 적용하면 집권자는 '인간 플러스 권력'이 되고, 운영자는 '인간 플러스 권한'이니, 반대로 피치자는 '인간 마이너스 권력'이고 피고용자는 '인간 마이너스 권한'이다. 즉 어느 경우에나 '인간'이란 절대치는 변함이 없다. 따라서 데모나 스트라이크가 패배하는 우리 사회나 승리하는 프랑스 사회나 인간에게 플러스했다 마이너스했다 하는 권력과 권한이 나쁠

---

21) "파스테르나크의 비운", 1958. 11. 3 (이 칼럼에는 필명으로 딸 이름인 '란서[蘭西]'를 사용한다.)
22) "전쟁에 따르는 현대 전설", 1959. 1. 7

312

뿐이라는 수학적 결론이 성립한다."23)

"다소라도 유통하는 자본력은 건물에 동결되고 중속상공은 후조(候
鳥)처럼 모이를 찾아다니고 30대 이상은 소비문화에 도취해버리고 20대
마저 갈 곳이 없게 되었다. 사회 상황은 야심 있는 정책수립자들의 독전
장이기도 한데 자유당 소장파가 한 번 나서볼 만도 하다."24)

이상의 칼럼들에서 그는 은연중에 전쟁과 혁명을 동경하는 대중의
심리를 선동하는 듯이 보인다. 그의 심중 깊은 곳에 그런 욕망이 꿈틀거
리고 있었는지 모른다. 이승만 정부를 전복하고 새로운 질서를 만들어
내기 위해서는 국민의식의 계몽이 필요하다고 생각했는지 모른다. 후일
그가 자신 있게 내세운 박정희의 정치적 "천재기론"25)이 이때 이미 구상
되고 있었는지 모른다.

대중사업

황용주 체제 아래 부산일보는 왕성한 대중사업을 벌인다. 우선 1958
년 부일영화상을 제정한다. 국내 최초의 영화상이다. 대종상이 1962년,
청룡상이 1963년에 비로소 제정된 사실을 감안하면 부산 지식인의 선구
적 안목이 돋보인다. 부일영화상은 1973년까지 이어지다 중단되었으나
근래에 다시 부활되었다. 오늘날 부산이 국제적 영화 도시가 되었고 부
산국제영화제가 세계 영화인의 축제로 부각된 것은 직접적으로는 전직
관료 김동호의 남다른 사명감과 집념의 결실이지만 그 시원을 거슬러
올라가면 수십 년 전에 이미 황용주가 부산 땅에 뿌려둔 민들레 홀씨가
세월 속에 산화되지 않고 부산의 바다와 바람, 그리고 부산 시민의 가슴
속에 남아 있었던 것이다.

1958년 제1회 영화제의 작품상에는 유현목 감독의 「잃어버린 청춘」

---

23) "권력악의 수학적 증명", 1959. 2. 4
24) "자유당 소장파가 나서보면", 1959. 2. 7
25) 황용주, "민족중흥에의 길", 『정수장학회 30년지』, 부산일보사, 1994, 축사

이, 남녀주연상에 김승호(「잃어버린 청춘」)와 주증녀(「시집가는 날」)가 각각 수상자로 결정되었다. 1960년 제3회부터 3년 연속으로 김진규가 남우주연상을 독점했다. 1960년에는 작품상을 받은 김기영 감독의 「십대의 반항」, 1961년에는 이성구 감독의 「젊은 표정」, 1962년에는 작품상을 수상한 신상옥 감독의 「사랑방 손님과 어머니」에 주연으로 출연한 것이다. 유독 김진규가 3년 내리 연속 수상한 것은 당시 그가 누리던 높은 인기와 더불어 '신사배우'의 이미지도 일정 부분 기여했을 것이다.

주최자의 권리이기도 하려니와 자타가 공인하는 영화평론가 황용주 주필도 영화상의 심사위원의 한 사람으로 참여한다. 용주는 아내 창희에게 농을 던진다. "당신을 귀하게 여기는 신사라서 더욱 마음이 가더군." 김진규와 관련해서 용주 집안에 에피소드가 전해온다. 딸 란서의 입으로 들어보자. 1964년 11월 『세대』지 필화사건 때의 일이다.

"아버지의 구속 소식을 듣고 많은 분들이 달려왔다. 아나운서 임택근 씨도 국립교향악단에 근무하던 아름다운 부인과 함께 자주 들렀고, 배우 김진규 씨도 다녀갔다. 김진규 씨는 나의 손을 꼭 잡으면서 '너의 어머니가 예전에 얼마나 아름다웠는지 아니?'라며 엄마를 조우한 이야기를 들려주었다. "해방 직후 어느 날이었다. 서울에서 공연을 마치고 부산행 기차를 탔는데 기차 속에 믿을 수 없을 정도로 아름다운 여성이 앉아 있었다. 순간 내 숨이 탁 막히고 주변 공기조차 정지하는 기분이었다. 도대체 이 세상에 저렇게 아름다운 여성이 있나 싶어 나도 모르게 정중하게 인사를 건넸지.……후일 그 여인이 네 아버지의 부인인 줄 알고 이런 분 정도가 되어야 이 여인을 부인으로 삼을 수 있겠구나, 하며 고개 숙인 적이 있어. 아버지는 네 어머니를 얻었다는 사실만으로도 존경받을 수 있어."

그뿐 아니다. 황 주필 자신이 라디오에 출연하여 시사 해설을 담당한다. 이선규, 최창식 등이 주필과 대담한 부산 문화방송의 아나운서들이었다. 그런가 하면 1959년 '부일 미인대회'를 개최한다. 1957년 한국일보가 최초로 전국적 규모의 미스코리아 대회를 개최하자 부일 미인대회는 미스코리아 대회의 지역예선과 경합함으로써 상대적 열세를 극복하지 못했다. 또한 부산일보는 가요의 현상 응모도 실시한다. 용주의 회고가 있다. "하도 대중가요가 신통치 않아 「울며 헤진 부산항」, 「홍도야 울지 마라」 따위가 우리들 귀여운 2세가 입을 대기에 본사가 가요를 모집했더니 많은 발상이 「삼천리 금수강산」식이다. 삼천리 강산이 금수(錦繡)인 것이 문제가 아니라 거기 사는 우리들 생활감정이 금수되기를 원했던 것이다.……자원도 기술에 의해서 절대량과 절대치가 줄었다 늘었다 하는 시대에 영화나 가요도 무한한 시장이 앞에 놓여 있는 것이다."26)

"사설"을 통할(統轄)한 황 주필의 붓은 시민의 일상생활 전반에 걸쳐 유감없이 발휘된다. "식당의 합리화", "단품 요리 개발의 필요성", "음력 설날 되찾기 운동" 등등 각종 생활밀착형 시민 캠페인을 벌인다. 이러한 주제들은 20년 후에 자신에게 주어진 "춘추한필"(1977-1980) 칼럼에서 되풀이 된다. 그는 또한 각종 문화행사에서 관과 재벌을 앞장세우고 재원에 의존하는 현상을 지양해야 한다고 주장한다. "문화와 학문의 위치는 본질적 가치와 영원을 희구하는 태도에서 성립되므로 현실적인 것, 즉 당대의 관벌(官閥)이 쥐고 있는 권력구조를 부정함으로써 자체적인 발판이 마련된다. 새삼스럽게 대표적인 예를 들자면 중세의 최고 권위였던 교권에도 항거한 루터, 에라스무스나 전근대의 왕권을 부정한 계몽학파, 어제 오늘의 미소군사력을 비판하고 있는 지드, 사르트르 등 전형적 문화, 사상가들의 영구불변한 기본자세들이 있지 않는가? 관을 스폰서로 한 문화단체가 문화운동을 해봐야 문화사와는 무관한 것이다."27)

1976년 9월 1일 부산일보 창립 30주년 행사에 전직 주필, 편집국장,

---

26) "삼천리 강산은 금수일망정", 1959. 11. 7
27) "기생충적 근성", 1959. 7. 2

사장의 자격으로 초청받아 연설한다. 친필로 쓴 연설문 초안이 남아 있다.

"어느 국가가 역사상 그리스나 로마처럼 도약하는 천재의 시기가 있다. 50년대 부산일보의 도약은 당시 한반도는 한국동란의 상처로 시달리었지마는 항도 부산은 일본의 아세아 침략의 전진기지로서 수십 년 동안 쌓였던 잠재력이 남아 있었다. 이 토양과 김지태의 재력과 부산대학 교수진의 지성이 결합되어 이루어졌다. 당시 부수 4만을 자랑하는 국제신보를 상대로 부일은 불과 1만5천 부의 발행부수로 거의 절망적으로 경쟁하고 있었다. 국회의원을 잃고 신문의 위력을 확보하려고 결심한 김지태 사장과 나는 다음 사항을 합의하고 나는 주필 겸 편집국장을 맡았다.

신사옥을 건립한다. 서독제 고속 윤전기를 도입한다. 사원의 보수를 동아일보 수준으로 한다. 편집권의 독립을 보장한다. 자유당 정권에 반대하는 논지를 편다. 신입사원을 공개로 채용한다. 이에 대하여 나는 3년 안에 부수 5만 부를 달성한다. 과연 김지태 사장은 사옥 건립에 착수하고 서독 윤전기를 주문하고 사원의 월급을 인상하였다. 나는 부산대학에서 김정한, 이종율, 최종식, 최재훈 교수들로 논설진을 구성하고 편집국 요원으로 김석겸, 신상우, 서정화, 김종신, 이대훈, 박용덕, 권호현, 허창도를 특채하기로 하였다. 편집국에 열기가 일기 시작하더니 지면도 활기를 띠기 시작했다. 부산일보가 한국에서 제일 먼저 언론기관으로서 종합적인 기능을 갖추기 위해 부산 문화방송을 인수하게 된 동기는 김 사장의 기업가로서의 달견과 (1959년) 사라호 태풍이 부산을 강타하던 날 방송이 아니고서는 태풍의 진로를 시시각각으로 보도할 수 없다는 점을 실감했기 때문이다.……조간을 마감하고 나서 우리는 초량의 복국집, 아니면 가덕도 대구탕집으로 달려갔고 석간을 끝내면 중앙동 다방의 가인을 만나보고 남포동 빠에서 잔을 들었다. 아무튼 1950년대 부산일보에는 여러 색깔의 필봉이 있었고, 또한 낭만도 있었다."

1979년, 절정의 옛 시절을 회고하는 초로의 신사 용주는 "부산 가시
나"라는 제목의 칼럼으로 '의리 있는' 부산 여자들에 대한 노골적인 애
정을 표한다. 당시의 통념으로야 무방했으리라 생각되지만 요즘 기준으
로는 다소 거슬리는 내용과 어조다. 서울의 한 호텔 나이트클럽 지배인
으로 활약하는 전 미스 부산이 자신에게 보여준 이례적인 환대를 내놓
고 자랑한다. "부산을 떠나고 나서 부산을 가장 강하게 느끼는 순간은
부산 가시나를 만났을 때이다. 그 순간 나는 가장 강렬한 행복을 느낀
다." 시쳇말로 과도한 주책인가, 초로 사내의 부산 여인 찬가는 균형감
잃은 지방문화론으로 확산된다. "팔도의 지방색이 제가끔 가치로운 것
이다. 세계적으로도 지역주의란 학문마저 형성되어 가고 있다. 한 나라
의 문화가 중앙집권적인 행태였던 지난 흐름을 깨뜨리고 지역사회에서
의 개별적인 완성을 도모한 다음에 민족적인 것으로 집약시켜야 한다는
이론에서이다."28)

딸의 회상

"열 살 때 밀양을 떠났다. 밀양 시절 나는 사내아이들과 어울려 놀았
다. 딱지치기, 팽이돌리기, 구슬치기, 새총 쏘기……모든 면에서 나는
또래를 압도했다. 그래서 언제나 대장이었다. 엄마는 거친 내가 불만이
었지만 아버지는 아이들은 남녀 구분 없이 어울려 놀아야지 하면서 오히
려 대견스럽게 여기셨다. 우리 집 인근 고아원에서 운영하는 유치원이
있었다. 엄마가 아버지 학교의 가사수업을 담당하면서 나는 일시 유치원
에 의탁되었다. 그러나 흥미를 느끼지 못하고 수업을 거부했다. 들판에
뛰어놀던 즐거움이 그리워서 글자가 눈에 들어오지 않았던 것이다.

부산에 오니 이따금씩 산과 들이 몹시 그리웠다. 그러나 이내 새 친구
들과 어울렸고 아버지의 세계에 대해서도 기웃거렸다. 부산의 광복동,
남포동의 다방들은 부산 지식인의 전당이자 문화활동의 중심지였다. 언

28) 황용주, "부산 가시나", 「부산일보」, 1979. 8. 17

제나 미제 커피가 뽀글뽀글 끓는 마로니에 다방, 금강다방은 아버지와 엄마, 그리고 나의 랑데부 장소이기도 했다. 엄마 손을 잡고 아버지를 만나러 갈 때 충만하던 행복감은 미에 대한 자만심이기도 했다. 모든 행인의 시선을 끌고 다니던 우아한 자태의 신여성, 우리 엄마에게 쏠리는 관심만으로도 나는 공주가 되었다. 박경리, 천경자, 추연근 등 후일 명사가 된 많은 사람들도 어린 나의 세계에서 그다지 멀리 떨어져 있지 않았다.

1960년 부산여중에 들어갔다. 이내 4.19가 났다. 4.19에서 5.16, 아버지는 그 격동의 시기에 중심에 서 있었지만 우리 집은 태평성대를 누렸다. 언제나 최신 유행음악, 새 책 소식을 상시 접하고 있었다. 『작은 꽃(Petite Fleur)』, 『페이튼 플레이스(Peyton Place)』 같은 문제작도 그 시절에 읽었다. 학교에서는 청소년 유해도서로 금지된 서적이지만 아버지는 허용했다.……이성에 늦게 눈뜬 나는 대학에 들어서야 비로소 남녀 간의 사랑이라는 것을 실감하게 되었으나 책 속에서만은 조숙한 편이었다. 영화와 문학은 닥치는 대로, 부딪치는 대로 보고 읽어내었다. 물론 제대로 이해하고 읽은 것은 아니다. 그저 아버지가 원하는 딸이라고 생각하여 투심했을 뿐이다. 나의 지적 경쟁상대가 아버지였기에 가능한 일이었다.

부산일보 주필 시절이 아마도 아버지의 일생에서 가장 바빴을 시기이다. 아버지는 자신의 황금기에 하나밖에 없는 아내와 딸을 외식 한 번 데리고 나가지 못한다며 미안해했다. 그러나 나는 아버지가 보고 싶으면 언제나 신문사로 찾아가 사무실에서 놀았고 인근의 국제극장에서 영화를 보았다. 아버지는 딸이 원하면 언제든지 영화를 보여주라고 극장에 부탁해두고 있었다. 나의 특별한 존재가 극장에도 알려져 있었기에 '임검'이나 '교외 지도반' 같은 것은 걱정하지 않아도 되었다. 수많은 영화들을 보았다. 산뜻한 화면의 외국 영화를 보면서 『삼국지』를 읽으면서 그 느린 템포에 답답하던 가슴이 확 하고 뚫리는 듯했다. 빌리 와일더 감독의 「하오의 연정(Love in the Afternoon)」(1957)을 보며 오드리 헵번과 게리 쿠퍼, 그리고 모리스 슈발리에의 자태에 매료되었다. 영화에 비친 파리의 모습에 정신을 앗기었다. 마지막 장면, 파리 역에서 눈망울이 젖은 오드리 헵번을 보고 눈물을 감출 수 없었다. 실로 '로맨틱 코미디'의 진수였다. 알랑 들롱의 데뷔작을 보면서 세상에 저렇게 잘생긴 남자도 있구나 하고 찬탄했고, 장 가뱅의 휴머니즘과 카리스마가 꼭 내 아버지를 닮았다고 생각했다. 영화 속에 아버지의 과거와 나의 미래가 오버랩되고 있었다."

13

운명의 재회, 박정희

3.15 마산 의거와 4.19 혁명

1960년 1월호 『사상계』에 실린 콜론 보고서[1]는 "당분간 한국에서는 군이 집권할 가능성은 희박하다. 군의 기개 없음을 조롱했다. 많은 장교들이 분개했다. 개중에는 박정희 소장도 포함되어 있었다"고 예상했다. 콜론 보고서는 한국의 상황을 제대로 파악하지 못했다.

1960년 1월, 부산에서 박정희와 황용주의 운명의 재회가 이루어진다. 두 사람의 부산 재회에 대해 엇갈린 기록들이 있다. 이병주는 3.15 선거 후 비상계엄이 선포된 후라고 썼으나[2] 여러 가지 관점에서 신빙성이 약하다. 부산일보 기자 김종신의 기록이 더욱 사실에 가깝다.

1960년 1월 x일. 토요일 오후, 군 관계 취재기록을 데스크에 넘긴 후 창밖을

---

1) 콜론은 서울 주재 외국 언론인이었다.
2) 이병주, 『대통령들의 초상』, 서당, 1991, 90-100, 103-104쪽 "그 후 계엄령이 내렸을 때이다. 계엄령의 선포와 동시 2관구사령관이 부산지구 계엄소장이 되었다. 호출을 받고 부산지구의 기관장들에 끼어 나는 2관구사령부로 갔다.……그런데 내 옆에 앉아 있던 부산일보 주필 H 군이 벌떡 일어나더니 그 장군 곁으로 다가가서, '아, 너 복세이키 아니냐?'고 했다. 박 장군으로부터 곧 응수가 있었다. '응, 너 코류슈구나.'……두 사람은 서로 손을 붙들고 한참 뭐라고 얘기를 주고받았다. 얘기가 일단락되었을 때 H 군이 내게 손짓을 했다. H 군이 '이 사람이 박정희 장군이다. 나완 대구사범 동기동창이었지. 그 동안 통 소식을 몰랐더니만 20수년 만에 만났구면.'"

내다보며 한껏 심호흡을 고르고 있을 때였다. 황용주 주필이 찾는다는 전갈이다. '토요일 오후니까 차라도 한잔 하자는 거겠지'라고 생각하며 논설위원실로 들어갔다. 황 주필은 그날 막 사설을 끝낸 직후였다.

"선생님, 부르셨습니까?"

"응, 오늘 군수기지사에 갔었다며?"

"네."

"그래 초대 사령관에 관한 소식은 들었나?"

"네, 듣긴 들었습니다."

원래 부산에 흩어져 있던 각 기지창은 육군본부의 직속관할이었는데 2관구사령부가 군수기지 사령부로 개편되면서 모두 그 휘하로 들어갔다.

황 주필은 무슨 들은 소리라도 있는지,

"거, 새로 오는 사람은 굉장히 청렴결백한 위인이라면서?"

"뭐 박가나 김가나 그치가 그치일 테지요."

시큰둥하게 반응하는 김종신에 대고 황은 신임 장군의 이름이 뭐냐고 묻는다.

6관구 사령관을 지낸 박모 소장이라고 답하자 "보구쇼기(박정희)인가?" 했다.

황 주필은 잠시 옛날을 회상하는 듯하더니, 박정희라면 여태까지 사람들과는 다를 것이라고, 성질이 불같으며 굉장한 고집불통에다 배짱도 여간 아니라고 했다. "그래도 우렁이 속은 다 같은 거지요. 그 사람이라고 별 수 있겠어요"라고 말하자, 황 주필은 두고 보라며 그 사람은 다를 것이라고 장담했다.[3]

김종신의 기록대로라면 두 사람은 박정희가 군수기지 사령관으로 취임한 후에 비로소 직접 대면한 것이다. 그 이전에는 기껏해야 서로 동창생들이 전하는 소식이나 풍문으로 상대의 존재를 알고 있었을 뿐이

---

3) 김종신, 『영시(零時)의 횃불 : 박정희 대통령 따라 7년』, 한림출판사, 1966, 24-25쪽. 서울대 도서관에 소장된 이 책은 중앙정보부장 김형욱이 당시 서울대 총장 최문환에게 기증한 것으로 '金炯旭 謹呈'이란 붓글씨 서명이 적혀 있다.

다. 그러나 사실은 그것이 아니다. 수년 전 세종학교 교장 재직 시에 이미 광주에서 한 차례 만난 적이 있었다. 한 교사의 병역기피 문제 때문에 도움을 청하러 갔던 것이다. 그때 깊은 이야기를 나누지는 못했지만 그간 살아왔던 여정을 나누고 사람 됨됨이를 가늠할 기회가 있었던 것이다.

전후 부산은 물자와 보급의 중심지였다. 종전의 2관구사령부는 군수품을 총괄하는 군수기지 사령부로 설립되었다. 비리가 끊이지 않았다. 그러나 박정희가 부임하면서 대대적인 인적쇄신이 일어나고 부패가 일소되었다는 평판이 자자했다. 한 사람의 지휘관이 어떻게 부대를 바꿀 수 있는지를 실증한 예로 널리 알려졌다.

어쨌든 박정희가 부산에 부임하는 순간부터 용주는 그와 상시 교류하는 심우가 되었다. 황용주의 주선으로 대구사범 동기동창이 회동한다. 의사 조증출이 단골이다. 박정희의 전속부관, 이낙선 소령이 이들 사이의 심부름을 전담했다. 이 시절의 일화가 있다.

어느 날 부관 이낙선이 난감한 표정으로 황 주필에게 하소했다. 육영수 여사가 한 달에 두 차례, 생활비를 받으러 부산에 왔다. 한 번은 박정희가 전액을 가불해서 썼기에 잔액이 없다는 것이다. 황은 의사인 조증출을 주선하여 약간의 용돈을 마련해준다. 술자리에서 "생활비는 부인께 좀 드리는가?" 은근하게 스치고 가듯이 용주가 물었다. 박정희의 대답인즉 "그게 어디 내 돈이냐? 조직 관리하고 참모 용돈 주라고 한 거지."[4]

민족혁명의 음모

부산에서 군사 민족혁명의 모의가 이루어진다. 2001년, 타계하기 불과 몇 달 전에 황용주 자신이 남긴 증언이 있다. "박정희가 부산 군수기지 사령관으로 부임했다. 송도 덕승관으로 기억한다. '한국 사정이 이래

---

4) 이대훈의 증언, 황용주도 생전에 같은 이야기를 한 적이 있다.

가지고서야 어떻게 좋은 나라를 만들 수 있겠나. 우리도 군사혁명을 통해 이승만 정권을 탈피하고, 새로운 근대국가를 만들 시기가 왔다고 생각한다'라고 말하면서 '자네 생각은 어떤가?'라고 물었다. 이 말에 박정희는 씽긋이 웃으면서 '나도 꼭 그렇게 생각하고 있어'라고 답한다. 황용주는 '그때 처음으로 박정희가 쿠데타를 준비하고 있다는 것을 알게 되었다'라고 토로했다."5) 박정희의 속마음을 확인한 황용주는 본격적으로 군사혁명의 사명감과 정당성을 역설한다. 이때부터 둘은 형법이론에서 말하는 이른바 '공모공동정범'이 된 것이다. 이 공범관계는 황용주의 일생을 묶어둔다. 민족주의, 경제건설, 유엔 동시가입, 남북통일, 국제정치적 배경 등 오래토록 다지고 닦은 이론과 실상을 강론한다. 박정희로서는 식견이 높고, 무엇보다도 국제동향에 밝은 친구가 믿음직하기 짝이 없다.

"쿠데타를 하면 국내에 주둔하고 있는 미군이 가만있겠나?" 박정희의 우려에 대해 황용주는 단호하게 답한다. "그건 절대 걱정할 필요가 없네." 문제는 쿠데타에 성공하는 것이라며 안심시킨다. 용주가 그렇게 판단하는 근거는 국제정치이다. 첫째, 남미의 과테말라나 어집트의 경우를 보라. 미국이든 유럽이든 가만히 쳐다보고만 있었지 현상에 절대 개입하지 않았다. 전 세계에 아프리카 아시아의 민족주의 열풍이 불고 있는 상황에 미국이 절차의 민주주의라는 것을 내세워 막을 명분이 없다. 단지 친공 성향의 정부가 들어서지 않는다면 미국은 기정의 현상을 인정할 수밖에 없다. 그러므로 반공을 강하게 내세우는 이상 절대로 성공한 군사 쿠데타를 뒤집을 리가 없다는 것이다.6) 군인이든 문민이든

---

5) 『박정희 기념사업회 녹취록』, 2001. 4. 17 (녹취자 김찬수, 고양시 일산구 탄현동 동문 아파트 1001동 402호 자택에서)

6) "황용주는 박정희의 장자방(張子房)으로 쿠데타의 모의에 깊이 관여하고 있었고 박정 희 군사정권의 이론적 기반을 제공한 당사자였다. 박정희가 자유당 정권을 전복할 모의를 꾸미면서 가장 큰 장애물로 미국과 미군을 꼽았을 적에 황용주는 박정희의 고민을 풀어주곤 했다. 그는 박정희의 생각과는 달리 미국이 큰 문제가 되지 않을 것이라고 설명해주었다. 남미의 소소한 나라들에서 쿠데타가 일어나도 미국은 몰아붙 이지 않았다는 전례를 들었다. 또 1952년 부산 정치파동 때도 이승만 대통령이 계엄령

우익의 독재는 미국이 용납할 것이다. 경우에 따라서는 반공전선의 구축이라는 명분 아래 우익 독재체제를 만들어내기도 한 미국이 아닌가? 무엇보다도 우리가 하려는 거사는 뚜렷한 목표가 있지 않느냐? 후진성을 탈피하여 이 나라를 강하고 부유한 나라로 만들어야 하지 않느냐? 이승만과 같은 낡은 관념, 어설픈 수단으로는 결코 부유한 나라가 될 수 없다. 비록 일시 독재를 하더라도 반드시 근대화, 공업화를 이룩해야만 한다. 우리가 잘 아는 일본의 예를 보자. 명치유신이 있었기에 오늘날의 일본이 가능했던 것이 아닌가?[7]

황용주는 1959년 마닐라에서 열린 세계의원연맹 IPU 아시아 개발도상국 회의에서 미국의 정치가의 이야기를 경청했다. 『뉴스위크』지에 칼럼을 썼고 후일 주일대사가 된 그는 아시아 문제는 아시아적 방식으로 풀어야 한다는 주장을 제시한다. 즉 아시아에서는 미국적 민주주의로 근대화를 이룰 수가 없다는 것이다. 즉 근대화를 이룰 물질적 토대가 취약한 곳에서는 민주주의가 정착되기 어렵다는 것이다. 미국적 민주주의가 세계를 영도할 수 있는 정치이념이라고 믿었는데 필리핀에 와서 아시아 의원들과 토론해보니 자신의 생각이 지나치게 관념적이었다는 것을 깨달았다는 것이다. 아시아는 민주주의에 앞서 먼저 기아에서 해방되고 빈곤에서 탈출해야 한다. 필리핀이나 인도에 아무리 미국식 생활을 강요해보아야 순진한 미국인의 이상대로 구현될 수가 없다.

이 이야기에 용주의 귀가 번쩍했다. 그러니 공산주의만 반대한다면 독재라는 비난을 감수하고서라도 강력한 정부의 주도 아래 경제개발을 리드해야 한다. 미국식 자본주의의 원리에 따라 민간주도로 해서는 백년하청이다. 용주의 확신은 굳어진다.[8]

을 펴고 그 다음해에 마음대로 반공포로를 석방했지만 미국은 실제로 막지 않았다고 하면서 안심시켰다." 자명 김지태 평전 『문항라 저고리는 비에 젖지 않았다』, 98-89쪽
7) 『박정희 기념사업회 녹취록』, 2001. 4
8) 『격동기 지식인의 세 가지 삶의 모습』, 136쪽

1960년 6월 15일, 내각책임제 개헌안이 국회를 통과하고 7월 29일에
는 민참의원 선서가 시행되었다. 8월 12일 민참의원 합동회의에서 민주
당 구파의 윤보선이 대통령으로 선출되고, 민주당 신파의 단독으로 장
면 내각이 성립되었다. 그해 1960년 8월 14일, 김일성은 '경제와 문화면
의 협동을 증진시키기 위해 남북연맹 체제'를 제의한다. 구체적으로 판
문점을 회담장소로 하여 남북한 교류시찰단을 구성할 것을 제의한다.
12월 23일, 이케다 일본 수상은 "조선에는 남한, 북한 두 개의 정부가
있다"라고 공언하고 대대적인 재일교포의 북송을 용인했다. 맨스필드
미국 상원의원은 오스트리아식 중립화 통한론을 제의하기도 했다. 이
비상한 기류를 정부는 손 놓고 쳐다보기만 했다. 미국은 정보정치에 주
력하고 내정에 간섭을 했다. 케네디 정부는 버거 주한 미국대사를 통해
한국 정부의 외교정책에 세부적인 지침을 내리려고 했다.[9]

한민족은 'well educated people'이다. 이렇게 국민의 지적 수준이 높고
문화의 뿌리가 깊은 나라가 식민지로 전락한 것은 역사에 유례없는 일
이다. 식민지를 벗어났으면 비약을, 도약을 해야 한다. 그러기 위해서는
과감한 체제의 개혁이 선행되어야 한다.[10] 이승만의 공로는 국제 정세
의 흐름을 잘 읽어내었고, 그 결과 비록 절반이지만 공산당의 지배에서
지켜내었다. 이제 나머지 절반을 아울러 통일을 이룩해야만 한다.

황용주의 주선으로 국제신문 주필인 이병주도 이따금씩 회동했다.
세부적 사항에 대해서는 엇갈린 주장과 증언, 억측이 난무한다. 이병주
는 황용주와 박정희의 관계를 이렇게 회고한다.

"박 장군, 조증출, H 그리고 내가 모인 자리에선 주로 H가 말을 많이
했다. H의 시국관은 날카롭고 그의 비전은 원대하고 한마디로 그는 일

---

9) 김종신, 『영시의 햇불』, 108-109쪽
10) 『박정희 기념사업회 녹취록』, 2001

류에 속한다. 지식인이다. H의 태도는 되도록 박 장군을 계몽하려는
의도가 보였다. 군인의 틀을 벗어난 활달한 인간을 만들어보겠다는 정
열이 H에겐 있었다. 가끔 도의에 관한 설교를 하기도 했는데 H의 역점
은 한국군은 어느덧 타성의 늪에 빠져 무기력할 뿐만 아니라 부패현상
이 심해 국민의 신뢰를 얻지 못하고 있으니 도의적으로 재건되어야 한
다는 데 있었다. H는 또 드골 같은 사람을, 예를 들어 군인이자 정치가인
탁월한 인간상을 그려 보이기도 하며 한국에 그런 인물이 나타나야 한
다는 기대론을 펴기도 했다. 무슨 장군인가 군수품을 횡령한 죄로 군법
재판을 받고 있다는 사건이 화제에 올랐을 때, H가 '직업군인의 장래는
없다'고 개탄했다.

그러자 박 장군이 어깨를 펴며 결연하게 말했다.

'여기 도의적으로 말짱한 사람이 있어, 걱정하지 마.'

내 눈치론 박 장군이 H의 말을 귀담아듣는 것 같지 않았다. 글줄이나
쓴다고 세상일 다 아는 척하지 말라는 낌새마저 보였다. 그래도 H는
열심히 하였다. 민주주의의 ABC를 가르치려고 들기도 했다.

한번은 박 장군과 H 사이에 격론이 벌어졌다. 박 장군이 또 일본의
5.15, 2.26 사건을 일으킨 일본의 장교들을 들먹이며 찬사를 늘어놓자
H가 '너 무슨 소릴 하노. 놈들은 천왕 절대주의자들이고 따라서 일본
중심주의자들이고 케케묵은 국수주의자들이다. 그놈들이 일본을 망쳤
다는 것을 모르고 하는 소리가, 알고 하는 소리가.'11)

H는 앞으로의 세계는 요원하더라도 세계는 하나다 하는 이념으로 움
직여나가야 하는데 자기 나라만 제일이다라는 그런 고루한 생각으로써
는 세계 평화의 해독이 될 뿐만 아니라 결국 나라를 망치게 될 것이라며
자기 나름대로의 이론을 폈다. 그러나 박 장군은 '그런 잠꼬대 같은 소리
를 하고 있으니까 글 쓰는 놈들은 믿을 수가 없다'라며 열을 띠어 말을
계속했다.……아무튼 박 장군의 고집은 보통이 아니고 H의 집요한 태

11) 조갑제, 『박정희의 결정적 순간들』, 182–184쪽

326

도도 역시 보통이 아니었다.……견식의 깊이와 넓이를 보아 박 장군은 H의 토론 상대가 아니다. 대학생과 국민학생과의 토론을 방불케 하는 국면마저 있었다. 그런데도 박 장군은 한번 입 밖에 내었다고 하면 자기의 말을 끝까지 고집한다. 그럴 경우 나 같으면 토론을 포기하고 말 것인데 H는 그렇지가 않았다. 어쨌든 상대방을 설득하려고 노력하는 것이다."12)

이병주는 취중에 용주가 쿠데타를 발설했고, 당황한 박정희가 정면으로 덮었다고 말한다.

"이승만의 하야 성명이 있은 무렵이었다고 기억한다. 송도 대송관(덕승관의 오기로 보임)에서 박 장군과의 술판이 또 벌어졌다.……H가 잔뜩 술에 취해 통일론을 시작했다. 얼마동안 횡설수설하더니, 지금 통일의 유일한 방법은, 군인들이 궐기하여 정권을 잡고, 즉시 북쪽의 김일성을 판문점으로 불러 당장 휴전선을 틔워 한 나라를 만들어버리는 데에 있다고 열을 올렸다. H의 이 말에 얼굴이 일순 핼쑥하게 되더니, 박 장군이 자리를 박차고 일어섰다. 그리곤 '너 무슨 말을 해? 위험천만한 놈이구나. 너 같은 놈하고 술자리를 같이 못하겠어' 하는 말을 뱉어놓고 방문을 걷어차 열고 돌아가 버렸다. 조중출도 나가버렸다. 그때야 정신이 든 모양으로 H는, '저 친구 왜 저러지?' 하고 방 안을 두리번거렸다.

내가 H에게 물었다.

'방금 자네가 한 말 기억하나?'

'내가 무슨 말을 했는데?'

'박 장군 보고 쿠데타 하라고 권했어.'

'난 혁명을 하라고 했지, 쿠데타를 하라고 한 적은 없다.'

'혁명이나 쿠데타는 마찬가지 아닌가?'

'아니지, 쿠데타는 정권을 찬탈하는 행위에 지나지 않지만, 혁명은 달라. 혁명은 대목적을 위한 정권의 탈취이다. 이를테면 통일을 달성한

---

12) 이병주, 『대통령들의 초상』, 94-97쪽

다거나, 도의국가를 건설한다던가.'

　'목적은 그렇게 세워놓고 아니, 국민을 기망할 요량으로 목적은 그렇게 가정해놓고 정권만 찬탈한다면 어떻게 되나?'

　'그럼 도둑놈들이지.'

　'그러니까 그럴 위험이 다분히 있는 쿠데타 같은 짓을 권하지 말라는 말이다.'

　'자네 말도 그럴듯해.'"13)

3.15 부정선거와 부산일보의 활약

4.19 세대로 후일 국회의장을 지낸 박관용은 4.19 즈음하여 부산 동아대 재학시절에 통일운동을 하면서 황용주 선생의 가르침을 받았다고 고백했다.14)

1960년 '4.19 학생혁명'의 불씨를 지핀 것은 대학생이 아니라 고등학생들이었다. 그해 2월 28일, 일요일임에도 학교당국으로부터 임시등교를 명령받은 대구의 고등학생들은 학교 대신에 거리에 집합했다. 3월 15일에 실시될 정 부통령 선거에 조직적이고도 광범한 관권의 부정이 개입될 조짐이 보이고 있었다. 일요일의 등교 조치는 그날 예정된 야당의 유세에 참석하는 것을 막기 위한 당국의 조치였다는 것을 학생들은 너무나 잘 알고 있었다. 분노의 정의감이 표출하는 것은 자연스런 일이다. 이날을 기점으로 폭발한 학생데모는 부산, 마산으로 급속하게 파급된다. 고등학생들의 시위에 시민들이 동참했다. 4월 1일이 개학인 대학은 아직 휴면상태였다. 3월 15일, 만인의 예상대로 사상 최대의 조직적인 부정선거가 전국적 차원에서 시행되었다. 마산의 시민과 고등학생들이 데모에 나섰다. 경찰이 군중을 향해 발포했다. 7명이 목숨을 잃었다. 강경진압으로 한동안 진정되는 듯했다.

---

13) 이병주, 『대통령들의 초상』, 94-97, 90-100쪽
14) 2010년 4월 19일 SBS 라디오 아침 7시 45분, "나의 정계비망록", 대담자 이긍 논설국장

언론이 학생과 시민의 편을 들었다. 부산일보의 빛나는 활약은 두고 두고 칭송의 대상이 되고 있다. 부산일보는 3월 15일(화)자 조간 사설에 서 "오늘 3.15 투표의 날— 빠짐없이 깨끗한 한 표를 던지자"라며 원론 적 강론을 편다. 그러나 석간의 정치 칼럼 "세론"에서는 투표 부정의 조짐을 경고한다. 3월 15일 아침, 사찰형사들이 주필실에 밀어닥쳤다. "세론"에 어떤 글이 실리느냐고 물었다. 황 주필은 쓰고 있던 세론의 제목을 보여주었다. "울 밑에 선 봉선화", 그러면서 능청을 떨었다. "이 것 보라고 별거 아니야." 이렇듯 독자의 관심이 집중되었던 "세론"은 그날 아침 투표소에서 드러난 부정선거의 행태를 고발하고 차후에 닥칠 운명적인 결과를 예견하는 것이었다.

"3.15가 빨리 지나갔으면 하는 시민의 괴로운 표정을 민주 감각에서 나무랄 수 없다. 원칙적으로 그래서는 안 될 말이다.……왜 학생들이, 교사와 학부형과 당국의 제지, 충고에도 불구하고 한사코 데모를 하게 되었는가. 우리는 지난 대구 학생 데모사건이 일어났을 때 그것이 개별 적이고 일시적인 국부현상으로 보지 않았다. 인체의 병환도 처음에는 미열에서 시작된다. 사회를 전체적으로 관리하는 위정자는 미열의 현상 을 깊이 관찰할 수 있어야 한다. 우리들 40대 전후가 일제 때 전장에 있을 무렵 우리는 내일을 모르는 극한 상황에서 참호 속에 모이면 그 노래를 불렀다. '울 밑에 선 봉선화'이다. 그러면 우리에게 개인의 생명 이 민족의 영원성 속에 온 몸이 저리도록 상쾌한 신비감을 맛보았던 것이다. 여태까지의 민족과 국가는 전쟁을 치르면서 흥하거나 망하거나 운명을 걸었다. 그러나 민주사회는 선거를 치르면서 생활과 소득의 고 저를 건다. 앞으로 몇 십 시간 개표발표에 피비린내 나는 공명심은 사라 지리라. 출정을 앞둔 충무공의 애국지성을 상기하고 불순한 마음에 동 하는 자는 그들 자제로 하여금 '울 밑에 선 봉선화'를 부르지 못하게 해야 한다."15)

---

15) 『3.15 의거사』, 3.15 의거사 편찬위원회, 2004, 625쪽

미국 국무성은 3월 14일(미국 시간) 한국의 정치 상황을 우려하는 성명을 발표한다. 이 대통령에게 '자유로운 표현을 보장하도록 요구함과 아울러 그에 배치되는 여하한 행동도 유감으로 생각한다'라는 요지이다.[16]「뉴욕 타임스」는 "마산 사건 발생"(3.16),[17]「워싱턴 포스트」는 "이 씨의 더러운 승리"(3.17)로 제목을 뽑아 비중 있게 보도했다.「AP통신」은 "3.15 선거와 한국 민족주의 — 고목에 핀 곰팡이"(3.20)[18]라는 제목으로 "이승만 씨는 옛날 한국 속담과 더불어 성장했다. 한국 속담에 이런 것이 있다. 죽은 나무에 꽃이 핀 줄 알았더니 사실은 썩어 문드러진 곰팡이에 불과했다"라고 비판했다.[19]

선거 당일에 부정선거를 규탄하는 마산 시민의 가두시위가 일어나고 경찰의 발포가 따랐다. 바로 그날 저녁 마산 시민들은 개표소로 몰려들었다. 학생, 시민들은 남성동 파출소와 이웃의 자유당 마산시 당사를 습격하여 유리창을 박살낸다. 부산일보 마산 주재기자 허종, 이종명의 다급한 보고에 사회부의 김상신, 이덕기 두 기자를 급파한다. 3월 15일 밤, "전우의 시체를 넘고 넘어"라는 비장한 군가를 부르며 데모하는 시민들의 모습을 보도한다. 이후 부산일보는 장장 15회에 걸쳐 "나는 마산 사태를 목격했다!"라는 제목으로 심층취재를 이어갔다.

3월 16일도 부산일보와 부산 문화방송 기자들은 시위대 속에 들어가 현장상황을 녹음했다. NHK 등 많은 외신기자들이 현장녹음 복사본을 요청했다.

"(데모 중 총소리) 이 나라 민주주의 기수로서 숨져가는 조국을 소생시켜 제2공화국이 벅찬 새 아침을 나게 한 수많은 학도들의 피어린 민주 항쟁의 역사를 이제부터 민간방송 HKLU 부산 문화방송국이 청취자 여러분 앞에 엮어 드리겠습니다(탕탕탕 자지러지는 총소리와 함께 비명

---

16) 『3.15 의거사』, 694쪽
17) 같은 책, 692쪽
18) 같은 책, 696쪽
19) 같은 책, 697쪽

소리가 뒤섞여 나오고). 그러나 경찰은 평화적인 데모대에 총탄을 퍼부어 사람들이 쓰러져 갔습니다.”20)

3월 17일자 사설에서는 “선거는 끝났다. 서로 마음을 풀고 마산 시민에겐 높은 윤리를 주자”라며 우회적으로 데모를 지지한다. 정부의 진상조사가 미진하고 ‘오열의 소행’ 등 사실 왜곡의 가능성이 높아지자 정부의 처사를 강도 높게 비판한다.21) 4월 10일자 사설에서는 “정치적 숙정과 숙군이 단행되어야 할 오늘의 현실”이라는 제호 아래 3.15 선거에 개입한 군 장성들을 거론하며 대대적인 군의 인적 쇄신을 촉구한다.22)

3월 17일자 “세론”의 제목은 “전우의 시체를 넘고 넘어”였다.

“가령 자유당 입후보로서 대통령에 당선된 이 박사의 당선 축하행렬이 있고, 또 한편으로 민주당 측에선 당선 무효를 부르짖는 행렬이 동시에 있다고 하자. 우리들 헌법의 규정과 현행법의 테두리 안에서는 이 두 데모가 같이 허용되게 되어 있는 것이다. 헌법과 법이 이 같은 기본 자유를 보장하고 있는 것은 절대공정이란 이념에서 나온 것이고, 이 같

---

20) 같은 책, 639쪽
21) 사설 : (1) “선거는 끝났다. 서로 마음을 풀고 마산 시민에겐 높은 윤리를 주자.” (2) “취재의 자유는 적극적으로 보장되어야 한다”(1960. 3. 17); “국민은 위대한 방관자다 — 소란(騷亂)에서 얻은 것과 부동(不動)에서 얻은 것”(1960. 3. 18); “민심의 소재를 먼저 파악해야 한다 — 서정, 외교의 쇄신을 위하여”, “법은 만인 앞에 평등한 것 — 마산 소요사건의 신속한 규명을 재촉구한다”(1960. 3. 19); “그럴 수 없는 일을 그렇다고 우겨대는 한국의 현실 : 뒤집히기 시작하는 마산 사건의 경찰조사를 보고”, “학생들의 데모를 범연히 다루어서는 안 된다.”(1960. 3. 26) 다만 이승만 대통령에 대해서만은 예의를 갖춘다. “만수무강을 기원 오늘 이 대통령 85회 탄신일 지난 3.15총선거에서 제4대 대통령으로 당선된 이 대통령은 이제 85회의 탄신일을 맞으면서 평생을 조국의 독립과 더불어 있었고 아세아 반공의 제1지도자로서 노익장하다. 노 대통령의 탄신일에 즈음하여 국민들은 평생을 겨레와 나라를 위하여 살아온 이 대통령의 만수무강을 기원한다. 공휴일인 이날 각 관공서는 경축식을 올리는데 올해는 ‘모든 것을 간소하게 하라’는 대통령의 특별 분부로 화려한 기념행사는 하지 않게 되었다.”(1960. 3. 26, 박스기사)
22) “정치적 숙정과 숙군이 단행되어야 할 오늘의 현실” “전3군단장인 양(楊)중장이 부정선거에 개입. 양중장만이 아니라 헌병감도 일련의 의혹사실이” “거듭 말하거니와 우리는 자유, 민주우방의 이해와 협조 없이는 민족의 번영을 취할 수 없고 군의 건재 없이는 국가의 안전을 득할 수 없다. 오늘의 정치현실에 일대숙정이 있어야 할 소이연이다.” (1960. 4. 10)

은 공정감은 바로 우리들 상식과 논리의 바탕이 되어 있는 것이다.……
마산의 학도들이 15일 밤, 군가 '전우의 시체를 넘고 넘어'를 부르면서
데모를 하였는데 세상의 어른들은 이 군가를 통해 비장감이 생기고 개
인이 전체의 운명감 속에 몰입되는 승화감이 저절로 나는 것이다. 마치
독일 청년이 베토벤의 '운명'을 들으면 순국감정이 유발된다는 것과 비
슷한 경우다.……문제는 '전우의 시체를 넘고 넘어'를 노래하면서 가두
행진을 한 학생의 에네르기를 왜 6.25 때 괴뢰군에게 쏟아지는 방향으로
정치를 할 줄 몰랐던가.……우리는 데모를 불온시하고 자칫하면 발사
하는 저개발된 치안의식을 높이고 세련시켜야 하겠다. 그리고 데모대가
흐르기 쉬운 폭력화도 전우 군가가 교시하는 깨끗한 정신에서 지양되어
야 한다는 것이다."

김주열 시신 발견

4월 11일, 마산 중앙부두 앞 바다에서 행방불명되었던 마산상고 학생
김주열의 유체가 떠오른다. 눈에 최루탄이 박힌 끔찍한 모습이었다. 그
동안 경찰은 은폐로 일관했던 것이다.[23] 부산일보 마산지국의 사진기
자, 허종이 달려가 정신없이 셔터를 눌렀다.[24] 시체를 직접 본 시민은
흥분했다. 분노한 시민들은 순식간에 모여들었다. 북마산 파출소가 전
소되고 남성동 파출소도 무차별 습격되었다.

부산일보의 단독 스쿠프였다. 허종 기자가 찍은 이 사진은 AP통신
을 통해 「뉴욕 타임스」의 1면 톱을 장식했고 그해의 퓰리처상 후보에

---

23) "당시 시위대에 발포명령을 내리고 최루탄이 눈에 박힌 김주열의 시체를 돌로 묶어
중앙부두 앞 바다에 빠뜨리게 한 장본인은 마산 경찰서 경비주임 박종표였다. 그는
일제말기에 아라이 겐지치(新井源吉)라는 이름으로 헌병보조원으로 악명을 떨쳤다.
……1949년 반민특위에 체포되었으나 유야무야되어 다시 경찰에 채용되었다." 『3.15
의거사』, 698쪽
24) (부산일보는 1959년 6월 15일 마산직할지사를 설치했다.) "마산지사의 허종 기자가
우연히 현장을 지나다 발견하고 찍은 사진이 지프차에 실려 편집국에 도착했다. 우리는
이 역사적인 특종을 독점할 수 있는, 신문쟁이로서의 최고의 쾌락을 억누르고 여러
장 복사하여 전국 신문사에 우송하였다." 황용주, 부산일보 창립 30주년 기념사

도 올랐다. 황 주필은 밤새 사건을 지휘하면서 호외를 발행하여 부산은 물론 경남 전 지역에 배송했다. 전국의 신문이 부산일보에 매달린다. 4월 14일자 기사에는 한밤중에 경찰이 시체를 억지로 탈취하여 고향인 남원으로 보냈다는 소식이 실렸다. "김주열 군 시체 남원으로, 원한의 마산 뒤로 두고"(모 권찬주 여사, 아들 시신 거부, '이기붕 집에 갖다 주라')

황 주필은 부산일보 사옥에 세들어 있던 AP통신을 통해 이 사실이 일본에 전송되게 한다. 잠시 편집국장 전용 캐비닛에 보관하던 사진이다. 역사적 문서가 된 김주열의 사진은 부산일보의 특종이었지만 경향의 모든 신문과 공유하라는 지시를 내린다. 뿐만 아니라 문화방송을 동원하여 부산공고의 합격자 발표 소식을 전하면서 중간 중간에 마산 사태를 실시간으로 방송한다.25) 마산 사건의 실황보도에서 부산일보 황용주가 보인 담대한 태도는 언론계에서 가히 신화가 되었다.26)

마산에 지국이 없던 경쟁지 국제신문은 발이 묶였다. 마산을 향해 급파된 기자들에 대해 경찰은 노골적인 취재방해 폭력 협박, 기자의 감금 구타사건이 벌어진다.27) 3.15 의거에서 라이벌 부산일보에 주도권을 빼앗긴 국제신문은 이를 만회라도 하듯이 4.19 사태 이후에 더욱 적극적인 필봉을 휘둘렀다.28) 부산 MBC는 결과적으로 마산 의거가 부산으로, 대구로 북상하는 데 결정적으로 기여했다. 4월 혁명이 성공하자 장면(張勉) 민주당 정부는 1960년 12월 30일 민주운동에 기여한 공을 높이 평가해 부산 문화방송에 표창장을 수여한다.29)

---

25) 『격동기 지식인의 세 가지 삶의 모습』, 148-151쪽
26) "김주열 군 시체 남원으로, 원한의 마산 뒤로 두고", "모 권찬주 여사, 아들 시신 거부, '이기붕 집에 갖다 주라'", 「부산일보」, 1960 4. 14
27) 『3.15 의거사』, 634-638쪽
28) 이 장의 주 43 이하의 본문 참조
29) 자명 김지태 평전 『문항라 저고리는 비에 젖지 않았다』, 79쪽

부산일보 4월 12일(화) 석간 1면은 "제2마산 사건으로 정국 다시 긴장"이란 제호가 적혀 있다. 1면 사설은 "왜 또 마산 사건이 났던가. 행정적인 사후수습이 시원치 못했다"라는 제목으로 강한 어조의 정부 비판이 실려 있다.

"우리는 작일 밤의 제2차 마산 데모 사건을 중대시하여야 한다. 이미 지난 3월 16일에 발표된 미 국무장관 허터 씨의 경고를 상기할 필요가 있다. 그는 한국의 3.15 선거부정과 시민의 살상에 대해 관심을 가지고 있음을 밝혔다. 이것은 최근 남아프리카의 샤프빌 흑인학살 사건과 함께 세계여론의 초점이 되었으며 후자가 안보리에 회부되었다는 점을 유념해야 한다(유엔이 '인종차별 철폐의 날'로 지정했다). 정부당국은 마산의 제2차에 걸친 데모가 남아프리카의 샤프빌 사건 이상으로 세계화된 만큼 중대한 의의를 확인해야 하고……시민대표와 당국은 평화적인 절충을 가져라."[30]

같은 날짜 사고란에는 "언론의 자유는 국가가 침해할 수 없는 도덕적 권리이며 진리의 허위타파를 촉진한다"(「매스콤의 자유사이론[自由四理論]에서」)라는 경구가 실려 있다. 정부의 취재 간섭에 대해 결연한 저항을 천명한 것이다.

또한 이날의 지면에 마산 출신의 논설위원, 시인 김태홍의 시, 「마산은」을 실었다.

---

30) 2면에는 "사진으로 본 제2의 마산 사건"이라는 제목 아래 여러 장의 생생한 사진이 실려 있다.
3면은 "마산 바다 속에서 총 맞은 시체 발견"/"3.15 때 실종된 김주열 군, 11일 상오 중앙부두서 낚시꾼이 발견"/"오른눈에 탄환 파편이 박힌 채 부풀어오른 얼굴이다."/"통분 터지자 아우성, 김주열 군 시체 도립병원에 운반되는 순간" 등의 제호 아래 상세한 기사를 전한다.
4월 13일자 신문 제목도 "제3의 마산 데모"로 마찬가지다.
마산 사건의 상세한 보도는 4월 18일까지 이어진다. "동래가도에서 터진 데모"(4. 14) "동래고생 전원 천이백 명이 자유 달라고"(4. 15) "최루탄 4발 등 십수 발 쏘아"(4. 16) "순식간에 범일동엔 연도에 2만의 군중"(4. 17) "삼일극장 앞서도 최루탄 — 경찰, 최후의 4차 저지선 치고"(4. 18)

마산은/고요한 합포만 나의 고향 마산은

썩은 담사리 비치는 달그림자에 서정을 달래는 전설의 호반은 아니다.

봄비에 눈물이 말없이 어둠 속에 괴면

눈동자에 탄환이 박힌 소년의 시체가/대낮에 표류하는 부두!

학생과 학생과 시민이 "전우의 시체를 넘고 넘어!" 민주주의와 애국가와

목이 말라 온통 설레는 부두인 것이다.

파도는 양심들에 돌아가 명상하고

붓은 마산을 후세에 고발하라.

밤을 새워 외치고.

정치는 응시하라. 세계는

이곳 소년의 표정을 읽어라

이방인이 아닌 소년의 못 다한 염원들을 생각해보라고.

무수히 부딪쳐 밤을 새는 피 젖은 조류의 아우성 있다.

김태홍은 5.16 후에 구속되어 재판을 받는다. 후일 부산고의 국어교사로 재직한 그는 이때의 체험을 바탕으로 「감방에서」라는 시를 발표한다. 그중 한 구절은 열혈 청년들의 가슴에 오래 남아 있다. "피 찍어 써본다. 자유여!"

용주는 언론인 평생을 통해 가장 보람 있었던 일은 바로 김주열 사건을 보도한 이날의 결단이라고 회고한다. 황용주 자신의 생생한 증언이 있다. 송정제 견습기자의 화급한 목소리였다.[31] 지금 마산 남성동 파출

---

31) "송 사장에게서 깜빡 잊고 있던 옛날이야기를 많이 듣다. 그 동안 내 인생에서 가장 보람 있었던 때를 묻기에 박정희와 5.16 혁명을 모의할 때라고 하다. 3.15 부정선거 때 송 기자가 마산 오동동 습격했을 때 이 소식을 마산의 허 기자로부터 전화를 받고 그때 내가 당구장에 있을 때 달려와서 숨을 헐레벌떡 하면서 보고했는데 그때 송 기자의 참신한 모습을 잊지 않는다고 말해주다."(2001. 1. 22 일기)

소가 불타고 있고 시민들이 시체를 에워싸고 경찰과 대치하고 있다. 도경 사찰과장의 전화가 걸려왔다. 기사를 쓰지 말라는 것이었다. 부산일보 사옥에 AP통신 지사가 세들어 있었다. AP는 서울 사무소에 모스부호로 기사를 송고했다. 부산지사는 서울 사무소만 아니라 일본 서부지역에도 송고하였다. 때때로 부산일보나 국제신문에 나지 않는 기사가 일본의 언론에 보도되는 예를 보았다. 어느 날 황은 AP 지국장에게 노골적으로 물었다. 여기서 못 내는 기사를 일본으로 보내느냐고. 지국장은 펄펄 뛰었다. 그러다간 큰일이 난다면서. 그러나 부산에서 모스 전파로 보내는 기사가 일본에서 송신되지 않을 리 없다. 황은 AP 지국으로 올라갔다. 마침 지사장이 자리에 있었다. 황은 진지하게 마산 이야기를 끄집어냈다. 결정을 못한 지사장이 황에게 물었다. "어떻게 할까요?" "당신들은 어차피 서울로 기사를 보내야 할 게 아니요? 최종판단은 본사의 몫일 테니." 자리에 돌아오기 무섭게 황은 송정제에게 지시했다. 즉시 기사를 써서 AP에 주라고. "이 시간 현재 마산 시청 앞에서 대치 중이다." AP에게 다짐했다. 한 번만 보내지 말고 여러 차례 반복해서 보내라고. 왜 그러느냐는 반문에 무조건 그렇게 하라고 다짐했다. 황은 그렇게 하면 반드시 일본에도 전해지겠지, 그러면 국제적인 뉴스가 되지 않을까 하고 내심으로 기대했다. 4월 11일 석간에는 싣지 못했다.

호외를 만들어야지, 내일 아침 조간도……이건 특종이야! 세상을 바꿀 계기가 될지도 몰라. 황은 직접 윤전실에 들어가서 인쇄를 독려했다. 경찰이 찾거든 행선지를 밝히지 않고 외출 중이라고 말해라. 그런데 사장 김지태가 직접 윤전실로 주필을 찾아왔다. 다급한 얼굴로 "황 주필, 그건 좀 생각해봐야 하지 않겠소. 좀더 추이를 보면 어떨까요?" 황은 웃는 얼굴로 안심시켰다. "저도 연락을 받았습니다. 걱정하지 마세요."

사장은 따돌렸지만 어떻게 할 것인가? 신문사 내에도 사장의 측근이 도사리고 있고 이따금 비선도 움직이는 기미가 보였다. 이때 번쩍, 번개처럼 머릿속을 스치는 아이디어, 그래 방송이다! 마침 부산공업고등학교의 합격자 발표가 있는 날이었다. 당시 공고는 상당한 인기가 있었다. 합격자 명단을 신문에 싣는 것이 관례로 정착되어가고 있었다. 황은 사장 김지태와 상의한다. 신문이 나오려면 시간이 더디니 합격자를 신속하게 방송으로 알려주면 좋지 않겠느냐고. 황의 속내를 알 리 없는 사장은 물론 적극 찬성이다.

부산 문화방송이 지척에 있었다. 방송은 부산일보 사주 김지태가 인수한 지 얼마 되지 않았다. (1959년 9월) 전응덕 보도과장이 기술자와 함께 주필실로 온다. 전응덕은 용주의 열렬한 팬이었다. 용주는 처남 이대훈을 은밀하게 부른다. 송정제가 쓴 원고에 가필하여 다소 선정적으로 만들었다. 강단 있는 전응덕이 황 주필의 부탁을 순순히 받았다. 한참 합격자 명단을 발표하다 중간 중간에 '청취자 여러분, 긴급 뉴스를 전해드리겠습니다. 지금 마산에서는…….' 약 1시간에 걸쳐 합격자, 마산 소식을 번갈아가며 전하는 전 아나의 음성에 윤기가 달라졌다.[32] 황은 무전실에다 일본방송을 점검하라고 특명을 내린다. 드디어 일본방송이 마산의 소요사건을 보도하기 시작했다. 대세는 판가름 난 것이다.

김지태의 다른 증언

"3.15 부정선거 당시 부산일보와 문화방송의 보도를 사장 김지태가 직접 진두지휘했다. 김지태의 전기는 부산 문화방송과 부산일보가 놀라울 정도로 기민하게 대처할 수 있었던 것은 김지태가 마산 지역에서 극심한 부정선거가 자행될 것이라는 점을 예견했기 때문일지 모른다는 가설을 세운다. 특히 이승만의 맹신자였던 자유당 국회의원의 노골적이고도 조직적인 부정이 예견되었기 때문이라고 한다.[33]

"이때 이미 나의 부산일보 사장실에는 문화방송 마이크가 설치되고

---

32) 『격동기 지식인의 세 가지 삶의 모습』, 148-151쪽
33) 자명 김지태 평전 『문항라 저고리는 비에 젖지 않았다』, 73쪽. 이용범의 구체적인 행각은 『3.15 의거사』, 261-267쪽에 기록되어 있다. 그는 이병주의 소설 『산하』에 주인공으로 그려져 있다.

직통전화는 물론 다른 모든 전화선을 집결시켜 나의 진두지휘하의 비상 체제로 옮겨져 있었다. 파출사가 불에 타고 경찰이 쏜 총에 맞아 사람이 죽었다는 마산 상황은 문화방송의 전파를 타고 부산과 경남 일원으로 전해졌다. 소상한 상황을 알려는 시민들이 방송국으로 몰려가 아우성을 쳤다. 방송이 되고 있는 곳이 밀폐된 부산일보 사장실이라는 것을 아는 사람은 아무도 없었다. 문화방송 제일보가 나가자 곧바로 일본의 NHK가 우리 방송을 받아서 그대로 방송하는 것을 듣고 나는 쾌감을 느꼈다. 일이 이렇게 되자 문화방송국에는 관계기관에서 거는 전화가 빗발쳤지만 연결이 되지 않아 무위로 끝났다. 좀 지난 뒤에 경남 도경국장이 나를 찾아와 마산 시위방송을 중단해달라고 호소했지만 그때는 이미 방송이 다 나간 뒤였다. 나는 오랜 정치 보복을 받아온 숙원을 이 국가비상시에 통쾌한 언론으로 푼 것이 된 셈이다"라고 회고했다.34)

김지태와 황용주, 누가 보도를 주도했는가에 대해서는 판단하는 사람에 따라 차이가 있을 수 있다. 다만 한 가지 분명한 사실은 두 사람 다 자유당 정부에 대해 극도의 반감을 가지고 있었다는 것이다.

부산 양대 신문의 4.19 지지

4월 24일 "부일사롱"의 집필자는 논설위원인 작가, 김정한이었다. "조국아, 붓이 통곡한다"라는 제목의 감동적인 글이다. "이 땅의 소년들은 버들가지를 좋아했다. 그래서 봄이 좋았다.……소년이 자란 청년들은 피리를 불지 않아도 진달래를 꺾지 않아도 조국의 강산이 한결 그립고 고맙고 그 품에 안겨 꿈을 길렀다.……조국의 이 봄은 원통하기만 하다. 우리들의 소년이, 우리들의 청년이 옹기종기 모여 앉아, 혹은 홀로 앉아서 봄을 즐기고 사랑을 속삭이고 이상을 가다듬어야 할 그 산, 그 언덕의 찬연한 잔디 밑에 그렇게도 허무하게 묻히고 마는가 생각하면 조국이,

---

34) 자명 김지태 평전 『문항라 저고리는 비에 젖지 않았다』, 384-385쪽. 김지태, 『나의 이력서』, 197쪽도 같은 요지다.

차라리 붓이 너를 통곡한다."[35]

이 대통령에게 보였던 비교적 온건한 자세는[36] 4월 25일 교수 데모를 계기로 급변하여 정식으로 대통령의 하야를 권고하는 사설을 게재한다.[37] 조간에 사설이 실린 바로 이날 이 대통령은 하야한다. 특호활자로 정, 부통령 재선거 기사가 실린 이튿날(4월 27일) 사설은 기다렸다는 듯이 구체적인 정국 수습방안을 제시하며 희망의 등불을 내건다.[38]

"부산 지역의 민주 민족운동의 인맥은 8.15 이후 부산 경남 지역의 특수한 정치상황의 산물이라는 분석이 있다. 즉 이들 중 상당수는 부산 출신이나 일제시기에 부산에서 활동하던 인물이 아니고 8.15 후에 부산에 정착한 인물들이다. 특히 한국전쟁 기간 중 부산이 임시수도가 되면서 정착한 인물도 많다. 이들을 주축으로 하여 1950년대 중반부터 1960년대 초에 이르기까지 중요한 역할을 한다. 부산대 교수 이종율이 구심점이 되어 부산대, 동아대 학생들로 결성한 민족문화협의회도 특기할 단체다.[39] 이종율은 부산일보의 논설위원으로도 참여했다. 그는 1961년 부산대를 사직하고 조용수와 함께 민족일보의 창간에 관여한다. 1962년 혁명재판소에 의해 10년 징역을 선고받고 3년 6월 복역한다.

마산도 부산과 비슷한 양상이다. 항구 도시의 주민은 거칠고, 저항적, 진취적, 개방적이라는 지리적 기질론[40]에 더하여 정치적, 사회적 여건

---

35) 「부산일보」, 1960. 4. 24
36) "이 대통령의 깊은 뜻을 받들어 법과 질서를 회복하자"(1960. 4. 21 사설), "치안은 유지되었다. 그러나 민심수습은?"(1960. 4. 22 사설), "내각책임제 개헌이 4.19를 수습할 수 있다. 단 국회의원의 총사퇴가 전제될 때이다", "데모에 희생된 동포에게 구호의 성의를 보여라"(1960. 4. 24 사설)
37) "이 대통령은 하야 여부의 의사표시가 있어야 할 단계가 왔다", "대학교수 데모(4.25)의 사회적 의의"(1960. 4. 26 사설)
38) "이승만 씨로부터 주권이 국민에 넘어오는 법적 절차를 이렇게 하자", "데모는 공분이지만 파괴행위는 사분이다"(1960. 4. 27 사설)
39) 김선미, "부산의 4월 민주항쟁과 주도세력", 사단법인 부산 민주항쟁 기념사업회 민주주의사회연구소 편, 『산수 이종률 민족혁명론의 재조명』, 『민주주의 사회연구소 연구총서 4』, 선인, 2006, 349-369쪽
40) 강만길, "마산인의 기질론", 『3.15 의거사』, 189-190쪽

에 의해 배양된 사회적 기질을 지닌다. 마산에도 토박이가 아닌, 외지에서 유입된 사람들이 많다. 일제시대에는 일본인이 도시의 건설을 주도했던 마산은 1950년 이후에 급속하게 가속된 공업화 도시가 된 것이다.41) 이런 관점에서 본다면 1979년 10월, 광범하고도 격렬한 반정부데모로 박정희의 암살의 결정적 계기가 된 '부마사태'의 뿌리는 해방 직후부터 배양되었거나 적어도 1960년 봄, 3.15 의거 시까지 소급할 수 있다.

황용주와 이병주, 두 주필의 취임 이래 부산일보와 국제신문은 자유당 정부에 대한 강한 비판적 논조를 일관되게 유지해왔다. 1960년 3.15 선거를 계기로 신랄한 공격으로 강도를 높인다. 5.16 직후에 두 주필이 경남도경에 의해 '반혁명분자'의 혐의로 체포된 것도 경찰의 누적된 사원이 중요한 요인이 되었음이 후일 밝혀졌다.

국제신문은 4.19를 강력하게 지지하고 나선다. 4.19 혁명이 발발하자 국제신문은 조병옥 박사 서거 이후 1960년 들어 두 번째 호외까지 찍어 배포하는 기민성을 보인다. 4월 19일(화)자 석간 사설은 "데모 학생을 제압할 것이 아니라 그들의 구호를 겸허하게 들어야 한다"라며 포문을 연다.42) 이어 "이 불행한 시련을 극복하는 데 우리는 용감해야 한다 (1960. 4. 20 석간)",43) "대통령의 담화가 어떻게 정책화될 것인가? 국민

---

41) "마산 창원 지역의 대중운동과 항일 민족운동의 발전", 『3.15 의거사』, 126-157쪽
42) "전체 학생은 학생의 자각이라기보다도 훨씬 노숙한 자각으로 이를 이해하여 인내해 왔다. 졸업자 8할이 직장을 얻지 못했어도 어려운 신생국가의 처지를 이해하고 그들의 불만을 집결시키지는 않았다.……그러나 선거에 있어서의 부정만은 견딜 수 없다는 자각에 도달한 것이다.……일언이폐지하여 조국을 이대로 둘 수 없다는 정열에서 시작된 것이라고 보아주어야 한다.……학생의 데모에 대해서는 어디까지나 부형의 입장에서, 교사의 입장에서 임해야 한다. 난동이라고 해서 경찰의 대상으로 삼아서는 안 된다."(1960년 4월 19일, 발행인 이형두, 주필 겸 편집국장 이병주)
43) "……비상사태라는 말을 쓰고 싶지 않다. 어떤 사태가 정상사태인지 아직 우리는 직접적 체험을 통해서 알고 있지 않기 때문이다. 이 사태를 두고 우리는 불행한 사태라고 부를 수밖에 없다.……미 국무장관 덜레스 씨는 성명서를 발표하고 데모대와 정부 측에 질서를 회복하고 정당한 불평을 해결하도록 촉구했다. 미국 정부가 한국 정부에 대해 이처럼 솔직한 견해를 표명한 것은 이례적이다.……극동에 있어서 반공보루라고 믿고 있던 한국에 이러한 사태가 일어난 것은 미국뿐만 아니라 전체 자유진영 국가에 적잖은 충격이었음은 재론할 여지가 없다. 더욱이 해방 후 15년을 자란 민주주의적

340

은 이를 주목한다.”“자유당의 성명을 읽고”(1960. 4. 21 조간)라는 소제목 아래 자유당에 대한 노골적인 공격을 가한다.44) 이어서 같은 날 석간 사설에서도 “자유당의 성명을 읽고”(1960. 4. 21 석간)라는 동일한 소제목으로 정부에 대한 신랄한 비판을 가한다. “대로를 막아놓고 물어보면 알 일이다. 자유당이 부정선거를 조작하지 않았던가?……학도들에게 죄가 있다면 이 조국을 목숨을 걸어놓고 사랑했다는 죄밖에 없다. 학도들에게 죄가 있다면 조국의 민주적 장래를 우려하는 정열이 장애에 부딪쳐 불려(不慮)의 혼란을 일으켰다는 죄밖에 없다.” 이러한 논조는 4월 26일 이승만 대통령의 하야 시점까지 유지된다.45)

부산일보 또한 4.19 사태와 구미 각지의 논평을 상세하게 소개하면서 “미국, 영국, 이태리, 화란, 스웨덴 등 외국에서 대부분 1면에 대서특필하고 있다는 소식을 전하면서 아프리카 아시아에서 일어나고 있는 것과 같은 현상으로 본다”고 덧붙인다.46)

신생국가가 선거로 인하여 혼란하고 있다는 사실은 불행이 아닐 수 없다. 생각을 심화하면 데모 행동은 그만큼 자유가 있다는 것을 역증하는 것으로 공산진영에 대한 우리의 우위를 증명할 수도 있다. 자유진영은 초조하고 공산진영은 호시탐탐하고 있다. 이 시련 극복에 용감함으로써 민주주의적 이념을 높이 선양하고 적에 대한 우리의 우월을 증거 세움으로써 전화위복의 전기를 마련해야 한다.”(1960. 4. 20 석간 사설)

44) “대통령의 담화가 어떻게 정책화될 것인가? 국민은 이를 주목한다.”“정부 발표에 의하면, 전국의 사망자가 115명이라고 한다. 총상 기타 혼잡으로 인한 부상자의 수는 774명이란 공식 발표이다. 20일 이 대통령은 ‘자신의 결백성을 강조하고 죄가 있는 사람들은 문책할 것이며 불평의 주요 원인은 시정될 것이다.’”(국제신문, 1960. 4. 21 조간 사설)

45) “데모 학생을 보복의 대상으로 해서는 안 된다.”(4월 22일[금] 석간); “국회를 해산하고 총선거를 다시 하자”(4월 23일[토] 석간); “장 부통령의 사퇴를 환영한다.”(4월 24일[일] 조간); “국회의원들은 사퇴하라. 불연이면 그 이유를 밝혀야 한다”; “정국 수습의 길은 데모 학도의 구호를 살리는 방법밖에 없다.”(4월 24일[일] 석간); “이 대통령의 담화를 듣고 정말 실망했다.”(4월 25일[월] 조간); “내각책임제 운운으로 국민을 기만하지 말라. 국회의원 전원이 공범인 것이다.……미국에서도 일본에서도 교포들이 깃발을 들었다. 국민은 결코 속지 않는다. 이 이상의 부질없는 졸책과 기만으로 국민을 우롱하지 말라. 잠자는 사자를 다시 깨워선 안 된다.”(4월 25일[월] 석간)

46) 4월 24일(일) 4월 26일(화) 사설 : 소제목 (1) 이 대통령은 하야 여부의 의사표시가 있어야 할 단계가 왔다. (2) 대학교수 데모(4.25)의 사회적 의의 “작 25일 서울대학교 교수 전원을 비롯한 시내 각 대학 약 3백여 명은 이번 4.19 사태에 대한 일련의 결의를 하고 이 주장을 데모로서 사회에 널리 알렸다. 첫째, 학생들의 주장은 민족정기의 발양이라고 대전제하였다.……집권당의 산하 관리들은 즉시 물러가야 하며 그 3.15 선거의

그리고는 4월 30일(토) 석간에서 최종 결론을 내린다. "3, 4월 민족항
쟁, 학생의 피를 횡령할 자 그 누구냐"라는 제호 아래 "자유당의 방향으
로 역류해서도 안 되고 민주당의 방향으로 횡류해서도 안 되고, 기타
기회주의 중간파의 방향으로 사취되어서도 안 된다. 오직 노력성과 애
족성의 민족대중들의 정치투쟁으로 정류(正流)되어야 한다."

4.19와 박정희

4.19 직후에 박정희의 반응과 동향에 대해서는 여러 가지 주장과 증언
이 있다. 그가 낙담했다는 이야기와 안심했다는 이야기가 같은 비중을
지닌다. 4.19와 5.16을 동일한 목적을 위한 '2인3각'으로 받아들였다는
것이다.[47)

4.19가 나고 계엄령이 선포되자 박정희는 부산지구 계엄사무소장으
로 임명된다. 그는 데모 현장을 직접 관찰한다. 마치 데모대를 격려하듯
현장에서 관망한다. "그의 얼굴은 약간 상기되어 있었지만 군중을 둘러
보며 빙그레 다정스런 미소를 보냈다. 그리고는 천천히 차분하게 입을
열었다. '친애하는 시민 여러분, 우리는 여러분을 해치러 온 게 아닙니
다. 이 앞에 보이는 군인들과 장갑차는 여러분의 생명과 여러분의 혈세
로 이루어진 국가재산을 보호하려고 온 것입니다. 우리들의 소원대로
이승만 부패정권은 물러났습니다. 이제 흥분은 삼갑시다. 죄 있는 사람
은 진정한 법의 심판 앞에 맡깁시다.……이제 우리 앞에 새로운 터전이
마련되었습니다. 본인은 물론 여기 모인 군인들은 모두 여러분의 편입
니다.' '옳소!' 최루탄이라도 쏠 줄 알고 잔뜩 졸이고 있던 데모대는 호응

부정을 조작한 자는 엄중한 조치를 내려야 한다. 우리는 3월 6일 대구상고생의 데모를
보고 그것의 직접적 계기는 장면 부통령의 선거 연설일에 등교시켰다는 데 있으나
보다 깊은 원인은 해방 후 십수 년의 역사에서 찾아야 한다고 지적한 바 있다. 대구의
데모 이래, 마산, 4.19 사태, 작일의 교수 데모, 마산의 할아버지 할머니의 데모는 단순
히 3.15에만 있는 것이 아니라……"/4월 27일(수) 기사 정, 부통령 재선거(특호활자)
사설 : 소제목 (1) 이승만 씨로부터 주권이 국민에 넘어오는 법적 절차를 이렇게 하자
(2) 데모는 공분이지만 파괴행위는 사분이다.
47) 박정희, 『국가와 혁명과 나』, 79쪽

하고 해산했다."[48] 후일 밝혀진 바에 의하면 만약 자유당이 부정선거를 묵살하고 다시 집권을 시도했더라면 5월 8일을 기해 군사혁명을 단행할 계획이었다고 한다.[49]

이승만이 하야 성명을 발표하기 사흘 전인 4월 23일, 동래 범어사에서 위령제가 열렸다. 4.19 희생자 국민감정을 무마하기 위한 형식적인 행사였다. 도지사, 시장 등 형식적인 조사가 있고 식상한 청중 앞에 박정희가 나섰다. "이 나라의 진정한 민주주의의 초석을 위하여 꽃다운 생명을 버린 젊은 학도여!……여러분들의 애통한 희생은 바로 무능하고 무기력한 선배들의 책임인 바,……여러분들이 못다 이룬 소원은 기필코 우리들이 성취하겠습니다."[50] 아직 자유당 정권이 엄연하게 살아 있는 시점에 실로 담대하기 짝이 없는 연설이었다. 이날의 조사를 실황중계로 들은 시민들은 군대도 학생의거를 지지하고 있다는 사실에 크게 고무되었다. 문화방송국의 전응덕 보도과장은 박정희의 조사 전문을 녹음테이프로 만들어 후일 최고회의 부의장실로 전달한다.[51]

박정희는 이승만이 하야한 직후에 황용주를 만나자 대뜸 "아이고 학생 놈들 때문에 다 글렀다"라고 했다. 황용주는 "봐라, 쇠뿔도 단김에 빼라카니!"라며 응수했다.[52] 며칠 뒤 박정희는 이병주, 황용주와 어울린 술자리에서 이렇게 말했다. "두 주필의 사설을 읽었는데 황 주필의 논단은 명쾌한데 이 주필의 논리는 석연하지 못해요. 아마 이 주필은 정이 너무 많은 것이 아닙니까?"[53]

박정희는 송요찬 육군 참모총장에게 편지를 보내 퇴진을 요구한다.

---

48) 김종신, 『영시의 햇불』, 51-52쪽
49) 김종신, 같은 책, 52쪽
50) 김종신, 같은 책, 47쪽; 조갑제, 『내 무덤에 침을 뱉어라』 3권 '혁명전야', 조선일보사, 1998, 165쪽
51) 김종신, 같은 책, 48쪽
52) 조갑제, 같은 책, 184쪽
53) 조갑제, 『박정희의 결정적 순간들』, 기파랑, 2009

3.15 부정선거에 군이 개입한 데 대한 책임을 지라는 뜻이었다. 송요찬 자신도 직접 부산에 내려와서 박정희에게 선거에 협조할 것을 강하게 종용했으나 박정희는 단호하게 거부한 바 있었다.[54] 분노한 송요찬은 박정희를 빨갱이로 몰아붙이며 헌병 8개 중대를 내려보내 박정희의 동향을 감시했다고 한다.[55]

데모 만연의 시대

"데모의 꼬리가 데모를 물고 와서 데모로 날이 새었고 데모로 날이 저무는 기현상이란 다수 대중이 얼마나 혁신을 갈망했는지, 반면 민주당이 이 갈망을 수용하는 데 얼마나 무능했는지 보여주는 증거로 읽힐 법도 하다."[56] 한 보도에 의하면 4월 혁명 이후 8개월 동안 전국적으로 발생한 시위가 1,000회를 상회했다고 한다.[57] 매일 4, 5건의 시위가 있었던 셈이다. 철부지 초등학교 학생은 담임선생 물러가라며 소리치고,[58] 상이군인들은 연금 인상을, 대학생들은 등록금 인하를, 교수들은 봉급 인상을 요구하며 시위를 벌였고 축첩공무원 축출을 외치는 여성 수천 명이 거리를 행진하기도 했다. 상관에게 따귀를 맞은 경찰관들이 국회의사당 앞 시위에 나선 일도 있었다. 해방 이후 10여 년간 시위문화가 없던 끝에 경험한 이 낯선 상황은 적잖은 사람들을 불안 속으로 몰아넣었던 것 같다. 4월 혁명 당시 학생들의 '숭고한' 시위와는 대비되는 각종의 무질서한 시위를 보면서 격분한 이들로 많았다.[59]

일간지들도 데모대를 힐난하기 시작했다. "데모를 하지 말자는 데모"라는 풍자만화가 나올 정도였다. 부산에서도 양아치 5백 명이 트럭 10여 대를 약탈하여 밀양으로 몰려가 닥치는 대로 양민의 재물을 약탈한 사

---

54) 박정희는 투표용지를 찢으면서 분노를 표시했다고 한다. 김종신, 『영시의 횃불』, 43쪽
55) 김종신, 『신동아』, 2011. 11
56) 권보드래, 천정환, 『1960년을 묻다 : 박정희 시대의 문화정치와 지성』, 57쪽
57) "직업화된 한국의 데모, 8개월간 자그마치 천백회", 「경향신문」, 1961. 1. 13
58) 김종신, 『영시의 횃불』, 54쪽
59) 권보드래 천정환, 같은 책, 491쪽

태가 발생한다. 박정희는 담화문을 발표하고 기자회견을 자청한다. "파괴나 강탈행위는 엄중히 경고합니다. 군경합동 수사대는 불량배를 단속하고 파괴나 강탈행위의 주모자를 색출하겠습니다. 시민 여러분은 부디 학생들이 흘린 고귀한 피의 참 뜻을 잊지 말아주시기 바랍니다."60) 학생들의 무분별한 데모에 식상한 시민들 앞에 학생들이 내건 플래카드는 우려할 만한 수준이었다. "제3공화국 만세!"가 나오다가 이어서 "인민공화국 수립 만세!"도 등장한 것이다. 성숙한 지식인들은 학생들이 더 이상 쓸 만한 구호가 없어서 그랬으려니 하고 대수롭지 않게 여기고 있었다. 그러나 군과 경찰은 긴장했다. 이 사실을 정보 라인을 통해 서울로 알렸다.

용주에게 박정희의 전화가 걸려왔다. "소문 들었어?" "무슨 소문?" "우리 둘이 조총련의 돈을 받아 인민공화국을 수립하는 모의를 한다는군. 그래서 이종찬이 조사하러 온다잖아."

국방부 장관 이종찬은 일본군 공군 소령 출신이었다. 용주와는 친분이 있는 사이였다. 이종찬이 진해의 육군대학 총장으로 재직하던 때에 부산일보사가 진해에 지사를 개소했다. 시장, 경찰서장, 함대 사령관 등 현지의 기관장들이 모두 참석했다. 용주도 물론 사장과 함께 주최자의 자격으로 참석했다. 리셉션 자리에서 이종찬이 다가왔다. "황 주필, 이야기 좀 합시다." 옆에 바짝 다가앉은 그는 자신이 황 주필의 열렬한 팬이라고 고백한다. 이어 둘은 자유당 정권의 실정에 대한 비판과 자신들의 영웅이던 일제시대의 기개 있는 군인들의 이야기를 주고받은 기억이 생생하다. 이종찬의 하부에 앞서 최영희 서울 계엄 사령관이 부산에 와서 예비조사를 한 바 있었다.61)

"그럼 잘됐군. 나와 함께 만나세." 그렇게 약조를 했다. 국방부 장관이 직접 온다면, 이것은 여간 중대한 일이 아니다. 후일 황이 알아낸 경위는

---

60) 김종신, 『영시의 횃불』, 155쪽
61) 김종신, 같은 책, 58-59쪽

이러하다. 1958년 제4대 국회의원 선거에서 김지태를 누르고 부산지구의 국회의원이 된 민주당 이종남(李鍾南)이 이런 요지의 발언을 한 것이었다.62) 황과 사이가 좋지 않은 이종남의 지인이 제보한 것이었다. 황의 주장에 따르면 그는 자신의 기고문을 잘 실어주지 않은 데 대해 앙심을 품고 있었다고 한다. 그는 평소 입버릇처럼 황용주는 빨갱이고 황 주필 방에 모이는 패거리는 인민정부를 수립하기 위한 모의자들이며 황용주가 수작을 부려 학생들의 입에서 문제의 구호가 나오도록 한 것이라고 했다.63)

해운대 호텔에서 이종찬, 박정희, 황용주 세 사람이 저녁을 나눈다. 황용주는 이종찬에게 오해의 원인을 설명한다. 이를테면 실체가 없는 데모 구호의 단계적 상승론이다. 이종찬은 납득하고 돌아간다. 상경하기 이전에 기자회견을 열어 박 장군이 조총련계의 자금을 받았다는 소문은 전혀 근거가 없다고 공표한다.64) 3.15 부정선거에 협조를 거부한 군장성은 이종찬과 박정희 두 사람뿐이었다는 것이 당시의 세평이었던 만큼 이종찬은 박정희에 대해 호의를 가지고 있었다.65)

부산일보 습격사건

무분별한 데모는 학생의 일상이었다. 6월 1일 동아대학 학생들이 부산일보에 밀어닥쳤다. 동양통신이 제공한 학교 재정의 파행적 운영에 관한 내용을 기사로 실어 학교의 명예를 훼손했다는 것이다. 학생들은 사옥에 진입하여 편집국을 점령하고 유리창을 부수고 기물을 무차별 파괴한다. 어떤 교수는 인근 다방에 앉아서 "윤전기에 모래를 뿌려라!"라며 학생 폭동을 부추기기도 했다. 용주의 지시를 받은 김종신 기자가

---

62) 경남 출신 국회의원 모씨들이 이종찬 국방장관에게 박 장군의 사상이 불순하고 일본 조총련계로부터 20억 환이 정치자금을 받았다는 제보를 했다. 김종신, 『영시의 횃불』, 55쪽
63) 『격동기 지식인의 세 가지 삶의 모습』, 151쪽
64) 김종신, 같은 책, 56쪽
65) 김종신, 같은 책, 41쪽

황급하게 서면의 군수기지 사령부로 달려가서 박정희의 도움을 청한다. 자초지종을 들은 박정희는 헌병부장을 불러 즉시 출동을 지시하고 이낙선 소령으로 하여금 즉시 담화문을 발표하게 한다. 학생들의 행위를 자유당의 백색 테러에 비유하는 강경한 내용이었다. 박 소장의 진두지휘 아래 헌병 9개 중대가 출동하여 사태를 진압하고 주모자를 체포한다. 박정희는 사장실에 올라가다 맞닥뜨린 황용주에게 대고 뼈 있는 농담을 건넨다. "신문쟁이들이 학생들을 선동하더니 이 친구 혼들이 좀 나봐야 돼."66)

동아대학의 총장 정모 씨가 박정희에게 대뜸 삿대질을 했다. 법무부 차관을 지낸 사람이었다. "부산일보만 제일이요? 평화적인 데모는 헌법이 보장하는 바이요. 학생 잡아가는 게 군대요?" 잠자코 한참 듣고 있는 박 소장은 "사회질서가 문란한 이때에 지성인들이 각성해야지 이런 폭동이 평화적인 데모요?"라며 준엄하게 꾸짖는다. 약간의 승강이 끝에 다시는 신문사에 나타나지 않겠다는 요지의 총장 각서를 받고 체포된 학생들을 방면시켜준다.67)

사장 김지태는 1978년에 펴낸 자서전『나의 이력서』에서 당시의 사태를 이렇게 회고했다. "1960년 6월 1일, 4.19 이후 데모로 날이 새고 데모로 날이 저무는 그러한 세상을 노정하고 있을 무렵이다. 불과 대여섯 줄 조그만 기사가 도화선이 된 이날의 집단난동은 실로 어처구니없는 일이었다. 그 기사의 내용이란 학교당국의 하는 일에 불만을 품은 학생 몇 사람이 학교 측에 항의했다는 아주 어쭙잖은 것이었다. 소요의 연락을 받은 현 대통령이자 당시 2관구 사령관이었던 박정희 소장이 직접 군대를 지휘하여 수습했다. 뒷날 나는 사령관실에 찾아가서 직접 고마운 인사를 드린 적이 있거니와 지금도 감사한 마음을 간직하고 있다."68)

---

66) 김종신,『영시의 횃불』, 66쪽; 조갑제,『내 무덤에 침을 뱉어라』3권 '혁명전야', 212쪽
67) 김종신, 같은 책, 66–68쪽
68) 김지태,『나의 이력서』, 108–109쪽

1960년 7월 30일, 느닷없이 박정희는 군수기지 사령관에서 전라도 지역의 제1관구 사령관으로 전보된다. 형식상은 수평이동이지만 내용적으로 명백한 좌천이었다. 과도정부의 군부수뇌 사이에서 박정희에 대한 중상이 끊이지 않았고 하급자들에게 신망이 높은 그를 견제할 필요가 있다는 여론이 일고 있었다. 이를테면 4월 23일경, 서울의 계엄사령부는 박정희 앞으로 부산지구의 '요시찰 인물들'을 모두 구속하라는 지시를 내리나 박정희는 이를 거부한다. 며칠 후 정권이 무너지자 박 소장의 용기 있는 소신은 잠시 창산의 대상이 되나, 이내 은근한 견제의 대상이 된 것이다. 이승만 정권이 무너지던 4월 26일 도청 앞에서 데모대를 강제로 진압하여 해산시키지 않고 오히려 만세를 선창하는 등 위험한 소행을 했다는 보고도 올라갔다. 이러한 보고는 3.15 부정선거에 앞장섰던 부산지구 특무대장이 작성한 것이라고 황용주는 단언한다. 바로 그가 박정희는 좌익 조총련계와 관련이 있다, 그를 부산에 두는 것은 위험하다 등등의 허위보고서를 올려 군내의 분위기를 주도했다는 것이다.[69] 물론 황용주에게도 공범의 혐의가 씌어져 있었다. 그는 용주의 과거경력을 문제 삼아 의심을 한다. 황용주는 "그러면 나도 잡아넣을래?"라며 응수한 바 있었다. 느닷없는 전보 소식이 전해질 때 박정희는 오랜만에 오륙도 앞 바다에서 부하, 친지들과 망중한의 시간을 보내고 있었다. 씁쓸한 마음을 달래며 부산을 떠나는 친구의 두 손을 붙들고 용주는 다짐한다. 절대로 초지를 굽히면 안 된다고. 치밀하게 준비하라고. 자신도 준비하고 있겠노라고. 지난 7개월 동안 둘은 의기의 투합을 넘어 한 마음이 되어 있었다. 민족혁명이다.

4.19와 대학생

아! 신화(神話)같이 다비데군(群)들
　　―4.19의 한낮에

---

69) 김종신, 『영시의 횃불』, 95–199쪽

서울도/해 솟는 곳/동쪽에서부터/이어서 서 남 북

거리거리 길마다/손아귀에/돌 벽돌알 부릅쥔 채

떼 지어 나온 젊은 대열/아! 신화(神話)같이/나타난 다비데군(群)들

……

빗살 치는/총알 총알/총알 총알 총알 앞에

돌 돌/돌 돌 돌/주먹 맨주먹 주먹으로

피비린 정오의/포도(鋪道)에 포복(匍匐)하며

아! 신화같이/육박하는 다비데군들

……

아! 다비데여 다비데들이여/승리하는 다비데여/싸우는 다비데여/쓰러진 다
비데여

누가 우는가/너희들을 너희들을/누가 우는가/눈물 아닌 핏방울로

누가 우는가/역사(歷史)가 우는가/세계(世界)가 우는가/신(神)이 우는가

우리도/아! 신화같이/우리도/ 운다.

— 월간 『사상』, 1960년 6월호 발표

이 작품은 오늘날까지 4.19를 노래한 가장 대표적인 시로 후세인의
가슴 속에 남아 있다.[70) 그러나 여기의 다비데군이 곧바로 대학생이라
는 등식은 성립하지 않는다. 흔히들 잘못 알고 있듯이 4.19 혁명이 시종
일관 대학생에 의해 주도되었다는 생각은 역사적 사실에 부합하지 않는
다. 대학생은 4.19 마지막 국면에 비로소 등장했다. 학생 데모는 2월
28일 대구의 고등학생들이 먼저 시작한 이래 부산, 마산으로 확대되었
다. 당시 대학의 개학일은 4월 1일이었기에 고등학생들이 선도행위에
나설 때도 침묵할 수밖에 없었다. 그러나 4.19의 성취를 통해 대학생들
은 민주화의 공헌자로서의 지위를 독점적으로 누리기 시작했다. 한국전
쟁 이후의 양적 팽창에 걸맞은 사회적 역할을 획득할 수 있었고 1950년

---

70) 김판수, 『시인 신동문 평전 : 시대와의 대결』, 북스코프, 2011, 115쪽

대의 무력과 침묵, 수동성을 뚫고 능동적인 문화적 주체로 거듭 태어났
다. 4.19는 식민 말기에 태어나 해방기 및 한국전쟁기에 소년기를 보낸
'침묵하는 세대(silent generation)'가 자기증명에 성공한 최초의 사건이었
으며 이 사건 이후 '419 세대'라는 이름을 얻은 그들은 다시는 침묵으로
가라앉지 않았다.71)

딸의 기억

"1960년 부산여중에 입학했다. 이때 우리는 김지태 부산일보 사장의
호의로 부민동에 집을 장만했었다.……경남도청과 경남중학 쪽으로 가
는 길가 모퉁이에 선 기역자 집으로 두 개의 문이 있었다. 한쪽 문은
주택가로 오르는 길에, 다른 문은 큰길 쪽이었다. 큰길 쪽 문을 열고
들어오면 마당과 안채로 올라가는 대청마루가 있고 유리문을 밀고 들어
가는 구조였다. 당시 조선집의 구조가 그러하듯이 화장실은 본채와 떨
어져 있어 마당을 거쳐야 했다.

어느 날 새벽이었다. 자다가 깨어나 화장실에 가려고 마루에 나서니
캄캄한 어둠 속에서 두런두런 말소리가 들렸다. 아버지와 어떤 사람이
마루문을 열어둔 채로 마루턱에 걸터앉아 이야기를 나누고 있는 것이었
다. 그때 아버지는 새벽에 귀가하는 일이 많아 별로 놀라지 않았다.
'아, 아부지 들어왔어예?' 하고 무릎에 안겼다. 옆자리의 그 사람은
'야, 이 녀석이 란서가? 자, 아저씨한테 와봐라.' 그분은 나를 당겨 무릎
에 앉히면서 정답게 말했다. 군복 차림에 군화를 신은 채 마루에 걸터앉
은 자세였고, 아버지는 마루 위에서 양다리를 쪼그리고 앉아 있었다.
단지 의례적인 스침이 아니라 마치 기다리고 있었던 것처럼, 나의 존재
를 100퍼센트 인정해주는 그런 분위기였다. 그분만이 아니고 아버지를
찾아오는 모든 친구들이 나를 그렇게 대했다. 그 새벽의 방문객은 여명
속에서도 검은 안경을 쓰고 있었다. 밖에는 지프가 안테나를 높이 달고

71) 권보드래, 천정환, 『1960년을 묻다 : 박정희 시대의 문화정치와 지성』, 39쪽

시동을 걸어둔 채로 대기하고 있었다.

　그 새벽 방문객의 내왕이 뜸해지면서 아버지가 집에 들어오지 않는 일이 많아지고 집에는 무언가 긴장된 분위기가 느껴졌다. 나는 신문이나 라디오에서 떠들어대는 모든 것에 아버지와 그분이 관련되어 있음을 마치 곤충의 더듬이처럼 감지할 수 있었다. 『테스』와 『폭풍의 언덕』을 되풀이해 읽으면서 왜 낮에 아버지와 시내에서도 랑데부할 수 없는지, 금강다방이나 마로니에 다방에 들를 수 없는지 묻지 않았다. 당시 아버지의 친구 정기영 씨의 아들 현화가 우리 집에 기거하고 있었다. 두 살 아래인 그 애는 수줍음이 많아 나는 말괄량이 누나가 되어 그의 일상을 보살폈다. 아버지는 나와 엄마를 중요하게 여겼지만, 그보다도 더욱 중요한 나라일이 있다는 것을 나는 알아차렸다. 아버지는 '전우의 시체를 넘고 넘어'라는 아주 과격한 사설을 쓰고 최루탄이 눈에 박힌 김주열의 사진을 1면에 실었다. 새벽의 방문객이 사라지고 한동안 아버지는 잠적했다. 4.19 때 겪었던 체험으로 이미 아버지의 부재는 두렵지 않다. 5.16이 났다."

　용주의 집에서 함께 기거하던 처남, 부산일보 신입기자이던 이대훈의 증언이다. "1960년 초여름 세단을 타고 술에 취한 채 박 장군은 황 주필과 함께 부민동 집에 들른 일이 있다. 군화도 벗지 않고 마루에 걸터앉아 1시간 담소했다. 그는 누님을 향해 '내 마누라 좀 데리고 다녀주시오. 당최 촌사람이 되어서'라며 친근함을 표시했다. 집 앞에서 기다리는 김용순 준장(참모장)은 세단 앞자리에 꼿꼿이 앉아 있었다. 안에 들어오라는 주인의 권유에도 미동도 하지 않고 있었다. 박 장군은 굳이 그를 동석시키지 않았다. 같은 별을 단 장성이지만 두 사람의 관계는 엄격한 서열이 있었다."

14

5.16 '민족혁명'의 주역이 되다

예견된 쿠데타

5.16 군사 쿠데타는 예견된 사건이었다. 예고가 아니면 적어도 가능성이 파다하게 퍼져 있었던 사실이다. 쿠데타 소식을 접한 윤보선 대통령의 첫 발언, "올 것이 왔다!"라는 구절은 여러 가지 정치적 함의로 해석된다.

4.19 직후에 박정희가 쿠데타를 음모했다는 풍문에 관해서는 4.19 당시 서울 계엄사단장이던 조치기(趙致基) 준장의 증언이 있다. 또한 전두열 대령은 1960년 4월 17일 부산에 내려가서 박정희 군수기지 사령관에게 자신이 초안한 혁명공약을 전달했다고 주장한다.[1] 송요찬 육군 참모총장이 5월 5일 도미할 예정인 바, 5월 8일을 거사일자로 잡았다고 한다.[2] 민주당 정권이 등장하고 자유의 과잉으로 사회가 혼란에 빠지면서 군사 쿠데타 설이 끊임없이 떠돌고 있었다. 1961년 5월 4일, 민족일보가 쿠데타 설을 보도한다. 장면 총리도 정보 라인을 통해 쿠데타 설을 접하고 육군 참모총장 장도영에게 진상을 파악하라고 지시했고 장도영은 사실무근이라며 안심시킨다. 5.16을 도운 대가로 후일 국회의원에 영입

---

1) 박종주, 전두열 대담, 『월간 중앙』, 2005. 9, 132–141쪽; 전두열, "나의 인생철학", 『함북지성에 고함』, 33–34쪽
2) 박정하, "그때 그 시절 — 녹취 한국 언론사", 『대한언론인 회보』, 2002. 11. 1

된 삼화인쇄소 사장 유기정은 "5.16 혁명공약 및 포고문을 인쇄한 광명인쇄소의 이학수를 통해 인쇄업자들은 5.16 한 달 전부터 알고 있었다"라고 기록한다.3)

5월 16일 아침 선포된 6개 혁명공약은 참신하고 비장했다. "첫째, 반공을 국시의 제1의로 삼고 지금까지 형식적이고 구호에만 그친 반공태세를 재정비 강화한다."4) 순식간에 전국의 중고등학교 조회시간에 입을 모아 암송하는 시대의 기도문이 되었다. 그러나 마지막 구절은 처음부터 확신이 견고하지 못했고 얼마 지나지 않아 공허한 허사가 되었다. "여섯째, 이와 같은 우리의 과업이 성취되면 참신하고도 양심적인 정치인들에게 언제든지 정권을 이양하고 우리들 본연의 임무에 복귀할 준비를 갖추겠습니다."

5.16 거사자금 지원설

5.16 일주일 전에 박정희는 단신으로 부산에 온다. 물론 용주를 만난다. 예의 송도 덕승관이다. "어때 일은 잘 되어가나?" "그런데 아무래도 거사자금이 모자라는데 김지태 사장에게 좀 부탁하면 어떨까?" 황은 고개를 저었다. "그 사람은 '과학적으로' 장사를 하지 도박을 하는 사람이 아니야. 괜히 거사는커녕 정보만 누설시키는 결과가 돼."5) 김지태는 민주당 정권의 핵심 인사들과 절친한 사이였고 과거 자유당 시절에도 정치자금을 거부했기에 요청해보았자 거부당할 것이 뻔하다는 용주의 판단이었을 것이다.

---

3) 유기정, 『나의 꿈 : 더불어 잘사는 사회』, 삼화출판사, 2004

4) "둘째, 유엔 헌장을 준수하고 국제협약을 충실히 이행할 것이며 미국을 위시한 자유우방과의 유대를 더욱 공고히 한다. 셋째, 이 나라 사회의 모든 부패와 구악을 일소하고 퇴폐한 국민도의와 민족정기를 다시 바로잡기 위하여 청신한 기풍을 진작한다. 넷째, 절망과 기아선상에서 허덕이는 민생고를 시급히 해결하고 국가 자주경제 재건에 총력을 경주한다. 다섯째, 민족적 숙원인 국토통일을 위하여 공산주의와 대결할 수 있는 실력의 배양에 전력을 집중한다."

5) 김종신, 『영시의 횃불』, 112–113쪽; 조갑제, 『내 무덤에 침을 뱉어라』 3권 '혁명전야', 327–328쪽

처남 이대훈의 증언은 다르다. 용주가 김지태에게 그 말을 전하자 얼굴이 새파래지기에 더 이상 채근하지 않았다. 후일 김지태가 그 사실을 후회했다고 한다. 김지태 가족의 주장은 확고하다. 박정희의 거사자금 요청을 황이 중간에서 묵살하자, 박정희가 직접 요청하러 회사에 왔으나 서로 어긋나서 만나지 못했다. 그런데도 박정희는 김지태가 자신을 의도적으로 따돌린 것으로 여기고 후일 보복으로 밀수혐의를 씌워 재산을 강탈했다는 것이다.6) 그러나 용주가 김지태에게 박의 이야기를 전하지 않은 것이 사실로 보인다. 일기장에도 "결코 사실과 다르다"고 적어두었다.7)

5.16 지지 사설과 주필의 체포

1961년 5월 16일, 부산일보는 석간 1면에 "오늘 새벽 군부서 쿠데타"라는 제목의 특호활자의 기사를 싣는다. 비상계엄령이 선포되었다는 소식과 함께 '군사혁명 위원장 장도영'과 '육군 소장 박정희'를 똑같은 사이즈로 실었고 그날 아침 호외도 발행했다. 그러나 '반란'이라는 뜻의 쿠데타라는 용어가 사용된 것은 단 하루뿐이었고 이튿날부터 '혁명'으로 대체되었다.8) 부산일보의 '군사혁명' 환영 사설은 오래전에 준비된 인상을 강하게 풍긴다. 5월 17일자 사설은 "한국적 군사혁명의 의의"라는 제호 아래 군인이 주도한 혁명의 불가피성, 정당성을 역설한다. 이어서 연일 새로 탄생할 군사정부에 대해 구체적인 주문을 내건다.9)

---

6) 자명 김지태 평전 『문항라 저고리는 비에 젖지 않았다』, 417–421쪽
7) 1975. 6. 9 일기
8) 자명 김지태 평전 『문항라 저고리는 비에 젖지 않았다』, 402쪽
9) "부패의 일소 : 시기는 지금이고 방법은 기구개혁에 있다." (「부산일보」, 1961. 5. 18 석간 사설) "혁명 목적의 신속한 추진에는 행정기구의 개편이 필요하다." 혁명 목적의 신속한 추진에는 행정기구의 재편이 필요하다. (「부산일보」, 1961. 5. 19 사설 1) 혁명의 제2단계인 혁명 목적을 달성시키는 일은 빨리 효과적으로 추진하는데 해결하여야 하는 것은 행정부의 기구를 어떠하게 하느냐 하는 점이다. 물론 이번 혁명은 주체세력이 있고 사전에 충분히 계획된 것이기 때문에 이 점에도 대책이 있을 것으로 짐작하지마는……하부 행정기구를 재편하는 정부의 일이 혁명위원회와 목적달성에 십이분 활용되어야 하는 것이고, 구정권이 부패와 무능에 의하여 4.19의 혁명과업을 달성 못하고

마침내 혁명이 성공했다. 그가 해낸 것이다. 가슴 벅찬 나날이다. 후일 용주는 부산의 미국 공보원장이 부일 주필실에 와서 혁명군의 원대 복귀와 장면 정권이 유일한 합법정부라는 내용을 사설에 쓰라고 요구한 것을 자신이 거절했다는 사실을 일기장에 밝혀둔다(1992. 11. 4). 그러나 벅찬 가슴에 찬물을 끼얹는 뜻밖의 사건이 발생한다. 용주가 당국의 지명수배를 받는 것이다. 21일자 조간 사설을 쓰고 나서 경찰에 의해 긴급 수배된다.[10] 이 '엉뚱한' 사건은 경상남도 경찰국 정보실이 주도한 것이다. 평소에 혁신계를 두둔했고, 교원노조의 고문으로 추대된 사실이 수

말았지마는 하부 행정기구를 고치지 않고 그대로 가지고 일을 하였다는 곳에도 원인의 일부를 찾을 수 있다.……일을 신속하고 통솔적으로 추진시키는 데는 이 기관에 일대수술을 가해야 되고 그것이 수술됨으로써 국민도 정신을 차리고 각성을 새롭게 하여 새 출발을 할 수 있을 것이다. (「부산일보」, 1961. 5. 19 사설 2) 첫째 치안확보로써 국민의 신망을 얻어야 한다. 매일 평균 5, 6명 되던 부산 시내 기아(棄兒)도 혁명이 일어난 16일은 한 명도 없었다고 한다. 기아란 죄가 고의범인 이상 유아를 갖다 버리는 패륜여성도 국가에 큰 변란이 생겼을 경우는 미처 그러한 범의조차도 엄두를 내지 못할지도 모른다. 그러나 혁명 첫날은 모든 국민이 어리둥절하여 갈피를 못 잡았으나 제2일째에는 벌써 치안을 우려하지 않으면 안 될 정도로 여러 가지 현상이 엿보이고 있다.……장면 정권의 무력의 탓에 4.19 이후 치안이 회복되지 못한 것은 국민이 주지하는 바다.

10) 국가재건에 모두가 나서자.(「부산일보」, 1961. 5. 21 사설) 국가재건 최고회의는 20일 장의장을 수반으로 하는 행정부의 조각을 발표하였다.……군사혁명의 대내적인 모든 절차와 짜임새는 완전히 끝났다. 그와 동시에 대외적인 국제관계에 있어서도 별다른 승인 기타의 외교절차의 필요성이 전연 없게 되고 계속해서 한국의 국제적 지위는 우방과의 유대를 굳게 하고 있는 것이다. 국내의 혁명과업 완수에 대한 협조는 매우 높은 것이었고 각국의 여론 역시 부패 근절과 반공체제 수립의 절호의 기회라는 점에 대체로 보조를 같이 하고 있다.……우리가 국가재건을 목표하고 나서는 이때 우리가 극복하여야 될 허다한 난관을 생각해보면 비상한 각오와 비상한 노력 없이는 도저히 이 많은 어려움을 배제하고 목표하는 재건의 피안에 도달할 수 없는 것이다.……그러기 위하여 국가재건 최고회의가 3권을 장악하고 강력한 통합력을 발휘하게 되는 이때 국민도 불평을 인내하고 비상한 각오와 협력으로서 최대의 단결과 통제력에 대한 협조에 나서야 된다는 것이다. 국가재건 최고회의가 발표한 혁명의 최종목표가 달성되면 가능한 때에 양심적인 정치인에 정권을 넘기고 군은 국가방위 본연의 임무에 돌아가는 것이다. 그러나 최종목표가 그렇다 하더라도 그때까지에 달성해야 되는 과업은 실로 말할 수 없이 많고 어려운 것이 있으며 국민이 기대하는 정도도 대단한 것이 있다. 국민을 가지고 말하며 8.15의 감격과 기대로부터 4.19의 크나큰 기대에까지 여러 번의 기대가 번번이 일장의 백일몽으로 사라진 일을 거울삼아 이번의 기대와 희망은 기어이 현실로 만들어야 된다. 지난날의 기대가 백일몽으로 화한 것은 우리들 국민에게도 잘못이 전연 없다고 단언할 수 없다.……근면과 인내로써 단결을 이루고 땀과 창의를 모아 국가재건에 모두가 나설 것을 새 출발에 즈음하여 강조하는 것이다.

배의 이유였다.[11] 5.16 아침 주한 미군 사령관 그린 맥그루더의 성명으로 군이 동요하고 있을 때 각 방송국에 전화를 걸어 혁명지지 방송을 계속하라고 독려하던 용주였기에 주위 인물들은 놀랄 수밖에 없었다. 김종신의 기록을 보자. "박정희가 권력을 잡은 직후에 초도순시차 부산에 왔다. 4.19 이후 그에게 친밀감을 가지고 있던 부산 시민이 열광적으로 환영한다. 옛 친분에 힘입어 김종신은 박정희를 만날 수 있었다. 다급하게 말했다. '황 주필이 지명수배를 받고 있습니다.' 박정희는 뜻밖이라는 표정을 지으며 '아니 그 사람이 왜?……그 사람이 나하고 친하다고 별의별 모략을 당하는 모양이군. 알았어. 김용순 장군에게 지시하고 갈 테니 걱정하지 마.' 그러면서 혼잣말처럼 내던진다. '동래 백록관에서 목욕이나 하고 올라가야지.' 느닷없이 내던진 그 말의 숨은 뜻을 간파한 김종신은 CID의 최동락 중령과 함께 수소문한 끝에 초량의 조증출 내과에 은신하고 있던 용주를 찾아낸다. 황용주는 즉시 동래로 가서 친구를 만난다.

두 사람 사이의 대화 요지는 유엔군과 한국군의 작전 지휘권 문제였다. 유엔군의 작전 지휘를 받게 되어 있는 한국군어 사전의 예고 없이 혁명이라는 비상수단을 쓰게 되었으니 사실상 유엔의 작전 지휘권을 이탈한 것이다. '혁명' 상황을 내세워 국군의 작전권은 혁명정부에 있다는 것을 기정사실화해야 한다. 그런 연후에 일단 혁명이 성공했으니 혁명과업의 수행에 필요한 최소의 병력만 남겨두고 나머지를 유엔군의 지휘 체제 속으로 환원시킴으로써 외면수습을 한다. 며칠 후 최고회의 의장의 성명으로 동원되었던 전방부대는 원대 복귀했다.

김종신은 두 사나이의 사심 없는 대의론을 이렇게 찬양한다. "하기야 그들 사이에서는 개인의 사활은 애초부터 긴요하지 않은 문제였다."[12] 이때 편집부 송정제 기자가 헐레벌떡 김종신을 찾았다. 강범수(姜凡洙)

---

11) 김종신, 『영시의 횃불』, 122–123쪽
12) 김종신, 같은 책, 128쪽

356

라는 사람이 가져온 중대한 정보라는 것이다. ‘미국이 박정희 중심의 혁명정부를 탐탁하게 생각하지 않고 있다. 8기생 영관급 중심의 5.16 혁명을 뒤집는 5기생 장성이 중심이 되어 제2의 혁명을 준비하고 있다.……이 세력에서 황을 모시려 한다’는 요지였다. 황이 구속된 사실을 혁명정부와 맞섰기 때문인 것으로 오해한 것이다. 또한 황이 박에게 돌아가지 못하도록 하기 위한 계략이다. 사실이 아니면 황을 함정에 빠뜨리기 위한 술책으로 판단했다.13)

황 주필이 누명을 쓴 데는 혁명에 반발하는 인사들의 농간이 있었다. “황에게 올가미를 씌우면 박 장군에게 불리하다는 것이다. 그런데 이 일이 있고 바로 며칠 후 황은 경찰에 연행되어 구속된다. 최고회의 부의장으로 사실상 3권을 장악한 것으로 여겼던 박정희조차도 손을 쓸 수가 없었던 것이다. 아직 국가의 전 권력을 견고하게 장악하지 못했던 것이다. 그런데 사건의 배후에는 “박 장군도 잘 몰랐던 기기묘묘한 곡절이 있었다.”14)

김정한의 회고에 의하면, “1961년 5.16 쿠데타 뒤에는 ‘황용주를 내각 수반으로, 김정한을 문교부 장관으로 하는 내란 음모가 있다’는 투서 때문에 도망다녀야 했다”고 하기도 한다.15)

용주는 6월 초, 부산일보의 이상우, 박노수와 함께 구속된다. 경찰은 세부사항을 혁명군에 보고하지 않고 단독으로 처리하려고 계략을 세웠던 것이다. 주필이 구속되자 신문사 전체가 백방으로 석방운동에 나서나 뾰족한 대책이 없다. 부인 이창희가 황급히 서울로 간다. 만나는 사람마다 도움을 청하지만 한결같이 몸을 사린다. 마침내 직접 박정희 앞으

---

13) 김종신, 『영시의 횃불』, 130−135쪽
14) 김종신, 같은 책, 129쪽
15) “새로 쓰는 요산 김정한 수난시대 (6)”(부산일보, 2008. 11. 22); http://news20busan. com/news 아들의 구술이다(그의 증언은 전반적으로 신빙성이 약하다. 취재기자 이상현의 부기가 달려 있다).

로 탄원서를 작성하여 김종신을 시켜 최고회의 비서실장 박태준을 통해 전달한다. 친구 부인의 편지를 받고 놀란 박정희가 "아니, 용주가 아직 갇혀 있어?"라며 짜증을 낸다. 박 의장의 의중을 확인한 비서들이 즉시 김재춘 합동참모 본부장에게 연락하고 다음 날로 용주는 석방된다. 그 동안 부산일보에서는 주필 황용주, 편집국장 이상우를 휴직 처분하고 상임 논설위원 최세경과 논설위원 김정한, 손풍산, 최종식 등을 해임한 다.16) 이렇게 휴직 처리되었던 황용주는 1962년 7월 31일자로 제5대 사장으로 부산일보에 복귀한다. 이에 앞선 7월 23일, 김지태가 사장에서 물러난다.17)

이병주의 회상

이병주가 주필이던 국제신문도 군사혁명을 환영한다. 5월 17일자 사설에 "민주발전에의 획기적 대사업이 되도록 혁명군사 위원회의 성의 있는 노력을 바란다"라는 제호 아래 군사혁명에 대한 기대를 공개적으로 천명한다.18) 혁명의 환영사에 이어 연일 군사정부에 대한 지지와 기대를 담아 각종 당부의 메시지를 전한다.19) 5월 20일, 주필 이병주가

---

16) 한홍구는 "황용주는 4개월 만에 석방되었는데 김지태는 황용주를 바로 복직시키지 않았다"고 썼다(한홍구, 『장물바구니』, 123쪽). 그러나 황용주 가족의 증언은 다르다. 그는 6월 말에 석방되었고 석방된 직후에 상경하여 박정희의 자문역을 담당한다. 같은 시기에 구속된 이병주도 황용주의 석방 시기를 6월 말로 기록했다.

17) 자명 김지태 평전 『문항라 저고리는 비에 젖지 않았다』, 423쪽

18) "우리 국군은 중대한 책무를 자진 짊어졌다. 이 어렵고 곤고한 업무를 완수해보겠다는 그들의 의식에 우선 기대를 걸어본다. 이와 같은 사태는 이미 예측 못했던 바는 아니다. 시일의 조만에 관해서 관심이 있었을 뿐이다. 우리는 이러한 사태를 세계 딴 나라에서 도 볼 수 있는 군사혁명으로 보지 말고 고민하는 한국 정치의 표현으로 진지하게 다루 어야 할 것이다. 제2공화국에 대한 국민의 생신한 기대는 자유당 치정의 재판을 연출함 으로써 여지없이 짓밟혔고……국민은 일종의 허무적 기분에 사로잡혔고 정권담당자들 은 안이한 태도로 소일하고 있었던 것이다.……이러한 점에서도 이 군사혁명에 커다란 의미를 본다."

19) "역사적 교훈의 실천자가 역사의 진전을 막을 리 없다."(5. 18 조간); "장 총리의 민주당 은 진퇴거취를 명백히 해야 하지 않겠는가? (군사혁명 위원회는) 외부세력의 영향을 받지 말고 당초의 소신을 강력히 실천하라"(5. 18 석간); (미국의 간섭을 배제하고) "강력한 자주적인 주체의식 없이 어떤 목적도 실효를 거두지 못한다"(5. 18 석간); "이틈 에 사리를 추구하는 자에게 철퇴(鐵槌)를 내려라. 매점매석 행위 엄단"(5. 19 석간)

돌연히 체포된 이후에도 국제신문의 논조는 크게 달라지지 않았다.

이병주 자신의 입으로 당시의 상황을 들어보자. "계엄령이 선포되었다. 그때의 부산지구 계엄사무소장은 박현수 소장이고 참모장은 김용순이었다. 뒤에 쿠데타의 주체세력이라고 알려진 김용순 참모장이 H와 나에게 쿠데타를 지지하는 사설을 쓰라고 종용했다. 그때 H는 어떤 사설을 썼는지 모른다. 나는 암담한 심정을 억제하고 이왕 있어버린 일이니 이 불행한 사태를 더 이상 불행하게 만들어서는 안 된다, 하루 빨리 헌정을 대도로 복귀할 수 있도록 노력해야 한다는 내용으로 썼던 것으로 기억한다.……나는 5월 20일 체포되어 영도경찰서에 구금되었다. …… 수일 후 경남도경 유치장으로 옮겨졌다. 거기서 H를 만났다. 그도 역시 구금되어 있었던 것이다.

그때 H가 내게 한 첫말은 이랬다.

'이상하게 돌아간다. 그자? 우리는 도의 혁명을 하자고 했는데 반공 혁명이 뭐꼬?'

나는 아연할 수밖에 없었다. 송도 덕승관에서 '정권을 잡고' 운운한 H의 말을 듣고 자리를 박차고 나갔던 박정희와 H 사이에 쿠데타에 관한 말이 오간 적이 있다는 것을 암시하는 말이었다. '우리'라고 한 것은 나도 그 자리에 동참하고 있다고 착각한 때문이었다. 만일 H가 박정희에게 쿠데타를 권했다면 자기가 자기를 묶는 오랏줄을 꼬고 있었다는 얘기로 된다. 아연할 수밖에 없었다는 것은 그런 사실을 두고 한 말이었다.[20]……나와 H가 체포된 것은 경찰의 미움을 사고 있었기 때문이다. 자유당 때 우리는 얼마나 경찰을 공격했던가. 그때의 원한을 쿠데타에 편승하여 풀어보자고 그들은 서두르고 있었다.

---

20) 이병주, 『대통령들의 초상』, 102-103쪽. 그러나 황용주는 대체로 이병주의 기억에 신뢰를 주지 않았다. "란서 모가 경비실에서 중앙일보를 얻어오다. 4.19 날 밤 송도에서 박정희, 이병주와 함께 술을 마셨다고 하는데 그런 일은 없었다. 거기서 한 얘기를 이병주가 쓴 것을 본 적이 있는데 모두 그의 창작이었다. 아마 이는 그런 정도의 거짓말 쯤은 내가 수용해주리라고 믿고 썼을지도 모른다."(1997. 8. 25 일기)

유치장 세면장에서 만났을 때 나는 H를 보고 쏘아주었다.

'자네의 도의교육이 멋진 보람을 다하게 되었구나.'

'글쎄 그런 인간이 아닌데' 하고 우물거렸을 뿐 H는 말을 잇지 못했다.

6월 말께 H는 석방되었다."[21]

동일한 죄명으로 함께 구속된 두 주필 중에 왜 황용주는 석방되고 이병주는 징역살이를 했는가? 후일 이병주가 황용주에 대해 유감을 가질 수 있는 심정적 바탕이 있다. 자신의 책임은 아니지만 이 일로 인해 평생토록 황은 이병주에 대해 미안한 마음을 가지고 있었다. 황용주는 이병주보다 3년 연상이지만 경력상으로는 그 이상으로 앞섰다. 이러한 사회적 지위의 차이에도 불구하고 황용주가 이병주를 서로 '말을 트는' 친구로 허용한 것도 이러한 심리적 부담이 작용했다는 주변의 이야기이다. 물론 황용주는 박정희의 측근이기에 구제될 수 있었다. 그러나 황용주 자신도 영어의 몸이 된 상황에서 이병주의 신변을 챙길 만한 여력이 없었을 것이다.

이병주는 군인으로 구성된 혁명재판소에 회부된다. 1961년 11월 23일 혁명재판소의 재판에서 검찰 측이 공소장에 기재한 이병주의 죄상은 아래와 같다. (1) 피고인 이병주는 1960년 12월 잡지『새벽』에 "조국의 부재"라는 제호로 "조국은 없다. 산하가 있을 뿐이다. 조국은 또한 향수에도 없다" 등의 내용으로 조국인 대한민국을 부인하고 어떠한 형태로든지 새로운 조국을 건설하여야 되는데 대한민국의 정치사에는 지배자가 바뀐 일이 있어도 지배계급이 바뀌어본 일이 없을 뿐만 아니라 이 나라의 주권은 노동자에게 있다는 등 내용으로 일반 국민으로 하여금 은연중에 정부를 전복하고……용공사상을 고취하고, (2) 1961년 4월 25일,『중립의 이론』이란 책자 서문에 "통일에 민족역량을 총집결하자"는 제호로써 대한민국과 북괴를 동등시하고 어떠한 형태로든 통일을 하는

---

21) 이병주,『대통령들의 초상』, 105쪽

전제로서 장면과 김일성이 38선 상에서 악수하여 통일방안을 모색하고 경제 문화 학생의 교류 등 어떻게 해서든지 판문점에 통일을 위한 창문을 열어 남북이 협상을 통한 평화통일을 하자고 선동하는 일방(一方) 등을 기재하여 국가의 안전과 간첩의 침투를 막는 일선장병에게는 무장해제를, 이로 인하여 순국한 영령들에게는 모멸을, 그리고 일반 국민에게는 신성한 납세의무의 불이행, 삼팔선 때문에 국민의 민주적 권리마저 희생당하고 있다고 선동하면서 서상(叙上)한 통일문제에 관해서는 위정자에게 맡길 것이 아니라 민중의 정열을 더욱 팽배시켜 위정자가 민중의 의사에 따라오도록 세력화시켜야 한다고 주장하여 은연중 일반 국민으로 하여금 상기한 민중의 의사에 따라오지 않으면 폭동을 일으켜야만 통일이 되는 것같이 선동하여 용공사상을 고취하고……."

판결문은 공소장의 내용을 전면적으로 인정하는 요지의 편집문에 불과했다.[22] 1962년 2월 2일, 항소기각 판결로 10년 징역의 원심이 확정된다. 억울한 옥살이를 한 이병주는 2년 7개월 만에 마침내 자유의 몸이 된다. 황용주의 때늦은 노력이 적잖은 도움이 되었을 것이라는 주변 인물들의 증언이 있다. 이병주는 출소한 이듬해인 1965년 6월, 월간『세대』지에 중편『소설 알렉산드리아』로 화려하게 작가로 데뷔한다. 후일 그는 자신의 억울한 사연을 소설로도 썼다. 장편『그해 5월』속에 자신에게 내려진 판결문을 고스란히 담았다.

박정희의 민정불참 선언과 번의

황용주는 자신보다 박정희가 초기에는 더욱 민간 정치인에 대한 기대가 컸다고 한다. 그는 혁명하고 나서 "민간에 맡겨야지. 아무리 사람이 없다고 해도 그게 정도가 아닌가?" 이렇게 말하는 박정희의 속내를 알 수 없었다고 한다. 아마도 친구가 강하게 확신을 주기를 기대했을지도 모른다. 그러나 용주가 전하는 이러한 박정희 자신의 고백은 이병주를

---

22)『한국혁명재판사』, 한국혁명재판사 편찬위원회, 1962, 제3집 혁명검찰 제177호

비롯한 여러 사람의 증언과는 상당한 거리가 있다. 박정희가 애초부터 민정이양을 할 생각이 없었다는 가설이 여러 자료에 의해서도 확인된다.

1963년 2월 18일, 박정희 의장은 민정불참 선언을 공표한다. 참신한 인물로 구성된 민간정부에 권력을 이양하고 자신은 군복을 벗고 야인으로 물러난다는 취지였다. 성명을 접한 황용주는 기가 막혔다. 말도 되지 않는 소리이다. 무책임하기 짝이 없는 망언이다. 객기도 유분수지, '이 친구가 돌았나?' 하고 분개했다. 때마침 박정희의 전화가 걸려왔다. 부산에 왔다는 것이다. 단골 숙소인 동래 관광호텔이었다. 여느 때처럼 한잔 하자고 했다.

즉시 달려간 황용주는 경호원이 열어주는 방문을 미처 닫기도 전에 소리쳤다. "아니 그럴 바엔 무엇 때매 그 고생해가면서 혁명했나. 나라는 어떻게 되라고 네 멋대로 그런 짓 한단 말이냐?" 족히 5분은 됨직한 시간을 흥분해서 퍼부어대는 친구가 제풀에 가라앉기를 기다리던 박정희는 빙그레 웃으면서 "그만해라 됐다. 마, 앉거라."

술상이 들어왔다. 몇 잔을 주고받은 후에 비로소 심경을 털어놓았다. "최고회의 의장인가 목딱(목탁)인가, 그것 해보니 더러워서 못하겠더라."

"뭐가 그리 더럽더냐?"

"인간들의 권력에 대한 욕심이랄까.……그걸 내 눈으로 보니 더러워서, 나 여기서 손 뗄란다. 손 탁 털고 조용히 밭이나 갈면서 살란다."

"그래, 자네 그 심경 잘 알지." 용주는 친구의 소회를 듣는다. 그리고는 나직한 어조로 설득에 나선다. 오래된 친구 사이에는 그들 사이에만 통하는 몸과 마음의 은밀한 암호가 있는 법이다.

"그건 어디까지나 자네의 개인적인 감상이고, 일단 자네가 오늘 이 자리에 선 것은 이미 한반도 절반의 운명에 대한 책임이 딸린 자리가 아닌가? 그리고 당초 자네가 나서서 속말로 '점방'을 차린 주인이 아니냐? 그런데 네가 손을 들면 어쩌란 말이냐. 길 가는 사람들이 너도 나도 하나씩 집어 먹고, 그래서 저절로 문 닫게 할 건가? 아무리 어렵고 아니꼽더라고 네가 책임져야 한다. 책임지고 다음 민선 대통령으로 나서거라."23)

가타부타 한마디도 없던 박정희의 입에서 나온 말인즉, "술이나 마시자." 몇 순배 더 돌고 난 후에 박정희는 "노래나 부르자"라면서 자신이 선창했다.

"이 강산 낙화유수 흐르는 물에."

이튿날 아침, 전화가 걸려왔다. 마치 어젯밤 언제 그랬느냐는 듯이 밝은 목소리로 친구의 이름을 불렀다.

"용주야."

"와."

"내가 서울 가서 며칠 더 생각해보고 나서 결심할게."24)

그러나 공식기록을 통해 나타난 이후의 박정희의 행보는 이미 한 곳을 향해 일사천리로 달리고 있었다. 1963년 3월 16일, 최고회의 의장의 군정 연장 제의. 5월 27일, 공화당 전당대회에서 박정희 의장을 대통령 후보로 지명.25) 7월 27일, 최고회의 의장의 민정이양 계획 발표. 8월 30일 박정희 전역과 공화당 입당. 10월 15일, 제5대 대통령 선거에서 박정희 후보 당선.

9월 5일, 서울고등학교 교정에서 열린 대통령 후보 첫 연설에서 '민족적 민주주의'를 구호로 내걸었다. 근대화는 공업화, 산업개발이다. 이를 위해서는 서구식 민주주의로는 안 된다. 그것은 '가식적 민주주의'에 불과하다. "외국에서 들어오는 주의, 사상, 정치제도를 우리 체질

---

23) 『박정희 기념사업회 녹취록』, 2001
24) 같은 문건
25) 장충동 공관에서 김영기, 박관수 두 사람의 대구상고 은사들 앞에서 황용주는 박정희의 대선출마를 선언하고 결의를 다지는 의식을 주도한다. 제3장 참조.

과 체격에 맞추어야 한다. 우리식 민주주의, 즉 민족적 민주주의라는
옷을 만들어 입어야 한다." 그러나 청중과 언론의 반응은 시큰둥했다.
그날 저녁에 흑석동의 조선일보 방일영 집에서 파티가 열렸다. 술에 취
한 박 후보가 방일영과 황용주를 돌아보며 "어이 신문쟁이 방송쟁이들
은 도대체 뭘 하는 거야?"라며 불만을 표출했다. 재빨리 용주가 "두고
두고 쓸 건데 뭐"라며 달랬다. 민기식, 이후락, 황용주는 자리를 옮겨
대책을 논의했다. 보다 체계적으로 '민족적 민주주의'의 내용을 홍보하
는 방법을 치밀하게 연구해야겠다.26) 초대 국가재건본부 본부장 유달
영에 이어 기용된 헌법학자 유진오는 반드시 서구식 민주주의를 해야
한다고 고집하면서 함께 가자는 제의를 뿌리치고 뛰쳐나가 야당에 합
류한다.

4.19와 5.16은 2인 3각?

"5.16 쿠데타 직후 서울 시민 60퍼센트는 다소 모호하지만 호의적인
반응을 보였다. 대부분의 학생들은 4.19 혁명 때와 같이 그렇게 팔을
들고 환영하고 나오지 않은 것은 사실이지만 주먹을 휘두르고 반대하지
않았던 것도 사실이었다. 쿠데타가 스스로 '군사혁명이라고 주장하고
4.19를 계승하겠노라고 선언한 데는 실질적 근거가 있었던 셈이다."27)
한국적인 후진사회에서는 구미식 자유민주주의가 그 지도이념이 될
수 없다는 문제의식은 비판적 지식인 사이에도 널리 공감을 얻었다.
1950년대 후반부터 이미 접했던, 그러나 외면하던 아시아 아프리카 각
지의 민족주의가 활발하게 논의된 까닭도 있고, 새로 선출된 케네디 행
정부에서 제3세계 민족주의의 가능성을 인정하는 행보를 취한 까닭도
있었다. 인도네시아의 수카르노나 이집트의 나세르, 파키스탄의 아유브

26) 김종신, 『영시의 횃불』, 216쪽
27) 이종석, "4월 혁명 주도세력의 변천과정", 사월혁명연구소 편, 『한국사회 변혁운동과
    4월 혁명』, 한길사, 1990, 304쪽

칸 등은 1950년대 후반에 이미 잘 알려져 있었다. 특히 나세르가 수에즈 운하를 국유화한 그 대담하고 자립적인 노선은 찬탄에 가까운 반응을 일시 빚어내기도 했다.[28] 어떤 의미에서는 5.16이 4.19를 안전하게 위생 처리하여 전유(專有)한 사건이었다.[29] 식민 말기 이후 한국전쟁까지에 걸치는 역사에 대한 순정적 해석이자 의도적 망각이기 때문이다.[30] 대외적으로도 전후복구가 완료되지 않았던 만큼 동아시아 지역에서는 전쟁의 가능성이 낮았고, 미국의 케네디 행정부는 중립까지 포용하는 비교적 개방적인 정책을 천명하는 중이었다.

어떻게 5.16을 부정해야 할 것인지에 대한 4.19 세대의 대응은 착잡하다. 그들 스스로 '선의의 독재'의 필요성을 논의했고 5.16에 대해 '올 것이 왔다'라며 판단을 유보했던 역사를 잊을 수 없기 때문일 것이다. 5.16 쿠데타 직후에는 혁신정당마저 지지성명서를 발표할 것을 준비했을 정도였다.[31] 물론 5.16 직후 아직 많은 가능성 속에 처해 있던 '혁명정부'는 박정희의 대통령 선거 출마와 성급한 한일수교의 추진, 6.8 부정선거, 베트남 파병을 거쳐 1972년 마침내 유신체제의 전체주의 길을 선택했고, 혹은 스스로 그 길로 몰아갔다.[32] 4.19 자체에 열광했던 대중 가운데 적잖은 수가 쿠데타 이전부터 자기 자신을 배반했다는 사실 또한 잊어서는 안 된다. '혼란'의 담론은 4.19 직후부터 번지기 시작했다. 가난에 대한 공포와 공산주의에 대한 공포는 강력했다. 이 둘을 함께 해결하려는 혁신의 상상력은 중요한 시도였지만 전쟁이 끝난 지 10년 미만, 사회민주주의에 대해서도 기대보다 우려의 시선이 짙었다.…… 속전속결, 가난과 공산주의에 대한 공포를 빨리 벗어던지려는 초조는 결국 쿠데타를 예기하고 묵인케 했다. 이것이 4.19 혁명이 5.16 쿠데타

---

28) 권보드래 천정환, 『1960년을 묻다 : 박정희 시대의 문화정치와 지성』, 52–53쪽
29) 황병주, 「박정희 체제의 지배담론」, 한양대학교 박사학위논문, 2008, 92쪽
30) 권보드래, 천정환, 같은 책, 501쪽에서 재인용
31) 심지연, "장면 정부하의 정당구조 분석", 『한국정치연구』 8.9 합본호, 1999
32) 권보드래, 천정환, 같은 책, 58쪽

에 의해 회수된 몫이다.33)

후일의 회고에서 김종필은 장면 정권은 5.16이 없었더라도 스스로 붕괴했을 것이라고 주장한다. 무엇보다 북한에 대해 강한 태도를 취하지 못했다고 비판한다.34) 조총련의 주도와 일본 정부의 양해 아래 재일교포의 대거 북송이 이루어지고 있어도 속수무책으로 수수방관하고 있어 민족의 공분을 자아내고 있었다.

황용주의 신념은 단호하다. 5.16 군사 쿠데타가 4.19에 의해 형성되고 있던 민주주의 질서에 역행하는 역사적 과오를 범했다는 비판에 대해서도 황은 단호하다. 한국이 후진성을 극복하려면 민족주의에 중심 가치를 둔 정치체제가 아니면 안 된다. "세계사에서도 정치적 이데올로기가 앞서고, 그 다음이 민족이다. 그리고선 개인의 삶이 있다. 이런 사관은 국제 공산주의를 제외하고는 등장한 적이 없고, 결코 성공할 수 없다. 주민의 삶이 먼저 있고, 그들의 삶에서 신봉하고 의존하는 이데올로기나 원리가 있고, 그 원리에 따라 국가를 만들고 조직을 만드는 것이다. 이와는 정반대로 원리가 먼저 존재하고 그 원리에 따라 집합, 이산을 도모하는 것은 실패하기 마련이다. 종교라면 모를까, 현실 제도로서의 정치는 불가능한 것이다."35)

민족주의자 황용주의 머릿속에서 나온 한국정치의 로드맵은 첫째, 군사 쿠데타로 집권한다. 둘째, 강력한 공업화, 산업화를 통한 근대화로 물질적 토대를 구축한다. 셋째, 통일을 위한 남북한 불가침 조약의 체결, UN의 동시가입, 남북 간의 차이를 해소하고 통일에 이르는 것이다.

"군인들은 걸핏하면 무력을 동원하여 장렬하게 밀어붙이면 된다고 간단하게 생각할 수 있다. 김일성도 그랬다. 그러나 UN에 동시가입하

---

33) 권보드래, 천정환, 『1960년을 묻다 : 박정희 시대의 문화정치와 지성』, 61쪽
34) 「조선일보」, 2002. 1. 26, 15면
35) 『박정희 기념사업회 녹취록』, 2001

여 전 세계인이 보는 가운데 평화적인 방법으로 통일을 도모하면 가능성도 있지 않겠나. '역사는 역사 자체의 필연성에 의해 생성, 발전한다.' 유물사관이다. 그런가 하면 역사는 사람이 만드는 것이다. 굳이 유심론이라고 명명하지 않겠다. 결국 오늘의 역사는 박정희라는 개인이 이룩했다는 것이 나의 소신이다."36)

장면 정권이 경제발전을 주도했을 가능성도 있었지 않은가? 박 정권이 내세웠던 경제개발 5개년 계획도 실은 장면 정부가 입안한 것이다. 다른 말로 하자면 굳이 군사정권이 아니었더라도 경제성장은 이룰 수 있었던 것이 아닌가? 이러한 가설을 그는 단호하게 배척한다. 그가 당시 상황에서 본 '현실론'이다. 당시의 혼란을 목도한 사람이면 그런 한가한 이상론의 가정을 수용할 수 없다. 연일 이어지는 데모, 각종 욕구의 무질서한 분출, 이런 사태가 이어지면 민주정치의 토대가 약한 후진국에서는 반드시 반정부 데모가 일어나게 되고, 데모의 규모가 커지고 강도가 높아지면 경찰력으로 치안을 유지할 수 없게 되고, 그러면 불가피하게 군병력을 동원할 수밖에 없다. 경찰은 정부에 의해 고용된 직업인이기 때문에 마지막까지 정부에 대해 충성을 지킬 수밖에 없지만 군인은 다르다. 군인은 아무런 보상 없이 강제징집된 농민, 시민이다. 그들은 적과의 전쟁이 아닌 상황에서 국가에 대한 저항에 동조할 가능성이 높다. 공명심에 찬 군 지휘관은 이러한 반정부 정서를 바탕으로 인기 없는 정부를 전복하고 스스로 정권을 장악하겠다는 야심을 표출하기 십상이다.

문민정치의 민주주의라는 전통이 확립되어 있지 않은 토양에서 군의 역할은 막중하다. 만약 박정희와 같은 '이념적' 쿠데타가 일어나지 않으면 (사리사욕에 의한) 쿠데타가 발생할 수밖에 없다.37)

주필 시절의 일이다. 19세기 후반에 제국주의의 식민지가 된 국가 중에 일정한 문화적 수준에 달한 나라는 거의 없다는 외국 기사를 접하

---

36) 『박정희 기념사업회 녹취록』, 2001
37) 같은 문건

고 나서 용주는 자신의 신념이 옳았음을 재삼 확인했다. 한민족은 'well educated people'이다. 이렇게 국민의 지적 수준이 높고 문화의 뿌리가 깊은 나라가 식민지로 전락한 것은 역사에 유례없는 일이다. 식민지를 벗어났으면 비약을, 도약을 해야 한다. 그러기 위해서는 과감한 체제의 개혁이 선행되어야 한다. 이승만의 공로는 국제 정세의 흐름을 잘 읽어 내었고, 그 결과 비록 절반이지만 한반도의 공산화를 막았다는 것이다. 나머지 일은 후세가 이룩해야 한다. 그런데 장면 정권은 능력이 없다는 것이 입증되었다. 그들이 내세우는 서구적 민주주의는 풀뿌리 민주주의의 토대가 취약한 한국의 상황에서는 사상누각에 불과하다. 이런 확고한 소신에 찬 사상가 황용주는 박정희에게 유방의 장자방이자 이성계의 정도전이었다.

박정희, 「국가와 혁명과 나」

땀을 흘려라

돌아가는 기계소리를 듣고……

2등 객차에 불란서 시집을 읽는 소녀야

나는 고운 네 손이 밉더라,

우리는 일을 해야 한다.

고운 손으로는 살 수가 없다.

고운 손으로 말미암아

우리는 그만큼 못살게 되었고

빼앗기고 살아왔다.

고운 손은 우리의 적이다.

80년대 저항시인 박노해가 썼음직한 이 시의 실제 저자는 박정희일 개연성이 높다. 5.16 쿠데타의 정당성과 그의 민정참여의 불가피성을 변론하는 박정희의 생각을 집약적으로 대변한 저술 『국가와 혁명과

나』(1963)의 초고를 쓴 박상길의 회고다.38) 박정희 찬양자를 넘어 '박정희 광신자'로까지 평가받는 조갑제는 1997년 이 책의 재간행본 서문을 썼다.39)

"좀 계면쩍은 표정을 지으면서 이런 게 하나 있는데 넣을 데가 있습니까? 하고 메모지를 건네주는 거예요. 받아보니 친필로 쓰고 고친 흔적이 있었습니다. 거의 조판이 다 돼 있었던 책에 무리를 해서 끼워 넣었습니다. 다른 시인의 작품을 옮겨 적은 것인지, 그분 자신의 창작인지는 확실하지 않은데 아마도 창작일 겁니다. 지방 출장 때의 체험에 근거한 시작(詩作)이 아닌가 합니다."40)

박정희 이름으로 발표된 서문이다.

"본인은 지난 한동안 인위적 재난 또는 자연의 재화를 혼자 도맡았다. 그러나 본인은 그 격랑 속의 독주(獨舟)를 저어가는 사공일지언정 조금도 낙망하지 아니하고 실의하지 않았다.……이제 우리들 앞에는 제3공화국의 영광이 기약되고 있다. 알맞은 국토, 알맞은 인구, 알맞은 자원을 가지고도 단 한번 국가다운 국가를 세워보지 못하였음이 우리의 역사이다."41)

"해방 이후 19년간의 총결산 — 그것은 얻는 것보다는 잃은 것이 더 많은 반면, 단 하나의 소득이 있었다면 덮어놓고 흉내낸 절름발이 직수입 민주주의의 강제이식이 있었을 뿐이다. 피곤한 오천년의 역사 — 절

---

38) 박정희, 『국가와 혁명과 나』, 향문사, 1963; 조갑제 해설 재발간, 지구촌, 1997
39) (재발간에 부쳐) "모든 성공한 혁명에는 논리와 철학이 있다"(8쪽) "박정희는 우리 민족의 위대한 1급 지식인이자 사상가였고 그 사상을 실천에 옮겨 민족이 처한 상황을 타파해간 혁명가였다."(9쪽) 조갑제는 이렇게 쓰고 있다. 1997년 9월 2일 "박정희에 대한 재평가를 앞당긴 것은 '민주화의 기수'의 실정(失政)이었다. 김영삼 대통령이 상징하는 민주화 세력의 나상(裸像)을 알게 됨으로써 박정희를 보는 눈이 달라졌다. 그의 죽음을 예약한 봉건적 잔재와 미국식 민주주의에 대한 당돌한 도전의 가치를 범인들도 이제는 이해하기 시작했음을 시사한다.
40) 박정희, 같은 책, 6쪽; 박상길, 『나와 제3.4공화국』
41) 박정희, 같은 책, "책머리에 1963년 신추, 장충당 공원에서", 30쪽

름발이의 왜곡된 민주주의 ─ 텅 빈 폐허의 바탕 위에 서서 이제 우리는 과연 무엇을 어떻게 하여야 할 것인가.”[42]

“이 혁명의 전정(前程)에는 정해진 시간이 없다. 제3공화국의 수립만으로 끝나는 것도 아니요, 이 혁명은 민족의 영구혁명이다.……우리는 공산주의를 반대하고 자유민주주의를 원칙으로 함을 벗어날 수 없다. 민주주의의 신봉을 견지하는 한 여론의 자유는 막을 수 없다. ‘토론의 자유’ 속에 혁명의 구심을 찾아야 하는 혁명 바로 이것이 본인이 추구하는 이상혁명이다”[43]

“4.19의 학생의거, 그리고 5.16의 군사혁명은 해방 이후 16년간의 정치가 결정적으로 파탄되었음을 말한다. 이 두 차례의 혁명을 학생이 일으키고 군대가 성공하게 한 것은 본질적으로 정치와 무관해야 할 이들의 특수사회 이외에는 혁명으로써 국가와 민족을 구할 만한 용기와 정열, 그리고 힘이 없었기 때문이다.”[44] “4.19 학생혁명은 표면상으로는 자유당 정권을 타도하였지만 5.16 혁명은 민주당 정권이란 가면을 쓰고 망동하려는 내면상의 자유당을 뒤엎은 것이다.”[45]

“본인은 40평생의 전 생애를 걸고 뜻 있는 동지들과 촌시를 아껴가며 구국의 방법을 숙의하였다. 자유당 정권 말기 무렵이었다. 마침내 2.28 대구 학생시위가 단초가 되어 거센 4.19 학생혁명이 폭발되었다. 참으로 다행한 일이었다. 군의 출동 없이도 민권혁명은 벅찬 감격으로 일단 성공된 것이다. 그러나 수백 학생과 수십만 민중의 시위로 쟁취된, 이 민족의 희망은 민주당 정권의 등장과 동시에 이미 깨어지기 시작했다.”[46]

“마치 도둑맞은 폐가(廢家)를 인수한 것 같았다. 참으로 빈털터리, 바로 그것이었다.”[47] 정권을 인수한 소감이다.

---

42) 박정희, 『국가와 혁명과 나』, 31쪽
43) 박정희, 같은 책, 35쪽
44) 박정희, 같은 책, 40쪽
45) 박정희, 같은 책, 79쪽
46) 박정희, 같은 책, 84쪽
47) 박정희, 같은 책, 91쪽

이 책은 별도의 장에서 "세계사에 부각된 혁명의 각 태양"을 집중적으로 조명한다.48) 중국의 신해혁명, 케말 파샤의 터키 혁명, 나세르와 이집트 혁명에 대해 상세하게 적는다. 그는 명치유신과 일본의 성공적인 근대화를 찬양하고 라인 강의 기적을 만든 서독의 경제부흥이 확고한 국가관에 찬 '분별 있는' 국민성과 훌륭한 지도자를 가지고 있었다는 것을 들 수 있다.49) 한미관계에 대해서는 미국식 민주주의가 우리의 실정에는 알맞지 않다는 것을 강조하고, 군사, 경제원조에서도 미국화를 기대하지 말고 수혜국의 재량을 인정하라고 요구한다.50)

"우리는 무엇을 어떻게 할 것인가"라는 제목의 결론의 장에서 "5.16 군사혁명의 핵심은 민족의 산업혁명에 있다.……먹여놓고 살려놓고야 정치가 있고 사회가 보일 것이며 문화에 대한 여유가 있을 것이기 때문이다"51)라고 부연 설명한 후, "우리는 본시 군이 아니고서는 도저히 할 수 없는 민족국가의 위기를 구출하려는 것뿐이었고 끝내 군 본연의 세계를 떠나지 아니하려 하였음이 우리들의 진정한 결의였다"52)라고 다짐한다.

"혁명의 적대세력들은 경제문제와 필사적 맞씨름을 하고 있는 혁명정부의 발목을 묶었으며 식량위기, 물가고의 불안 등을 최대한으로 선동, 조장하고 있었다."53) "이리하여 우리는 군 본연의 위치로 복귀하려던 당초의 희망이 타율적 정세에 의해 좌절되었다. 우리의 혁명의 의의를 유지하기 위해 우리 스스로 정국의 담당세력으로 등장하고, 또 그것을 배양, 구축하지 않을 수 없게 된 것이다."54) "가난은 본인의 스승이자 은인이었다.……소박하고 근면하고 정직하고 성실한 서민사회가 바

---

48) 박정희, 『국가와 혁명과 나』, 161–207쪽
49) 박정희, 같은 책, 219쪽
50) 박정희, 같은 책, 230쪽
51) 박정희, 같은 책, 265쪽
52) 박정희, 같은 책, 278쪽
53) 박정희, 같은 책, 282쪽
54) 박정희, 같은 책, 283쪽

탕이 된 자주 독립된 한국의 창건, 그것이 본인의 소망의 전부다. 그러나 본인은 이 소원의 전부를 이룩하지 못한 채 민정으로 넘기게 되었다.……본인으로서 갈 길은 있을 것이다. 그러나 그 길이 국민 제위가 지시하는 길이어야 함은 물론이다. 왜냐하면 군정을 끝내는 본인으로서는 그것이 마지막으로 남은 의무이기 때문이다."55)

후일 자신의 회고록에서 박상길은 『국가와 혁명과 나』의 집필 과정에서 박정희의 직접 검열을 받았을 다른 제삼자가 관여했다는 말을 남기지 않았다. 그러나 여러 사람의 증언과 당시의 정황으로 보아 황용주의 감수를 받았다는 이야기에 상당한 설득력이 있다. 이 책에 적힌 내용은 1950년대부터 황용주가 지속적으로 주장했고, 1959년 1월 부산에서 박정희를 재회한 이래 쉬지 않고 그의 머릿속에 주입하려 애썼던 강의록이었다.

국가원수 수영복 사진

1962년 7월 31일 황용주는 부산일보 사장으로 취임한다. 마치 그의 사장 취임을 축하라도 하듯이 1962년 8월, 최고회의 의장 박정희가 아들 지만 군을 데리고 휴가차 부산에 내려온다. 해운대에서 두 사람은 회포를 나눈다. 두 사람이 수영복 차림으로 찍은 사진이 부산일보에 실린다. 지도자의 어린 아들 지만이 어른들 앞을 가로질러 달리는 모습도 함께 카메라에 잡힌다. 뉴스 가치가 매우 높은 사진임에 분명하다. 이 사진을 부산일보가 단독으로 보도하자, 다른 언론의 불평이 팽배한다. 박 의장의 측근에서는 국가원수의 권위를 떨어뜨린다면서 게재를 반대했다고 한다. 그러나 황 사장의 생각은 달랐다. 국가원수는 국민에게 친밀감을 주어야 한다는 것이 그의 지론이다. 옛날 황제나 귀족처럼 신격화되어서는 안 된다. "서민과 함께 호흡할 수 있는 지도자가 필요한 것이야. 자꾸 국가원수를 황제처럼 만들려는 위인은 결코 국가원수를 진정으로

---

55) 박정희, 『국가와 혁명과 나』, 296쪽

위하는 사람이 아니야. 그런 인간은 이승만을 인의 장막 속에 가두어 둔 간신배나 마찬가지 위인이야. 미국의 케네디 대통령의 경우를 봐. 『라이프』지에 실린 사진 못 봤어? 아들 존과 부자가 함께 수영복 차림으로 플로리다 해변에서 휴가를 즐기는 그 사진이 미국 사람들에게 얼마나 깊은 친근감을 주었는지 말이야."56)

그러나 황 사장의 선의와 달리 이 사건은 그가 박정희와 막역한 사이라는 과시와 독선으로 받아들여졌다. 그렇지 않아도 쿠데타의 주축세력 군인들은 틈만 있으면 껄끄러운 황용주를 견제할 기회를 엿보고 있었다. 백사장 비치파라솔 아래 선글라스를 낀 채 친구와 담소하는 권력자의 모습에서 이들은 행여나 황용주가 박정희와 대등한 존재로 대중에 비칠까봐 경계했다. 선글라스는 박정희의 전용 아이콘이었다. 대중 앞에 가장 먼저 선보인 박정희의 모습도 선글라스와 결부되어 있다.

"5월 16일 아침, 짙은 검정색 선글라스에 군용 점퍼를 입고 뒷짐을 진 채로 정면을 뚫어지게 바라보는 한 사나이. 그의 무표정한 얼굴이 선글라스에 살짝 가려져 있고, 모자에는 소장 계급을 표시하는 별 두 개가 달려 있었다.……좌우에 소령과 대위 한 사람이 서 있고 그 뒤로 몇몇 군인이 더, 그리고 배경으로 서울시청 건물의 화강암 외벽이 비쳤다.……1960년대 이후 초, 중등 교과서나 역사책에 어김없이 등장하던 사진이다. 사진의 초점은 물론 중심인물이다. 그의 카리스마는 검정색 선글라스에 의해 더욱 빛난다.……만약 그때 선글라스를 끼지 않았더라면 국가와 민족의 현실을 고뇌하는 지도자로서의 이미지가 그다지 강하게 부각되지 않았을지도 모른다. 1961년 11월 첫 미국 방문에서 케네디 대통령과 나란히 설 때 당시의 언론은 그의 선글라스를 요란히 보도했다. 당당한 자주외교의 상징으로 받아들였다."57)

4.19의 시인, 신동문은 1965년 11월 『세대』지에 「모작오감도(模作烏

---

56) 김종신, 『영시의 횃불』, 166-167쪽
57) 신판수, 『시인 신동문 평전 : 시대와의 대결』, 131쪽

瞰圖)」라는 제목의 시로 박정희의 선글라스를 패러디한다.

선글라스쓴사람을무서워하는사람이무서워서선글라스를쓴사람은선글라스를
못벗으니까안쓴사람은더욱무서워하니까쓴사람은더욱짙은선글라스를쓰게되고
안쓴사람은더욱더무서워한다.안쓴사람이더욱무서워하면쓴사람도더욱무서워
하면안쓴사람이
더욱더무서워하면쓴사람도더욱더무서워하면영원히무서워하는천재만남는다.

박정희는 국민이 무서워서 선글라스를 쓰고, 국민은 박정희의 선글라스 때문에 그를 무서워한다는 요지이다.[58] 수영복 사진 사건은 절대권력자 박정희의 선글라스의 독점적 사용권을 침해한 방약무도한 반역 행위가 된 셈이다.

황산덕 필화사건

1962년 7월 11일 국가재건 최고회의는 헌법 심의위원회를 구성하고 헌법개정안을 마련하여 8월 23일 서울 시민회관에서 공청회를 실시했다. 이 자리에 갈봉근 등 헌법학자와 각계 대표가 참석한다. 신문편집인 대표 격으로 동아일보의 고재욱과 경향신문 논설위원 이항녕이 참석했다. 이항녕은 독일 기본법 20조 4항의 예에 따라 국가기관이 민의를 대변하지 못할 때는 국민에게 저항할 권리가 있다는 것을 규정할 것을 건의하기도 했다.[59]

5.16 후에 새 헌법을 둘러싸고 논쟁이 많았다. 구헌법을 폐지하고 신헌법을 제정하느냐, 아니면 구헌법을 개정하는 절차를 취하느냐가 주요 쟁점이었다. 또한 국회가 해산되고 없는 상태이기에 헌법의 개정은 국민투표를 통할 수밖에 없는가, 달리 무슨 방법이 있는가도 중요한 논제

---

58) 신판수, 『시인 신동문 평전 : 시대와의 대결』, 132쪽
59) 이항녕, 『작은 언덕, 큰 바람』, 208쪽

였다. 그런데 8월 2일자 동아일보 사설에 "국민투표는 능사 아니다"라는
제목의 사설이 실렸다. 서울법대의 황산덕 교수가 집필한 것이었다. 군
정당국에 대한 격렬한 비판이 담겨 있었다. 이 사설이 국시의 위반으로
황산덕과 고재욱 주필이 함께 구속되었다.

　다방면의 구명운동이 벌어졌다. 고재욱은 며칠 후에 석방되었으나
황산덕은 며칠 더 갇혀 있었다.[60] 박 의장을 수행하는 기자들이 부산에
오면, 황 사장에게 떼를 쓰다시피 하여 뭔가 뉴스거리를 제공해달라고
요청했다. 박 의장도 때때로 인터뷰에 응해주었다. 동아일보의 이만섭,
유혁인 두 기자가 황용주를 붙들고 간곡하게 사정한다. 용주는 박 의장
에게 건의한다. 한국언론의 원로를 가두는 것은 대내외적 이미지에 결
코 좋지 않으니, 그 정도 메시지를 전했으면 석방하는 게 좋지 않으냐
고. 박정희는 씽긋 웃었다. "그래 알았다. 초록은 동색이구먼." 그 자리
에서 신직수 검찰총장을 전화로 부른다. 그리고 두 사람을 즉각 석방하
라고 지시한다. 동아일보는 황용주에게 전화를 걸어 감사의 뜻을 전해
왔다.[61]

　1962년 8월 8일자 동아일보는 6일자 부산발 기사로 박정희 최고회의
의장의 말을 전한다. "6일 하오 동아일보 필화사건에 대해 이 문제는
방금 실무자로부터 조사 중에 있기 때문에 상경한 후에 상세한 보고를
받고 신중히 처리할 문제라고 말했다. 그는 계속해서 헌법학자가 헌법
에 대한 의견을 말하는 것은 좋으나 문제된 사설이 혁명기본권을 부정
하는 감을 국민에게 준 데 대해서는 유감스럽게 생각하며 또 유엔 가입
운운한 구절은 국제적으로 국가의 위신을 손실시킨 것으로 본다고 말했

---

60) 황산덕은 군법회의에 회부되어 구속 140일 만인 12월 8일에야 비로소 석방되었다는
　기록도 있으나 사실관계에 부합하지 않는다는 것이 당시 동아일보 관련자들의 증언이다.
61) 이대훈의 증언

다.62) 지난 4일 당지에 도착한 이래 6일 하오 해운대에서 황용주 부산일
보사 사장과 오찬을 같이한 자리에서 이와 같이 말하고……."

12월 17일 헌법개정안에 대한 국민투표가 실시되고 12월 22일 최고
회의는 개헌안이 국민투표에 의해 가결되었음을 선포한다. 이듬해인
1963년 2월 26일에 새 헌법이 공포된다. 1960년 11월 29일의 개헌에서
4.19 의거에 관련된 부정선거 관련자와 반민주 행위자의 공민권 제한과
부정축재자를 처벌하기 위한 소급법을 인정했는데 새 헌법에도 부칙
5조를 통해 그 효력을 지속한다고 했다.63)

위험한 인물, 황용주 : 강원용의 증언

후일 피터 현이 용주에게 일러준 말이다.64) 5.16 직후 미국 대사관의
정보에 의하면, 박정희 주변의 좌익 성향의 인물로 황용주를 지목하고
있었다고 한다. 용주 자신도 그렇게 알고 있었다. 그래서 1964년 11월
『세대』지 필화사건의 배경에 미국 대사관이 관여하고 있었다고 강하게
믿고 있었다.65)

「뉴욕 헤럴드 트리뷴」지의 기자였던 피터 현은 1963년 10월 15일 대
통령선거를 앞두고 윤보선, 박정희 두 후보를 순차적으로 인터뷰했다.
개인적 친분을 고려하여 윤보선을 먼저 만난다.

"60년대 초 남한은 세계에서 가장 소득이 낮은 나라의 하나라는 좋지
않은 특징을 가졌다는 사실을 나는 잘 알고 있었다. 특히 대적하고 있는
북한보다도 경제면에서나 군사면에서 모두 뒤지고 있을 때였다. 나는
윤 전 대통령에게 이 참담한 현실에 대한 대책을 물었다. 그의 대답은

---

62) 황산덕을 헌법학자라고 불렀으나 그는 서울법대의 형법 담당교수였다.
63) 이항녕, 『작은 언덕, 큰 바람』, 210쪽
64) 한국명 현웅(玄雄). 미국의 「타임스」, 『뉴스위크』, 『익스프레스』와 중국의 「인민일보」
    등 세계 일류신문의 기고가로 활약했고 70─80년대 초에 북한과 중국을 방문하여 평양
    과 여순 감옥을 취재한 저널리스트이기도 하다. "김 변호사 사무실에 들르다. 함께
    점심 자리에서 박동진, 피터 현, 이 로이터 기자 함께 식사. 오랜만의 해우다."(1983.
    11. 21 일기)
65) 이 책의 제16장 참조

‘먼저 당선되는 것이 중요하다. 일단 당선되고 나면 상황을 분석하겠다’
는 것이었다. 나는 내 귀를 의심했다. 유력한 대통령 후보가 이런 멍청
한 발언을 할 수 있단 말인가?”66)

“이와는 대조적으로 다음날 회견한 박 장군은 그의 혁명공약, 즉 경제
개발 5개년 계획을 아주 상세하게 설명해주었다. 나는 연평균 7.1퍼센트
성장의 계획에 대해 의문을 던졌다. 그런 성장률은 한국은 물론 대만,
싱가폴과 같은 어떤 개발도상국에서도 불가능한 일이라고 던졌다. 그는
‘제1차 계획이 끝나는 1966년에 다시 와보시지요. 그때 내 말을 확인할
수 있을 것입니다.’ 나는 다시 그를 찔렀다. 온 나라가 기아선상에서
허덕이는데 경험도 없는 군인들이 경제 기적을 주장한다고 해서 과연
그들의 경제 관리능력을 믿을 수가 있겠습니까? ‘그렇지요. 국민들은
허리를 졸라매고 미래와 자식들의 장래를 위하여 더 열심히 일하기만
하면 돼요.’ 박 장군은 힘주어서 한마디 더했다.”

1963년 10월 13일, 대통령 선거 이틀 전날 「뉴욕 헤럴드 트리뷴」은
“한국의 선거 : 군사정부 지도자의 공약(Korea’s Election: The Junta Leader’s
Pledge)”이라는 제목으로 전면기사를 실었다.67)

그로부터 10년 후인 1974년 봄, 박정희의 독재에 대한 미국 언론의
비판에도 불구하고 피터 현은 박 대통령의 회견기를 쓰기 위해 서울을
다시 찾는다. “경부고속도로를 달려 공단에 도착하기까지 나는 사실을
인정하지 않을 수 없었다. 박 대통령은 1963년 말에 내게 말한 대로
혼돈과 폐허로부터 나라를 구하기 위해 무언가 일하고 있구나, 과연 나
라는 전화(戰禍)로 피폐한 농경사회로부터 아시아에서 가장 빠른 속도
로 성장하는 산업사회로 탈바꿈해가고 있었다.……인터뷰를 가지면서
박 대통령이 학생 시절부터 세계사에서 근대화 개혁의 사례와 그 일을

---

66) 피터 현, 『세계를 구름처럼 떠도는 사나이』, 푸른 솔, 1997, 136쪽
67) “뉴욕에 들러 박 장군에 대해 몇 번 더 기사를 쓸 기회가 있었다. 공개석상에서 검은
   안경을 쓰는 고독하고 냉정한 군 출신 정치가, 신비한 사람이라는 내용의 글이었다.”
   피터 현, 같은 책, 138쪽

주도한 역사적 인물에게서 지대한 영향을 받았다는 사실을 알게 되었다. 일본의 메이지 유신, 손문의 신해혁명, 터키 아타튀르크의 개혁운동, 이집트의 나셀 혁명, 전후 혼란스러웠던 프랑스 정국을 안정시킨 드골……책을 열심히 읽는 역사학도 박정희는 젊고 명석한 경제정책 기획팀의 도움을 받아 수출지향의 경제개발 계획을 과감하게 밀고 나가 실현시킨, 앞을 내다보는 차세대 경제정책가로 변해 있었다."[68]

열렬한 박정희 찬양자가 된 현은 영어로 박정희의 전기를 쓰고 1993년 여름 북경에서 중국어 번역본을 출간한다. 공산당 중앙위원회 소속 홍기(紅旗)출판사 리우야우는 번역서 서문에서 박정희의 역사적 업적을 중국 역사에서 진시황의 그것에 비유했다.[69] 이에 앞서 1987년 서울에서 조갑제와 용주와도 만난다. 현은 박정희를 프랑스의 드골에 비유하면서 용주와 크게 공감한다. "여러 가지 측면에서 박정희는 프랑스의 샤를 드골 장군을 연상시킨다. 프랑스 정부와 국민의 의사를 거스르면서까지 자기 고집을 관철시켜 프랑스 민주주의를 지켜낸 점에서 그러하다. 2차 대전 중 드골은 나라를 위하여 프랑스 법을 어기는 행동을 마다하지 않았다. 대다수 국민들은 망명 중의 드골이 프랑스 정부를 반대하며 내세운 '자유 프랑스 운동'에 무관심하거나 적대적이었다. 레지스탕스는 도덕적인 행동이었다. 드골 자신은 역사적 소명의식에 따라 행동한다고 생각했다. 민주적 다수 의견을 거부하고 독단적인 행동을 강행한 드골이 프랑스 민주공화국을 구하고 회복시킬 수 있었던 반면, 민주적으로 구성된 비쉬 정권이 민주주의를 배반한 것이다."[70]

철저한 반공주의자로 영향력 있는 개신교 목사 강원용 또한 5.16을 지지했으나 박정희와 황용주의 사상적 성향을 의심한다.

---

68) 피터 현, 『세계를 구름처럼 떠도는 사나이』, 165쪽
69) 피터 현, 같은 책, 30쪽
70) 피터 현, 같은 책, 351-352쪽. 드골의 서거 소식을 읽고, 용주는 "행정가뿐인 세상에 진정한 정치가였다"라고 적었다.(1970. 11. 10 일기)

"5.16이 터지자 윤보선 대통령은 '드디어 올 것이 왔다'라는 유명한 말을 남겼지만 나 또한 솔직히 말해서 올 것이 왔다는 생각이었다. 무능력한 민주당 정권이 무너지고 새로운 정권이 들어서게 된 것을 피할 수 없는 현실로 받아들이면서도 새로운 권력자에 대한 정보를 하나도 가진 게 없어 나는 불안할 수밖에 없었다."71) "솔직히 말해서 나는 군사혁명이 성공하기를 바라는 사람 가운데 하나다.……기독교 윤리학자인 에밀 브르너는『신의 명령(*Divine Imperative*)』이라는 책에서 기독교 사회윤리의 모델을 제시하고 있는데, 그에 의하면 국가가 굳건하게 유지되기 위해서는 질서, 자유, 정의, 평화, 이 네 가지가 다 보장되어야 한다는 것이다. 그런데 이 네 가지 기둥 중에서도 으뜸이 되는 것은 자유가 아니라 질서라고 주장한다. 독재보다 더 나쁜 것은 무질서(chaos)라는 것이다. 나는 그 같은 생각에서……무질서와 독재라는 두 가지 악 중에 상대적으로 더 작은 악(less evil)인 독재를 선택한 것이다."72)

강원용은 지인으로부터 박정희와 황용주에 관한 우려스러운 첩보를 접한다. "박정희는 좌익 경력이 있는 사람이었다.……이들 좌익계 인사들은 이승만 대통령이 하야한 직후부터 교원노조를 비롯한 하급노조와 친북 혁신계 단체의 조직에 착수했으며, 부산을 중심으로 대구, 서울 등 전국을 시위의 소용돌이 속에 몰아넣은 장본인들이었다. 이들은 서구식 사회민주주의를 부르짖는 혁신계 인사들과는 근본적으로 입장이 다른 친북 인사들로 '선 통일 후 건설'을 주장했다. 박정희는 부산을 중심으로 혼란이 극에 달해 국회 조사단이 파견되었을 때도 겉으로는 계엄사령관으로서 지역의 혼란을 염려하는 척 했으나 이면에는 좌익 인사들과 계속 접촉했으며 이런 접촉은 5.16까지 지속되었다. 특히 간과할 수 없었던 것은 5.16이 터지던 무렵의 친북 좌파 인사들의 동태다. 그들은 5.16 며칠 전부터 서울의 대동여관이라는 곳에 투숙하고 주야

---

71) 강원용, 회고록 2권『역사의 언덕에서 ─ 전쟁의 땅 혁명의 땅』, 376쪽
72) 강원용, 같은 책, 383쪽

로 모임을 가졌다. 마침 그 여관은 부산대 교수들이 서울 출장 때 자주 이용하던 곳이어서 나는 그들의 움직임을 자연스럽게 관찰할 수 있었다. 그곳에 들락거리던 사람은 대구 폭동(1949. 10. 1)의 주모자 세 사람(박상희, 황태성, 조치기)을 비롯해 열 명가량 되었다. 그들의 움직임을 주시하던 나는 그 여관의 여급에게 부탁하여 그들이 모이는 방에서 나오는 휴지통을 입수했다. 그런데 놀랍게도 찢어진 혁명 성명서 초안과 5월 15일까지 긴급 상경하라는 전보문 등이 나왔다. 그리고 곧 5.16이 터진 것이다. 깜짝 놀란 나는 군사혁명이 일어난 다음날 그 자료들을 부산의 미국 공보원장을 통해 미군 수사당국에 넘겼다."[73]

"나는 미 8군 정보책임자였던 로버트 키니(Robert Kinney)를 만났다. 극비리에 또한 미국 대사관 정치담당 참사관인 하비브도 만났다. 혁명 검찰부장 박창암도 만났다. 나는 박경일 교수가 파악하고 있던 좌익계 인물과 박정희와의 관계에 대해 물었다. 박정희와 대구사범 동기동창인 황모에 대해 물었다. 후일 박창암은 박정희에게 황모에 대해 직접 물어보았다고 한다.[74] '그랬더니 박정희는 그 사람 나하고 대구사범 동기동창인데 별 관계없다라고 대답하더군요. 그런데 내가 그 얼마 후 박정희 방에 들어가 보았더니 박정희가 황모와 마주 앉아 이야기를 나누고 있는 거예요.' 그런 말을 들려주던 그의 표정은 개운치 않아 보였다."[75]

강원용은 하비브가 후일 월남 대사로 임명되어 한국을 떠나면서 이렇게 일러주었다고 했다. "그때 당신이 박 대통령의 배경에 대해 우리에게 알려준 정보는 상당히 유익했습니다. 우리들이 내린 결론도 그가 좌익 사상을 가지고 있었던 건 틀림없다는 것이었어요. 그런데 가만 그의 사람됨을 살펴보니까 이념보다는 권력에 대해 더 철저한 사람이더군요.

---

73) 강원용, 회고록 2권 『역사의 언덕에서 ― 전쟁의 땅 혁명의 땅』, 388, 390쪽
74) 박창암은 1963년 3월 군부 내 반혁명 사건으로 체포되었다.
75) 강원용, 같은 책, 391쪽

그래서 처음에는 그를 배척하려다 정책을 바꾸게 되었지요. 그에게 계속 권력욕을 만족시키고 대신 그 밑에 믿을 만한 사람들로 벽을 쌓아 불순한 세력을 차단하기로 한 것입니다." 하비브의 차단벽으로 활용된 사람들이 이후락과 정일권 같은 반공주의자들이다. "미국이 한국 정부에 대해 바라는 것은 크게 두 가지다. 하나는 월남에 정규군을 보내는 것이고 다른 하나는 일본과의 관계를 정상화하는 것이다."76)

장준하와 황용주

1971년 대통령 선거에서 야당 후보가 되어 일약 대한민국 현대 정치사의 중심인물로 김대중이 부상하기 이전까지 장준하는 박정희의 가장 강력한 정치적 라이벌이었다. 그는 당시 최고의 지식인 잡지였던 『사상계』의 발행인으로 지식청년 학생의 절대적인 지지를 얻고 있었다. 1962년 '아시아의 노벨상'으로 불리는 막사이사이상을 수상하면서 국제적인 인물로 부상한다. 그는 1963년 군사정부의 제2인자 김종필과 각 대학을 돌면서 박정희가 내세운 민족적 민주주의에 관한 강연 대결을 벌이기도 한다.77)

그런 장준하도 당초에는 5.16을 지지했다. 『사상계』 1961년 6월호 권두언 구절이다.

"4.19 혁명이 입헌정치와 자유를 쟁취하기 위한 민주혁명이었다면, 5.16 혁명은 부패와 무능과 무질서와 공산주의의 책동을 타파하고 국가의 진로를 바로잡으려는 민족주의적 군사혁명이다. 따라서 5.16 혁명은 우리들이 육성하고 개회시켜야 할 민주주의의 이념에 비추어볼 때는 불행한 일이요, 안타까운 일이 아닐 수 없으나 위급한 민족적 현실에서 볼 때는 불가피한 일이다. 그러나 이번의 군사혁명은 단지 정치권력이 국민의 한 집단에서 다른 집단으로 넘어가는 데 그친다면 그것은 무의

---

76) 강원용, 회고록 3권 『역사의 언덕에서 ─ Between and Beyond』, 199쪽
77) 「대한일보」, 1963. 11. 6

미한 일일 뿐만 아니라 민족적 죄악이 되는 것이다.……본래 권력은 부패하기 쉽고 더욱이 절대 권력은 절대 부패하는 경향이 있다 함은 하나의 정치적 법칙이다. 이러한 권력의 자기 부식작용(腐蝕作用)에 걸리지 않고 오늘의 청신한 자세를 끝까지 유지하기 위해서는 '국가재건 최고회의'는 시급히 혁명과업을 완수하고 양심적인 정치인들에게 정권을 이양한 후 쾌히 그 본연의 임무로 돌아간다는 엄숙한 혁명공약을 깨끗이 군인답게 실천하는 길 이외에는 다른 방법이 없을 것이다. 그렇게 될 때 군인의 위대한 공적은 우리나라 민주주의 사상에 영원히 빛날 것임은 물론이요, 한국의 군사혁명은 압정과 부패와 빈곤에 시달리는 많은 후진국 국민의 길잡이요, 모범이 될 것이다."[78] 그러나 박정희는 당초 약속했던 민정이양을 거부하고, 또 장준하는 직접 정치에 나서 군사정부에 대한 전면전을 선포한다.[79] 장준하는 사석에서 박정희와 황용주는 매국노 중에 상 매국노라고 비판한다. 민충식의 주선으로 용주는 장준하를 만난다. 용주는 1945년 가을, 상해 시절의 인연을 상기시키면서 허심탄회하게 이야기하자고 제안한다.

"우리 터놓고 말해보세, 우리가 왜 서로 적이 되어야 하나? 그때 이야기를 해보자. 항일 레지스탕스 활동으로 치자면 철기(이범석)가 위냐, 약산(김원봉)이 위냐? 자네들은 우연히 찾은 곳이 이범석 부대이고 나는 김원봉일 뿐이지 않나. 자네들도 김원봉의 의열단에 갔더라면 그쪽 부대의 지시를 받았을 것이 아닌가? 우리가 민족을 생각했지 어디 이념을 앞세웠던가? 자네나 나나 대학 시절 우리 민족을 위해 고민하지 않았나? 힘겹게 이민족의 압제를 벗어난 우리인데 무엇보다 하루 속히 근대화를 해야겠다는 것이 우리 세대의 과제가 아닌가? 그래야 통일도 꿈꿀

---

78)『사상계』, 1961. 6월호 권두언; 장준하, 장준하 문집 3『사상계지 수난사』(1985)에 재수록

79) 장준하는 민정이양을 약속한 혁명공약 6장의 신속한 이행을 촉구하면서 군사정부에 대한 전면전을 선포했다. 장준하, 같은 책, 311쪽 이하; 강원용, 회고록 3권『역사의 언덕에서 — Between and Beyond』, 52쪽

수 있을 것이 아닌가? 일본의 지배를 받게 된 것도 근대화에 뒤처졌기 때문이 아닌가? 그 일을 우리가 안 하면 누가 하겠나? 모든 희생을 무릅쓰고 다음 세대에 물려줄 사회적 터전을 마련해야 할 판에, 박정희는 반민주다, 독재다, 그렇게만 매도하면 어떡하오? 누군 독재를 하고 싶어서만 하겠소? 난들 독재를 좋아할 리가 있소? 야당 정치인이 서구적 민주주의니 뭐니 하고 떠벌리면서 근대화, 산업화를 방해하고 나서면서 독재로 몰아가기만 하니 도리가 있겠소? 의견에 차이가 있으면 조정해야 할 것이 아니요?" 용주의 진의를 들은 장준하는 눈물을 글썽이며 "황 동지, 고맙소, 내가 그런 줄은 몰랐소. 그래 어떻게 하면 좋겠소?"라며 화답했다.[80] 조정의 여지가 있다고 기대한 황용주는 박정희와 장준하의 대면을 주선하려고 나섰다. 그러나 그 일은 끝내 이루어지지 않았다. 역사는 이미 각자가 맡아야 할 역할을 규정하고 있었던 것이다. 설령 황용주와 장준하 사이에 개인적 차원의 화해가 이루어진다고 해도 박정희와의 화해는 이미 불가능한 일이었다.

박정희와는 비록 앙숙이 되었지만, 1972년 7월 4일 남북 공동성명이 발표되자 장준하는 긍정적 응답을 보내고 백범사상 연구소의 발족을 서두른다.

"민족적 양심에 살려는 사람 앞에 갈라진 민족, 둘로 나누어진 자기를 다시 하나로 통일하는 것 이상의 명제는 없다. 이를 위한 안팎의 조건을 만들어가는 이상의 절실한 과제는 없다. 어떤 논리도 이해도 이 앞에서는 뒤로 물러나야 한다. 이런 대원칙 아래서 굳어진 논리, 고집스러운 자세는 고쳐가야 한다. 근본과 말단을 바꾸어서는 안 된다. 무엇이 앞선 당위이며, 가치며, 무엇이 거기에 따르는 것인가를 가려야 한다. 모든 통일은 좋은가? 그렇다. 통일 이상의 지상명령은 없다. 통일은 갈라진 민족이 하나가 되는 것이며, 그것이 민족사의 진전이라면 당연히 모든 가치 있는 것들은 그 속에 실현될 것이다. 공산주의는 물론 민주주의,

---

80) 『박정희 기념사업회 녹취록』, 2001

평등, 자유, 번영, 복지, 이 모든 것에 이르기까지 통일과 대립하는 개념인 동안은 진정한 실체를 획득할 수 없다."81) 그는 당시의 소회를 이렇게 적었다. "나 자신 7.4 성명을 합의한 사람들이 민족통일은 고사하고 남북의 대화를 할 만한 주체적 역량도 없고 객관적 조건도 아니 만들었다는 것을 잘 안다. 그러나 7.4 공동성명의 문맥으로 보면 그것은 누가 해도 그 이상도 그 이하도 만들 수 없는 민족통일의 대원칙이 부각되어 있다. 이 까닭에 이 대원칙에 찬의를 보내는 것은 하나도 이상할 것이 없다. 오히려 그 대원칙에서 한 발자국이라도 후퇴하지 못하도록 밀어주는 것이 옳다.……따라서 7.4 성명은 우리 민족의 거울이다. 통일을 진정으로 원하는 사람들이 한 짓인지, 아니면 자기 정권을 유지하는 명분으로 한 짓인지, 분명히 가려질 날이 곧 올 것이다."82)

용주는 일기장에 7.4 남북 공동성명의 전문을 적어두었다.

"오전 10시 이후락 부장이 7.4 남북 공동성명을 발표한다. 6개 항목을 합의한다. '첫째 통일은 외세에 의존하거나 외세의 간섭을 받음이 없이 자주적으로 해결해야 한다.' '쌍방은 이상의 합의사항이 조국통일을 일일천추로 갈망하는 겨레의 한결같은 염원에 부합된다고 확신하면서 이 합의사항을 성실히 이행할 것을 온 민족에 엄숙히 약속한다.' '서로 상부의 뜻을 받들어' 이후락 김영주."

실로 놀랐다. 긴가민가 하면서도 믿고 싶었다. 이제야 박정희가 초심으로 돌아간 것일까? 이후락의 농간일 수도 있다. 온갖 감회가 솟구친다. 그러나 이상주의자, 절대통일주의자들의 꿈은 냉엄한 정치적 현실 앞에 한낮 꿈에 불과하다. 그해 10월 26일 남한에는 유신헌법 체제가 들어섰고, 북한도 헌법 개정을 통해 더욱 공고한 분단체제의 길을 걸었다. 7.4 남북 공동성명은 남북한이 처음부터 '짜고 친 고스톱이었다'는

---

81) 『씨알의 소리』, 1972. 9월호; 장준하, 『사상계지 수난사』, 469쪽에 재수록
82) 장준하, 같은 책, 470쪽

것이 후세인의 일반적 평가다.

1975년 8월 17일, 장준하는 등산길에 불의의 사고를 당해 죽는다. 실족 추락사한 것으로 경찰은 발표했다. 그러나 37년이 지난 후에도 진정한 사인을 두고 논란이 이어지고 있다. 2012년 8월, 사망 37주기를 기해 이장하면서 유골을 감정한 국립과학수사 연구소는 타살의 정황이 감지된다는 소견을 발표했다. 그의 죽음 소식을 들은 용주는 슬퍼한다. 작은 메모가 남아 있다. "장준하가 죽었다. 아깝다. 안타깝다. 저승에서 만나면 손잡고 함께 울 수 있을까?"

옹색한 서울생활

1961년 6월 말, 석방된 용주는 즉시 서울로 향한다. 박정희의 곁에 있어달라는 부탁이었다. 부산일보는 휴직 처리된다. 다동의 태성여관에 장기 투숙한다. 용주의 추천으로 최고회의에 공보고문이 된 논설위원 최세경도 상경한다. 최세경의 발탁에는 학병 동기인 정우식 헌병대 대장의 지원도 있었다. 최세경은 김지태에 대해 유감을 품었다고 한다. 서울로 올라가게 된 최 씨는 김지태 사장에게 인사하러 갔다 크게 자존심이 상했다. 전셋집이라도 구해줄 줄 알았는데 "(부산일보 서울지사) 합숙소에 가 있으라"는 말을 들었다는 것이다. 이 일로 최세경을 비롯한 10명의 최고회의 고문이 김지태 씨를 성토했다"고도 한다.[83]

한참 후 정기영이 불쑥 부산으로 찾아와서 용주의 부인 이창희의 상경을 종용한다. 대구사범과 학병 친구들이 떼거리로 몰려들어 각종 청탁을 해대고 있다. 금전거래도 투명하지 못할 뿐만 아니라 미인계도 속출하고 있다. 그러니 조속히 상경하여 중심을 잡으라는 것이었다. 부산여중에 재학 중이던 란서도 전학하여 이화여대 부속중학교에 편입시험을 치른다. 정기영의 주선으로 숙명여중 교감 한정수가 나섰다. 전학의 조건으로 "피아노 한 대 사주었다"는 뒷이야기가 있다. 모녀는 태

---

83) 한홍구, 『장물바구니』, 124쪽

성여관에 함께 한동안 체류하다가 민충식의 도움으로 불광동 18평짜리 국민주택에 입주한다. 용주는 1962년 7월 31일 부산일보 사장이 되어 이듬해 7월까지 복무한다. 1964년 9월 1일, 문화방송 사장이 되면서 부산생활을 영구 청산한다. 그해 11월, 이 국민주택에서 필화사건을 맞는다.

딸의 회상이다. "그분의 이름과 지위를 알았지만 언론에서 떠들어대는 것처럼 무서운 사람이 아니라 아주 정다운 사람이라는 것을 안다. 엄마나 아버지가 한 번도 그분의 이름이나 지위를 직접 일러준 적이 없다. 그리고 그분이 우리 집에 자주 들른다는 이야기를 알은 척하거나, 누구에게 말해서도 안 된다는 주의를 들은 적도 없다. 그러나 나는 한 번도 이런 이야기를 남에게 한 적이 없다. 불과 열두세 살에 불과했지만 그럴 필요도 없고 그래서도 안 된다는 판단을 할 줄 아는 아이였다. 이 새벽의 방문객은 때로는 엄마와 술잔을 주기도 받기도 했다. 그런 때는 화장실에 가기 위해 일어나지 않아도 엄마가 나를 깨워서 옆에 앉혔다. 나는 졸리는 눈으로 옆자리에 앉아 있곤 했다."

거의 40년 후에 아버지는 프랑스에 사는 딸 가족에게 보내는 편지에서 자신과 박정희가 '함께' 꿈꾸고 도모했던 5.16 민족주의 혁명이 후세에 의해 심하게 왜곡되는 사실에 한탄을 금치 못하는 심경을 토로한다.

"사랑하는 란서, 魯浪, 그리고 俊이 眞이[84] 작년 7월부터 금년 4월까지 MBC에서 「제2공화국」이란 드라마를 일요일 밤에 방영했다. 아버지가 박정희 소장과 함께 등장하더라고 했는데 1961년 2월인가 3월에 부산 송도의 덕승관이란 화식 집에서 혁명자금을 의논하는 장면이 몇 분 나오더라. 이 '제2공화국'은 이승만 정권을 다룬 '제1공화국'에 이어 4.19 학생의거, 장면 정권, 박정희 소장의 혁명 추진과정을 다루고 있는데, 작가와 피디, 연기자는 사명감을 가지고 되도록 사실에 충실하려

---

84) 사위 로랑(Laurent), 외손자 에띠엔느(Etienne Joun)와 앙투완(Antoine)의 한국 이름.

고 하였는데 박정희 소장의 5.16 혁명은 아예 군사 쿠데타로 취급하여 그것이 한 나라의 역사적 필연성에 의해 기도되고 발생했다고 보지 않고 있다. 우리나라의 학자나 언론은 프랑스 혁명, 일본의 명치유신, 러시아의 1917년 공산혁명은 긍정적으로 이해하고 있는데, 5.16 혁명은 아직 제대로 평가하지 않고 있다. 5.16 혁명은 2차 대전 이후 서구 강대국에 의해 지배되고 있던 약소민족의 자주독립을 찾기 위한 민족혁명이었고(우리는 일제 잔재와 미소의 점령에서 해방되는) 한 나라의 후진성을 근대화＝산업화하자는 혁명이었고, 이러한 혁명의식은 일본에서 유학한 아버지 세대가 가장 절실하게 체득하고 있으며 1960년대 우리 한국에서 당시 이 두 가지 혁명과업을 실천할 수 있는 사회계층은 군인 이외에는 집단적으로 존재하지 않았다. 학생은 미숙하였고 기성 정치인의 정당은 하부조직이 없고 관료사회는 형성 도중이었고 농민 노동자는 조직되어 있지 않았고 지식계급은 소수였고 해서 당시로서는 군부가 아니고는 한 나라를 거머쥐고 요리할 수 있는 세력이 없었다. 이집트의 나세르, 한국의 박정희는 때와 장소를 만났기에 착근(着根)할 수 있었던 것이다.

5.16 혁명으로 인해 미국이 우리 한국을 어떻게 취급하고 있었는가가 드러났다고 해도 과언이 아니다. 말로는 민주주의를, 근대화를 시도하고 지원한다고 했지만 내실 군사기지로서, 대소 방어에만 이용하려는 속셈이었다. 이런 미국의 한국관을 가장 직감할 수 있었던 박정희와 그러한 미국의 비위를 맞추어 출세하려는 장성들과의 대결이기도 했다. 그때 박정희와 나는 5.16 혁명이 나세르의 반영, 아랍인의 자주 근대화에 맞먹은 한반도의 우리가 아세아의 후진성을 벗어던지는 데에 앞장을 서서 아세아에서의 미국의 군사기지를 후퇴케 하는 데 앞장을 서야 하는 혁명이어야 한다고 여러 번 다짐했다.

그런데 「제2공화국」은……박정희의 민족의식, 역사관 같은 것은 전연 다루지 않고 정권욕에만 매달린 일개 군인으로 취급하고 있어 참으로 한심스럽구나. 부산 송도의 장면은 작가가 최소한 현재 생존하고 있는 나에게 당시의 전후 사정을 문의하고 나서 집필했어야 옳았을 터인데, 이러한 기본적이고도 필수적인 확인도 없이, 박정희와 황용주가 대담하고 있었으니 그것을 보고 있는 당사자의 심경은 어떠하며 또 이런 장면을 보고 '그게 정말이요' 하고 묻는 사람에게 뭐라고 답해야 할지……언젠가는 내가 직접 소상하게 기록을 남겨야겠다고 다짐하기도 한다. 몇 년 전에 경희대의 정진석 교수가 『월간 정경연구』에 아버지 필화사건을 다루었는데 그때도 내용은 당시 국회 의사록과 일간지에 실린 사실대로 수록했지만 배경에 대해서는 내게 문의했더라면 보다 정확한 내용을 만들 수 있지 않았을까 하고 아쉬웠던 적이 있다. 다음 MBC에서 작가 이상현, PD 고석만이 「제3공화국」을 제작하겠다고 하니 그때는 무엇을 어떻게 다룰지 두고 볼 일이다."85)

---

85) 편지의 내용은 장문의 일기에 상세하게 적혀 있다.(1990. 4. 30 일기)

<h1 style="text-align:center">15</h1>

<h1 style="text-align:center">정수장학회의 진실</h1>

뿌리 깊은 악

2012년 제18대 대통령 선거과정에서 박근혜 후보를 적지 않게 괴롭힌 문제 중의 하나가 '정수장학회' 사건이다. 아주 오래된 이야기이다. 그러나 엄연한 현재의 문제이기도 하다. 부산 지역 기업인으로 제2, 3대 민의원을 지낸 김지태(1908-1982)는 5.16 군사 쿠데타가 발생한 이듬해인 1962년, 부정축재 처리법 위반 등으로 구속, 기소된다. 구속 중에 그는 부산일보, 문화방송, 부산 문화방송 등의 주식과 토지 10만 평을 국가에 기부하기로 하고 석방된다. 세 언론기관 모두 부일장학회의 출연기관이었다. 그해 7월, 이 재산을 기반으로 5.16 장학회가 설립된다. 부일장학회는 흔적도 없이 해체된 것이다. 그러나 그 시대의 사람들의 기억 속에는 선명한 불꽃과도 같이 뿌리박혀 있었다. 부일장학회는 1958년 11월 10일 설립되었다. 장학회의 탄생은 부산을 포함한 경남 일대의 학생들에게는 일대 복음이었다.[1] 1959년 1월 6일 부산일보 1면에 장학회의 발족을 알리는 사고(社告)가 실렸다. "취학의 기회가 경제적 제한을 받을 수 없다 함은 오늘날 사회체제에 있어서 당연히 보장되어야 할 사회정의입니다. 본사는 이 정의를 실현하기 위해 부일장학회를 창설하였습

---

1) 1963년 1월 1일자로 부산직할시가 탄생하기 이전까지 부산시는 경상남도의 도청 소재지였다. 부신직할시는 1995년 1월 1일 부산광역시로 승격되었다.

니다.……애독자 여러분의 친근한 주변에서부터 여러분과 더불어 장학의 사업을 추진, 성공케 하자는 것입니다."

저소득층 자녀, 고학생의 지원을 비롯한 다양한 종류의 장학생을 선발했다. 그 일환으로 1962년 이른 봄, 도내의 전 중, 고교의 추천을 받은 지원자 중에 시험을 통해 각각 50명씩 선발했다. 선정자에게는 상급학교 입학금과 등록금 전액에 덧붙여 일정액의 서적 구입대금을 포함하는 엄청난 액수의 장학금이었다.[2) 부일장학회와는 별도로 모교인 부산상고에 김지태 장학금, 백양장학금 등을 설립했다. 노무현 전 대통령도 진영중학과 부산상고를 부일장학금과 김지태 장학금 덕분에 마칠 수 있었다고 술회했다.[3)

1962년 7월 7일, 부일장학회는 해체되고 재단법인 5.16 장학회가 탄생한다. 그러나 출연기관인 MBC가 TV 방송을 시작하면서 재무구조가 악화되자 1971년, 당초 3억 원이었던 자본금이 7대 재벌기업에서 각각 1억 원을 출연하여 10억으로 증자된다. 1980년 10월 26일, 박정희 대통령이 죽고 혼란 끝에 전두환 정권이 들어선다. 박정희의 후계자 격인 전두환은 5.16 장학회의 해체와 보호라는 양면작전에 나섰다. 박정희를 이어받되 유신체제를 탈피하는 외형을 띠었다. 그리하여 1982년 1월 14일자로 5.16 장학회를 정수장학회로 명칭을 바꾼다.[4) 1981년 11월 29일, 1월 6일자 5.16 장학회 임시이사회의 결의에 따른 것이다. 재적 이사 9명 중 7명이 참석했다. 이사장 조태호와 황용주의 이름이 참석자 명단 속에 포함되어 있다. 1982년, 전두환은 1971년의 증자분인 문화방송 주식의 70퍼센트를 KBS에 주었고 1987년 6월 항쟁 이후에 이 지분으로 방송문화 진흥회를 설립한다. 5.16 장학회가 문화방송의 주식을 100

---

2) 당시에 경남 밀양중학교 3학년에 재학하던 필자도 장학생에 응모했으나 서류심사에서 탈락한 적이 있다. 이렇게 선발된 학생들은 그해 7월 부일장학회가 해체되면서 잠시 부풀었던 기대를 접어야만 했다.

3) "김지태 노무현 대통령 인연 — 노무현 중학 시절부터 부일장학회에서 학비지원",「부산일보」, 2003. 6. 11

4)『정수장학회 30년지』, 부록 연지(年誌), 246−268쪽

퍼센트 소유하고 있던 반면, 정수장학회의 몫은 30퍼센트로 줄어든다. 현재 정수장학회는 매년 부산일보에서 8억 원, MBC에서 20억 원을 기부받아 이 돈으로 장학금을 지급하고 있다. 박근혜 새 대통령은 1995년부터 2005년까지 10년간 정수장학회의 이사장으로 재직했다.

2012년 대통령 선거 과정에서 야당 측은 정수장학회를 '장물'로 규정하여 정치공세를 취했고 박 후보 측은 어디까지나 김지태 씨의 자발적인 재산헌납으로 생성된 합법적인 조치였다고 방어했다. 박근혜 후보의 대통령 당선으로 정치적 논란은 일단락지어졌으나 완전히 해결된 것은 아니다. 이 문제는 후세에 넘겨줄 '이월부채'의 목록 속에 남게 되었다. 한편 정수장학회의 역대 수혜자는 박근혜 새 대통령의 중요한 지원세력이 되어왔다. 수혜자의 모임인 '상청회(常靑會)'의 3만8천여 명(2011년 기준)의 회원 중에는 400여 명의 교수와 다수의 국회의원 그리고 뉴라이트 운동의 리더 목사 등이 포함되어 있다.[5]

정경유착과 부정축재 환수문제 ― 김지태의 경우

1960년대부터 1980년대 사이에 우리나라의 정치 기상도에서 '부정축재자' 처리가 새 시대를 여는 중요한 의식이었다. 정치와 재벌의 노골적인 유착이 적어도 선거과정에서는 외형적으로 해소되면서 대통령 '측근비리'의 문제로 개별화되고 있다. 그러나 정도와 유형의 문제일 뿐 본질은 마찬가지다. 부정축재 문제가 처음 불거진 것은 1960년 4월 혁명 직후였다. 혁명의 계기가 된 3.15 부정선거에 정치자금을 대는 등 적극적으로 자유당 정권에 협력한 기업인에 대한 단죄 차원에서 제기된 것이다. 따라서 국민의 입장에서는 이승만 시대의 잘못된 과거를 바로잡은 정의로운 행위라는 관념으로 바라보게 되었다.[6] 그러나 1961년 4월

---

5) 「조선일보」, 2013. 1. 3, 법무부 장관과 국회의원을 역임한 김기춘은 '범동창회장 상청회장'의 자격으로 정수장학회 30년지의 발간을 축하하는 축사를 썼다. 『정수장학회 30년지』, 축사
6) 공제욱, "부정축재가 처리와 재벌", 정신문화연구원 편, 『1960년대의 정치사회변동』,

4일 참의원은 '부정축재'의 정의 속에 3.15 부정선거 당시 '자진하여' 협조한 사람에 한정함으로써 자유당과 결탁했던 대부분의 자본가들에게 면죄부를 주었다. 5.16 후 박정희 쿠데타 세력이 부정축재 문제를 강력하게 들고 나와서 상당한 국민적 지지를 얻게 된 것도 이러한 불완전한 선례 때문이었다.[7]

자유당과의 관계가 나빴고 따라서 부정선거에 협조하지 않은 김지태는 4월 혁명 직후에는 무사했다. 그러나 5.16 직후에는 이병철 등 경제인 15명이 함께 구속되었고 재산헌납 각서를 제출하고 6월 30일 석방된다. 이듬해인 1961년 12월 30일, 부정축재 환수금 5억4천만 원을 납부함으로써 절차가 매듭지어진다.[8] 정권의 변동에 따른 일종의 의례적인 통과의식이었던 셈이었다.

그런데 1962년 3월 27일 중앙정보부 부산지부는 외환관리법 위반 등의 혐의로 부산일보 전무 윤우동, 한국생사 상무 이상학, 조선견직 전무 배정기 등 김지태 회사의 간부 10여 명을 구속한다. 신병 치료차 일본에 체류하던 사장 김지태는 4월 23일, 귀국과 동시에 공항에서 체포된다. 황용주가 중간에서 귀국의 교섭에 나섰다고 한다. 경제인 중에 재차 구속된 사람은 김지태 혼자뿐이었다. 그는 7년 징역의 구형을 받은 뒤 군부의 요구에 굴복하여 6월 22일 기부승낙서에 날인하고 검찰의 공소 취하로 당일 풀려난다.

김지태를 잡아들인 것은 중앙정보부 부산지부장 박용기이지만 재산헌납절차는 서울에서 주도했다. 박용기는 사유재산의 강탈을 거부한다. 그러나 그는 1962년 9월 불법으로 선거자금을 거두었다는 명목으로 구속된다. 1962년 12월 22일 육군 본부 보통군법회의에서 징역 10년을 선고받았으나 1963년 5월, 5.16 2주년 기념 특사로 8개월 만에 풀려난

백산서당, 1999, 206쪽
7) 한홍구, 『장물바구니』, 55쪽
8) 김지태, 『나의 이력서』, 200쪽. 황은 자신이 나서서 액수를 줄이는 데 기여했다고 말했다.

다. 당시 쿠데타 주력세력 사이의 권력 투쟁의 면모가 강하다.

박용기는 풀려난 직후에 김지태에게 자신의 과오를 뉘우치는 '양심선언'을 하나 1973년 다시 번의한다.9) 그는 1997년 7월, 용주에게 과거 일을 해명하고 싶다면 지인을 통해 면담을 청해왔다는 사실이 용주의 일기장에 적혀 있다. "낮에 정오영(鄭五永)으로부터 전화. 기영, 만영의 안부 묻다. 모두 무사하단다. 박용기를 만났더니 5.16 직후 김지태 씨 구속사건에 대한 해명을 하고 싶은데 만날 수 없는가 하고 정에게 부탁하였다 한다.……더위 지나고 연락하자고 말하다."10) 그 후에 실제로 만났다는 일기장의 기록은 보이지 않는다.

재단법인 5.16 장학회

1962년 7월 7일 설립된 5.16 장학회의 창립 취지문은 이렇게 시작한다. "새 시대는 왔다. 민족중흥의 큰 깃발은 한 차례 전진하고 있다. 이 때 흙에 묻혀 있는 유위의 인재를 뽑아내고 그들을 기르고 그들의 재질을 닦고 갈아서 빛나게 하는 것은 그들을 위함인 동시에 실로 국가사회의 백년대계나 당면과업으로 봐서 촌시의 지체를 허락지 않은 일이다. 이제 뜻 있는 국내외 인사의 정재를 기본으로 삼고 앞으로의 협조를 기대하면서 재단법인 5.16 장학회를 창립한다.……위로 황천과 조종선열의 도움을 믿으며 국민혁명의 빛나는 결실에 참여하여 1961년 5월 16일을 영구히 기념하고 그 정신을 살리고자 이름을 5.16 장학회라 정하고 국가재건, 인간개조의 정신이 세대를 이어가는 청소년의 가슴에서 가슴으로 전해 흐르는 장학사업을 범국민적이고 거족적으로 추진하는 모태가 되고자 5.16 장학회를 만드는 것이다."11) 창립총회의 참가자는 이관구(재단 이사장, 재건운동 본부장), 고원증(상임이사, 전 법무부 장

---

9) 한홍구, 『장물바구니』, 253-257쪽
10) 1997. 7. 18 일기
11) 『정수장학회 30년지』, 77쪽. 창립선언문의 초안자가 누구인지는 분명하지 않으나 김영기라는 설이 강력하다. 황용주가 아닌 것만은 분명하다.

관), 윤일선(학술원 종신회원), 김연수(삼양사 회장), 김영기(전 대구사범학교장), 이병철(삼성물산 회장), 김용두(전 국방부 장관) 등 7인으로 참가자 전원을 이사로 선임했다. 이사 전원을 박정희가 지명했고 고원증이 연락했다.[12]

"당초 박정희는 5.16 장학회의 설립안을 대구사범 동창인 고려대학교의 왕학수 교수에게 마련해보라고 부탁한다. 왕학수는 대학원생을 주된 수혜자로 하는 안을 만들었으나 박정희는 '가난한 국민학교 졸업생들은 어떻게 하란 말인가'라며 이 안을 받아들이지 않는다. 이를 계기로 왕학수는 손을 떼고 신직수가 산파역을 맡게 된다. 당초에 김지태로부터 언론 3사를 강탈한 장물을 5.16 장학회라는 장바구니에 담을 생각을 고안한 사람은 황용주일 가능성이 높다"고 한홍구는 판단한다.[13] 1984년 『월간 조선』과 인터뷰에서 황은 "평소 언론이 가장 공정하게 되려면 개인도 아니고 국가도 아니고 법인이 소유해야 한다는 소신을 갖고 있었다. 이 기회에 부산일보와 방송국을 제대로 키울 수 있는 재단을 만들어 양쪽의 승낙을 받게 되었다"고 고백했다.[14]

1962년 7월 31일 (부일장학회 용지에 쓴) 황용주가 김지태에게 보낸 편지가 국정원과 과거사 위원회의 조사문건 속에 제시되어 있다.[15]

"제례(除禮) 하옵고, 염서(炎署)에 옥체 안강하십니까? 소생 금조(今朝)에 하부(下釜)하였습니다. 다름 아니옵고 오는 8월 7일 (화) 오후 6시 서울 조선호텔에서 5.16 장학회 주최로 재경 저명인사를 초청하여 김 사장의 독지(篤志)를 가상(嘉賞)하는 피로연을 베풀게 되어 있습니다. 따라서 이날은 김 사장께서 왕림해주셔야 하겠으므로 이편에 회답해주시

---

12) 한홍구, 『장물바구니』, 143쪽
13) 한홍구, 같은 책, 118-120쪽
14) 오효진, "대통령의 동창생들", 『월간 조선』, 1984. 5. 243면
15) 같은 날짜로 5.16 재단 상임이사 고원증이 보낸 같은 요지의 메모도 있다.

면 금일 중 서울 재단사무실에 연락하게 되어 있습니다. 그리고 작일 소생 박 의장(박정희)을 방문코 언론정책에 관하여 건의와 아울러 김 사장에 관한 이야기도 한 바 있었는데 특히 김 사장의 5.16 재단 이사 취임에 대하여 간절히 부탁드렸더니 수긍한 바 있습니다. 찾아뵙고 자세한 말씀 올려야 할 것을 글월로 죄송합니다. 총총, 황용주 배, 김 사장 귀하."

한홍구는 "황용주가 부일장학회 용지에 편지를 써서 김지태에게 보냈다는 사실은 실로 무례하기 짝이 없는 일이다. 이는 자식을 유괴 살해한 범인이 부모에게 자식의 이름이 인쇄된 용지에 편지를 보내는 것이나 마찬가지였다"[16]라며 극도의 비판을 가한다. 그러나 과도하다는 인상이다. 황용주는 나름대로의 변명이 있다. 그는 시종일관 김지태가 막대한 재산을 출연한 사정을 감안하여 장학회의 (이사장 내지는) 이사로 영입해야 한다며 강력하게 주장했다. 자신을 부산일보에 스카우트하면서 김지태가 보여준 각별한 배려에 평생토록 감사하는 마음을 지니고 살았고 김지태와 박정희 사이에서 중재를 위해 애를 썼다는 것이다. 그의 일기장에는 그런 취지로 적혀 있다.

"오전 박두석과 5.16 장학회에 들르다. 김현철 이사장도 계시다. 지난 부산 유세에서 김대중이 5.16 장학회를 비방한 언사에 관하여 나의 의견을 말하다. 5.16에 기본 재산(MBC, 부산일보)을 기증한 사실을 존중해서 김지태 씨를 이사로 추대할 필요가 있다."[17] "어제 밤 내자가 장학회 이사인가 신청서류 중 신원에 관한 일로 해서 야기된 요 며칠간의 사태에 대해 해명할 것과 자기 나름대로의 의견을 말하다. 그래야 할 것이지마는 오랜 은둔생활의 타성으로 좀처럼 행동해야겠다는 결심이 서지 않는다. 그러나 란서 모와 란서의 입장을 생각할 때 이번만은 모든 저항을 물리치고 해명할 것은 하고 손을 써야 하겠다고 결심하다.

---

16) 한홍구, 『장물바구니』, 186쪽
17) 1971. 4. 13 일기

장학회 송 국장과 이사장을 만나다. 대충 그 동안의 사태를 듣고 윤곽을 짐작하다. 저녁 송 기자를 만나 청와대 쪽의 사정도 알게 되다."[18] "장학회 이사장 댁에서 이사장과 이환의 MBC 사장과 여러 가지 이야기 나누다.……김지태 씨로부터 10년간 유효의 소송보류권의 내용증명의 서신을 받고 있다는 사실도 듣다. 증서에 날인할 때의 일과 그를 이사로 천거한 사실을 알려드리다. 이사장은 여러모로 전임 사장 대우를 해주어 고맙다."[19] "오전 5.16 장학회 임시이사회 개최. 김현철 이사장, 김장희, 조태호(박경원 출타), 이환의, 최감사 참석. 이사장 재선 정관일부 개정.……이(李) 사장실에서 MBC 현황 브리핑을 듣고 신사옥의 내부를 안내받다. 10년이면 강산도 변한다는데, 크게 성장하여 흐뭇하다."[20]

김지태는 생전에 당시의 울분을 기록으로 남겼다. "내가 끝까지 결백을 주장하고 맞서는 경우 간부들이 희생당하는데다 회사 경영이 엉망이 되어 수천 종업원이 실직하게 될 것이 안타까웠다. 신문사나 방송국은 공영사업이므로 누가 경영하든 이 나라 매스컴의 발전에 이바지할 수 있다면 된다는 심정으로 협상에 응할 심산이었다. 구속된 조건 아래 그런 서류를 작성한다는 것은 옳지 못하니 석방된 연후에 약속을 이행하겠다고 버티었으나 막무가내로 어느 날 작성해온 각종 양도증서에 강제로 날인이 이루어진 것이다"라고 썼다.[21]

최고회의의 법사위원장 이석제가 세부절차를 챙기고 법무부 장관, 고원증이 직접 입회했다. 고원증은 2004년 8월 26일 한겨레신문과의 인터뷰에서 이렇게 증언했다. "1962년 6월 박정희 의장의 직접 지시에 따라 '5.16 장학회' 설립을 추진했고 박 의장에게 김지태의 석방을 건의

---

18) 1975. 6. 9 일기
19) 1975. 6. 1 일기
20) 1975. 8. 26 일기
21) 김지태, 『나의 이력서』, 8쪽

했다”라고 구체적으로 진술한다. 반면 2005년 3월 25일, 국정원 조사에서 정수장학회 이사장 최필립은 김지태의 재산헌납은 자발적 기부였다고 주장한다.

누가 김지태를 구속하고 협박한 대가로 재산을 강탈할 아이디어를 냈는가? 많은 공범이 있었을 것이다. 물론 주범은 박정희이다. 그러나 전체 시나리오는 신직수의 작품일 것이라는 주장이 강하다. 부산일보 기자로 최고회의를 출입하던 김종신의 증언이다. “최고회의 법률고문 신직수(후일 법무부 장관, 중앙정보부장 역임)가 어느 날 김종신을 불러 김지태 사장에게 편지를 전해달라고 부탁한다. 김종신은 최고회의 행정관 이 모씨와 함께 부산으로 내려갔다. 편지를 본 김지태 사장의 얼굴이 노래졌다. 그 직후 김 사장은 수사기관에 끌려갔다.”[22] 그는 단언한다. “모든 게 신직수 작품이었다. 박정희의 결재를 받아 5.16 장학회를 만든 것도 신직수였다.”[23]

한홍구의 흥미로운 관찰이다. “흥미 있는 사실은 박정희 정권 시절 5.16을 기념하는 양대 사업이었던 5.16 민족상과 5.16 장학금 중 5.16 민족상은 그 명칭을 박정희 사후에 변경하지 않고 지금까지 유지하고 있는 반면, 5.16 장학회는 정수장학회로 바꾸었다는 점이다. 역대 이사진을 보아도 5.16 민족상은 이른바 5.16 혁명주체들로 구성된 반면, 정수장학회 이사진에는 박정희, 육영수, 박근혜와 개인적 인연을 맺은 사람들이 포진해 있을 뿐, 5.16 혁명주체들은 찾아볼 수 없다.” 5.16 재단의 이사는 이병철 등 경제인이 주임에 반해 5.16 장학회는 왕학수, 조중출, 황용주 등 대구사범 동기, 은사 김영기, 그리고 조태호 등 친인척의 애로사항을 해결해주는 창구로 사용했다. 박정희 재임 시절 정수장학

---

22) 조성식, “박정희 마니아 김종신 전 청와대비서관”, 『신동아』, 2011. 11, 170쪽
23) 조성식, 같은 글, 172쪽; “황용주와 신직수는 김지태의 재산을 빼앗아가 장학회를 만드는 데 가장 중요한 역할을 한 일등공신이라 할 수 있다. 그중 칼을 잡은 사람은 늘 신직수였다.” 한홍구, 『장물바구니』, 211쪽

회는 단순한 장학재단이 아니라 준국가기구적 성격을 보유했다.24) 부산일보 출신으로 5.16 장학회의 설립에 관여했던 두 사람의 증언도 당시 상황을 전면적으로 파악하는 데 중요한 참조자료가 될 수 있다. 먼저 최세경의 회고다. "1963년 5대 황용주 사장, 1964년 6대 박준규 사장의 뒤를 이어 7대 부산일보 사장에 취임하고 보니 장학회의 설립취지에 부응하여 부산일보가 장학사업에 도움을 주기는커녕 지프차 한대로 임원이 출퇴근할 정도로 현상유지도 어려운 형편에 있었다."25) 김석겸은 김지태가 부일장학회를 장차 재단법인으로 만들 계획이었다고 증언한다. "부일장학회를 임의단체로 세우면서……장차 재단법인으로 정식 발족시키고자 자기 소유의 재산을 산하 기업체의 간부이며 부일장학회의 이사들에게 명의촉탁을 해두었던 것으로 알고 있다. 이 점이 매우 중요하다. 밀수혐의로 구속 기소된 곤경을 면하려고 재산을 최고 권력자에게 기증하였다는 속설에 일리가 없는 것은 물론 아니다. 그러나 5.16 장학회가 태동되고 설립된 참된 동기는 김지태 선생의 부일장학회 설립 운영의 고귀한 장학정신과 박정희 의장이 본 재벌기업의 재산을 사회로 환원시켜 속죄의 기회를 주고 공명하게 사용케 한 데에 있었다고 생각한다. 5.16 장학회 설립의 발상에서 구상, 교섭, 성사에 이르기까지 수없는 과정에 깊이 관여한 본인은 이 점을 여생의 명예를 걸고 확신에 찬 증언으로 기록에 남기고자 한다."26)

공리(公利)와 사원(私怨)

김지태의 유족과 일부 호사가들은 박정희가 김지태의 재산을 강탈한 것은 사사로운 유감 내지는 악감정 때문이었다고 주장하기도 한다. 박정희가 요청한 쿠데타 자금의 지원을 김지태가 거절했기 때문이라거

---

24) 한홍구, 『장물바구니』, 239쪽
25) 최세경, "숭고한 뜻을 되새기며", 『부산일보 50년사』, 133-134쪽
26) 김석겸, "정수장학회 태동기의 이야기들"(1992. 3. 16), 『정수장학회 30년지』, 135-136쪽

나27) 또는 그에게서 입은 개인적 모욕에 대한 보복이었다고 주장하기도 한다.28) 그러나 적어도 당시로서는 사사로운 원한이나 욕심 때문이 아니라 언론을 장악하여 정치에 이용하려는 목적 때문이었다고 보아야 할 것이다.

김지태가 특별한 사회적 물의를 일으켰거나 박정희의 눈에 난 것이 아니었다. 단지 언론사를 소유하고 있었기 때문에 표적이 된 것이다. 박정희는 김지태의 재산 중 훨씬 규모가 큰 조선견직, 한국생사, 삼화고무 등은 손을 대지 않았다.29) 그는 4.19 때 계엄사령관으로 부산에서 언론의 위력을 체감했다. 황용주는 "'펜은 칼보다 강하다.' 정권을 뺏는 것은 총이지만, 무너뜨리는 것은 펜이다. 잡은 정권을 유지하려면 절대적으로 언론을 장악해야 한다"라고 박정희에게 역설했다. 쿠데타의 상식대로 5.16 새벽에 맨 먼저 접수한 곳도 남산 KBS 방송국이었다. 정권 장악에 성공한 박정희는 KBS와 서울신문을 장악했다. 1962년 김지태를 잡아들일 것을 지시하던 그때에 경향신문도 인수할 것을 고려했지만 장면 정권을 지지하던 천주교 측의 저항으로 포기했다. 당시의 부산 문화방송은 영세한 규모였지만 잠재력이 컸다. 김지태는 1960년 7월 미국을 방문했을 때, RCA TV가 컬러 방송을 시작하면서 필요 없게 된 흑백 TV방송 기자재를 인수할 계획을 세우고 있었다.30) 김지태는 부산에서 부산일보와 부산 문화방송의 이원체제를 구축했듯이 서울에도 한국 문화방송과 연합신문을 새로이 인수하여 서울-부산을 연결하는 전국적

---

27) 자명 김지태 평전 『문항라 저고리는 비에 젖지 않았다』, 416-420쪽
28) "박정희와의 악연도 있었다. 박정희가 군수기지 사령관을 지낼 때 부산일보가 주최하는 고교 야구대회가 있었다. 김지태 사장은 주변의 건의를 받아들여 지역 실세인 박 사령관에게 시구를 부탁했다. 박정희는 흔쾌히 수락했다. 그런데 당일 시구를 한 것은 박정희가 아니었다. 느닷없이 김 사장이 시구자로 나선 것이다. 박정희는 모욕을 느꼈다. 김종신은 '국회 국방위원을 지낸 김 사장이 평소 군을 얕잡아본 결과'라고 말했다. '박정희가 얼마나 기분 나빴겠나. 내가 다 얼굴이 달아오르더라.'"(김종신의 말) 조성식, 『신동아』, 2011. 11, 172쪽
29) 박정희 정권 말기에 연합철강의 권철현, 전두환 정권 시에 동명목재의 강석진이나 국제그룹의 양정모가 재산과 경영권을 모두 빼앗긴 것과는 처리방식이 달랐다.
30) 한홍구, 『장물바구니』, 70쪽

네트워크를 장악하는 매스컴 왕국을 건설할 꿈을 세웠다. 이러한 원대한 계획의 배후에는 황용주가 있었다. "서울에 있는 신문 하나를 손에 넣고자 연합신문을 놓고 사장이던 김성곤 씨, 김판석 씨 등과 수차례 걸친 접촉 끝에 이야기가 잘되어 황용주 씨를 사장으로 기용을 내정했다"라고 적었다.31)

단명한 MBC 사장, 황용주

잘 알려져 있듯이 MBC 문화방송은 당초 부산에서 창설되었다. 부산 MBC는 1959년 4월 15일 부산에서 첫 전파를 송출함으로써 민영 상업 방송시대를 열었다. 당시 부산의 라디오 보급률은 서울보다 높았다. 항구도시라 비정상적인 경로를 통해 유입된 외제 라디오도 많았다. 한국 전쟁을 거치면서 사람들은 가장 신속하게 속보를 전해주는 라디오에 귀를 기울이게 되었다. 한 예로 1959년 음력 8월 15일 추석날에 일어난 사라호 태풍의 소식을 전하는 데는 신문 호외도 무용지물이었다. 그러나 방송국을 연다고 해도 문제는 콘텐츠였다. 당시 우리나라의 수준으로는 제대로 된 방송프로그램을 제작할 능력이 없었다. 그 공백을 일본 방송이 파고들었다. 부산 지역에서는 라디오만 틀면 일본 방송이 흘러나왔다. 해방 직후라 어린이를 제외하고는 모두가 일어 방송의 청취에 지장이 없었다. 이러한 배경 아래 체신부는 부산 MBC의 개국을 허가하고, 그해 9월 김지태가 방송국을 인수한다. 황용주의 적극적인 권고가 있었다.

김지태는 부산이라는 지방도시에서 방송을 경영하는 데 한계가 있다고 판단하고 서울에 민방을 설립하기로 작정한다. 그러나 1959년 이미 체신부가 서울에 4개의 방송사 설립을 허가한 상태였다. 추가로 허가를 얻는 것이 여의치 않다고 판단한 김지태는 화가 고희동(高羲東)이 보유한 허가장을 사들여 1961년 법인을 설립하고, 그해 12월 2일 한국 문화

---

31) 김지태, 『나의 이력서』, 187쪽

400

방송(MBC)을 개국한다. 개국과 동시에 광고가 쇄도하면서 전도가 양양하던 MBC는 이듬해 5월, 사장 김지태의 돌연한 체포로 난국에 빠진다. 그가 '국가에 헌납한 재산목록' 속에 문화방송이 포함되었고, 5.16 장학재단이 경영주가 된 뒤에도 민영방송의 성격만은 유지했다. 그러나 이른바 신군부가 1980년 11월 14일 언론 통폐합을 단행하자 MBC는 치욕적인 성격 변화를 감수해야 했다. MBC는 이듬해인 1981년에 주식의 70퍼센트를 국가에 넘겨 민영방송의 틀을 상실한다. 더구나 국가는 MBC 주식을 한국방송공사(KBS)에 현물 출자함으로써 MBC의 대주주가 된다. 희한한 조치를 통해 MBC는 다시 공영방송으로 탈바꿈하고 1988년 방송문화진흥법의 제정으로 공익법인으로 자리매김한다. 이 법을 근거로 방송문화진흥회가 설립되었다. 방송문화진흥회는 문화방송의 주식 70퍼센트를 출연받아 문화방송의 대주주가 되었다. 정부는 방문진의 이사 선임권을 쥐고 있다.[32] 민간방송인가 아니면 공영방송인가, 간단한 문제는 아니다. 지난 수십 년간 되풀이된 해묵은 논쟁거리이기도 하다.

강원용의 회고를 옮긴다. 1998년 12월, 김대중 대통령에 의해 방송법개혁위원회의 장이 된 그는 공영방송인 "MBC의 민영방송 전환 검토를 반대하는 노조에 대해 이렇게 말한다. 'MBC는 김지태 씨가 사재를 털어 만든 방송국이다. 그런데 5.16 때 군인들이 방송국을 빼앗아 공영방송으로 만들어버리고 이후 이 방송국이 해온 일은 반공방송이었소. 이것도 용공, 저것도 용공, 내가 관계했던 세계교회협회가 용공이라는 것을 도표를 그려가며 연일 방송한 방송사가 바로 MBC였소. 이제 군사정부가 끝나고 문민시대에 들어왔으면, 이 방송이 그렇게 공영이 되어버린 서글픈 역사를 젊은 사람들은 반성하고 바로잡아야 하지 않소? 그리고 MBC가 공영이라고 하는 것은 방송문화진흥원 관리를 받는다는 것인데, 바로 이 방송국을 빼앗은 5.16 재단의 박정희의 딸인 박근혜 씨가

---

32) 김민환, "MBC는 어디로 가야 하나", 「중앙일보」, 2009. 8. 19

담당하던 기관이오. 그렇다면 젊은 당신들이 자진해서라도 이 치욕적인 역사를 버리고 민영으로 돌아간다고 해야 젊은 사람답지 않소.' 이 말을 듣고 비로소 노조원들은 태도를 바꾸어 본격적인 대화를 나눌 수 있었다"고 그는 술회한다.33) 강원용의 탄식의 변이 있은 지 14년, 그 동안 대한민국은 네 사람째 대통령을 맞는다. 그러나 공영방송이냐 민영방송이냐, 제작과 편성의 자율성 문제는 풀리지 않고 더욱더 혼란 속에서 빠져나오지 못하고 있다. 정권의 유지냐 교체냐와도 밀접하게 연관되어 있기 때문이기도 할 것이다.

부산일보 사장을 역임한 용주는 1964년 9월 1일 문화방송 사장에 취임한다. 그의 취임사는 남다르다.

"나세르 수상이 수에즈 운하를 국유화하였을 때 영, 불의 막강한 군사력이 이에 대항할 수 없었던 것은 카이로 방송의 「아랍의 소리」의 위력 때문이었다. 「아랍의 소리」는 그때까지 전체 아랍 민족의 단결과 독립을 이룩해놓았으며 세계 여론을 이미 자기 편으로 기울게 했다.……우리들의 오늘의 처지는 「아랍의 소리」가 달성하려 했던 상황과 다를 바 없다. 유지해야 할 안전보다 전취(戰取)해야 할 민족적 과업이 앞서고 있는 한 전체 국민의 참여의식을 높이는 데 전파 미디어의 기능은 더욱 존중되어야 할 것이다."

전형적인 언론사 사장의 변이 아니다. 흡사 구국의 선언을 연상시킨다. 취임사에서 보듯이 그해 11월 그의 세대지 필화사건을 초래한 '민족적 민주주의'의 모델로 삼은 아랍 민족의 상황과 한국을 동일한 처지로 비유하면서 '전취해야 할 민족적 과업'을 위한 이론적 기수임을 자처했다. 아니 단순한 자처가 아니다. 실제로 많은 사람들이 그렇게 인정했다. 적어도 박정희만은 그랬을 것이다. 1964년 12월, 필화사건의 여파로 당시 야당의원이던 서민호와 정일형이 대정부 질문을 통해 5.16 장학회

<hr>

33) 강원용, 회고록 5권 『역사의 언덕에서 ─ 버스가 봉우리에서』, 125쪽

문제를 제기하고 사태의 핵심인물로 황용주를 지목한다. 야당의원들은 황용주가 김지태의 재산을 요리한 장본인이라고 규정한다.[34]

노무현 정부와 진상규명

1971년 대통령 선거에서 야당의 김대중 후보는 4월 10일 부산 유세에서 박정희 정권의 부정부패의 대표적 예로 5.16 장학회를 들었다. "5.16 장학회의 재산이 오백억에 이르고 있습니다. 이 재산은 장학회라는 이름으로 면세 등 특전을 받고 있는데 장학에 쓰는 돈은 1971년도에 2천4백만 원에 불과합니다. 5.16 장학회의 실제 소유자는 모든 사람들이 박 대통령일 것이라고 생각하고 있습니다."[35] 또한 1988년, 당시 통일민주당 초선의원이었던 노무현은 이 문제를 거론했고 당대표인 김영삼 의원도 지원에 나섰다.[36] 이 시기의 용주의 일기는 이러한 움직임에 대한 불편한 심경을 기록했다. "이날 김영삼이 기자회견에서 부일 주식을 사원과 시민에게 공개하란다. 말투가 정수장학회를 해체하라는 투에서 공당의 당수가 개인의 권리를 좌지우지하려는 사고방식이며 이 자의 평소의 아집과 우매함을 드러내다."[37]

"이날 중앙일보는 부일사태를 다루면서 정수장학회가 1962년 김지태 씨로부터 기증되는 과정에 관해서 일방적인 사실과 다른 기사를 게재하고 있다. 5.16 혁명 전에 박정희 소장이 김지태 씨로부터 (내가) 군사자금을 빌려달라는 부탁을 받고 그것을 김지태 씨에게 말하지 않았는데, 중앙일보에서는 말한 것처럼 되어 있고, 그로 인해 김 사장이 박 소장의 노여움을 산 것이 부일과 MBC의 5.16 재단 이양의 원인으로 되어 있다.

---

34) 1964년 10월 국회속기록 제45회 제31호, 16−18쪽
35) 「동아일보」, 1971. 4. 12
36) 김영삼은 부산 출신으로 김지태와 함께 제3대 국회의원을 지내고 제4대 선거에서 나란히 낙선한 경험이 있어 심정적으로 동류의식이 있었다. 1988년 부산일보 파업 시에 파업현장을 방문하여 노조원들을 격려했고, 같은 해 10월 부산일보 전직 임원들의 청원서에 소개의원으로 서명하기도 했다. 한홍구, 『장물바구니』, 279쪽
37) 1988. 7. 14 일기

그러나 사실은 김 사장의 다이아몬드 밀수입 사건과 부일, MBC 기증은
별개의 문제이다. 때를 보아 여기에 관한 진실을 밝혀두어야겠다. 『월간
조선』에서 여기에 관한 증언을 듣겠다 하기에 내일 만나기로 하다."[38]

황용주는 『월간 조선』, 1988년 6월호 "5.16의 유물 정수장학회"(인터
뷰)에서 "김지태 가족이 재산 헌납의 뜻을 내비치며 박정희 최고회의
의장 측과의 중재를 요청함에 따라 언론이 공정하게 운영되려면 재단법
인으로 되어야 한다는 평소 소신대로 부산일보와 문화방송을 제대로
키울 수 있는 재단을 만들고자 김지태의 석방조건에 재산 헌납물목으로
부산일보 등 언론 3사를 택해 박정희 의장 측에는 정부 홍보수단으로
언론의 필요성을, 김지태 측에는 언론 및 장학사업의 공익재단화의 필
요성을 강조하여 양측의 승낙을 받았고, 이를 계기로 재산 헌납의 구체
적 과정이 진행된 것이다"라고 진술했다.[39]

그는 이즈음 편집권의 독립을 목표로 내세운 부산일보 노조의 파업사
태와 관련하여 이렇게 적었다. "낮에 정수장학회에 들렀더니 방곡(芳谷)
과 양파(陽坡)가 와 있다. 조 이사장은 연일 시달리고 있어 피곤해 보인
다. 협상안으로 방곡은 사장의 투표, 나는 편집국장의 전 사원의 추천제,
기자의 국장직선제 등을 검토하고 있는데 오후 8시 부산에서 타협을
보았다는 연락이다. 3배수 추천제는 그대로 받아들이기로 한 모양이다.
아무튼 시대의 흐름을 직감하지 않을 수 없다. 르몽드의 사장 직선제에
이어 한국에서 편집국장 추천제가 실현된다는 것은 큰 변혁이 아닐 수
없다. 이런 제도에서 임명된 국장은 국원을 통솔 지휘하는 데 효과적일
것임에 틀림이 없다."[40]

2002년 12월 선거에서 승리한 노무현이 대통령에 취임한 후 국정원
과거사 진상조사 위원회(2005)와 진실, 화해를 위한 과거사 정리위원회

---

38) 1988. 7. 15 일기
39) 지해범, "5.16 유물과 정수장학회", 『월간 조선』, 1988. 6, 146-151쪽
40) 1988. 7. 16 일기

404

(2006)를 발족시켰다. 대통령 자신이 부일장학금과 김지태 장학금의 수혜자였던 점을 감안하면, 이 사건은 대통령의 특별한 관심사에 속했을 것이다. 국정원은 절차가 허용하는 범위 내에서 성의 있는 조사를 수행하여 김지태가 재산을 '헌납한' 것이 아니라 자유의사에 반해 '탈취당했다'는 결론에 이른다. 국정원의 보고서를 기초로 한 2007년 과거사 위원회의 조사 결과도 동일하다. "국가재건 최고회의 승인에 따라 토지와 언론사 주식을 국가에 헌납할 것을 강요했다"며 국가가 토지와 주식을 반환하거나 손해를 배상할 것을 권고했다.[41] 권고안은 헌납 토지를 부일재단에 반환하고 반환이 어려운 경우 손해를 배상하고, 부일장학회가 이미 해체된 만큼 공익목적에 합당한 재단법인을 정부가 출연하여 새로 설립하는 것이 바람직하다고 했다. 헌납 주식에 대해서는 정수장학회로부터 국가에 원상회복이 이루어지지 않을 경우 국가가 김지태의 유가족에 대해 배상해야 한다고 결정했다.[42] '노무현의 친구' 문재인은 과거사 위원회의 결정에 대해 이렇게 평했다. "과거사 위원회에서 과정의 불법성은 인정했지만, 재판절차 없이 되돌려주는 것은 불가능한 시대가 온 것이지요. 부산 시민들이 명실상부하게 대표하는 인물들로 구성해 정수장학회가 소유한 부산일보나 부산 문화방송의 독립성을 보장하는 식의 해결이 바람직하겠지요."[43]

두 위원회 모두 김지태의 재산 '헌납'과정에서 황용주가 중간조정자의 역할을 한 것으로 결론을 내렸다. 국정원 위원회는 "김지태의 처, 송혜영이 보관하고 있는 62년 7월 31일자 황용주의 편지 사본을 입수하여 내용을 검토하고" "유족 김영구는 62년 당시 한국생사 전무로서 박정희 장군이 부산일보 등 언론사를 헌납받은 것은 부산일보 주필 황용주로

---

41) 국가정보원 과거사건 진실규명을 통한 발전위원회, "부일장학회 헌납 및 경향신문 매각 진실 규명", 『과거와 대화, 미래와 성찰 ─ 주요 의혹사건 상권』, 국가정보원, 2007, 8–60, 94쪽; 『2007년 상반기 보고서』, 진실과 화해를 위한 과거사 정리위원회, 615–644쪽
42) 국가정보원, 위 보고서, 17쪽; 진실과 화해를 위한 과거사 정리위원회, 위 보고서, 642쪽
43) "한홍구 ─ 서해성의 직설", 『한겨레신문』, 2010. 12. 8, 33면

부터 쿠데타 전후 언론사 장악의 필요성을 조언받았기 때문이라고 진술했다"는 사실을 기록했다.[44] 2007년 5월 29일자 과거사 위원회의 결정문은 황용주가 쌍방의 조정 역할을 한 것으로 인정했다.[45] 김지태 가족은 황에 대한 강한 유감을 품고 있다. '밀수구속 사건'이 일어나자 황은 다른 간부와는 달리 신병 치료차 일본에 체류하던 김지태의 조속한 귀국을 종용했고,[46] 황의 장담과는 달리 김지태는 귀국 즉시 체포되었다.[47] 김지태가 구속되자 처남 윤수동(전무)과 큰 아들 김영구는 황용주를 찾아 구명운동을 했다고 한다.[48] 가족들은 김지태의 석방의 대가로 돈이나 토지를 내놓겠다고 했지만 언론사를 내놓으라고 제안한 사람이 황용주라고 주장한다.[49] 김지태에게 설립될 공익언론 재단의 이사장직을 보장할 것처럼 내비쳤다는 함의가 보인다.[50] 한홍구는 황용주가 수감 중인 김지태를 찾아가 "생사업체는 (영업을) 해야 않겠는가. 언론 부분은 내놓는 것이 좋겠다"며 종용한 '배은망덕한 인물'이라고 평한다. 전 문화방송 사장 김종한도 2005년 5월 25일 국정원의 면담조사 시에 '부일장학회 등은 강탈당한 것이고 주연은 박정희이고 조연은 황용주'라고 평했다. 국정원 보고서는 "민정이양을 앞두고 5.16의 정당성을 홍보하고 효율적인 국가통제를 위해 언론이 필요했기 때문이고, 박 의장의 측근인 황용주의 적극적인 중재가 있었기 때문"이라고 결론을 내렸다.[51]

---

44) 국가정보원, 앞의 보고서, 17쪽
45) 김지태,『나의 이력서』, 202쪽. 그가 말한 모씨는 황용주를 지칭한다는 것이 한홍구의 결론이다.
46) "황용주는 들어와도 괜찮다"라며 김지태의 귀국을 종용했다.(한홍구,『장물바구니』, 93쪽) 김지태는 1962년 4월 10일 도쿄에서 한국생사의 이문수 전무에게 편지를 보낸다. "황 씨를 통해서 적절히 양사에 회람"이라는 메모가 적혀 있다.(같은 책, 89쪽) 황용주가 중간에 나서 김지태의 귀국조건을 협상해줄 것으로 믿고 있었던 것 같다.
47) 한홍구, 같은 책, 115쪽
48) 김지태가 구속된 이후 가족들이 찾아가 도움을 요청했을 때 황은 냉담하게 대했다고 한다. 지해범, "5.16의 유물, 정수장학회",『월간 조선』, 1988. 8, 151쪽
49) 한홍구, 같은 책, 119-120쪽. 김지태도 수감 중에 "측근 모씨로부터 내 기업체 중 문화사업 단체에서 손을 떼라는 말을 들었다"라고 기록했다. 김지태,『나의 이력서』, 202쪽
50) 국가정보원, 앞의 보고서, 57쪽
51) 국가정보원, 앞의 보고서, 58쪽

재산환수를 위한 노력

1962년 7월 김지태는 석방된 순간부터 억울하게 빼앗긴 재산을 되찾기 위해 백방의 노력을 쏟았으나 1982년 4월 9일, 76세를 일기로 절망 속에 타계한다.[52] 그는 박정희가 죽기 1년여 전인 1978년 5월에 출간된 회고록의 에필로그 부분에서 이렇게 담담하게 말했다. "나는 내가 운영하던 부산일보와 문화방송, 그리고 부일장학회를 5.16 장학회로 넘겨준 후, 그 문화사업이 크게 신장되어가는 모습을 보고 매우 기쁘게 생각하며, 모든 공익재단들이 이와 같은 공영체제로 정비되어가는 것이 바람직하다고 느낀다. 공익사업을 하는 사람이면 누구나 다 소기의 목적이 영구히 달성되어 국가와 사회에 이바지할 수 있는 길이라면 다들 공영제 운영방식을 취할 것이라고 생각한다."[53] 그런데 200여 페이지의 얇은 책에 같은 내용을 세 차례나 되풀이하여 강조하는 것이 오히려 부자연스럽게 느껴진다.[54] 같은 해에 출간된 『창업 45년사』에도 일종의 체관(諦觀)의 변을 담았다. "오늘날까지 5.16 장학회는 이를 잘 운영해감으로써 그(김지태)가 소망한 대로 문화사업이 이룩되어 국가와 민족에 이바지하는 바가 큰 것으로 흐뭇해한다. 뒷날 이 사건을 가지고……더러 이러쿵저러쿵 활자화하기도 했지만 그는 항상 부질없는 일로 간주했다."[55] 그러나 1979년 10월 26일, 박정희가 죽자 강탈당한 재산을 환수

---

52) 한홍구, 『장물바구니』, 242–263쪽
53) 김지태, 『나의 이력서』, "나는 이렇게 생각한다", 216쪽
54) "그건 그렇고 1962년 5월 그로부터 오늘까지 근 15년간 5.16 장학회에서 부산일보를 비롯하여 서울 부산의 양 문화방송을 확장하여 잘 운영함으로써 내가 소망한 대로 문화사업이 국가와 민족에 이바지한 바 큰 것을 알고 나는 항상 장학회에 대하여 감사하고 있다."(김지태, 같은 책, 206쪽) "내가 운영하던 부일장학회와 문화사업의 공익재단이 5.16 장학회의 공영제 운영으로 넘어가서 당초에 기약했고 목적했던 사회봉사라는 이상이 확대되어가면서 영원할 것이므로 나는 이와 같은 운영을 진심으로 만족스레 생각한다."(같은 책, 190쪽) 이런 가운데서도 그는 중앙정보부 부산지부장 박용기 대령이 양심선언을 한 내용을 끼워둠으로써 자신의 억울한 심경을 은연중에 토로했다.(같은 책, 204–206쪽)
55) 김지태 회장 창업 45년사 편찬위, 『김지태 회장 창업 45년사』, 1978. 4. 이 책은 전면에 '盛業百世'(성업백세)라고 박정희 대통령이 써준(1968. 5) 휘호를 실었다. 김지태의 5남 김영철의 증언에 의하면 당초 김지태는 자신의 손으로 '權不十年'(권불십년)이란 휘호를 썼다가 출판과정에서 황급하게 박 대통령의 글로 대체했다고 한다.

하기 위해 적극적으로 나선다. 1980년 4월, 김지태는 5.16 장학회 앞으로 재산반환 요청서를 보낸다. "1962년 4월경 본인을 부산 형무소에 수감하고 박탈해간 본인 소유의 하기목록 재산을 조속히 본인에게 반환하시기를 경망하나이다."[56]

김지태의 억울한 사연은 1982년 1월, 5.16 장학회가 정수장학회로 개명하고, 그해 4월 김지태가 한을 품은 채 타계한 후로 세인의 관심에서 멀어진다. 그러나 1987년 6월 항쟁의 결실로 한국 사회가 민주화의 길을 걸으면서 박정희 시대의 유산을 청산해야 한다는 분위기가 일고 있었다. 그 동안 "숙명적 여당지"[57]를 표방한 부산일보의 경영원칙도 강한 도전을 받게 되었다. 1986년, 2월 13일, 정수장학회가 선임한 부산일보 사장 윤임술, 상무이사 김기철의 독선적인 체제에 대한 항의로 파업하면서 편집권 독립운동으로 전개되었다.[58]

이 사건 이후로는 부산일보와 정수장학회 문제는 국회 차원에서도 끊임없는 논란거리가 되어왔다. 부산일보는 2011년 11월 30일자 신문을 발행하지 않고 홈페이지도 폐쇄하는 사상초유의 일이 벌어졌다. 이날 편집국 기자들이 자사의 이호진 노조위원장 해고와 이정호 편집국장 징계위원회 회부 사건을 지면에 실으려고 하자 회사 측은 윤전기를 세우고 신문 발행을 중단했다. 또한 온라인에 기사가 게재되는 것을 막기 위해 홈페이지도 폐쇄했다. 언론사 사측이 신문 발행을 막고 홈페이지를 폐쇄한 것은 부산일보 역사상 전례가 없는 일이다. 부산일보의 편집권 독립문제는 장기미제의 사건으로 이월되어 오늘에 이르고 있다.

---

56) 한홍구, 『장물바구니』, 260-263쪽
57) 1986년 2월 13일자 사장 윤임술의 취임사에 등장한 말로 그는 "나와 생각이 다른 사람은 회사를 나가라"는 극단적인 발언을 하는 등 편집에서 전권을 휘둘렀다. 「한겨레신문」, 1988. 7. 18; 한홍구, 같은 책, 265쪽에서 재인용
58) 한홍구, 같은 책, 264-279쪽

미흡한 사법절차

과거사 위원회의 권고에 따라 김지태 씨의 유족은 2010년 6월 "정수장학회는 강제헌납받은 주식을 반환하고, 반환이 곤란하면 국가가 10억 원을 배상하라"는 취지의 소송을 정수장학회와 국가를 상대로 낸다. 그러나 2012년 2월 서울 중앙지법 민사17부(부장판사 염원섭)는 원고 패소 판결을 내린다. 재판부는 김 씨가 주식을 기부하기에 앞서 중앙정보부 부산지부장이 권총을 차고 와 겁을 주고, 관세법 위반 등으로 군검찰이 구속기소했다가 기부승낙서에 날인한 뒤 공소를 취소한 사실 등을 들어 "김 씨가 국가의 강압에 의해 5.16 장학회에 주식 증여의 의사표시를 했음이 인정된다"고 밝혔다. 다만 "강박의 정도가 김 씨 스스로 의사 결정을 할 여지를 완전히 박탈할 만큼 증여행위를 아예 무효로 할 정도로는 인정되지 않는다"며 "강박에 따른 의사 표시에 대한 취소권은 그 행위를 한 날로부터 10년 내에 행사해야 하는데, 증여가 이뤄진 1962년 6월 20일로부터 10년이 지날 때까지 취소하지 않았으므로 제척기간이 지나 취소권이 소멸됐다"고 판단했다. 재판부는 또한 "국가도 과거 군사정부가 자행한 강압적 위법행위에 대해 김 씨에게 손해를 배상할 책임이 있지만 김 씨가 구속됐다가 석방된 1962년 6월 22일로부터 10년이 지났기에 역시 소멸시효가 완성됐다"고 설명했다.

선고 직후, 유족 측은 "사법부가 옛 대법원 판결에 얽매어 기각했다"며 "사법부의 기각은 실망이지만 좌절하지 않겠다"며 즉각 항소하겠다고 밝혔다. 이어 김지태의 5남 김영철은 유족을 대표하여 "선친께서 50여 년 전에 당시 돈 1억6천만 원을 지급해 만든 부일장학회는 이미 사회에 환원한 재산이다. 다만 학생들이 누구의 돈을 받는지를 알았으면 좋겠다"며 "선친의 명예회복이 우선"이라고 강조했다(경향신문, 2012. 2. 24).[59]

---

59) 이 사건은 2013년 1월 현재 서울 고등법원에 계류되어 있다.

김지태, 황용주의 화해?

　한홍구는 황용주를 지극히 비열한 인간으로 평가한다.[60] 직접 이 문제에 관한 국정원 과거사 조사위원을 역임한 그는 심혈을 기울인 연구서 『장물바구니』(2012)를 펴낸다. 책의 서문 격에 해당하는 작가와의 가상적 대담에서 김지태는 "내 인생의 최대 실수가 황용주를 회사로 데리고 온 것이다"라고 자탄한다.[61] 한홍구에 의하면, "김지태에게서 빼앗은 장물의 분배를 두고 신직수, 황용주, 최세경 등 박정희 측근의 민간인이 중심이 되어 5.16 장학회의 설립을 추진하던 최고회의 측과 국방부 및 군 출신이 주요 요직을 점하던 중앙정보부 사이에 상당한 갈등이 있었고" 그 결과로 "부일장학회 소유의 토지 10만 평의 땅을 5.16 장학회와 국방부가 각각 등기이전을 추진했다"고 한다.[62] 당시 황용주의 지위에 대해 이렇게 평한다. "황용주는 개인적으로는 박정희의 측근이었지만 이미 군사정권의 권력구조는 개인적인 친분이 작용하기에는 너무나 공고해져 있었다."[63] 황용주에 대한 견제도 심해졌다. 부산일보 기자로 최고회의에 출입하던 김종신에게 중앙정보부 차장, 신직수는 "너의 사장 조심하라고 해"라고 경고하고, 후일 '무가지 돌리고 그 대가로 업자에게 향응을 받았다'는 이유로 사표를 강요하여 받아냈다고 주장한다.[64]

　대구사범 계열과 군부와의 갈등이 고조되었다. 고원증은 국정원 과거

---

60) "황용주는 김지태의 구속으로 개인적인 이익을 가장 많이 본 자였다. 그러나 자기 스스로 '은인'으로 말하는 사람을 궁지에 몰아놓고 얻은 이익을 온전히 누릴 수 없는 법이다. 황용주는 김지태를 몰아내고 1962년 7월 31일자로 부산일보 사장이 되었지만, 1년을 채우지 못하고 1963년 7월 5일 물러난다. 이것은 박정희 최측근 내부의 권력 암투의 결과로 보인다."(한홍구, 『장물바구니』, 207쪽) "박정희는 언론이 필요했고 황용주는 자리가 필요했다."(같은 책, 121쪽) 한홍구는 황용주의 몰락을 자업자득, 사필귀정으로 평가하는 듯하다. 한홍구의 황용주에 대한 평가는 김지태의 유족 중에 적극적인 5남 김영철의 증언에 크게 의존한 듯하나(예, 같은 책, 122쪽) 김영철의 나이로 볼 때 자신이 직접 체험한 내용이 아니라 전적으로 '전문'에 의존한 것으로 보인다. 진술의 객관성에 심한 의문이 든다.

61) 한홍구, 같은 책, 15쪽

62) 한홍구, 같은 책, 163쪽

63) 한홍구는 황용주가 구금된 기간을 4개월로 기록하나(한홍구, 같은 책, 208쪽) 당시 관계되었던 사람들과 가족의 증언을 종합해보면 6월 말경에 석방된 것으로 보인다.

64) 한홍구, 같은 책, 208쪽

사위와의 인터뷰에서 황용주는 5.16 장학회는 조증출, 왕학수 등 대구사
범 계열에서 맡아야 한다는 주장을 진정서에 담아 청와대에 제출했다고
주장했다.65) 한홍구는 황용주가 부산일보 사장이 된 것도 박정희의 대
구사범 시절 은사 김영기의 영향이라고 보았다. "황용주의 엽관운동은
성과를 보았다. 야인으로 물러난 지 1년여 만인 1964년 8월 26일 문화방
송의 사장이 된 것이다. 그 자리는 원래 5.16 장학회 상임이사인 고원증
이 겸하고 있었는데 고원증은 상임이사만 맡고 방송사 사장직은 황용주
에게 넘긴 것이다."66) 한홍구의 평가는 치우친 감이 있다. 어쨌든 그렇
게 얻은 자리인데 그해 11월 뜻하지 않은 필화사건의 결과로 황용주는
취임 3개월 만에 사장직을 잃는다.

　한홍구는 황용주가 문화방송 사장으로 취임한 배경을 이렇게 설명한
다. "박정희가 황용주를 문화방송 사장으로 기용한 것은 황용주의 엽관
운동이 주효했거나 놀고 있는 동창생에 대한 배려만은 아니었다. 1964
년 8월 말이라는 시점은 격렬한 한일회담 반대 데모(6.3 사태)로 계엄령
이 선포되었다 막 해제되고, 정부 여당이 언론을 통제하기 위해 '언론윤
리위원회법'을 국회에서 강행 처리한 후 언론과 정부가 극도로 대립하
고 있던 상황이었다. 8월 31일 정부는 이 법에 찬성하지 않은 경향신문,
동아일보, 조선일보 등 5개 사에 대해 대출금 회수 등 보복조치를 취하
겠다고 발표한다. 중앙정보부가 주도한 이 조치에 대해 주무장관 이수
영이 항의하여 사표를 제출하고 공화당 의장 정구영이 청와대를 방문하
여 간곡한 어조로 재고를 건의했다. 냉담하던 박정희가 9월 9일 언론계
의 요청을 받아들여 언론윤리법의 시행을 전면 보류한다고 선언했다.
박정희를 설득한 사람이 문화방송 사장 황용주라고 보도했다.67) 황용주
자신도 이 때문에 '언론윤리법' 제정을 주도했던 중앙정보부장 김형욱

---

65) 한홍구, 『장물바구니』, 202, 209쪽
66) 한홍구, 같은 책, 209쪽
67) 「경향신문」, 1964. 9. 5

과 결정적으로 반목하게 되었다고 말했다.[68]

1979년 6월, 용주는 김지태와의 관계가 개선되었음을 암시하는 내용을 일기장에 남겼다. "온종일 장맛비. 낮 11시 김지태 씨 댁에서 옛이야기를 하며 3남 영주(榮柱), 말녀(末女)와 식사. 김 회장으로부터 한국생사를 재건하자는 제의를 받다. 20년 전에 부산대학에서 부산일보 초청을 받을 때와 비슷한 상황이다. 암약 김 회장과 다시 함께 일하게 되면 평생 두 번 인연을 맺는 셈이 된다."[69] 이어서 6월 26일, 7월 6일, 여러 차례 실무진을 대동하고 회동했다는 기록이 있다. 그러나 세부적인 회담 내용은 알려져 있지 않고 있다. 이즈음 일찌감치 자녀들에게 기업을 물려주고 현역에서 은퇴해 있던 김지태가 뒤늦게 경영에 복귀하여 안간힘을 쓰고 있었지만 한국생사는 이미 회생불능의 상태에 있었다.

어쨌든 그로부터 3개월 후 10월 26일 박정희의 죽음으로 김지태와 황용주 두 사람 사이의 대화도 끝났다. 김지태의 전기에는 이때 황용주를 만난 사실이 다른 함의로 적혀 있다. "박정희가 김재규에 의해 저격되기 전, 황용주는 자명(김지태)을 찾아왔다. 자명은 황용주와 나눈 대화 내용을 측근에게는 물론 자식들에게도 알려주지 않았다. 다만 황용주가 미안하다며 용서를 구하더라는 말만 전했다. 그 뒤로 황용주는 자명을 자주 찾아왔다. 그런 정황을 보면 자명은 황용주의 용서를 받아들인 셈이었다. 그래서 그런지는 몰라도 자명은 끝내 황용주가 용서를 구한 내용을 함구했다."[70] 진실도 거짓도 전적으로 믿을 수 없는 일, 그것이 세상살이이려니.

정수장학회 30년 : 황용주의 축사

1992년 3월, 용주는 정수장학회 30주년 축사를 쓴다. 원고를 쓸 때의

---

68) 오효진, "대통령의 동창생들", 『월간 조선』, 1984년 8월호, 167-168쪽
69) 1979. 6. 24 일기
70) 자명 김지태 평전, 『문항라 저고리는 비에 젖지 않았다』, 430쪽

소감을 이렇게 적었다. "정수장학회 30주년을 축하하는 축사를 쓰다보니 박정희의 타당성과 찬양에 그치고 만다. 정치란 자유로운 창조라고 볼 때, 60년대, 70년대의 정치는 박의 작품이다. 독창적인 작품이다."71) "종일 원고에 매달리다. 그 동안 생각했던 것을 집약해보다. 박에 관한 보다 많은 자료가 있어야겠다는 것을 절감하다. 표제를 '애국정신' 대신 '민족중흥에의 길'로 바꾸다. 60년대, 70년대 박의 통치는 그의 창조적인 작품이라는 결론을 얻다. 집권자가 헌법과 법률에 따라 국사를 처리하는 유형과 박의 경우처럼 혁명에서 시작하여 공업화를 서두르는 과정에서 정치제도를 권력의 집중적인 행사에 적정하게 창안할 수도 있다는 정치이론도 있을 수 있지 않느냐 한다."72)

일기장에 전문을 필사해두었다. 제목은 "민족중흥에의 길"이다.

"중세 이후 철석같이 굳어 있던 왕제를 하루아침에 공화제로 바꿔놓은 불란서 대혁명의 원동력은 사상이다. 볼테르와 디드로 같은 계몽사상가의 민권사상이었다. 4천 년의 중국의 왕제를 무너뜨린 신해혁명은 외압에 저항하려는 손문의 우국정신의 산물이다. 일본의 명치유신은 미국의 외압에 자극받은 무력봉기로서 시작한다. 도쿠가와 막부의 봉건제를 폐지하고 강력한 중앙집권제를 내세워 서구문명을 들여놓았다. 불과 40년 만에 청과 러시아 같은 대국을 제압할 수 있는 군사대국이 된 것은 서구를 따라잡을 만한 공업화를 이룩했기 때문이다.

해방 이후 우리들의 한국은 두말할 것도 없이 근대화를 서둘렀어야 했다. 근대화에의 지름길은 공업화와 교육인구의 확대밖에 없다. 자유당 정권은 최소한 몇 개의 비료공장을 세울 수 있는 능력은 있었지만 근대적 감각이 결여된 정부였다. 4.19의 산물인 민주당 정권은 지지기반이 확실치 못한 소수세력이었으므로 설령 5.16이 발생하지 않았다고 가정하더라도 국토에 초석 하나 꽂아놓지 못하고 퇴진당했을 것이 분명하다.

---

71) 1992. 3. 17 일기
72) 1992. 3. 18 일기

1950년대 아시아 아프리카 지역에서 대두하기 시작한 민족주의는 서구 식민주의로부터의 해방이 당면 목표였고, 이미 독립을 확보한 나라는 제각기 근대화의 대열에 선다. 근대화를 위한 첫 과업은 봉건사회를 타파하여 공업화의 소지를 확보하는 일이다. 한나라의 일인당 국민소득이 5천 달러가 넘으면 정치의 민주화는 자연 수반되기 마련이기 때문이다.

이 시절 미국의 상원의원 맨스필드는 아시아의 후진성을 둘러보고 마닐라에서 다음과 같이 지적한 바 있다. '아시아에서는 정치의 민주화보다 빈곤의 극복이 우선되어야 한다'라고. 아시아적 봉건사회를 가장 먼저 일소하고 공업 선진국을 이룩한 일본의 경우, 그들은 명치유신 이래 정치의 서구민주화는 제쳐두고 천황제 하에 서구적 산업사회 건설을 위해 계획경제로 일관하고 있다. 일부 지식층의 데모크라시 자유주의 사회주의는 철저하게 탄압되고 말았다.

세계사에도 그리스, 로마처럼 어느 한 민족이 천재의 시대를 창건했다. 중국의 경우는 역대 왕조의 창업주의 패기(覇氣)가 그 왕조의 규모와 문화적 개성을 결정했다.

1961년 박정희 소장이 선택한 쿠데타는 조국의 근대화와 이를 바탕한 민족의 중흥기를, 다시 말해 우리도 로마처럼 천재의 시대를 창조해보겠다는 우국정신에서 결행된 것이다. 60년대, 70년대에 이룩한 근대화 작업의 소산이 오늘날의 한국의 현실로 이어진다. 5.16이 아닌, 과연 어떤 다른 선택이 있을 수 있었을까 하는 문제를 두고 시비를 따지기 전에 우리들 공업 수준이 선진국 문턱에 이르고 있다는 현실이 중요하다.

박정희 대통령의 사관은 정치의 민주화는 산업사회의 산물이라고 되어 있다. 한 나라의 공업화 과정에서 국력을 총동원하려면 권력의 집중 장악이 필요조건이다. 완성된 민주제에도 여러 코스가 있다. 예를 들면 미국의 경우 역대 대통령 선거가 있는 해는 그들의 산업구조에 약간의 마비현상이 발생한다. 주기적인 불황이 휩쓸고 성장이 멎는다. 이와 같은 현상은 미국처럼 외면상 시장경제가 백 퍼센트, 시민의 손에서 좌우되는 것 같지만 경제구조의 중추는 정치권력에 직결되어 있다는 사실을 말한다.

일본은 그들의 경제발전을 두고 민간주도의 소산이라고 자랑하고 있지만 신일본제철의 통합은 정무의 종용 때문에 이루어졌다. 오늘날 국제 간의 무역은 무력 없는 전쟁이다. 업자를 제쳐놓고 정부 간의 백병전이 벌어지고 있다.

1980년대 우리 경제가 답보하게 된 구조적인 원인을 놓고 여러 분석이 있을 수 있으나 가장 치명적인 원인은 후속 정권이 전임자의 치적을 외면함으로써 성장에의 맥을 끊어버린 데 있다. 민주화란 명분 아래 위험이 따르는 개혁을 두려워하고 안일 속에 정주함으로서 정체 속에 빠져들고 말았다. 위정자가 국사를 결정하는 마당에 인기란 유혹을 뿌리칠 수 없다면 용자가 될 수 없다. 통치자의 으뜸가는 요건은 용기와 미덕이다.

1980년대 정치는 인기를 의식한 나머지 상업주의에 굴복하는 언론의 범람을 초래하고 있다. 언론은 오락을 파는 상품이기 이전에 한 시대를 이끄는 오피니언 리더로서의 존귀한 사명을 부여받고 있는 것이다. 따라서 언론기관은 자체가 높은 식견과 고매한 윤리관으로 무장되었어야 하고 항상 뚜렷한 정치적 의견을 표명할 수 있어야 한다.

대중의 여론이란 언제나 낮은 곳으로 흐르게 마련이다. 그리고 탁견은 언제나 고독한 소수의 산물이다. 이제 1990년대를 맞아 우리도 천재의 시대로 창출하자는 기치 아래 민족중흥에의 기회를 다시 한번 잡아야 한다.

박 정권의 치적은 아직은 그나마 주자를 일루에 두고 있다는 유산을 남기고 있다. 문제는 다음 타자에 있다. 불행하게도 오늘의 정치계에서는 안타를 보장할 수 있는 다음 타자가 없다. 너무나 오랫동안 정치욕에 젖어 있는 낡은 두뇌로서 오늘날의 앞선 사회와 높아진 국민의식을 다룰 수는 없는 일이다. 우리들의 대안은 무한한 가능성을 보유하고 있는 다음 세대에 하루라도 빨리 바턴을 넘기는 길밖에 없다.

한 나라의 정권이 도약의 시대를 개척하려면 정책수립에 세계적 수준의 지성이 참여해야 하고 인생을 걸겠다는 충순한 정열의 집단이 권력의 중핵을 형성해야 한다.

우리들 90년대 새로운 타자는 80년대 정치가 60년대 70년대에 이룩한 개발과 축적 위에 보다 높은 부가가치를 보태지 못한 적자 세월을 카버(보상)하고 새로운 활력을 찾아내기 위해서 19년에 걸친 왕성한 질주를 계속할 수 있었던 박정희 정권의 에너지원이 무엇이었던가를 규명해내야 한다.

정권의 본질은 예술이 갖는 자유로운 창조와 다름없다. 제도가 통치자를 묶어놓는 정치보다 사람의 능력 아래 제도가 기능되고 있는 정치라야 보다 생산적이다.

통치를 위한 그 많은 정치적 이데올로기와 제도는 오직 피치자의 보다 나은 생활의 실현과 다수의 행복을 찾아내는 방법에 지나지 않는다.

박정희 대통령의 통치형태는 정치가 창조라는 차원에서 그의 독창적인 작품이다. 한 인생의 40대, 50대의 나날을 하루도 쉬지 않고 뼈를 깎고 피를 말린 결정이다. 그로 인해 최소한 한강 이남에 또 하나의 서울이 생겼다. 사상 어느 왕조, 어느 정부가 해낼 수 있었던가. 오늘날 통일을 위한 협상 테이블 앞에 북한을 끌어넣을 수 있는 힘은 미국의 품속에서 결연히 뛰쳐나와 자주국방을 외친 그의 근성이 아니겠는가.

그의 생존 시 미국과 일본은 그의 눈치를 살폈고 그가 다음은 무엇을 해내고 말 것인가 주목했다. 우리들의 민족중흥의 도달점은 통일된 한국이 중국, 일본과 서로의 국익을 보장하는 상호보완의 동반자 관계를 유지하면서 서구의 로마 문화와 대응하는 한자문화권을 수립하는 데 있다. 1962년 '장학사업을 할 수 있다'는 전제 아래 문화방송과 부산일보를 기본 재산으로 하는 재단이 설립되었다. 30년을 두고 배출된 인재는 이 나라 고급인력을 구성하고 있는 유력요인이다. 바라건대 고인의 한을 잊지 마소서."73)

---

73) 『정수장학회 30년지』, 축사

당초 5.16 장학회의 설립의 근본취지가 민족중흥을 위한 인재의 양성에 있었다는 주장을 암시하는 마지막 한 구절을 쓰기에 앞서 길고도 장엄한 본문이다. 평생토록 그의 머리와 가슴에 뿌리 내린 민족주의 정치철학의 강론이자 박정희 예찬론의 극치이다.

황용주에게 정수재단은 김지태의 사유재산을 강탈한 장물이 아니라, 보다 큰 대의를 위한 자구수단이었다. 그 대의란 박정희와 함께 수행한 민족혁명이라는 과업을 위해 적절한 언론수단을 확보해준다는 명분이었다. 비록 자신이 직접 나서서 행동한 것은 아니었지만 그 과정에서 김지태가 입은 정신적 피해에 대한 죄책감 또한 지니고 살았다. 김지태가 강탈당한 재산이 장학사업에 주력한다는 사실에 자부심과 함께 위안을 얻었다. 무엇보다도 그는 박정희의 진정한 찬미자였다.

당초 언론재산으로 장학회를 설립할 아이디어를 제공한 용주였지만 실제로 그가 장학회의 운영에 참여한 것은 한홍구의 말대로 다분히 친인척과 주변 인물의 노후복지에 대한 박정희의 배려 차원에서 주어진 다분히 상징적인 것이었다. 박정희의 사후에도 한동안 그의 배려는 이어졌다. "연차 5.16 장학회 이사회 참석. 정관개정, 이곳 이사회는 언제나 이사장(김현철)과 사무국의 비밀주의가 지배하고 있다. 회의서류가 외부에 나가서는 안 되는 이유를 알 수 없다. 정치적인 문제 같으나 문교부 실무자라면 언제든지 알 수 있을 텐데 석연치 않다."74) "오후 5.16 장학재단 이사회, 박경원 이사 후임에 곽명덕 이사. 누구의 의사로서 이렇게 되어가고 있는지 선연치 않다. 창설할 때의 취지가 존중되어야 할 것이다. 언론기관의 공공성을 유지하려면 특정 개인의 자의가 작용해서는 안 된다."75) "오후에 김지태 씨 댁에서 여러 얘기를 나누다. 이분은 당대에 재벌이 된 만큼 집념과 판단이 특이하다. 재고를 요하는

---

74) 1976. 6. 15 일기
75) 1980. 3. 28 일기

몇 가지 소식을 듣다."76)

"오전 일지를 읽고 오후 조 사장을 찾다. 재단문제와 관련의견을 말해주다. 5.16 재단이 권력형 부정축재의 누명을 입지 말아야 할 중요한 고비에 온 것 같아 사운의 발전과 인사권의 소재를 분명히 할 것을 말하다. 첫째는 통제가 서야 하며, 언론기관은 제조업과 달라서 유능한 전문직 인사가 관리해야 한다."77) "국민주체 통일대의에 박 총재를 예방. 5.16 재단이사장 후임을 협의. 시기가 늦었던 모양. 재단의 운영방침에 관한 의견을 말해주다."78) "오전 조태호 이사장과 왕 사장 문제로 상의. 재단과 기업체의 분리원칙을 따르고 왕 사장의 명예로운 후퇴를 고려함이 옳을 것으로 합의론 정비 발표."79) "낮에 조 사장 사무실에서 권, 조 사장으로부터 국제통합에 관한 당국의 지시를 듣다. 이날 신문인협회, 방송인협회 총회가 있다. 5.16 때도 할 수 없었던 대담한 개혁이다. 신문의 재단으로부터 분리, 방송의 공공화가 실현되다. 서울에서 조, 석간 각 3사, 경제지 2사, 방송은 TBC, DBS, 전남, 서해가 KBS로 통합되고 지방 MBC는 mbc로 흡수, 51% 주주사가 되다. 지방지는 1도 1사, 부일, 대매, 전남, 경남매일만 남는다. 통신사도 1사 중앙지의 지방지사, 지방지의 서울지사가 없어진다."80) "조 사장댁에 들러 함께 5.16 장학회 이사회 참석. 국제신문 폐합과 부산 문화방송 51%, 서울 문화방송 양도 승인, 한감사 건은 유보. 장학회 장래에 관한 발언을 하다. 박 대통령을 위해서 장학사업만은 계승되기를 바라다."81) "정수장학회 이사 유임. 증정서류에 필요한 신원증명서 떼러 동회에 가다.……마음에 꺼렸던 사항이 clear되어 반갑다."82)

---

76) 1980. 3. 20 일기
77) 1980. 6. 25 일기
78) 1980. 7. 1 일기
79) 1980. 8. 7 일기
80) 1980. 11. 25 일기
81) 1980. 11. 14 일기
82) 1983. 8. 8 일기

16
『세대』지 필화사건

1964. 11. 11 **딸의 회상**

"2011년 11월 11일. 우리 집 작은 애가 엄마에게 이날은 특별한 날이 아니냐며 상기시켰다. 어디선가 한국에서는 연인들끼리 선물을 주고받는 '빼빼로 데이'라는 말을 들었던가 보다. 그러나 우리 가족에게 이날은 떠올리기만 해도 뼈아픈 날이다. 고등학교 2학년 때의 일이다. 그때 우리는 불광동 국민주택에 살고 있었다. 좁은 집에 상시 많은 사람들이 들락거리기에 아버지는 바깥쪽으로 옹색한 가건물을 달아내어 사랑방으로 사용했다. 우리는 이 방을 '선룸(Sun Room)'이라 불렀다. 1964년 11월 11일, 바쁜 아버지가 모처럼 엄마와 나를 저녁 식사에 불렀다. '동일장'이라는 식당이었다. 기다리고 있는데 방송국장이 나타나 잠시 지체된다는 전갈을 남겼다. 그러고도 한 시간이나 늦어서야 아버지가 나타났다. 반갑게 뛰어가는 나를 안아주시며, '미안하다 부득이한 사정이 생겨 함께 식사를 못하겠구나. 주방에 일러두었으니 제대로 먹고 들어가거라' 하고 떠났다. 그날 밤 아버지는 집에 돌아오지 않았다. 다음날 아침 신문 1면에 어제 저녁의 양복 차림 그대로 수갑 찬 아버지의 사진이 실려 있는 것이 아닌가. 검찰 차로 연행되어가면서 우리에게 들러 나를 안아주고 엄마의 손을 잡아주고 간 것이다.

아버지는 서대문 형무소에서 6개월가량 갇혀 있었다. 그 기간 내내 나는 일생 동안 누군가를 기다리며 옛 시절로 돌아가기를 간절하게 기다렸다. 그러나 아버지가 돌아온 후에도 우리는 옛날로 돌아가지 못했다.……많은 사람들이 격려해주었다. 유명인들이 아버지를 지지하는 글을 썼고『뉴스위크』지에도 한국 언론인의 양식에 대한 글이 실리고, 일본 신문기사의 스크랩을 방송국에서 가져다주었다.

서대문 벽돌집 이후 우리에게 이어지는 삶은 외형적으로는 소용돌이 후의 잔잔함이었다. 다시는 옛날처럼 맑은 행복감과 투명한 미래에 대한 환상이 존재하지 않았다. 불안하고 암울한 나날의 삶이었다. 두 분은 예나 다름없이 잔잔한 수면을 유지하려 눈에 보이지 않는 분투를 벌이고 있었다. 서로가 서로를 배려하며 삶의 균형과 평온을 유지하려는 듯 보였다.

그 세월이 정말 길었다. 아버지는 독서와 바둑과 꽃 가꾸기로 소일했다. 유일한 혈육을 프랑스로 보내고, 그 딸이 프랑스 사람을 만나 눌러앉게 되자 일상의 적적함이 더욱 가중되었다.……그마나 그 딸이 사는 곳이 프랑스라는 사실에 위안을 얻었다."

강력한 통일정부에의 의지

1964년 11월 월간지『세대』에 실려 반공법 위반으로 문제된 황용주의 글, "강력한 통일정부에의 의지"는 "민족적 민주주의는 바로 한국적 민주주의의 과도기적 표현인 것이다"라는 소제목 아래 이렇게 시작한다.

"오늘날 왜 우리들 한반도 안에 통일되고 강대국으로부터 완전히 독립된 정부가 수립되어 있지 않을까 하는 문제부터 새삼스럽지만 해명되어야 한다. 그리고 이것은 앞으로도 많은 사람에 의해서 여러 각도로 분석, 검토되어야 하고, 또 이로써만이 우리들의 통일된 독립정부를 실현하는 데 필요한 이론과 정책이 내세워질 수 있는 것이다.……오늘날 우리들 한반도 안에 통일된 독립국가가 성립되어 있지 않다는 사실은 20세기 전반까지 세계사를 장식한 군사력 만능시대의 탓으로 일단은 규정함이 타당할지 모른다."

이어서 그는 군사력을 배경으로 하는 미소 간의 냉전체제를 '국제정세는 번영경제의 구상이 동서냉전에서 남북시대로 서서히 갈라짐으로써 동은 동대로, 서는 서대로 각각 핵 소유 국가를 중심한 다원화 작용이 이루어지고 있을 뿐'이라고 분석한다. 이런 배경을 깔고 난 후 그는 1963년 대통령 선거의 정치사상적 의미를 이렇게 요약한다.

"지난 번 선거에서 박 정권이 민족적 민주주의란 표현을 취했을 때 이 나라의 타성적인 보수주의자들은 경솔하게도 '서구적 민주주의'를 내걸고 대결하려 했다. 이와 같은 현상은 한반도에서의 미소 양국의 군사적 점령 행위가 2천 년에 걸친 강대국의 자국 경영에만 급급한 나머지 취해진 무자비한 역사적 필연의 결과임을 깊이 검토한 바 없고, 따라서 오늘날의 세계의 다원화와 극동정세에 대한 분석의 결여와 4.19와 5.16의 혁명행위가 국내 조건만을 바탕으로 돌발한 사례로 안이하게 파악한 소치였는지 모른다.……그리고 8.15 해방이 미국의 군사 점령과 이 정권의 탄생 과정을 민주주의 의식의 저항 없이 받아들였다는 사실을 말해주는 것이기도 하다.……민족적 민주주의란 표현은 한국적 민족주의를 말하는 것이며, 그것은 한반도에 있어서 통일된 독립정부를 가지자는 주체 민족의 염원을 담고 있는 것이다."

"국토 양단의 현실을 타개하기 위해서는 관계 강대국의 협상이 개시되지 않을 수 없게끔 우리들 남북한의 적대상황의 해방 작업부터 착수되어야 하는 것이다. 물론 우리는 6.25 동란의 휴전상태에 있다. 그러나 이 같은 반주체적 상황에 구애받을 수는 없는 것이다.……우리는 남북한의 적대관계를 조성하고 있는 군사적 대치를 해소하는 방안을 강구해야 할 것이다.……남북한의 불가침이란 민족정기의 이름 아래 지켜져야 할 명백한 약속과 이에 따른 군비축소화는 당연한 정도이며, 이상을 말하면 경계선에만 치안을 위한 유엔 경찰군의 극소 주둔으로 만족해야 한다. 유엔의 동시가입과 제3국을 통한 대화의 방안도 수립되어야 한다. 과거 20년간 부질없게 계속된 비난의 소리가 오늘날 이 민족에 플러스가 되었을까 하는 기본적인 반성 같은, 전체 국민이 홀로 있을 때 본능적으로 솟아나고 있는 인간성의 자연 앞에 성실하자는 것이다."

황용주는 박정희가 내걸었던 '민족적 민주주의'론의 실질적 입안자이다.[1] 이 글은 황용주의 개인적 의견을 넘어서 자신과 박정희가 공유했다고 믿었던 바를 쓴 것이다. 문제된 글에 앞서 그는 세계정세 속에서 한국적 민족주의와 민주주의의 특성을 강론하는 일련의 글을 발표하고 있었다.[2] 그는 스스로 "대한민국의 국민이기에 앞서 한반도의 주민으로 남기를 원한다"라는 수사적 표현을 자주 쓴 적이 있다.[3] 이는 민족통일을 절체절명의 과제로 알던 세대 지식인들의 보편적 정서를 대변할 수도 있었다. 이 글은 국회에서 야당에 의해 정치문제로 비화하고, 그의 존재가 부담스러웠던 대통령 측근의 젊은 세력의 개입으로 황은 몰락의 길을 걷는다. 11월 19일 서울지검 공안부에 의해 반공법 위반 혐의로 구속되고 이듬해인 1965년 4월 30일 징역 1년 집행유예 3년, 자격정지 1년을 선고받는다. 1966년 10월 23일 항소심의 원심확인, 9월 23일 대법원의 상고기각으로 원심이 확정된다. 황의 필화사건으로 인해 자진 2개월 휴간했던 월간『세대』는 이듬해 1965년 5월, 이병주의 중편『소설 알렉산드리아』를 게재함으로서 학병 출신 스타 작가의 탄생에 기여했다.

월간『세대』와 황용주

월간『세대』는 1963년 1월에 창간된 종합 월간지이다.『세대』지의 창간은 사상계의 필자와 독자를 흡수하기 위한 전략적 성격도 내포되어 있었다. 1950년대 이래 전후 지식인들의 교양서였던『사상계』가 당국과

---

1) 박상길이 집필하여 박정희의 이름으로 발간된『국가와 혁명과 나』(향문사, 1963)도 황용주의 감수를 받은 정황증거가 풍부하다.
2) "형극에서 공동의 방향으로 : 한국 민족주의와 그 방향"(1964년 7월호); "맥카시즘의 한국적 구조 : 통일에의 비전을 살피면서"(1964년 9월호); "UN의 이상과 한국의 위치"(1964년 10월호)
3) 황용주,「부산일보」, 1978. 1. 20;『박정희 기념사업회 녹취록』, 2001. 4; 1966년, 1969년, 1980년의 일기장 구절들

의 불편한 관계 때문에 시련을 겪으면서 많은『사상계』의 독자들을 유인했다. 그리하여 지식인을 대상으로 한 시사, 교양논설이 주종을 이루었지만 문학작품도 적잖이 수록했다. 특히 신인문학의 등용문으로도 큰 역할을 했다. 이병주는 물론 조선작, 홍성원, 박태순 등이『세대』를 통해 문학의 길에 입문했다. 종합 월간지 시장은 1950년대를『사상계』가 지배했다면, 1960년대 중반부터 10년간은『세대』의 전성기였다. 당시『세대』는 1950년대『사상계』가 지식인들의 정신적 지주로서 권력과 자유당 비판의 선봉에 선 것처럼 5.16 군사정변의 주도세력이 지식인과 대학생 등 젊은 층에 접근하고 대화의 광장을 마련한다는 취지에서 창간한 것으로 알려졌다. 또한 쿠데타 세력에 비판적인 저명한 필자들을 대량 확보하고 있는『사상계』와 경쟁하여 종국에는 압도하려는 의도도 있었을 것이다. 이런 연유로 한동안 학계와 언론계에서『세대』에 대해 회색의 시선을 보내기도 했다.4) 그러나 교수, 문인, 정치인 등 다양한 필자들이 잡지에 기고했다. 초기의 잡지에 이항녕, 최정희, 유봉영, 전혜린, 김대중 등 당대의 저명인사들의 글이 실려 있다.5) 1971년 지령 100호에는 고은의 장시「1950년대」가 10회째 연재되었다.

『세대』의 탄생 배경과 관련하여 이대훈의 증언이 중요한 단서를 제공해준다. 이 잡지는 사실상 이낙선의 주도와 재정적 지원 아래 창간된 것이다. 그리고 그는 편집진에 고려대학교 국문과 4학년에 재학 중이던 젊은 친척, 이광훈을 배치한다.6) 이낙선은 군사혁명 주체세력의 지적

---

4) 이성춘,『이광훈 문집』3권, 민음사, 2012, 62-64쪽

5) 이항녕, "법과 휴머니즘", 1963년 2월호; 최정희, "새 대통령에게 바란다", "겨레를 사랑해주십시오", 1963년 11월호; 유봉영, "공약을 실천해주세요", 1963년 11월호; 전혜린, "하인리히 벨의 소설 '그리고 아무 말도 하지 않았다'", 1964년 3월호; 전혜린, "나에게 옮겨준 반항적 낙인 : 뮌헨 대학생의 기질과 전통", 1964년 5월호; 김대중, "바른 길로만 나가라 : 여당의원에게 바란다", 1964년 1월호

6) "『세대』지의 사장, 오종식은 이낙선의 친구이고 이광훈은 같은 동네 출신인 친척이었다." 남재희, "소설가 이병주와 얽힌 화제들 : 동년배의 친구 같았던 이광훈 씨",『이광훈 문집』3권, 30-37쪽

대변인으로 인정받고 있었다.7) 30대 중반 중령의 신분으로 최고회의 공보비서를 거쳐 후일 국세청장과 상공부 장관을 역임했다. 그는 스스로 이 잡지의 1963년 3월호에 "빗나간 화살들을 향하여"라는 칼럼을 집필하기도 한다. 1963년 이낙선은 군사정부의 최대의 논적(論敵)인 함석헌과 논쟁을 벌인다. 함석헌이 동아일보에 "정부당국에 들이대는 말"이라는 글을 발표한다. "묻노니 정부당국 여러분! 말 못하는 민중이라 업신여기지 마라!⋯⋯민중이 내 말을 듣고 싶어하는데 왜 내가 말하는 것을 방해하나 대답하라! 천하에 내놓고 대답하라! 대답이 나올 때까지 물을 것이다"라고 했다. 5.16을 강하게 비판하는 자신의 강연을 당국이 허가하지 않자 사뭇 격앙되어 쓴다. 이에 대해 정부의 대변인 격인 이낙선은 "들이대는 말에 갖다 바치는 말씀"이라는 제목의 글로 반박한다. "작년과 금년의 재해로 정부나 국민이 온통 야단인데 선생님은 어디서 온 이방인이기에 초연히 앉아 불난 집에 부채질만 하십니까?⋯⋯선생님이 해박한 지식을 과시할 때 우리는 주견(主見) 있는 총명으로 답할 것입니다. 뇌조직의 발달을 뽐내신다면 우리는 건전한 심신으로 맞세울 것입니다.⋯⋯5.16은 결코 인기를 위한 것이 아니었습니다."

이 논쟁은 장안의 화제가 되었다. 함석헌의 글이 당위성을 가지고 들이대는 칼이었다면 이낙선의 글은 현실성을 가지고 변호하는 방패였다.8) 이낙선은 부산 시절부터 박정희와 황용주 사이의 긴밀한 연락을 도맡아왔었다. 필명 높은 황 사장의 글을 실어야만 잡지의 명성이 높아진다는 것이 그의 소신이었다. 그러나 그뿐이었을까? 왜 지식인을 상대로 하는 잡지를 창간하였을까? 그리고 왜 굳이 황에게 매달리다시피 하여 영입하고, 논설을 집필해줄 것을 요청했을까? 황은 자타가 공인하는 대통령의 측근이자 현직 언론사의 사장이다. 절대로 사인이 아니었

---

7) "당시 『세대』는 5.16 군사정변 이후에 빛을 본 종합잡지이다. 대놓고 말은 하지 않았지만 혁명주체 가운데 한 사람이 그 잡지를 후원한다는 얘기가 있었다. 사실일 것이다." 최종률, 『이광훈 문집』 3권, 90쪽
8) 김중위, "이광훈과 함께한 젊은 날의 자화상", 『이광훈 문집』 3권, 194–202쪽

다. 사실상의 '공인'이었다. 대통령과의 인연을 의식하지 않을 수 없었
다. 그렇다면 대통령의 정치적 입장을 비판하거나 부담을 줄 수 있는
글을 실을 수 있겠는가? 황용주가 이 잡지에 편집자문위원의 직을 맡고
직접 기고한 것은 이낙선의 간곡한 부탁이 있었기 때문이었다.9) 황 자신
은 대통령과 인식을 공유한다고 확신하고 있었을 것이다. 적어도 이 시
기까지는 민족적 민주주의에 대한 신념을 공유한 것으로 믿었다. 황의
글은 단순히 시사, 교양을 넘어선 정치사상의 강론에 가깝다. 황은 7월
호부터 다섯 편의 글을 순차적으로 싣는다. "형극에서 공동의 방향으로
한국 민족주의와 그 방향"(1964. 7); "한국 지식인과 비판정신, 지성의
세계성과 정치권력의 국가성"(1964. 8); "맥카시즘의 한국적 구조 : 통일
에의 비전을 살피면서"(1964. 9); "UN의 이상과 한국의 위치"(1964. 10).
그리고 마지막으로 문제된 "강력한 통일정부에의 의지"(1964. 11). 다섯
편의 글은 주제와 논지에 일관성을 유지하고 있다. 다름 아닌 '민족적
민주주의'와 민족의 주체적 통일론이다. 남북한의 동시 유엔 가입, 공업
화를 통한 경제적 기반의 확립, 그리고 종국에는 통일이다.

7월호에 실린 첫 번째 글에서 이미 필자, 황용주는 앞으로 집필할
내용의 기본 논조와 방향을 제시한다. 즉 전 지구적으로 일어나고 있는
민족주의 시대조류를 외면할 수 없음을 강조하고 세계사에 아세아-아
프리카 민족주의의 대두를 소개하고 북한식 공산주의와 서구적 민주주
의 이념 사이에 함몰될 지성의 각성을 촉구하는 것이다.10)

"지나간 우리들 역대 왕조가 그때그때의 중국 황제를 스폰서로 삼아
정권을 수립, 유지했다는 오욕되고 무거운 역사적 사실을 오늘날 우리
들이 중요시할 것도 없고 구애될 것도 없다. 구라파도 로마 제국의 식민
지였고 미국도 구라파 제국들의 식민지였으며 아세아, 아프리카의 신생

---

9) 이광훈은 이낙선의 지시에 따라 사전에 협의가 된 황용주를 접촉하여 편집자문위원으
   로 영입하면서 잡지의 편집방향을 긴밀하게 논의한 것으로 보인다.
10) "형극(荊棘)에서 공동의 광장으로 — 한국의 민족주의와 그 방향", 특집 민족주의,
   1964. 7

독립국들은 죄다 백년 이상씩은 식민지였다.……2차 세계대전은 식민지의 재분배를 군사력을 통해서 해결하려는 일본, 독일, 이태리의 도전으로 시작되었다.

준비 없이 돌연한 해방을 맞았을 때 일선 군정관의 다분한 자의에 진합(進合)하면서 정권분배 앞에 굴욕적인 양보만을 일삼게 되는 것은 당연한 결과일 수밖에 없다.……세계의 예로 보더라도 자신의 민족을 자치로 돌려야 할 역사적인 순간에도 민주적 민족주의를 내걸면서도 공산지배를 원했고 한편으로 민주적 독립정부를 부르짖으면서도 반민주적 독재로 몰락함으로써 미국을 비롯한 자유세계로부터 버림받기도 했다.……여기서 우리는 이와 같은 세기적 세론을 확인하기보다 불행한 사태에 눈을 돌린다. 1950년 6월에 북한이 저지른 무력 남침과 같은 후진적 신화 속에 있다.……불행스럽게도 우리들에게 겨우 발아한 민족주의적 자각이 우리들에게 민족주의적 유산이 없다는 결정적인 풍토 속에서 남북의 양단과 무력충돌, 십여 년의 군사휴전 상황이라는 외적 조건이 강요하는 북한의 공산통일 세력과 우리들 안에 있는 무비판적 사대주의 정서 속에 투영되고 있는 서구적 민주주의 사이에 병살될 위험이 높아지고 있다.

그러나 4.19와 5.16 혁명을 겪으면서 그 저변에 흐르는 민족주의적 선회를 직시하면서 작년의 대통령 선거에서 박 정권이 민족적 민주주의를 내걸었다는 사실은 크게는 아세아 전체국가군의 민족주의 세력의 강대한 융성과 더불어 우리들 학생 시민이 민족주의 의식의 대두와 그것의 전체 국민 대중에의 전파를 기다리면서 점차로 박 정권의 노선을 정착시키지 않을 수 없게 되었다.”

『세대』지 7월호의 발간에 관련하여 편집장 이광훈은 흥미로운 고백을 했다. “그해 7월호는 6.3 사태로 인한 계엄령으로 모든 잡지는 사전검열을 받아야 했고 잡지의 맨 뒷장에 ‘군 검열필’이라는 문구를 넣어야만 했다. 그런 상황에서도 7월호는 아프리카의 검은 대륙을 배경으로 쇠사

슬을 끊고 뛰쳐나오는 흑인 앞에 채찍을 든 백인이 서 있는 그림을 전면
에 실었다. 이 선동적인 그림이 군의 검열을 통과한 것은 활판인쇄 시절
이라 군당국에 보내는 그림 동판을 뒤집어서 테이프로 붙였고 당국은
뜯어보지 않았기 때문이었다."[11]

이어서 8월호에서 황용주는 지식인의 '야당성'의 허구를 비판하고 세
계적인 안목을 갖출 것을 주문한다.[12] 특히 이 글은 한일회담의 반대
데모에 나선 학생들의 지나친 단견을 비판하는 점에서 특기할 만하다.
"지식이란 야당성이 아니다.……지식이란 본질적으로 인류와 지구를
중심으로 한 우주의 자연을 파악하자는 자연의 목적이 뚜렷하고 이 목
적을 추구하자면 평화와 진보의 편이 되지 않을 수 없고……한 나라의
특정 정권이 평화와 진보의 선을 거닐 때는 지식인이 야당으로 될 이유
가 없다.……만약 이 정권 12년의 비민주적 사태에만 반발을 느낀 지식
인이었더라면 이 나라 지식인 전부가 장 정권을 지지해야 옳았을 것이
다. 장 정권의 무능과 민족 주체의식의 박약을 탓했던 나머지 이 나라
지식인이 야당적이었다면 최소한 민족적 민주주의를 표방하는 정권에
는 공명했어야 옳았다. 그렇지도 않을 경우 우리들 지식인의 야당성은
어디에 기인한단 말인가? 실은 세계적 수준에 이르지 못하기 때문에,
다시 말하자면 후진성 때문에 지식 자체는 여야가 없다는 사실을 인식
하지 못하기 때문이다.

고전적 민주적 제도하에서는 야당이란 국내 소수의견의 대변자 역할
로서뿐만 아니라 다양한 국제정세에 대항하기 위한 자국의 이익을 위해
서도 때로는 여당 이상의 역할을 할 수도 있다.……최근 박 정권에 대한
비판은 선거 때 부르짖는 민족적 민주주의는 간데 온데 없고 대일 굴욕
외교만 추진하려 한다는 것과 민생고의 해결에 효율 없는 정책만 되풀

---

11) 이광훈, "황용주, 최근 타계한 한 민족주의자의 궤적", 『월간 조선』, 2001. 12, 546-
563쪽
12) 황용주, "한국 지식인과 비판정신, 지성의 세계성과 정치권력의 국가성", 『세대』,
1964. 8

이 하고 있다는 데 집중되어 있다."[13]

9월호에 실린 글의 핵심 주제도 남북통일이다.[14]

"미국의 맥카시즘 사태는 한가로운 것이다. 부럽기까지 하다. 초기 공산국가에서 '반공산분자'라는 한 시민의 밀고만 가지고도 처형하는 맥카시즘 수법에 비하면 너무나 안정되고 부유한 사회의 미풍에 지나지 아니한다.……불행하게도 우리들 맥카시즘은 이조의 사색당쟁을 통하여 세계에 유례없는 독특한 양상을 띠고 극도의 발전을 향유했다. 8.15 이후 6.25 동란 전후의 맥카시즘의 창궐은 보다 직정적(直情的)이고도 브루탈(brutal)한 점에서 역시 역사적 피크를 이루었다.……이 글은 이 정권 때의 남북통일에 관한 유엔 결의안 외의 어떠한 통일론도 백안시했던 당시의 우리의 맥카시즘의 아나크로니즘을 비판해보라는 주문에 응한 것이다. 이와 같은 한국적 맥카시즘의 광신은 3.15 마산 의거 때 중학생의 시체 속에 불온 삐라를 집어넣는 행위로부터 먼 친척에 빨갱이가 있다는 이유로 공무원 시험을 불허하고, 3.15 선거 때 민주당 후보를 지지했다는 신원조사서의 기록으로 공립학교 교원 시험채용에 거부당한 사실은 아주 비근한 예에 속한다.……4.19를 계기로 민주적 발언이 반정부적이라는 취급은 해소되었고 평화통일론을 두고 용공적이라는 속단도 후퇴하였다. 5.16은 비로소 민족주의적 입장이 모든 우리들 국가적 과제의 기본점으로 확인하고야 만 것이다. 그것은 어느 정권이고 자립된 경제구조를 가지려면 또 자립하려는 과정의 정권이 보다 다수의 지지와 구심적인 호응을 얻으려면, 선거민의 민족주의적인 모드 속에서만이 성립할 수 있다는 아세아 아프리카가 공통의 역사적 제약을 벗어날 수 없다는 것을 말할 뿐이다.

우리는 이번 학생 데모의 생태적 분석을 통해 그것에는 불행하게도

---

13) 황용주, "한국 지식인과 비판정신, 지성의 세계성과 정치권력의 국가성", 『세대』, 1964. 8, 108쪽
14) 황용주, "맥카시즘의 한국적 구조─통일에의 비전을 살피면서", 『세대』, 1964. 9

428

이 정권이 남긴 한국적 맥카시즘이 미묘하게 작용하고 있음을 발견하고 새삼 슬픔을 금치 못한다.……5.16 이후 이 정권 때와 같은 광신적인 맥카시즘은 자취를 감추었다 하더라도 우리들의 권력구조의 여러 단층에서나 사회일반의 풍조 속에는 그래도 집권층의 걸핏하면 흔들리는 후퇴로 말미암아 꿈틀거린다.”

이어서 황용주는 통일론은 연구되어야 한다고 강력하게 주장한다. “남북통일에 관한 어떠한 의견도 그것은 한민족의 주권과 마찬가지로 ‘표현의 자유’나 ‘의견발표의 자유의 보장’ 정도의 현대 민주주의의 기본 루트로서 존중되어야 한다는 소극적 견지에서가 아니라 그것은 민족의 비원으로서 엄숙하게 취급되어야 한다.……통일에 관한 한 역대정권은 유엔 결의에 따른다는 한마디로 제쳐놓았을 뿐만 아니라 이 나라 수산정책이나 마찬가지로 언제나 방치되었고, 그에 대한 의견조차 이 정권의 맥카시즘에 의해 타부로 취급되었다.

신라 통일 이래로 근 2천 년간 한민족은 한반도를 국토로 하여 정치적으로 단일정권을 오래 유지했고 고유의 문화를 창조하면서 생성, 발전했다는 역사적 사실이 아직도 남북한 전체 인구의 지배적인 국가관으로서 살아 있는 것이다. 우리들은 ‘장차는 통일되어야 한다’라는 이성적인 요구보다 강한 ‘언젠가는 통일할 것이다’라는 민족적 본능 속에 있는 것이다. 둘째 한반도의 분할을, 한민족의 양분을, 영구화할 수 없다는 지극히 명백한 사실에서이다.

따라서 우리는 우리들 한국의 운명이 8.15 때처럼 민족의식에 반(反)해 강대국의 일방적인 처리에 맡겨질 수 없다면 우리는 지금 그와 같은 강대국의 독단을 막는 저항의 수단으로 우리들 자신의 통한론(統韓論)이 확보되어 있어야 한다.”

황용주의 민족통일론은 10월호에도 이어진다. 그는 남북한 통일에서 유엔의 역할의 한계를 지적하며 민족의 자주적인 통일 노력을 촉구한다.15)

---

15) 황용주, “UN의 이상과 한국의 위치”, 『세대』, 1964. 10

"세계정세를 통해 UN을 보아야지 UN을 통해 세계정세를 볼 수 있을 정도로 UN이 성장한 것은 아니다. 유엔은 문자 그대로 유나이티드 네이션스(연합된 제국가)라는 하나의 세계를 실현하기 위해 마련된 기구이다. 그러나 하나의 세계가 실현되기는커녕 미소를 각각의 대표로 하는 두 개의 세계로 분열해버렸다.……구라파에서는 냉전이 나토 체제와 바르샤바 체제의 대립으로 진전되고 아세아 지역에서는 시토(SEATO)가 결성되고 강대국의 틈바구니에서 활로를 모색하고 있다.……우리나라에도 유엔 만능주의자가 비교적 많다. 그들의 의사에 따른 유엔 가입이 이 나라의 지상목표이고, 그렇게만 되면 이 나라가 선진국의 대오에 끼일 것으로 착각한다.……유엔의 역할은 제한적이다. 극단적으로 말하자면 가장 만만한 지역의 사건만을 대상으로 삼는다. 유엔의 간섭을 받는 나라는 가장 불쌍한 나라라는 콤플렉스를 갖지 않을 수 없다. 한국의 유엔 가입이 이루어지지 않는 점에도 강대국의 자의를 볼 수 있다.……유엔의 승인으로 대한민국은 합법적인 국가라는 승인을 받았고 북괴의 남침에서 한국을 구출한 것이 바로 유엔이다. 그러나 따지고 보면 (실체는) 유엔이란 수속을 거친 미국의 의사였고 6.25 동란에서 한국을 구출한 것은 유엔을 명분으로 삼은 미국의 행동이었다.……결국 (유엔은) 국제문제의 해결의 광장이라기보다는 국제관계의 하나의 반영장소에 불과하다.……통일을 유엔에 의존할 수 없다는 자각은 중요하다.……우리의 유엔 가입은 중공의 가입과 일종의 연쇄적 관계에 있는 것이 아닌가 생각된다. 유엔은 중공을 침략자로 규정했다. 그러나 유엔이 이념적 기구이기에 앞서 하나의 현실적 기구가 되어야 할 때 중공의 유엔 가입은 시간문제인 것이다.…… 그럴 때 한국도 독일도 같은 명분, 같은 거래로 유엔에 가입될 것은 필연적인 사실이다.……결론적으로 유엔은 신뢰해야 하지만 의존할 수는 없다. 유엔의 통한론은 우리가 자주성, 독립성을 가지고 주체적으로 요리하고 소화하기 이전에는 탁상의 공론에 불과하다. 유엔에 가입하는 것이 문제가 아니라 유엔이 우리를 가입시키지 않으면 안 될 정도로 우리가 성장 발육해야만 한다.”

　이와 같이 일련의 논설로 지적 배경을 깔아둔 후에 용주는 11월호에 결정적인 주장을 개진한 것이다. 『세대』지 11월호는 “현대 민주주의의 제양상”이라는 제목의 특집을 기획했고 황의 논설은 특집에 실린 여덟 편 중의 하나였다.16) 기획 의도는 다분히 ‘열린’ 지적 모색을 시도한 것이다. 이 호에 기록된 편집 자문의원은 총 13명(구상, 김동리, 김팔봉, 김형석, 박동묘, 백철, 오주환, 오화섭, 이근삼, 정병욱, 최문환, 홍이섭, 황용주)이었다. 그러나 사실상 황용주가 편집방향과 내용을 주도했다는 편집장 이광훈의 증언이다. 2001년, 용주가 타계한 직후에 이광훈이 당시의 상황을 상세하게 적었다. “창간한 지 1년도 채 안 되는 신생 잡지의 편집장으로서 그를 처음 만난 것은 한일회담 반대 시위가 절정으로 치닫던 1964년 봄, 서울 시민회관 뒤쪽에 있던 예총회관 앞 광장이었다. 당시 부산일보 사장이었던 그를 편집위원으로 모시기 위해서였다.17)……그때 황 사장은 짙은 색깔의 선글라스를 끼고 있었다는 것이 오래 기억에 남아 있다. 그때의 『세대』지 편집위원으로는 열대여섯 분의 각계 명사들을 모셨지만 대부분 이름만 걸어놓은 그야말로 ‘명예직’이었다. 당시에 통용되던 관행이기도 했다. 그 많은 편집위원 중에 가장 자주 접하던 분이 바로 황용주 사장이었다. 잡지에 대한 조언이나 편집방향에 대한 가장 활발한 의견을 내놓다보니 자연히 잡지의 편집에는 황 사장의 의견이 가장 많이 반영될 수밖에 없었다.……

---

16) 박동운, “지중해에 피는 기로의 사상(사회민주주의와 민주 사회주의)”; 조세형, “편잡 고원에 세운 피라미드(기본 민주주의론)”; 양홍모, “독재와 무혈 공산화에의 길(인민민주주의론)”; 박무승, “폐허 속에 피어난 새싹(기독교 민주주의론)”; 임방현, “서구 민주주의를 보는 눈(교조적 사고의 비현실성)”; 갈홍기, “오랜 과도기 속의 시행착오(한국적 민주주의의 자기반성)”. 당대의 논객을 망라한 호화필진이었다.
17) 이광훈의 착각으로 보인다. 황용주는 1963년 7월에 부산일보 사장직에서 물러난 것으로 『부산일보 50년사』에 기록되어 있다.

그분이 부산일보 사장에서 문화방송 사장으로 자리를 옮긴(1964. 9. 1) 뒤에도 그와 같은 밀접한 관계는 계속되었다. 텔레비전 방송을 시작하기 전으로 정동 사옥으로 이전하기 전이라 인사동 네거리 무슨 가구점 4층에 자리하고 있었다."[18] "황 사장은 그때도 민족주의에 대한 확고한 신념을 갖고 있었다. 이집트의 나세르가 혁명을 통해 아랍 민족주의에 불을 붙였듯이 이제 한국의 5.16 군사혁명 정부가 아시아 민족주의의 선두주자가 되어야 한다는 주장을 자주 피력하곤 했다.……1964년 11월호에 실었던 문제의 논설에서도 그는 민족적 민주주의는 결국 한국적 민족주의의 과도적 표현이라고 주장했다.……문제의 글이 실렸던 11월호의 권말에 아시아 아프리카를 비롯한 비동맹국가 지도자들의 연설문을 특집 부록으로 실었다. 인도네시아의 수카르노(Sukarno), 인도의 네루(Nheru), 파키스탄의 아유브 칸(Ayub Kahn), 이라크의 카셈(Abdul Karim Kassem), 알제리아의 벤 벨라(Ahmed Ben Bella), 튀니지의 부르기바(Habib Bourguiba), 가나의 은크루마(Kwame Nkrumah) 등이었다. 쿠데타로 대통령 자리를 찬탈한 바스티스타(Fulgencio Batista)에 반대하여 병영을 습격했다가 15년 징역형을 선고받은 피델 카스트로의 최후변론 '역사가 나를 용서할 것이다'를 처음으로 소개한 것도 이 부록을 통해서이다. 이들 제3세계 지도자들은 대부분 민족주의자였지만 거의가 군사혁명으로 정권을 장악한 독재자들이었다. 따라서 당국이 잡지의 편집 의도를 '삐딱하게 볼' 가능성이 높았다."[19]

그러나 이광훈의 우려와는 정반대로 오히려 당국은 군사 쿠데타의 정당성을 변론하는 선례들로 받아들였을 가능성도 있었다. 이런 취지를 강론하는 것이 황용주의 일관된 입장이었다. 7월호부터 11월호까지의 잡지의 편집에 일관되게 흐르고 있는 이념은 민족주의와 민족통일이라

---

18) 종로구 인사동 15번지 동일가구점 3, 4층을 임대하여 쓰고 있었다.
19) 이광훈, "황용주, 최근 타계한 한 민족주의자의 궤적", 『월간 조선』, 2001년 12월호, 546−563쪽

고 해도 과언이 아니다. 실린 글들의 제목을 훑어보면 '민족주의', '민족통일', '매판자본', '민족자본'과 같은 단어들이 넘쳐흐르고 있었다. 영입된 편집위원 황용주의 민족적 민주주의 신념과 20대 청년 편집장의 열정이 의기투합한 결과였다.

"학생들의 한일회담 반대 데모가 격화되면서 전국적인 비상계엄을 선포해야 할 정도로 국론이 첨예하게 대립되고 있었다. 이러한 상황 아래 '민족적 민주주의'는 매우 불온한 주장일 수도 있다. 그러나 일면 가볍게나마 남북한 사이에 화해의 무드가 일고 있었다.……그해 여름에 열린 도쿄 올림픽에서 북한의 육상선수 신금단(辛今丹)이 남한의 아버지를 만나면서 남북한 이산가족의 상봉에 대한 기대가 고조되고 있었다. 또한 10월 중순 박정희 대통령은 강원도 춘천을 방문하여 도지사와 시장을 만난 자리에서 최근의 국내외 정세를 보아 머지않아 남북통일이 이루어질 것으로 본다고 말했다. 그로부터 사흘 후에 청와대에서 열린 정부 여당 연석회의에서 대통령은 통일문제를 심각하게 연구할 시기가 되지 않았는가라고 반문하면서 국회에서도 여야가 함께 이 문제를 연구해야 한다고 강조했다. 여당은 이미 국토통일연구소 설치 법안을 정식으로 제출해두었으며 공화당 이만섭을 비롯한 46명의 의원이 남북가족 면회소 설치에 관한 결의안을 제출해두고 있었다. 이러한 시대적 분위기라 이 정도 주장은 할 수 있지 있을까 하고 생각했다"고 이광훈은 술회했다.[20]

이 사건으로 2개월 동안 자진 휴간한 『세대』는 이듬해 1965년 6월호에 이병주의 중편 『소설 알렉산드리아』를 게재함으로써 일약 스타 작가의 탄생에 기여한다. 이 작품은 중립, 평화통일론을 신문사설로 쓴 지식인이 감옥에서 보낸 편지를 주축으로 플롯이 전개되는 일종의 '사상소설'이었다. 작품의 주인공에 필화사건으로 감옥에 갇혀 있는 황용주를 대입시켜도 무방했다. 4월 어느 날 시인, 신동문은 근래 출옥한

---

20) 이광훈, "황용주, 최근 타계한 한 민족주의자의 궤적", 549쪽

이병주를 만난다. 신동문은 여섯 살 위인 이병주의 필명을 알고 있었
다.21) 200자 원고지 600매짜리 중편을 읽고 난 신동문은 무릎을 쳤다.
즉시 이광훈을 찾는다. 젊은 편집장 이광훈 또한 극도로 흥분했다. 바로
이거야! 언론의 자유, 사상의 자유다. 소설의 형식도 파격적이다. 600매
짜리 중편을 전문 그대로 실었다. "신동문 선생으로부터 그 원고를 직
접 건네받아 내가 최종적으로 게재 여부를 판단했는데 당대의 현실에
대한 그분의 날카로운 안목이 없었더라면 그 소설은 세상에 나오기 쉽
지 않았을 것이다"라고 회고했다.22) 작가의 원고에 없던 작품 제목에
굳이 '소설'이란 단어를 넣은 것은 이광훈의 강력한 '편집권'의 행사였
다. 불과 몇 달 전의 상황을 감안하면 이 작품을 게재함으로써 발생할지
모를 위해에 대비하는 의미도 있었다. 현실적 제안이나 비판이 아니라
어디까지나 허구임을 강조하기 위한 고육지책이었다.23) 같은 잡지에
평화통일론을 쓴 언론인 황용주를 감옥으로 보낸 직후에, 동일한 '용공
사상' 때문에 옥살이를 하고 나온 체험을 바탕으로 쓴 작품을 '발굴하
여' 싣는다는 것은 이를테면 전혀 반성의 빛이 없는 이광훈의 뱃심이기
도 했다. 역설적이게도 『세대』는 황용주의 필화사건으로 인해 지식인
사회에서 상당한 홍보효과를 얻었다.24) 또한 『소설 알렉산드리아』의
발굴을 계기로 문학잡지로서도 흔들리지 않는 명성을 구축했다. 이광
훈은 한국잡지 역사상 유례없는 약관 23세에 편집장을 맡음으로서 한
시대의 문화권력을 행사하게 되었다. 그 또한 2011년 2월 불귀의 객이
되었다.25) 그의 사망 1주기를 기해 3권의 추모문집이 출간되었다. 『이
광훈 문집』3권 '꺾이지 않는 묵향이여'에는 고인과 교류한 언론계 인사

---

21) 최인훈의 『광장』이 세상에 나온 것도 『새벽』의 편집장 신동문의 공적이다.
22) 이광훈의 증언
23) 그는 우스갯소리로 여행기로 오인하지 않기 위해 '소설' 자를 넣었다고도 한다.
24) 이성춘, 『이광훈 문집』 3권, 63쪽
25) 『세대』지의 사장을 역임한 그는 1977년 「경향신문」에 논설위원으로 입사한다. 「경향
   신문」의 최장수 칼럼인 "여적"과 "이광훈 칼럼"을 집필하면서 권력의 전횡을 비판하는
   논객이자, 자신만의 '문기(文氣)'와 '문향(文香)'을 잃지 않은 문인으로 필명을 떨쳤다.

와 문인들의 추모글이 담겨 있다.26) 많은 필자 중에 남시욱, 남재희, 이성춘, 최종률이 이 사건과 관련하여 특히 의미 있는 증언을 남겼다. 필화사건 당시 동아일보 정치부 기자로 공화당을 출입하던 남시욱은 정구영 당의장의 요청으로 황용주의 문제의 글을 읽고 '유치할 정도로 순진한' 비현실적인 주장으로 비쳤으나 사법 처리의 대상으로 삼아서는 안 된다는 의견을 폈다고 한다.27) 남재희는 이병주, 황용주와 교류가 돈독했다.28)

사건의 파장

1964년 11월 10일 오후 삼민회 소속 한건수 의원이 국방위원회의 정책 질의 자리에서 황용주의 논문이 '국시에 위반되는지' 여부를 따졌다. 한 의원의 질문에 대해 김성은 장관은 국가기밀을 내세워 답변을 거부한 것이 인신공격으로 번졌다. 무려 1시간 반에 걸친 1문 1답의 형식으로 진행된 한건수와 김성은 사이의 대립이 극단으로 치달았다.29) 마지막 질의항목인 방첩관계 사항에서 느닷없이 황용주의 '중립통한론'을 거론한다. 남북한이 동시에 유엔에 가입하고 휴전선 인근에 남북한 군대를 철수하고 극소수의 유엔 경찰군을 주둔시켜야 한다는 주장이 반공이라는 국시에 위반되지 않는지 따지고 들었다. 엄밀한 의미에서 소관 부처가 아닌 국방부 장관을 상대로 문제를 제기했는데 급기야는 정치권 전체에 커다란 소용돌이를 불러일으킨 것이다.

삼민회의 김준연 의원은 황의 논문은 지난 1954년 4월 27일 제네바 정치회담에서 북괴외상 남일(南日)이 연설한 주장을 교묘한 필법으로 복사한 것이라고 주장하고, 정일형 의원도 '의심할 여지가 없다'고 이에

---

26) 『이광훈 문집』 3권 '꺾이지 않는 묵향이여', 2012
27) 남시욱, "소탈하고 박식했던 그와의 추억", 『이광훈 문집』 3권, 40-42쪽
28) 남재희, 『이광훈 문집』 3권, 30-37쪽; 이성춘, "날카롭고 예리하게 세상을 보는 눈", 『이광훈 문집』 3권, 59-66쪽
29) 이 문제를 제기하기 전부터 한 의원은 김성은 국방장관과 매우 불편한 관계에 있었다고 『주간 한국』은 보도한다.

동조한다. 공화당의 조경한은 천참만륙(千斬萬戮)할 행위라고 흥분한다.30) 윤보선, 박순천, 김도연 등 야당 지도자들은 11월 19일, 공동성명을 발표한다. "용공적 논의의 온존처는 공화당의 당시(黨是)라고 할 수 있는 민족적 민주주의라고 할 수 있다. 정부 여당의 요소와 주변에 공산당의 전력을 가졌거나 의심받을 만한 좌익계열이 지나치게 많이 참여하고 있다는 사실이 우연시되지 않는다."31)

민정당과 삼민회는 긴급의원 총회를 열어 논문에 대한 책임추궁의 방도를 강구하기로 의결한다. 당초 이 건은 개인적 차원의 언론의 자유의 문제이므로 당이 관여할 사항이 아니라고(경향신문, 1964. 11. 11) 신범식 대변인을 통해 공식입장을 표명한 공화당은 대통령의 통일관련 발언과 연관지어 해석되자 큰 정치적 부담을 느꼈다.32) 국회 내무위원회는 12일 김형욱 중앙정보부장과 내무부 차관을 불러 경위를 따진다. 김형욱은 '사건을 대통령에게 보고했으며 대통령은 크게 노하여 철저하게 조사하라고 지시했다며 황 씨 같은 사람이 바로 공산주의자'라고 단정한다. 이런 자는 극형에 처할 수 있도록 법을 개정해달라고 요구하기도 했다.33) 처음에는 황을 옹호하던 당의장 정구영과 사무총장 예춘호도 야당의 정치공세가 강화되자 한 발 물러선다. 동아일보(1964. 11. 17) 가십란 "팔각정"에 실린 내용이다. "황용주 씨 논문이 던진 파문이 아직도 채 가시지 않은 채 야당 측은 이 기회에 공격의 화살을 정부와 여당 쪽으로 돌리려는 움직임이 보이자 공화당은 적이 당황한 듯, 그 대책을 마련하기 위해 부심하고 있는 듯. 정구영 당의장 서리는 16일 당 간부들에게 '현재 합법적인 통일론은 북진통일밖에 없다'고 그의 법적 견해를 밝히고 통일론의 구체적인 한계를 설정하기 위해 당 정책위원회가 심각

---

30) 오로지 박종태 의원만이 시종일관 반대의 입장을 견지했다.
31) 김삼웅 편저, 『통일론 수난사』, 한겨레신문사, 1994, 153-157쪽
32) 정진석, "황용주 '세대' 필화사건의 전말", 『월간 정경문화』, 1983. 7, 214-223쪽
33) 「동아일보」, 1964. 11. 12, 1면

하고도 구체적인 연구를 하도록 지시했다." 이처럼 수세에 몰린 공화당의 고민상은 이날 당무회의에도 나타나 한 간부는 "야당 측에서 황 씨 논문을 우리 당 공격적 자료로 악용한다면 그건 분명히 코카시즘(한국판 매카시즘)입니다"라고 말하기도 했다.

검찰은 잡지의 발행인 이철원, 주간 이준희, 편집장 이광훈, 기자 김달현의 4인을 반공법 제4조 1항 위반 혐의로 입건하고 문공부는 잡지를 전부 회수한다.34) 『세대』지는 11월 14일, 일간신문에 '석명서'를 내고 책임을 통감하고 근신하는 뜻에서 12월호와 1월 신년호를 자진 휴간하기로 했다고 밝힌다.35) 필자 황용주도 구속되기 직전에 신문 광고란에 '해명서'를 낸다. 자신이 쓴 글은 "현하 국제정세 속에서 만약 남북한의 유엔 가입이 강대국에 의해 일방적으로 강요되었을 경우 같은 사태도 가상하여 이에 대한 대비책이 '논의'되어야 한다는 필자의 설정이 남북한의 동시가입을 '주장'한 것처럼 오해되고 있다"고 물러섰다.36) 물론 변호사와 주변 인물들의 충고가 있었다. 대통령의 입장을 고려한 후퇴였을 것이다.

보다 상세한 상황을 편집기자 이유식의 회고가 전한다. "검찰청 공안부에서 전화가 걸려왔다. 문제의 원고의 원본을 들고 출두하라는 것이

---

34) 반공법 제4조(찬양 고무 등) 1항은 "반국가단체나 그 구성원의 활동을 찬양, 고무 또는 이에 동조하거나 기타의 방법으로 반국가단체를 이롭게 하는 행위를 한 자는 7년 이하의 징역에 처한다."

35) "世代誌 自進休刊(세대지 자진휴간)", 「경향신문」, 1964. 11. 14. "황용주 씨 필화사건으로 물의를 일으키고 있는 세대사는 14일 아침 공보부에 자진 휴간계를 제출하고 세대지 12월호와 내년 1월호의 발간을 중단함으로써 근신하겠다는 뜻을 전해왔다고 공보부는 발표했다."

36) 1964년 11월 11일 「경향신문」 2면과 11월 12일 「동아일보」 1면에 실린 소형 광고 해명서이다. "요컨대 본 논문은 우리들 한반도가 역사적으로 강대국에 의해서만이 직접간접의 영향하에 정권이 수립되거나 유지되었다는 사실을 지적하고 4.19 및 5.16 혁명 이후 비로소 한반도에 자주적인 정권이 성립할 수 있다는 여건과 상황을 규명하고 이와 같은 정권은 한국 고유의 민족적 민주주의를 다 같이 하면서 이에 대한 주체적이고 성실한 이념 구축과 대비책이 논의되어야 한다는 것입니다. 대한민국의 통일방안은 UN 결의안에 따라야 한다는 기본원칙 위에 논문이 구성되고 있음을 천명합니다. 몇 구절 표현 미숙으로 본의 아닌 오해를 샀을 뿐 아니라 국회에까지 물의를 야기시킨 점 관계당국과 세대사에 대하여 진심으로 죄송해 마지않습니다."

었다. 공안부장실로 갔다. 마침 「7인의 여포로」를 감독한 이만희 감독이 조사를 받고 있었다. 그 영화에서 양공주로 나온 문정숙이 술에 취해 '양키 고홈!'이라고 내뱉는 부분이 반공법 위반으로 걸린 것이다(이 부분은 삭제되어 상영되었다). 드디어 감독이 떠나고 내 차례가 되었다. 담당 검사는 문제의 육필 원고를 훑어보더니 왜 제목을 고쳤으며, 군데군데 붉은색 연필로 표시해두었느냐고 물었다. 편집과정의 관행을 설명해주었다. 한자가 많아 군데군데 문선 과정에서 한글로 바꾸어달라는 표시라고 설명했다. 청사를 나오며 황 선생과 각별한 인연을 생각하며 고생을 하겠구나, 약간의 각오를 했다. 황 선생은 『세대』지의 필자인 동시에 편집위원이었고, 이보다 앞서 내가 부산대 재학 시절에도 부산일보 논설위원으로 있으면서 우리에게 불어를 가르쳤던 것이다. 2개월 자진 휴간한 잡지의 사무실에 혼자 나와 무료한 나날을 보내고 있노라면 간혹 필자로 참여한 소장 정치학자들이 들르곤 했는데, 그들의 말인즉 황 선생의 이론은 이론으로서는 맞는 말이지만 남북 관계의 정치적 상황으로 봐서는 좀 앞선 제안이요, 생각이라는 것이다."37)

후일 언론학자 정진석은 나름대로 사건의 전말을 재구성하고 평가를 내렸다. "『세대』지의 필화사건은 발단부터가 특이하다. 일반적으로 형사사건의 경우는 수사당국이, 민사사건의 경우는 언론에 의해 피해를 입은 당사자가 제소하는 것이 상례이다. 그런데 이 사건은 국회에서, 그것도 국방위원회에서 야당의원이 문제를 제기한 데서 비롯되었다는 점에서 정치적 성격이 농후한 사건이다."38) 정진석의 글을 읽은 소감을 용주는 일기장에 기록했다. "국방위에서 한건수, 김준연 등의 악랄한 저의가 새삼'추악하다. 다만 당시 중정과 미국 측의 개입에 관한

---

37) "이유식의 문단 뒷골목 이야기 2", 황용주 편, "필화사건과 나", 2009. 11. 28, blog.daum.net/oilcolor//6338957; 이유식, "이광훈과 나의 세대사 시절", 『이광훈 문집』 3권, 199−202쪽

38) 『월간 정경문화』, 1983년 7월호; 김삼웅 엮음, 『통일수난사』, 한겨레신문사, 1994, 153−160쪽에 재수록

것은 조사와 자료가 없는 모양으로 미비. 하나의 사건을 해명하는 것은 이처럼 어려운 것임은 당사자라야 알 수 있다. 그런데 필자가 왜 나에게는 문의하지 않았는지 궁금하다."39)

각계의 반응

11월 13일자 일본의 아사히(朝日) 신문은 국제면 톱기사로 보도한다(12일 서울발). "통일논의. 한국 민방사장의 체포사건 : 주목받은 언론계 동향." 요미우리(讀賣) 신문은 "한국 남북통일 관심 높아져" "신(辛)선수 부녀상봉 감동 이어서 필화사건도"라는 제목으로40) 민방사장의 체포 소식을 상세하게 전한다. 미국의 시사주간지 『뉴스위크』지도 사건을 비중 있게 보도한다.

영남일보의 사설은 매우 직설적이다. "무엇 때문에 일부 야당의원들은 언론자유를 장송하려 드는가? 국제정세가 급변하고 있는데 십수 년 전 한민당적 사고를 모방이라도 한 듯한 수법으로 오롯하고 값진 평론에 대해 억지로 관권을 개입하여 법적제재를 받게 하려는 배짱에 의분과 비난을 금할 수 없다."(11. 12) 한국일보도 11월 13일자 사설을 통해 통일에 관련된 의사표현의 자유를 촉구하고 황 씨의 구속을 예산심의의 조건으로 내세우는 국회의원의 행태를 비난한다. 또한 조선일보도 현직 언론사 사장을 구속하는 부당한 처사를 지적하는 사설을 게재한다.41)

경향신문은 사회지도층을 상대로 '설문조사'를 실시했다. "황용주 씨 사건을 제기한 국회를 어떻게 생각하십니까?"라는 물음에 응답자들은 "지나친 처사였다", "곡직은 법정에서, 제기는 정부가", "정치인이 너무 흥분한 것 같다" 등등의 대답으로 당국의 처사를 비판했다. 고려대의 김성식 교수는 "통일문제를 말하는 사람의 성의, 태도, 동기가 '원 코리

---

39) 1983. 6. 24 일기
40) "辛選手 親子對面 感動"(신선수 부녀상봉 감동)
41) 「경향신문」, 1964. 11. 14

아 폴리시'에 관한 진지한 논의라면 자유스러운 언론은 보장되어야 한다"고 주장했고, 서울문리대의 정병학 교수는 "국회의 태도가 졸렬하다. 국회가 특정인을 구속하라고 건의한 것은 난센스인 동시에 국회가 의회 사상 처음으로 정부의 권한을 침해한 인상을 준다. 더더구나 공개회의 석상에서 특정인의 구속 문제를 다룬 것은 국회의 위신을 실추시키는 행위이다"라며 비판했다. 고려대의 김준엽 교수는 "황 씨의 발언이 공교롭게도 북괴와 같을지라도 북괴의 동기와 황 씨의 동기는 전혀 다른 차원에서 출발할 수도 있는 것이다.……우리의 판단은 언제나 독자성을 견지하고 문제를 다루어야 할 것이다"라며 상해 시절의 인연을 이어주었다. 고려대 교수 김상협은 동아일보의 법조 출입기자 신용순에게 황의 글이야말로 정곡을 찌르는 탁견이라고 말했다며 신 기자가 이대훈에게 전한다.

그러나 야당의원 김영삼은 달리 생각했다. "국회에서 취한 태도는 있을 수 있다고 본다. 문제된 황 씨의 논문이 시중에 나온 지 오래되었고 또 그 내용이 국시에 위반된 위험한 사상이라면 정부에서 즉각 문제삼아야 했음에도 방관하고 있었으니 국민의 대표기관인 국회에서 문제삼는 것이 아닌가 한다."[42]

동아일보는 사건 직후에는 야당의 주장을 받아들여 "당장 구속하라"라는 사설을 쓴다.(11. 13) 이대훈이 고재욱 주필을 찾아가서 항의한다. 이대훈은 2년 전 동아일보가 황산덕 필화사건으로 위기에 처했을 때 황 사장이 나서서 구해준 은혜를 생각해서라도 그렇게 박절하게 대할 수 있는가라며 따진다. 이대훈의 강력한 항의에 11월 17일자 사설에서는 "황 씨 필화사건 수사에 있어서 신중을 기하라"라며 태도를 바꾼다.

"국회 국방위원회는 이 논문이 명백한 국시 위반이라는 결론을 내려 즉각 구속할 것을 건의하였고……우리는 최근 국제정세가 격동함에 따라 우리나라에서는 그것이 우리의 통한문제에 직접 또는 간접으로 영향

---

42) 「경향신문」, 1964. 11. 14

을 주리라는 전제 아래 갑자기 통일문제 논의에 붐이 일어났다. 우리는 그 동안 이러한 통일문제 논의 붐이 '민주통일'이라는 우리의 기본원칙을 약화시키는 기회를 제공해서는 아니 된다는 점을 본란을 통해 누차 경고한 바 있다. 그러던 차에 황 씨의 논문이 월간잡지 『세대』지에 개제된 것을 알게 된 우리는 그러한 경솔하고 무책임한 논설이 결과적으로 자유와 민주주의를 국시로 하는 대한민국의 현재와 장래를 위태롭게 하고 또 북괴의 주장에 동조함으로써 국민들의 반공의식을 해이시키게 되리라고 생각하여 경악과 우려를 금할 수 없었다. 특히 그 논문의 집필자 황용주 씨가 5.16 이후 한때 부산일보 사장을 지냈고 현재 문화방송국 사장으로 있었던 점에서 더욱 사회적으로 큰 주목을 끌고 있는 것 같다. 우리는 이미 검찰당국에서 황 씨에 대한 반공법 위반 피의사건을 수사하고 있으므로 앞으로 사직당국이 이 사건을 법에 따라서 철저하게 그리고 공정하게 수사해줄 것을 의심하지 않으며 또 바라마지 않는다.

다만 우리는 사직당국이 황 씨 사건을 다루는 데 있어서 인권에 소홀함이 없기를 바란다. 황 씨의 피의 사실은 『세대』지에 게재된 논문의 내용인 것이다. 그렇다면 황 씨는 비록 구속이 해제된다고 해도 '증거인멸의 우려는 없다'고 보아야 한다. 따라서 우리는 사직당국이 만약에 황 씨에게 '증거인멸'과 '도피'의 우려가 없다고 인정한다면 '불구속 수사의 원칙'을 적용하는 것이 마땅하다고 생각한다."[43]

재판과정

여야의 정치적 공방이 계속되면서 언론과 학계에서는 '통일론의 한계'에 대한 활발한 논의가 벌어졌지만 법은 '공안' 개념의 극대적 해석을 견지했다. 11월 11일 저녁, 서울지검 공안부는 서울 형사지방법원의 원종백 부장판사에게서 구속영장을 발부받아 황용주를 구속, 수감한다. 반공법 제4조 1항을 위반한 혐의다. 황의 논문 중에는 (1) 남북한, 두

---

43) 「동아일보」, 1964. 11. 17

개의 한국을 내세워 대한민국의 (배타적) 합법성을 부인했고, (2) 8.15 후 미군의 진주를 점령으로 보고 6.25 참전을 (미국의) 군사 개입으로 단정하여 반미사상을 고취했으며, (3) 유엔 동시가입과 제3국을 통한 대화의 방안도 모색해야 한다고 주장하는 등, 북한 괴뢰의 이른바 통한 론을 찬양, 고무, 동조한 혐의가 있다는 것이다. 11월 18일, 법원은 구속 적부심의 신청을 기각했고, 검찰은 19일 황을 정식 기소하면서 검찰총 장 신직수는 담화문을 발표한다.[44] "최근 일련의 국제정세 격동에 따라 갑자기 통일문제가 크게 논의되고 있는데 황용주 씨의 논문은 실로 유 감이 아닐 수 없다."

11월 19일자 동아일보는 공소장 전문을 싣는다. "피고인은 정부를 참 칭하고 국가를 변란할 목적으로 불법 조직된 반국가단체인 북한 괴뢰집 단이 민주공화국인 대한민국을 전복 적화시키고자……(1) 대한민국의 유일무이한 합법성을 부인하고, (2) 반미사상을 고취하고, (3) 한미 간의 이간을 책동하고, (4) 남북 불가침 조약의 체결을 주장하고, (5) 남북 협 상을 촉구하는 등……상기 반국가단체의 활동을 찬양 고무하는 원고를 월간『세대』지에 기고하여 동 잡지 일만 이천 부를 전국에 배포함으로 써 반국가단체를 이롭게 한 것이다."

1965년 2월 16일 동아일보는 6단기사로 재판기사를 전제한다. "통일 의 의견일 뿐 ─ 황용주 피고 첫 공판서 진술"이란 제목이 달려 있다. 이석선 재판장의 지휘 아래 열린 재판에서 검사 김태현과 황용주 사이 에 주고받은 피고인 심문 내용이 일부 적혀 있다. 남북한 동시군축, 자유 로운 통일 논의 등등.[45]

---

44) 이 필화사건은 법적으로는 신직수가 추진한 것이라는 것이 정설이나 넓게는 김형욱, 이후락, 김종필이 가세하여 자신들에게 부담스러운 존재였던 황용주를 박정희에게서 제거하기 위한 묵시적 담합이었다고 판단할 수 있다.
45) 검사 :『세대』지 1964년 11월호에 실은 "강력한 통일정부에의 의지" 논설요지는? 황 : "통일정부를 이룩하기 위해 모든 국민이 자유롭게 생각하고 의견을 진술해야 한다." 검사 : "남북한 통일을 막는 가장 큰 장애는?" 황: "인접한 중공이 북한에 대해 가지는 집착이다. 민족의 통일의식을 높여 이론적 토대를 갖추어야 한다는 요지다." 검사 : "남북한이 불가침 약속을 하고 감군하여 경계에 UN 경찰군을 주둔시키자는 논지는?"

이듬해인 1965년 4월 30일, 법원은 피고인 황용주에게 징역 1년 집행유예 3년, 자격정지 1년을 선고한다. 어쨌든 거의 반년 만에 출소하여 햇빛을 보게 되었다. 항소심 판결은 그로부터 1년 반 후에 내려졌다. 오로지 한 신문만이 그 사실을 보도했다. 그것도 닷새나 지난 후에야.[46]

일단 형의 집행이 유예된 몸으로 상급심 재판을 받는 과정에서 피고가 기록한 일기장 구절들을 옮겨 적는다. "항소심 공판 날이므로 처와 법정에 가다. 세 시간이나 기다렸더니 호명. 검사와 일심에서 진술한 것이 그대로라면 '이 사건은 순연히 법의 해석 여부에 달려 있으니' 더 이상 물을 것이 없다 한다. 무더운 여름날 김 변호사와 처와 걸어 나오면서 결국 대법원까지 가는구나 하는 느낌이 든다."[47] "항소심의 언도가 있었다. 항소기각이다. 상고하기로 하다. 어차피 대법원 판결로서 언론과 반공법의 판결이 필요한 시기니까. 내 평생 나대로의 근대화 목표는 언론의 선진화에 있어야 하는 만큼 나 개인의 사정을 떠나서 판례가 필요할 것 같다. '근대화 = 공업화'의 방정식은 '근대화 = 합리화'의 이념의 바탕에 서지 않는 한 이룩할 수 없기 때문이다. 세계적인 이성에 합치되는 합리정신이 한 국가의 법, 정치구조 및 판결을 지배하지 않는 한 정권은 반동적인 것이다. 역사는 세계의 합리화와 과정만이 기록되어왔다."[48]

"상고 이유서를 내다. 논문의 요지가 어디에 있는가. 원심과 항소심에선 아무래도 내가 쓴 요지와 달리 이해된 것 같다. 나도 많이 말했다고 평하지만 말끝을 잡고 시비하는 속배(俗輩)도 타기(唾棄)되어야 한다. 법원이나 검찰만 메커니즘이 나쁘게 침체되면 국민의 기본권의 보장이

황 : "범죄적 6.25 사태가 다시는 없도록 서로 약속하고 감군할 것을 주장했다."

46) "서울형사지법 항소 제2부(재판장 박승호 부장판사)는 18일 상오 잡지『세대』지에 '강력한 통일정부에의 의지'라는 남북통일론을 발표, 반공법 위반 혐의로 기소되었던 전 문화방송 황용주 피고인의 항소를 모두 기각하고 원심형량을 확인하다."『경향신문』, 1966. 10. 23

47) 1966. 8. 18 일기

48) 1966. 9. 15 일기

란 적극적인 의무는 뒤로 밀리고 지엽을 가지고 거론하기 마련이다. 아이들은 처음 발을 밟았다 하여 싸우기 시작하다가 도중에 욕을 했다고 해서 치고 받는다.

역사상 허다히 있는 일이기는 하나 그것이 국가적 이익이 되리라 하여 제창한 소론이 개인적인 해석에 의해 대요는 이해되지 않고 부분적으로만 거론되어 개인이 희생되는 수가 얼마나 많았던가? 현대 국가에서 검찰이 국가의 공익을 대변한다면 국가의 공익이 무엇인가를 전제하고 피고를 다루어야 할 것이다. 현 단계에 있어서 남북통일의 유일한 요건은 '민족'이란 실존에 대한 국민의 깊은 이해와 이를 어떤 다른 개념보다 앞세워야 하겠다는 의식의 확립 이외 모든 다른 요건은 배제되어야 할 것이다. 계급의식이 국가의식보다 앞선다는 영국 산업혁명 시대의, 혹은 이것이 이론화된 마르크스주의는 오늘날 1, 2차 대전을 치른 현 단계 국가 간의 이해관계 속에서는 통할 수가 없게 되었다.

현재 남북 간에 서구적 민주주의와 공산주의가 정권을 유지하고 있는 이념이요, 또 국제적인 힘 관계가 지주가 되어 있지마는 문제는 국가적 이익을 진작하고 확보하는 데는 결국 민족이 단위라는 것이 오늘날 세계사적 현장인 것이다. 이와 같은 현장의식이 결여되는 나라는 언제나 자립할 수가 없었던 것이 또한 역사의 사례이기도 하다. 현장의식에 반대되는 것이 즉 '권위의식'이다. 권위의식은 고정하고 고립하고 지체한다."[49]

1968년 9월 23일 대법원은 황용주의 상고를 기각하고 원심을 확정짓는다. 거의 2년에 걸쳐 열린 세 차례의 재판 전 과정을 대구사범학교의 동기인 김종길 변호사가 맡았다.[50] 그러나 변호인으로서 할 수 있는 일은 거의 없었다. 구속적부심 신청의 기각, 보석 신청의 기각, 1심의 유죄판결, 2심의 항소 기각, 최종심의 상고 기각, 유죄의 최종 확정. 지

---

49) 1966. 11. 3 일기
50) 이병주의 회고에 의하면 김종길은 박정희 민정이양을 자문받고 그의 민정참여를 극구 반대했다가 미움을 사서 절교상태에 있었다고 한다. 이병주, 『대통령들의 초상』, 178쪽

루한 절차 끝에 민족주의자 통일론자 황용주는 대한민국의 반공법을 위반한 전과자가 되었다. 대한민국의 국민이기 이전에 한반도의 주민이 되고 싶다는 소박한 소망에 엄정한 법의 철퇴가 내려진 것이다.

김형욱의 회고록과 필화사건

"반공을 국시의 제1의로 삼고"를 혁명공약 제1항으로 내세워 5.16 쿠데타에 성공한 박정희에게 큰 정치적 부담이 된 사건이 발생한다. 이른바 '황태성 간첩사건'이다.

황태성은 과거 좌익 활동에 깊이 관여한 것으로 알려져 있던 박정희의 형, 상희 씨의 절친한 친구였다. 그는 1949년 10월 1일 대구 폭동의 주모자 중의 한 사람이었고 6.25 이후에 월북하여 북한에서 고위직을 맡고 있었다. 1961년, 박정희가 쿠데타로 집권하자 그는 북한 정권의 '밀사'로 남파되었으나 박정희는 물론 그 측근도 만나지 못한 채 재판을 받고 사형당한다. 김형욱은 역대 중앙정보부장 중에 가장 악명이 높았던 인물이다. 정보부장 재직 중에는 물론, 퇴임 후에도 미국 망명과 반정부 활동, 그리고 파리에서의 의문의 죽음으로 전무후무한 시대적 관심을 집중시켰던 김형욱의 회고록이 사후에 출간되었다. 이 회고록은 황용주 필화사건은 박정희 주변의 좌파 척결의 차원에서 김형욱이 꾸민 것이라고 주장한다.

박정희는 자신의 형의 친구 황태성을 사형시킨 것을 몹시 유감으로 생각하고 있었다고 김형욱은 주장한다. "나는 가끔 박정희, 김성곤과 셋이서 자주 술자리를 했다. 술이 거나하게 취하기만 하면 박정희와 김성곤은 서로 합심하여, 아니 서로 경쟁하듯이 나를 몰아세웠다. '김 부장이 미욱해서 황태성을 죽였단 말이야.' '안 죽여도 될 사람이었어.' 박정희가 그런 식이었으니 그를 잘 아는 황용주 같은 사람이 노골적으로 북한이 지지하는 통일론을 들고 나올 수밖에." "10월 31일, 인기소설 임꺽정의 저자이고 신간회 창설의 주역이었으며 월북하여 이른바 조국

평화통일위원회 의장을 한다는 홍명희가 통일문제의 협상을 위해 남북회담을 개최하자는 공격적 자세를 취했다는 보고가 날아들어왔다. 그는 지금까지 조국통일이 이루어지지 못했던 것은 남한에 주둔 중인 미군 때문이고 남한 내의 미군의 즉각 철수를 촉구했는데, 이는 바로 월간 『세대』에 실린 황용주의 논문과 무서우리만치 일치하고 있었다.”

그러나 이 주장은 신빙성이 취약하다. 우선 황용주는 미군의 철수를 주장하지 않았다.

“나는 황용주에 대한 정보수집에 열중했다. 황용주는 박정희와는 대구사범의 동기로 한때 (부산일보) 논설위원 노릇을 한 바 있었다. 그의 삼촌은 공산주의자로 월북했고 그 자신도 틈틈이 중립화 통일론을 들고 나왔다. 그는 철저한 반미주의자였고 거의 빨갱이에 가까웠다.……황용주는 같은 대구사범 동기 서정귀 등과 뻔질나게 청와대를 드나들면서 입만 벙끗하면 중립화 통일론을 제창하면서 한편으로는 조선일보 방일영 사장 등과도 친교를 맺어 여러 가지 글을 발표하고 있었다. 내가 ‘중립화 통일론은 이 시점에서 절대불가’라고 수차 언명하고 서울대의 반공 교수들을 동원하여 환상적인 중립화 통일론의 허구를 지적하는 책자를 발간하기도 했는데 황용주는 박정희라는 배경을 과신했음인지 이를 무시하고 도처에서 사사건건 중립화 통일론을 퍼뜨리기에 바빴다. ‘안 되겠군. 이 자를 잡아넣어야겠어. 그런데 별 재간이 없단 말이야.’ 나는 비밀리에 야당의 김준연 의원과 회동했다. 황을 잡아넣기 위해 박정희를 설복해야 하니 이를 국회에서 문제 삼아달라고 부탁했다. 곧 김준연은 국회에서 이를 문제 삼았고 나는 국회 내무위원회로부터 출석을 요구받았다. 그때만 해도 아직 사상논쟁의 여파가 가라앉지 않아서 국회 내무위원회 석상에서는 박정희가 빨갱이다, 황용주가 빨갱이다 식의 용기 있는 발언이 야당의원들에 의해 거론되고 있었다. 내무위원회의 야당의원들이 벌떼처럼 일어나 나에게 황에 대한 질문을 퍼부었다. ‘김 부장 어떻게 된 거요?’ ‘지금 검토 중입니다. 그렇지 않아도 입건 단계에 있기 때문에 여러 선량님들께서 조금만 시간적 여유를 주시면 내가 손을 댈 겁니다. 그래서 여러분들의 의혹을 풀어드리겠습니다.'

나는 이 여세를 몰아 청와대로 밀어닥쳤다. 다짜고짜 박정희에게 대들었다. '각하, 황용주 건에 대해서 미국에서도 야단이고 국회에서도 이를 전부 각하에 결부시키고 있는데 이거 입건하는 게 좋겠습니다.' '아니, 그거 입건될 수 있나?' 박정희는 당황하면서도 상당히 매서운 음성으로 반문했다. '될 수 있나 없나 할 정도가 아니라 이건 반공법에 절대적으로 저촉되는데 어떡합니까.'

나는 여기서 물러나서는 안 된다고 마음을 다지며 또박또박 말에 힘을 주면서 박정희를 주시했다. 짧으나 견디기 어려운 순간이 지나갔다. '그럼 할 수 없잖나' 박정희는 화가 난 듯이 내뱉었다.51) 나는 서울지검 공안부와 연락해 11월 11일 황용주를 반공법 제4조 반국가단체 고무 찬양에 관한 위반 혐의로 정식 입건했다.……내가 황을 기어코 잡아넣은 이유는 장안을 휩쓸던 무분별한 통일론을 가라앉히는 의도도 없지 않았으나, 사실은 박정희로 하여금 서투른 통일론을 개발하지 못하도록 하는 견제에 그 본질적인 의도가 있었다. 더욱이 박정희 주변에는 아직 전력이 불투명한 사람들이 들끓고 있었기 때문에 그들로부터 박정희를 떼어내는 일은 진정으로 박정희를 돕는 길이라고 나는 확신하고 있었다."52)

이 글의 정확도와 진정성은 의심스럽다. 우선 황용주에게는 삼촌이 없다. 물론 친척 아저씨 김원봉을 지칭했을 수도 있다. 또한 황용주 사건이 거론된 것은 국회 내무위원회가 아니라 국방위원회였다. 회고록은

---

51) "한 기자가 세대지 필화사건으로 황용주 씨가 몹시 고생하고 있다고 말하자 박 대통령은 법을 집행하는 사람이 공평하지 못하다며 불평했다. 또한 김준연 의원의 예를 들어 없는 사실을 꾸며내어 일본에서 정치자금을 받았다느니 어쩌니 하며 터무니없는 유언비어를 퍼뜨리는 행위는 따끔하게 다스리지 못하고 대통령과 친한 사람은 가혹하게 꼬투리를 잡는다며 불쾌한 표정을 감추지 않았다." 김종신, 『영시의 횃불』, 287쪽
52) 김경재, 김형욱 회고록 2권 『혁명과 우상 : 박정희와 중앙정보부』, 인물과 사상사 2009, 285쪽

집필자 김경재가 김형욱의 구술을 받아 쓴 것으로 김형욱의 사후에 출간되었기에 김형욱 본인이 최종 검토할 기회가 없었을 것이다. 그리고 각종 과장과 견강부회, 왜곡이 담긴 것으로 신빙성이 약하다는 평판이 있다. 그러나 한 가지 김형욱이 황용주의 제거를 위해 공작에 나섰던 것은 분명한 사실로 보인다.

당사자의 해석

황용주 자신의 후일 주장은 자신의 통일론은 박 대통령의 '광주 발언'과 맥락을 함께했다는 것이었다.53) 또한 이 문제와 관련하여 그는 몇 가지 숨은 사실을 드러냈다. 첫째, 사검의 배경에는 한건수가 황용주에 대해 가지고 있던 사감이 중요하게 작용했다는 것이다. 한과 황은 와세다 대학 동문이다. 5.16 이후에 한건수가 황을 찾아와서 요직을 달라며 끈질기게 로비를 했으나 냉정하게 거절했다. 여당이 여의치 않자 한건수는 야당에 입당하여 윤보선 당수를 보좌하면서 황을 적극적으로 음해하는 데 앞장섰다고 한다. 황의 가족과 측근에게 이 사실은 널리 알려져 있었고 황 자신도 일기장에 사실을 적어두었다.

둘째, 공안당국이 황용주의 구속을 고집한 것은 당시 검찰총장 신직수의 특명이 있었기 때문이라는 것이다.54) 사건의 발단은 야당이 정치적 투쟁으로 제기한 것이지만 결과는 박 대통령을 둘러싼 정치 세력의 다툼으로 비화되었다. 신직수는 박정희의 5사단장 시절에 소령계급장을 달고 법무참모로 보좌했다. 제대와 동시에 서울지검 검사로 특별임용을 받았고 곧이어 최고회의에 발탁되어 검찰총장, 중앙정보부장 등 승승장구 출세가도를 달렸다. 최고회의 시절에 조선일보의 방일영, 황용주, 최세경이 함께 벌인 주석에 젊은 신직수를 합석시킨 적이 있었다.

---

53) 1976. 1. 10 일기
54) 조성식, '박정희 마니아' 김종신 전 청와대 비서관, 『신동아』, 2011년 11월호. 김종신은 황용주 제거는 신직수의 작품이라고 단언한다. 김종신, 『영시의 횃불』, 207쪽

그 자리에서 황은 대통령을 잘못 보좌한다며 신직수에게 강한 면박을 준 적이 있다. 신직수의 지위가 높아짐에 따라 황과는 더욱 불편해지자 성격이 원만한 최세경이 조율하려고 애썼으나 별무소득이었다고 한다. 김형욱, 이후락, 신직수 등 신진 친위세력에게 황용주는 부담스러운 존재였다. 언제나 청와대를 무상출입하며 대통령을 만날 수 있는 황용주가 이들에게는 공동의 적이었다.

셋째, 무엇보다 배후에 미국이 관여했다는 것이다. 후일 밝혀진 미국 정보기관의 보고에 의하면 박 대통령 주변에 과거에 좌익 활동의 경력이 있거나 성향을 띤 인물이 다수 포진해 있다고 했고, 황용주의 이름이 구체적으로 거명되어 있었다는 이야기를 피터 현이 전해주었다고 한다. 황의 일기장에 그런 요지가 적혀 있다. 신민당의 김대중 의원은 자신과 각별한 사이인 박권상에게 "황이야말로 박의 주변에서 가장 위험한 인물로 반드시 제거해야 한다. 미국 측도 그렇게 알고 있다"라고 말했고 박권상은 이 사실을 이대훈에게 귀띔해준다. 이 이야기는 후일 피터 현이 황에게 알려준 사실과 일치한다. 1976년 1월 25일자 용주의 일기장에 현을 만난 사실이 적혀 있다.55) 또한 사건 당시의 미 대사관 문정관 그레고리 헨더슨의 보고서에도 같은 내용이 담겨 있다고 한다.

"동아일보 이헌진 기자가 예고도 없이 내방하다. 방문 목적은 63년 미 대사관 문정관 그레고리 헨더슨이 미 국무성에 보고한 서류가 시한이 되어 열람하게 되었는데 그 서류의 내용인즉 당시 좌익들 중에 내 이름이 들어 있다는 것이다. 그중에는 김종필, 김용래 등 많은 인사가 있다고 한다. 그래서 당시의 상황을 설명해주었는데 일제시대에 독립운동을 하는 사람은 대별하여 민족진영과 공산계로 구분되었다. 조선 유학생들은 이 두 계열에 속했는데 공산계열은 극소수이고 대다수는 민족

---

55) "낮에 현 기자(피터 현)를 만나 그의 저작에 대한 나의 의견을 말해두다. 박 대통령에 관한 전기라기보다 더 입체적인 면을 써보겠다는 의욕과 외국어로 외국인에게 알릴 것을 시도하고 있다. 혁명을 결행한 사람의 전모와 동기가 밝혀지면 많은 사람에게 일상적인 면에서도 개혁을 결행할 수 있는 용기를 주는 의미에서 도움이 될 것으로 생각된다."

진영에 속했는데 그 사상적 유래는 당시 일본의 대학교수 중에 자유주의를 신봉하는 사람이 많아 그 영향으로 민족주의로 기울어져 있었다. 이 자유주의는 일본의 군국주의에 반대하고 해방 후에는 일본 사상의 주류가 되었다. 나 역시 그런 사상을 신봉하였으므로 해방 후 공산주의와 극우사상은 경원해왔다. 그런데 당시 국시가 반공이었으므로 반공을 택하지 않으면 좌익으로 간주되기도 했다. 이 기자가 '그러면 반공을 하지 않으면 좌익이란 말'로 적절하게 간추린다."[56]

후세의 평가

후일 한 언론학자는 이 사건을 일러 "언론사 사장의 구속까지 몰고 왔던 글은 남북한 유엔 동시가입 등 남북한 관계를 새롭게 설정할 필요가 있다는 지극히 소박한 가설에 지나지 않았다"라고 평가했다.[57] 그러나 허황한 가설이 아니었다. 시대를 먼저 읽었던 탁견이었음이 밝혀졌다. 그로부터 27년, 황용주의 희망과 예언대로 남북한은 1990년 유엔에 동시가입했다. 이에 앞서 1971년 중국이 가입하고, 1972년 대만이 탈퇴했다. 1964년 10월의 글에서 이미 이 사실을 예언한 용주이다.[58] 1978년 「워싱턴 포스트」의 도쿄 특파원 셀리그 해리슨은 이 글의 선구적 탁견에 대해 찬사를 아끼지 않았다.[59]

---

56) 2000. 8. 28 일기
57) 정진석, "시론 : 언론탄압의 유형과 교훈", 「중앙일보」, 1999. 10. 6
58) "중공의 유엔 가입은 시간문제인 것이다.……그럴 때 한국도 같은 명분, 같은 거래로 유엔에 가입될 것은 필연적인 사실이다."「세대」, 1964. 10 "UN의 이상과 한국의 위치"
59) "통일로 가는 길" 6. 김학준은 『외교정책』지 1988년 3월 6일 겨울호(74–75쪽)에 발표한 '하나의 코리아'에서 박정희와 김일성의 경력을 비교하면서 민족주의적 통일론을 전개한다. 해리슨에 따르면 한반도의 통일은 한민족 스스로에 의해 성취되어야 하며 강대국은 한민족의 민족주의를 높이 신뢰하고 한반도로부터 서서히 손을 떼어야 한다. 셀리그 해리슨「워싱턴 포스트」도쿄 특파원을 역임한 카네기 국제평화연구재단 선임연구원으로 1978년 '넓어진 간격 아시아의 민족주의와 미국의 정책'이란 글을 발표한다. 그는 대한민국 수립 후 남한에 온존해온 '친일세력'을 비판하고 그러한 맥락에서 박정희 대통령을 비판한다. 그가 1964년에 있었던 『세대』지 필화사건의 장본인, 즉 민족주의적 입장에서의 통일의 당위성을 강조한 당시 문화방송 황용주 사장의 논문을 높게 평가한데서 그의 위상을 쉽게 이해할 수 있다(우리 지식인 사회에도 널리 알려진 브루스 커밍스 교수가 해리슨의 이 책을 높이 평가하는 것은 놀라운 일이 아니다). 1988.

1971년 10월 24일자 일기장의 구절이다. "중공 유엔 가입, 國府(대만) 축출 가결. 찬 61, 반 53, 기권, 무효 15. 가령 대한민국이 회원국이었다면 반대표를 던졌을 것이 틀림없다. 그러나 나는 중공 가입을 지지한다. 일제 시 조선반도가 일본에 속해 있고 나의 국적은 일본이었다. 그러나 그 당시 일본이 독, 이와 동맹을 맺고 미영에 도전했을 때 나의 개인적 의견은 이와 반대였다. 어느 개인이 자신이 속해 있는 국가의사와 반대 의사를 가지고 있음은 나의 경우 절대로 보장되어야 한다고 생각한다. 역사의 선례를 들 필요도 없이 당대의 정권이 제대로 들어섰느냐 아니면 반동정권이냐를 판정하는 객관적 기준을 찾을 수 없다면 개인은 정권 그룹보다 자유롭고 순수하게 사고하고 판단할 수 있기 때문이다. 누구든지 자기가 속하는 조국이 추구하는 이상이 세계적인 시야에서 타당하지 못할 때 조국을 거부하거나 자신이 생각하는 방향으로 되돌아가도록 노력해야 한다."

그는 유엔 총회에서 중국 대표 고관화(高冠華)가 연설하는 장면을 보고 감상을 적는다. "한국에서 미군 철수, UNKURK(유엔한국재건지원단)의 해체 및 한국 문제 결의의 무효 등을 밝히고 김일성의 8개 항 제의를 지지한다고 역설. 인도차이나 반도의 미군 철수와 중동에서도 강대국의 배후조종을 배격한다고 한다. 종전에 중공 주장이 통신에 의해 각국에 전달되다가 이제 유엔 석상에서 육성을 통해 부르짖게 되자 무게가 달라진 것은 사실이다."[60]

1988년 7월, 선구적 통일론자 황용주는 한 잡지사 기자의 내방을 받고 감상을 적어둔다. '세대 차이'를 절감한다는 간략한 메모다. 민족통일을 '당위'가 아니라 '선택'으로도 보는 새 세대의 유연함(?)에 대한 실망과 분노였을까?[61]

---

5. 25 일기에 인용

60) 1991. 11. 15 일기

61) "저녁 7시경 『월간 중앙』의 윤석진 기자가 내방. 64년 『세대』지에 발표한 통일론을 8월호에 특집으로 하겠다고 당시의 일들을 묻는다. 6공화국에 들어와 통일론이 활성화

1991년 8월 8일의 일기장 구절이다. "UN 가입이 안보리에 남북 함께 만장일치로 추천되다. 생각하면 1964년 세대지에 통일을 위하여 남북 적대관계 해소로부터 불가침 조약 체결하고 남북한의 UN 동시가입이 선행되어야 한다고 주장한 것이 27년이 지난 오늘에 동시가입이 먼저 이루어지고 있으며, 금명간에 불가침 조약 내지 선언이 이루어질 것 같다. 감개무량함을 금할 수 없다."62)

이즈음 만 70세 노인 황용주는 텔레비전 드라마를 보면서 당시의 감회를 이렇게 적었다. 짧은 몇 마디 속에 복잡한 심사가 녹아 있다. "밤, TV에서 「고개 숙인 남자」를 보다. 이날 내용은 신문사 부장이 기사로 인해 기관에 붙들려 가는데 부인, 딸, 아들, 친지 등이 당황하는 모습이다. 옛날 나의 필화사건 때와 비슷하다. 보고 있노라면 묘한 감정이 되어 용기와 자존심 같은 것이 새삼 솟구친다. 이런 의미에서 예술의 가치가 실 인생에 필요한가 보다."63)

되고 있어서 누군가가 나의 통일론을 언급할 것이라고 예상하고 있었는데 『월간 중앙』
이 먼저 찾는다.……윤 기자와 얘기하면서 세대 차이를 절감한다."(1988. 7. 5 일기)
62) 1991. 8. 8 일기
63) 1991. 1. 27 일기

17

만년의 삶

    1964년 11월로 용주의 주인공적 삶은 사실상 종지부를 찍은 것이나 다름없다. 이를테면 마흔여섯에 사회적 인생을 마감한 것이다. 그로부터 2001년 타계할 때까지 장장 37년, 나머지 삶은 덤에 불과했다. 그 이후로도 그에게 공적 성격의 일자리가 전혀 주어지지 않은 것은 아니었다. 일시나마 대한기원(1976)과 한국기원의 이사장(1978-1979)직과 5.16 장학회와 정수장학회의 이사 자리를 맡긴 했다. 그러나 결코 그의 기백과 능력에 합당한 자리가 아니었다. 그나마 전자는 제한적 범위에서나마 주도적인 역할이 있었지만 후자는 단지 후생 차원의 배려로 주어진 자리에 불과했다. 언제나 일상의 생계를 걱정해야 하는 처지였고 한동안 신변의 불안을 걱정해야 했다. 과거밖에 없는 사람에게 현재는 외롭고 미래는 불안하다. 술, 독서, 꽃, 골프, 바둑, 한시, 서예, 프랑스 문물, 딸과의 교신, 손자 생각, 여느 노인의 삶이나 마찬가지였다. 그나마 다행스럽게도 1977년 1월부터 4년 동안 주 1회씩 부산일보에 "춘추한필"을 집필하면서 단편적으로나마 자신의 삶을 되돌아볼 기회가 주어졌다. 종교에 의탁하지 않은 노년의 삶은 더욱 외롭다. 육신이 쇠해지면서 외로움이 가중되었다. 찾아갈 곳도 마뜩찮고 찾아오는 사람은 점점 줄어든다.

    술이 가장 막역한 친구이다. 1976년 12월 19일자 일기장에 독서신문

에 실린 "억만시름"을 옮긴다. "술을 취게 마시고 두렷이 앉았으니 억만
시름이 가노라 하직한다. 아해야 잔 가뜩 부어라. 시를 전송(餞送)하리
라."(정태화) '취하게 술 마시고 시를 전송하는 경지'가 나라 전체에 보
급되기를 바라다. "오랜만에 만취해보다. 의식적으로 만취해보자는 심
정은 결코 건전한 것이 못 되지만 해마다 이런 심경이 짙어지는 것은
나이 탓인가 보다."[1]

녹양(綠楊)이 천만사(千萬絲)인들 가는 춘풍 매어두며
탐화봉접(探花蜂蝶)인들 지는 꽃을 어이하리
아무리 근원이 중한들 가는 임을 어이하리.

조선 중기, 여러 임금을 대이어 현직을 거친 재상 이원익의 여유로운
시구에 기대에 자신의 심경을 달래기도 했다. 그러나 적어도 1979년
10월 26일까지는 비록 야인이 되었지만 아직 젊었고 최소한 1년에 한
차례는 친구 대통령을 만날 수 있다. 정월 초하루, 대통령은 청와대의
신년하례에 어김없이 야인이 된 친구를 초청한다. 1966년부터 1972년
까지 해를 거르지 않고 둘의 만남은 이어진다. "쾌청, 11시 청와대에
신년하례. 대기실에서 정종 2배 마시다. 양광(陽光)을 듬뿍 받은 앞 정
원에 면(面)한 베란다에서 이 비서관과 잠시 환담. 정구영 의장이 함께
집으로 가자고 한다. 정 의장 댁은 초라하다. 물러서려 할 때 '황형, 다
음 만나 조용히 얘기합시다'라고 다정스런 말을 건넨다."[2] "쾌청한 날
씨다. 어제 밤에 쌓였던 눈이 가지를 덮다. 아침 부일 차를 빌려 타고
청와대로 세배 가다. 귀로에 김영기 선생님을 돈암동 댁까지 모셔드리
다."[3] "아침 10시 넘어 청와대에 들러 박 대통령에게 신년 인사를 드리

---

1) 1974. 3. 22 일기
2) 1966. 1. 1 일기
3) 1967. 1. 1 일기

다. 내 손을 잡자마자 ‘뭘 해?’ 하더니 ‘놀고 있어?’ 하면서 자답하신다. 잘 손질된 정원을 걸어오면서 웃음이 솟구치고 정 있는 말귀가 몇 년 만에 흐뭇하게 해준다.”4) “아침 11시, 청와대 박 대통령에게 세배. 혈색은 좋으나 약간 지친 기색. 작년 12월 27일 세계일주 여행을 마치고 귀국한 지 며칠 만에 새해를 맞는다. 여행에서 돌아오니 녹번동으로 이사해놓았는데 새집인데다 먼저 것보다 평수도 넓고 전망도 좋아서 새해를 맞는 기분이 몇 년 만에 새롭다. 여행 중 체중도 불었거니와 몇 년 동안 침체된 정신상황이 개인 것 같아서 생활을 아껴 보고픈 마음 절실하다.”5)

딸의 기억이다. “신년하례 시에는 특별 초대로 청와대에 오찬을 하러 가셨다. 거나하게 술을 마시고는 기분이 좋은 듯 오후 4, 5시경에 돌아와 우리를 불러모아 놓고선 전축을 크게 틀어놓고 ‘유라쿠초데 아이마쇼’, ‘베네주엘라’, ‘그린 필드’를 함께 부르고, 나에게는 펄 시스터즈의 ‘커피 한잔’을 주문하곤 하셨다. 그리고 아버지는 고고 춤을 추었다.”

그러나 그 만남은 영원히 이어지지 않았다. 1972년 10월, 유신체제가 시작되자 이듬해부터 청와대의 신년하례의 초청대상에서 제외된 것이다. 1973년 1월 1일의 일기장은 담담하게 이 사실을 적고 있다. “금년부터 청와대 신년하례가 없어지다. 마음의 부담이 없어지다.” 지난해까지는 어김없이 점심을 나누고 그리고 의례적인 안부 몇 마디를 주고받을 뿐이지만 그 속에 담은 은밀한 우정의 눈길을 확인할 수 있었다. 그런데 이제는 다시 만날 길이 막힌 것이다. 이날 이후로 용주는 생전에 박정희를 단 한 차례밖에 더 대면하지 못한다. 딸의 증언이다. “신년하례가 폐지되면서 아버지는 대통령을 더 이상 만나지 못하는 것 같았다. 그러나 그가 보낸 맏사위 한병기 씨가 이따금씩 들렸다.” 필시 대통령의 뜻과 마음을 전했을 것이다. 그러던 그가 1977년 8월, 란서가 외국유학을

---

4) 1968. 1. 1 일기
5) 1969. 1. 1 일기

떠난다는 소식을 듣고 친구를 청와대로 부른다. 그때 대통령은 아내를 잃고 맏딸에게 퍼스트 레이디의 역할을 맡기고 있었다. 1974년 8월 15일, 광복절 기념식에서 재일교포 청년 문세광이 박 대통령을 겨냥하여 쏜 총탄에 육영수 여사가 사망한다. "처를 잃은, 그것도 하루아침에 같이 나갔다 혼자 돌아오게 된 박 대통령을 상상하면 처절한 심경이 든다."6) 고 육영수 여사 추도식. "한 여성이 많은 국민으로부터 애도를 받으면서 묻혀가는 추도의 과정이 죽음의 슬픔을 승화시키고 있다."7) "입구에서부터 시민의 대열이 시작되고 있다. 차에서 내리자 육 여사의 동생인 조태호 씨의 부인과 육 여사의 노모를 만나다. 모녀가 단 둘이서 묘소로 가고 있다. 시민들은 아무도 모르고 있다. 이 많은 시민들의 참열(參列)이 대한민국을 성취시키고 있는 정신력의 바탕일지 모른다."8)

대통령에게 친구는 밀린 위로의 말을 전한다. 그는 아내를 잃은 친구가 근년에 들어 거의 매일 밤, 젊은 여인들을 안주 삼아 술로 세월을 보낸다는 소식을 듣고 안쓰러워하고 있었다. 후일 그는 박의 화류계 여성관은 군관시대 일본의 예인(藝人)에 관한 기본 인식에서 출발하고 있다고 술회했다.9)

한 세계의 종말 : 1979년 10월 26일

1979년 10월 27일 새벽 3시경 부산일보 송정제 지사장의 전화가 걸려온다. 동아일보의 처남 이대훈의 전화가 뒤따른다. 이어서 빗발치는 전화세례다. 유학 중에 일시 귀국해 있던 란서의 기억이 생생하다. 이날은 딸의 생일이다. 태어난 순간부터 한 해도 거르지 않고 챙기던 축복된 날이다. 딸의 친구들을 모두 불러 생일파티를 준비하고 있었다. "엄마가 물었다. '여보 무슨 일이?' 아버지는 그냥 묵묵부답이다. 계속해서 전화

---

6) 1974. 8. 15 일기
7) 1974. 8. 19 일기
8) 1978. 8. 28 일기
9) 김동현 기자와 대담, 1985. 2. 25 일기

가 울리고 아버지는 '그래서, 음, 음, 어찌되었노? 안 되나? 마 안 되나?' 하는 말만 되풀이하셨다. 그 무거운 순간이 이어졌다. 아침 6시쯤인가 방송에서 공식 발표가 나기 직전에 '박 대통령이……안 되겠다카네'라며 침통한 표정으로 이층으로 올라가셨다. 곧 비상계엄령이 선포되었다. 내 친구들도 끊임없이 우리 집으로 전화를 걸어왔다. 신문, 방송, 모든 지인들이 모두 아버지에게 정황을 물었지만 아버지는 아는 게 없었다. 다만 상황을 좀더 일찍 파악하고 묵묵부답했을 뿐이었다. 엄마에게 대고 '공식발표가 나기 전에는 마, 모른 척 하고 있으시오.' 그리고는 내게도 '니도 친구들 보고 이번에는 유감스럽지만 생일을 미룬다고 하거라.' 아버지는 며칠 동안 일체 두문불출하셨다. 단 몇 사람만의 전화를 골라 받으시고 온종일 TV만 지켜보고 계셨다. 송정제 지사장이 찾아와서 빈소에 안 가시냐고 물어도 아무 말씀도 안 하시고 가만 계시니까 머쓱한 표정으로 돌아가셨다. 슈베르트의 '알페지오네'와 '죽음과 소녀', 모차르트의 '레퀴엠'이 번갈아가며 연속적으로 장엄하게 퍼지는 장례식 장면을 한마디 말도 없이 그렇게 모두 지켜보았다.

당자의 일기장 구절이다. "어제는 긴 하루였다. 어제와 오늘 사이가 오랫동안 단절되었다가 이어진 느낌이다. 신문들은 대서특필로 애도를 표하고 있다. 이 엄청난 일로 인해 전국이 깊은 침묵에 깔려 있다는 느낌이다. 집 앞의 자동차 소리를 마치 먼 나라에 와서 듣고 있는 것 같다. 현실과 나와의 밀착이 없고 내가 평소의 일상 속에 있는 것 같지도 않으며 박 대통령과의 지난 일들을 회상하면 비로소 이제 유명을 달리하고 있다는 슬픔이 솟구친다."[10]

만 이틀을 몸과 마음을 추스른 후에야 비로소 조문길에 나선다. "주인이 고인이 된 청와에 들어서다. 늦가을 낙엽이 어수선하게 깔려 있고 조문객의 차가 붐비고 있다. 대접견실에 빈소에 분향을 하고 나니 나도 모르게 오열이 가슴에서 어깨로 온몸이 부르르 떨린다. 마음 같아서는

___

10) 1979. 10. 28 일기

주저앉아 한바탕 통곡을 했으면 얼마나 시원하게 풀어질까 싶다. 근혜 양에게 문상을 하고 특보, 비서, 국회의원들과 도열해 있는 앞을 지나다. 이만섭, 한태열 의원과 악수를 나누고 나오자, 현관 앞에서 다시 오열이 터진다. 차에 오르자 다시 참을 수 없다."11) "어제 밤과 오늘에 걸쳐 박 대통령을 추모하는 뜻에서 '그분 가시다'를 쓰다. 산란한 마음에 뭐라 고 적어야 할지 갈피를 잡지 못하다. 낮에 황성모 교수 댁에서 금후의 시국대책을 논의하다."12) "아침에 조 사장 차로 영결식장에 가다.……
18년의 세월로 이처럼 한국을 바꿔놓고 이제 모든 국민에게 한결같은 애도를 받으면서 위인으로서 역사적으로 영원히 혁혁한 업적을 남기게 됨을 새삼 실감하다. 위대한 생애였다. 44세에서 62세까지 한 사람이 남길 수 있다는 것을 내 눈으로 보았다는 증인으로서 흡족하고 감탄하 고 생전에 느꼈던 것과는 전연 딴판의 비범한 인물임이 부각되기 시작 한다."13) "지난번 '춘추한필'에 '그분 가시다' 박 대통령을 추모하는 내 용이 검열에 걸렸다고 한다. 어떤 의미에서 그런지 궁금하다."14) "아침 9시 30분 최 권한대행 담화문 발표 3개월 내에 대통령을 통대에서 선출, 빠른 시일 내에 헌법을 개정하여 이 절차에 따라 제10대 대통령을 선출 한다는 요지. 가장 상식적인 결단이고 의견개진이나 유신체제를 폐기하 자는 것은 문제가 있다. 과연 순조롭게 진행될 것인지, 아직은 빠른 조치 인 것 같다. 적어도 군의 주도하에 유신체제가 몇 년은 더 계속되어서 경제적인 역량을 길러놓고 해야 한다."15) "비가 내린다. 박 대통령 영애 청와대 떠나다. 보기에 애처롭다."16) "오전 한병기 대사 내방, 여러 가지 시국 얘기를 나누고 앞으로 이럴수록 국가민족을 위해서 일해줄 것을 당부하다. 나에게도 같은 격려를 해준다. 젊은 분이긴 하나 여러 면에서

---

11) 1979. 10. 29 일기
12) 1979. 1. 1 일기
13) 1979. 11. 3 일기
14) 1979. 11. 7 일기
15) 1979. 11. 10 일기
16) 1979. 11. 21 일기

의견이 맞다."17) "79년을 보내며 현실적으로나 마음가짐에 있어 강한 수련을 해야 할 것 같다. 박 대통령 서거가 나의 인생에 어떤 변화를 안겨줄 것인지, 잘 생각해보아야겠다."18)

대한민국의 1970년대는 박정희의 죽음과 함께 막을 내린다. 황용주의 정치적 삶도 운명을 함께했다. "금세기에 들어서 우리들 한국이 70년대 개발도상국가 군에서 선두주자로 부각되면서 한 민족이 중흥할 수 있다는 사례를 남기게 하였다.……그러나 이 해를 보내면서 억울하고 비통한 심경을 금할 수 없다. 우리들은 누가 뭐래도 대형 영도자를 잃은 것이다. 해가 갈수록 부각되겠지만 한 나라의 후진된 구석구석을 재빨리 파악하여 황소처럼 이끌고 나간 막강한 힘은 이제 누구도 재현할 수 없을지 모르다. 그의 방식은 비판의 여지가 있겠지만 북한과 일본과 미국을 의식하고 과감하게 도전했던 의지와 용기는 범부의 생리가 아니었던 것이다.……중산층의 형성은 우리 공업화의 산물이다. 그러나 우리들의 공업화는 국내외에서 심각한 압박을 받게 될 것이 예상되고 정치발전과 더불어 공평한 분배를 요구하는 풍조가 일게 될 것도 분명하다. 따라서 우리들 성장이 답보하게 될 때 정치의 빈곤이, 영도력의 부재가 또다시 거론되지 않을 거라고 누가 장담할 수 있으랴.……70년대는 도상국가에서의 경제발전과 정치발전이 상호 보완관계에 있지 않다는 숙제를 남긴 채 막을 내리고 있다."19)

그 분은 가셨다. 박정희 없이 나라에 1980년대가 열린다. "박 대통령 백일 상일이다. 묘비도 제막. 살아서 위대하고 죽어서 평범한 것이 현대의 위인이고 살아서 평범하고 죽어서 위대한 것이 고대의 왕인 것 같다."20) 용주의 기준과 판단에 의하면 박정희는 고대의 왕에 가깝다. 사후 1년, "춘추한필"에 "소상을 맞으며"를 기고한다. "1962년 어느 날 그

---

17) 1979. 12. 27 일기
18) 1979. 12. 31 일기
19) 황용주, "70년대를 보내면서", 「부산일보」, 1979. 12. 30
20) 1980. 2. 2 일기

는 '한국엔 왜 이렇게 시어머니가 많은고'라며 한때 좌절을 느끼기도 했으나 스스로가 택한 운명에 충실하고 책임을 지지 않을 수 없었다. 1963년 그는 은사와 동창 앞에 대통령 출마의 의지를 표명하였고 그날부터 험난한 진군이 시작된 것이다.……정치의 사명은 시민에게 보다 많은 자유를 약속하고 보장하는 데 있음은 두말할 필요도 없다.……그러나 한 나라의 주민의 개인적 자유를 위해서는 사회의 안정이 선행되어야 한다.……18년이란 세월이 한반도에 하나의 숲을 이룩하였다."[21]

가신 님의 위대한 업적을 추모하는 의식은 적정한 예의와 시간이 수반되어야 한다. "대한민국의 오늘의 현실은 박 정권의 18년의 가공작업을 무시하고 그 진가를 측정할 수 없다.……10.26 사태 이후 정치적 발언이란 하나같이 이와 같은 테두리를 깨뜨리지 못하고 서구 민주주의를 재생시켜보자는 내용이었다.……우리들 조상이 자손들에게 3년상을 강요하게 된 데는 그럴 만한 이유가 있었다.……무덤 옆에 최소한 3년의 각고를 치르게 하여 시일의 가르침을 받게 하자는 뜻이 아니었을까."[22]

'님은 떠났지만, 나는 나의 님을 보내지 않았습니다!' 애써 다짐하지만 공허한 상실감을 너무나 크다. 앞으로 무엇을 하면서, 누구를 생각하면서 여생을 살아야 할지 막막하다. 게다가 일상은 너무나 쪼들린다. 박정희가 떠난 후 만 3년을 앞둔 시점에 용주는 자신에게 닥친 좌절과 시련을 이렇게 적는다. "박정희가 5.16 전에 혁명을 앞두고 처음으로 그의 결심을 토로했을 때의 그의 심경을 상상한다면 오늘 나의 처지는 비길 바가 못 된다. 지금 내가 고통을 받고 있는 것은 단순히 금전문제일 뿐이다. 보다 빈궁하게 살아서 평생을 가난하게 살았던 그리고 현재 살고 있는 사람을 생각한다면 이까짓 것은 그야말로 호사스런 입장이다. 내가 이처럼 물질적인 것에 집착해버렸을까? 정말 타락해버렸다.……

---

21) 황용주, "소상(小祥)을 맞으면서", 「부산일보」, 1980. 10. 20
22) 황용주, "삼년상(三年喪)", 「부산일보」, 1980. 11. 6

오늘 이 순간부터 전혀 다르게 살기로 하라.

첫째, 생명에 미련을 갖지 말라. 둘째, 스스로를 고행토록 하고 차라리 육체적인 고통을 택하고 정신적 자유를 남기도록 하라. 셋째, 박정희 정권 때 권력층의 편리를 이제는 피압박인민의 저항정신으로 살아야 한다.……밤늦게까지 마시면서 쓰고 있는데 그래도 마음 안쪽에 있는 구석을 털어놓을 수가 없다. 왜 그럴까? 나는 아직도 구제될 수 없는 속물일지 모른다. 내가 뭔데 내 자신의 일기에까지 모든 것을 쓸 수 없는가? 술과 나의 이성의 마찰이 오늘의 일기를 망쳐버렸다. 술보다 내가 약하다는 말이다."23)

매년 10월 26일, 그는 집을 나선다. 평소의 엄정한 습관과는 달리 행선지를 알리지 않는다. 평생 습관인 일기조차 못 쓸 정도로 만취하여 돌아온다. 아내의 증언이다. "매번 이날이 되면 혼자 사라져서 하루 종일 어디를 돌아다녔는지 소식이 없다가 저녁나절에 얼근히 취해 돌아오셔서 방에 틀어박혀서 술만 들었다. 그만 드시라고 말려도, 어찌 그리 기분이 언짢으냐고 물어도 묵묵부답, 멍하니 창밖을 보며 입맛을 쩝쩝 다시다가 다시 한 잔 들이키곤 했다. 때때로 뭔가 중얼거리다 신음 비슷한 소리를 내곤 하셨다. 한참 후에야 혼자서 국립묘지에 다녀오신다는 걸 알았다." "술 한잔 나누러 안 갔나, 못 다한 얘기도 하고! 언젠가 취중에 잠꼬대를 했다. '마, 그냥 그럴 때 그라지, 그리 고집을 피더니, 그래 니는 니가 하고 싶은 것이 있었겠재, 그래도 그렇게 가는 기 아인데, 그기 아이잔나, 그랄라꼬 니랑나랑 혁명했나.'"

그가 짧게나마 이날의 행장을 기록하기 시작한 것은 7년이 지난 후부터였다. 마음속으로 3년상도 부족하여 7년상을 치렀던가? "어느새 박 대통령의 7주기를 맞는다. 낮에 란서 친구 윤옥, 주명, 해원, 경옥이 오다. 이들에게 우정의 귀중함을 말해주고 우정이란 서로 노력해야 쌓아

---

23) 1982. 6. 2 일기

올린다고 말하다."24) "박정희 대통령 11주기. 아침 10시 30분, 집을 나와 지하철로 동작역에 내리다. 국립묘지는 한산한 편이고 활엽수는 모두 단풍이 지고 있다. 묘소 앞에서 김종길, 이득우, 권상하, 이학성, 송인헌 등과 만나 4기회(四期會) 화환을 들고 묵념. 지나간 크고 작은 그와의 관련된 일들이 오간다. 그야말로 만감이 교착하고 한 시대가 지나가고 있다는, 산맥을 넘는 무게도 느낀다."25) "12주기. 이날 민족중흥회가 주관하여 여러 단체가 합동으로 모신다. 대구사범도 함께하다. 이호, 정주영, 김주인의 추모사, 김종필의 인사, 박지만의 답사가 있었다. 고인의 업적이 해를 거듭할수록 평가되고 있다는 징후를 이날의 답사가 잘 반영하고 있다. 새로 시판되는 진로 소주 네 병을 마시다. 고인과 서정귀, 조증츨, 김종길 학우의 추억담을 나누다."26)

"11시 10분 전, 박 대통령 내외 묘소에 내리다. 이성조, 이득우, 권상하, 박수근 동창을 만나다. 김종필, 박지만 인사, 박준규의 추도사가 처음으로 고인의 업적에 대해 제대로 평가하고 있다. 마치고 학우들과 식사, 담소. 10대에 함께 지내던 동창이 대통령이 되었다. 살아 있을 때는 기정사실로 여기는 기분이었는데 죽고 나니 날이 갈수록 감정도 달라지며, 그를 어떻게 평가하고 역사적으로 어떤 위치에 앉혀야 할지 조금씩 실마리가 잡혀간다. 그에 대한 인물론을 쓰라는 주문에 대해 이제는 긍정적으로 생각해보아야 할 것 같다. 그와 함께 있었던 여러 가지 사실을 그대로 적어두어도 참고나 재료가 될는지 모른다. as it was와 as he was 식으로. 2시 넘어서 집에 돌아오다. 『월간 조선』의 김동현 기자가 전화하여 박 대통령에 관한 원고를 재촉한다."27) "9시 30분, 지하철로 곧장 가다. 박 대통령 15주기 추도식에 참석. 예년에 비해 많은 사람이 오다. 백남억 집행위원장 식사, 진혼축(구상 작, 고은정 낭독) 추도사 신현확,

---

24) 1987. 10. 26 일기
25) 1990. 10. 26 일기
26) 1991. 10. 26 일기
27) 1992. 10. 26 일기

462

최규하, 추도시(박충규), 추도가, 고인의 육성인사, 김종필, 유족인사 박
서영, 조총 묵념, 4기회 이득우, 이성조, 권상하, 서석은, 장점복 내외,
귀로에 최세경과 함께 불광역에서 내려 전에 한두 번 간 적이 있는 도가
니탕 집에서 소주를 들다. 오랜만에 의식 불명이 되다."28) "박 대통령
16주기. 예년처럼 묘소 앞 광장을 메우다. 세월이 지날수록 이렇게 많은
사람들이 모이는데 구면인 사람은 드물어져간다. 금년에는 이득우, 권
상하, 유창식, 셋뿐이다."29)

세월이 흐른다. 박정희의 딸이 아버지의 위업의 계승에 나서는 장면
을 보면서 감개무량하다. "밤 MBC TV에 박근혜 양이 '아버지 박정희를
말한다'를 지켜보면서 참으로 감회가 무량하다. 뜻밖에 박 양이 차분하
게 사실을 얘기하고 특히 5.16과 유신에 대하여 그 필요성을 나름대로
역사적 상황에 맞추어 정리하고 있다.……박 양의 이야기를 듣고 있노
라면 고인과 함께 앉아 이야기할 때와 같은 견고한 확신과 일관된 사고
방식을 느끼게 하다. 고인이 평소에 박 양을 얼마나 애지중지했는지 짐
작할 수 있으며, 또 박 양이 고인을 얼마나 잘 모셨으며 아버지의 뜻을
이해하려고 노력했는지 짐작할 수 있다. 다만 1952년생이라는 핸디캡
때문에 5.16 혁명을 발상한 박정희의 환경, 학업으로 조성된 사회관(대
구사범, 만군, 육사, 국군에서 겪은 일들), 소년 시절부터 발아하고 있던
지사적 기질, 그리고 무엇보다 일본군 장교들의 정신적 구조를 지침하
고 있는 소위 명치천황의 '군인정신'을 인격적으로 수용하여 한국인으
로서 개성화한 점, 그리고 이 개성을 바탕으로 한 국가관이 5.16 혁명의
발상을 갖게 하고 5.16 후의 국가경영의 기본 이념으로 못 박고 있는
점 등에 관하여 박 양은 이해하지 못하고 있다. 박정희를, 특히 인간
박정희를 이해 못하고 있는데서 오늘날 그의 평가가 얼마나 곡해되고
있는지, 그를 형제처럼 알고 있는 입장에서 보면 참으로 억울한 마음

---

28) 1994. 10. 26 일기
29) 1995. 10. 26 일기

금할 수 없다. 언젠가 '인간 박정희'를 이해하는 데 도움이 될 수 있는 기록을 남겨야겠다."30)

끝내 쓰지 못한 '인간 박정희'

언젠가 자신의 손으로 '인간 박정희'를 쓰리라 작정하고 있던 용주에게 많은 후세인들이 찾아든다. 특히 4.19와 5.16을 전후하여 박정희의 구체적 행적에 대한 저널리즘의 관심이 고조되고 있었다. 일기장에는 조갑제, 김동현, 고석만, 오효진, 정운현, 박찬수, 피터 현, 김종구, 김재명 등 여러 언론인들의 이름이 적혀 있다(1987년 이후로는 염인호 등 약산 김원봉의 일생에 관심을 둔 젊은이들이 찾아오기도 한다). 그때마다 용주는 성의 있게 답한다. 그러나 정작 자신이 이야기한 내용이 활자로 나온 것을 보고서는 성에 차지 않아 한다. 언젠가는 자신의 손으로 직접 상세한 전모를 기록하겠다고 입버릇처럼 다짐하곤 한다. "조갑제 기자 내택. 오늘은 고인의 남북통일에 관한 견해와 그것이 성립되는 해방 전후의 상황을 설명하다. 해방되던 1945년에 27, 8세였던 이 세대가 남북에 각각 단독정권이 성립되는 것을 용납할 수 없었던 정신적 상황을 설명하다."31) "낮에 조선일보 오효진 기자가 내댁. 『월간 조선』에 박정희 대통령의 인간적인 면을 수록하겠다는 뜻에서 취재한다고 한다. 한 인물의 전모를 밝히는 것이 얼마나 힘든 일인지에 관해 얘기를 먼저 나누고 박이 취하면 부르던 '데칸쇼절', '데칸쇼, 데칸쇼로 반년, 나머지 반년은 누워서 빈둥빈둥. 만리장성에 소변을 보면 고비사막에 무지개가 선다. 다리 위에서 오줌을 내갈기면 폭포 위로 미꾸라지 뛰어 오른다.' 이 가사가 생각나지 않아 아내에게 묻기도 하고."32) "대구사범에서의 독서사건, 동경 재학 시의 전문(傳聞)에서 1959년 부산에서 다

---

30) 1989. 5. 19 일기
31) 1987. 5. 30 일기
32) 1988. 2. 25 일기

시 만났을 때와 5.16 거사에 대해 얘기하다.……일본이나 서독에서는 작가들이 정치가나 군인을 위인으로 부각시켜 민족의 영광을 높이는 작업을 하고 있다고 말해주다.……보내고 나니 너무 허전하다. 그 많은 사연을 불과 3시간에 털어놓는 것은 차라리 안 하느니만 못하다는 생각 때문이다."33) "어제 MBC 프로덕션에서 녹음한 것을 밤새 생각하다. 꼭 해야 할 말이 많이 남아 있다. 4.19 이후 이승만 하야한 날에서 2, 3일 후 부산에서 있었던 데모에서 처음은 '제2공화국 만세!'에서 '제3공화국 만세!'가 다음번에 등장한 것. '인민공화국 만세!'에서 '남북통일 만세!' 등 구호와 국회에서 이종남 의원이 '박정희와 황용주가 일본에서 자금을 받아 인민공화국을 수립한다고 조사해야 한다'는 발언. 이로 인해 최영희 참모총장이 와서 박과 만났고 다음 이종찬 국방장관이 와서 해운대 호텔에서 박과 같이 만나 경위를 내가 설명한 일. '민족적 민주주의'는 당초 이종율 교수의 이론에서 비롯된 것. 이것을 유세에서 언급한 것. 5.16 이후 부산 해운대 해수욕장에서 고재욱 주필과 황산덕 교수 필화사건을 언론탄압이라 지적하고 둘의 석방을 건의하자 즉석에서 김용순을 통해 서울에 연락한 일. 1964년 언론파동 때 청와대에 가서 정일권, 정구영이 다녀간 뒤 두 법안의 폐기를 건의하자 그 자리에서 철회한다는 성명을 발표하게 한 일. 그날 면회하고 김형욱과 다툰 이야기. 기타 한일 국교정상화에 관한 것. 부산 미 공보원장이 부일 주필실에 와서 혁명군의 원대 복귀와 장면 정권이 유일한 합법정부라는 내용을 사설에 쓰라고 요구한 것을 거절한 얘기."34)

타계하던 해의 일기이다. "광화문 네거리에서 멀리 북악산을 쳐다보니 눈과 어울린 북악산의 면모가 아득한 옛날 청와대에서 박정희와 약주를 하던 기억이 새삼스럽게 되살아난다."35) "박정희 기념사업회 연구위

---

33) 1992. 11. 4 일기
34) 1992. 11. 5 일기
35) 2001. 2. 17 일기

원 김찬수(金贊洙) 박사 내방. 젊은 사람인 줄 알았는데 연배가 있는 박사이기에 마음이 든든해지다. 미리 준비해둔 박정희에 대한 이야기들을 오후 6시 반까지 피력하다. 그 동안 조갑제, 문화방송을 비롯 여러 군데서 얘기했기에 또 해야 되나 하고 큰 흥미를 느끼지 않았는데 이제 기념관에 영구히 보관될 것이라는 바람에 바짝 정신을 차려 소상하게 증언하다(내용을 별지에 메모). 대담을 하면서 이렇게 녹음테이프로 남기는 것과 활자로 남기는 것, 어느 쪽이 확실하게 보존될까 하고 생각해 보다. 박정희를 위해 앞으로 두고두고 생각해서 만약 활자로 남겨야 한다고 판단이 되면 사력을 다해서 착수해야겠다."36)

그러나 수십 번 다짐했지만 끝내 그는 자신의 손으로 박정희와 자신에 관한 진실의 전모를 기록으로 남기지 못하고 그해 8월 세상을 떠났다.

박정희의 유업승계

"아폴로 11호 1시 30분 무사귀환. 이날 박 대통령 개헌을 위한 7개 항목을 들고 의사를 발표. 결단력 있는 조치. 이런 결단은 정말 시원스러울 정도로 해치운다. 정치가 이 나라에서는 하나의 투쟁인 이상 당연한 코스다."37) "아침 국민투표. 란서는 처음 얻는 선거권 행사를 하다. 처음 가진 선거에서 지지하는 표가 가결되는 것은 행복한 일이다."38) 많은 지식인 학생의 반대 속에 강행한 1969년의 3선 개헌을 이렇듯 열광적으로 환영한 그다. 용주에게 박정희 생전의 정치체제는 절대선이다. 당초 용주 자신이 함께 꾸미고 감행했던 일이다.

1979년 10월, 불의의 사고로 친구의 육신을 잃었다. 그러나 그의 정신만은 고스란히 후세에 전승되기를 간절히 욕망한다. 한국 정치에 관한 용주의 유일한 관심사는 박정희 유업의 승계뿐이다. 함께 꿈꾸던 남북

---

36) 2001. 4. 21 일기
37) 1969. 10. 17 일기
38) 1969. 7. 25 일기

통일도 그중 하나다. 그래서 그는 5.18 광주 항쟁의 성격을 지역감정에 의한 전라도인의 항의로 규정하고,[39] 박정희의 유업을 계승할 전두환의 등장을 환영하는가 하면 전두환의 계승자 노태우에게도 격려를 보낸다.[40] 박정희에게 상기시켰듯이 이들에게도 한국 사회에서 군인에게 부과된 숙명적 역할을 강조한다. 그래서 후배 군인들이 집권하고도 5.16 군사혁명에 대한 자부심을 드러내지 않는 사실에 항의한다.[41] 시대가 바뀌고 이제 5.16은 경멸과 망각의 대상이 된 사실에 분노한다.[42] 김영삼의 문민정부의 출범을 마뜩찮게 여기고 '어두운 정치인' 김대중의 집권에 한탄한다. 그에게 모든 정치 지도자의 기준은 박정희다. 남북통일은 박정희와 용주 자신의 염원이었다. 대한민국 국민보다는 한반도 주

---

39) "신내각 사퇴. 박충훈 대행. '춘추한필'에서 '선민족, 후민주'에서 파리 5월 학생 데모를 소개했는데 우연하게도 광주 학생 데모가 확대하여 시민과 폭도가 뒤섞인 난장판이 벌어진 모양이다. 서울에선 아무런 반응과 동요가 없다. 아침 부산 문화방송 조 사장이 광주 사태를 우려하여 전화가 왔기에 지역감정의 소치라고 말해주다. 광주 사태의 원인(遠因)은 지역감정이고 근인은 김대중 연행이며 폭도화된 동기는 계엄군의 무차별 탄압행위에서라 보겠다. 일단 불이 붙으면 불량배가 편승하고 처음 데모 명분은 상쇄되고 만다."(1980. 5. 22 일기) "광주 사태는 유동적이다. 강온 양파가 대립하고 있다고 한다. 하루아침에 깨끗이 씻은 듯 화해가 될 리 만무하다. 상당한 기간을 강경히 이끌다 결국 불이 사그라지듯 꺼질 것 같다."(1980. 5. 24 일기)

40) "최 국장 내댁. 오랜만에 함께 석식. 혹시 신민주공화당에 관계하지 않겠느냐고 묻기에 박 대통령과의 개인적 관계로 본다면 지원을 하고 싶지만 사는 사고 공은 공으로 따져야 하므로 지금 나의 시국관은 노태우가 대통령이 되어서 박정희, 전두환이 이룩한 경제적 성장과 중단 없는 전진이 보다 이 나라를 위하여 유효하므로 민정당의 재집권을 바란다고 말하다."(1987. 10. 31 일기)

41) "오후 송정제 지사장 내댁. '춘추한필' 휴고에 관한 본사 측 견해를 말하다. 뜻밖의 일이라서 당황하다. 고 박 대통령의 소상을 맞아 그의 업적을 추도한 것이 계기가 되지 않았나 싶기도 하다."(1980. 11. 4 일기)

42) "이제 5.16을 기념하는 공식적인 행사가 없어졌거니와 사회적으로도 잊혀져가며 언론은 가장 앞장서서 일부러라도 잊게 하려 한다. 현대가 이조 5백 년 역사가 쌓아놓은 가치를 바탕으로 성립되고 있다면 박 정권의 18년을 이처럼 부정적으로 취급해서는 안 된다."(1988. 5. 16 일기) "5.16 혁명의 29주년의 날이지만 기념행사도 없거니와 신문 TV 등에서도 일언반구도 언급하지 않는다. 참으로 괴상한 풍토이다. 10.26 사건 당일, TV에서 당시 보안사령관 전두환, 국무총리 신현확은 분명히 '국부'라고 말했는데 이들마저 서리를 맞고 묵묵부답이다. 박정희 정권 18년 업적을 누가 뭐라 해도 발전이었고 개혁이었다. 그것으로 인해 오늘날의 현실이 존재한다."(1990. 5. 16 일기) "5.16에 대한 기사가 해마다 마음에 들지 않는다. 70대는 한국 사회에서 일단 고물 취급을 받는 것이 상례가 되고 있다. 아무리 본인들의 주관 세계가 부인하고 있다 해도 대세를 바꾸어놓을 수가 없다."(1991. 5. 16 일기)

민임을 내세우는 그다.43) 그래서 김영삼이 추진하던 남북정상회담이 김일성의 돌연한 죽음으로 무산된 것을 크게 슬퍼하고,44) 독일의 통일이 이루어진 날을 대한민국 국민의 축일과 동일시한다.45) 신뢰가 없었던 김대중이 남북정상회담을 성사시킨 일에는 감격한다.46) 그러면서도 이는 오로지 박정희의 유업을 승계한 것으로 받아들인다. 그의 정치시계는 1979년 10월 26일에 멈추어져 있었다. 그것은 곧바로 박정희와 자신의 마지막 모습이었기 때문이기도 했다.

"다음 정권을 전두환 장군에게 맡겨보자는 여론이 날이 갈수록 고조되고 있다. 이와 같이 여론이 굳어지게 된 밑바탕에는 여러 가지 요인이 발견된다. 첫째, 그는 구정치인이 아니며 군인이다. 둘째, 역사에는 단절이 없다. 18년에 걸쳐 이룩했던 박 대통령의 치적은 그의 정치적 신념의 소산이었다. 따라서 오늘 우리가 향유하고 있는 이 모든 결과를 반대하거나 부인하는 정치세력이 승계할 수 없는 것이다.……넷째, 짧은 기간에 국보위는 사회정화 작업을 후련하게 실천하였다. 국민에게 오랜만에 개혁의 매력을 맛보게 하였다. 전 장군 개인의 정치적인 능력은 미지수이다. 1961년 5.16 혁명을 치른 박정희 장군의 경우와 비슷하다. 박 대통령 시해사건의 사후 처리와 12.12 사태, 중정의 정비를 비롯하여 무형의 국제적인 압력에 대해 민족 차원의 긍지를 굽히지 않는 태도에서 짐작할 수 있다."47)

---

43) "오전 중 '한반도 주민'으로 원고 작성. 그 동안 '춘추한필'에서 국민이나 시민으로 표현할 수 있어도 되도록이면 한반도 주민으로 표기하였다. 남북통일이 될 때까지 국민이나 시민이 아니라는 소신에서다."(1980. 12. 9 일기)
44) "오전 2시, 김일성 사망. 대낮에 들은 날벼락 같은 소식이다. 평소의 김일성의 이미지가 그렇게 쉽게 죽으리라고는 상상도 할 수 없는 터이라 그런지 그야말로 충격이다. 오는 25-27일로 예정된 정상회담의 실현 여부가 걱정이다."(1994. 7. 9 일기)
45) "동서독 통일이 성취되다. TV를 보면 거행되는 축하행사가 그야말로 독일적이다. 지나치지도 비하지도 않다. 1990년 10월 3일은 우리 한국의 개천절, 추석, 그리고 독일이 통일한 날이다."(1990. 10. 3 일기)
46) "김대중 평양 방문, 뜻밖에 김정일 공항에 영접 나오다. 김정일과 김대중이 만나서 주고받는 말과 표정을 보면 남들이 아니라 내가 하고 있다는 현장감이 난다."(1997. 6. 13 일기) "6.15 공동성명, 감격스럽다."(1997. 6. 15 일기)
47) 황용주, "또 하나의 시대", 「부산일보」, 1980. 8. 22

1987년 대통령 선거에서 박정희-전두환을 승계할 노태우 후보를 지지하면서 다른 후보들(김영삼, 김대중, 김종필)에게 내린 촌평이 흥미롭다.

"어제에 이어 각 후보의 관훈클럽 토론을 듣다. 그들의 정치적 의사보다 인간성을 개괄적으로 알 수 있다. 김대중은 세심하고 감정의 굴곡도 심하다. 양성이라기보다 음성이며, 정(情)보다 지(智)를 택하고 있다. 질문의 요지를 정확하게 머리에 두고 알맞게 응수하고 있으나 유머 감각은 결여되고 처칠과 같이 넘쳐흐르는 정열의 분출이 없다. 투쟁의 경력이 인격의 앙양으로 승화되지 않고 그냥 일반 범죄인처럼 어두운 그림자로 남아 있을 뿐이다. 김종필은 다른 3자와는 전연 이질적인 센스의 소유자다. 집권층에서 장년을 지냈지만 권위주의에 하반신은 젖어 있어도 아직은 아이디어가 나올 수 있는 상반신이 잔존하고 있다. 보기보다 정열의 양이 가장 많아 보인다. 다만 질문의 요지를 듣고 있는 청취자가 즉 투표권자라는 데 바탕한 객관성 있는 내용을 채우지 못하고 있는 성급함이 있다. 자신을 객관화하는 데 미숙한 점은 김영삼과 비슷하다. 전두환 정권을 증오와 멸시하는 태도는 감정적인 데 치우쳐 공감을 얻기 어렵다. 자신의 출마와 신민주공화당의 출발이 박정희 정권의 치적의 계승이라기보다 그의 정치이념이었던 민족적 민주주의에 오늘날의 국내적 상황과 국제적 상황을 바탕한 새로운 비전을 담아서 사회주의 정당의 전신이 될 수 있는 요소를 가미해야 옳았다. 김영삼은 넷 중에서 가장 감정이고 머리고, 또 경험을 육신화하는 데도 미숙하다. 김영삼은 박 정권, 전 정권에 대한 야당으로서의 항거를 현대 정치의식에서 파악하지 않고 일제 시의 항일에 가까운 감정의 차원에서 다루고 있다. 그렇다고 일제 시의 독립투사들의 의열감 차원도 못 된다. 연금이란 것이 투옥과의 차이는 천양지차인데도 그 경험을 자신의 투혼을 만드는 최적의 조건인 것처럼 인식하고 있다는 점도 소아병적이다.……정치적인 식견이랄까 박정희가 선천적으로 가지고 있던 사물에 대한 정확한 인식과 정황을 뚫어보는 시야라는 두뇌 기능은 결여되어 있다. 이런 사람이 대통령이 되면 정치와 행정, 기획이라는 origin이 흐려지고 잡무적인 성격으로 변하게 된다. 자신을 객관화한다는 것이 고작 자신이 어떤 포즈를 취하면 되는 것으로 그치고 있다. 김대중은 학식이나 정치경험이나 지역감정에서 열등시하는 것이 역력하고 그럼에도 불구하고 김대중이 대통령 후보가 먼저 된 것은 김대중의 현실감각이 앞서 있다는 점을 정확하게 모르고……노태우의 국가안보의 유지와 사회적 안정의 확보, 그리고 중단 없는 경제적 발전의 도모, 그리고 이 바탕 위에서 민주화의 추진이란 정강 설정과 보통 사람의 위대한 사회라는 캐치 프레이즈가 다른 세 사람에 비해 정정당당하다.……군에서 항상 긍정적인 여건에서 생활했던 점이 성향에 반영되어 있다.48) 그러나 10년 후 1997년 선거에서 그 '어두운 정치인' 김대중이 네 차례의 도전 끝에 자신이 지지하던 이회창을 꺾고 당선되자, 1971년 이래 강화일로를 거듭해온 지역감정의 해소를 위해서는 바람직한 일이라며 수용한다.49)

바둑과 기단

소년 시절 일찌감치 배운 바둑은 용주의 평생 도락이 되었다. 그의 바둑 실력은 아마추어로는 정상급이었다. 전성기에는 '명사바둑'에도 여러 차례 출전했으며 1975년부터 정기영, 민충식 등 심우들과 함께 조직한 동호회(石愚會)를 이끌었다.50) 부산일보 주필 시절에 유단자의 대국 기보를 신문에 연재하고 1959년 4월 바둑 타이틀전인 제1회 최고

---

48) 1987. 11. 15 일기
49) "박 후보가 우세, 경상도가 압도적 다수, 전라도 역시 김 후보가 우세. 서울은 여전히 야 측이 많다. 앞으로 대통령은 영남표에 좌우되지 않을 수 없다는 이 나라 정치생활에 결정적인 현상을 정형화하고 말 것이다."(1971. 4. 28) "김대중의 당선으로 정권교체가 시작된 것과 전라도 사람의 한을 풀고 서민층의 계층 간의 갈등도 풀어줄 것으로 환영할 일이다. 여당이 야당이 되어 객관적인 입장이 된 것은 중요하다. 그리고 새 정권은 당장 전력을 투구하지 않으면 안 될 과제(IMF)가 있다는 것도 한눈 팔지(보복 등) 않게 되어 좋다."(1997. 12. 22 일기)
50) 1975. 1. 4 일기

단승패전(후일 최고위전으로 명칭 변경)을 창설하기도 했다.[51] 생애 마지막까지도 맑은 정신으로 아마 4, 5단의 실력을 유지했다.[52] 타계하기 불과 4개월 전, 83세 노인의 몸으로 바둑대회(MBC 사우회)에서 우승한 사실을 자랑스럽게 일기장에 기록했다. "이날은 이길 것이라고는 생각도 하지 않고 나왔는데 이상하게 모두 잘 풀렸다. 시상식을 마치고 우승 상품(은수저 세트)을 들고 교보에 가서 『문예춘추』를 사다. 오늘 우승한 것은 지난 토요일에 어린이 공원의 벚꽃 구경을 하고 아구국을 먹었기 때문이라고 단정하고 싶다."[53]

이렇듯 바둑광이었던 그가 한때 기단의 수장직을 맡은 것은 지위의 경중을 떠나 개인적으로 흥취가 이는 일이었음은 분명하다. 1975년 9월 29일자 경향신문 기사다. "공석 중인 대한기원의 새 이사장에 5.16 장학회 이사 황용주 씨가 취임했다. 48명의 전문 기사들이 한국기원을 탈퇴, 대한기원을 설립하고 독자적인 활동을 벌이고 있다. 기원 양분의 소용돌이 속에서 대한기원 이사장직을 떠맡은 황 씨는 기단 통합을 위한 노력을 계속할 것이라고 다짐했다." 취임과 동시에 용주는 "기단(碁壇)은 통합되어야 한다"라는 칼럼을 쓴다. "이번의 기단 파동은 기사들이 한국기원의 운영에 참여치 못했다는 데서 비롯된 것이다. 물론 그것을 이유로 집단탈퇴를 감행한 기사들의 자세는 전적으로 옳다고는 할 수 없겠으나 기사라는 직업이 특수한 전문직이니만큼 기원이 민주적인 방법에 의해 운영되어야 한다는 것은 하나의 근본 원칙이라 할 수 있는 것이다. 경제개발도 중요하고 문화예술 스포츠의 향상도 중요하지만 그에 못지않게 중요한 것이 바로 바둑의 발전이다.……바둑은 이제 취미 생활의 한 방법으로써가 아니라 이성, 창조, 신앙적인 것을 모두 포함한 고도의 예술로 인정받고 있다.……기원이 기사를 위해 신경을 써야하

---

51) 『부산일보 50년사』, 216쪽
52) 필자도 만년의 그와 몇 차례 대국을 한 적이 있다. 중반 계가와 복기에서 보여준 정교함에 감탄했다.
53) 2001. 4. 18 일기

는 것은 후생문제이다. 생활 걱정 없이 우수한 기사가 되도록 뒷받침을
해주어야 한다. 대한기원은 압도적인 다수 기사들이 한국기원을 탈퇴,
창립한 단체이지만 여러 가지 재정적 어려움을 겪고 있다.……되풀이
하여 말하거니와 우선 기단통합을 위해 꾸준한 노력으로 내화를 나눌
것이며 상호 이해의 폭(차이)을 좁힐 것이다."54) 그는 각종 인터뷰에서
"우리 바둑은 훌륭한 수출상품", "서구는 우리의 좋은 시장"이며 바둑이
단순한 '잡기'라는 인식을 바로잡고 전문 기사의 복지가 보장되어야 한
다는 지론을 편다. 양분된 지 1년 8개월 만인 1977년 5월, 대한기원 소속
기사들은 탈퇴했던 한국기원으로 귀환한다. 그로부터 1년 후인 1978년
5월 10일 용주는 전임자 최재형에 뒤이어 재통합된 한국기원의 제5대
이사장에 취임하여 이듬해 5월 5일까지 재임한다. 재임기간 동안 한국
기원은 일본항공과 공동 주최로 일본에서 제1회 세계아마추어 선수권
대회를 개최하고,55) 일본의 큐슈 지방에 한국 관광객을 위한 아마추어
바둑관광을 추진하는 등 국제교류를 위해 애쓴다.56)

그러나 바둑판의 수만큼이나 복잡한 기단의 사정을 알고 자신의 거취
를 두고 장고에 장고를 거듭한다. "저녁 이사회 이사선임 문제로 논란이
생겨서 정회를 선언하다. 사회가 얼마나 거칠어져 있는가를 느끼게 해
주는 양상이다."57) "조남철 사범과 함께 이후락 의원댁(당시 한국기원
총재)에 다녀오다.……명분을 찾아서 후퇴해야겠다."58) "낮에 조남철
씨와 중식, 그 동안 조 국수의 알음으로 대한기원에 관여하게 되어 한국
기원에까지 이사장으로서 이렇다 할 공헌도 없이 자리를 뜬다. 조 사범
은 만류하나 번의할 수 없다. 오후 6시 50분, 이사회를 열어 이사 전원

---

54) 「경향신문」, 1975. 9. 30
55) 황용주, "일본기행 1", 「부산일보」 "춘추한필", 1979. 3. 20; "구미 선수도 참가한 이
    대회에서 1, 2, 3위 중공, 4위 일본, 5위 중공, 6, 7, 8위 한국."
56) "단순한 관광 끝에 한판의 바둑을 통하여 사람들의 만남이 보다 굳게 맺어진다면
    그 어떤 우호조약이 이에 비길 수 있겠는가?" 황용주, "바둑 관광단", 「부산일보」, 1979.
    4. 4
57) 1979. 2. 20 일기
58) 1979. 2. 21 일기

사표를 내고 이 총재(이후락)를 이사로 선임하고 그에게 다른 이사의 선임권을 맡기다.”[59] 잠시 몸담았던 기계를 떠났지만 조남철 등 전문 기사들과의 교류는 한동안 이어진다. 바둑을 통해 더욱 돈독한 인연을 다졌던 한국일보 사장 장기영의 추모사를 쓴다.[60]

신변 불안, 노년 궁핍

누군가 한국 사내에게 일어날 수 있는 3대 재앙을 일러 ‘소년 등과’, ‘중년 상처’, ‘노년 궁핍’이라고 했다. 일리 있는 말 같다. 일찌감치 세인의 주목을 받을 성취를 이룬 사람은 평생토록 그 무게에 눌려 살기 십상이다. 밥상차림 등 일상의 삶을 아내에게 의탁하고 홀로서기가 낯선 중년사내에게 아내의 상실은 감내하기 힘든 고통이다. 그러나 이들보다 더욱 비극적인 재앙은 노년의 궁핍이다. 한때는 연륜을 갖춘 노인이라는 이유만으로도 가정과 공동체의 존경을 받던 시절이 있었다. 그런 세상이 사라진 지 오래다. 이제는 빈한한 노인은 설 자리가 없다. 존경은커녕 최소한의 동정조차도 인색하고 심지어는 늙었다는 이유만으로 경멸의 대상이 되기 십상이다. 한때나마 반짝했던 시절이 있던 노인일수록 만년에 최소한의 체면치레할 정도로 주머니가 깊어야 한다. 용주의 후반기 삶에는 소년 등과의 부담과 노년 궁핍의 비참, 두 개의 재앙이 떠나질 않았다. 그나마 애인이자 아내인 여인과 영욕의 60년을 함께 나눈 축복이 겹친 두 재앙을 보상하고도 남음이 있다고 위안으로 삼을까.

1984년 11월의 일기장 구절이다. “지난 8.16 이후 중단했던 일기를 오늘부터 계속한다. 그 동안 예기치 않았던 사건이 생겨 평생을 두고 몇 번 겪을까 말까 하는 곤욕을 당하다. 모두들에게 신세를 지다.”[61] 자신은 ‘예기치 않았던’ 사건이지만 객관적으로는 충분히 예상되었던

---

59) 1979. 2. 22 일기
60) “백상은 여러 가치를 이해하고 그것을 세상에 알렸다. 고이 잠드소서.” 황용주, “百想과 바둑”, 「부산일보」, 1979. 3. 7
61) 1984. 11. 7 일기

일이다. 비록 현재는 무직이지만 아직도 사람들이 찾아들고 도움이 필요
한 남을 위해 권력에 끈을 대어줄 수 있는 위치에 있다. 정원이 딸린
집도 있고 이따금씩 골프도 친다. 적어도 외견상 그는 아주 잊힌 사람은
아니다. 최소한 현세권력의 꼬리를 이어줄 정도의 잠재적 힘의 보유자로
비쳤을 것이다. 당초 사장이라는 이름만 빌려주면 된다는 제의였지만
결국 등기이사가 되어 사업에 말려들었다. 오래지 않아 회사는 부도가
나고 한때 건실하고 전도유망했던 청년 실업가는 회사재산을 챙겨 외국
으로 도주한다. 채무와 법적책임은 고스란히 허명의 사장 용주의 몫이
된다. 국사범에 이어 경제 파렴치범이 될 신세다. 실로 굴욕적인 죄명에
엮여 몇 달 동안 유치장 신세를 졌다 여러 지인의 조력으로 간신히 석방
된다. 그러나 유일한 재산, 녹번동 집은 경매로 넘어간다. 딸의 말대로
그 집은 용주 가족 전체의 삶의 구심점이자 유일한 은신처였다. 녹번동
집이 사라진 후 용주 부부는 속절없는 국내 난민 신세로 전락한 것이다.

경제적 궁핍이 노년의 일상을 유린하기 이전에도 신변상의 불안은
중년 이후 용주가 감내해야 했던 공적 성가심이었다. 대체로 밤 시간에
걸려오는 경찰서 담당형사의 문안전화였다. 한동안 전화가 걸려오지 않
을 때가 더욱 불안했다.

1972년 12월 29일자 일기장 구절이다. "선거법 정당법 공포. 공민권이
회복되었으므로 생각해볼 문제" 하고 적었다. 반공법 위반자로 정지되
었던 '공민권'이 회복되었으니 공직에 취임할 수 있다는 뜻 같다. 아직
쉰넷에 불과한 그다. 유신체제의 구축으로 박정희의 위력이 절정에 달
하던 시기다. 10월 유신의 단행에 격려를 보낸 그였지만 그 체제를 유지
하기 위해 내린 긴급조치가 학생들에게 지나치게 가혹한 점에 대해서는
내심 비판을 금하지 않는다. "대통령 긴급조치 제4호 발포 민주학생연
맹에 가입하거나 이에 동조하면 처벌, 학생데모 규제, 보도관제 등 사형
에서 5년 이상 학교 폐쇄 등 유례없는 가혹한 처벌규정이 특이하다."[62)

---

62) 1974. 4. 3 일기. 그로부터 39년 후인 2013년 1월 4일, 서울 중앙지법 형사합의 제16부

474

어쨌든 은근한 기대와는 달리 유신체제는 용주 자신의 신변에도 위해가 되어 짓눌러온다. "사회보안처분법의 정부안이 발표되다. 또 우울한 상황에 놓이다."[63] "사회안전법안의 정부 원안이 발표된 이후 오늘까지 우울 불안의 연속이다. 차라리 실형을 받는 것보다 견디기 어려운 고통이다. 일제시대에는 요시찰인으로 일경의 예비검속, 숙소내방, 열차호송을 당했지만 젊고 민족적 긍지에 차 있었기에 오히려 마음은 충족감을 가질 수가 있었다. 그러나 오늘날 내 조국에서 이 같은 처분을 받게 된다면 차라리 죽음을 택함이 속 시원하다. 종일 집에서 이런저런 생각을 하다. 시내로 나가다. 국회 앞에는 많은 차들이 주차되어 있다. 개인의 기본적인 인권이 직결되는 입법행위가 실감되다."[64] "오늘 법안을 두고 여야 마지막 절충이 시도된다. 신문을 볼 생각이 없다. 두렵다.……여러 가지 현실적인 생각도 나지만 이럴 때일수록 철학적인 경지에서 나 자신이 도달되었으면 좋겠다는 결론밖에 없다. 어제, 오늘 밤새도록 통음하다."[65] "어제 저녁 뉴스에 우연히 반공법 4조 위반을 삭제하는 여야 합의를 하지만 그래도 불안은 마찬가지다."[66]

"날로 적적하다. 사람이 그립다. 딸의 강청으로 프랑스에 영구 이주할 요량으로 구체적인 실행계획도 세워보았다. 그러나 마지막 결단을 내리지 못하고 밍그적거리다 그나마 근근 마련해두었던 이주, 정착비용마저 소진되어 끝내 프랑스행을 포기한다.

해를 거듭할수록 명절에 찾아주는 사람이 드물어진다. 누군가 찾아올 줄 알고 한복을 차려입고 하루 종일 기다렸으나 개미 한 마리 얼씬 않는 쓸쓸한 설날의 심회를 단 한 줄로 일기에 적기도 했다."[67] "또 한해가

(부장 이원범)는 김지하의 재심사건에서 긴급조치 제4호가 국민의 기본권을 지나치게 제한해 헌법에 위반되는 만큼 무효라고 판결했다.
63) 1975. 6. 30 일기
64) 1975. 7. 7 일기
65) 1975. 7. 8 일기
66) 1975. 7. 9 일기

간다. 아무런 감회도 없는 것이 이상할 것도 없다."68) 정초에 맞는 생일날도 매한가지다. "79회 생일. 란서 모와 둘이서 점심을 먹는데 약간 서글픈 기분이 든다. 란서 모에게 '꽃이라도 사오지' 하다. 그런데 오후에 고맙게도 우 사장이 카데리아 진홍 꽃 화분을 보내오다."69) "그 많은 생일을 맞았지만 이처럼 견디지 못할 날은 없는 것 같다."70)

죽음들

사랑하던 사람들이 차례차례 떠난다. 아버지는 오래전에 떠났다. 아버지 대화 씨는 그래도 만년에 아들이 승승장구하던 모습을 자랑스럽게 지켜보았다. 정작 타계하는 순간에는 영락의 입구에 서 있었지만 "아침 여섯 시 경, 밀양에서 전화. 아버지께서 새벽 4시 30분 별세하셨다. 2, 3년 전부터 중풍으로 하반신 불수로서 언제나 불안했지만 이렇게 돌아가시고 보니 운명에 입회치 못했던 죄송스런 마음에 가슴이 아프다."71)

란서의 회고다. "할아버지의 상여가 나가던 모습이 눈에 생생하다. 온통 하얀 꽃으로 장식한 할아버지의 관이 청경 소리를 울리며 마을을 떠나자 세상이 온통 잿빛이었다. 나는 평생 아버지가 오열하던 모습을 세 번 정도 본 것 같다. 첫 번째가 바로 할아버지의 장례식 때였다. 두 번째는 내가 한국에 나가 이혼 소식을 전했을 때였다. 잠자코 듣고 계시다 아무 말씀도 안 하시고 피곤하겠다, 자거라 내일 이야기하자, 한밤중에 아버지의 오열소리를 들었다. 마지막으로는 돌아가시기 직전에 나의 손을 잡고 오열하신 것이다."

그렇게 떠난 아버지는 31년 만에 80세 노인 아들의 꿈속에 나타난다. 아버지와 아들, 둘의 가슴 속에 응어리져 남은 한이다. "낮잠. 아주 생생

---

67) 1997. 1. 1 일기
68) 2000. 12. 31 일기
69) 1997. 1. 3 일기
70) 2000. 1. 3 일기
71) 1966. 1. 1 일기

476

한 꿈에 아버지, 어머니를 아주 생생한 모습으로 볼 수 있었다. 아버지가 맛있는 안주(생선인지 육류인지)를 보고 나를 불러 한잔 하자고 하셨다. 그래서 사랑방에 아버지와 대작을 했는데 아버지가 무슨 이유인지 화를 내시며 그냥 일어서시기에 울면서 붙잡다 잠을 깨다. 서운한 마음 이루 말할 수 없다. 꿈과 현실은 밀접한 연관이 있음에 틀림이 없지만 상호 합리적으로 얽어내기는 어렵다."72)

중년을 넘긴 사내의 정신에 가장 값진 영양제는 청소년 시절의 추억을 공유하는 친구들이다. 용주에게는 특히 대구사범 4기생 동급생과 학병동지들이다. "나이 먹을수록 동기동창끼리 한잔 할 때만큼 즐거운 건 없다. 무슨 말을 해도 명예훼손죄나 반공법 따위에 걸릴 염려가 없다. 모두들 적당히 주도(酒度)가 평준화 될라치면 온통 관용과 아량만이 지배하는 체제가 형성된다.……비록 갈보의 체취지마는 세잔느의 나부 못지않게 고혹적이고 무엇보다 내 것, 네 것, 이재(理財) 관념의 두꺼운 벽이 무너져버린다. 작고한 우리들의 단골 스폰서, S는 주효(酒肴)에 더하여 그날 밤 으레 잡놈이 되고 마는 일당들의 화대마저 끊었다(부담 했다)."73)

"오후부터 심우, 방곡(芳谷), 양파(陽坡), 국천(菊天)이 내방 망년회, 몇 년 만에 이렇게 모이면 으레 일본 군가와 유행가가 나온다. 학생시대 의 기분이 다 말라빠진 나물을 씹으면 간신히 되살아나는 단백질 맛처 럼 몸에 배기 시작한다. 평소의 일상질서를 깨뜨려야 나오는 이 감정도 생활해가는 데는 가끔 필요하다. 아침에 떠나면서 '해피 뉴 이어'를 주 고받다."74) "저녁 민충식 초대로 최세경, 최동락, 신상초와 망년회. 오 랜만에 이렇게 옛날 학병동지들이 만나 모두들 한 시대를 겪은 소회를 나누다."75) "동지들의 모임에서는 '東京娘', '影を 慕いで' 등 일본 노

---

72) 1997. 8. 3 일기
73) 황용주, "회갑(回甲)", 「부산일보」, 1978. 1. 8
74) 1974. 12. 31 일기
75) 1980. 12. 31 일기

래가 나온다. 란서 모, 교장이모에게 '春高樓の 花の 妻' 등 일본 노래를 복사해 보내달라는 심정이 가슴에 와닿는 공감을 일으킨다."[76) "밤에 교장이모가 녹음해온 일본 군가와 당시의 유행가를 듣다. 군가가 모두 영원한 생명을 지닌 예술작품처럼 불가사의한 매력을 가지고 되살아난다. '갓데 구로조노 이사마시쿠…….' 50년 전으로 우리를 되돌려 놓는다. 무서운 힘이다."[77)

"'터럭은 희었어도 마음은 푸르렀다. 꽃은 나를 보고 태없이 반기거늘, 각시에 무삼 탓으로 눈흘김은 어째뇨.' 기왕이면 다홍치마라고 술은 각시네가 따라주는 게 한맛 더 있다. 여기에다 술잔이 오고가는 욕 친구가 많으면 이상적이다. 그런데 살아갈수록 나의 주변에서 술친구만은 급속도로 줄어들고 있다.……설상가상으로 호스티스마저 눈흘김이 의심될 때도 더러 있다. 잔뜩 마시고 배포를 풀어보겠다고 나이트클럽에 들른다. 여기만은 5.16 이후 깨끗이 세대교체가 이루어져 있다.……이백(李白), 두보(杜甫), 이들의 작품 역시 나의 속된 눈으로는 천부의 재능이라기보다는 일종의 요기가 감도는 생리적인 스태미너인가 싶다.……새벽에 계산을 하는데 자기네들이 마신 만큼은 디스카운트를 하겠다고 덤벼든다. 비록 나의 털은 희었지만 세상의 인정은 푸르러 있단 말인가?"[78)

1991년 용주는 학병동지 최세경의 고희 기념문집에 축사를 쓴다. 일기장에도 그 사실을 적어둔다. "KBS 박동선이 부탁한 최세경에 관한 원고를 쓰다. '청운지(靑雲志)에서 백발년(白髮年)'으로 제목을 정하다. 1945년 5월 중국 남경 예비사관학교에서 항일 전선을 형성하기 위해 지원병, 징병을 병합하여 동시에 집단탈출하기로 했던 일, 상해에서 중경의 임시정부에 연락하기 위해 최, 손을 만난 일과 1960년 부산일보에

---

76) 1991. 6. 24 일기
77) 1991. 7. 16 일기
78) 황용주, "푸르른 인정", 「부산일보」, 1979. 11. 29

사설을 통해 이 정권과 맞서 싸운 일, 그가 송요찬 참모총장을 석두(石頭)라고 말했던 일, 1962년 박정희 의장 고문시절 전주에서 요정기녀를 지사가 때린 사건을 끝내 자신이 한 것으로 덮어쓰고 사표를 내게 되자 동료 고문들이 진정하여 진상이 밝혀진 일, 1972년 국회의원으로서 당시 학생 데모의 과잉 탄압을 비판하고 나섰던 일 등을 적다. 20대에서 70대까지의 일생을 8매 원고지에 담기란 불가능한데 이럴 때는 뭐니 뭐니 해도 중국시를 인용할 수밖에 없다. 宿昔靑雲志 蹉跎白髮年, 誰知 明鏡裏 形影自相燐."79) 당나라 시인 장구령(張九齡)의 「조경견백발(照鏡見白髮)」(거울에 비친 백발을 보며)이다. "젊었던 옛 시절 청운의 뜻을 품었건만, 어느 틈에 백발노인이 되었으니, 그 누가 생각이라도 했으랴. 거울 속에 나와 내 그림자가 서로 측은히 여길 줄을."

이즈음 용주는 일기장과 딸에게 보내는 편지에 늙음을 한탄하면서도 자신의 처지를 객관화하는 한시들을 즐겨 인용한다. 마음을 가다듬기 위해 시작한 서예의 습작으로도 자주 선택한 당시(唐詩)들이다.

秋朝覽鏡(가을 아침 거울을 보다)　薛稷(설직)

客心驚落木(나그네 마음 낙엽 지는 소리에 놀라)

夜坐聽秋風(밤새워 앉은 채로 가을바람 소리 듣네)

朝日看容鬢(아침에 얼굴 비쳐보니)

生涯在鏡中(거울 속에 내 생애가 있네)

이즈음 용주 내외는 부지런히 북한산에 오르고 있었다. 이병주가 주말마다 다소 요란스런 산행을 내놓고 즐길 때,80) 용주 내외는 조용히 정관(靜觀)의 미덕을 수련하고 있었다.

---

79) 1990. 11. 28 일기

80) 이병주, 『에세이, 산을 생각하다』, 서당, 1988. "나는 북한산과의 만남을 계기로 인생 이전과 인생 이후로 나눈다." 280쪽. 이 글은 도봉산 입구에 서 있는 이병주 문학비의 비문으로 새겨져 있다. 지척에 김수영의 시비도 서 있다.

獨坐敬亭山(홀로 경정산에 앉아)　李白(이백)

衆鳥高飛盡(높이 날던 뭇 새들 사라진 푸른 하늘에)

孤雲獨去閑(흰 구름 한 조각 유유히 흐르고)

相看兩不厭(마주 보아도 물리지 않은 상대는)

只有敬亭山(경정산 너 하나뿐인가 하노라)

　　이제 서로의 백발을 쳐다보며 곧 닥쳐올 이별을 준비해야 한다. 죽음은 순서의 문제일 뿐 모두의 현재다. 수많은 죽음의 소식 중에 용주는 대구사범과 학병 친구들의 떠남에 특히나 애통해한다. 일찍이 박희영을 보내고 서정귀(1974),[81] 조증출(1984. 12),[82] 김종길(1991),[83] 왕학수(1992. 2),[84] 이병주(1992. 4),[85] 민충식(1993. 7),[86] 권상하(1997), 최세경(1997. 7), 방곡(1999). 심우들을 차례차례 이별하면서 용주 자신의 몸과 마음도 상처를 더해간다. 딸 란서의 회고다. "불광동 민충식 씨 집에서

---

81) "오후 민(충식) 사장으로부터 내전. 서정귀가 위독하다고. 백병원에 달려갔더니 산소호흡기를 단 채 실려나갔다고 한다."(1974. 1. 5 일기) "서정귀 댁으로 문상. 상상 밖의 호화주택이다."(1974. 1. 6 일기)

82) "부산 문화방송에서 추도사를 써달라고 한다. 밤 2시까지 쓰다. 너무 감정이 앞서니 어쩌면 막히지 않으나 혹시 감정에 치우쳐 있지 않나 싶다." 1984. 12. 30(일). "내가 曺增出의 추도사를 쓸 줄이야."(1984. 12. 28 일기)

83) "대구사범 동창 김종길 변호사 작고, 친구의 작고에 이렇게 슬펐던 적이 없었다."(1991. 8. 16. 일기)

84) "어젯밤 이득우가 전화하여 부산의 왕학수 동문이 어제 오전에 심장마비로 작고하였다고 한다. 조, 김종길에 이어 또 학우를 잃다."(1992. 2. 27 일기)

85) "오후 서울대 병원 영안실의 이병주 빈소에 가다. 창경원문 앞에 인산인해, 담 너머 벚꽃과 개나리가 만개하다. 입구에서 빈소까지 많은 조화가 늘어서 있다. 상주 권기군이 알아보다. 이종호의 말에 의하면 뉴욕에서 감기로 심하게 앓다 그날(4일)은 심한 각혈 끝에 숨을 거두었다고 한다. 민충식은 미국에 체재 중이고 최동락 내외는 일본에 가고 부재란다. 5.16 때 같이 구금되었던 이종석 등이 알아보고 인사를 나누다. 까마득하게 잊고 있었던 이야기를 하다."(1992. 4. 5 일기) 이권기 교수에 의하면, 경기도 여주군에 소재한 이병주의 묘소는 황용주가 주선해주었다고 한다. 그러나 이와 달리 이병주의 열성 팬이었던 사업가 안모 씨가 마련해주었다는 뒷말도 있다.

86) "민충식, LA에서 작고했다는 소식이다. 1944년 학병 출정 시부터 중지 통주(通州)에서 같은 부대에 배속된 이래 해방 이후 오늘까지 가장 많은 교우시간을 가졌던 친구의 한 사람이다. 5.16 이후 부산에서 상경할 때 불광동으로 이사 온 것도 그가 인근에 살고 있었기 때문이었다."(1993. 7. 15 일기)

480

학병동지의 부부 모임이 자주 열렸고 나도 이따금씩 참석했다. 구태회, 서정귀 씨가 단골이었다. 서정귀 씨는 우리 집에 바둑을 두러 자주 오던 분이었는데 아버지 표현을 빌리자면 '고급 룸펜'이었는데 갑자기 재벌이 되었다고 한다. 그분 빈소에 다녀오는 날 심근경색으로 아버지가 쓰러졌다."[87] 친구의 죽음이 겨울감기와 같은 일상적 일이 된 시기에 새삼스럽게 옛 친구의 목소리를 듣는 즐거움은 실로 비상하다. "오전에 느닷없이 정우식이 전화. 서로 통신이 단절된 지 20년 가까이 된다. 10여 년 전에 산청에서 자신이 그린 그림을 엽서로 만든 편지에서 한번 다녀가라고 한 것이 마지막이었다. '그 동안 내가 죽은 줄 알았제?' 하면서 껄껄 웃는다. 목소리는 여전히 청청하다."[88] 그게 마지막이었다. 둘은 끝내 생전에 다시 만나지 못했다. 이내 모두에게 죽음이 닥쳐왔다. 단 하나의 예외도 있을 수 없다.

---

87) "이내 의식을 회복했기에 일시적 충격으로 여겼으나 그해 4월 23일 재차 졸도하여 응급차로 병원으로 실려간다. 5월 10일에 퇴원하여 한동안 집에서 정양한다."(1975. 1. 5 일기)
88) 1999. 1. 7 일기

18

아버지와 딸

"세상에서 가장 사랑하는 나의 어머님 아버님. 파리에서 당신이 사랑하는 딸 란서가 1977년을 보내면서 드립니다. 우리도 이제 빛나는 일, 찬란한 일, 꼭 해야 할 일, 하고 싶은 일, 그러한 일들이 각자의 마음속에 자리해야 될 것으로 압니다. 건강하시고 늘 기쁘셨으면 해요. 웃음 잃지 마세요."(1977. 12. 31일자 편지) "늘 그립고 늘 울렁거리는 존경하는 나의 아버지 생신날에 멀리서 안타깝게 함께 자리하지 못함을 전합니다. 이모네의 식탁처럼 즐거운 분위기와 행복하고 희망적인 우리의 가정을 위해 우리 언제나 애쓰는 거예요. 네? 늙지 마세요. 꼭 건강하셔야 해요. 꽃과 웃음과 희망이 넘치는 이런 가정 속에 우리 모두 얼굴 마주보며 함께 자리함을 위해서요. 좋은 일, 바라는 일도 함께하는 해가 되셨으면. 1979년 1월 3일 딸 란서 드림."

아버지는 자랑스러운 딸의 편지를 신문 칼럼에 공개적으로 인용한다. "파리에서 식품공학을 전공하고 있는 딸이 연하장을 보내왔다.……나는 평소에 딸에게 좀 가혹한 부담을 지운다."1) 특별한 부녀 사이에 주고받은 편지는 무수하다. 프랑스의 딸이 보관하고 있는 편지만 해도 어림잡아 4백여 통에 달한다. 어떤 편지는 작은 글씨로 얇은 편지지 스무 장을 채우기도 했다.

---

1) 황용주, "아버지와 딸", 「부산일보」, 1978. 1. 20

아버지의 편지는 어김없이 "우리 란서 즉견(卽見)"으로 시작한다. "편지가 없어서 아침저녁으로 걱정하던 차에 지난 주말 ○○ 군 편으로 편지와 선물을 받고 얼마나 마음이 쾌해지는지 모르겠다. 근무 때문에 매일매일 쫓기는 생활 같은데 그것은 어디까지나 아르바이트에 불과한 것이니 본업인 면학을 잊지 말아라. 잠시라도 틈이 나면 회화에 힘쓰고 독서를 게을리 말아라. 네가 보낸 가디간과 민소매는 정말 timely hit다. 그렇지 않아도 목련이 피면 으레 찾아드는 꽃샘바람과 가랑비 때문에 아침저녁으로 체온을 조절해야 하는 판에 얼마나 적절하게 보호역할을 해주는지, 가볍고 촉감도 좋구나."[2]

유학길에 나선 딸에게 그처럼 자주 편지를 보내고 짧게나마 답장을 기다린다면 도대체 공부는 언제 하란 말인가, 외국 유학의 경험이 있는 사람이라면 누구나 이런 불평이 들어야 한다. 이국땅에서 자신의 학비와 생계비를 조달하면서도 이따금씩 부모의 선물까지 챙겨 보내야 하는 딸의 일상은 어땠을까?

편지에 담긴 주제와 내용도 다양하다. 신변 소식, 전공의 선택, 한국 사회의 변화, 프랑스 사회의 이해,[3] 신문 글쓰기의 요령 강의,[4] 한마디로 아버지와 딸은 평생토록 사랑과 사상의 전면교류의 끈을 늦추지 않고 이어온 서로의 분신이자 인생의 동반자였다.

"란서가 유학생 시험 발표일이라 해서 때맞추어 귀가. 란서는 어렵다

---

2) 1980. 4. 15 편지

3) "너는 이미 그곳의 주민이다. 무슨 자격증보다는, 그 사회에 뿌리 내릴 결심을 해야 한다. 요약하자면 '주부＋기예(技藝)', '한국＋파리'라는 인수(因數)를 최대한으로 살릴 수 있는 란서가 되어주기를 빈다."(1984. 4. 27 편지)

4) "이번 어린이날 원고는 아주 잘되었다.……원고 작성의 공포감은 누구나 겪는다. 그래서 어떤 작가는 (신문사 담당기자의 독촉전화만이 유일한 inspiration이라고 한다) 스스로를 일시에 긴장상태에 빠지도록 해놓아야 문장이 흘러나오게 마련이다. 그래서 종종 밤을 새우기도 한다. 단 사전에 테마에 대한 이런 저런 재료와 결론은 어렴풋이 잡아놓아야 한다."(1983. 5. 17 편지) "프랑스 혁명 200주년 기념행사가 지난 6일부터 14일까지 진행되는데 이에 관한 소개기사다. 여러 가지 재료도 많이 수집하고 짧은 문장에 혁명의 의의에서 정부의 계획, 행사내용, 파리 시민의 호응 등 요령 있게 소개, 간간이 에스프리도 엿보이다."(1989. 7. 8 편지)

고 하더니만 합격이란다.……이제는 도불하여 식품공업에 열중하여 한국에 새로운 기술적 자산이 되도록 정진해주기 바랄 뿐이다. 실로 오랜만에 서울거리가 생생하게 약동함을 느꼈다."5) "과거 프랑스 유학생은 대부분 문과였고 공과라고 하여도 이론 부분이었는데 이제는 실기가 따르는 분야라야 한다. 그 실기는 한국 사회가 선진화하는 과정에서 꼭 필요하다."6)

그러나 그 딸이 유학을 끝낸 후 돌아와 조국의 공업선진화의 첨병이 되리라는 아버지의 기대는 무너진다. "란서가 로랑으로부터 프로포즈를 받았다는 사연이 적혀 있다. 란서는 결혼의 허락을 바라고 있다. 편지를 읽는 동안 한없이 눈물이 흐른다. 기구한 운명을 느낀다. 온몸에 저항력이 빠진다. 경사가 아닐 수 없다. 그러나 하필이면 상대가 불란서인이다. 란서는 독녀다. 우리들은 이미 노경에 접어들어 란서 없이는 하루도 보낼 수가 없는 심정이다. 국제결혼이 아무런 흠이 되지 않고 받아들여질 수 있다면 다행이다. 그러나 우리들의 이 공허함과 서운함을 어찌 해볼 도리가 없다. 란서의 선택을 용납해야 하는지, 아니면 부모로서 그의 장래를 위해서 적절한 조언이나 결단을 보여야 하는지.……누구와 상의하고 싶지만 우리들 프라이버시에 관한 문제라 남에게 통하지도 않을 것 같다. 평생을 두고 심각하고 가장 생의 근본을 좌우하는 문제를 앞에 두게 되었다."7) "란서 문제를 놓고 며칠째 판단을 내리지 못해 헤매다. 아침 란서 모와 여의도 『주부생활』사로 가다. 1978년 3월호의 열람을 부탁했더니 여직원이 보여준다. 로랑의 사진과 인터뷰 기사가 게재되어 있다. 로랑의 사진을 보는 순간 일순에 마음이 터지는 것처럼 환해지다. 생각했던 것과 달리 인상이 좋았기 때문이다. 기사도 그 사람의 인간됨을 알게 해준다. 기사를 읽고 또 읽고 사진을 보고 또 보고 그의 모든

---

5) 1977. 3. 8 편지
6) 1983. 4. 27 편지
7) 1981. 3. 6 일기

것을 알려고 애를 쓰다. 사진기사로 우리들이 그 동안 궁금해했던 모든 것이 풀리고 만다. 차츰 마음이 안정되고 기분도 좋아지고 로랑이 우리도 친근한 한 사람으로 느껴진다. 여직원이 떼어주는 페이지를 들고 밖으로 나오다. 여의도가 갑자기 봄빛에 환해지다. 이제는 결정할 수밖에 없다. 그를 받아들이고 란서의 결정대로 따를 수밖에 없다."[8]

"란서의 결정은 란서 자신의 생의 궤도를 백팔십도 바꿔놓았을 뿐 아니라 우리들의 여생도 전연 다른 방향으로 바꿔놓았음을 실감하기 시작한다. 란서 모와 동경에서 시작한 우리들의 생활이 학도병으로 중국을 알게 되고 밀양, 부산, 서울로 옮겨져 이제 여생을 이대로 마치나 했는데, 란서의 파리 생활로 인해 앞으로 어떻게 될는지 아무래도 다소의 궤도 수정이 있을 것 같다. 란서와 같이 우리도 재출발해야 한다는 의욕이 용솟는다."[9]

"란서에게 편지를 쓰다. 4월 11일 선서식에 참석하지 못하는 우리들의 못남도 양해해주고 그날은 우리가 옆에 있다고 믿어달라고 당부하다. 란서 친구들에게 결혼을 알리는 편지를 쓰다."[10]

"근계(謹啓), 시하(時下) 효춘지절(曉春之節)에 존당금안(尊堂錦安)하심을 앙축(仰祝)하나이다. 금반 란서가 결혼하게 되었음을 알려드립니다. 평소에 란서를 위해 변함없는 우정을 베풀어주시고 앞날을 걱정해 마지않았던 여러 친우와 함께 우리들도 한시름 덜게 된 기분입니다. 다만 아쉬운 것은 신랑이 불란서인이고 그쪽에서 가정을 갖게 된다는 점입니다. 란서도 그 청년(Laurent Barberon Leon)으로부터 청혼을 받고 무척 고민했던 모양입니다. 자신의 선택이 부모에 대한 배신이 되지 않을까 국제결혼이 사회로부터 백안시될 것이 아닌가 하고 두고두고 생각

---

8) 1981. 3. 16 일기
9) 1981. 3. 25 일기
10) 1981. 3. 29 일기

한 끝에 우리들에게 동의를 요청해왔습니다.……그들의 애정이 진실하고 앞날의 행복이 약속된다면 국적을 따지거나 가까이 살 수 없다는 것 등은 참을 수밖에 없습니다. 신랑은 친한파로서 한국에도 세 차례나 다녀간 적이 있답니다. 동봉한 사진과 기사는 1978년 1월 공간 쌀롱에서 사진 작품전시회를 가졌을 때『주부생활』지의 기자가 인터뷰한 내용입니다. 불란서 관례에 따라 오는 4월 11일 시장 앞에서 혼인 선서식을 올리게 되어 있는데 친우 여러분을 한자리에 모시지 못해 안타깝고 송구해 마지않습니다. 란서는 더욱 그러한 심경이 아니겠어요. 시일과 형편상 우리 역시 참석하지 못함을 부모로서 한없이 측은하고 부끄럽게 생각하고 있습니다. 앞으로도 오래오래 우정을 가꾸어주시고 그들의 결혼을 축하해주시기를 부탁드립니다. 때가 오면 여러분을 모시고 란서랑 자리를 함께 할 날이 있을 것을 기대하면서 우선 이렇게 알려드리니 널리 해량하시기 바랍니다.

餘不備 1981년 3월 29일 황용주 이창희. 란서 친우 일동 귀하."

그리고 딸과 사위에게 당부의 편지를 보낸다. "우리들의 로랑, 란서에게, 사랑은 서로의 차이를 받아들이는 것이다."11) 이듬해 4월 첫 손자 에띠엔느(ETienne)가 태어난다. 할아버지는 손자에게 준(俊)이라 이름을 준다. "프랑스 문화가 구라파 그 어느 나라의 문화보다도 그 중심 사상이 휴머니티를 발현, 확산시켰다는 특성은 영원히 인류의 자랑이요, 보배로운 유산이다. 그래서 사르트르도 '실존주의는 휴머니즘이다'라고 규정했는지도 모른다. 한마디로 사람은 사람다워야 한다는 것이 아니겠느냐. 우리 에띠엔느처럼 아기는 아기다워야 한다는 이야기다. 신이 계신다면 손자를 사랑하소서. 그저 비노니."12) "俊, 에띠엔느의 세례를 위해 Oncle Robert(로랑의 외삼촌)가 준 책자를 읽다. 프랑스에서는 신생아의 세례로

---

11) 1981. 4. 22 편지
12) 1982. 4. 24 일기

부터 기독교와 인연을 갖게 되는 것 같다. 중세 기독교 시절 이래 중요한 교화사업의 하나가 세례다. 신생아의 세례는 선의 세계에 입문하게 되고 악과는 등질 것을 맹세한다. 그리고 아버지인 신과 영성을 시인하는 신념을 갖도록 한다."13)

"에띠엔느의 백일 겸 세례 잔치다. 만감이 교착한다. 아버지 쪽은 불란서 아이로 여길 것이고 우리는 한국 아이로 생각하는 이 두 갈래의 현실, 동양과 서양의 이질감도 곁들여 란서 모와 내가 이렇게 서 있다는 것조차 비현실적인 느낌이다. 어쨌든 많은 사람이 지켜보는 가운데 에띠엔느는 세례를 받았으니 적어도 천년 넘게 내려오는 이 의식은 그만큼 무게가 있고 인간을 신의 아들로 인정하는 절차이기도 하다. 찬송가도 교회의 지하실만큼 무게가 있는 것 같다."14)

심우 최세경에게 사신으로 이 소식을 전한다. 최세경이 즉시 화답한다. "南天인형. 카드 반가이 받았습니다. 생손남(生孫男) 축하합니다. 만리이역에서 생혈손(生血孫) 또한 감회가 한층일 듯. 하기야 불란서는 형에게는 반(半)조국이니 이역이라 할 수도 없겠지요. 카드의 한문 글자, 형의 필적, 티 없는 명필이오. 떠나신 이곳에서는 큼직한 사건이 연발이지만 그럭저럭 수습되어가는 듯합니다."15)

육신의 생명선이 한반도 바깥으로 연장되었고, 그 바깥이 다름 아닌 정신적 고국 프랑스라는 사실은 용주에게 특별한 감회를 불러일으킨다. "드디어 서울로 떠나는 날이다. 쏘(Sceaux) 동네가 녹번동처럼 느껴지기도 한다. 파리 시가를 지나 공항으로 가는 길은 '내가 도착해서 너의 집으로 가는 것 같은 기분이다'라고 말할 정도로 이별의 감성이 생기기 않는다.……11시 30분경 트랩에 오르려고 로랑과 란서의 손을 잡으니 순식간에 모두들 눈시울이 뜨거워지고 이별의 애상이 북받친다. '자

---

13) 1982. 5. 16 일기
14) 1982. 6. 4 일기
15) 1982. 5. 2일자 최세경의 편지

식이 다 무엇인고' 하며 그렇게 허전할 수 없고 에띠엔느의 모습까지
눈에 선해서 견딜 수가 없다. 그러자 이륙 후 컴퓨터 고장으로 파리로
되돌아간다는 기내방송이 나온다. 이 때문에 이별의 감성이 다소 무마
된다."16)

이날 이후의 딸에게 보내는 편지는 '사랑하는 란서, 로랑, 그리고 준
이'로 시작한다. 이듬해 늦가을(1984. 11. 18), 둘째아이 앙투완(Antoine)이
출생한다. 진(眞)으로 이름 짓는다. "우리에게 가장 축복된 일이다. 에띠
엔느만으로도 하나님이 우리들을 만인보다 웃돌게 내려주셨는데 이처
럼 거듭 은총을 베풀어주시니 우리들은 오직 그들을 위해 삶을 희생함
이 옳다. 이렇게 우리들의 삶의 이정표가 뚜렷이 세워진 것이다."17) 기
쁨에 충만한 할아버지는 이 소식을 스물 남짓 지인에게 알린다.18) "우리
풍습에는 사망통지는 꼭 하는데 출생에 관해서는 알리지 않는다. 생각
해보면 한 인생이 태어나는 것만큼 의미 있고 가치 있는 일이 달리 없는
데 이 기쁨을 이웃과 나누지 않는 것은 말이 되지 않는다. 우리의 윤리도
결국 humanis에서 비롯되지만 서양의 humanis처럼 직접적이 못 된다.
통지를 받고 최세경, 권오현, 송정제, 김선근이 반응을 보인다."19) 이제
편지의 머리말에 네 번째 이름 '진(眞)'이 추가된다.

확장된 용주의 가족에게 1988년 여름이 행복의 절정이었다. 온 가족
이 88 올림픽이 열리는 서울에 집합한다. "아침 8시 식사. 로랑이 올림픽
개, 폐막식 리허설에 초대받아 간다고 한다. 어차피 폐막식 연습을 할
판이면 많은 시민을 초대했어야 옳았다. 로랑에게 사진을 찍어두라고
했더니 올림픽은 싫다고 한다. 그래도 어린 준과 진을 위해 훗날 교육에
도움이 될 것이라고 일러주었다."20) "제24회 서울 올림픽 개막식.……

---

16) 1982. 9. 28 일기
17) 1984. 11. 15 편지
18) "민충식, 최세경, 김종길, 조태호, 권오현, 송정제, 전상수, 주광조, 김선근, 문중석
    조성래, 김석겸, 손병문, 박근칠, 경옥, 윤옥 등."
19) 1984. 11. 30 일기
20) 1988. 9. 8 일기

이날따라 진이 온갖 재롱을 다 부린다. 보면 볼수록 귀엽고 하는 짓이 독창적이다. TV에서는 세계적 규모의 쇼가 벌어지고 있지만 우리들 눈에는 진이 더욱 큰 즐거움을 주고 있다.”21) “로랑과 진 떠나다.……집에 들어와 아래층 상 위에 놓여 있던 장난감을 며칠이고 몇 달이고 그냥 두기로 하다.”22)

이로부터 몇 년간은 아버지, 할아버지의 일기와 편지는 온통 가족과 신변 감상으로 점철된다. 손자들의 이야기가 큰 비중을 차지하나 프랑스와 관련된 이야기는 무엇에든 정신이 번뜩한다. “이상하게 아버지는 파리에 있을 때나 바둑을 두면 일본 하이쿠 시상이 떠오른다. 파리에서 지은 것들은 많은 사람이 공감한다. 다음은 연초에 시작한 기회(碁會) 날의 작품이다. 碁會あり 屋根に 粉雪 積ろ 日に(바둑모임이 있다네 지붕에 싸락눈 쌓인 날에) 碁會あり 花も 出戰う(바둑모임 있다네 꽃마저도 출전한다네) 窓外の 綠輝き 勝ち 碁棋つ(창밖의 녹색 빛에 바둑도 승리하네).”23)

“가을은 먼저 우리 집 뜰에서 시작된다. 뜰에서 거둔 나뭇잎을 책갈피에 끼워 보낸다. 레마르크의 어느 소설에서 주인공 병사가 1차 대전 시 전선의 참호 속에서 한겨울을 보낸다. 그 지루하고 삭막한 어느 날 어머니의 편지가 배달된다. 편지 속에는 집 뜰에서 채집한 꽃잎과 잎사귀의 압화(押花, fleur appliquee)가 들어 있다. 이 마른 꽃을 보고 지은 시, ‘나뭇잎 풀뿌리는 겨우내 마르고 사라지지만 내년 봄 다시 피리라. 나도 초조하게 고향의 봄을 그리워하노니.’ 이 소설을 바탕으로 만든 영화의 마지막 장면이 떠오른다. 봄이 되어 전선에 꽃이 피고 주인공은 그 꽃을 보고 날아든 나비를 보고 참호 밖으로 나온다. 나비를 손에 쥐는 바로 그 순간에 총을 맞고 쓰러진다.24)

---

21) 1988. 9. 17 일기
22) 1988. 9. 19 일기
23) 1991. 6. 12 일기
24) 1990. 11. 2 일기

"드디어 준이, 진이 오다.……택시로 오는 도중 준이가 느닷없이 '옥수수 사이소!' 하니 진도 따라 외친다. 2년 전에 왔을 때 들은 것을 아직 잊지도 않고 있다."25)

그러나 사람의 앞일이란 참으로 내다볼 수가 없는 것이다. 평생을 경모하던 프랑스가 노인의 가슴에 새로운 한을 심어준다. 인간이 서로 다른 점을 참아내는 것은 운명이 아니다. "란서가 우리를 앉혀놓고 '엄마, 아버지' 로랑과 이혼하기로 결정했다고 한다. 지난 연초에 파리 시외 스튜디오로 이사를 했다고 한다. 란서 모가 '왜?'라며 놀란다. 란서의 두 눈에 눈물이 고인다. 참으로 천만뜻밖의 일이다. 이혼을 결심하게 된 것은 벌써 10년이 넘는다고 한다. 동서 문화와 정서의 차이도 있지만 성격의 충돌도 극복할 수 없었다고 한다.……불란서 법률상 남편의 재산, 특히 상속받은 집에 대해서는 처는 아무런 권리가 없다고 한다. 준과 진은 로랑의 호적에 그냥 두기로 하고 한 달에 두 번은 다녀가기로 합의했다고 한다. 여태까지 장모가 살아계셨더라면 '자식 하나 잃었다고 생각하소!'라고 말할 것 같다." "친구들은 위자료 청구를 권하지만 란서는 애들을 위해서 나쁜 선례를 남기기 싫다고 한다."26)

화초 가꾸기

밀양 시절부터 용주는 화초 가꾸기에 남다른 애착을 보였다. 중년 이후 이어진 한거의 일상에 꽃은 더할 수 없는 즐거움을 주었다. "뜰의 매화나무도 버드나무의 꽃봉오리도 하루하루 달라진다. 용색을 갖추기 시작하는 것이다. 색조를 띠게 된다는 것을 볼 때 섹시해진다는 느낌을 동시에 갖게 되는 것도 이상한 일이 아닐 수 없다. 우리들 한문이 Sex를 색(色)으로 표의하고 있다는 사실은 동양 문화의 진수라고 할 것이다.

---

25) 1991. 7. 17 일기
26) 1998. 4. 10 일기

원래 Sex는 사람의 문화 창조에 필요한 원자재이기는 하나 그 자체는 반문화적인 행위임에 틀림이 없다. 그래서 우리들 동양의 마음은 Sex를 색으로 표현함으로서 문화화하고 있는 것이다."27)

"1960년대만 하더라도 동경의 백화점에 진열된 상품은 그 어느 것을 보아도 매력적이었다.……그런데 지난 봄 동경의 백화점에서는 내 호주머니에 돈도 없거니와 탐나는 물건도 보이지 않았다.……꽃씨 봉투를 골랐다.……세관원이 보고 '이건 곤란한데요'라고 말한다. '그거 약으로 쓰려는 건데요'라고 말하자 한참 생각하더니 피식 웃으면서 '좋습니다.'"28)

"개불알란은 꽃망울이 50원짜리만큼이나 커지다. 3년 전 돈화문 앞에서 MBC가 주관하는 꽃 전시회에서 사온 뭐라는 화초가 1년생인 줄 알았는데 작년에 이어 금년에도 꽃이 피기에 물망초라 이름 지어주다."29) "4년 살았던 분당을 떠나다. 중앙공원을 지나면서 감회가 없을 수 없다. 진달래, 개나리, 벚꽃이 한참이다. 이들이 석별의 눈치를 보이고 있다."30)

"목련은 꽃봉오리도 크고 푸른 잎이 돋기도 전에 폭발하듯 개화한다. 도시의 데모 군중처럼 기세등등하다가도 쉽사리 떨어진다. 만공을 덮고 있는 목련꽃 아래 매화가 오랜 봉오리 시대를 깨고 어느 날 한 송이 선두주자가 점화하듯 피어난다. 매화가 화묵(畵墨)으로 재현되는 연유는 벚꽃처럼 밀집해 있지 않기 때문이다.……매화가 지면 라일락, 아기씨가 뒤를 이어준다. 라일락이 서구적인 자태를 풍기는 반면 아기씨는 동양적이고 동양 중에서도 조선의 초가와 어울린다. 목련, 매화, 라일락이 지난겨울의 한난(寒暖)의 영향을 덜 받는 반면 아기씨는 아주 민감하다. 한동(寒冬) 후의 아기씨와 난동(暖冬)을 겪은 아기씨의 개화(開花)

---

27) 황용주, "봄맞이", 「부산일보」, 1979. 4. 10
28) 황용주, "수입화(輸入花)", 「부산일보」, 1979. 5. 11
29) 1989. 5. 4 일기
30) 1997. 4. 10 일기

기는 확연히 다르다. 아기씨 꽃은 표정이 없다. 이 무렵에 피는 해당화의 요염한 자태를 비웃듯이 아기씨는 야무지게 침묵을 지키고 있다. 아마도 벚꽃이나 해당화가 긴 목을 지녀서 바람에 산들거리는 반면 아기씨는 가지에 간격도 없이 밀착해 있기에 촌티가 나는 듯싶다. 그러나 아기씨의 소박함은 약혼녀의 믿음처럼 고맙다. 한반도와 일본의 4월은 꽃샘바람이 따라 붙는다. 이 무렵 이 지역의 상공에는 한기류와 난기류가 서로 부딪쳐서 바람을 일게 하고 비를 부른다. 풍백우사(風伯雨師)라는 말이 있는 것을 보면 중국에서도 같은 현상이 나타나는 모양이다. 꽃이 피려면 비바람이 따르는 것은 인생의 경우도 매한가지다. 花無十日紅이라 인생의 교류도 만남보다 이별이 더 많은 세상인 것 같다. 금시주(琴詩酒), 세 벗이 모두 나를 떠나니 설월화(雪月花)의 계절이면 더욱 그대를 그리네. 백거이(白居易)도 개탄한 바 있다. 시인이 아니라도 꽃잎이 떨어질 무렵이면 어쩐지 사람이 그리워지는 일순의 심정은 나도 감당하기 어렵다. 오래토록 사귀고 아껴주고 싶은 벗일수록 일찍 떠난다. 아니 먼저 떠났기에 더욱 아쉬운 마음을 금할 수 없는 것일까.……
3월의 바람과 4월의 비가 찬란한 5월을 만든다며 영국 사람들은 그들의 최량의 계절을 맞는다. 우리도 마찬가지다. '나의 이마에 바람의 나체가 스쳐간다'며 16세의 소년 시인 랭보가 노래하는 5월. 새 잎사귀가 대량 생산됨으로써 지구가 무거워졌다. 그러나 5월도 영원할 순 없고 청춘의 아쉬움을 명작의 피날레처럼 끌었다가 막을 내린다. 봄과 꽃을 아쉬워하는 사람들의 마음은 일천년 전 일본 시인도 마찬가지였던 모양이다. '이 세상에 벚꽃만 없었더라면 봄의 마음도 한가했을 것을' 하며 꽃을 헤어진 연인에 비유한다. '너무나 허전하기에 지난 일들을 헤아려보니 꽃만 그리던 봄날이 으뜸이라네.' 인생에서 연애는 한 번만 주어지는데 계절은 해마다 봄을 맞게 해준다. 그리고 봄을 맞아 꽃을 대할 때면 이별이 무엇인가를 일깨워준다. 더욱이 비명에 숨진 사람들의 생애를 생각하면 말없이 이빨이 빠져나가는 것 같다. 아! 그 순간 누군가가 손이라도 잡아주었더라면."[31]

딸의 회고다. "우리가 녹번동 2층집으로 이사 온 것은 대학교 3학년 때(1968)의 일이다. 이제 처음으로 나만의 독립된 방을 가지게 된 것이다. 아버지는 이 집에서 가장 크고 좋은 방을 내게 주면서, 나를 위해 창 밑에 후박나무를 심어주셨다. 후박나무는 꽃도 향기도 후덕하다. 나중에 크면 내 방 창문에서 내다보면 꽃이 보이고 향기가 풍기도록 배려해준 덕분이다. 대문에서 들어오는 길목에 장미넝쿨을, 우물가에는 목련을 심어 1층 테라스에서 내려다보면 수백, 수천 개의 꽃송이가 눈부셨다. 인근에 가로등이 밝혀져 있어 불빛에 반사된 목련의 자태는 지나가는 버스의 승객도 찬사를 아끼지 않았다. 아버지가 이 꽃을 심은 이유는 학병 시절 전장에서 목련꽃을 보면서 엄마에게 편지를 썼던 청춘의 추억을 확장하기 위해서이기도 했다.

내 친구들도 확장된 아버지의 세계 속에 동참했다. 기업가와 일찍 결혼한 친구 부부가 우리 가족을 저녁식사에 초대한 적이 있다. 아버지는 친구의 남편이 장차 서울시장 감이며, 도시경제의 질서를 바로잡을 사람이며, 하늘이 도우면 더 큰일도 할 수 있는 재목이라고 말했다.[32] 그때는 누구도 이 말을 대수롭게 여기지 않았을지 모르나, 후일 그는 아버지가 예견한 길을 밟게 되었다. 대통령을 친구로 두었던 아버지나, 영부인을 친구로 둔 나는 분명 심상치 않은 삶을 산 것이다. 다만 아버지와는 달리 나는 친구를 먼저 보내는 일이 없을 것이니 아버지에 비할 수 없이 행복한 삶이다.

녹번동 그 집은 경매로 넘어갔다. 사람을 믿기 좋아하는 아버지는

---

31) 황용주, "화신(花信)", 「부산일보」, 1978. 4. 18
32) 후일의 일기장에도 시시로 언급된다. "이명박 전국구의원—앞으로 큰 업적 남길 것이다."(1992. 4. 17 일기)

사업하는 사람의 보증을 섰고 그의 파산과 해외 도주에 우리는 속절없이 거지가 되었다. 집을 잃는 것은 우리에게 큰 것이 아니다. 그러나 그 집과 함께 살았던 우리의 행복하던 시절의 추억도 함께 사라진 것은 슬프다. 멀리 살면서도 아버지는 홀로 버스를 타고 이 집 앞에서 서성이다 돌아오곤 했다. 그러다가 한 번은 새 주인과 마주친 적이 있었다. 주인은 두 손을 마주 잡고 차나 한 잔 하시라며 집 안으로 모신다. '할아버지 염려마세요. 할아버지가 손수 골라 심으신 정원수, 그 어느 하나도 손대지 않겠습니다. 자식 아끼듯 키우겠습니다. 언제든지 보고 싶으면 오세요.' 그 후로 아버지는 안심하고 더 이상 옛집에 발걸음을 하지 않았다.

파리에 유학 온 후에 아버지가 내게 보내는 편지마다 철따라 다른 꽃 이야기가 넘쳤다. 프랑스, 일본, 중국, 한국의 화초시를 적어 보내기도 하셨다. '네 방 앞에 심은 후박나무가 이제는 키가 자라 로미오처럼 2층 네 방 창문을 기웃거리고 있다. 꽃향기를 맡노라면 "아부지" 하고 네가 방금이라도 나타날 것 같아.'"

　　헛 딛은 자리, 서울
조심해라 애야
앞에 가던 아버지가 먼저 발을 헛 딛었다.
발 헛 딛은 자리
서울이었다.

마산 출신의 시인 감태준의 시, 「철새」의 한 구절이다.

서울에는 축제가 없다. 연인들이 다닐 길도 없다. 담 없는 교도소나 마찬가지다. 서울은 자신의 존망을 힘에 의지해서는 안 된다.[33]

---

33) 황용주, "서울 애가(哀歌)", 「부산일보」, 1977. 2. 26

“5월 한 달을 꼬박 한 발자국도 서울을 벗어나지 못했다.……나의 일기를 보면 해마다 가장 개화일을 준엄하게 지키고 있는 꽃이 장미다.” “한마디로 서울살이 10년에 남은 것은 짜증뿐이다. 봄이 되어 산채라고 내놓는다. 그러나 그게 어디 산채인가, 인공 재배품이지. 원자재 자체가 속성 가짜다. 냉동물로 계절감을 무시한 채 전통성마저 거부하고 가격 표에만 맞춰 장만하다보니 제 맛을 유지할 길이 없는 것이다.”34)

“나는 근원적으로 촌놈으로 태어나서인지 오늘날 평생 여행길에서 도읍이 나를 사로잡아본 적이 없다. 나는 매일 한 번씩은 어떻게 서울을 탈출할 방도가 없을까 하고 생각한다. 나는 꼭 서울에 살아야 할 직업적인 제약을 받고 있는 처지도 아니며 살기 좋아서 살고 있는 것도 아니다.”35)

한치도 어김없는 서울의 야간 통행금지도 용주를 분노케 하는 억압적 제도다. 자유당 시절부터 강력하게 통금 폐지를 주장하던 그였다. “나는 자유당 시절에도 여러 차례 통행금지가 난센스임을 외친 바 있었다. 자유당 정권이란 한반도 주민이 스스로 선택한 정부가 아니라는 것은 북의 정권이 그렇지 않은 거나 다를 바 없다. 미군정이 통행금지를 실시하게 된 에고이즘에는 남아프리카에서 백인이 흑인들을 밤에는 가두어놓자는 치자의식 이외에 아무런 대의명분도 없었던 것이다.……지난 연말에 (일시적인) 해제가 있었다. 절대다수의 시민들은 그것이 그날 밤에 있었다고 해서 공돈을 쥔 것처럼 느낄 위인은 한사람도 없었을 것이다. 작고한 E 씨(엄민영)가 내무부 장관이 되었을 때 어느 날 약주를 하며 의기투합한 경지가 되었다. 무슨 경륜이나 높은 사상을 두고 하는 말이 아니고 그저 술 마시며 도연해질수록 술맛이 입에 짝짝 달라붙는데서 당신과 나의 구미가 동일했을 뿐이다.……그의 장관 시절에 한반도에 충청북도와 제주도에 이놈의 통행금지가 없어졌다.……이병주는 ‘독재자’로 공인되다시피 한 전두환 대통령의 업적 가운데 과감하게 통행금

---

34) 황용주, “5월은 가다”, 「부산일보」, 1977. 6. 2
35) 황용주, “대를 심어 울을 삼고”, 「부산일보」, 1977. 6. 16

지를 철폐하고 해외여행을 자유롭게 허용한 것이 돋보인다고 칭찬했다."[36] 용주도 마찬가지 생각이었다. 지지하는 정권의 성향과 무관하게 근본적으로 자유인, 낭만인임을 자처하는 지식인의 근본적 속성이리라.

그러나 날로 누적되는 소망과는 달리 용주는 결코 서울을 벗어나지 못했다. 일찌감치 떠난 고향에도 되돌아갈 터전이 없다. 녹번동 집에서 내몰린 뒤로 분당과 일산을 전전하면서 그나마 만년에는 약간이나마 서울을 벗어났다면서 억지 위안을 삼았을 뿐이다.

마지막 순간

타고난 건강체였지만 중년 이후 용주의 건강은 불안정했다. 1974년에 한 차례 졸도한 적이 있으나 치명적인 지병은 아니었다. 만년에는 산보, 체조, 등산 등 규칙적인 운동의 습관을 길러가지만 세월과의 싸움에 어찌 이길 수 있으랴. 타계하기 3년 전인 1999년, 또다시 졸도한 노인은 응급실에 실려간다. 회복실에서 나와 기록을 남긴다. "굳이 짐작하면 50년간의 음주가 심신의 기복을 심하게 했기 때문이며, 조절능력을 감소하게 한 것이 아닌가. 전쟁시의 군인이나 예술가의 창작행위는 심신의 기복이 정점에 있을 때 걸작이 생산될 때가 있겠지만 일반인의 경우는 그것과 아무런 상관이 없을 것 같다. 내가 부산일보 시절 집필하면서 자신도 모르게 격앙된 상태에서 얻은 주벽이 5.16 이후 지금까지 계속된 것이 원인(遠因)이었는지 모른다. 게다가 65년 이후 일정한 직업 없이 지낸 것이 정신적 자유를 유지할 수 있다고 생각한 것이 잘못이고 오히려 그로 인해 정신을 좁은 범위에 묶어둔 생활이었는지 모른다. 그래서 돌파구를 음주 쪽으로 진입하게 되었고 그 결과가 어젯밤과 같은 마비를 일으켰는지 모른다."[37]

과거에 대한 반성문은 썼지만 자신의 천명이 다해오고 있음을 용주는

---

36) 이병주, 『대통령들의 초상』, 251-252쪽
37) 1999. 11. 4 응급실에 실려갔다 회복 후 6일 후의 일기

496

의식하지 못했다. 세상을 떠나던 해의 일기장에도 죽음을 대비하는 징후는 전혀 찾아볼 수 없다. 타계하기 불과 석 달 전의 기록이다. "지난 3월부터 금년에는 불란서에 가자고 했는데 란서 모는 어쩐지 호응을 하지 않는다.……나 역시 가야 한다는 압박감이 날이 갈수록 무거워지다. 역시 노쇠한 탓이다. 그래서 란서 모더러 '어쩔래요? 불란서 가지 않을래요?'라고 하자 란서 모는 '금년에는 그만둡시다' 한다."38)

7월 한여름, 아끼던 처제의 장례식에 참석한 사실을 담담하게 기록한다. "9시 30분 여수 시민회관에서 '고 이환희 여사'의 시민사회장이 거행된다."39) 지극히 소략한 이 문구가 열일곱 살 이래 평생토록 써왔던 일기의 마지막 구절이 되었다. 염천에 여수 장례식 나들이는 노인에게 무리한 여정이었다. 8월 어느 날 그는 쓰러진다. 그리고는 다시 일어나지 못한다. 8월 25일, 프랑스에서 급히 달려온 딸 란서의 손을 잡은 채 외마디 소리를 지르고선 눈을 감는다.

세인에게 그의 부음은 새삼스런 것이 아니었다. 그를 직접 아는 사람들은 그럴 때가 되었다고 생각했다. 박정희의 친구로만 기억하던 사람들은 여태 살아 있었던가라는 반응이기도 했다. 한때 언론사의 사장이었던 사실 때문이었는지, 그의 부음에 거의 모든 신문이 최소한의 성의를 보였다. 그러나 문화방송은 전직 사장의 부음 소식을 보도하지 않았다. 더 이상 방송할 만한 가치가 없는 소식이었는지도 모른다. 초라한 빈소는 한적했고 무덤도 남기지 못했다. 민족주의자, 자유인, 세계인, 그 어떤 영웅적 라벨로도 그리지 못하는 인간의 참 모습이 있을 것이다.

며칠 후, 정운현의 추모사가 어딘가에 실렸다. "지난 월요일부터 3일간 휴가 중이었던 나는 29일(국치일)자 특집기사 준비를 위해 26일(일) 비번임에도 불구하고 출근을 했었다. 특집물이 역사물이어서 당시의 관

---

38) 2001. 5. 31 일기
39) 2001. 7. 2 일기

런자료 확인을 하느라 분량이 많은 기사는 아니었지만 하루가 꼬박 걸렸다. 다음날짜 초판이 나올 무렵(오후 6시경) 기사작성을 모두 마치고 막 나온 초판을 이리저리 훑어보다가 부음란에서 낯익은 한 인물의 부음 소식을 접했다. 자연연령으로 봐선 이제 가실 만한 연세도 됐는지도 모르지만 문득 고인의 모습이 기억 속을 맴돌면서 추모의 정이 샘솟았다.……내가 고인을 처음 만난 것은 지난 1997년 무렵 중앙일보에 통일 문화연구소 현대사 연구팀 기자로 근무하던 당시였다. 그때 중앙일보에서는 '실록 박정희 시대'를 장기기획물로 연재했는데 나도 연재팀에 소속돼 있었다.……고 황용주 사장도 바로 그들 가운데 한 사람이었다. 그가 부산일보 주필 겸 편집국장 재직 시절 그가 데리고 있던 김종신 비서관이 인근에 살고 있어서 그의 안내로 방문했다. 그를 처음 만난 순간 내 인상에 주어진 것은 '지식인의 모습이구나' 하는 것이었다. 이미 은퇴한 지도 오래된데다 책을 볼 상황도 아니어서 뭐 특별히 집에 책이 많거나 그런 것은 아니었다. 그러나 그에게서 느껴지는 풍모에서는 격동기를 고민하면서 살아온 지식인의 '전형' 같은 것이 느껴졌다. 그의 한 생애는 1964년 문화방송 사장에서 은퇴한 이후 오랜 기간 동안 은둔의 세월이었다. 그러나 그가 언론계에서 현역으로 활동하던 기간 동안에는 누구보다도 치열한 '시대의식'으로 살아왔다고 할 수 있다. 내가 여기서 그의 일생의 편린을 기록해두려는 것은 그를 미화하려는 것이 아니라 그가 살았던 시대가 예사롭지 않았기 때문이다.……말년에는 은둔으로 일관했다. 그의 분당 자택을 방문했을 때 현관 입구 벽에는 프랑스에서 보내온 외손자들의 편지가 붙어 있었고, 방학 때 찾아오는 그들을 기다리는 것을 재미로 삼으며 인생의 말년을 보낸다고 했던 것 같다. 모두 두 번 취재차 그의 집을 방문한 적이 있는데 그 뒤로 다시 한번 더 찾아간다는 것이 게을러 이행치 못하고 결국 부음을 접했다. 그나마 늦게 전해 들어 빈소에 문상도 가지 못했다.……어려운 시절에도 드물게 양심과 기개로 살다간 선배 언론인의 족적을 간략하나마 여기 기록으로 남기며 삼가 고인의 명복을 빈다."[40]

아 정희야, 아 란서야

딸의 회한이다. "아버지가 돌아가시던 해 2001년은 5월 매실이 대풍이었다. 그때 담근 술을 아버지는 맛도 보지 못한 채 돌아가셨다. 나는 무엇보다도 그게 그렇게 억울하고 가슴이 아팠다. 장례를 치르고 나서 프랑스로 일부 가지고 왔다. 아직도 보관하고 있다. 당초에는 아버지의 억울한 맘을 풀어드릴까 하는 마음으로 매년 기일에 조금씩 나누어 마실 생각이었는데 정작 그날이 돌아와도 손을 댈 수가 없었다. 그냥 죄송해서이다. 아이들 장가보낼 때나 열어볼 생각이다. 해마다 8월 25일 기일이 되면 특별한 음식은 차리지 못해도 애들을 불러 할아버지에 대한 추억담을 나눈다. 큰애는 건배를 제의하면서 할아버지를 흉내내어 '어이 멜씨(merci)' 하고 너스레를 떤다. '어이 멜씨!'는 할아버지의 애칭이자 로고송이다. 할아버지의 영정이 거두어지고 관이 불가마 속으로 사라질 때, 닭똥 같은 눈물을 흘리면서 '할아버지 잘 가, 사랑해 아듀, 할아버지, 어이 멜씨!' 하며 나를 쳐다보며 억지로 웃음을 만들어내던 아이들의 표정을 잊을 수가 없다.

아버지는 나팔꽃, 일본어로 아사가오(朝顔) '아침의 얼굴'이라는 이슬 머금은 나팔꽃의 청초한 모습에서 나와 두 아이의 얼굴을 본다고 했다. '아침의 영광'이라는 영어 꽃말은 지나치게 드세다고 하셨다. 화장장에 무심히 피어 있던 진분홍색 나팔꽃 넝쿨을 보았다. 나는 아버지가 학병 시절에 전장과 병영에서 완상했다는 들꽃과 목련꽃, 녹번동 집의 지킴이 목련과 후박나무, 유년 시절 세종학교 운동장에서 보았던 백일홍, 주말 가족나들이를 유혹하던 강둑의 벚꽃……아버지와 나의 인생에 엮인 수많은 꽃들을 생각하며 나팔꽃 한 덩굴을 관 위에 올려드렸다.

---

40) "그 시절 이야기 : 2001. 8. 25 타계한 박정희의 '5.16 동지' 황용주 씨" http://blog.daum.
net/jgparkj/6053976

평생 자유인을 갈망하면서도 속으로는 외로워했던 아버지, 평생의 신념이었던 민족적 민주주의와 이루고 싶었던 한반도의 통일, 사랑하는 아내, 아버지, 할아버지, 그리고 나. 그 길고 찬연했던 일생을 모두 태워 보냈다. 활활 타오르는 불꽃 속에 모두 태워 보내고 남은 환상과 슬픔을 한줌의 가루로 남겨 작은 주머니에 담아 프랑스로 가져왔다. 이 한줌의 재가 그분의 인생을 총결산한 것이다. 그러나 되돌아보면 그렇게 흔적도 없이 보낸 것이 잘한 일이었는지 모르겠다. 양지 바른 곳에 버젓이 자리 잡은 수많은 묘지들을 보면 그 작은 무덤 하나 마련해드리지 못한 내 처지가 한없이 아픈 일이었다. 10여 년이 지난 지금 더욱 내 가슴에 깊은 한으로 응어리져 있다.

2001년 8월, 그날 새벽에 걸려온 전화에서 나는 각오하고 있었다. 침착한 엄마의 목소리, '란서야, 서울에 와야겠다.' '알았어요. 엄마.' 공항을 향해 나서는 어미의 표정을 살피며 애들은 나를 안아주었다. 비행기 안에서 아무 생각도 나지 않았다. 아버지와 함께 부르던 '그린필드'의 가사가 떠오르고 그 옛날 녹색의 초원이 있었고 태양이 애무하는 언덕 위에 복사꽃이 피어 있는 분홍빛 환각 속에 외국 영화배우를 흉내내어 콧수염을 기른 젊은 아버지가 빙그레 웃고 있었다. 만년에 깊은 한을 달래며 바둑과 독서와 화초 가꾸기로 일상을 흘리고 계시던 그가 어쩌다 외출하여 한 잔 거나해서 돌아오시면 지그시 눈을 감고 주먹으로 가슴을 치면서 '맨발의 청춘'을 불렀다.

'눈물도 한숨도 나 혼자 씹어 삼키며 밤거리의 뒷골목을 누비고 다녔다.……사나이 이 가슴을 알아줄 날 있으리라.' 청춘은커녕, 중년도 한참이나 지난 나이에 배운 이 노래를 아버지는 오로지 노랫말 때문에 애창했다. '사나이 이 가슴을 알아줄 날 있으리라.' 도대체 누구에게 대고, 그 무엇을 알아달라고 외치는 것인지, 그리고 도대체 그 누가 아버지의 진정을 알아줄 수 있을 것인지.

내가 애들이랑 함께 살던 애들 아버지 집에는 수령 백오십 년이 넘은 배나무가 한 그루 있었다. 봄이면 2층 욕실 창문을 막으며 흰색 꽃무리가 눈부시게 퍼져나갔다. 나는 그 꽃무리를 바라보며 한국의 어린 시절을 회상하곤 했다. 유학을 떠나오기 직전인 1976년쯤이든가, 카세트에 녹음을 떠온 이용복의 노래 가사가 있다. '바람에 하얀 꽃잎이 하나둘 떨어질 때면 한없이 그리운 잊혀진 사람, 지금 와 생각하니 아련한 꿈이었었네.'

서울의 8월 폭염 속에 여행용 트렁크를 질질 끌며 아버지가 입원해 계신다는 병원으로 찾아갔다. 혼자서 터벅터벅 걸어가면서 나는 왠지 내가 서부영화의 주인공이라도 된 듯한 기분이었다. 허허벌판 속에 서 있는 하얀 색 건물을 멀리서 바라보면서 비장한 결투에 나서는 총잡이, 황야의 무법자, 나는 목숨을 건 마지막 승부에 나서고 있는 것이다. 아버지를 떠나보내는 일, 그것은 바로 또 하나의 나를 죽이는 일이다. 병실에 들어섰다. 엄마는 아버지를 흔들며 정신 좀 차리라고, 당신이 오매불망하던 그 딸이 왔으니 눈 좀 떠보라고 해도 아버지는 미동도 하지 않았다.
아버지 손을 잡았다. '아부지, 내가 왔습니다, 난섭니다. 일어나셔야 해요.' 그 순간 아버지의 손에 가느다란 떨림이 전해왔다. 일순간 손가락에 힘이 가해지는 듯하더니 이내 스르르 가라앉았다. 아버지의 두 눈에서 굵은 눈물이 볼을 타고 흘러내리고 있었다. 참고 있던 나의 통곡이 터졌다. 아버지 얼굴에 가까이 대고 외쳤다. '아버지, 나야, 나, 일어나봐요. 눈을 떠봐요.' 잠시 안간힘을 쓰는 듯이 한순간 눈동자가 힐긋하더니 짐승의 울부짖음 같은 외침의 소리가 터져나왔다. 내 손에 아버지의 힘이 전달되는 듯, 입술이 달싹달싹 떨렸다. 마지막 누군가의 이름을 불렀다. 한 사람이 아니었다. '아 정희야! 아 란서야!' 그리고는 다시는 깨어나지 않았다.
버스를 타고 홍제동 화장터로 향하면서 차창에 비치는 낯익은 시골 풍경에 가슴이 서늘했다. 밀양의 한 구석, 아버지의 자전거 뒤꽁무니에 매달린 소녀였다. 너무나 초라한 아버지의 마지막 행장이다. 이 남루한 버스와 화장장이 82년 반, 아버지 일생의 결산표다. 전쟁 직후 시골 훈장 생활, 그 시절을 뒤로 하고 열린 화려한 부산 시절, 그리고 한적했지만 정신적으로 풍요로웠던 녹번동 시절, 의미 있는 일이라고는 바다 건너 딸과 손자를 기다리는 일뿐, 고독과 한탄과 절망으로 보냈을 분당과 일산에서의 마지막 날들.

만화경처럼 복잡한 상념을 떨치고 마지막 결전을 기다리는 심정으로 화장터의 불길한 인상에 맞서려고 했다. 나는 그 시대 사람은 아니지만 아버지 시대의 노래를 즐겨 부른다. '황막한 광야를 달리는 인생아, 너는 무엇을 찾으려 왔던가⋯⋯돈도 명예도 사랑도 다 싫더라.' 그 슬픈 퇴폐적인 가사와 허우적거리는 가락이 마음에 쏙 들었다.⋯⋯바로 이게 아버지의 삶이었던가!

큰애는 태어나서 6개월 동안 할아버지 손에서 자랐다. 매일 수레바퀴에 실려 동네 산보를 '꽃 봐라, 이놈아' '꽃 봐라 이놈아' '니 에미가 어릴 때 살던 밀양에도 이런 벚꽃이 있었다. 이런 분홍빛 복사꽃이 있었느니라.⋯⋯이놈아 니도 꽃 속에 사니 좋지 않나?' 사발팔방을 '꽃, 꽃' 하면서 데리고 다녀서 그런지, 그 애 입에서 나온 첫 마디는 엄마도 아빠도 아닌 꽃이었다. 솜사탕이 프랑스 말로 '아빠의 수염(barbe a papa)'인 것은 우연한 일이 아닐지 모른다. 이미 중노인이 된 내가 아직도 솜사탕만 보면 가벼운 현기증이 드는 것은 솜사탕에서 아버지를 연상하기 때문이다. 내 유년의 환각을 수놓은 연분홍빛 추억의 한가운데에는 솜털처럼 부드러웠던 아버지의 입김과 어색하기 짝이 없는 콧수염이 자리하고 있다. 아버지가 프랑스어를 배운 것은 민족의식 때문이었다고 한다. 내 귀에 프랑스어가 그토록 아름답게 느껴진 것은 1968년 5월 혁명 때의 일이다. 시국담화문을 발표하는 드골의 목소리에서 아버지의 현신을 보는 듯한 환각 때문이었는지도 모른다.

아버지의 뼛가루를 대지 속으로 흘려보낸 지 3주 후, 아무런 대책도 없는 엄마를 혼자 두고 나는 파리로 되돌아왔다. 그리고 얼마 후에 모셔 왔다. 그러나 파리 생활 몇 년을 힘겹게 버텨낸 엄마는 한사코 한국 땅으로 되돌아가셨다. 아버지의 혼령이 그곳에 있을 것으로 믿는 듯했다. 아니야, 나는 기필코 엄마를 되돌려 찾아야 하겠다. 엄마와 함께 이곳에서 아버지를 만나야 한다. 프랑스는 아버지의 딸, 란서가 사는 곳이고, 아버지의 손자들이 사는 땅이다.”

그리하여 딸은 기어코 구십 노모를 프랑스 땅으로 데리고 갔다. 이 땅에는 더 이상 ‘엄마를 부탁해’라고 말할 곳이 없기도 했을 것이다. 이제 평생을 민족이란 화두를 붙들고 살았던 이상주의자가 한반도에 남긴 인적제도의 흔적은 절멸되었다. 육신은 십여 년 전에 이미 한 줌의 재가 되어 프랑스 파리 근교의 작은 마을 쏘에 위치한 딸의 누옥에서 동거해왔다. 평생 연인이었던 아내도 머지않아 합석할 것이다. 대한민국 국민보다는 한반도의 주민으로 살기를 고집하던 그의 정신세계였다. 그 토록 집착하던 한반도의 두 개의 반쪽이 서로 질시하면서 세계인의 위협 과 조롱이 되는 것을 참기 힘들었을 것이다. 그러니 차라리 세느를 레테 로 삼아, 세계인을 품어 안는 천부인권 이상(理想)의 발상지인 프랑스 땅에 영면하는 것이 망자에게는 더욱 속 편한 일일지도 모를 일이다. 후세인의 안쓰러운 마음으로는 그곳에서나마 작은 묘비 하나라도 남겼 으면 한다. ‘한국인’이란 세 글자 비명(碑銘)을 새긴 작은 묘비가.